lonely planet

Pays-Bas

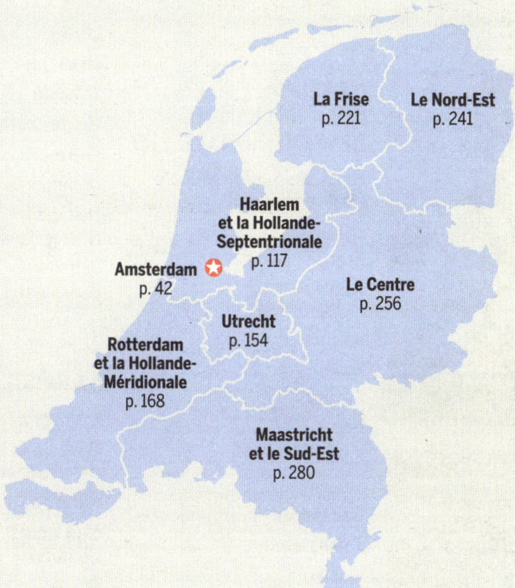

ÉDITION ÉCRITE ET ACTUALISÉE PAR

Nicola Williams, Abigail Blasi, Mark Elliott,
Catherine Le Nevez, Virginia Maxwell

PRÉPARER SON VOYAGE

SARAH COGHILL/LONELY PLANET ©

NOORDERMARKT, AMSTERDAM P. 110

PXL.STORE/SHUTTERSTOCK ©

GROTE OF SINT-BAVOKERK, HAARLEM P. 119

SUR LA ROUTE

Sommaire

COMPRENDRE LES PAYS-BAS

PAYS-BAS PRATIQUE

AVERTISSEMENT

Au moment où nous terminions l'édition de ce guide, la pandémie de Covid-19 impactait fortement le monde du voyage. Les informations que vous trouverez dans cet ouvrage sont donc susceptibles de changements. Renseignez-vous bien avant votre départ car la situation aura probablement évolué quand vous préparerez votre voyage.

COUPS DE PROJECTEUR

À droite : vélo
aux Pays-Bas,
à l'automne
(p. 27

DENNIS VAN DE WATER/SHUTTERSTOCK ©

BIENVENUE AUX
Pays-Bas

Dans la mesure où j'ai de la famille ici, les Pays-Bas ont toujours été un port d'attache naturel pour moi. Mener la grande vie à Amsterdam, contempler les dunes et les œuvres de Van Gogh dans le parc national de Hoge Veluwe et pédaler d'île en île dans le Friesland figurent pami mes occupations favorites. Mais ce que j'aime le plus, c'est l'attitude néerlandaise au quotidien. Mêlant la simplicité intemporelle des activités au grand air à un insatiable appétit de design et d'innovation environnementale, ce pays est résolument tourné vers le bien vivre.

Par Nicola Williams, auteur
Pour en savoir plus sur nos auteurs, voir p. 383.

Pays-Bas

0 — 50 km

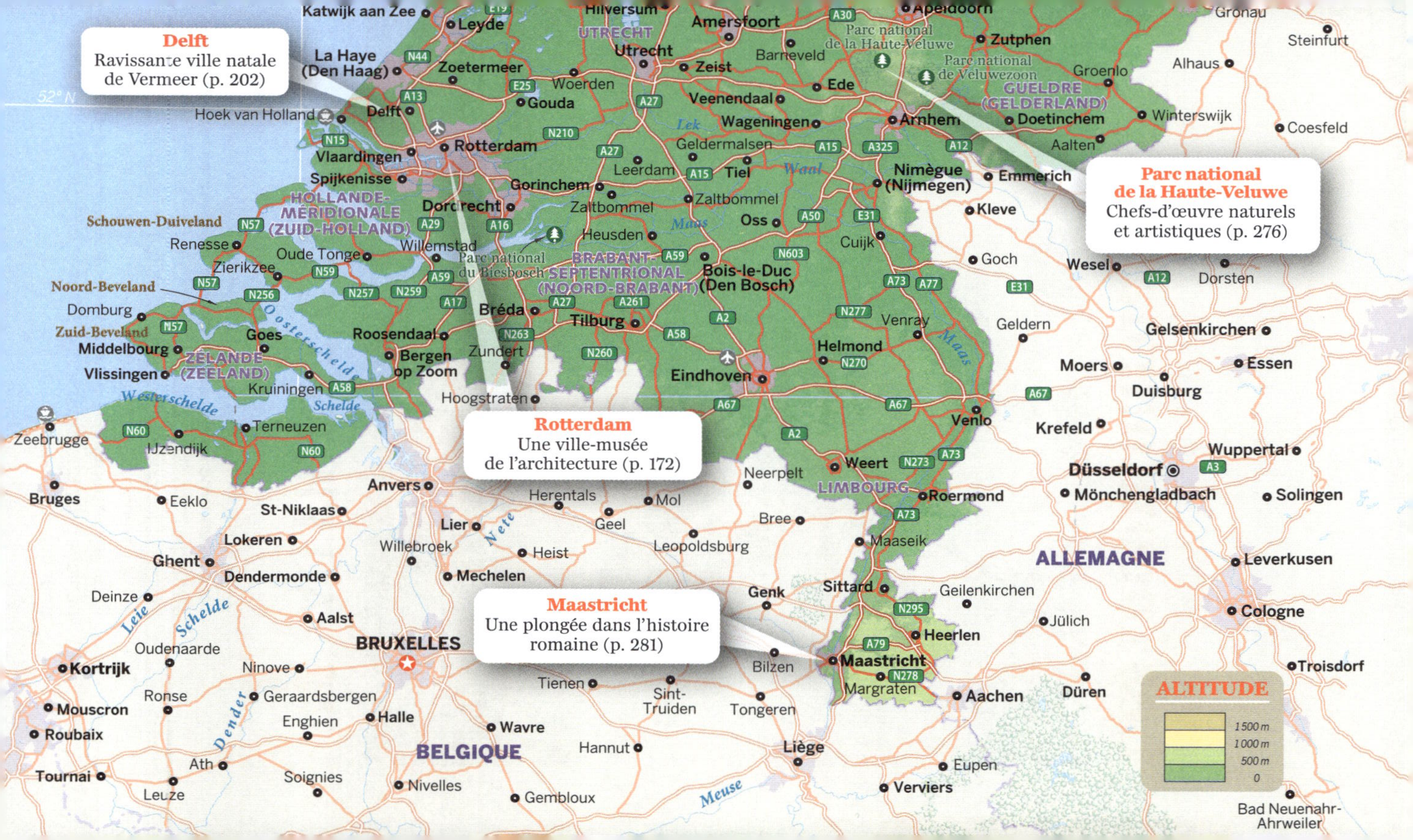
Delft
Ravissante ville natale de Vermeer (p. 202)
Rotterdam
Une ville-musée de l'architecture (p. 172)
Parc national de la Haute-Veluwe
Chefs-d'œuvre naturels et artistiques (p. 276)
Maastricht
Une plongée dans l'histoire romaine (p. 281)
UTRECHT
HOLLANDE-MÉRIDIONALE (ZUID-HOLLAND)
BRABANT-SEPTENTRIONAL (NOORD-BRABANT)
ZÉLANDE (ZEELAND)
GUELDRE (GELDERLAND)
LIMBOURG
BELGIQUE
ALLEMAGNE
BRUXELLES
Parc national de la Haute-Veluwe
Parc national de Veluwezoon
Parc national du Biesbosch
Schouwen-Duiveland
Noord-Beveland
Zuid-Beveland
Oosterschelde
Westerschelde
Maas
Meuse
ALTITUDE
1500 m
1000 m
500 m
0

Les incontournables

1 AU FIL DES CANAUX

Ce plat pays est sillonné de canaux et de villes magnifiques comme Haarlem et Leyde, ainsi que de joyaux moins connus comme Enkhuizen et Hoorn, festonnées de voies d'eau qui constituent leur flux vital. Une balade sur les berges et les ponts pittoresques, en journée ou en soirée, est la garantie d'un tableau en perpétuel changement. Pour une expérience plus intimiste, montez à bord d'une péniche pour une excursion organisée ou louez un bateau pour jouer au capitaine.

SANDRA MORI/SHUTTERSTOCK ©

Amsterdam

La capitale néerlandaise compte plus de canaux que Venise. Amsterdam a fait fortune grâce au commerce maritime et les canaux qui délimitent le centre-ville furent construits durant l'Âge d'or de la ville, tout comme les étroites maisons à pignons serrées au bord de l'eau. Aujourd'hui, on comprend facilement pourquoi l'Unesco a inscrit les canaux au patrimoine mondial de l'humanité. p. 42

À droite : excursions en bateau, Amsterdam

DMITRY RUKHLENKO/SHUTTERSTOCK ©

OLENA Z/SHUTTERSTOCK ©

Delft

Magnifique écrin d'architecture du Moyen Âge et de l'Âge d'or abritant des trésors artistiques (la ville de naissance de Vermeer est réputée pour sa délicate faïence bleue et blanche), Delft est un entrelacs de ruelles et de ravissants canaux. p. 202

Ci-dessus : superbe Delft

À gauche : canal de Haarlem (p. 122)

Utrecht

Dans la belle ville d'Utrecht, le singulier réseau de canaux sur deux niveaux est ombragé de grands arbres et bordé d'anciens entrepôts médiévaux transformés en bars, restaurants et autres lieux branchés, avec des terrasses s'étendant jusqu'au bord de l'eau. p. 154

Ci-dessus : maisons traditionnelles sur l'Oudegracht (Vieux Canal), Utrecht

2 À LA FORCE DES PÉDALES

Les Pays-Bas sont l'un des pays les plus propices au vélo dans le monde. Non seulement le paysage est plat comme une authentique crêpe hollandaise, mais des milliers de kilomètres de pistes cyclables sont aménagés dans le moindre recoin de la nation, ce qui vous permettra de pédaler entre des villages charmants, en profitant du paysage : vaches au pâturage, moulins à vent traditionnels et champs de tulipes au printemps. Il y a des points de location absolument partout : prenez une monture, actionnez la sonnette et en avant !

Waterland

Excursion d'une journée idéale depuis Amsterdam, Waterland offre, comme son nom le suggère, un merveilleux paysage typiquement néerlandais : des digues, des canaux et des champs émeraude. Le vélo est un moyen d'exploration idéal. p. 126

Ci-dessous : Monnickendam, Waterland

ALIZADA STUDIOS/SHUTTERSTOCK ©

RUSTAMANK/SHUTTERSTOCK ©

MARC VENEMA/SHUTTERSTOCK ©

Nimégue

Longez les rives protégées de la Waal entre Nijmegen et la frontière allemande, et ne manquez pas la visite du Nationaal Fietsmuseum Velorama, la fascinante collection de vélos vintage de Nijmegen, datant de l'Âge d'or du transport à énergie humaine. p. 270

Ci-dessus à gauche : vélo au Nationaal Fietsmuseum Velorama, Nijmegen.

Scheveningen

Non loin de Den Haag (La Haye), siège du gouvernement des Pays-Bas et troisième plus grande ville du pays, Scheveningen est l'occasion d'échapper à la foule en pédalant direction nord ou sud le long de la côte. Au programme : des dunes, des étendues grisantes et des plages fouettées par le vent. p. 199

Ci-dessus à droite : pédaler au milieu des dunes, Scheveningen.

3 ESCAPADES INSULAIRES

Avec autant d'eau un peu partout et de nombreux secteurs gagnés sur la mer, on a très souvent l'impression que le pays est une île. En réalité, il possède bien de véritables îles, autant de superbes kaléidoscopes de plages de sable doré, dunes venteuses, forêts et marécages peuplés de nombreux oiseaux. Embarquez à bord d'un ferry (ou empruntez la chaussée) et découvrez une facette des Pays-Bas qui échappe à la plupart des visiteurs.

Îles de la Frise

Les îles de la Frise forment une barrière naturelle entre le continent et la mer du Nord. La plus petite, Schiermonnikoog, est prisée pour le wadlopen (randonnée dans les vasières), tandis que la moins visitée, Vlieland, est presque totalement naturelle. p. 232

Ci-dessous : phare rouge de Schiermonnikoog (p. 239), îles de la Frise

SARA WINTER/SHUTTERSTOCK ©

Texel

Texel se distingue par ses champs verdoyants où paissent moutons et vaches. On leur doit de succulents produits : fromage, chocolat et crème glacée. p. 141

Ci-dessus : église de Den Hoorn, Texel

Marken

Port de pêche insulaire de la Zuiderzee, le minuscule village traditionnel de Marken est relié au continent par une chaussée depuis 1957, mais il paraît figé dans le temps. p. 127

À droite : bâtiments colorés, Marken.

4 CULTURE DU CAFÉ BRUN

KEVIN GEORGE/500PX ©

Le terme *gezelligheid* décrit un état intrinsèquement néerlandais de convivialité et plaisir d'être ensemble. C'est la marque de fabrique des célèbres *bruin cafés* (cafés bruns), baptisés ainsi en raison de leurs murs noircis par des siècles de fumée de tabac (aujourd'hui interdit). Dans ces établissements, les bougies réchauffent une atmosphère déjà très plaisante. Partout aux Pays-Bas, vous serez séduit par ces moments de réconfort.

Charme de la capitale

Amsterdam compte un millier de *bruin cafés*. Très apprécié, le 't Smalle est aménagé dans une ancienne distillerie de *jenever* (gin hollandais), au bord d'un canal. p. 101

Ci-dessus : 't Smalle, Amsterdam

Atmosphère chaleureuse à Maastricht

Au centre de la dynamique ville étudiante de Maastricht, de superbes boiseries et des bières mousseuses vous attendent au In Den Ouden Vogelstruys, un édifice plein de caractère datant de 1730. p. 287

Délicieux moment à Delfshaven

Héritage de l'Âge d'or de Rotterdam, le quartier historique de Deflshaven abrite quelques beaux *bruin cafés* comme le De Oude Sluis, qui jouit d'une vue sur le moulin à vent de Delfshaven. p. 186

5 GRANDS MAÎTRES DE L'ART

Rembrandt, Vermeer, Hals, Steen, Van Gogh, M.C. Escher, Mondrian... Les travaux de certains des artistes les plus vénérés du monde emplissent les musées et galeries du pays. Outre les institutions les plus prestigieuses, il existe des lieux plus modestes, notamment des propriétés historiques où ont vécu et travaillé les artistes.

CELLIO7/SHUTTERSTOCK ©

ERIK LAAN/SHUTTERSTOCK ©

SALVADOR MANIQUIZ/SHUTTERSTOCK ©

Mauritshuis

Le Mauritshuis de La Haye est un défilé de maîtres néerlandais et flamands : *La Jeune fille à la perle* de Vermeer et *Le Chardonneret* de Fabritius sont les pièces maîtresses. Toujours à La Haye, l'Escher in Het Paleis abrite des créations défiant la logique. p. 192

Ci-dessus à gauche : Mauritshuis, La Haye

Museum De Lakenhal

Installée dans une halle aux draps du XVIIe siècle, le musée municipal (Museum De Lakenhal) est le plus important de Leyde. Y sont exposées des œuvres de maîtres dont Rembrandt, qui naquit dans cette ville resplendissante. p. 208

En haut : musée municipal de Leyde

Rijksmuseum

Les merveilles de l'Âge d'or comme la colossale *Ronde de nuit* de Rembrandt font la fierté du prestigieux Rijksmuseum d'Amsterdam. Ses voisins sont le musée Van Gogh et le Stedelijk Museum, qui compte des œuvres de Mondrian et De Kooning, entres autres. p. 72

Ci-dessus : La Ronde de nuit, Rijksmuseum

6 L'AUTRE PAYS DU FROMAGE

Le *kaas* (fromage) néerlandais existe différentes formes : certains sont longuement affinés, avec une texture friable et cristallisée, d'autres sont plus légers, plus crémeux ou agrémentés de graines de carvi ou de moutarde. Dans tout le pays, des boutiques sont généreusement achalandées et les énormes meules enrobées de cire sont très photogéniques. Des dégustations sont souvent proposées.

OLEG1824/SHUTTERSTOCK ©

MARC VENEMA/SHUTTERSTOCK ©

Alkmaar

Faites un voyage dans le temps en explorant ce marché aux fromages historique. Il se tient en été, sur la place principale d'Alkmaar, à courte distance d'Amsterdam. p. 131

En haut : marché aux fromages d'Alkmaar

Edam

Avec ses ponts-levis et ses rues pavées, Edam est une vraie carte postale. À l'occasion de son marché aux fromages saisonnier, les producteurs transportent leur marchandise sur des péniches. p. 129

Ci-dessus à gauche : présentation de fromages à Edam.

Gouda

Célèbre pour son fromage produit dans la campagne environnante et commercialisé sur son marché traditionnel, Gouda se targue aussi d'un musée du fromage. p. 189

Ci-dessus à droite : meules de fromage, Gouda.

7 INSPIRATION DESIGN

ROCKERSTOCKER/SHUTTERSTOCK ©

BORIS STROUJKO/SHUTTERSTOCK ©

Au gré de l'histoire, les Néerlandais ont consolidé leur réputation d'innovateurs, capables d'améliorer la qualité de vie. Dans des domaines aussi divers que l'ingénierie, l'architecture, l'informatique, les articles pour la maison, la mode et la technologie, les designers intègrent leur style, avec un souci constant de durabilité. Les visiteurs peuvent découvrir le design néerlandais dans les ateliers, boutiques, et l'environnement urbain.

Eindhoven

Dans cette ville post-industrielle sont installés le musée du géant de l'électronique Philips, ainsi qu'un prestigieux institut d'architecture et de design, aménagé dans une ancienne usine. Einhoven accueille la Semaine du Design néerlandais et un époustouflant festival des lumières. p. 295

En haut à gauche : Semaine du Design (p. 23), Eindhoven

Rotterdam

La reconstruction de Rotterdam après la Seconde guerre mondiale a transformé la deuxième plus grande ville du pays en une galerie d'art moderne et d'architecture contemporaine à ciel ouvert, avec des maisons cubiques aux inclinaisons improbables et le célèbre Markthal, imaginé par l'agence locale MVRDV. p. 172

À gauche : le Markthal (p. 180)

Amsterdam

De nombreux espaces hybrides mettent à l'honneur le design néerlandais. Le Droog est à la fois une galerie, un creuset de créativité et une boutique vendant des objets uniques. p. 42

L'essentiel

Pour plus de renseignements, consultez *Pays-Bas pratique* (p. 353)

Monnaie
Euro (€)

Langues
Néerlandais, anglais

Visas
Une carte d'identité ou un passeport en cours de validité suffit pour les ressortissants de l'Union européenne ; pas de visa requis pour les ressortissants suisses ou canadiens pour un séjour de moins de 3 mois.

Argent
DAB courants. Cartes bancaires acceptées dans la plupart des hôtels, mais pas dans tous les restaurants, cafés et boutiques. Les cartes non européennes ne fonctionnent pas toujours.

Téléphones portables
Les cartes SIM locales fonctionnent dans les mobiles européens et la plupart des smartphones nord-américains.

Heure
GMT/UTC plus 1 heure, comme en France.

Quand partir

Haute saison
(juin-août)

- Tout est ouvert.
- Temps doux pour profiter des terrasses de *café* ou faire une balade à vélo à la campagne.
- Forte affluence dans les grands musées.
- Prix élevés : réservez.

Saison intermédiaire
(avr-mai, sept-oct)

- La plupart des sites restent ouverts.
- Affluence moindre.
- Prix modérés ; à Amsterdam, réservez les adresses prisées.
- Temps parfois froid et humide. Emportez des vêtements chauds pour vous asseoir en terrasse.

Basse saison
(nov-mars)

- Beaucoup de sites ferment en dehors des grandes villes.
- Grands musées désertés.
- Temps froid et/ou enneigé, le vélo est réservé aux plus vaillants.
- Nombreuses bonnes affaires.

Sites Web

Office du tourisme des Pays-Bas (www.holland.com). Sites touristiques, culture et renseignements utiles (en français).

Lonely Planet (www.lonelyplanet.fr). Informations sur le pays, forum de voyageurs, etc.

Dutch News (www.dutchnews.nl). Actualité quotidienne des Pays-Bas (en anglais).

Holland Cycling Routes (www.hollandcyclingroutes.com). Renseignements complets sur le cyclotourisme, avec cartes, itinéraires, loueurs et ateliers de réparation (en anglais).

Dutch Review (dutchreview.com). Webzine. Culture néerlandaise, actualité, cuisine et boissons, voyages, etc. (en anglais).

Expatica (www.expatica.com/nl). Amusant guide de la vie aux Pays-Bas, avec actualités quotidiennes et bonnes adresses (en anglais).

Numéros utiles

Police, pompiers, ambulance	☎112
Indicatif des Pays-Bas	☎31
Code d'accès international	☎00

Pour appeler les Pays-Bas depuis l'étranger, composez le code d'accès international en vigueur dans votre pays (☎00 en France, en Belgique et en Suisse, ☎011 au Canada) suivi du ☎31 (indicatif des Pays-Bas) et du numéro, sans le 0 initial.

Taux de change

Canada	1 $C	0,69 €
Suisse	1 CHF	0,97 €

Pour des taux de change actualisés, consultez le site www.xe.com/fr.

Budget quotidien

Moins de 100 €

- Dortoirs : 22-35 €
- Plats du jour et courses au supermarché : 15 €
- Location de vélo : 8-10 €/jour

100-200 €

- Chambre double dans un hôtel de catégorie moyenne à partir de 100 €
- Dîner dans un petit restaurant : 30 €
- Billets de train et entrées de musée : 20 €

Plus de 200 €

- Chambre double en hôtel de luxe à partir de 180 €
- Repas, boissons comprises, dans un restaurant haut de gamme à partir de 60 €
- Billets de train en 1re classe, circuits organisés : 40 €

Heures d'ouverture

Les horaires peuvent varier suivant la saison et sont souvent réduits en basse saison.

Banques 9h-16h lun-ven, parfois samedi matin.

Bureaux 8h30-17h lun-ven.

Cafés et bars Ouvrent vers midi (horaires variables) ; la plupart ferment à 1h dim-jeu, 3h ven-sam.

Magasins 10h ou 12h-18h mar-ven, 10h-17h sam-dim, 12h ou 13h-17h ou 18h lun (si ouvert).

Musées 10h-17h tous les jours, certains ferment le lundi.

Restaurants Déjeuner 11h-14h30, dîner 18h-22h.

Supermarchés 8h-20h.

Arriver aux Pays-Bas

Aéroport international de Schiphol (Amsterdam). Le trajet en train pour la Centraal Station d'Amsterdam coûte 4,70 € avec une OV-chipkaart (20 min). Les taxis pour le centre d'Amsterdam (20-25 min) demandent 39 € (tarif fixe).

Gares routières de Duivendrecht et Sloterdijk Les bus Eurolines utilisent la gare de Duivendrecht, et les bus FlixBus, celle de Sloterdijk ; toutes deux offrent une connexion rapide (métro ou train) avec la Centraal Station d'Amsterdam.

Aéroport de Rotterdam-La Haye Le bus n°33 (2,50 € avec une OV-chipkaart) relie l'aéroport à la Centraal Station de Rotterdam (20 min, toutes les 15 min). Sinon, descendez à la station de métro Meijersplein (ligne E) et continuez en métro. Taxi : 25 €, 10 minutes.

Aéroport d'Eindhoven Les bus nos 400 et 401 relient l'aéroport à la gare ferroviaire d'Eindhoven jusqu'à 6 fois par heure dans les deux sens (2,50 € avec une OV-chipkaart, 25 min).

Comment circuler

Bus Pratique pour les villages non desservis par voie ferrée.

Train Les distances sont courtes, et les trains, rapides et fréquents. Achetez une OV-chipkaart ; la carte est valide pour d'autres moyens de transport public.

Vélo Des itinéraires cyclables quadrillent tout le pays. On trouve des vélos à louer dans presque toutes les gares ferroviaires et dans chaque ville.

Voiture Idéale pour visiter les régions reculées. La conduite se fait à droite.

Pour en savoir plus, consultez **Comment circuler**, p. 365.

Mois par mois

LE TOP 5

Fête du Roi, avril

Saint-Sylvestre, décembre

Carnaval, février

Jardins du Keukenhof, mars

Journée nationale des moulins à vent, mai

Janvier

Janvier est froid et sombre, mais le bon côté, c'est qu'il n'y a pas d'attente dans les musées et que l'on peut se réchauffer dans un café douillet.

Journée nationale de la Tulipe

L'ouverture de la saison annuelle de la tulipe est célébrée à la mi-janvier. Le Dam d'Amsterdam se pare de 200 000 fleurs, que l'on peut rapporter chez soi en fin de journée.

Elfstedentocht

Cet événement sportif n'a pas eu lieu depuis 1997 (p. 226), mais tout le monde l'attend avec impatience lorsque les conditions climatiques le permettront : des patineurs font la course sur les canaux gelés de 11 villes de la Frise, avec départ et arrivée à Leeuwarden.

Février

Il fait toujours froid et les jours sont courts, mais les provinces catholiques du Sud se préparent pour une grande fête annuelle.

Carnaval

Le week-end précédant Mardi gras, les défilés joyeux qui se tiennent dans les provinces catholiques du Brabant-Septentrional, de la Gueldre et du Limbourg n'ont rien à envier à ceux de Rio de Janeiro ou de La Nouvelle-Orléans. À Maastricht, la fête bien arrosée, avec danse et musique de rue, dure plusieurs jours.

Amsterdam International Fashion Week

Deux fois par an, des défilés, des soirées, des conférences et des projections sont organisés dans toute la ville à l'occasion de la Semaine de la mode (www.amsterdamfashionweek.nl ; fév et sept). Des manifestations – gratuites ou payantes – sont ouvertes au public.

Mars

Si le temps le permet, vous pourrez admirer les tulipes dès le mois de mars, sans la foule de la haute saison.

European Fine Art Foundation Show (TEFAF)

Cette importante foire d'art et d'antiquités (www.tefaf.com) prend ses quartiers à Maastricht pendant dix jours durant la première quinzaine de mars.

Jardins du Keukenhof

La plus grande exposition florale au monde (p. 213) se tient de mi-mars à mi-mai à Lisse, au cœur des champs de fleurs à bulbe des Pays-Bas. Achetez vos tickets à l'avance.

Avril

En avril, tout tourne autour de la fête du Roi. C'est l'événement incontournable du riche calendrier amstellodamois, mais des célébrations ont lieu dans tout le pays.

Fête du Roi (Koningsdag)

L'une des plus belles fêtes de rue d'Europe célèbre le monarque le 27 avril (le 26 si le 27 tombe un dimanche). À Amsterdam, attendez-vous à force alcool, musique et bonne humeur, et avec en prime un vaste vide-grenier.

World Press Photo

L'exposition annuelle (p. 83) présentant d'étonnantes et souvent émouvantes images prises par les meilleurs photojournalistes de la planète se tient dans la Nieuwe Kerk d'Amsterdam de mi-avril à mi-juillet.

Mai

L'alternance de pluie et de beau temps, et les nombreuses fêtes à caractère historique font du mois de mai une période idéale pour explorer le pays.

Herdenkingsdag et Bevrijdingsdag

(Jour du Souvenir et jour de la Libération). Le 4 mai, une cérémonie à Amsterdam rend hommage aux victimes de la Seconde Guerre mondiale, suivie le lendemain par une journée de concerts et de débats, et par un marché.

Journée nationale des moulins à vent

Le deuxième samedi (et dimanche) de mai, quelque 600 moulins dans tout le pays déploient leurs ailes et ouvrent leurs portes au public (www.molens.nl). Les moulins participants arborent un fanion bleu.

Juin

Les visiteurs commencent à affluer pour la haute saison estivale. Le temps est en général chaud et ensoleillé, idéal pour les balades à vélo et les verres en terrasse en bordure de canal.

Holland Festival

Le théâtre, la danse et l'opéra côtoient les films numériques et la musique expérimentale lors du plus grand festival néerlandais d'arts de la scène (p. 83). Durant un mois, les festivités investissent divers lieux d'Amsterdam.

Fashion Festival Arnhem

Les tendances du moment sont à l'honneur pendant un mois lors d'événements, d'expositions et d'ateliers, organisés dans divers sites de la capitale néerlandaise de la mode (www.fashionfestivalarnhem.nl).

Mois de l'architecture à Rotterdam

La vitrine néerlandaise de l'architecture célèbre sa riche collection d'édifices contemporains lors d'un mois entier d'événements (rotterdamarchitecture-month.com), dont l'ouverture au public de toits (inaccessibles d'ordinaire) pendant les Rotterdam Rooftop Days, le temps d'un week-end.

Fiets Elfstedentocht

Heureusement, cette course à vélo inspirée de l'Elfstedentocht (p. 226) ne dépend pas de la météo : 15 000 cyclistes avalent chaque année 235 km sur un parcours englobant 11 villes de la Frise.

Ronde om Texel

La plus grande course en catamaran de la planète (p. 145) se déroule au large de Texel.

Oerol

Très populaire dans tout le pays, ce festival de plein air (p. 235) organisé la deuxième quinzaine de juin sur l'île de Terschelling est l'excuse idéale pour se rendre à la mer.

Juillet

Les journées sont longues, le soleil brille, les plages se couvrent de monde et les terrasses de café font le plein.

Saison André Rieu

Des concerts faisant la part belle à la musique de Strauss (www.andrerieu.com) investissent la place Vrijthof de Maastricht une grande partie de juillet, et d'innombrables mélomanes prennent d'assaut les hôtels.

North Sea Jazz Festival

Rotterdam accueille le plus grand festival de jazz au monde (p. 176). Il attire près d'un millier de musiciens du monde entier et une foule nombreuse.

De Vierdaagse

De mi à fin juillet, des milliers de marcheurs, habitants et visiteurs, entament un trek de 4 jours, de 120 km à 200 km, autour de Nimègue (p. 272).

Zomerfeesten

Créée il y a plus de 50 ans, cette immense fête de rue (www.vierdaagsefeesten.nl) attire 1,5 million de fêtards à Nimègue, venus profiter de concerts, de pièces de théâtre et d'autres arts de la scène, de marchés, etc.

Août

Les températures moins torrides que dans d'autres lieux touristiques européens font du mois d'août une période agréable pour visiter les Pays-Bas. Beaucoup de Néerlandais passent leurs vacances à l'étranger.

Pride Amsterdam

Le drapeau arc-en-ciel flotte sur Amsterdam le premier week-end d'août. Clou des nombreuses fêtes et manifestations, la parade extravagante de la Gay Pride a lieu, chose unique au monde, sur les canaux (p. 83).

Sneekweek

Début août, les passionnés de voile envahissent la petite ville de Sneek pour cette régate festive (p. 230) assortie de feux d'artifice, la plus importante d'Europe sur voies navigables intérieures.

Noorderzon

Organisé sur onze jours à la mi-août, le festival artistique (www.noorderzon.nl) de Groningue réunit tout, du théâtre et de la musique aux divertissements pour enfants et aux installations électroniques.

8 Lowlands

À la mi-août, Biddinghuizen (Flevoland) accueille cette grande fête de la musique et de la culture alternatives où la foule peut camper (lowlands.nl) pendant trois jours.

Grachtenfestival

Pendant dix jours à la mi-août, des concerts de musique classique ont lieu dans les parcs bordant les canaux et les jardins dissimulés lors du Grachtenfestival (p. 83). Le clou du “Festival des canaux” est le concert gratuit sur une scène flottante du Prinsengracht.

Septembre

Même si septembre marque la fin de l'été, c'est l'une des meilleures périodes pour visiter les Pays-Bas. On profite de superbes festivals, avec un temps doux et des touristes moins nombreux.

Wereldhavendagen

Début septembre, Rotterdam célèbre son port, le plus vaste d'Europe (www.wereldhavendagen.nl), avec visite de navires et feux d'artifice. Les festivaliers portent des tenues rétro à l'occasion de la Nacht van de Kaap (Nuit de la cape), organisée dans l'ancien quartier chaud de Rotterdam, Katendrecht.

SUP11

Qui d'autres que les Néerlandais pouvaient concevoir une boucle de 220 km en paddle ? Cette course (p. 226) à travers onze villes de la Frise suit le même tracé que l'Elfstedentocht, l'emblématique course de patinage sur canaux gelés.

Nederlands Film Festival

L'industrie cinématographique néerlandaise est peut-être discrète, mais cela ne l'empêche pas de produire d'excellents longs métrages. Pour s'en convaincre, il suffit de se rendre au festival du film néerlandais d'Utrecht (www.filmfestival.nl), fin septembre, qui culmine avec la remise du très convoité *Gouden Kalf* (veau d'or).

Octobre

Un kaléidoscope de teintes automnales colore les parcs et jardins du pays, le temps reste clément, les prix baissent et les files d'attente diminuent.

Leidens Ontzet

Le 3 octobre, Leyde commémore la levée, en 1574, du siège espagnol qui avait provoqué la famine en ville. La veille au soir, la fête bat son plein (p. 211).

Amsterdam Dance Event

Grand rassemblement de musique électronique (p. 83), l'ADE réunit 2 200 DJ et artistes, et plus de 300 000 clubbers qui assistent à quelque 450 manifestations à travers la ville durant cinq jours (et nuits) fin octobre.

Dutch Design Week

Événement phare de la ville d'Eindhoven organisé fin octobre à l'Académie du design néerlandais, ce salon du design (www.ddw.nl), est un important lieu d'échange pour les jeunes designers.

Novembre

Les événements culturels et les tarifs de la basse saison compensent les journées plus courtes et la fraîcheur des nuits, tandis que l'arrivée de Sinterklaas annonce le début des fêtes.

11/11

Comme un prélude loufoque au grand carnaval du printemps, le 11/11 est une gigantesque fête de rue qui débute à Maastricht le 11 novembre à 11h. (www.sjengkraftkompenei.nl)

Glow

Au cours de la deuxième semaine de novembre, la ville d'Eindhoven, berceau de l'entreprise Philips – qui conserve ici un centre de recherche –, illumine la ville de façon spectaculaire (www.gloweindhoven.nl).

Sinterklaas Intocht

Vers la fin novembre, saint Nicolas arrive d'Espagne en bateau à Amsterdam pour Sinterklaas Intocht (www.sintinamsterdam.nl) et défile sur son cheval blanc jusqu'au Dam et Leidseplein, pour le plus grand bonheur des enfants de la ville.

Le Guess Who?

Un festival ultra prisé des amateurs de musique du monde, avec quatre jours de musique alternative, la plupart non occidentale et peu connue, à Utrecht. Achetez à l'avance votre forfait, disponible en ligne. (p. 160)

International Documentary Film Festival

Pendant dix jours fin novembre, des documentaires du monde entier sont projetés durant ce festival (www.idfa.nl/en) qui se tient à Amsterdam.

Décembre

La magie hivernale s'empare des Pays-Bas (tout comme la neige, certaines années), les patinoires investissent les places et le pays se pare de guirlandes lumineuses.

Sinterklaas

Le 5 décembre, pour cette ancienne tradition, Sinterklaas (saint Nicolas) apporte des cadeaux aux enfants, et les familles s'échangent de petits présents avant les célébrations religieuses de Noël.

Saint-Sylvestre

À Amsterdam, des feux d'artifice sont tirés au-dessus de l'Amstel et dans d'autres endroits en ville, comme à Nieuwmarkt. Des groupes se produisent sur de grandes scènes à Museumplein où se dressent les tentes à bières pour une fête géante. Des rassemblements festifs s'improvisent sur les grand-places d'autres villes du pays.

Itinéraires

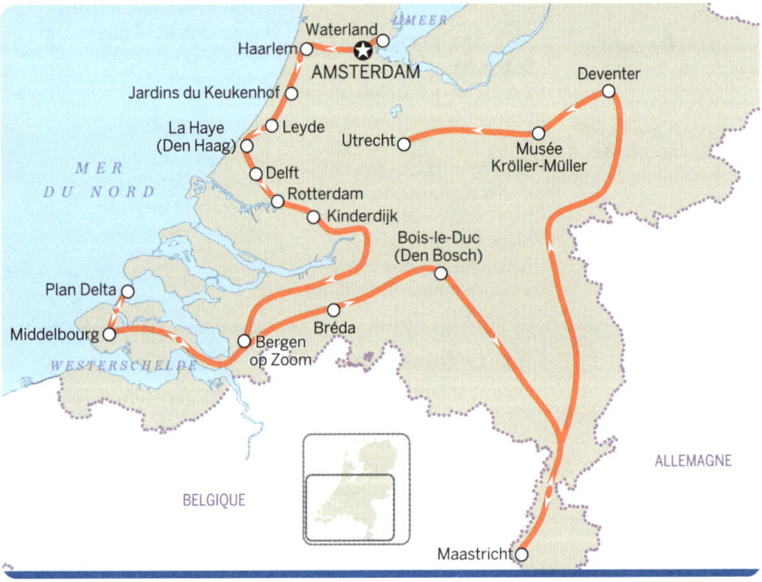

3 SEMAINES Le Sud

Découvrez les sites parmi les plus appréciés des Pays-Bas lors d'un plaisant itinéraire, très complet, du sud du pays.

Passez la première semaine à **Amsterdam** et dans les environs ; enfourchez un vélo et admirez la beauté classique du **Waterland**.

La deuxième semaine, visitez **Haarlem**, les **jardins du Keukenhof** (en saison), **Leyde** et ses musées, le siège du gouvernement à **La Haye** et la jolie ville de **Delft**.

Démarrez la troisième semaine dans l'avant-gardiste **Rotterdam**. Prenez le ferry pour admirer les moulins à vent de **Kinderdijk** ; gagnez ensuite **Middelbourg**, chef-lieu restauré de la Zélande, et le **Plan Delta** voisin. Traversez les provinces méridionales, en vous arrêtant à **Bergen op Zoom**, où se dresse le plus ancien palais du pays ; à **Bréda**, pour sa culture des cafés ; et à **Bois-le-Duc**, pour ses canaux secrets. Continuez jusqu'à **Maastricht** pour flâner dans son centre médiéval et faire honneur à la gastronomie locale. Allez vers le nord jusqu'à la ville hanséatique de **Deventer**, puis vers l'ouest pour admirer le **musée Kröller-Müller** dans le parc national de la Haute-Veluwe. Enfin, terminez ce circuit dans la ville historique, cosmopolite et universitaire d'**Utrecht**.

2 SEMAINES Autour de l'IJsselmeer

Cet itinéraire fait le tour de l'IJsselmeer – vaste lac artificiel au centre des Pays-Bas.

Passez trois jours à Amsterdam entre musées, parcs, balades sur les canaux et sorties nocturnes. Puis, longez le littoral de l'IJsselmeer en passant par le Waterland jusqu'au village de pêcheurs de Marken. Une balade à vélo le long des digues vous mènera à **Edam**, où se tient en été un fameux marché aux fromages. Passez-y la nuit et rejoignez **Alkmaar** pour découvrir un autre vénérable marché aux fromages (avril-septembre). Explorez le passionnant Zuiderzeemuseum à **Enkhuizen**.

Ralliez **Den Helder** et prenez un ferry pour **Texel**. Accordez-vous deux jours sur l'île à marcher sur la plage et à vous balader à vélo, puis prenez un ferry pour **Vlieland** pour un repas de poisson au pavillon de plage Oost. De Vlieland, un ferry part vers la charmante **Harlingen**, d'où la capitale de la Frise, **Leeuwarden**, n'est qu'à courte distance en train – tout comme le chapelet de villes côtières (telle **Hindeloopen**).

Rejoignez la ville hanséatique de **Zwolle** et visitez les villes fortifiées de **Naarden** et de **Muiden**.

1 SEMAINE Escapade insulaire

Les îles des Wadden (ou îles de la Frise), classées par l'Unesco, feront l'objet d'un dépaysant séjour insulaire. Certains trajets en bateau sont à organiser à l'avance.

D'**Amsterdam**, rejoignez **Texel**. Une sortie à vélo sur la côte ouest vous conduira de **Den Hoorn** jusqu'au refuge pour oiseaux et phoques **Ecomare**. Dans l'est de l'île, **Oudeschild** accueille un formidable musée maritime.

Depuis **De Cocksdorp**, à la pointe nord de Texel, embarquez sur le ferry du matin menant à **Vlieland**, pour profiter des chemins de randonnée avant de prendre le bateau pour **Terschelling**, l'île la plus touristique de la Frise. Prenez vos quartiers dans la paisible **Oosterend** et découvrez à vélo des dunes intactes. Regagnez en ferry **Harlingen**, joli port de la côte frisonne, puis **Holwerd**, avant d'embarquez pour **Ameland** où vous logerez dans l'ancien port de pêche à la baleine de **Nes**. Repassez par le continent et poursuivez vers l'est jusqu'au port de **Lauwersoog**. De là, embarquez sur un ferry pour la plus petite des îles de la Frise, **Schiermonnikoog**, avec son parc national battu par les vents, avant de retrouver la terre ferme.

2 SEMAINES Cap à l'est

L'est des Pays-Bas ne manque pas de villes historiques et d'espaces naturels protégés.

Départ à **Groningue**, ville étudiante riche en bars, en cafés et dotée d'excellents musées. Dirigez-vous vers le sud-est jusqu'à **Bourtange**, cité fortifiée du XVIIe siècle, puis ralliez **Borger** et ses *hunebedden* (chambres funéraires préhistoriques). Arrêtez-vous au **camp de Westerbork** pour découvrir son émouvante histoire. Rejoignez **Zwolle**, une paisible ville hanséatique, puis le **parc national de Weerribben-Wieden**, une zone ponctuée de tourbières et sillonnée d'itinéraires à découvrir à pied, à vélo ou en canoë.

Zwolle est tout près de **Deventer**, une charmante petite ville. Explorez à vélo le **parc national de la Haute-Veluwe**, une oasis naturelle abritant un musée réputé. Gagnez ensuite **Bois-le-Duc** et son remarquable musée consacré à Jérôme Bosch, avant de vous diriger vers l'ouest et les villages anciens de **Heusden** (fortifié et entouré de douves) et de **Woudrichem** (une citadelle). Renouez avec la nature au **parc national du Biesbosch**, votre avant-dernière étape ; et, enfin, explorez les rues et canaux pittoresques de **Dordrecht**.

1 SEMAINE Découverte des Pays-Bas

En une semaine, partez à la découverte des sites emblématiques du pays.

Commencez par deux jours à **Amsterdam**. Visitez un ou deux musées et louez un vélo pour explorer le Jordaan. Le lendemain, faites une croisière sur les canaux et parcourez le quartier Rouge avant de vous installer dans un café brun.

Rejoignez la superbe **Haarlem**, à l'ouest – baladez-vous dans le cœur historique et découvrez les chefs-d'œuvre du Frans Hals Museum. À la saison des tulipes, arrêtez-vous aux **jardins du Keukenhof**. Passez une journée dans la splendeur d'antan de **Leyde**. Puis, consacrez un jour à **La Haye** et admirez la collection d'art de la Mauritshuis.

Direction **Rotterdam**, au sud, pour visiter le port, le Museum Boijmans van Beuningen, le Maritiem Museum ainsi que la spectaculaire halle Markthal Rotterdam. Le lendemain, découvrez la saisissante architecture contemporaine de la ville, puis prenez un ferry pour **Kinderdijk** et ses moulins à vent, classés au Patrimoine mondial – louez un vélo à Rotterdam ou à Kinderdijk pour faire comme les résidents.

Noorderpark, Amsterdam

Préparer son voyage

Les Pays-Bas à vélo

Ce pays plat, relativement peu étendu, s'explore parfaitement à *fiets* (vélo). Qu'on se contente de pédaler quelques heures le long des digues du Nord ou une journée en bordure des canaux d'Amsterdam, le sentiment d'allégresse et de liberté indissociable de ce mode de locomotion reste entier.

Meilleures excursions d'une journée

Les possibilités sont innombrables :

D'Amsterdam au Waterland (boucle de 37 km)
L'une des plus jolies balades du pays.

D'Amsterdam à Haarlem (de 50 à 70 km aller-retour)
Une destination idéale pour une journée, pouvant inclure un saut à la plage.

De La Haye à Gouda (de 79 à 80 km aller-retour)
Excursion d'une journée dans une jolie ville connue pour son fromage, en traversant la luxuriante campagne néerlandaise.

De Rotterdam à Kinderdijk (25 km/50 km aller/aller-retour)
À vélo jusqu'aux moulins à vent classés au Patrimoine mondial et retour par le ferry rapide.

De Dordrecht au parc national du Biesbosch (de 25 à 50 km aller-retour)
Une excursion dans un surprenant parc naturel, que l'on apprécie mieux à vélo. Explorez les vastes marais à la recherche de castors.

Pistes cyclables et véloroutes

Le pays est sillonné de pistes cyclables, de toutes tailles, et certaines font partie de l'"autoroute" des cyclistes : les véloroutes LF (Landelijke Fietsroutes, "routes longues distances"). Ce réseau quadrille tout le pays. Les itinéraires sont signalés par des panneaux vert et blanc. Ils empruntent des routes de campagne et des pistes cyclables, souvent installées en aval des digues.

Jusqu'en 2021, attendez-vous à des changements sur certaines véloroutes LF. Les autorités ont entamé en 2017 le regroupement des 26 premières véloroutes – soit près de 4 500 km de voies – en 12 véloroutes thématiques plus étendues. Au printemps 2019, par exemple, les trois véloroutes LF21, LF22 et LF23 ont fusionné pour n'en former plus qu'une, longue de 400 km : la véloroute LF Zuiderzee, qui ceindra le lac IJsselmeer. Dans la région rurale de la Twente, au centre des Pays-Bas, la véloroute "Tour de la Twente", est longue de 165 km et réutilise les routes LF8, LF14 et LF15.

Principales véloroutes LF

➡ LF1 (Mer du Nord) Elle longe le littoral néerlandais sur 330 km, depuis la frontière belge jusqu'à Den Helder, au nord ; en faisant une incursion dans les terres près de La Haye et de Haarlem. Une fois son réaménagement achevé en 2021, elle rejoindra l'actuelle LF10 pour former la "Route côtière néerlandaise".

➡ LF2 (Route des villes) Depuis la frontière belge (l'itinéraire commence à Bruxelles), cette route de 200 km passe par Dordrecht, Rotterdam et mène à Amsterdam.

➡ LF3 Itinéraire de 555 km allant du nord de Maastricht jusqu'à Arnhem, en passant par Nimègue, puis à Zwolle, via Deventer, et enfin à Leeuwarden jusqu'à la côte nord. Fin 2018, des sections des LF3 et LF12 se sont rejointes pour créer la "Route cyclable de la Meuse" (430 km).

➡ LF4 (Route du centre des Pays-Bas) Itinéraire de 300 km depuis La Haye, sur la côte, jusqu'à la frontière allemande à l'est, en passant par Utrecht et Arnhem.

➡ LF7 (Voie terrestre) Quelque 385 km de Maastricht jusqu'à Alkmaar, en passant par Bois-le-Duc, Utrecht et Amsterdam.

Renseignements

Les renseignements liés au cyclotourisme sont nombreux et largement disponibles.

Cartes et guides

Les meilleures cartes, disponibles partout aux Pays-Bas, sont les *Fietskaart met Knooppuntennetwerk* (réseau cyclable ; www.falk.nl) de Falk/VVV, une série de 22 cartes qui couvrent le pays à l'échelle 1/50 000. Les légendes (en anglais), très détaillées, sont faciles à utiliser. Chaque piste, chaque sentier et chaque route sont indiqués, de même que les distances.

Outre ces références, il existe un large choix de cartes régionales et spécialisées, certaines au 1/30 000. La plupart sont disponibles uniquement dans les offices du tourisme de la région couverte.

Sites Web et applications

Cycling in the Netherlands (holland.cyclingaroundtheworld.nl) – Superbe site en anglais avec quantité de renseignements pratiques et sources d'inspiration.

Nederland Fietsland (www.nederlandfietsland.nl) – Site néerlandais répertoriant et détaillant toutes les routes LF, les loueurs de vélos et les ateliers de réparation, etc. Inclut l'indispensable *fietsrouteplanner* (servant à planifier des itinéraires cyclables).

Fietsersbond Routeplanner (routeplanner.fietsersbond.nl) – Un outil pour planifier des itinéraires cyclables créé par la fédération cycliste néerlandaise, Fietsersbond ; son appli pour smartphone s'avère indispensable sur la route.

Startpagina (fiets.startpagina.nl) – Site néerlandais qui répertorie tous les sites liés au cyclisme aux Pays-Bas.

Équipement

Le vent et la pluie sont le lot fréquent des Pays-Bas. Une veste légère en nylon de type Gore-Tex protège et permet de rester au sec. Il en va de même pour les pantalons ou les shorts pour cyclistes.

Un simple vélo de cyclotourisme suffit pour découvrir le paysage plat des Pays-Bas, et pour transporter une tente et des provisions. Les vitesses sont pratiques pour affronter le vent ou les côtes de l'Overijssel ou du Limbourg. Parmi les autres accessoires utiles, la sacoche de cadre (qui pourra contenir un léger coupe-vent et un pique-nique), les bouteilles d'eau et le porte-carte sur guidon. Bien que le casque constitue une protection efficace, en particulier pour les enfants, peu de Néerlandais en portent.

Assurez-vous d'avoir une sonnette. Indispensable, un kit de réparation est fourni sur demande par la plupart des loueurs. Les vols de vélo étant courants, prévoyez deux bons antivols.

Trouver un vélo

Vous pourrez louer un vélo, en acheter un ou utiliser le vôtre, si vous le transportez avec vous. Chaque option a ses avantages et ses inconvénients.

Location

Les boutiques de location abondent – chaque ville en compte au moins une. Elles louent des vélos entre 8,50 et 12 € par jour, avec tarifs dégressifs à la semaine. Beaucoup proposent plusieurs modèles, dont les e-bikes (vélos électriques), très prisés. Les vélos sont toujours fournis avec un antivol, qu'il soit intégré au vélo et verrouillable avec une clé, comme c'est souvent le cas, ou qu'il s'agisse d'une chaîne. Certaines boutiques exigent une pièce d'identité ou un passeport, ainsi qu'une caution en liquide ou par carte bancaire (généralement entre 25 et 100 €), mais beaucoup ne le font pas.

Sachez que sur un vélo néerlandais traditionnel, le freinage s'effectue par rétropédalage. Certains vélos sont à la fois munis d'un frein à rétropédalage et de freins avant, mais ils sont plutôt rares – d'où l'embarras des visiteurs qui n'ont pas l'habitude de rétropédaler pour freiner.

En été, il est conseillé de réserver bien à l'avance car les boutiques louent régulièrement tout leur stock, en particulier dans des endroits comme les îles frisonnes, quasi piétonnes, où chaque arrivant s'attend à circuler à vélo.

Les principales gares ferroviaires disposent de leur propre comptoir de location de vélos, assorti d'un parking à vélos sécurisé. Souvent ouvertes de 6h à minuit (ou même plus tard), ces locations sont bon marché (3,85 €/24 heures). Sachez toutefois que ce programme OV-Fiets (www.ov-fiets.nl) ne s'adresse qu'aux titulaires d'une OV-chipkaart personnelle (disposant d'une adresse aux Pays-Bas).

Achat

Une simple bicyclette d'occasion (sans vitesse, avec frein à rétropédalage, plus toute neuve) peut se vendre environ 100 €

APPORTER SON VÉLO

En train, il vous faudra en principe démonter la roue avant et la placer dans une housse. Voir aussi p. 365. En avion, la politique du transport de vélo varie suivant la compagnie.

Ayez en tête que les risques de vous faire voler votre vélo sont élevés.

dans les boutiques de vélos ou par petite annonce. Comptez au moins 150 € pour un modèle fiable avec vitesses. Les bons modèles neufs démarrent autour de 250 €. On trouve des boutiques partout.

Dans le train

Les vélos sont autorisés à bord des trains néerlandais pour autant qu'il y ait de la place ; un billet journalier pour vélos (*dagkaart fiets* ; 6,20 €) est valable dans tout le pays, indépendamment de la distance parcourue, mais uniquement en dehors des heures de pointe du lundi au vendredi, soit de 9h à 16h30 et de 18h à 6h30. Aucune restriction n'est appliquée pendant les week-ends, et en juillet et août. Voyager avec un vélo pliant est gratuit, à condition qu'il soit plié et puisse être considéré comme un bagage à main.

Les trains néerlandais disposent souvent de voitures réservées aux deux-roues – repérez le logo vélo sur le côté du wagon.

Sécurité

- Assurez-vous d'avoir deux antivols. Les chaînes renforcées et les antivols U sont les plus efficaces pour attacher le cadre et la roue avant à une structure fixe (de préférence à un porte-vélo).
- On trouve parfois des "consignes" à vélos à accès électronique, mais elles sont rares.
- Ne laissez jamais votre vélo non attaché, même un court instant. Le commerce des vélos d'occasion est très lucratif, des centaines de milliers de deux-roues sont volés chaque année aux Pays-Bas. Même si vous signalez le vol à la police, les chances de retrouver votre monture sont très faibles.

Circuits organisés

Dans la plupart des villes, des prestataires programment des visites de la ville à vélo. Il existe également de populaires circuits de plusieurs jours à travers le pays.

Hébergement

Outre les campings recommandés, il existe de nombreux lieux de campement le long des sentiers cyclables, souvent contigus à une ferme. Ils sont généralement plus petits, plus rudimentaires et moins chers que les campings ordinaires, et beaucoup interdisent les voitures et les caravanes. La Stichting Natuurkampeerterreinen (Association des campings naturels ; www.natuurkampeerterreinen.nl) regroupe plus de 140 sites dans le pays.

Vous pouvez essayer les *trekkershutten*, de simples cabanes de randonneur à louer dans de nombreux campings.

De nombreux B&B, auberges de jeunesse et hôtels sont bien équipés pour les cyclistes, avec local à vélos et point de recharge pour vélo électrique. Renseignez-vous auprès des offices du tourisme.

QUELQUES RÈGLES À VÉLO

La circulation dense peut parfois intimider, mais en respectant quelques règles de base, vous serez bientôt aussi autonome que les Néerlandais :

- Attention aux voitures. Les cyclistes ont la priorité, sauf lorsque le véhicule arrive de la droite, mais tous les conducteurs ne respectent pas cette règle.
- Attention aux piétons. Les touristes peuvent déambuler aux abords des pistes cyclables, sans se rendre compte qu'ils sont sur une voie reservée aux vélos.
- Utilisez la piste cyclable à droite de la route ; des lignes blanches et des pictogrammes de vélos indiquent la piste.
- Allez dans le sens de la circulation, respectez les panneaux et la signalisation.
- Quand vous tournez, indiquez-le en tendant votre bras.
- La nuit, la loi impose d'allumer les phares du vélo (avant et arrière) et d'avoir des réflecteurs sur les deux roues. Si votre vélo n'est pas équipé de phare, vous devrez utiliser des lumières qui se fixent, à l'avant et à l'arrière.
- Il est poli d'avertir de l'éminence d'un danger par un petit coup de sonnette. Si quelqu'un est sur le point de vous percuter, un bon cri est efficace.
- Les casques ne sont pas obligatoires. La plupart des Néerlandais n'en portent pas, et ils ne sont généralement pas fournis par les loueurs.

D'Amsterdam au Waterland

Itinéraires recommandés

D'Amsterdam au Waterland

Voici une excellente première expérience de cyclotourisme aux Pays-Bas : paysages, jolies villes et itinéraire facile sur pistes cyclables et routes. La partie est du **Waterland** offre un choc culturel : un saut de quelques siècles en arrière à 20 minutes d'Amsterdam. La région abrite des communautés agricoles isolées et des oiseaux parmi les digues, fossés et lacs.

➡ Tout d'abord, embarquez votre vélo sur le ferry gratuit Buiksloterwegveer, derrière la Centraal Station d'Amsterdam, pour traverser l'IJ.

➡ Poursuivez 1 km sur la rive ouest du Noordhollands Kanaal. Traversez le deuxième pont, continuez sur la rive est sur quelques centaines de mètres et tournez à droite, passez sous l'autoroute et longez Nieuwendammerdijk.

➡ Au bout de Nieuwendammerdijk, tournez à angle droit et continuez dans Schellingwouderdijk. Suivez cette route sous les deux grands ponts routiers quand elle devient Durgerdammerdijk ; vous êtes sur la bonne voie.

➡ La jolie ville de **Durgerdam** donne sur l'eau et IJburg, un projet d'assèchement des terres qui devrait permettre de loger 45 000 personnes.

➡ Plus au nord, la route sur la digue passe à côté de lacs et anciens îlots – des tourbières basses asséchées qui furent inondées lors de tempêtes et qui forment désormais d'importantes zones d'élevage d'oiseaux (pluviers, barges, butors, garrots à œil d'or, bécassines des marais, hérons et spatules). Grimpez sur la digue à l'un des points de vue pour profiter du panorama.

➡ La route – qui prend alors le nom d'Uitdammerdijk – passe la ville de **Uitdam**, après laquelle vous tournez à gauche (ouest) en direction de **Monnickendam**.

➡ À Monnickendam, rebroussez chemin. À environ 1,5 km au sud de la ville, tournez à droite (sud-ouest) en direction de **Zuiderwoude**. À partir de là, continuez jusqu'à **Broek in Waterland**, une jolie ville aux maisons en bois.

➡ Longez la rive sud du canal Broekervaart en direction de **Het Schouw**, située sur le Noordhollands Kanaal. Traversez-le (le pont se trouve au nord) ; les ornithologues amateurs pourrront remonter la rive ouest en direction de Watergang et ses zones d'élevage d'oiseaux.

➡ Redescendez la rive ouest jusqu'à Amsterdam-Noord. Puis il suffit de continuer tout droit pour rejoindre le ferry menant à la Centraal Station.

De Leyde aux champs de fleurs à bulbe

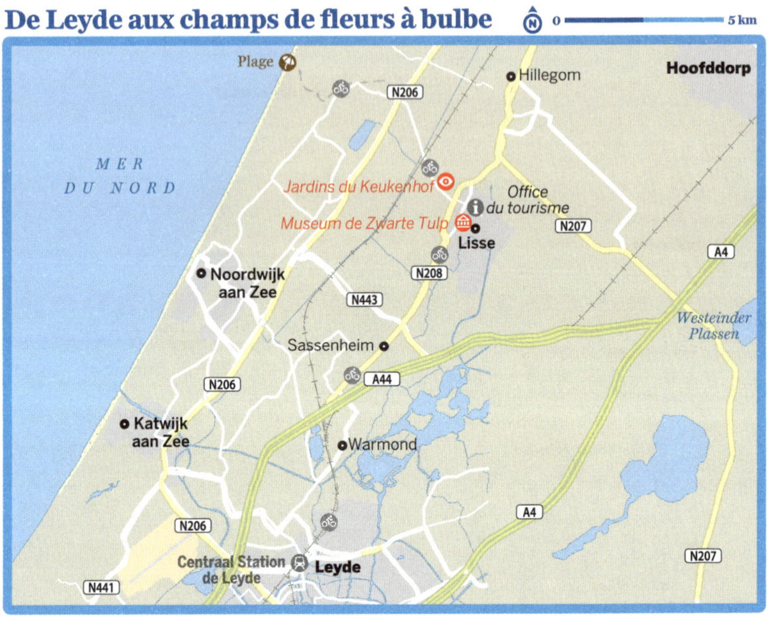

De Leyde aux champs de fleurs à bulbe

La meilleure période pour couvrir cet itinéraire est entre mi-mars et mi-mai, quand les tulipes et les jonquilles fleurissent. Mais la balade est agréable à tout moment, notamment en été puisque l'on peut s'arrêter à la plage pour une pause sur le sable et un plongeon rafraîchissant dans la mer.

➡ Démarrez à la gare de **Leyde**, d'où vous pourrez louer un vélo (des vendeurs en vendent aussi en ville).

➡ Dirigez-vous vers le nord en suivant les sentiers et pistes cyclables du côté est de la voie ferrée. Longez les rails qui marquent une courbe vers le nord. Après avoir traversé plusieurs ponts (à environ 3 km), vous aurez vue sur l'eau et le village de **Warmond** sur votre droite.

➡ Poursuivez sur le chemin près des rails (*spoorpad*) et passez sous l'A44. Vous serez sur le réseau routier Rijksstraatweg. Tournez à droite (nord-est) et suivez la route sur 4 km quand elle prend le nom de Hoofdstraat et rejoint le joli village de **Sassenheim**. Vous verrez les premier champs de fleurs à bulbe. Restez sur cette route, dépassez les églises, vous atteignez alors la N443, très fréquentée.

➡ Traversez la N443 et poursuivez sur les bonnes pistes cyclables longeant Heereweg sur près de 4 km, jusqu'au centre du village de **Lisse**. Vous pourrez alors visiter le Museum de Zwarte Tulp, riche d'intéressantes histoires de bulbes.

➡ Les **jardins du Keukenhof** ne sont qu'à 1,25 km à l'ouest de Lisse.

➡ Après la visite des jardins, traversez la route pour découvrir l'imposant **Kasteel Keukenhof**. Filez vers l'ouest sur 7,5 km jusqu'à la plage. Suivez Delftweg et restez sur les voies cyclables au croisement avec la N206 (Oosterduinen). Restez sur le chemin cyclable traversant un paysage toujours plus sablonneux.

➡ L'itinéraire marque une courbe vers le sud. À Langevelderslag, empruntez le chemin parallèle à travers les dunes. Lorsque vous croiserez la véloroute LF1, vous serez à la **plage**.

➡ Au retour, improvisez. Une fois les dunes passées, empruntez les petits chemins à travers champ qui conduisent vers le sud en direction de Leyde. Vous finirez par retomber sur une section de votre itinéraire aller jusqu'à la gare ferroviaire.

Préparer son voyage

Voyager avec des enfants

Les Pays-Bas réservent un très bon accueil aux enfants et la fameuse tolérance néerlandaise s'applique également aux petits. Nombre de sites sont adaptés ou destinés aux plus jeunes ; quant aux châteaux et aux moulins à vent, ils enchantent tout le monde.

Les Pays-Bas en famille

Vous n'aurez aucun mal à vous déplacer en famille aux Pays-Bas.

Au restaurant

Les enfants sont les bienvenus dans tous les restaurants, à l'exception des plus formels. La tendance actuelle des bistrots hauts de plafond et au niveau sonore assez élevé se prête bien aux repas (bruyants) en famille. Personne ne froncera les sourcils si vos enfants se lèvent de table pour gambader. Les familles néerlandaises partagent leurs repas dans les salles ou les terrasses de cafés, de pubs ou de restaurants, ou se régalent de frites ou de poisson sur un banc.

Les menus enfant, courants, incluent souvent des frites avec de la viande ou du poisson frit, qui ont toujours du succès. Certains restaurants fournissent aussi, à la demande, des chaises hautes et même des crayons de couleur.

Équipements

Seuls les grands magasins, les principaux musées et les gares sont équipés de tables à langer, parfois payantes. L'allaitement en public ne pose généralement aucun problème si cela est fait avec discrétion.

Le meilleur des régions

Amsterdam

L'une des métropoles d'Europe que les petits préfèrent. Un véritable terrain de jeu grandeur nature, en veillant à éviter le quartier Rouge bien sûr.

Hollande-Septentrionale

Jolies bourgades anciennes, vaches à foison, musées ludiques et île de Texel, une région entre plages de sable, sentiers cyclables et balades faciles.

Utrecht

Canaux pittoresques, balades à vélo jusqu'à des châteaux et parcours d'aventure archéologique de "Dom Under".

Hollande-Méridionale

Les plus belles cités néerlandaises anciennes, un parc de loisirs à La Haye, un épatant programme d'activités à Rotterdam – une ville de plus en plus tendance – et des moulins et plages en Zélande.

Frise

Région la plus chaude du pays en été, prisée des vacanciers néerlandais. Champs parsemés de vaches noir et blanc, belles îles ceintes de plages de sable doré, voile et sports nautiques à gogo, et des kilomètres de jolies et paisibles pistes cyclables.

PRIX DES ENTRÉES

Il n'y a pas de règles concernant les tarifs enfant ; dans certains musées (comme le Rijksmuseum à Amsterdam), l'entrée est libre pour les moins de 18 ans, tandis que d'autres ne sont gratuits que pour les moins de 17 ans (musée Van Gogh ou Palais royal à Amsterdam) ou encore pour les moins de 12 ans. La maison d'Anne Frank, elle, n'est gratuite que pour les moins de 9 ans. En général, les enfants âgés de 4 ou 5 ans bénéficient de la gratuité, et ceux entre 5 et 17 ans paient demi-tarif. Certains musées proposent des forfaits famille pour 2 adultes et 2 enfants ou plus.

Faites la liste des musées que vous prévoyez de visiter avant d'investir dans un pass Museumkaart destiné aux moins de 18 ans (32,45 €) – il est valable pour 5 visites de musées pendant une période de 31 jours.

Sur la route

Si la plupart des boutiques de location de cycles louent des remorques pour tirer les plus jeunes, des sièges bébé et des vélos enfant, rares sont celles qui proposent des casques (enfant ou adulte) ; envisagez d'amener les vôtres.

Dans les trains, il existe des voitures "silencieuses" pour fuir le bruit ; tout le monde (enfants compris) doit rester calme. En revanche, les autres voitures peuvent être bruyantes, surtout pendant les vacances scolaires.

À ne pas manquer

Activités de plein air

Les nombreux espaces verts, parcs, moulins à vent et canaux raviront petits et grands. L'hiver, les enfants profiteront des patinoires et des festivités de carnaval dans quantité de villes.

Vondelpark (carte p. 64 ; www.hetvondelpark.net ; 🚊2 Amstelveenseweg), **Amsterdam** Ce vaste parc, émaillé de coins arborés pour pique-niquer et de mares à canards, dispose aussi de toboggans futuristes à son extrémité ouest et d'une aire de jeux en son centre.

Westerpark, **Amsterdam** Les enfants s'amuseront dans la pataugeoire en été. (p. 70)

Amsterdamse Bos (p. 85), **Amsterdam** Pour nourrir des chèvres et grimper aux arbres dans les bois.

Jardins du Keukenhof (p. 214), **Lisse** Si les millions de fleurs fascinent les enfants, l'immense aire de jeux les attirera tout autant.

Pédalo (p. 81 et 85), **Amsterdam** Une balade unique en son genre le long des superbes canaux.

Canaux (p. 292), **Bois-le-Duc** Dans la majorité des villes sillonnées de canaux, vous pourrez participer à de courts circuits en bateau ; ceux de Bois-le-Duc empruntent des canaux souterrains.

Artis Royal Zoo (p. 57), **Amsterdam** Les enfants auront des étoiles plein les yeux à la vue des gros félins, des poissons et du planétarium, tandis que les adolescents et les adultes apprécieront les espaces paysagers du zoo.

Ecomare (p. 142), **Texel** Écocentre accueillant une faune insulaire variée. Nombreuses expositions adaptées au jeune public.

Zaanse Schans (p. 125) Au nord de Haarlem, des moulins dont on peut admirer le mécanisme.

Bateau-taxi (p. 184), **Rotterdam** Filez à grande vitesse sous les ponts et dépassez tous les autres bateaux naviguant sur la Meuse à bord d'un bateau-taxi jaune et noir.

De Zelfpluktuin (p. 146), **Texel** Les enfants adorent cueillir des fruits, des légumes et des fleurs dans cette ferme de Texel où les familles sont les bienvenues.

Plages et surf

Plages Texel et les autres îles de la Frise ont des plages parfaites pour les enfants. La côte ouest se résume pour l'essentiel à une longue plage. Citons aussi la plage familiale de Scheveningen, près de La Haye.

Balade à cheval et surf Les centres équestres de l'île de Texel proposent aux enfants des sorties sur la plage ; ils peuvent aussi y suivre des cours de surf.

Planche à voile À IJburg, le dernier-né des quartiers d'Amsterdam, on peut louer des planches à voile au **Surfcenter IJburg** (www.surfcenterijburg.nl ; Berthaanstrakade ; location planche/combinaison 20/5 € par heure ; ⏲10h30h-18h sam-dim mai-oct, 16h-21h mer-ven à partir de juin ; 🚊26 IJburg).

Vasières Au nord de Groningue, à vous les joies d'une journée dans la gadoue ! Le *wadlopen* (marche dans la vase) permet d'évoluer pendant des heures en bord de mer sur les vastes étendues découvertes à marée basse. Amusement et douche au retour sont de mise.

À table

Crêpes (*pancakes*), friture, fromage, glaces... Tout le monde apprécie la cuisine néerlandaise, très conviviale. Chaque commune accueille au moins une fois par semaine un marché où l'on trouve fréquemment toutes sortes de délices. Ne manquez pas les spécialités de saison comme les *poffertjes*, de petits beignets hollandais que l'on déguste en hiver.

Albert Cuypmarkt (p. 71), **Amsterdam** Pour des *stroopwafels* (gaufres au caramel), des smoothies, du chocolat, des bonbons et des fruits frais.

De IJsmaker (p. 178), **Rotterdam** Trois glaciers servant de fabuleuses glaces à l'italienne dans la ville.

Oudt Leyden (p. 212), **Leyde** Succulentes et épaisses crêpes néerlandaises traditionnelles.

Villa Augustus Restaurant (p. 188), **Dordrecht** Des plats sains délicieux préparés à partir d'ingrédients provenant du jardin bio de l'établissement ; les enfants peuvent s'ébattre en plein air.

Oost (p. 234), **Vlieland** L'un des restaurants de plage les plus tendance du pays ; les enfants peuvent peaufiner leurs châteaux de sable pendant que les parents se régalent d'excellents produits de la mer.

Vleminckx (p. 90), **Amsterdam** Dans cette vénérable petite friterie, une partie du plaisir consiste à choisir entre des douzaines de sauces.

Friture Reitz (p. 286), **Maastricht** Friterie incontournable.

De Haerlemsche Vlaamse (p. 123), **Haarlem** Institution locale en matière de frites.

IJsboerderij Labora (p. 147), **Texel** Exploitation laitière où l'on peut apercevoir les vaches qui produisent le lait utilisé pour la confection des glaces.

IJs van Co (p. 276), **parc national de la Haute-Veluwe** Admirez les chefs-d'œuvre de Van Gogh au Kröller-Müller Museum, puis pédalez jusqu'à ce glacier pour vous régaler de la meilleure glace à l'italienne du pays (et de succulentes fraises locales en saison).

Musées

Si traîner des enfants réticents à une exposition sur la peinture flamande peut représenter un cauchemar pour tout parent, quantité de musées s'avèrent accessibles, instructifs et... amusants.

NEMO (p. 58), **Amsterdam** Installations interactives conçues pour les enfants ; structure aquatique et superbe vue sur le toit.

Het Scheepvaartmuseum (p. 57), **Amsterdam** Pour monter à bord d'une réplique grandeur nature d'une goélette du XVIIe siècle, canons compris.

Rijksmuseum (p. 72), **Amsterdam** Des audioguides pour les enfants afin qu'ils ne passent pas à côté des trésors du musée.

Maastricht Underground (p. 284). Des grottes et des tunnels vieux de 2 000 ans qui donnent doublement la chair de poule (ça fait peur et il fait frais).

Maritiem Museum (p. 175), **Rotterdam** Les activités amusantes (conduite virtuelle d'un chariot élévateur, installation d'éoliennes en mer du Nord, quizz sur la sécurité en mer, etc.) ne manquent pas dans ce musée de la Marine proche du port, où vous pourrez ensuite visiter des navires historiques.

Miffy Museum (p. 159), **Utrecht** Miffy la lapine, l'un des personnages de dessins animés les plus appréciés aux Pays-Bas, est présente avec d'autres personnages dans ce musée destiné aux tout-petits.

Natuurcentrum Ameland (p. 238), **Nes** L'aquarium marin abrite plus de 200 espèces de la mer du Nord, dont des barracudas et des raies mantas, ainsi qu'un cinéma.

LE TOP DES SITES INTERNET

Holiday Sitters (www.holiday-sitters.com). Service professionnel de baby-sitting pour les familles visitant Amsterdam, Rotterdam et La Haye ; réservez directement en ligne en précisant la langue parlée recherchée, la plage horaire et la durée (de 3 à 10 heures).

I am Expat (www.iamexpat.nl). Site Internet très pratique destiné aux expatriés vivant aux Pays-Bas, rempli d'informations pour les familles avec enfants.

Ci-dessus : parc d'attractions d'Efteling (p. 287)

Ci-contre :plage de Scheveningen (p. 199)

Fort Kijkduin (p. 140), **Den Helder** Forteresse perchée en haut d'une colline, recelant un musée militaire et un aquarium souterrain rempli de créatures marines des mers des Wadden et du Nord.

Markiezenhof (p. 300), **Bergen op Zoom** Des versions miniature des manèges investissent cette ville du Sud lors de son célèbre carnaval.

Natuurmuseum Fryslân (carte p. 224 ; ☎058-233 22 44 ; www.natuurmuseumfryslan.nl ; Schoenmakersperk 2 ; adulte/enfant 9/6 € ; 🕑11h-17h mar-dim sept-juin, 10h-17h juil-août ; 👪), **Leeuwarden** L'exploration d'un canal de la Frise dans la peau d'un poisson et la simulation d'un vol d'oiseau comptent parmi les temps forts de ce musée.

Nederlands Openluchtmuseum (p. 275), **Arnhem** Tel un décor de film, ce musée en plein air recrée la vie quotidienne d'antan aux Pays-Bas sous forme de village, et propose une kyrielle d'activités pratiques.

Parcs d'attractions

Les grands favoris des enfants.

Efteling (p. 287), **Kaatsheuvel** Le plus connu des parcs de loisirs des Pays-Bas avec manèges, personnages de dessin animé, etc. Dans le sud du pays, près de Tilbourg.

Madurodam (p. 195), **La Haye** La Hollande en miniature et en extérieur.

Deltapark Neeltje Jans (p. 219), **Zélande** Au cœur du vaste et saisissant Plan Delta, ce parc raconte comment les Néerlandais ont dompté la mer. Expositions pour les plus jeunes, phoques, parc aquatique et manèges.

Théâtres

Amsterdams Marionetten Theater (p. 106) Spectacles de marionnettes captivants comme *La Flûte enchantée* de Mozart.

Openluchttheater (p. 107), **Amsterdam** Un théâtre gratuit, dans le Vondelpark, accueillant des représentations les samedis après-midi d'été.

Préparer son voyage

Pour des informations et des conseils d'ordre général, reportez-vous au guide Lonely Planet *Voyager avec ses enfants*.

Quand partir

Les Pays-Bas s'apprécient toute l'année, mais les familles préféreront peut-être les mois les plus chauds et les plus secs – de Pâques à septembre –, lorsque la météo incite davantage aux activités de plein air, que ce soit les jeux sur la plage, le vélo, la voile ou une simple pause ludique dans un parc urbain.

Le calendrier des festivals est un autre facteur à prendre en considération : le mois de février, froid et humide, signale le début de la saison des carnavals et des défilés, qui sont toujours très appréciés des enfants ; Sinterklaas (Saint Nicolas) apporte des cadeaux aux enfants le 5 décembre ; et l'été abonde en festivals amusants et manifestations sportives.

Hébergement

La grande majorité des hôtels acceptent les enfants ; ceux qui ne le font pas sont plutôt des adresses haut de gamme, principalement dans des quartiers d'Amsterdam où vous n'envisageriez pas d'emmener des enfants de toute façon.

Dans tout le pays, on trouve aisément des chambres familiales pour quatre, et la majorité des hôtels ajoutent volontiers un lit (pour un petit supplément) ou un lit de bébé (gratuit) dans une chambre double. Les nouvelles auberges de jeunesse, qui font la part belle au design et proposent des chambres individuelles pouvant accueillir jusqu'à 5 ou 6 personnes, sont une alternative intéressante pour les familles nombreuses.

Les Néerlandais aiment beaucoup camper, particulièrement dans les îles de la Frise et les régions côtières.

Les hôtels de catégorie supérieure proposent fréquemment un service de baby-sitting.

Les régions en un clin d'œil

Amsterdam

Musées
Canaux
Divertissements

Bain de culture

Les excellents musées d'Amsterdam attirent des millions de visiteurs chaque année. L'art occupe le devant de la scène : impossible de déambuler dans la rue sans tomber sur un musée abritant un chef-d'œuvre de Van Gogh, de Rembrandt ou de Mondrian.

Canaux du Siècle d'or

Le long des canaux d'Amsterdam les maisons à pignon n'ont guère changé depuis le XVIIe siècle, et les bateaux naviguent sur les mêmes cours d'eau qu'il y a 400 ans.

Sorties à gogo

La vie nocturne amstellodamoise n'a rien à envier à celle des autres capitales européennes. Les clubs de jazz sont nombreux et l'on peut assister à un concert tous les soirs. L'électro n'est pas en reste, avec des DJ de renom se produisant dans les clubs de la ville, et les salles de musique classique ont une programmation internationale brillante. De son côté, le quartier Rouge offre son lot de divertissements et de curiosités.

p. 42

Haarlem et la Hollande-Septentrionale

Cités historiques
Nature
Activités

Villes et bourgades

Le centre historique de Haarlem évoque le Moyen Âge et le Siècle d'or. Quant au port de Horn, on s'attend presque à y voir entrer un ancien navire marchand. D'autres villes beaucoup plus petites et charmantes, telles Edam et Marken, ont gardé leur aspect d'antan.

Oiseaux et phoques

La plus grande île de la mer des Wadden, Texel, est bordée de larges plages et de dunes protégées par un parc national. Des oiseaux s'y retrouvent en grand nombre et des colonies de phoques peuplent ses eaux.

Aventures

Les amateurs de kitesurf, de randonnée et de navigation de plaisance s'en donneront à cœur joie sur le littoral. Sur le continent, de vivifiantes journées à vélo vous attendent le long des digues et dans la campagne verdoyante.

p. 117

Utrecht

Canaux
Sites touristiques
Escapades d'un jour

Balade au bord des canaux

Utrecht ressemble à Amsterdam, les touristes en moins ; ses canaux et ses quais, ponctués de bars caverneux et de restaurants nichés dans d'anciens entrepôts, donnent du caractère à la ville.

Emblème historique

Pour jouir d'une vue imprenable, montez au sommet du Domtoren, le campanile de l'ancienne cathédrale, et tentez d'apercevoir Amsterdam par beau temps. Mais, pour comprendre l'âme d'Utrecht, il vous faudra explorer l'archéologie souterraine au Dom Under à l'aide d'une torche audio.

Vie de château

La province est parsemée de forteresses et de jolies bourgades édifiées autour d'un château. Le Kasteel de Haar est le plus spectaculaire, et le château de Doorn possède une riche histoire ; plus modestes, Amerongen et Wijk bij Duurstede n'en sont pas moins charmants.

p. 154

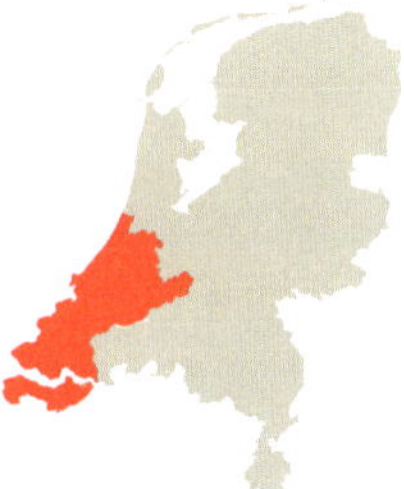

Rotterdam et la Hollande-Méridionale

Vie urbaine
Tulipes
À vélo

Ça bouge à Rotterdam

La renaissance urbaine de Rotterdam se traduit par de nouveaux (et surprenants) édifices, mais aussi par un street art en plein essor, des restaurants et des bars tendance, et un calendrier des festivals très riche.

Champs de fleurs

Les champs de fleurs à bulbe qui s'étendent autour de la jolie cité de Leyde déploient de merveilleuses couleurs au printemps. Les jardins du Keukenhof offrent eux aussi un spectacle éblouissant. La petite ville de Lisse accueille un musée de la Tulipe.

À vélo

Découvrez à vélo les moulins à vent de Kinderdijk, classés au Patrimoine mondial, ou encore les palais de La Haye et la plage de Scheveningen. La côte de la Zélande ou les canaux de Delft, bordés de demeures médiévales, sont aussi propices aux escapades en deux-roues.

p. 168

La Frise

Îles
Histoire
Aventure

Îles frisonnes

Les paysages de la mer des Wadden, au large de la côte nord des Pays-Bas, figurent au patrimoine mondial de l'Unesco. Ils abondent en faune marine et aviaire, à découvrir en bateau ou au cours d'une balade dans les vasières. Même avec l'afflux touristique, vous trouverez toujours une plage déserte rien que pour vous.

Villes historiques

Harlingen est une petite ville portuaire chargée d'histoire. Leeuwarden possède d'excellents musées consacrés au passé de la province et à son cadre naturel, tandis qu'Hindeloopen est un trésor de village de pêcheurs ancien.

Bateaux et vélos

Vous pouvez explorer les îles frisonnes à vélo, en passant d'île en île en bateau, louer une embarcation pour voguer sur des eaux paisibles, ou bien participer à une course en paddle sur les canaux traversant quelque 11 villes de la région.

p. 221

Le Nord-Est

Histoire
Parcs
Vie nocturne

Comprendre le passé

La partie nord-est des Pays-Bas recèle des sites parmi les plus anciens du pays : les *hunebedden* (chambres funéraires préhistoriques), mais aussi la cité fortifiée de Bourtange, préservée telle qu'elle était au XVIe siècle, et Groningue, où tout fait écho au Siècle d'or. L'histoire, plus récente et tragique, s'est aussi écrite au camp nazi de Westerbork.

Réserves naturelles

Des zones protégées préservent l'environnement naturel. Au programme : vieilles fermes, forêts et landes le long de kilomètres de pistes cyclables et de sentiers de randonnée.

Que la fête commence

À Groningue, vénérable ville universitaire, quelque 20 000 étudiants assurent l'animation dans les rues, ainsi que dans les cafés, bars et salles de concerts.

p. 241

Le Centre

Villes de charme
Canaux
Histoire

Rues au cachet ancien

Vous irez de découverte en découverte en vous baladant, le nez au vent, dans les petites rues des cités séculaires du centre des Pays-Bas. Le patrimoine architectural intact de Deventer, Zwolle et Kampen témoignent du rôle joué par ces anciennes cités marchandes de la Ligue hanséatique.

Terre et mer

L'eau a façonné tout le centre des Pays-Bas. Près de Giethoorn, strié de pittoresques voies d'eau, vous pouvez longer canaux et chenaux creusés par des fermiers et des tourbiers au cœur du superbe parc national de Weerribben-Wieden.

Souvenirs de la guerre

À Nimègue, Arnhem et alentour, monuments et musées rappellent les féroces combats de la Seconde Guerre mondiale et leurs terribles conséquences.

p. 256

Maastricht et le Sud-Est

Histoire
Art
Cafés

Vestiges romains

Le sous-sol de Maastricht, marqué par des siècles de conflit, est criblé de tunnels et de fortifications remontant à l'occupation romaine. En surface, chaque époque a laissé son empreinte dans le charmant petit centre-ville.

L'art aujourd'hui

Jérôme Bosch était un fin observateur de l'âme humaine et ses peintures complexes, recréées dans sa ville natale de Bois-le-Duc, n'ont pas pris une ride. Quant à Maastricht, elle accueille le plus grand salon d'art ancien au monde, et des trésors artistiques abondent dans ses musées.

Culture des cafés

La culture des cafés (et des bars) est bien vivante dans les rues de Bréda et de Maastricht, alors que près de Tilburg, les amateurs de bière se retrouvent au monastère de Koeningshoeven, abritant une brasserie où goûter des bières trappistes.

p. 280

Sur la route

La Frise
p. 221
Le Nord-Est
p. 241
Haarlem
et la Hollande-
Septentrionale
p. 117
Amsterdam
p. 42
Le Centre
p. 256
Utrecht
p. 154
Rotterdam
et la Hollande-
Méridionale
p. 168
Maastricht
et le Sud-Est
p. 280

Amsterdam

☎ 020 / 851 573 HABITANTS

Dans ce chapitre ➡

Le top des restaurants

- Rijks (p. 96)
- D'Vijff Vlieghen (p. 91)
- Ron Gastrobar (p. 96)
- Greetje (p. 92)
- De Kas (p. 98)

Le top des hébergements

- Hoxton Amsterdam (p. 86)
- Sir Albert Hotel (p. 89)
- ClinkNOORD (p. 90)

Pourquoi y aller

La magie d'Amsterdam opère de diverses manières : à travers les maisons à pignon typiques du Siècle d'or, les canaux scintillants où naviguent les bateaux, et surtout les sympathiques cafés bruns, plusieurs fois centenaires, où les bougies se consument lentement et la bière coule à flots. Les amateurs d'art seront à la fête dans cette ville qui abrite tant de chefs-d'œuvre, grâce aux riches collections du Rijksmuseum, des musées Van Gogh, Stedelijk et de l'Hermitage notamment. Les mélomanes fréquenteront les salles de concerts à la programmation internationale. Les amateurs d'histoire visiteront la maison d'Anne Frank et les amateurs d'espaces verts se régaleront de parcs et de sorties diverses. L'autre face d'Amsterdam, moins sage, se révèle dans le quartier Rouge et les *coffee shops* vendant du cannabis.

La ville est particulièrement facile d'accès et son petit centre historique ne demande qu'à être exploré. Ses charmantes ruelles cachent des trésors : un jardin secret, un marché aux livres anciens ou une distillerie du XVIIe siècle.

Quand partir

- L'été est la période où la ville est la plus fréquentée, les terrasses de café sont bondées et des festivals se succèdent. Beaucoup de commerces ferment entre fin juillet et fin août.
- Le nombre de visiteurs commence à diminuer en octobre et, dès novembre, les tarifs hors saison s'appliquent. De décembre à février, patinage sur glace, cafés chauffés au feu de cheminée et musées où l'on n'a pas à faire la queue consolent les visiteurs du froid.
- Les touristes reviennent vers Pâques, et le pic est atteint autour de la fête du Roi (27 avril), de la journée du Souvenir (4 mai) et de la fête de la Libération (5 mai).

Histoire

Au début du XIIIe siècle, une communauté de pêcheurs connue sous le nom d'Aemstelredamme – "la digue sur l'Amstel" – se forma sur l'actuelle place du Dam. La ville devint rapidement un centre de commerce maritime. Une société individualiste et capitaliste vit le jour, libérée des impôts élevés et de la structure médiévale féodale. L'Amsterdam moderne – libre, ouverte, progressive – était née.

La cité prospéra durant le Siècle d'or (XVIIe siècle). Marchands et artisans y affluaient, Rembrandt peignait ses toiles et les urbanistes construisirent les canaux. Cependant, au siècle suivant, des guerres internationales et la concurrence commerciale firent stagner l'économie locale.

En 1806, Louis Bonaparte, frère de Napoléon, devint roi de Hollande. Il emménagea dans l'hôtel de ville, situé sur la place du Dam, et en fit un palais royal. Les projets d'infrastructures comme la Centraal Station, le Rijksmuseum et l'expansion du port virent le jour plus tard au cours du XIXe siècle.

La Première Guerre mondiale et la Grande Dépression des années 1930 entraînèrent des pénuries alimentaires et accrurent la pauvreté. Durant la Seconde Guerre mondiale, sous l'occupation nazie, la communauté juive locale connut la famine et la dévastation. Des 90 000 juifs d'Amsterdam, moins de 6 000 survécurent à la guerre.

Dans les années 1960, Amsterdam devint l'épicentre des hippies de toute l'Europe, qui y fumaient de l'herbe sur le Dam et campaient dans le Vondelpark. En 1972, le premier *coffee shop* ouvrit ses portes, et en 1976 la marijuana fut dépénalisée pour permettre à la police de concentrer ses forces sur les drogues dures.

Au cours des années 1990, la ville s'embourgeoisa alors que son économie se tournait vers les emplois de bureau et l'industrie des services, florissante. La composition ethnique changea également, les immigrants (notamment des Marocains, des Surinamiens et des Turcs) représentant plus de 45% de la population.

Au XXIe siècle, la Venise du Nord est devenue StartupAmsterdam, à raison de 1,3 start-up par millier d'habitants. Les projets innovants ne manquent pas : de la construction d'une maison à pignon et d'un pont sur le canal par impression 3D à la création de réseaux d'échange d'énergie verte entre habitants. Parmi les ambitieux projets urbains, il y a eu, en juillet 2018, l'ouverture tant attendue d'une cinquième ligne de métro (encadré p. 115), sans oublier les grandes îles artificielles qui ne cessent de gagner sur les eaux pour accueillir l'habitat de banlieue.

En 2018, Femke Halsema est devenue la première femme maire d'Amsterdam. Son parti écologiste de gauche, GroenLinks, a emporté sa première victoire aux élections locales, en mars de la même année.

À voir

Inscrite au patrimoine mondial de l'Unesco depuis 2010, la ceinture de canaux est plus qu'un monument ! Elle enserre la plus grande densité de musées au monde pour une ville de cette taille : plus de soixante. Les incontournables se concentrent sur Museumplein, à proximité de l'oasis que forme Vondelpark. Des sites touristiques majeurs, telle la maison d'Anne Frank, se trouvent au cœur d'Amsterdam. Passée la ceinture de canaux se déploient des quartiers innovants comme celui d'Amsterdam-Noord et leur lot de sites d'allure contemporaine.

Centre historique et quartier Rouge

Dans la cité proprement médiévale ont pignon sur rue quelques musées – tel l'Amsterdam Museum (p. 51) témoignant de l'histoire de la ville, des monuments comme le Palais royal (p. 43) et d'endroits charmants tel le Béguinage (Begijnhof, p. 51). Dans le quartier Rouge, les thèmes sont plus hardis : musées du sexe, de la prostitution et de la marijuana contrastent avec la Nieuwe Kerk (p. 51) du XVe siècle ou un temple bouddhique dédié à Guanyin (p. 53).

Palais royal PALAIS

(Koninklijk Paleis ; carte p. 48 ; 020-522 61 61 ; www.paleisamsterdam.nl ; Dam ; adulte/enfant 12,50 €/gratuit ; 10h-17h ; 4/14/24 Dam). Inauguré en 1655, ce magnifique édifice fut d'abord l'hôtel de ville du Dam avant de devenir palais au début du XIXe siècle, sous le règne de Louis Bonaparte. L'intérieur est resplendissant, notamment son décor en marbre, dont le plus bel exemple est le sol de la vaste *Burgerzaal* (salle des bourgeois), au cœur du bâtiment : sous

(Suite du texte en page 50)

LES QUARTIERS EN UN CLIN D'ŒIL

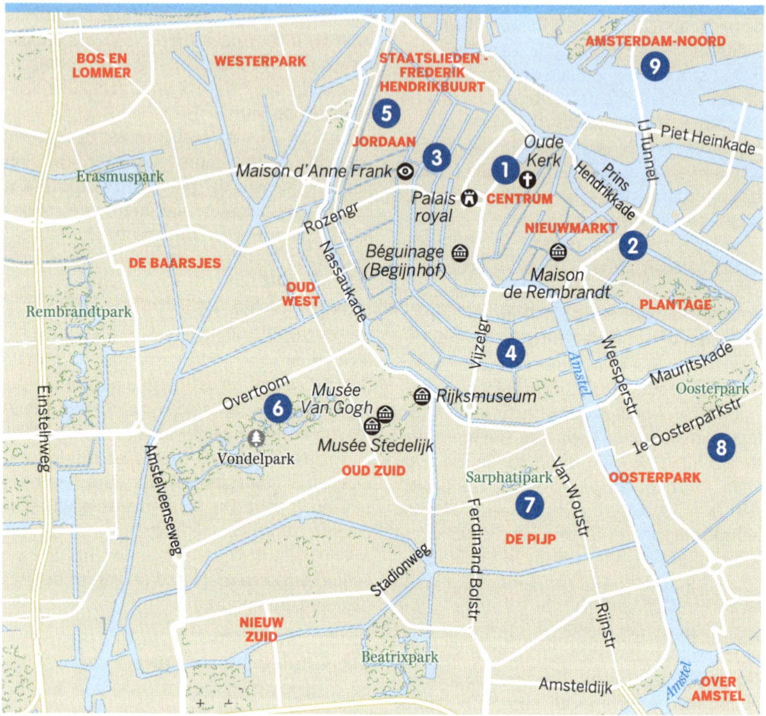

❶ Centre historique et quartier Rouge (p. 43)

Remarquablement préservé, le plus ancien quartier d'Amsterdam ressemble à ce qu'il était au Siècle d'or. Si certains touristes viennent voir le Palais royal et l'Oude Kerk, d'autres se précipitent sur les *coffee shops* et le quartier Rouge.

❷ Nieuwmarkt, Plantage et îles de l'Est (p. 55)

Tissé par les fils de l'Histoire, le quartier animé de Nieuwmarkt en conserve bien des traces, de la maison-atelier de Rembrandt aux synagogues centenaires. Le marché aux puces de Waterlooplein se tient aussi dans l'ancien quartier juif. À côté, Plantage et ses arbres offrent plus de calme, surtout avec son zoo et son jardin botanique. Dans les îles de l'Est, d'anciens entrepôts ont été métamorphosés en bars festifs et fleurons de l'architecture néerlandaise moderne.

❸ Ceinture des canaux ouest (p. 58)

Grandioses demeures du passé et petites boutiques pleines de charme ourlent les voies d'eau. La ceinture des canaux ouest, comptant parmi les plus beaux quartiers d'Amsterdam, est un lieu de promenade très prisé. Néanmoins les visiteurs ne manqueront pas la maison d'Anne Frank et le célèbre journal tenu par la jeune fille.

❹ Ceinture des canaux sud (p. 59)

Harmonieux tissu de voies d'eau concentriques en forme de fer à cheval, ce quartier où bat une vie nocturne intense sur Leidseplein (p. 105) et Rembrandtplein – deux larges places ourlées de bars, clubs et restaurants – n'en reste pas moins un concentré du Siècle d'or. Les plus élégantes demeures d'Amsterdam y rivalisent de beauté le long des canaux. Quelques musées

y ont élu domicile, tout comme le marché aux fleurs et tout un éventail de bars et restaurants déployés au bord de l'eau.

❺ Jordaan et l'Ouest (p. 63)

Dans l'ancien quartier ouvrier du Jordaan, les ruelles étroites débordent d'animation, avec des pubs, des galeries d'art et des marchés. Il compte peu de grands sites, mais c'est un endroit plein de charme, idéal pour musarder. À côté, les friches industrielles de l'Ouest se sont transformées en complexe culturel avant-gardiste.

❻ Vondelpark et le Vieux Sud (p. 67)

Vondelpark tient une place à part dans le cœur des Amstellodamois. C'est un grand espace vert où tout le monde finit par se retrouver : fumeurs de haschich, jeunes mamans pimpantes, cyclistes, pique-niqueurs ou adeptes du bronzage. Proche du parc, le cossu Vieux Sud (Oud Zuid) réunit le fleuron des riches collections de la cité : les musées Van Gogh, Stedelijk et le Rijksmuseum. Plus au sud encore : la verdure d'Amsterdamse Bos (forêt d'Amsterdam) et le musée CoBrA. Le nord du quartier se distingue avec l'original Overtoom et l'espace De Hallen, entre culture et nourriture.

❼ De Pijp (p. 71)

Creuset de créativité, ce quartier d'allure villageoise héberge une population mêlée d'ouvriers, d'immigrés, d'intellectuels, de travailleuses du sexe et de jeunes urbains. Il s'y tient le plus grand marché de rue d'Amsterdam, l'Albert Cuypmarkt haut en couleur, au beau milieu d'une kyrielle de petits restaurants sans prétention et de cafés de caractère.

❽ Oosterpark et est de Amstel (p. 71)

Quartier le plus cosmopolite d'Amsterdam, l'Oost (l'Est) regroupe des enclaves marocaines et turques. Il s'est développé au XIXe siècle et regroupe d'imposants immeubles, de larges boulevards et un grand parc à l'anglaise, Oosterpark (1861). Plus à l'est, le verdoyant Flevopark rappelle qu'il représentait jadis la limite entre ville et campagne. Au-delà s'étire le plus récent quartier de la ville, IJburg, construit sur plusieurs îles et intégrant la plage d'Amsterdam.

❾ Amsterdam-Noord (p. 71)

Sur la rive de l'IJ qui fait face au cœur historique d'Amsterdam, vous trouverez champs, chevaux et moulins, à quelques encablures d'anciennes zones industrielles ainsi que d'une architecture d'avant-garde et de hangars transformés en repaires de hipsters, aux murs couverts de street art. Longtemps ignoré, Amsterdam-Noord s'est réinventé en quartier le plus branché de la ville. L'idéal pour se balader à vélo, prendre un verre ou dîner dans des lieux originaux.

À ne pas manquer

❶ Le **Rijksmuseum** (p. 72), véritable malle aux trésors où s'émerveiller devant les œuvres de Vermeer, Rembrandt et découvrir d'autres richesses nationales.

❷ La découverte, émouvante, de la vie d'une jeune fille juive sous l'occupation dans la **maison d'Anne Frank** (p. 60).

❸ La collection incomparable du **musée Van Gogh** (p. 76), pour voir les œuvres phares du maître.

❹ La visite de la **maison-atelier de Rembrandt** (p. 55), sanctuaire privé du peintre du Siècle d'or.

❺ Les ruelles et cafés du quartier de **Jordaan** (p. 103), haut lieu de la *gezelligheid* (ambiance conviviale) néerlandaise.

❻ Les senteurs exotiques du grand marché de rue d'Amsterdam, l'**Albert Cuypmarkt** (p. 71).

❼ L'instructive **visite guidée du quartier Rouge** (p. 82), sous la houlette du Prostitutioon Information Center.

❽ Un moment de détente au **Vondelpark** (p. 67), vaste oasis urbaine entre bassins, pelouses, bosquets et sentiers.

❾ La dégustation d'une bière maison, au pied d'un ancien moulin à vent, à la **Brouwerij 't IJ** (p. 100).

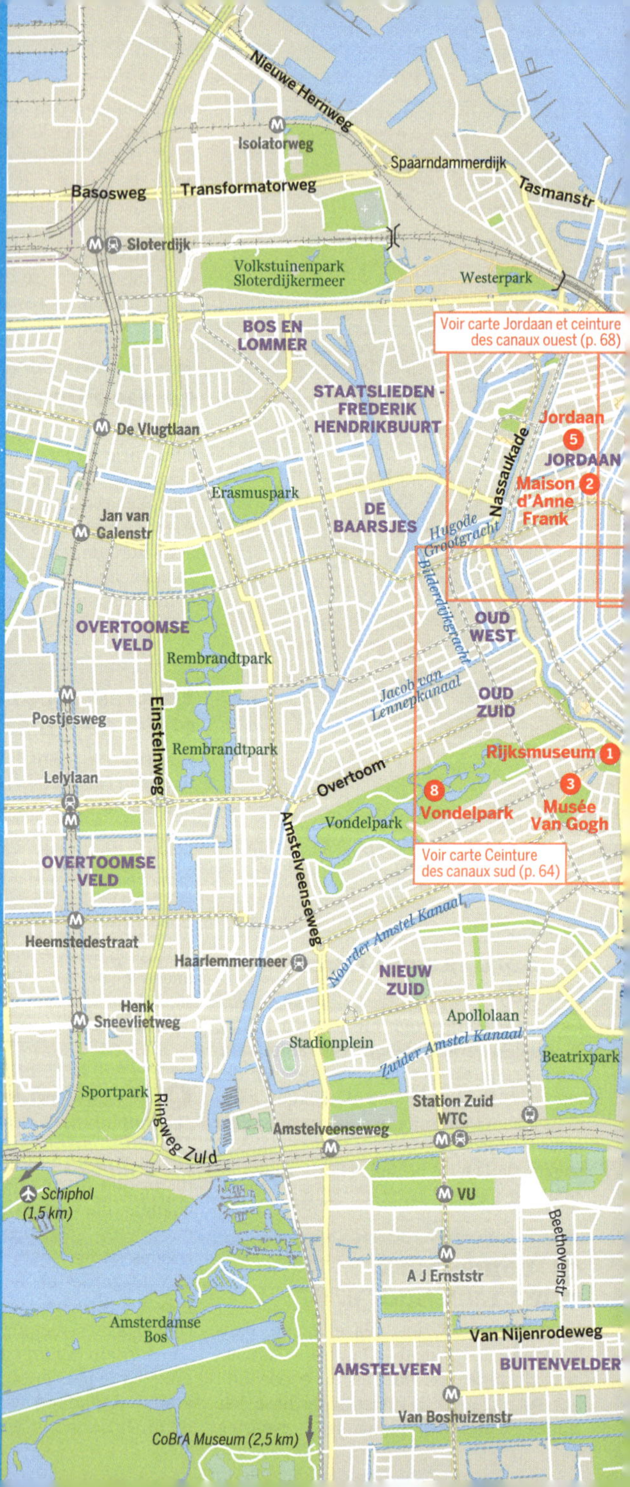

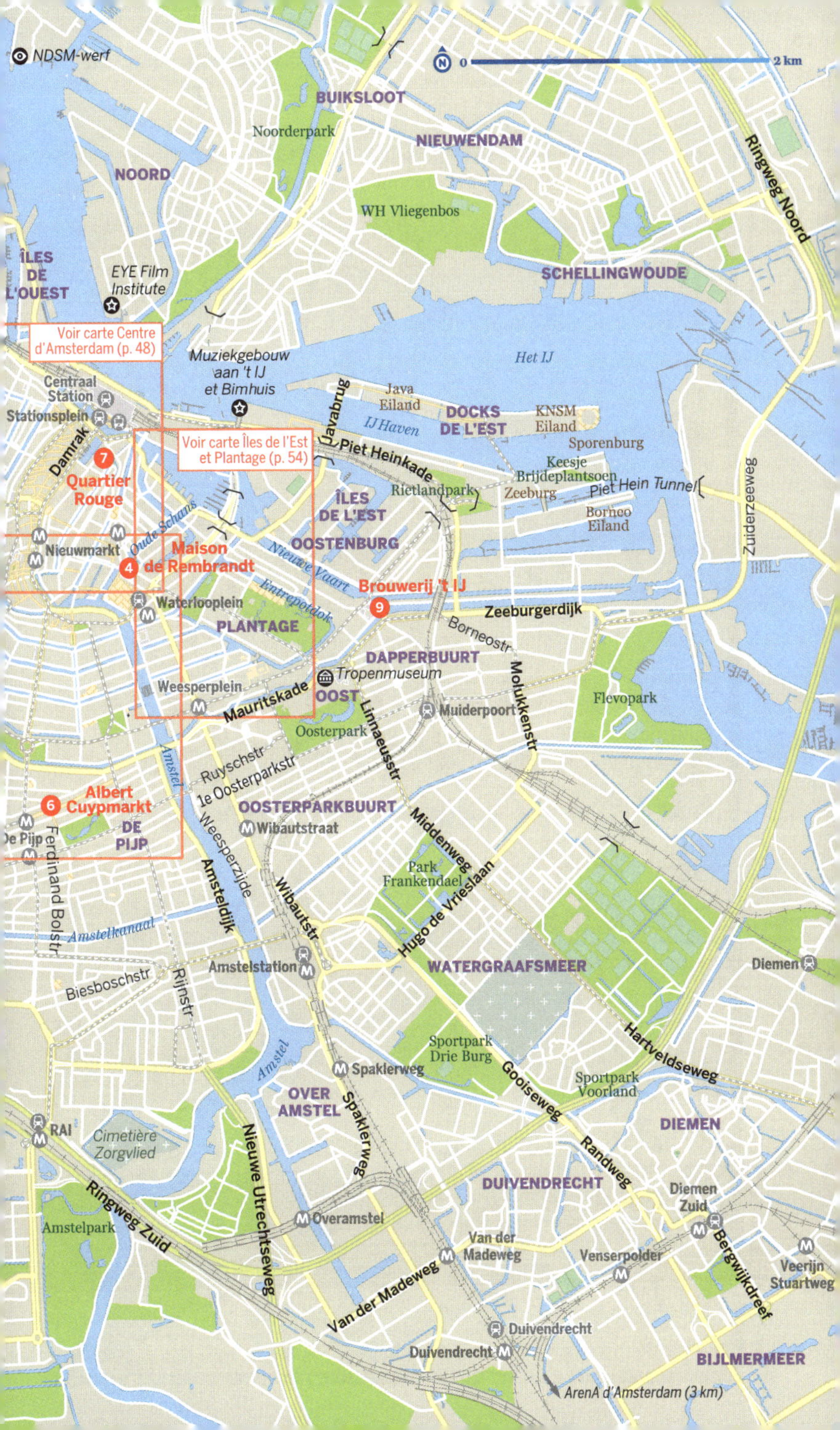

NDSM-werf
0
2 km
BUIKSLOOT
Noorderpark
NIEUWENDAM
NOORD
WH Vliegenbos
Ringweg Noord
ÎLES DE L'OUEST
EYE Film Institute
SCHELLINGWOUDE
Voir carte Centre d'Amsterdam (p. 48)
Muziekgebouw aan 't IJ et Bimhuis
Het IJ
Centraal Station
Stationsplein
Java Eiland
IJ Haven
DOCKS DE L'EST
KNSM Eiland
Sporenburg
Javabrug
Voir carte Îles de l'Est et Plantage (p. 54)
Piet Heinkade
Keesje Brijdeplantsoen
Damrak
7
Quartier Rouge
Rietlandpark
Zeeburg
Piet Hein Tunnel
ÎLES DE L'EST
Borneo Eiland
Zuiderzeeweg
Oude Schans
Nieuwmarkt
4
Maison de Rembrandt
OOSTENBURG
Nieuwe Vaart
Entrepotdok
Brouwerij 't IJ
9
Waterlooplein
Zeeburgerdijk
PLANTAGE
Borneostr
DAPPERBUURT
Tropenmuseum
Molukkenstr
Weesperplein
Mauritskade
OOST
Muiderpoort
Flevopark
Oosterpark
Linnaeusstr
Ruyschstr
1e Oosterparkstr
Amstel
Albert Cuypmarkt
6
DE PIJP
De Pijp
OOSTERPARKBUURT
Wibautstraat
Middenweg
Weesperzijde
Ferdinand Bolstr
Amsteldijk
Wibautstr
Park Frankendael
Hugo de Vrieslaan
Amstelkanaal
Amstelstation
WATERGRAAFSMEER
Diemen
Biesboschstr
Rijnstr
Hartveldseweg
Sportpark Drie Burg
Amstel
Spaklerweg
Gooiseweg
Sportpark Voorland
OVER AMSTEL
Spaklerweg
DIEMEN
RAI
Cimetière Zorgvlied
Nieuwe Utrechtseweg
Randweg
DUIVENDRECHT
Diemen Zuid
Ringweg Zuid
Amstelpark
Overamstel
Van der Madeweg
Venserpolder
Bergwijkdreef
Veenrijn Stuartweg
Van der Madeweg
Duivendrecht
Duivendrecht
BIJLMERMEER
ArenA d'Amsterdam (3 km)

Centre d'Amsterdam

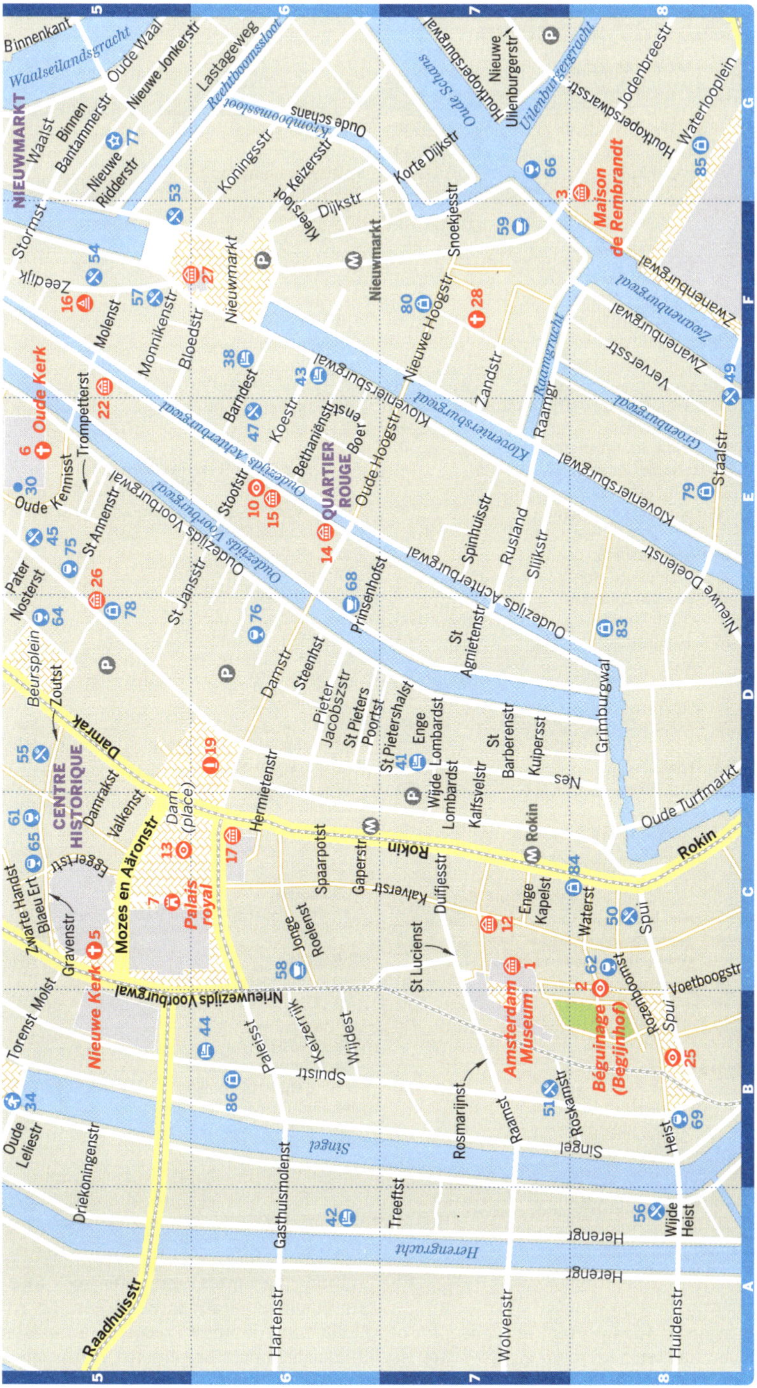
NIEUWMARKT
CENTRE HISTORIQUE
QUARTIER ROUGE
Oude Kerk
Nieuwe Kerk
Palais royal
Amsterdam Museum
Béguinage (Begijnhof)
Maison de Rembrandt
Dam (place)
Damrak
Rokin
Nieuwmarkt
Binnenkant
Waalseilandsgracht
Oude Waal
Nieuwe Jonkerstr
Lastageweg
Rechtboomssloot
Kromboomssloot
Oude Schans
Koningsstr
Keizersstr
Kleersloot
Dijkstr
Korte Dijkstr
Snoekjesstr
Houtkopersburgwal
Nieuwe Uilenburgerstr
Uilenburgergracht
Houtkopersdwarsstr
Jodenbreestr
Waterlooplein
Zwanenburgwal
Verversstr
Groenburgwal
Staalstr
Kloveniersburgwal
Nieuwe Doelenstr
Oudezijds Achterburgwal
Oudezijds Voorburgwal
Grimburgwal
Oude Turfmarkt
Nieuwe Hoogstr
Oude Hoogstr
Zandstr
Raamgracht
Raamgr
Spinhuisstr
Rusland
Slijkstr
St Agnietenstr
St Barberenstr
Kuiperssst
Nes
Prinsenhofst
Bethaniënstr
Boerenst
Koestr
Barndest
Stoofstr
Monnikenstr
Bloedstr
Molenst
Zeedijk
Stormst
Waalst
Binnen Bantammerstr
Nieuwe Ridderstr
Trompetterst
Oude Kennisst
St Annenstr
Pater Nosterst
Beursplein
Zoutst
Damrakst
Valkenst
Warmoesstr
St Jansstr
Damstr
Steenhst
Pieter Jacobszstr
St Pieters Poortst
St Pietershalst
Enge Lombardst
Wijde Lombardst
Kalfsvelstr
Hermietenstr
Spaarpotst
Gaperstr
Kalverstr
Duifjesstr
Enge Kapelst
Waterst
Spui
Voetboogstr
Rozenboomst
St Lucienst
Jonge Roelenst
Mozes en Aäronstr
Eggertst
Blaeu Erf
Zwarte Handst
Gravenstr
Torenst
Molst
Nieuwezijds Voorburgwal
Paleisst
Keizerrijk
Wijdest
Spuistr
Rosmarijnst
Raamst
Roskamstr
Heist
Singel
Oude Leliestr
Driekoningenstr
Gasthuismolenst
Treeftst
Wijde Heist
Herengracht
Herengr
Raadhuisstr
Hartenstr
Wolvenstr
Huidenstr

Centre d'Amsterdam

Les incontournables
1 Amsterdam Museum C7
2 Béguinage (Begijnhof) C8
3 Maison de Rembrandt........ G8
4 Museum Ons' Lieve Heer op Solder F4
5 Nieuwe Kerk C5
6 Oude Kerk E5
7 Palais royal C5

À voir
8 Beurs van Berlage........ E4
9 Brouwerij De Prael F4
10 Cannabis College E6
11 Centraal Station F2
12 Galerie des Gardes civiques........ C7
13 Dam C5
14 Hash, Marijuana & Hemp Museum E6
15 Hemp Gallery........ E6
16 Temple Fo Guang Shan He Hua........ F5
17 Madame Tussauds Amsterdam C6
18 Multatuli Museum C3
19 Nationaal Monument D6
Clocher de l'Oude Kerk .... (voir 6)
20 Poezenboot C2
21 Prostitution Information Centre........ E4
22 Red Light Secrets F5
23 Schreierstoren G3
24 Sexmuseum Amsterdam........ E3
25 Spui........ B8
26 W139........ D5
27 Waag........ F6
28 Zuiderkerk F7

Activités
29 Black Bikes C4
30 Drugs Tour........ E5
31 Frederic Rentabike C1
32 MacBike F1
Mee in Mokum........ (voir 1)
Prostitution Information Centre
Red Light District Tour........ (voir 21)
34 Reypenaer (dégustations de fromage)... B5
Sandeman's New Amsterdam
Tours .... (voir 19)
35 Wetlands Safari........ F1
36 Yellow Bike........ D4

Où se loger
37 art'otel amsterdam........ E2
38 Christian Youth Hostel
'The Shelter City'........ F6
39 Hotel Luxer F4
40 Hotel The Exchange D4
41 Hotel V Nesplein D7
42 Hoxton Amsterdam A6
43 Misc EatDrinkSleep........ F6
St Christopher's at the Winston..(voir 75)
44 W Amsterdam........ B6

Où se restaurer
45 Anna E5
46 Bird Snackbar E6
47 Blauw aan de Wal E6
48 De Belhamel........ C1
49 Frenzi F8
50 Gartine C8
51 Haesje Claes........ B7
53 Nam Kee F5
54 Nam Kee F5
55 Rob Wigboldus Vishandel D5
56 Singel 404 .... A8
57 Tokoman........ F5

Où prendre un verre et faire la fête
58 Abraxas........ C6
59 Bluebird F7
60 Brouwerij De Prael F4
61 Café Belgique........ C5
62 Café de Dokter........ C8
63 Café Tabac B1
64 Cut Throat D5
65 De Drie Fleschjes........ C5
66 De Sluyswacht G7
67 Getto E4
68 Greenhouse........ D6
69 Hoppe........ B8
71 Proeflokaal de Ooievaar F3
72 't Arendsnest........ B3
73 't Mandje........ F4
74 Tales & Spirits........ C4
75 Winston Kingdom........ E5
76 Wynand Fockink D6

Où sortir
77 Amsterdams Marionetten Theater....... G5

Achats
78 Condomerie Het Gulden Vlies D5
79 Hôtel Droog........ E8
80 Joe's Vliegerwinkel........ F7
82 Kokopelli........ F3
83 Marché aux livres
d'Oudemanhuispoor D8
84 PGC Hajenius C8
85 Marché aux puces de Waterlooplein G8
86 X Bank........ B6

(Suite de la page 43)

le regard d'Atlas portant le monde, le sol en marqueterie de marbre représente les hémisphères est et ouest. L'audioguide, gratuit, disponible après l'entrée, fournit moult explications détaillées. Le roi Guillaume-Alexandre utilise le palais uniquement pour les cérémonies officielles (agenda en ligne).

Amsterdam Museum MUSÉE

(carte p. 48 ; 020-523 18 22 ; www.amsterdammuseum.nl ; Kalverstraat 92 ; adulte/enfant 20 €/gratuit ; 10h-17h ; 2/11/12 Spui). Esprit d'entreprise, libre pensée, citoyenneté et créativité sont les pierres angulaires de l'exposition multimédia "ADN". Mille ans d'histoire amstellodamoise sont ici décomposés en sept périodes clés. On accède à ce musée rarement bondé (à la différence de ses confrères) par la **galerie des Gardes civiques** (carte p. 48 ; Kalverstraat 92 ; 10h-17h ; 2/11/12 Spui) GRATUIT, là où sont suspendus les immenses portraits de groupe de ces milices bourgeoises créées au Siècle d'or pour protéger la cité (le plus fameux est *La Ronde de nuit* de Rembrandt, exposé au Rijksmuseum).

Béguinage (Begijnhof) COUR, COMMUNAUTÉ

(carte p. 48 ; begijnhofkapel.amsterdam.nl ; 9h-17h30 ; 2/11/12 Spui). GRATUIT Authentique havre de paix au cœur de la ville (près de la rue Gedempte Begijnensloot), cet ancien espace de vie monastique date du début du XIVe siècle. Célibataires ou veuves, les béguines formaient une communauté de pieuses catholiques laïques, s'occupant des personnes âgées et menant une vie religieuse sans prononcer de vœux perpétuels. Elles habitaient les maisonnettes entourant ce vaste jardin clos appelé *hof* (cour). Deux petites églises généralement ouvertes au public s'y cachent : la **Begijnhof Kapel (chapelle "clandestine")** de 1671 (carte p. 64 ; www.begijnhofkapelamsterdam.nl ; Begijnhof 30 ; 13h-18h30 lun, 9h-18h30 mar-ven, 9h-18h sam-dim ; 2/11/12 Spui), où les béguines pratiquaient leur culte à l'insu des calvinistes, et l'**Engelse Kerk (église anglaise)** (carte p. 64 ; www.erc.amsterdam ; Begijnhof 48 ; 9h-17h ; 2/11/12 Spui), où se réunirent dès sa construction vers 1392 les réfugiés presbytériens anglais et écossais (dont les Pères pèlerins). La maison en bois du n°34 (vers 1465) serait la plus ancienne du pays. La dernière béguine est décédée en 1971.

Dam PLACE

(carte p. 48 ; 4/14/24 Dam). C'est ici qu'Amsterdam fut fondée vers 1270. Aujourd'hui, touristes, musiciens de rue et, parfois, une fête foraine investissent la place, tout comme les pigeons. Le Dam ("la digue") est toujours un lieu de rassemblement national qui accueille de grands événements, des discours ou des manifestations.

Nationaal Monument MONUMENT

(carte p. 48 ; Dam ; 4/14/24 Dam). L'obélisque dans la partie est du Dam fut construit en 1956 en souvenir des soldats tombés pendant la Seconde Guerre mondiale. Deux lions se dressent devant le piédestal orné de statues symboliques : quatre hommes (la guerre), une femme à l'enfant (la paix) et des hommes avec des chiens (la résistance). Les 12 urnes à l'arrière renferment de la terre provenant des cimetières de guerre des 11 provinces du pays et des Indes orientales néerlandaises. Une cérémonie de commémoration aux victimes de la guerre se tient ici chaque 4 mai.

Nieuwe Kerk ÉGLISE

(Nouvelle Église ; carte p. 48 ; 020-626 81 68 ; www.nieuwekerk.nl ; Dam ; adulte/enfant 19,50 €/gratuit ; 10h-17h ; 2/11/12/13/17 Dam). Cette basilique du XVe siècle, de style gothique flamboyant, n'est nouvelle que par rapport à l'Oude Kerk (Vieille Église) de 1306. Quelques éléments monumentaux dominent l'intérieur, par ailleurs dépouillé : un chœur sculpté dans le chêne, un jubé en bronze, un orgue de grande taille et d'immenses vitraux. C'est l'église des couronnements et des mariages royaux. Sinon il ne s'y déroule plus aucun culte, l'église accueillant désormais expositions artistiques et concerts. Heures d'ouverture et tarifs variables selon les événements. Audioguide : 2 €.

Spui PLACE

(carte p. 48 ; 2/11/12 Spui). Librairies et cafés bordent le Spui (prononcez "spa-o"), grande place appréciée des professeurs et des étudiants de l'université d'Amsterdam. Le vendredi (si le temps le permet), un marché aux livres occupe les lieux ; le dimanche, place au **marché d'art** (carte p. 64 ; artamsterdam-spui.com ; Spui ; 11h-18h dim mars-déc ; 2/11/12 Spui).

Sexmuseum Amsterdam MUSÉE

(carte p. 48 ; www.sexmuseumamsterdam.nl ; Damrak 18 ; 9 € ; 9h30-23h30 ; 2/4/11/12/13/14/17/24/26 Centraal Station). Interdit aux moins de 16 ans, le Sexmuseum sera l'occasion de quelques rires sympathiques. Vous y verrez des copies d'assiettes pornographiques de Pompéi, des bronzes érotiques viennois du XIVe siècle, certaines des toutes premières photos de nu, un automate exhibitionniste, ou encore une boîte à musique jouant "Edelweiss" et dévoilant un couple en flagrant délit.

QUARTIER ROUGE : CE QU'IL FAUT SAVOIR

- La prostitution est légale aux Pays-Bas depuis l'an 2000.
- Le nombre de travailleuses du sexe à Amsterdam se tient dans une fourchette de 5 000 à 8 000. En gros, on l'estime à 6 000.
- On ne peut légalement travailler dans l'industrie du sexe avant l'âge de 21 ans.
- Prendre les vitrines en photo tombe sous le coup de la loi. Par simple respect, on se doit d'éviter tout cliché, même rapide, de femmes dévêtues dans leur vitrine. D'ailleurs, cela évitera à votre appareil photo de finir dans le canal (des forces spéciales veillent au respect du règlement).
- Pour assurer la sécurité des prostituées en cas de violence, leurs lieux de travail disposent d'une alarme actionnant une alerte lumineuse extérieure et avertissant la police.
- Le symbole de la lanterne rouge, auquel le quartier doit son nom, ne date pas d'hier. Il rappelle qu'au XIVe siècle les femmes allaient ainsi de nuit vers le port à la "rencontre" des marins. On dit la lumière rouge flatteuse, surtout dans le noir où elle ferait briller les dents !

Madame Tussauds Amsterdam MUSÉE

(carte p. 48 ; www.madametussauds.com/amsterdam ; Dam 20 ; adulte/enfant 25/20 € ; 10h-17h30, dernière entrée 15h45 ; 4/14/24 Dam). L'accent mis sur la culture néerlandaise confère un côté amusant à ce musée de cire kitsch : membres de la famille royale, politiciens, peintres et pop stars sont aux côtés de célébrités mondiales (George Clooney, Barack Obama...). Les jeunes adorent. L'achat de billets en ligne raccourcit le temps d'attente à l'entrée, permet d'économiser quelques euros, voire plus pour une entrée avant 11h30 ou après 18h. Horaires variables à vérifier en ligne.

Centraal Station ÉDIFICE REMARQUABLE

(carte p. 48 ; Stationsplein ; 2/4/11/12/13/14/17/24/26 Centraal Station). Plus qu'un simple centre de transit, la gare centrale, construite en 1889, est un monument emblématique de la ville. L'un de ses architectes, Pierre J. H. Cuypers, a également dessiné le Rijksmuseum (p. 72), et les similitudes sont incontestables : tours carrées néogothiques, utilisation de la brique rouge et abondance de bas-reliefs (sur les thèmes de la navigation, du commerce et de l'industrie).

Oude Kerk ÉGLISE

(Vieille Église ; carte p. 48 ; 020-625 82 84 ; www.oudekerk.nl ; Oudekerksplein 23 ; adulte/enfant 12 €/gratuit ; 10h-18h lun-sam, 13h-17h30 dim ; 4/14/24 Dam). Le plus ancien édifice d'Amsterdam (1306) trône au milieu des vitrines du quartier Rouge. Entrez admirer le magnifique orgue Vater-Müller, les scènes plus ou moins grivoises des miséricordes (dessous des sièges rabattables des stalles) du XVe siècle et, au sol, les pierres tombales d'Amstellodamois célèbres tels que Saskia van Uylenburgh, épouse et fréquent modèle de Rembrandt. De nombreuses expositions artistiques ont lieu dans l'église. Une visite guidée donne accès au **clocher** (carte p. 48 ; www.westertorenamsterdam.nl ; Oudekerksplein ; visite guidée 9 € ; 13h-19h lun-sam avr-oct ; 4/14/24 Dam). Seule la carte bancaire est acceptée pour régler l'entrée dans l'église.

Museum Ons' Lieve Heer op Solder MUSÉE

(carte p. 48 ; 020-624 66 04 ; www.opsolder.nl ; Oudezijds Voorburgwal 38 ; adulte/enfant 15,50/7 € ; 10h-17h mar-sam, 13h-17h dim ; 4/14/24 Dam). Ce qui ressemble de l'extérieur à une maison ordinaire du quartier Rouge, en bord de canal, abrite en fait une "discrète" église catholique construite au milieu du XVIIe siècle, à l'insu des calvinistes. Au fil d'escaliers labyrinthiques et d'un dédale de pièces ayant conservé leur décor d'époque, vous parviendrez dans les combles et à la chapelle clandestine "Notre-Père-au-Grenier" (Ons' Lieve Heer op Solder), aux dimensions surprenantes.

Cannabis College CENTRE D'INFORMATION

(carte p. 48 ; 020-423 44 20 ; www.cannabiscollege.com ; Oudezijds Achterburgwal 124 ; 10h-18h ; 4/14/24 Dam). Ce centre d'information à but non lucratif délivre des conseils aux visiteurs sur le "bon" usage du cannabis et sur les lois locales en vigueur. Outre une bibliothèque, plusieurs présentations ont vocation éducative et le personnel conseille des *coffee shops* vendant du cannabis bio, des boutiques pour néophytes...

Temple Fo Guang Shan He Hua TEMPLE BOUDDHIQUE
(carte p. 48 ; www.ibps.nl ; Zeedijk 106-118 ; 12h-17h mar-sam, 10h-17h dim ; Nieuwmarkt). Le plus grand temple bouddhique de style Chine impériale en Europe (2000) est dédié à Kuan Yin (Guanyin), divinité de la Miséricorde. Entrez par les portes latérales (la coutume veut que la porte principale soit réservée aux moines et aux nonnes), faites un don, allumez un bâton d'encens et admirez le bodhisattva aux mille yeux et mains.

Hash, Marijuana & Hemp Museum MUSÉE
(carte p. 48 ; 020-624 89 26 ; www.hashmuseum.com ; Oudezijds Achterburgwal 148 ; 9 € Hemp Gallery compris ; 10h-22h ; 4/14/24 Dam). Ce musée traite de botanique et de la relation entre cannabis et... religion. Parmi les temps forts, une vaste collection de pipes, une exposition interactive avec vaporisateur et la possibilité de créer une e-carte postale de vous-même dans un champ de cannabis. Accessible avec le même billet et située à 30 m au nord, la **Hemp Gallery** (carte p. 48 ; www.hashmuseum.com ; Oudezijds Achterburgwal 130) expose objets artistiques et historiques liés au chanvre.

Red Light Secrets MUSÉE
(musée de la Prostitution ; carte p. 48 ; 020-846 70 20 ; www.redlightsecrets.com ; Oudezijds Achterburgwal 60h ; 13 € ; 12h-minuit ; 4/14/24 Dam). Cette maison à pignon du XVIIe siècle poursuit sa vie passée de maison close en éclairant visiteurs et passants sur la réalité d'un bordel du quartier Rouge et l'organisation de l'industrie du sexe. Un court métrage y est projeté. Comptez moins de 1 heure de visite. Ristourne de 2 € sur l'entrée pour un achat en ligne.

Schreierstoren ÉDIFICE HISTORIQUE
(carte p. 48 ; www.schreierstoren.nl ; Prins Hendrikkade 95 ; 2/4/11/12/13/14/17/24/26 Centraal Station). C'est depuis cette tour, intégrée dans les remparts de la ville autour de 1480, que l'explorateur anglais Henry Hudson aurait pris la mer en direction du Nouveau Monde en 1609 – repérez la plaque commémorative à l'extérieur. Les publications touristiques l'appellent la "tour des pleurs" (*schreien* signifie pleurer ou gémir) et prétendent que les femmes de marins venaient pleurer ici lorsque les bateaux appareillaient pour des terres lointaines. En réalité, le nom provient du mot *sharp* (aiguisé), en référence à la façon dont l'angle s'avance dans la baie. Pour voir l'intérieur de la tour, entrez au **VOC Café** (carte p. 54 ; 020-428 82 91 ; 10h-1h dim-jeu, 10h-2h30 ven-sam ; 2/4/11/12/13/14/17/24/26 Centraal Station).

Beurs van Berlage ÉDIFICE HISTORIQUE
(carte p. 48 ; 020-530 41 41, visites guidées 020-620 81 12 ; www.beursvanberlage.com ; Damrak 243 ; visites guidées sur réservation ; 4/14/24 Dam). Le grand architecte et fervent socialiste H. P. Berlage (1856-1934) construisit la Bourse d'Amsterdam en 1903, ornant ce temple du capitalisme de décors à la gloire du labeur ; les céramiques aux

LA FIN DU QUARTIER ROUGE ?

Depuis 2007, le nombre de vitrines allouées aux prostituées a été réduit par la municipalité afin de nettoyer le quartier Rouge de ses trafics en tous genres. Non pour une question de moralité, mais plutôt pour tenter d'éradiquer le crime organisé qui s'y est installé ; souteneurs, trafiquants et argent sale aspirant le quartier dans une spirale négative. Les adversaires de cette politique dénoncent une poussée conservatrice et disent que la criminalité n'est qu'un prétexte pour le gouvernement, qui n'aime pas la réputation "pécheresse" d'Amsterdam.

Le nombre de vitrines autorisées ayant baissé, ateliers de mode, galeries d'art et cafés tendance ont investi les espaces laissés vacants, à la faveur de loyers à bas prix et d'incitations commerciales portées par le Projet 1012 (le code postal du quartier).

Sur 482 vitrines, il n'en reste plus que 300. Ces fermetures ont mobilisé prostituées et partisans de la prostitution craignant un déplacement de l'industrie du sexe vers des lieux moins sûrs. La ville hésite aujourd'hui à racheter les vitrines cédées. Entretemps, d'autres initiatives visant à changer le visage du quartier ont vu le jour, notamment la création de festivals comme le **Red Light Jazz Festival** (www.redlightjazz.com ; début juin).

Îles de l'Est et Plantage

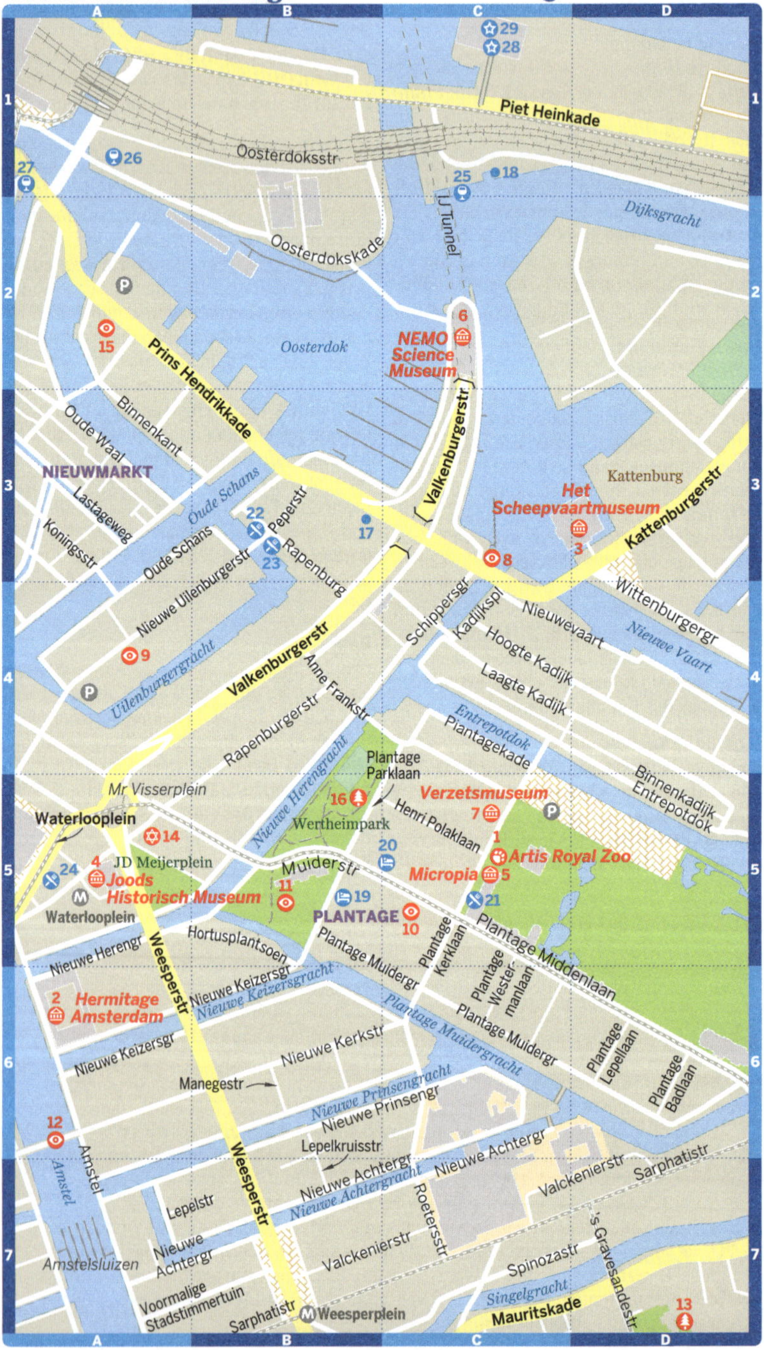

Îles de l'Est et Plantage

Les incontournables
1 Artis Royal Zoo C5
2 Hermitage Amsterdam A6
3 Het Scheepvaartmuseum D3
4 Joods Historisch Museum A5
5 Micropia C5
6 NEMO Science Museum C2
7 Verzetsmuseum C5

À voir
8 ARCAM C3
9 Gassan Diamonds A4
10 Hollandsche Schouwburg C5
11 Hortus Botanicus B5
12 Magere Brug A6
13 Oosterpark D7
14 Synagogue portugaise israélite A5
15 Scheepvaarthuis A2
16 Wertheimpark B5

Activités
17 Mike's Bike Tours B3
18 Rederji Lampedusa C1

Où se loger
19 Hotel Hortus B5
20 Hotel Rembrandt C5

Où se restaurer
21 De Plantage C5
22 Gebr Hartering B3
23 Greetje B3
24 Tokoman A5

Où prendre un verre et faire la fête
25 Hannekes Boom C1
26 SkyLounge A1
27 VOC Café A1

Où sortir
28 Bimhuis C1
29 Muziekgebouw aan 't IJ C1

murs représentent le prolétariat du passé, du présent et du futur. En l'espace de deux décennies, la Bourse connut un tel développement qu'elle nécessita d'autres locaux. L'édifice accueille désormais des conférences et des expositions artistiques. Pour mieux comprendre l'impact de ce bâtiment novateur sur l'architecture moderne aux Pays-Bas, on peut suivre une visite guidée de 1 heure (www.artifex.nl), laquelle donne également accès au beffroi pour une vue panoramique.

Prostitution Information Centre BIBLIOTHÈQUE

(PIC ; carte p. 48 ; 020-420 73 28 ; www.pic-amsterdam.com ; Enge Kerksteeg 3 ; 12h-17h mer, ven-sam ; 4/14/24 Dam). Fondé par une ancienne prostituée, le PIC fournit des renseignements précieux aux travailleuses du sexe, à leurs clients et aux touristes. Dans une petite boutique attenante, on trouvera souvenirs et lectures enrichissantes. D'éclairantes visites guidées à pied (p. 82) sont aussi proposées.

W139 ESPACE ARTISTIQUE

(carte p. 48 ; 020-622 94 34 ; www.w139.nl ; Warmoesstraat 139 ; 12h-18h ; 4/14/24 Dam). GRATUIT Centre d'art contemporain proposant des expositions multimédias, avec un angle souvent politique. Consultez le site Internet pour connaître la programmation.

Nieuwmarkt, Plantage et îles de l'Est

Le quartier de Nieuwmarkt (le Nouveau Marché) et la place du même nom sont au cœur des tableaux de Rembrandt qui vécut ici. Plus au sud s'étirent la grande place de Waterlooplein et l'ancien quartier juif, avec ses imposantes synagogues accueillant le Joods Historisch Museum (musée d'Histoire juive). Un peu plus à l'est, le quartier arboré de Plantage a conservé de vastes espaces verts : parcs, jardin botanique et le verdoyant Artis Royal Zoo.

Maison de Rembrandt MUSÉE

(Museum het Rembrandthuis ; carte p. 48 ; 020-520 04 00 ; www.rembrandthuis.nl ; Jodenbreestraat 4 ; adulte/enfant 15/6 € ; 10h-17h mar-dim ; M Waterlooplein). C'est dans cette maison devenue musée que le maître passa ses années les plus glorieuses, y peignant d'importantes commandes telle *La Ronde de nuit* et y dirigeant le plus grand atelier de peinture du pays. Cela ne dura pas : son œuvre passa de mode, ses problèmes de couple lui coûtèrent cher et la faillite pointa son nez. C'est grâce à l'inventaire dressé lorsqu'il dut quitter la maison que les conservateurs ont pu la remeubler de façon aussi fidèle. Le musée expose de nombreuses gravures du maître.

AMSTERDAM EN...

Deux jours

Commencez par des œuvres d'exception : ceux du Rijksmuseum (p. 72) et du musée Van Gogh (p. 76) dans le Vieux Sud (Oud Zuid). L'après-midi, prenez une leçon d'histoire des Pays-Bas dans le cœur historique de la ville en passant par l'Amsterdam Museum (p. 51), le Béguinage (Begijnhof, p. 51), le Palais royal (p. 43) et, bien sûr, le Dam (p. 51). Le soir, aventurez-vous dans l'étonnant quartier Rouge ou allez prendre un verre dans un sympathique café brun comme le Hoppe (p. 99).

Le lendemain, flânez un peu sur l'Albert Cuypmarkt (p. 71), le marché animé de De Pijp. Filez ensuite vers la ceinture des canaux sud ourlée d'opulentes demeures comme le musée Van Loon (p. 62) et le musée Willet-Holthuysen (p. 62), avant de monter dans une embarcation pour une balade sur les canaux. Le soir, rejoignez Leidseplein, quartier animé éclairé aux néons.

Quatre jours

Le troisième jour, partez à la découverte des Negen Straatjes (Neuf Rues ; p. 111) de la ceinture des canaux ouest, un enchevêtrement de petites boutiques spécialisées. Non loin, la maison d'Anne Frank est incontournable. Passez la soirée dans le Jordaan pour un dîner *gezellig* (convivial et douillet) et un verre au bord du canal.

Accordez votre dernière matinée à la maison de Rembrandt (p. 55), avant de gagner Plantage et sa verdure en profitant de l'Hortus Botanicus, de l'Artis Royal Zoo et des bières bio brassées au pied d'un moulin à vent par la Brouwerij 't IJ (p. 100), à moins de préférer embarquer sur le ferry gratuit menant aux anciens entrepôts industriels d'Amsterdam-Noord, devenus des lieux branchés.

♥ Joods Historisch Museum — MUSÉE

(musée d'Histoire juive ; carte p. 54 ; ☎020-531 03 10 ; www.jck.nl ; Nieuwe Amstelstraat 1 ; adulte/13-17 ans/6-12 ans/- 6 ans 17/8,50/4,25 €/gratuit ; ⏲10h-17h ; Ⓜ Waterlooplein). Ce musée consiste en un complexe renfermant quatre synagogues ashkénazes retaurées des XVIIe et XVIIIe siècles. L'exposition relate l'ascension du commerce juif et son rôle dans l'économie néerlandaise, ainsi que l'histoire de la communauté juive aux Pays-Bas. La visite avec l'audioguide est intéressante et un petit musée pour enfants propose quelques activités adaptées.

Le billet inclut l'entrée à tous les monuments du Joods Cultureel Kwartier (quartier culturel juif), dont la synagogue portugaise et le Hollandsche Schouwburg (musée de l'Holocauste, p. 58).

Synagogue portugaise israélite — SYNAGOGUE

(carte p. 54 ; www.jck.nl ; Mr Visserplein 3 ; adulte/13-17 ans/6-12 ans/- 6 ans 17/8,50/4,25 €/gratuit ; ⏲10h-17h dim-ven mai-août, 10h-16h dim-jeu déc-jan, 10h-17h dim-jeu fév et nov, 10h)14h ven jan-fév et nov-déc, 10h-16h mars-avr et sept-oct, 10h-17h mai-août ; Ⓜ Waterlooplein). Sous ses larges voûtes de bois en berceau, la plus grande synagogue d'Europe (lors de sa fondation en 1675) reste vouée au culte, éclairée comme jadis par d'immenses chandeliers consciencieusement allumés pour les services. Appartenant au séminaire Ets Haim, sa vaste bibliothèque est l'une des plus anciennes et des plus réputées d'Europe en matière d'ouvrages judaïques. Dehors (près de l'entrée), l'escalier conduit au sous-sol, vers les “chambres aux trésors”, qui abritent des manuscrits et des tapisseries brodées d'or du XVIe siècle.

Waag — ÉDIFICE HISTORIQUE

(carte p. 48 ; www.indewaag.nl ; Nieuwmarkt 4 ; Ⓜ Nieuwmarkt). Flanqué de tours et de tourelles, le Waag était en 1488 une porte dans les murs de la ville. En 1601, on abattit la muraille pour que la ville puisse s'étendre, et l'endroit devint le principal bâtiment du Poids public d'Amsterdam avant d'être reconverti en lieu des exécutions publiques. Un bar-restaurant (⏲10h-22h) occupe désormais l'endroit. Devant, la place Nieuwmarkt accueille divers événements, dont un marché fermier le samedi et une foire aux antiquaires le dimanche.

Gassan Diamonds ATELIER DIAMANTAIRE
(carte p. 54 ; www.gassan.com ; Nieuwe Uilenburgerstraat 173-175 ; 9h-17h30 ; M Waterlooplein). GRATUIT L'atelier se trouve à Uilenburg, l'une des îles rectangulaires récupérées dans les années 1580 pour faire face à un afflux soudain de juifs séfarades venus d'Espagne et du Portugal. Dans les années 1880, Gassan fut le premier atelier diamantaire à utiliser l'énergie vapeur. Outre la taille et le polissage de diamants, la visite guidée gratuite (1 heure) vous expliquera comment on évalue les diamants, puis vous laissera à la boutique, où vous pourrez peut-être acheter quelques pierres...

Zuiderkerk ÉGLISE
(carte p. 48 ; 020-308 03 99, visite des tours 020-689 25 65 ; www.zuiderkerkamsterdam.nl ; Zuiderkerkhof 72 ; M Nieuwmarkt). Hendrick de Keyser (1565-1621), grand architecte néerlandais de la Renaissance, a construit cette "église du Sud" en 1611. Ce fut la première église réformée construite à Amsterdam, sur les plans d'une église catholique mais sans chœur. Le dernier culte y a eu lieu en 1929. Elle a également servi de morgue pendant le triste "hiver de la faim" lors de la Seconde Guerre mondiale.

Elle accueille aujourd'hui des événements privés et son clocher se visite (www.westertorenamsterdam.nl).

Scheepvaarthuis ARCHITECTURE
(maison de la Navigation ; carte p. 54 ; www.amrathamsterdam.com ; Prins Hendrikkade 108 ; 22/34/35 Prins Hendrikkade). Grandiose bijou Art déco néogothique, la Scheepvaarthuis de 1916 – reconvertie en 5 étoiles, le Grand Hotel Amrath – est le premier et le plus bel exemple de l'école d'architecture expressionniste d'Amsterdam. Ce palais de la mer adopte la silhouette d'une proue de bateau et le décor sculpté extérieur sur le thème des océans convoque dieux, héros et sirènes. Remarquez les sculptures de Neptune, d'Amphitrite et des quatre femmes marquant les points cardinaux. Le personnel laisse volontiers les touristes jeter un coup d'œil à l'intérieur : montez au 3e niveau voir le grand hall et l'immense verrière en vitraux, signée Willem Bogtman.

♥ Verzetsmuseum MUSÉE
(musée de la Résistance néerlandaise ; carte p. 54 ; 020-620 25 35 ; www.verzetsmuseum.org ; Plantage Kerklaan 61 ; adulte/enfant 13/7 € ; 10h-17h lun-ven, 11h-17h sam-dim ; 14 Plantage Kerklaan). Ce musée rappelle les atrocités de l'occupation allemande lors de la Seconde Guerre mondiale à l'aide de lettres, d'objets et d'histoires personnelles qui illustrent la résistance locale aux nazis (mais aussi la collaboration). Une section est consacrée aux Indes orientales néerlandaises (l'actuelle Indonésie) avant et après-guerre. Explications en néerlandais et en anglais.

La version junior appelée **Verzetsmuseum Junior** conte l'histoire de quatre petits Néerlandais pour replacer l'histoire de la Résistance dans un contexte accessible aux enfants.

♥ Artis Royal Zoo ZOO
(carte p. 54 ; 020-523 36 70 ; www.artis.nl ; Plantage Kerklaan 38-40 ; adulte/enfant 25/21 €, avec Micropia supplément 5 € ; 9h-18h mars-oct, 9h-17h nov-fév ; 14 Artis). Le plus vieux zoo d'Europe continentale présente bon nombre d'animaux sauvages dans des habitats assez vastes. Une agréable section du zoo longe un canal, face à Entrepotdok. Parmi les habitats présentés, citons une savane africaine et une forêt tropicale humide ; on peut y voir reptiles, lions, jaguars, éléphants, girafes et de nombreux primates. Il y a aussi les aquariums où l'on peut admirer des coraux, des requins, plus la coupe transversale d'un canal amstellodamois. Également, un planétarium et un zoo d'animaux domestiques pour enfants.

♥ Het Scheepvaartmuseum MUSÉE
(Musée maritime ; carte p. 54 ; 020-523 22 22 ; www.hetscheepvaartmuseum.nl ; Kattenburgerplein 1 ; adulte/enfant 17,50/8,50 € ; 9h-17h mar-dim ; 22/48 Kattenburgerplein). Cet ancien bâtiment de l'amirauté du XVIIe siècle, sur les quais, héberge dorénavant un musée ultramoderne de la navigation. Au fil de ses riches collections d'objets liés à la marine, on se penche sur de superbes cartes du Siècle d'or, fort bien mises en valeur, des albums photos du XIXe siècle... Une immersion audiovisuelle dans ce qu'était jadis un voyage maritime est aussi proposée. Dehors, on peut grimper sur une réplique grandeur nature de l'*Amsterdam*, un des plus grands vaisseaux de la Compagnie hollandaise des Indes orientales (1 100 tonneaux), avec ses couchettes et hamacs pour les marins, et des canons qu'on peut faire semblant de tirer.

NEMO Science Museum MUSÉE
(carte p. 54 ; 020-531 32 33 ; www.nemosciencemuseum.nl ; Oosterdok 2 ; 17,50 €, toit-terrasse gratuit ; 10h-17h mar-dim, accès toit terrasse selon météo ; 22/48 Kadijksplein). Juché au-dessus de l'entrée du tunnel de l'IJ tel un vaisseau prêt à appareiller, le bâtiment dessiné par l'Italien Renzo Piano plaqué de cuivre vert ne peut, avec son toit incliné, échapper au regard. Sur le toit-terrasse : une vue superbe et des œuvres interactives, mues par le vent et l'eau. À l'intérieur, tout est interactif, avec 3 niveaux à explorer. Apprenez à vous soulever vous-même grâce à une poulie, faire des bulles, construire des structures, séparer la lumière en couleurs, faire la course avec votre ombre et (re) découvrez l'état d'esprit d'un adolescent.

Hortus Botanicus JARDIN BOTANIQUE
(carte p. 54 ; 020-625 90 21 ; www.dehortus.nl ; Plantage Middenlaan 2a ; adulte/enfant 11,50/6,50 € ; 10h-17h ; 14 Mr Visserplein). Ce jardin botanique fondé en 1638 s'est épanoui au gré des graines et plantes tropicales rapportées par les vaisseaux de commerce. C'est depuis Hortus Botanicus que se répandirent dans le monde entier le café, l'ananas, la cannelle et le palmier à huile. Plus de 4 000 espèces sont conservées dans de superbes structures, notamment la serre à semences de l'ère coloniale et la serre aux trois climats.

Hollandsche Schouwburg MÉMORIAL
(musée national de l'Holocauste ; Théâtre hollandais ; carte p. 54 ; 020-531 03 10 ; www.jck.nl ; Plantage Middenlaan 24 ; réouverture en 2023 ; 14 Artis). Peu de théâtres ont une histoire aussi mouvementée. Ouvert en 1892, l'Artis Theatre fut un des hauts lieux culturels d'Amsterdam présentant pièces et opérettes très courues. Sous l'occupation allemande, le gouvernement en fit un théâtre juif, puis, tragiquement, un centre de détention pour les juifs en attente de déportation.

Billet commun à tous les sites du Joods Cultureel Kwartier (quartier culturel juif), dont le Joods Historisch Museum (p. 56) et la synagogue portugaise (p. 56).

Wertheimpark PARC
(carte p. 54 ; Plantage Parklaan ; 7h-21h ; 14 Artis). Dans le quartier arboré de Plantage, ce parc ombragé de saules invite à flâner le long du Nieuwe Herengracht. Œuvre de l'artiste-écrivain néerlandais Jan Wolkers, le **mémorial à Auschwitz** est un assemblage de miroirs brisés au sol reflétant simplement le ciel, avec l'inscription "Nooit Meer" (Jamais plus).

ARCAM ARCHITECTURE
(Stichting Architectuurcentrum Amsterdam ; carte p. 54 ; 020-620 48 78 ; www.arcam.nl ; Prins Hendrikkade 600 ; 13h-17h mar-dim ; 22/48 Kadijksplein). GRATUIT La Fondation d'architecture d'Amsterdam, avec ses courbes marquées, est un superbe bâtiment au bord de l'eau qui accueille des expositions temporaires sur l'architecture.

Ceinture des canaux ouest

Outre l'incontournable maison d'Anne Frank, d'autres musées dignes d'intérêt, telle la Het Grachtenhuis (ci-après), illustrent ce quartier où toute la vie s'organise autour des canaux. La montée au superbe **clocher de Westerkerk** (carte p. 68 ; 020-689 25 65 ; www.westertorenamsterdam.nl ; Prinsengracht 281 ; visites guidées 9 € ; fermé pour travaux ; 13/17 Westermarkt) est couronnée d'une vue spectaculaire sur le réseau des canaux.

Maison d'Anne Frank MUSÉE
Voir p. 60.

Westerkerk ÉGLISE
(église de l'Ouest ; carte p. 68 ; 020-624 77 66 ; www.westerkerk.nl ; Prinsengracht 281 ; 11h-15h lun, jeu-ven ; 13/17 Westermarkt). Principal lieu de rassemblement de la communauté réformée néerlandaise d'Amsterdam, cette église fut construite pour les riches protestants d'après les plans de Hendrick de Keyser (1620). Elle possède la plus grande nef des Pays-Bas, surmontée d'une voûte en berceau en bois. Le gigantesque orgue principal, aux volets ornés d'instruments et de scènes bibliques, date de 1686. Rembrandt (1606-1669), qui mourut non loin de là (Rozengracht) après avoir fait faillite, y reposerait dans une fosse commune. Accès au clocher possible.

Homomonument MONUMENT
(carte p. 68 ; www.homomonument.nl ; angle Keizersgracht ert Raadhuisstraat ; 13/17 Westermarkt). Derrière la Westerkerk, cet ensemble de trois triangles de granit rose (10 m de côté chacun) évoque depuis 1987 le triangle rose imposé aux homosexuels par les nazis. L'un des triangles surplombe le Keizersgracht (canal de l'Empereur) ; il est censé représenter une jetée depuis laquelle

les homosexuels étaient envoyés en camp de concentration. D'autres voient dans ce surplomb du canal le symbole d'un espoir qui se lève.

Het Grachtenhuis MUSÉE

(maison des Canaux ; carte p. 68 ; ☎ 020-421 16 56 ; www.hetgrachtenhuis.nl ; Herengracht 386 ; adulte/enfant 15/7,50 € ; ⏲11h-17h mar-dim ; 🚋2/11/12 Koningsplein). Découvrez les prouesses d'ingénierie qu'a nécessitées la ceinture des canaux grâce à des hologrammes, vidéos, maquettes, dessins et une maquette à l'échelle d'Amsterdam entre autres présentations innovantes pour éclairer les techniques de construction des canaux et des maisons sur pilotis. Les visites se font par petits groupes seulement ; grâce aux présentations multimédias (environ 45 min), on y saisit tout l'enjeu de la construction sur l'eau, jadis comme aujourd'hui.

Huis Marseille MUSÉE

(carte p. 68 ; ☎ 020-531 89 89 ; www.huismarseille.nl ; Keizersgracht 401 ; adulte/enfant 9 €/gratuit ; ⏲10h-18h lun-mer et ven-dim, 10h-21h jeu ; 🚋2/11/12 Keizersgracht). À travers de remarquables expositions temporaires (fonds du musée ou prêts extérieurs), ce musée de la photographie couvre différentes thématiques : portrait, nature, région. Expositions sur plusieurs étages du bâtiment et dans un pavillon de jardin situé à l'arrière.

Le nom de la demeure rappelle son commanditaire, un marchand marseillais du nom d'Isaac Focquier qui la fit bâtir en 1665, avec un plan du port de Marseille sur la façade. La maison est restée en grande partie telle qu'elle était à l'origine.

Bijbels Museum MUSÉE

(musée de la Bible ; carte p. 68 ; ☎ 020-624 24 36 ; www.bijbelsmuseum.nl ; Herengracht 366-368 ; ⏲10h-17h ; 🚋2/11/12 Spui). La maquette du Tabernacle juif décrit dans le livre de l'Exode, réalisée par le pasteur Leendert Schouten, attirait des milliers de visiteurs avant même son achèvement, en 1851. La collection du musée contient une extraordinaire collection de bibles, dont la plus ancienne des Pays-Bas, une bible de Delft imprimée en 1477, et la 1re édition de la Bible en néerlandais, datant de 1637. Depuis 2020, le musée a fermé ses portes et propose désormais des expositions itinérantes, mais la Cromhouthuis qui l'a jadis abrité vaut le coup d'œil.

Poezenboot BATEAU, REFUGE POUR ANIMAUX

(Bateau du chat ; carte p. 48 ; ☎ 020-625 87 94 ; www.depoezenboot.nl ; Singel 38 ; sur don ; ⏲13h-15h mar et ven-sam ; 🚋2/11/12/13/17 Nieuwezijds Kolk). Amarré sur le Singel, ce bateau refuge pour animaux date de 1966. On doit cette fondation à une femme entrée dans la légende pour avoir recueilli des centaines de chats errants. Désormais, une cinquantaine de félins choyés peuvent y rejoindre leur panier. Certains sont des résidents permanents, d'autres sont à adopter (après stérilisation et implantation d'une puce d'identification, conformément à la loi).

Multatuli Museum MUSÉE

(carte p. 48 ; ☎ 020-638 19 38 ; www.multatuli-museum.nl ; Korsjespoortsteeg 20 ; ⏲10h-17h mar, 12h-17h mer-dim ; 🚋2/11/12/13/17 Nieuwezijds Kolk). GRATUIT Le romancier Eduard Douwes Dekker, mieux connu sous le pseudonyme de Multatuli ("j'ai beaucoup souffert", en latin), est l'auteur de *Max Havelaar* (1860), un roman sur la corruption des colons dans les Indes orientales néerlandaises. Dans cette petite maison-musée captivante, on découvre sa vie, son œuvre, ainsi que des meubles et objets rapportés de son séjour en Indonésie.

Ceinture des canaux sud

En forme de fer à cheval, les canaux parallèles de la ceinture sud restituent pleinement le Siècle d'or : œuvres d'art à l'Hermitage (ci-après), raffinements architecturaux de la Gouden Bocht (Courbe d'or, p. 62), opulentes demeures et collections Van Loon (p. 62) ou Willet-Holthuysen (p. 62) et d'autres curiosités comme le Kattenkabinet (Cabinet des chats, p. 62).

♥ **Hermitage Amsterdam** MUSÉE

(carte p. 54 ; ☎ 020-530 87 55 ; www.hermitage.nl ; Amstel 51 ; tarifs variables selon les expositions, audioguide inclus, gratuit pour les moins de 12 ans ; ⏲10h-17h mer-dim ; Ⓜ Waterlooplein). Les relations de longue date entre la Russie et les Pays-Bas – le tsar Pierre le Grand étudia ici la construction navale en 1697 – sont à l'origine de cette antenne du musée de l'Ermitage de Saint-Pétersbourg. Très courues, de multiples expositions temporaires montrent au public différentes œuvres tirées du fonds pétersbourgeois. Permanente, la galerie de portraits du Siècle d'or consacre les maîtres hollandais du XVIIe siècle. La galerie "Outsider" présente

Les incontournables
MAISON D'ANNE FRANK

C'est l'une des histoires les plus marquantes du XXe siècle : une fillette juive sous l'occupation nazie, forcée de se cacher avec sa famille et leurs amis pour échapper à la déportation dans les camps. La maison (Anne Frank Huis) qui les a abrités est un passage obligé de toute visite à Amsterdam. Un million de personnes s'y rendent d'ailleurs chaque année.

Contexte historique

Traverser la bibliothèque pivotante qui dissimule "l'annexe secrète" et monter l'escalier raide qui mène à l'espace de vie – où la famille a vécu pendant plus de deux années – c'est pénétrer à la fois dans une époque qui paraît distante et tragiquement réelle.

Il ne fallut à l'armée allemande que cinq jours pour occuper l'ensemble des Pays-Bas, ainsi que la Belgique et une partie de la France. Une fois les forces hitlériennes déployées sur tout le territoire néerlandais, nombre de juifs, comme Anne Frank et sa famille, n'eurent d'autres choix que de se cacher. Le journal intime de la jeune fille évoque les mesures de restriction qui leur étaient peu à peu imposées : interdiction de monter dans les tramways ou de rendre visite à leurs amis chrétiens, obligation de rapporter leurs vélos, entre autres.

La famille Frank s'installa dans les étages de l'arrière de la maison spécialement aménagé, avec un couple, les Van Pel (appelés Van Daan dans le journal d'Anne) et leur fils Peter. Quatre mois plus tard, le médecin Fritz Pfeffer ("Mr Dussel" dans le journal) rejoignit les deux familles. Ils vécurent tous les huit cloîtrés dans cet espace confiné, jusqu'à une dénonciation anonyme à la Gestapo en août 1944.

À NE PAS MANQUER

- Le journal d'Anne recouvert de tissu écossais rouge
- La chambre d'Anne
- Des actualités filmées pendant la guerre
- La chambre de Peter Van Pels
- Une vidéo de Hanneli Goslar, camarade de classe d'Anne

INFOS PRATIQUES

- carte p. 68
- ☎ 020-556 71 05
- www.annefrank.org
- Prinsengracht 263-267
- adulte/enfant 14/7 €
- 🕘 9h-22h avr-oct, 9h-19h dim-ven, 9h-21h sam nov-mars
- 🚋 13/17 Westermarkt

Rez-de-chaussée

La maison elle-même a gardé son cachet d'origine (elle a servi d'entrepôt et de bureaux durant la Seconde Guerre mondiale), malgré sa partie moderne en verre. Elle restera ouverte durant les travaux qui prévoient la création d'une nouvelle entrée sur Westermarkt et l'agrandissement du musée, où sont projetées des bobines d'actualités de la Seconde Guerre mondiale en plusieurs langues, mêlées à des fragments du journal d'Anne.

Bureaux

Dans les anciens bureaux de Victor Kugler, l'associé d'Otto Frank, sont notamment exposés sa carte d'identité et les magazines de cinéma qu'il achetait pour Anne. L'autre bureau était occupé par Miep Gies, Bep Voskuijl et Johannes Kleiman, deux femmes et un homme qui approvisionnaient les huit occupants de l'annexe secrète en nourriture, vêtements, matériel scolaire... souvent achetés au marché noir ou grâce aux cartes de rationnement. On peut voir certains documents leur appartenant.

Annexe secrète

Si les étages inférieurs exploitent les technologies interactives, les pièces occupées par la famille Frank dans l'*Achterhuis* ("maison de derrière") ont conservé leur austérité. Le visiteur se retrouve en 1942. Les toiles noires tendues sur les fenêtres empêchaient les habitants des maisons voisines d'apercevoir les occupants à la nuit tombée (une pratique courante pour tromper les avions bombardiers).

Observez l'ingénieuse conception de l'annexe secrète avant de pénétrer dans les pièces sombres, aménagées sur deux niveaux, où les Frank et leurs compagnons de clandestinité observaient le silence le plus complet en journée, avant d'être dénoncés et envoyés dans les camps de la mort. Otto Frank, le père d'Anne, fut le seul survivant.

Chambre d'Anne

En pénétrant dans la modeste chambre qu'Anne partageait avec Fritz Pfeffer, on voit encore sur les murs des photos de stars hollywoodiennes et des cartes postales de la famille royale néerlandaise – autant de souvenirs qui témoignent des rêves ordinaires d'une jeune fille de 13 ans.

Le journal

D'autres vidéos et objets très émouvants sont à découvrir lorsque l'on redescend dans la maison, dont le journal original d'Anne, protégé dans son écrin de verre. La vidéo d'Hanneli Goslar, camarade de classe d'Anne, explique comment elles se sont retrouvées au camp de Bergen-Belsen.

APRÈS LA GUERRE

Les Frank comptèrent parmi les derniers juifs des Pays-Bas à être déportés. Anne mourut du typhus à Bergen-Belsen en mars 1945, quelques semaines avant la libération du camp. Otto, le père, fut le seul survivant. Après la guerre, il publia le journal d'Anne, retrouvé parmi les débris dans l'annexe (le mobilier avait été emporté par les nazis).

Il faut impérativement acheter les billets en ligne, à l'avance (0,50 € en supplément), et aussi choisir une plage horaire. Si 80% des billets sont délivrés deux mois à l'avance, 20% sont mis en vente en ligne le jour même. Il vous faudra préimprimer ou enregistrer les billets sur votre téléphone.

aussi des expositions temporaires. Tarif réduit ou gratuité (selon les expositions) avec les cartes I Amsterdam et Museum.

Bloemenmarkt MARCHÉ

(marché aux Fleurs ; carte p. 64 ; Singel, entre Muntplein et Koningsplein ; 9h-17h30 ; 2/11/12 Koningsplein). À Amsterdam, les fleurs sont une affaire sérieuse. Depuis 1860, ce célèbre marché aux fleurs occupe l'endroit même où les jardiniers, après avoir remonté l'Amstel depuis leurs petites exploitations, amarraient leur bateau et vendaient directement leur production. On trouve à l'ancien marché flottant (désormais sur pilotis) quantité de sabots miniatures, de tulipes en bois et d'autres magnets kitsch. On peut aussi y acheter de vraies tulipes (en saison) et des bulbes toute l'année.

Foam GALERIE

(Fotografiemuseum Amsterdam ; carte p. 64 ; www.foam.org ; Keizersgracht 609 ; adulte/enfant 12,50 €/gratuit ; 10h-18h sam-mer, 10h-21h jeu-ven ; 24 Keizersgracht). Derrière la façade de cette belle maison de canal se cache l'une des plus importantes galeries photos d'Amsterdam. Quatre grandes expositions annuelles de photographes de renommée mondiale (tels William Eggleston ou Helmut Newton) investissent ses vastes espaces très épurés, éclairés par de larges fenêtres ou des verrières sommitales. **Café** au sous-sol.

Museum Van Loon MUSÉE

(carte p. 64 ; 020-624 52 55 ; www.museumvanloon.nl ; Keizersgracht 672 ; adulte/enfant 12,50/6,50 €, gratuit avec les cartes Museum et I Amsterdam ; 10h-17h ; 24 Keizersgracht). L'opulente résidence (1672) du peintre Ferdinand Bol vendue par la suite aux descendants de Willem van Loon (le cofondateur de la Compagnie néerlandaise des Indes orientales) illustre magnifiquement la vie patricienne au XIXe siècle. D'importants tableaux comme *Le Mariage de Willem van Loon et Margaretha Bas* par Jan Miense Molenaer et une collection de 150 portraits des Van Loon ornent l'intérieur somptueux.

Stadsarchief MUSÉE

(Archives municipales ; carte p. 64 ; réservation visites guidées 020-251 15 11 ; www.amsterdam.nl/stadsarchief ; Vijzelstraat 32 ; 10h-17h mar-ven, 12h-17h sam-dim ; 24 Keizersgracht). GRATUIT À l'abri d'une ancienne banque, imposant édifice de pierre en deux tons (1923), ce ne sont pas moins de 23 km de rayonnages contenant les archives municipales. Les pièces maîtresses font l'objet d'expositions régulières dans l'immense chambre forte carrelée du sous-sol, tels le rapport de police de 1942 sur le vol du vélo d'Anne Frank, ou une lettre de Charles Darwin à l'Artis Royal Zoo en 1868.

Visites guidées (adulte/enfant 6 €/gratuit, 1 heure 15) à 14h les samedis et dimanches. Réservez.

Kattenkabinet MUSÉE

(Cabinet des chats ; carte p. 64 ; 020-626 90 40 ; www.kattenkabinet.nl ; Herengracht 497 ; adulte/enfant 7 €/gratuit ; 12h-17h ; 24 Muntplein). Le riche financier Bob Meijer dédia un musée à la mémoire de son chat roux, John Pierpont Morgan III, à travers toute une série d'œuvres signées Foujita, Steinlen ou Hildo Krop, le grand sculpteur amstellodamois. La collection occupe une des belles demeures de la Courbe d'or, la seule ouverte au public. Une occasion incomparable d'approcher la vie opulente qu'on y menait.

Museum Willet-Holthuysen MUSÉE

(carte p. 64 ; 020-523 17 30 ; www.willetholthuysen.nl ; Herengracht 605 ; adulte/enfant 12,50 €/gratuit ; 10h-17h ; 4/14 Rembrandtplein). Bâtie en 1687 pour le maire d'Amsterdam, Jacob Hop, puis redessinée en 1739, cette délicieuse demeure en bord de canal fut léguée en 1895 à la ville par Louisa Willet-Holthuysen. Fille d'un marchand de verre et de charbon, elle y vécut une vie de bohème avec son mari, un collectionneur fortuné. Entre le service de table de Meissen (275 pièces), la collection de tableaux et le jardin à la française derrière la maison, on saisit une part de ce que fut la vie des riches Amstallodamois au XIXe siècle.

Gouden Bocht ARCHITECTURE

(Courbe d'or ; carte p. 64 ; Herengracht, entre Leidsestraat et Vijzelstraat ; 2/11/12 Koningsplein). La Courbe d'or est le quartier le plus ostentatoire d'Amsterdam. Ses demeures sont un véritable monument à la gloire du Siècle d'or, lorsque les biens précieux abondaient dans les caves de maisons déjà remplies d'objets de valeur. C'est là que les Amstellodamois les plus aisés géraient leur empire. Les plus anciennes demeures datent de 1660, lorsqu'on la ceinture de canaux s'étendit vers le sud. Grâce à quelques pressions sur la mairie, les propriétaires purent faire

DE HALLEN : UNE VASTE RECONVERSION

Ces dépôts de tram en brique construits en 1902 ont longtemps été un squat avant de devenir un superbe espace à éclairage zénithal. Ainsi est né en 2014 **De Hallen** (carte p. 64 ; www.dehallen-amsterdam.nl ; Bellamyplein 51 ; 7/17 Ten Katestraat), vaste complexe culturel, après une splendide rénovation. S'y trouvent réunis une **halle pour gourmets** (food hall ; carte p. 64 ; www.foodhallen.nl ; Hannie Dankbaar Passage 3 ; plats 3-20 € ; 11h-23h30 dim-jeu, 11h-1h ven-sam ;), une brasserie idéale en famille, une bibliothèque, des boutiques de créateurs comme **Denim City Store** (carte p. 64 ; 020-820 86 14 ; www.denimcity.org ; Hannie Dankbaarpassage 22 ; 11h-19h mer-ven, 10h-18h sam, 12h-17h dim), une **boutique/atelier de cycles** (carte p. 64 ; 020-489 70 29 ; www.recyclefietsen.nl ; Hannie Dankbaar Passage 27 ; 11h-19h mar-ven, 11h-18h sam-dim), un **cinéma** (carte p. 64 ; www.filmhallen.nl ; Hannie Dankbaar Passage 12 ; adulte/enfant à partir de 11,50/8 € ; 10h-minuit) et un **hôtel** (carte p. 64 ; 020-515 04 53 ; www.hoteldehallen.com ; Bellamyplein 47 ; d 180-255 € ;). Des événements y sont régulièrement organisés, notamment des **marchés thématiques le week-end** (produits bio, design néerlandais...). Tout l'agenda est consultable en ligne. À l'extérieur se tient tous les jours (sauf le dimanche) un marché animé, le **Ten Katemarkt** (carte p. 64 ; www.tenkatemarkt.nl ; Ten Katestraat ; 9h-18h lun-sam).

construire des demeures à double travée, voire plus, ce qui représentaient une largeur de façade largement supérieure à celle des maisons traditionnelles d'Amsterdam à une seule travée. En outre les jardins à l'arrière étaient bien plus étendus qu'ailleurs.

Reguliersgracht CANAL

(carte p. 64 ; 4/14 Rembrandtplein). Croisant les Herengracht, Keizersgracht et Prinsengracht, la plus photogénique voie d'eau d'Amsterdam a été creusée en 1658 pour relier le Herengracht aux canaux du sud. Une enfilade de sept ponts (éclairés la nuit) franchissent le canal, mais, si l'on se tient au croisement du Herengracht, on peut en compter jusqu'à quinze. Les maisons qui bordent le canal rivalisent de pignons et d'ornements.

Magere Brug PONT

(pont Maigre ; carte p. 54 ; entre Kerkstraat et Nieuwe Kerkstraat ; 4 Prinsengracht). Le plus célèbre pont à tablier mobile d'Amsterdam date des années 1670. Avec ses neuf arches, il a été reconstruit plusieurs fois en bois, puis en béton. Un contrepoids permet à la partie centrale, de ce double pont-levis, d'être relevée pour laisser passer les bateaux sur l'Amstel. Illuminé de 1200 petites ampoules, il resplendit la nuit et joue la vedette dans de nombreux films tels *Les diamants sont éternels*, de la série des films de James Bond. Au milieu, on le sent bouger quand les gens passent sur le pont.

Jordaan et l'Ouest

Le quartier de Jordaan ne recèle pas de sites phares. Ici, ce sont les détails qui retiennent l'attention : ruelles étroites, façades anciennes, drôles de boutiques, l'endroit parfait pour prendre le temps de flâner et de se perdre. De même, dans l'Ouest, l'intérêt réside surtout dans les balades, les restaurants et la foisonnante vie nocturne (dans l'ordre qui vous plaira).

Noorderkerk ÉGLISE

(église du Nord ; carte p. 68 ; www.noorderkerk.org ; Noordermarkt 48 ; 10h30-12h30 lun, 11h-13h sam ; 3/5 Marnixplein). Dressée près de l'extrémité du Prinsengracht (canal du Prince) côté nord, cette imposante église calviniste, achevée en 1623, était destinée aux "gens ordinaires" du Jordaan (les classes supérieures se rendaient à la Westerkerk, plus au sud). Elle présente un plan en croix grecque (quatre transepts de longueur égale) autour d'une chaire centrale permettant à tous les fidèles de bien entendre le prêche. Le plan centré de Hendrick de Keyser, rare à l'époque, allait devenir commun à beaucoup d'églises protestantes du pays. L'église accueille les **Nooderkerkconcerten** (carte p. 68 ; 020-620 44 15 ; www.noorderkerkconcerten.nl ; billets à partir de 20 € ; 14h sam ; 3/5 Marnixplein), dont les concerts du samedi après-midi sont réputés.

Ceinture des canaux sud

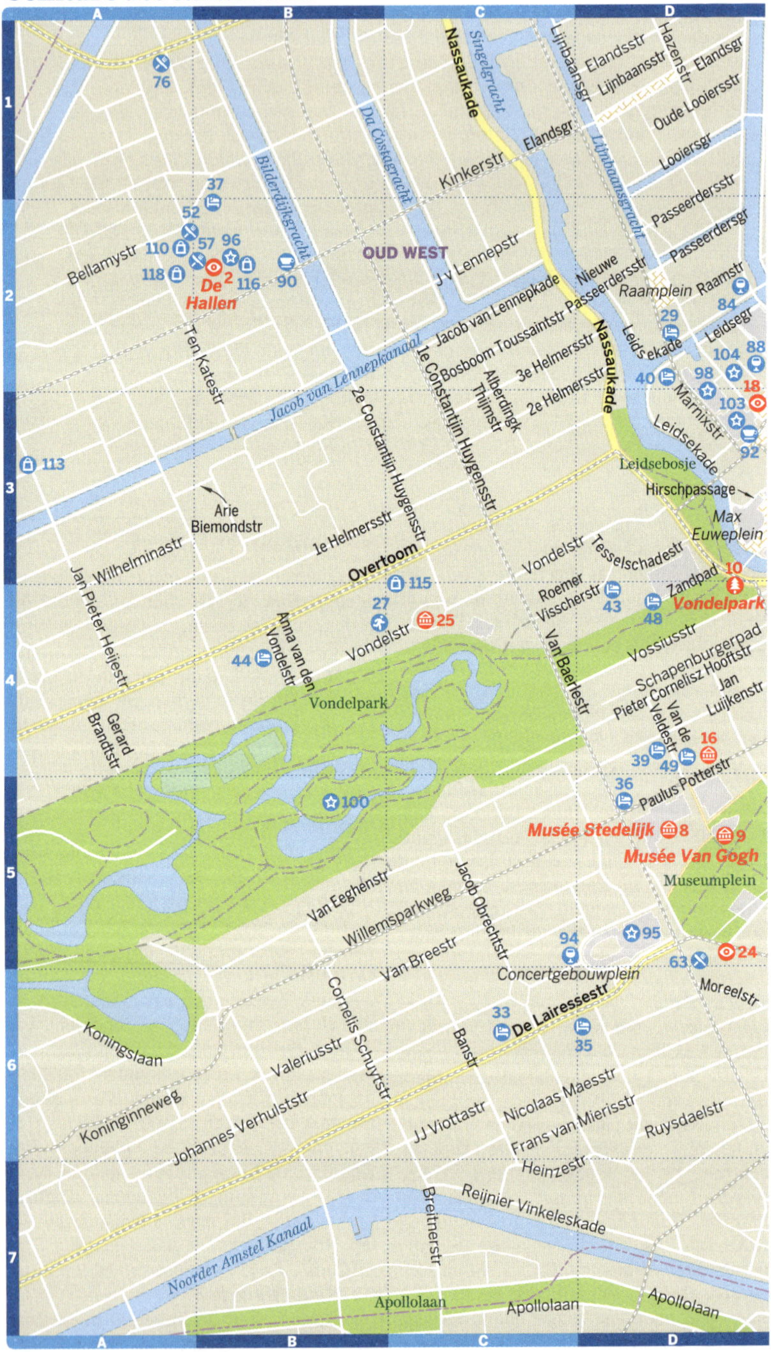

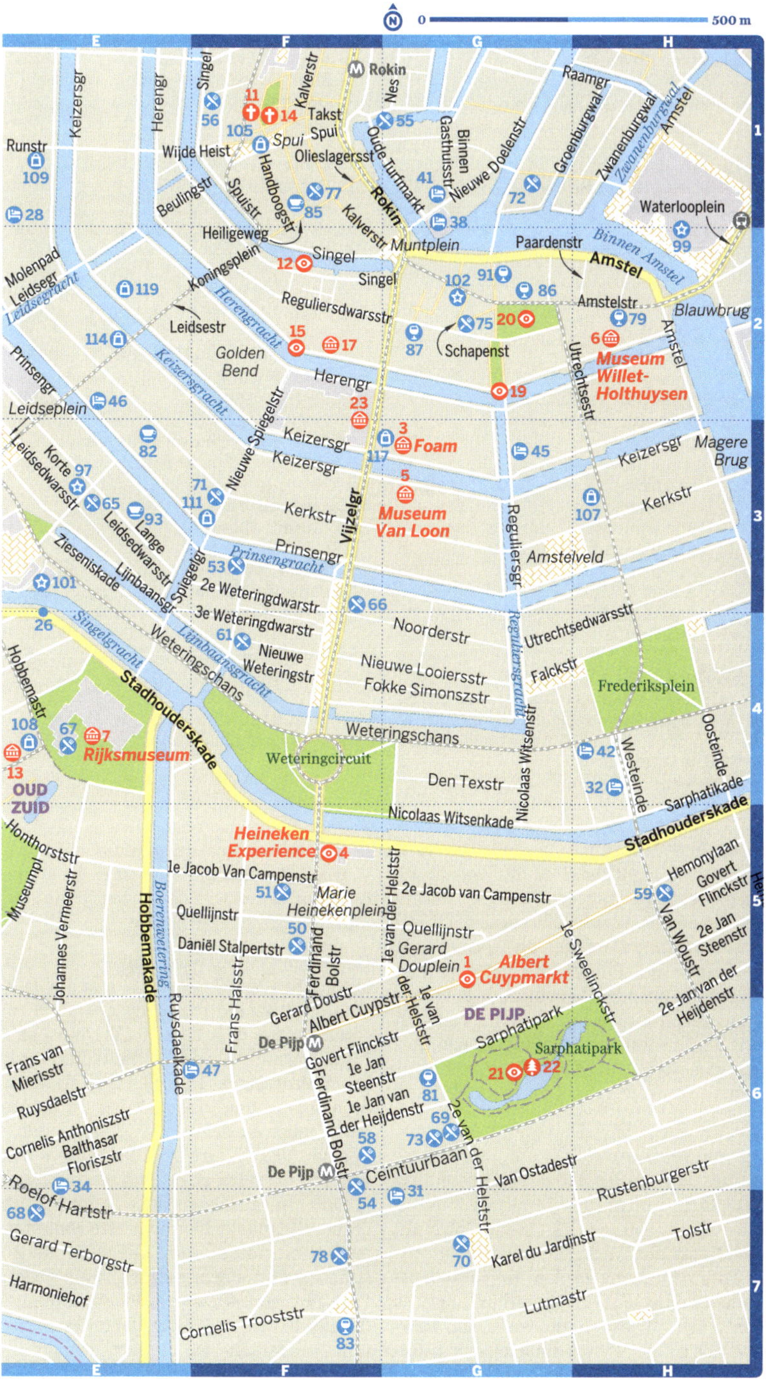

0
500 m
E
F
G
H
1
2
3
4
5
6
7
Rokin
Kalverstr
Nes
Takst
Spui
Spui
Olieslagersst
Singel
Herengr
Keizersgr
Runstr
Wijde Heist
Handboogstr
Spuistr
Beulingstr
Heiligeweg
Oude Turfmarkt
Gasthuisstr
Binnen
Nieuwe Doelenstr
Groenburgwal
Zwanenburgwal
Zwanenburgwal
Amstel
Raamgr
Waterlooplein
Muntplein
Paardenstr
Binnen Amstel
Amstel
Amstelstr
Blauwbrug
Amstel
Molenpad
Leidsegr
Leidsegracht
Koningsplein
Herengracht
Reguliersdwarsstr
Leidsestr
Golden Bend
Schapenst
Utrechtsestr
Museum Willet-Holthuysen
Keizersgracht
Prinsengr
Leidseplein
Nieuwe Spiegelstr
Herengr
Keizersgr
Keizersgr
Foam
Keizersgr
Magere Brug
Kerkstr
Kerkstr
Museum Van Loon
Vijzelgr
Reguliersgr
Amstelveld
Korte Leidsedwarsstr
Lange Leidsedwarsstr
Zieseniskade
Lijnbaansgr
Spiegelgr
Prinsengr
Prinsengracht
2e Weteringdwarsstr
3e Weteringdwarstr
Nieuwe Weteringstr
Noorderstr
Nieuwe Looiersstr
Fokke Simonszstr
Reguliersgracht
Utrechtsedwarsstr
Falckstr
Frederiksplein
Singelgracht
Lijnbaansgracht
Weteringschans
Stadhouderskade
Hobbemastr
Rijksmuseum
OUD ZUID
Weteringcircuit
Weteringschans
Den Texstr
Nicolaas Witsenstr
Westeinde
Oosteinde
Sarphatikade
Nicolaas Witsenkade
Stadhouderskade
Heineken Experience
Honthorststr
Museumpl
1e Jacob Van Campenstr
Marie Heinekenplein
1e van der Helststr
2e Jacob van Campenstr
Hemonylaan
Govert Flinckstr
Van Woustr
Quellijnstr
Quellijnstr
Gerard Douplein
Albert Cuypmarkt
1e Sweelinckstr
2e Jan Steenstr
2e Jan van der Heijdenstr
Johannes Vermeerstr
Hobbemakade
Boerenwetering
Daniël Stalpertstr
Ferdinand Bolstr
Frans Halsstr
Gerard Doustr
Albert Cuypstr
1e van der Helststr
DE PIJP
Sarphatipark
Sarphatipark
De Pijp
Ruysdaelkade
Frans van Mierisstr
Ruysdaelstr
Govert Flinckstr
1e Jan Steenstr
1e Jan van der Heijdenstr
Ferdinand Bolstr
2e van der Helststr
Cornelis Anthoniszstr
Balthasar Floriszstr
De Pijp
Ceintuurbaan
Van Ostadestr
Rustenburgerstr
Roelof Hartstr
Gerard Terborgstr
Karel du Jardinstr
Tolstr
Harmoniehof
Cornelis Trooststr
Lutmastr
1
3
4
5
6
7
11
12
13
14
15
17
19
20
21
22
23
26
28
31
32
34
38
41
42
45
46
47
50
51
53
54
55
56
58
59
61
65
66
67
68
69
70
71
72
73
75
77
78
79
81
82
83
85
86
87
91
93
97
99
101
102
105
107
108
109
111
114
117
119

Ceinture des canaux sud

Les incontournables
1 Albert Cuypmarkt ... G5
2 De Hallen ... B2
3 Foam ... G3
4 Heineken Experience ... F5
5 Museum Van Loon ... G3
6 Museum Willet-Holthuysen ... H2
7 Rijksmuseum ... E4
8 Musée Stedelijk ... D5
9 Musée Van Gogh ... D5
10 Vondelpark ... D4

À voir
11 Begijnhof Kapel ... F1
12 Bloemenmarkt ... F2
13 Diamant Museum ... E4
14 Engelse Kerk ... F1
15 Gouden Bocht (Courbe d'or) ... F2
16 House of Bols ... D4
17 Kattenkabinet ... F2
18 Leidseplein ... D3
19 Reguliersgracht ... G2
20 Rembrandtplein ... G2
21 Sarphati Memorial ... G6
22 Sarphatipark ... G6
23 Stadsarchief ... F3
24 Bibliothèque du musée Van Gogh ... D5
25 Vondelkerk ... C4

Activités
26 Blue Boat Company ... E4
27 Hollandsche Manege ... B4

Où se loger
28 Andaz Amsterdam ... E1
29 BackStage Hotel ... D2
31 Bicycle Hotel Amsterdam ... G7
32 Cocomama ... H4
33 Collector ... C6
34 College Hotel ... E6
35 Conscious Hotel Museum Square ... D6
36 Conservatorium Hotel ... D5
37 Hotel De Hallen ... B2
38 Hotel de L'Europe ... G1
39 Hotel Fita ... D4
40 Hotel Freeland ... D2
41 Hotel Résidence Le Coin ... G1
42 Hotel V Frederiksplein ... H4
43 Owl Hotel ... D4
44 Pillows Anna van den Vondel ... B4
45 Seven Bridges ... G3
46 Seven One Seven ... E2
47 Sir Albert Hotel ... F6
48 Stayokay Amsterdam Vondelpark ... D4
49 Van Gogh Hostel & Hotel ... D4

Où se restaurer
50 Avocado Show ... F5
51 Bakers & Roasters ... F5
52 Breakfast Club ... A2
53 Buffet van Odette ... F3
54 CT Coffee & Coconuts ... F6
55 De Laatste Kruimel ... G1
56 D'Vijff Vlieghen ... F1
57 Foodhallen ... B2
58 Friterie par Hasard ... F6
Frites uit Zuyd ... (voir 58)
59 Geflipt ... H5

Houseboat Museum MUSÉE
(carte p. 68 ; 020-427 07 50 ; www.houseboatmuseum.nl ; Prinsengracht 296k ; adulte/enfant 4,50/3,50 € ; 10h-17h mer-sam ; 13/17 Westermarkt). Ce musée, une péniche de navigation de 23 m datant de 1914, permet de se faire une idée du confort de la vie sur l'eau. L'exposition est limitée, mais on peut voir un diaporama présentant des péniches (de tous styles) et visiter la chambre, le salon, la cuisine et la salle à manger tout équipés.

Johnny Jordaanplein PLACE
(carte p. 68 ; angle Prinsengracht et Elandsgracht ; 13/14/17 Westermarkt). Le chanteur populaire du milieu du XXe siècle Johannes Hendricus Van Musscher, plus connu sous le nom de Johnny Jordan, est l'auteur de ballades dans le style romantique appelées *levenslied* (“chanson de vie”). Sur l'abri peint de couleurs vives (un ancien transformateur) sont inscrites les paroles de l'une de ses chansons : *Amsterdam, wat bent je mooi* (Amsterdam, que tu es belle). Le chanteur et certains de ses musiciens sont immortalisés dans le bronze.

Geelvinck Pianola Museum MUSÉE
(carte p. 68 ; 020-627 96 24 ; www.geelvinck.nl ; Westerstraat 106 ; musée adulte/enfant 9/5 €, concert à partir de 12,50 € ; 13h-17h ven-sam, 13h-16h dim tte l'année, concerts sept-juin ; 3/5 Marnixplein). La collection originale se monte à une cinquantaine de pianos mécaniques du début du XXe siècle. Seule une douzaine d'entre eux sont exposés à la fois. Pour le reste, ce ne sont pas moins de 30 000 rouleaux de musique perforés et un orgue mécanique. L'enthousiaste conservateur de ce musée assure une visite guidée (1 heure) et des démonstrations musicales. Fréquents concerts de musique mécanique, de Mozart à Fats Waller, avec des pièces rares, classiques ou de jazz, composées spécialement pour ces instruments.

61 La Cacerola....F4
63 l'Entrecôte et les Dames....D5
65 Pantry....E3
66 Pâtisserie Holtkamp....F3
67 Rijks....E4
68 Roc Elements....E7
69 Scandinavian Embassy....G6
70 Sir Hummus....G7
71 Soup en Zo....F3
72 Sterk Staaltje....G1
73 Surya....G6
75 Van Dobben....G2
76 Van 't Spit....A1
77 Vleminckx....F1
78 Volt....F7

Où prendre un verre et faire la fête

79 Air....H2
81 Boca's....G6
82 Bocca Coffee....E3
83 Brouwerij Troost....F7
84 Café Pieper....D2
85 Dampkring....F1
86 De Kroon....G2
87 Door 74....G2
88 Eijlders....D2
Gambrinus....(voir 78)
90 Lot Sixty One....B2
91 Montmartre....G2
92 Stanislavski....D3
93 Sweet Cup....E3
94 Welling....C5

Où sortir

95 Concertgebouw....D5
96 Filmhallen....B2
97 Jazz Café Alto....E3
98 Melkweg....D3
99 Muziektheater....H2
100 Openluchttheater....B5
101 Paradiso....E3
102 Pathé Tuschinskitheater....G2
103 Stadsschouwburg....D3
104 Sugar Factory....D2

Achats

105 Art Market....F1
107 Concerto....H3
108 Coster Diamonds....E4
109 De Kaaskamer....E1
110 Denim City Store....A2
111 Eduard Kramer....F3
113 Johnny at the Spot....A3
114 Mark Raven Amsterdam Art....E2
115 Pied à Terre....C4
116 ReCycle....B2
117 Skateboards Amsterdam....G3
118 Ten Katemarkt....A2
119 Young Designers United....E2

Electric Ladyland MUSÉE

(carte p. 68 ; ☎ 020-420 37 76 ; www.electric-ladyland.com ; 2e Leliedwarsstraat 5 ; adulte/enfant 5 €/gratuit ; ⏰ sur réservation 14h-18h mer-sam ; 🚊 13/17 Westermarkt). Le premier musée au monde consacré à l'art fluorescent présente les sculptures psychédéliques de Nick Padalino, propriétaire des lieux, et un grand nombre de minéraux phosphorescents et d'objets luminescents (argent, pièces d'identité, etc.) au sous-sol. Nick vous décrit patiemment chaque pièce de sa collection au son de la musique d'artistes comme Jimi Hendrix ou les Beatles. Boutique-galerie au rez-de-chaussée.

Amsterdam Tulip Museum MUSÉE

(carte p. 68 ; ☎ 020-421 00 95 ; www.amsterdamtulipmuseum.com ; Prinsengracht 116 ; adulte/enfant 5/3 € ; ⏰ 10h-18h ; 🚊 13/17 Westermarkt). Comptez près de 1 heure 30 pour visiter le petit musée de la Tulipe, qui propose un survol de l'histoire de la fleur symbole du pays. Tulipes, chronologie et courts-métrages (en anglais) vous apprennent comment les marchands ottomans découvrirent ces fleurs dans les steppes himalayennes et en lancèrent la production en Turquie, comment elles firent et défirent des fortunes lors de la "folie des tulipes" hollandaise du XVIIe siècle, et comment les bulbes servirent de nourriture durant la Seconde Guerre mondiale.

Vondelpark et le Vieux Sud

Le Vondelpark est le cœur vert d'Amsterdam, à quelques pas des plus grands musées de la ville : Rijksmuseum, musées Van Gogh et Stedelijk, commodément regroupés autour de Museumplein, le quartier d'Oud Zuid (Vieux Sud). Plus au sud, explorez les parcs d'Amsterdamse Bos et le CoBrA Museum (voir encadré p. 85), consacré au mouvement

Jordaan et ceinture des canaux ouest

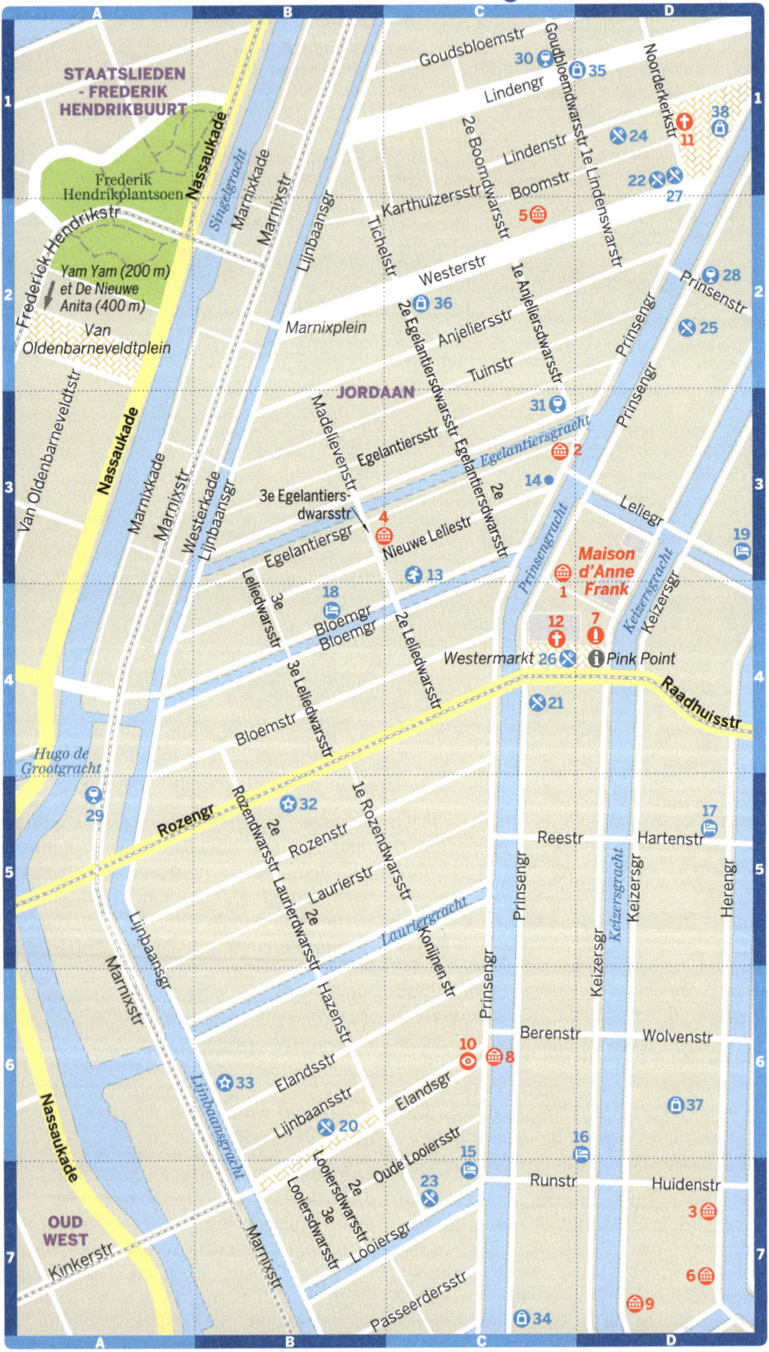

Jordaan et ceinture des canaux ouest

Les incontournables
1 Maison d'Anne Frank ... C3

À voir
2 Amsterdam Tulip Museum ... C3
3 Bijbels Museum ... D7
4 Electric Ladyland ... B3
5 Geelvinck Pianola Museum ... C2
6 Het Grachtenhuis ... D7
7 Homomonument ... D4
8 Houseboat Museum ... C6
9 Huis Marseille ... D7
10 Johnny Jordaanplein ... C6
11 Noorderkerk ... D1
12 Westerkerk ... C4
Clocher de Westerkerk ... (voir 12)

Activités
13 Bike City ... C3
14 Those Dam Boat Guys ... C3

Où se loger
15 Amsterdam Wiechmann Hotel ... C7
16 Dylan ... D6
17 Hotel IX ... D5
18 Mr Jordaan ... B4
19 't Hotel ... D3

Où se restaurer
20 Balthazar's Keuken ... B6
21 Bistro Bij Ons ... C4
22 Boca's ... D1
23 Festina Lente ... C7
24 Koevoet ... D1
25 Pancake Bakery ... D2
26 Wil Graanstra Friteshuis ... C4
27 Winkel ... D1

Où prendre un verre et faire la fête
28 Café de Vergulde Gaper ... D2
29 Cafe Soundgarden ... A5
30 De Kat in de Wijngaert ... C1
De Twee Zwaantjes ... (voir 2)
31 't Smalle ... C3

Où sortir
32 Boom Chicago ... B5
33 Maloe Melo ... B6
Nooderkerkconcerten ... (voir 11)

Achats
34 Frozen Fountain ... C7
35 Marché du Lindengracht ... D1
36 Moooi Gallery ... C2
37 Negen Straatjes ... D6
38 Noordermarkt ... D1

artistique De Stijl. Au nord du Vondelpark, l'ancien dépôt de trams De Hallen s'est métamorphosé en gigantesque halle culinaire, commerciale et culturelle.

Rijksmuseum — MUSÉE

Voir p. 72.

Musée Van Gogh — MUSÉE

Voir p. 76.

♥ Musée Stedelijk — MUSÉE

(Musée national d'art moderne ; carte p. 64 ; ☎020-573 29 11 ; www.stedelijk.nl ; Museumplein 10 ; adulte/enfant 20 €/gratuit ; ⏲10h-18h ; 🚊2/3/5/12 Van Baerlestraat). C'est pendant la période de l'après-guerre que le conservateur Willem Sandberg a réuni cette collection prodigieuse où se côtoient Picasso, Matisse, Mondrian, Van Gogh, Rothko, De Kooning et Warhol, entre autres grands peintres, ainsi qu'une fresque exubérante de Karel Appel. Les œuvres sont présentées en rotation et l'établissement programme d'excellentes expositions temporaires. Le bâtiment est une ancienne banque néo-Renaissance de 1895 dessinée par A. M. Weissman, enrichie d'une extension récente appelée "la baignoire" pour une raison qui vous sautera aux yeux.

House of Bols — MUSÉE

(carte p. 64 ; www.houseofbols.com ; Paulus Potterstraat 14 ; entrée avec 1 cocktail 16 €, 18 ans minimum ; ⏲13h-18h30 dim-jeu, 13h-21h ven-sam ; 🚊2/5/12 Van Baerlestraat). Ce musée du *jenever* (genièvre ; gin néerlandais) est un peu démodé mais amusant. Dans le "hall du goût", essayez de différencier les divers arômes et parfums ; dans la "distillerie", découvrez le processus d'extraction pour obtenir l'eau-de-vie. On apprend beaucoup sur l'histoire du genièvre. On peut aussi essayer de créer son propre cocktail et boire un "Bols" de son choix pour conclure cette demi-heure de visite interactive.

Diamant Museum — MUSÉE

(carte p. 64 ; www.diamantmuseumamsterdam.nl ; Paulus Potterstraat 8 ; adulte/enfant 11/8 € ; ⏲9h-17h ; 🚊2/5/12 Rijksmuseum). Tous les bijoux présentés dans ce petit musée du Diamant on ne peut plus traditionnel sont de belles reproductions. L'histoire du commerce du diamant, les différents bijoux et les couronnes historiques n'auront plus de secret pour vous. Amsterdam fut en effet la plaque tournante des diamantaires pendant des siècles, les

WESTERGASFABRIEK : LA CULTURE À PLEINS GAZ

À un jet de pierre au nord-ouest de Jordaan, un bâtiment néo-Renaissance néerlandaise (fin XIXe) proche du **Westerpark** (Spaarndammerstraat ; 3 Haarlemmerplein) adjacent abritait le complexe de la **Westergasfabriek** (020-586 07 11 ; westergas.nl ; Pazzanistraat ; 5 Van Limburg Stirumstraat/Van Hallstraat), l'usine à gaz du secteur ouest de la ville. Après sa fermeture en 1967, le site a dû être longuement dépollué avant de renaître sous la forme d'un parc culturel et de loisir avec pelouses, longue pataugeoire, pistes cyclables et installations sportives.

Les anciens bâtiments postindustriels ont été reconvertis en lieux de création abritant agences de publicité et studios de télévision, ainsi que de réguliers festivals et manifestations, sans omettre le **Sunday Market** (marché du dimanche ; www.sundaymarket.nl ; 12h-18h 1er dim du mois), alliant gastronomie et artisanat.

La Westergasfabriek ne manque pas de lieux pour dîner, boire un verre ou sortir :

Mossel En Gin (020-486 58 69 ; www.mosselengin.nl ; Gosschalklaan 12 ; plats 8,95-19,95 € ; 16h-0h mar-jeu, 16h-2h ven, 13h-2h sam, 13h-0h dim ; ; 21 Van Hallstraat). Utilisation créative du genièvre, dans les plats comme dans les cocktails.

De Bakkerswinkel (020-688 06 32 ; bakkerswinkelwesterpark.nl ; Polonceaukade 1, en-cas 3,05-9,50 €, plats 8-10,50 € ; 9h-17h lun-ven, 10h-17h sam-dim ; 5 Van Limburg Stirumstraat). Café à plusieurs niveaux dans l'ancien bâtiment du régulateur de l'usine à gaz.

Raïnaraï (020-486 71 09 ; www.rainarai.nl ; Polonceaukade 40 ; plats 18,50-24,50 € ; 12h-22h mar-dim ; 21 Van Hallstraat). Cuisine algérienne dans un cadre exotique.

Westergasterras (www.westergasterras.nl ; Klönneplein 4-6 ; 11h-1h lun-jeu, 11h-3h ven, 10h-3h sam, 10h-1h dim ; ; 5 Van Limburg Stirumstraat). Un bar qui ouvre sur une des plus belles terrasses d'Amsterdam.

Brouwerij Troost Westergas (020-737 10 28 ; www.brouwerijtroost.nl ; Pazzanistraat 27 ; 16h-minuit lun-jeu, 16h-3h ven, 12h-3h sam, 12h-minuit dim ; ; 5 Van Limburg Stirumstraat). Brasserie pour amateurs de bière et d'ambiance cool.

Pacific Parc (020-488 77 78 ; www.pacificparc.nl ; Polonceaukade 23 ; 5 Van Limburg Stirumstraat). Concerts indé et soirées DJ.

Westerunie (020-684 84 96 ; www.westerunie.nl ; Klönneplein 6 ; horaires variables ; ; 5 Van Limburg Stirumstraat). Club postindustriel qui pulse.

juifs dominant l'activité de la taille à Amsterdam jusqu'à ce qu'Anvers la supplante après la Shoah.

La visite, gratuite, de l'atelier voisin de **Coster Diamonds** (carte p. 64 ; 020-305 55 55 ; www.costerdiamonds.com ; Paulus Potterstraat 2 ; 9h-17h), la société propriétaire du musée, permet de voir les tailleurs à l'œuvre.

Vondelkerk — BÂTIMENT HISTORIQUE

(carte p. 64 ; www.stadsherstel.nl ; Vondelstraat 120d ; 1/11 1e Constantijn Huygensstraat). Bâtie par l'architecte Pierre Cuypers entre 1870 et 1880, cette église était sa préférée. Mais elle pâtit du manque de fonds lors de sa construction, et subit un incendie en 1904. Vouée à la démolition en 1978, elle fut sauvée par un groupe d'amoureux d'architecture. Son intérieur (apprécié pour les mariages) sert de bureaux et n'est pas ouvert au public.

Hollandsche Manege — ÉCOLE D'ÉQUITATION

(carte p. 64 ; 020-618 09 42 ; www.deholIandschemanege.nl ; Vondelstraat 140 ; adulte/enfant musée 12,50/8 €, leçons particulières 30/60 min 41,75/69 € ; musée 10h-17h dim-lun, 13h-17h mar, cours sur réservation ; 1/11 1e Constantijn Huygensstraat). En bordure du Vondelpark, ce manège hollandais de style néoclassique vous emporte au temps glorieux de l'école espagnole d'équitation de Vienne qui lui a servi de modèle. Dessiné par A. L. Van Gendt en 1882, le manège a conservé sa belle façade à têtes d'équidé et sa vaste piste intérieure.

De Pijp

Hormis l'Albert Cuypmarkt et la Heineken Experience (ci-contre), il y a peu de sites majeurs dans De Pijp, une petite île à l'atmosphère villageoise qui s'embourgeoise progressivement. Le plaisir ici est de flâner dans le quartier et de plonger dans l'atmosphère bohème de ses bars, restaurants et boutiques.

Albert Cuypmarkt MARCHÉ

(carte p. 64 ; www.albertcuyp-markt.amsterdam ; Albert Cuypstraat, entre Ferdinand Bolstraat et Van Woustraat ; 9h30-17h30 lun-sam ; 24 Albert Cuypstraat). Ce marché, le plus grand d'Amsterdam, compte près de 260 échoppes. Les étals de fruits et légumes, d'herbes et épices alternent avec les stands des camelots vantant leurs derniers gadgets. On y trouve aussi des vêtements et des objets courants, souvent moins chers qu'ailleurs. Les vendeurs d'en-cas proposent des sandwichs au hareng cru, des frites, des *poffertjes* (petites crêpes saupoudrées de sucre glace) ou des *stroopwafels* (gaufres) au caramel et au sirop. Les alentours ne manque pas de cafés et restaurants conviviaux.

Heineken Experience BRASSERIE

(carte p. 64 ; 020-523 94 35 ; tickets.heinekenexperience.com ; Stadhouderskade 78 ; adulte visite autonome 21 €, visite guidée VIP 55 €, Rock the City 39,50 € ; 10h30-19h30, dernière entrée 17h30 ; M Vijzelgracht, 24 Ferdinand Bolstraat). Cette ancienne brasserie Heineken invite à une authentique plongée dans le monde des brasseurs appelée à juste titre "*Experience*". En progressant de son propre chef dans cette aventure multimédia, on passe par les différentes étapes du brassage en "devenant" soi-même une bière que l'on agite avant de l'arroser d'eau puis de la chauffer. En ligne, réduction de 3 € sur le tarif adulte et billets coupe-file. Les visites guidées VIP (2 heures 30) s'achèvent sur la dégustation de 5 bières, appariées à des fromages. D'un bon rapport qualité/prix, les billets Rock the City incluent une balade de 45 minutes sur les canaux, jusqu'à la tour A'DAM.

Sarphatipark PARC

(carte p. 64 ; Sarphatipark ; 3 2e Van der Helststraat). Bien moins fréquenté que le Vondelpark, plus grand et plus réputé, ce parc à l'anglaise offre un moment de détente bucolique tout aussi agréable. Portant le nom de Samuel Sarphati (1813-1866), médecin, homme d'affaires et urbaniste juif novateur, il comprend des étangs, des prairies ondulées et des espaces boisés. Au centre, le **mémorial Sarphati** (carte p. 64) est une sorte de petit temple grandiloquent de 1886 orné d'une fontaine, de gargouilles et d'un buste du grand homme.

Oosterpark et est de l'Amstel

En dehors d'un passionnant musée ethnographique, le Tropenmuseum, le quartier est (Oost) n'a rien de particulièrement touristique. Mais il est agréable de parcourir ses deux parcs, Oosterpark et Flevopark, semés de mémoriaux.

Tropenmuseum MUSÉE

(musée des Tropiques ; 0880 042 800 ; www.tropenmuseum.nl ; Linnaeusstraat 2 ; adulte/enfant 16/8 € ; 10h-17h mar-dim ; 14/10 Tropenmuseum). Vaste espace voûté, avec des galeries, le Tropenmuseum présente sur 3 niveaux une collection d'objets des anciennes colonies, allant des figurines du théâtre d'ombres indonésien aux dioramas sur la vie tropicale. Le tout est présenté avec intelligence et créativité, avec une bonne dose de multimédia. Les expositions temporaires sont intéressantes. Il existe une section interactive où les enfants peuvent grimper, une section musicale (empruntez des écouteurs, ou achetez-les pour 1,50 €), une boutique de souvenirs et un joli café.

Oosterpark PARC

(carte p. 54 ; aube-crépuscule ; 19 1e Van Swindenstraat). Entre perruches en liberté dans les arbres et hérons fouillant les grands bassins, il émane de ce jardin luxuriant au cœur d'un quartier multiculturel une richesse quasi tropicale. Et pourtant il a gardé son dessin à l'anglaise remontant à 1891. Créé pour le plaisir des négociants en diamants qui avaient fait fortune dans les mines sud-africaines, l'Oosterpark donne toujours une impression de raffinement et d'espace.

Amsterdam-Noord

Face au centre d'Amsterdam, l'autre rive de l'IJ est le lieu de toutes les innovations, notamment architecturales – regardez EYE et Kraanspoor par exemple ! La tour A'DAM offre une vue panoramique sur la ville, l'EYE Film Institute présente des expositions sur le cinéma, et, quant à l'enclave artistique

Les incontournables
RIJKSMUSEUM

Trésors artistiques, restaurant étoilé au Michelin et voie cyclable : le plus célèbre musée néerlandais conjugue désormais tous les plaisirs. Le Rijksmuseum est un monument dédié à l'art qui renferme des chefs-d'œuvre du Siècle d'or et des toiles signées Rembrandt, Vermeer ou Van Gogh. Dessinées pour abriter les collections royales, ses galeries (1,3 km au total) et ses 80 salles en font un écrin de choix !

Organisation

Le musée est réparti sur quatre niveaux, du niveau 0 (où se trouve l'atrium principal) au niveau 3. Deux heures suffiront pour découvrir les œuvres les plus emblématiques, mais les amateurs d'art resteront bien plus longtemps.

Prenez un plan à l'accueil. Les galeries sont bien indiquées et les salles portent le numéro et le thème de la galerie, ce qui permet de se repérer facilement. L'atrium sépare le 1er niveau en deux parties, avec des accès distincts.

Niveau 2 : 1600-1700

La Galerie d'honneur, au niveau 2, réunit les pièces maîtresses du Rijksmuseum, les chefs-d'œuvre du Siècle d'or. Son accès est un peu compliqué, mais bien signalé.

Frans Hals

La première salle présente plusieurs toiles de Frans Hals, maître de la fluidité et de la vie. Un style unique qui a influencé bien des peintres jusqu'aux impressionnistes. Son *Joyeux Buveur* (1628-1630) est frappant de réalisme. Ses larges touches détachées conjuguées au contraste ombre-lumière semblent projeter le sujet hors du cadre.

À NE PAS MANQUER

- *La Ronde de nuit*, Rembrandt
- *Le Joyeux Buveur*, Frans Hals
- *La Laitière*, Vermeer
- *Le Devoir d'une mère*, Peter de Hooch
- Faïences de Delft
- Maisons de poupée
- Restaurant étoilé au Michelin

INFOS PRATIQUES

- Musée national
- carte p. 64
- ☎ 020-674 70 00
- www.rijksmuseum.nl
- Museumstraat 1
- adulte/enfant 20 €/gratuit
- 🕘 9h-17h
- 🚋 2/5/12 Rijksmuseum

Vermeer et les intérieurs néerlandais

La salle suivante consacrée au lumineux Vermeer multiplie scènes domestiques intimes et instantanés de vie privée rendus avec une précision quasi photographique. *La Laitière* (1660, photo) révèle l'extrême souci du détail : trous dans le mur, ombre du clou... *La Femme en bleu lisant une lettre* (1663) reflète un style différent chez le peintre qui ne donne à voir les objets (tables et chaises) que partiellement, laissant l'observateur imaginer le reste. Contemporain de Vermeer, Pieter de Hooch croque aussi la vie intime avec tendresse, tels cette mère et son enfant dans une paisible scène d'épouillage intitulée *Le Devoir d'une mère* (1658, aussi appelé *Intérieur avec mère épouillant son enfant*).

Jan Steen

Jan Steen, dont les œuvres occupent l'autre bout de la salle où est exposé Vermeer, s'est fait connaître en peignant des scènes domestiques exubérantes, comme celle représentée dans *La Joyeuse Famille* (1668). Aucun des adultes ivres ne remarque le petit garçon qui goûte discrètement le vin. Seule une inscription donne la morale de l'histoire : "Ce que chantent les vieux, les petits le fredonnent." Les toiles de Steen ont marqué les esprits : au XVIIIe siècle, l'expression "une maison de Jan Steen" est entrée dans la langue pour désigner une situation chaotique.

Rembrandt

Vous voici arrivé jusqu'au grand maître dont l'autoportrait le présente, résigné, stoïque, sous les traits de l'apôtre Paul. *La Fiancée juive* (1665), qui montre un couple se caressant, impressionna Van Gogh qui déclara à un ami : "Je donnerais volontiers dix ans de ma vie pour pouvoir passer une quinzaine de jours à contempler ce tableau, avec un croûton de pain pour toute nourriture."

Faïences de Delft et maisons de poupée

D'autres trésors du Siècle d'or sont présentés dans les salles autour de la Galerie d'honneur. À la fin du XVIIe siècle, la faïence de Delft fut l'aboutissement des tentatives pour reproduire la porcelaine de Chine. Une multitude de délicates céramiques bleu et blanc sont exposées dans la salle 2.22. La salle 2.20 est consacrée aux splendides maisons de poupées. Épouse d'un commerçant, Petronella Oortman engagea des charpentiers, des souffleurs de verre et des orfèvres pour réaliser les 700 éléments de sa maison avec les mêmes matériaux que pour une version grandeur nature.

FILES D'ATTENTE ET BILLETS

L'attente peut être longue, en particulier les vendredi, samedi et dimanche. L'endroit est moins fréquenté avant 10h et après 15h. Achetez votre billet en ligne pour gagner du temps. Si vous devez quand même faire la queue dehors, une fois à l'intérieur, vous accédez directement au musée (sans attendre à la billeterie). Les détenteurs des cartes Museumkaart et I Amsterdam ont les mêmes privilèges.

Téléchargez l'application gratuite du musée (Wi-Fi sur place). Elle permet de faire une visite guidée ou de sélectionner les œuvres par numéro. Une visite en famille est aussi disponible.

MINI-MUSÉE À L'AÉROPORT

Le Rijksmuseum dispose d'une petite annexe gratuite à l'aéroport Schiphol, qui expose une dizaine de toiles clés du Siècle d'or. Ouverte 24h/24 tous les jours, elle se trouve après le contrôle des passeports, entre les salles 2 et 3.

Niveau 3 : 1900-2000

La plus petite collection du dernier étage comprend des œuvres avant-gardistes, aux couleurs vives, de Karel Appel, Corneille Constant Nieuwenhuys et d'autres membres du mouvement CoBrA (né après la Seconde Guerre mondiale), ainsi que du mobilier de designers néerlandais tels Gerrit Rietveld et Michel de Klerk. On y trouve aussi un jeu d'échecs nazi, et un assez dérangeant mur de moulages faciaux d'habitants de l'île de Nias (Indonésie) datant de 1910.

Niveau 1 : 1700-1900

La Bataille de Waterloo est la plus grande toile du Rijksmuseum (salle 1.12). Trois tableaux de Van Gogh garnissent la salle 1.18. La salle 1.16 reproduit quant à elle une pièce d'une maison du XVIIIe siècle.

Niveau 0 : 1100-1600

Mille et une curiosités vous retiendront ici. Ces collections spéciales se divisent en sections : lanternes magiques, armurerie ou symboles de statut social du passé, instruments de musique ou miniatures en argent, notamment. Ces trésors anciens cachent aussi des chefs-d'œuvre de Dürer comme de la coutellerie de l'époque de Charles Quint. Le pavillon asiatique, un espace à part peu fréquenté, renferme des trésors de Chine, d'Indonésie, du Japon, d'Inde, de Thaïlande et du Vietnam.

Façade et jardins

Le bâtiment dessiné par Pierre Cuypers en 1885 mêle néogothique et Renaissance hollandaise. Le Rijks est traversé aujourd'hui par une étonnante voie cyclable (appelée "le tunnel" par les habitants) qui sépare en deux le monument. Le jardin du musée, dit "galerie extérieure", accueille au moins une fois l'an des expositions de sculptures en plein air. On peut s'y balader librement au milieu des roses, des haies, des fontaines et d'une jolie serre.

RIJKSMUSEUM

Niveau 3 : 1900-2000

Niveau 2 : 1600-1700

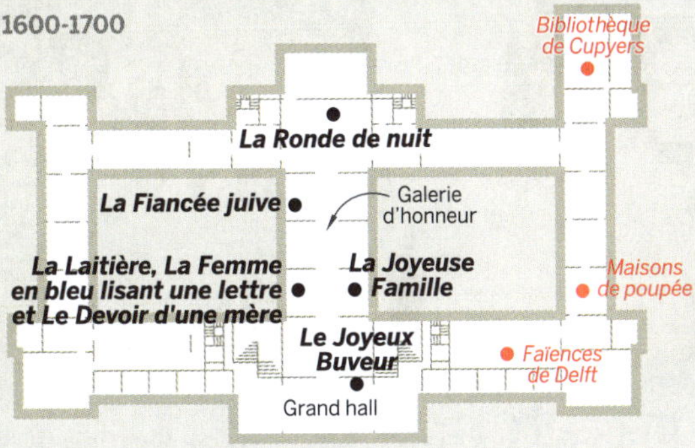

Niveau 1 : 1700-1900

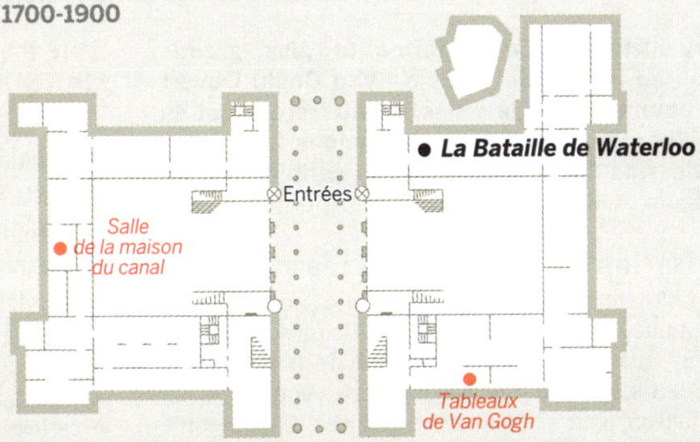

Niveau 0 : 1100-1600

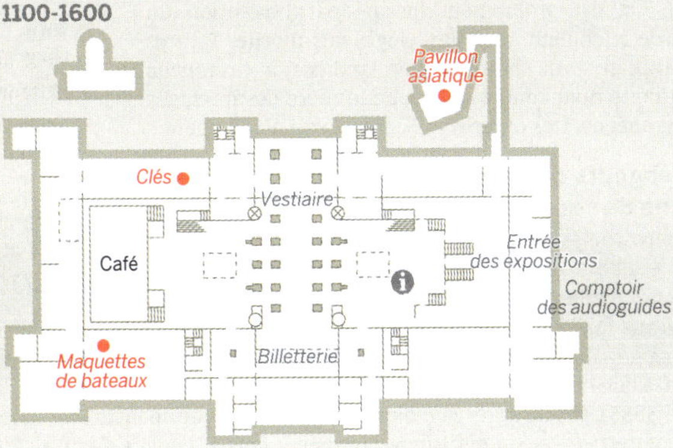

ALEXANDER TOLSTYKH/SHUTTERSTOCK ©

Les incontournables

MUSÉE VAN GOGH

Ce merveilleux musée renferme la plus grande collection au monde de toiles de Van Gogh. Ouvert en 1973 pour accueillir la collection du frère cadet du peintre, Theo, le musée possède quelque 200 toiles et 500 dessins de Vincent et de ses contemporains, tels Gauguin et Monet.

Organisation du musée et œuvres majeures

Une nouvelle entrée de verre éblouissante, inaugurée en 2015, est venue ajouter 800 m² à l'espace du musée. Celui-ci s'étend sur quatre niveaux, numérotés de 0 (le rez-de-chaussée) à 3. Le musée n'est pas immense : comptez deux heures environ pour parcourir ses galeries. L'audioguide multimédia est pratique, avec une version spéciale pour enfants. On est proprement fasciné par l'évolution du trait et de la couleur chez Van Gogh, des mornes figures des travailleurs de la terre néerlandaise à la touche vibrionnante pour rendre la chaude lumière des paysages méditerranéens. Des œuvres majeures à voir absolument :

Les Mangeurs de pommes de terre et Crâne de squelette fumant une cigarette

Les œuvres de jeunesse – teintes sombres, sujets graves et crus – datent de l'époque où le peintre vivait dans la campagne néerlandaise et à Anvers (entre 1883 et 1885). Les paysans faisaient alors l'objet de toutes ses attentions. *Les Mangeurs de pommes de terre* (1885) est sa toile la plus emblématique de cette période. La *Nature morte à la Bible ouverte* (1885), peinte après la mort de son père pasteur, montre une chandelle consumée, la Bible paternelle et un petit livre largement corné, *La Joie de vivre* (Zola), symbole de la philosophie plus profane de Van Gogh. L'une des reproductions les plus vendues par la

À NE PAS MANQUER

- *Les Mangeurs de pommes de terre*
- *La Maison jaune*
- *Champ de blé aux corbeaux*
- *Tournesols*

INFOS PRATIQUES

- carte p. 64
- ☎ 020-570 52 00
- www.vangoghmuseum.nl
- Museumplein 6
- adulte/enfant 19 € gratuit, audioguide 5/3 €
- ⏲ horaires variables, consultez le site
- 🚊 2/3/5/12 Van Baerlestraat

boutique du musée est le *Crâne de squelette fumant une cigarette* (1886), œuvre de jeunesse lorsque Van Gogh étudiait à l'Académie royale des beaux-arts d'Anvers.

Autoportraits

En 1886, Vincent part s'installer à Paris, où son frère, Theo, est marchand d'art. L'artiste cherche à maîtriser l'art du portrait mais, trop pauvre pour s'offrir des modèles, il réalise plusieurs autoportraits. On remarque que sa palette commence à s'éclaircir sous l'influence des impressionnistes.

Les Tournesols et La Maison jaune

En 1888, le peintre quitte Paris pour Arles, en Provence. Les *Tournesols* (1889), et autres fleurs, datent de cette époque, tout comme *La Maison jaune* (1888), représentation de cette demeure louée dans le but d'y créer une colonie d'artistes avec Gauguin. *La Chambre à coucher* (1888) est celle que Van Gogh occupe dans cette maison. C'est en 1888 également que l'artiste se coupe l'oreille.

Champ de blé aux corbeaux

En 1889, Van Gogh se fait interner volontairement à l'asile de Saint-Rémy-de-Provence. C'est là qu'il peint ces paysages si expressifs de cyprès et d'oliviers, ainsi que les fameux *Iris*. En 1890, il s'établit à Auvers-sur-Oise, auprès du docteur Gachet. L'un de ses derniers tableaux, *Champ de blé aux corbeaux* (1890) est achevé peu de temps avant son suicide.

Correspondance de Van Gogh

Pour mieux appréhender le peintre, il est intéressant de se pencher sur la correspondance qu'il entretient avec Theo, son frère et défenseur. De multiples postes d'écoute répartis dans le musée diffusent des enregistrements de ces lettres. Vous pouvez les écouter en ligne sur www.vangoghletters.org.

Autres artistes

La collection de Theo Van Gogh et les pièces acquises par la suite regroupent également des œuvres de contemporains de l'artiste, dont Gauguin, Monet et Toulouse-Lautrec. Des toiles de ses précurseurs, comme Millet et Courbet, et des œuvres d'artistes que Van Gogh a influencés ponctuent les galeries.

Aile des expositions

Gerrit Rietveld, architecte néerlandais influent, a conçu le bâtiment principal du musée. À l'arrière, en retournant vers Museumplein, l'aile à part, créée par l'architecte Kisho Kurokawa, est appelée communément "la Moule". Elle accueille des expositions temporaires de grands artistes.

BILLETS

Pour mettre un terme aux longues files d'attente, le musée a opté pour une vente uniquement en ligne (les billets sous forme électronique sont autorisés). Réservez tôt pour obtenir le créneau horaire souhaité, sachant que l'affluence est moindre avant 11h ou après 16h. Les détenteurs de la carte I Amsterdam peuvent réserver en ligne sur www.iamsterdam.com.

Van Gogh ne vendit de son vivant qu'un seul tableau (*La Vigne rouge*), conservé au musée Pouchkine à Moscou.

NOCTURNES DU VENDREDI

Le musée est ouvert jusqu'à 22h le vendredi, lorsqu'il accueille des événements spéciaux dans le cadre des Vincent opVrijdag (les vendredis de Vincent). Un bar est ouvert au sous-sol et il y a souvent des concerts ou un DJ.

La **bibliothèque du musée** (carte p. 64 ; ☎ 020-570 59 78 ; Gabriël Metsustraat 8 ; ⏲ 10h-12h30 et 13h-17h lun-ven ; 🚋 3/5/12 Museumplein) GRATUIT conserve près de 35 000 livres et articles de référence.

RÉDUCTIONS ET FORFAITS POUR LES MUSÉES

Certaines professions, notamment les artistes, journalistes, conservateurs de musée et enseignants peuvent parfois bénéficier d'un tarif réduit sur présentation d'un justificatif.

Les étudiants obtiennent souvent une ristourne de quelques euros sur l'entrée au musée à condition de présenter leur carte. Les plus de 65 ans et leurs conjoints de plus de 60 ans peuvent obtenir un tarif réduit dans les transports en commun, les musées, les salles de concerts... sur présentation de leur pièce d'identité.

Carte I Amsterdam (www.iamsterdam.com ; 24/48/72/96/120 heures 65/90/110/125/135 €). Ce forfait vous donne gratuitement accès à une quarantaine de musées, à une croisière sur les canaux, à des trajets illimités sur les transports GVB et vous fait bénéficier de réductions dans certaines boutiques et des restaurants, comme pour des spectacles. Pratique pour visiter la ville. Disponible en ligne, dans les centres d'information VVV I Amsterdam et certains hôtels.

Museumkaart (www.museumkaart.nl ; adulte/enfant 64,90/32,45 €, plus inscription unique de 5 €). Entrée gratuite ou à prix réduit dans près de 400 musées de tout le pays pour un an. La carte est vendue aux billetteries des musées participants. On reçoit d'abord une carte temporaire valable 31 jours (pour 5 musées maximum) ; on peut ensuite s'enregistrer en ligne pour recevoir une carte permanente, envoyée à une adresse aux Pays-Bas (votre hôtel, par exemple) sous 3 à 5 jours ouvrables.

Holland Pass (www.hollandpass.com ; 3/4/6 sites à partir de 45/60/75 €). Similaire à l'I Amsterdam Card, la précipitation en moins ; vous pouvez visiter les sites sur une période plus longue. Le prix dépend du nombre de sites, avec un système de niveaux (gold pour les sites les plus chers/très fréquentés, etc.) Le pass inclut aussi un billet de train entre l'aéroport et la ville et une croisière sur les canaux. Achetez-le en ligne et retirez-le ensuite à l'aéroport Schipol ou dans le centre.

Priority Pass (www.priopass.com). Proposé par de nombreux hôtels, ce pass gratuit (version imprimée ou version électronique sur votre téléphone) sert de coupe-file sur la plupart des sites, sans offrir de réduction particulière, ni dans les musées ni pour les circuits. Bien des visiteurs apprécient son triple avantage : être dispensé de faire la queue, ne pas avoir d'impératif (faire plusieurs visites de musées le même jour pour rentabiliser le pass), payer pour ce que l'on visite uniquement (sans forfait de transports, sans croisière sur les canaux...). Le pass est gratuit ; il suffit de s'inscrire en fournissant les données de sa carte bancaire, qui sera débitée pour chaque usage.

du NDSM-werf et de ses ateliers d'artistes, ils sont un haut lieu du street art. Et puis il y a le marché d'IJ Hallen et les adorables maisons de Nieuwendammerdijk.

EYE Film Institute — MUSÉE, CINÉMA

(☎ 020-589 14 00 ; www.eyefilm.nl ; IJpromenade 1 ; adulte/enfant expositions 12,50 €/gratuit, cinéma 11,50/7,50 € ; ⏲10h-19h ; ⛴ Buiksloterweg). Triomphe d'architecture moderniste qui semble en équilibre sur la rive de l'IJ (prononcer "*eye*"), cet institut projette dans quatre salles des films tirés de son fonds de 40 000 titres, parfois en formule ciné-concert. Des expositions permettent d'explorer la thématique cinéphilique comme les costumes ou l'art numérique. Et le petit plus : un bar-restaurant – vue superbe – avec terrasse. Un lieu très couru de ce côté du fleuve.

♥ A'DAM Toren — BÂTIMENT REMARQUABLE

(www.adamtoren.nl ; Overhoeksplein 1 ; adulte/enfant/famille 14,50/8,50/35 € ; ⏲10h-22h, dernière entrée 1h avant fermeture ; ⛴ Buiksloterweg). Ancien siège de la compagnie pétrolière Royal Dutch Shell, la tour A'DAM (22 étages) est devenue depuis son lifting la dernière grande curiosité d'Amsterdam. Prenez l'ascenseur jusqu'au toit-terrasse d'où la vue est à 360°, avec une balançoire géante pour 4 personnes qui s'avance dans le vide – pour ceux qui n'ont pas le vertige (on est sanglé en toute sécurité). Un bar élégant permet de prendre un verre et un repas léger, et il y a un restaurant tournant, le **Moon** (☎ 020-237 63 11 ; www.restaurantmoon.nl ; ⏲ 12h-22h ; menu 2/5/7 plats 35/90/110 €), au 19e étage.

Kunststad ATELIERS D'ARTISTES
(Cité de l'Art ; www.ndsmloods.nl ; NDSM-plein ; 8h-18h ; NDSM-werf). GRATUIT Cet ancien entrepôt des chantiers navals est devenue NDSM *broedplaats*, une pépinière de créateurs. Près de 200 artistes y ont leur atelier. L'espace est assez grand pour en faire le tour à pied ou à vélo, avec d'immenses œuvres suspendues au plafond et aux structures du hangar.

Nieuwendammerdijk QUARTIER
(32 Buikslotermeerplein). Cette longue rue étroite de jolies maisons hollandaises en bois, avec des roses trémières qui poussent près de chaque entrée, est aujourd'hui une zone résidentielle très recherchée. Beaucoup de maisons datent du XVIe siècle. La famille de charpentiers navals De Vries Lentsch vécut ici, du n°202 au 204. Les nos301 à 309 appartenaient à des capitaines.

NDSM-werf QUARTIER
(www.ndsm.nl ; NDSM-plein ; NDSM-werf). Le NDSM-werf est un ancien chantier naval qui accueille une communauté artistique avant-gardiste, à 15 minutes du centre-ville. Le décor est postapocalyptique : la carcasse d'un sous-marin est couchée dans le port, des tramways abandonnés rouillent au bord de l'eau et presque toutes les surfaces sont recouvertes de graffitis. Les jeunes créateurs se retrouvent dans quelques cafés tendance. Des sociétés comme MTV ou Red Bull ont leur siège européen ici. Le quartier est aussi un centre de culture et d'événements underground, tel le festival Over het IJ (p. 83).

Sous-marin B-80 SOUS-MARIN
(port NDSM ; NDSM-werf). Sorti en 1952 des chantiers de Severodvinsk (ex-URSS), le sous-marin soviétique B-80 (projet n°611) était amarré dans le port de la marine néerlandaise de Den Helder avant d'être déplacé à Amsterdam. Destiné à devenir un lieu de fête, il a été entièrement désarmé mais reste pour l'instant en l'état, coquille vide visuellement frappante dans le port.

Sexyland CENTRE D'ARTS
(www.sexyland.amsterdam ; Noordwal 1 ; adhésion mensuelle 2,50 €, tarif variable selon l'événement ; 14h-0h mer-ven, 12h-0h sam-dim ; NDSM-werf). L'enseigne au néon ferait facilement penser à une annexe du quartier Rouge, mais Sexyland est un club privé de 365 copropriétaires, chacun y organisant un événement annuel. Cela peut aller du ping-pong au tango tantrique, avec des soirées club le week-end. Toute personne extérieure peut assister aux soirées en souscrivant une adhésion mensuelle.

LA FIÈVRE DU FOOT

L'**ArenA d'Amsterdam** (www.johancruijffarena ; Arena Blvd 1 ; ; M Bijlmer ArenA) est un complexe high-tech de 53 748 places sous un toit rétractable. C'est le domicile de l'Ajax, la plus célèbre équipe de foot des Pays-Bas, quatre fois championne d'Europe. Les matchs de football ont généralement lieu le samedi soir et le dimanche après-midi d'août à mai. Le stade se trouve à 7 km au sud-est du centre-ville, trajet aisé par le métro.

Les footeux apprécient la visite guidée du stade (1 heure, adulte/enfant 15/10 €, horaires en ligne). Il y en a en général huit par jour, certaines destinées spécifiquement aux jeunes amateurs.

Kraanspoor ARCHITECTURE
(NDSM-werf). Kraanspoor est un superbe exemple d'architecture, bâti en 2007 sur un ancien chemin roulant de grues mobiles. Les cubes de verre au-dessus des pilotis, comme en apesanteur, accueillent des bureaux avec une vue superbe sur les quais.

Activités

Bateau

Rederji Lampedusa BALADE EN BATEAU
(carte p. 54 ; www.rederijlampedusa.nl/en ; Dijksgracht 6 ; balade sur les canaux 2 heures 19 €, balades VIP sur don ; visite des canaux 11h et 13h30 sam mai-sept, visite VIP 1 ven sur 2 juin-sept ; 26 Muziekgebouw). Faites une balade sur les canaux ou le tour du port d'Amsterdam au crépuscule dans d'anciens bateaux pour réfugiés, que le fondateur néerlandais Tuen a fait venir de Lampedusa. Les visites donnent un très bel aperçu non seulement des migrations contemporaines, mais aussi de la manière dont l'immigration a modelé l'histoire d'Amsterdam (tout particulièrement les canaux). Embarquement pour les deux circuits à proximité du Mediamatic.

Boaty LOCATION DE BATEAUX
(06 2714 9493 ; www.boaty.nl ; Jozef Israëlskade ; location bateau 3 heures/journée à partir de 79/179 € ; 9h-30 min avant

Promenade à pied
Fromage, gin et monuments

DÉPART DE KAASKAMER
ARRIVÉE WYNAND FOCKINK
DURÉE 1 HEURE 30, AVEC PAUSES (2 KM)

Au programme : florilège de monuments historiques et dégustations.

Les Néerlandais mangent plus de 14 kilos de fromage par personne et par an, en partie vendue par 1 **De Kaaskamer** (p. 109), qui déborde de meules de gouda, d'édam et autres fromages locaux.

En traversant le Spui, repérez la modeste porte en bois juste après l'American Book Center. Poussez-la et vous voilà dans la communauté discrète du 2 **Béguinage** (p. 51), entre deux églises historiques et des jardinets. Traversez la cour.

En sortant du Béguinage, prenez vers le nord jusqu'à la 3 **galerie des Gardes civiques** (p. 51). D'austères personnages au col fraise ornent les murs, souvenirs des milices du Siècle d'or. Traversez la galerie et sortez par la cour du restaurant de l'Amsterdam Museum dans Kalverstraat.

Kalverstraat vous mène au 4 **Palais royal** (p. 43), demeure officielle du roi Guillaume-Alexandre et de la reine Máxima. L'intérieur, somptueux, mérite le coup d'œil. La 5 **Nieuwe Kerk** (p. 51) voisine est réservée au couronnement des rois. Ensuite, continuez le long de Nieuwendijk, toujours bondée, puis prenez dans Zoutsteeg. Une halte s'impose au 6 **Rob Wigboldus Vishandel** (p. 91), une échoppe dotée de trois tables où commander le fameux hareng (cru) néerlandais. Quittez alors Zoutsteeg pour Damrak.

Traversez Damrak pour vous trouver du côté du Nationaal Monument sur le 7 **Dam** (p. 51). Derrière le monument, une multitude de vélos dissimulent des urnes contenant de la terre récoltée dans les cimetières de guerre du pays. Suivez ensuite la rue passant derrière le NH Grand Hotel Krasnapolsky jusqu'à 8 **Wynand Fockink** (p. 100). La salle de dégustation du fabricant de gin date de 1679. Le barman remplira votre verre à ras bord ; pour ne pas en perdre une goutte, suivez l'exemple : penchez-vous et buvez sans lever le verre !

le crépuscule début mai à oct ; 12 Scheldestraat). L'emplacement de Boaty, sur le paisible Amstelkanaal, en fait le point de départ idéal pour voguer au fil de l'eau avant de gagner les canaux encombrés du centre. Des suggestions d'itinéraire sont fournies à la location de l'embarcation et aucun permis bateau ni expérience ne sont nécessaires. Réservez en ligne ou téléphonez pour une réservation le jour même. La période d'ouverture dépend de la météo.

Pedal Boat LOCATION DE PÉDALOS
(www.stromma.nl ; à partir de 25 €/heure/pers ; 9h-17h). Ces pédalos vous permettent de voguer à votre rythme sur les canaux. Débarcadères près du Rijksmuseum, de Leidseplein et de Westerkerk. Dépôt de garantie de 20 €. Affilié à Canal Bus.

Patin à glace

En hiver, le bassin de Museumplein est transformé en une jolie patinoire, très populaire. Accès gratuit, location des patins payante.

Parfois, les canaux gèlent et l'on peut alors y patiner. Allez-y uniquement si de nombreux patineurs s'y trouvent déjà. La glace peut être fine, notamment sur les bordures et sous les ponts.

Vélo

Amsterdam compte plus de *fiets* (vélos) que de voitures. Il y a des loueurs de vélos un peu partout. Des cartes du réseau cyclable sont distribuées par l'office du tourisme proche de Centraal Station.

Circuits organisés

Circuits à vélo

Les agences suivantes louent aussi des vélos :

Mike's Bike Tours VÉLO
(carte p. 54 ; 64 66 24 649 ; www.mikesbiketoursamsterdam.com ; Prins Hendrikkade 176a ; circuits ville adulte/enfant à partir de 33/29 €, campagne à partir de 42/37 € ; bureau 9h-18h mars-oct, 10h-18h nov-fév ; 22/48 Prins Hendrikkade). Que ce soit pour un circuit urbain, dans la campagne alentour ou autour du port, on part devant la boutique. Location de vélos (à partir de 13 €/24 heures).

Orangebike VÉLO
(06 4684 2083 ; www.orange-bike.nl ; Buiksloterweg 5c ; circuits 22,50-37,50 €, location par heure/jour à partir 5/11 € ; 9h-18h ; Buiksloterweg). Circuits en ville et dans les environs – plages et polders compris –, mais aussi autour de divers thèmes allant de l'architecture au Snack Tour, avec dégustation de *bitterballen* (croquettes) et de *jenever* (genièvre). Ces virées cyclistes doivent réunir au moins 4 à 6 participants, selon le circuit. Vélos à la location, y compris avec des équipements tels que sièges enfant et pèlerines. Situé à Amsterdam-Noord, à 5 minutes en ferry de Centraal Station.

Yellow Bike VÉLO
(carte p. 48 ; 020-620 69 40 ; www.yellowbike.nl ; Nieuwezijds Kolk 29 ; circuits en ville à partir de 23,50 €, circuit dans le Waterland 36 € ; bureau 9h30-18h ; 2/11/12/13/17 Nieuwezijds Kolk). Yellow Bike propose des circuits en ville ou des balades rurales plus longues (mars-octobre) dans la jolie région de Waterland, au nord. Également location de vélos (12 €/24 heures).

Circuits en bateau

Les circuits sur les canaux, certes touristiques, sont aussi une agréable façon de découvrir la ville sous un autre angle. Plusieurs opérateurs assurent des départs des embarcadères de la Centraal Station, Damrak, Rokin et en face du Rijksmuseum. Les prix sont similaires. Pour éviter la buée sur les vitres, optez pour un bateau avec des places à l'extérieur. Le soir, on peut voir les ponts éclairés (ces balades coûtent généralement plus cher).

Those Dam Boat Guys BATEAU
(carte p. 68 ; 020 210 16 59 ; www.thosedamboatguys.com ; circuits 23 € ; sur réservation mars-sept ; 13/17 Westermarkt). Petits circuits dans une ambiance détendue, organisés par une agence locale.

Canal Bus BATEAU
(020-217 05 00 ; www.stromma.nl ; forfait hop-on hop-off illimité 24,50 €, croisières 15-35 €, pédalos 25 € ; 9h-17h ;). L'option montées/descentes à volonté est pratique.

Blue Boat Company BATEAU
(carte p. 64 ; 020-679 13 70 ; www.blueboat.nl ; Stadhouderskade 501 ; circuit 1 heure 15 adulte/enfant 13,50/11 € ; 2 départs/heure 10h-18h mars-oct, 1 départ/heure nov-fév ; 1/2/5/12 Leidseplein). De jour comme de nuit, des croisières classiques sur les canaux, plus quelques formules à thème pour les enfants, les pirates par exemple.

LES CANAUX DE LA VENISE DU NORD

En néerlandais, un canal est un *gracht* (prononcez "RhraRht"), et les principaux canaux forment la *grachtengordel* (ceinture) centrale. Au début du XVIIe siècle, quand la population d'Amsterdam s'est étendue au-delà des fortifications médiévales, les autorités élaborèrent d'ambitieux plans d'expansion et ces merveilleuses voies d'eau virent le jour. Les canaux concentriques qu'ils creusèrent sont ceux que l'on voit toujours aujourd'hui.

L'Unesco a officiellement reconnu cette ceinture de canaux en l'inscrivant en 2010 sur la Liste du patrimoine mondial. Aucune cité au monde en compte plus qu'Amsterdam : 165 canaux enjambés par 1 753 ponts !

Tout autour du centre historique, les principaux canaux semi-circulaires se nomment Singelgracht, Herengracht, Keizersgracht et Prinsengracht. Moyen mnémotechnique : à l'exception du **Singelgracht** (les anciennes douves de la ville), ces canaux se présentent dans l'ordre alphabétique.

Le **Herengracht** a vu affluer les habitants les plus fortunés d'Amsterdam après l'achèvement des canaux. Ils firent bâtir leurs demeures sur ses berges (notamment autour de la Courbe d'or), d'où son nom de "canal des Gentilshommes".

Presque aussi chic, le **Keizersgracht** (canal de l'Empereur) rend hommage à Maximilien Ier, empereur du Saint-Empire romain germanique.

Le **Prinsengracht** – portant le nom du prince d'Orange Guillaume le Taciturne, une figure de l'indépendance néerlandaise – était un peu moins élégant et bordé de résidences plus modestes et d'entrepôts. Il servait aussi de barrière avec les quartiers ouvriers de Jordaan et de la périphérie.

Wetlands Safari CANOË

(carte p. 48 ; ☎06 5355 2669 ; www.wetlandssafari.nl ; balade adulte/enfant 68/37 € pique-nique inclus ; 9h30 lun-ven, 10h sam-dim début avr-fin sept ; 1/4/11/12/13/14/17/24/26 Centraal Station). De vivifiantes virées à canoë de 5 heures pour découvrir les zones humides, les moulins à vent et les villages du XVIIe siècle, avec pique-nique.

Circuits pédestres

Prostitution Information Centre Red Light District Tour À PIED

(carte p. 48 ; ☎020-420 73 28 ; www.redlightdistrictamsterdamtours.com ; Enge Kerksteeg 3 ; circuit à partir de 25 € ; départs à 17h, 19h et 21h ; 4/14/24 Dam). Ce centre à but non lucratif (p. 55) organise 1 heure 30 de visite à pied du quartier Rouge, au cours duquel votre guide vous expliquera les rouages de l'industrie de la prostitution et vous fera découvrir l'envers du décor de l'une des vitrines. Recettes reversées au centre ; inutile de réserver.

Sandeman's New Amsterdam Tours À PIED

(carte p. 48 ; www.neweuropetours.eu ; pourboire uniquement ; jusqu'à 9 circuits/jour ; 4/14/24 Dam). De jeunes guides dynamiques, rémunérés au pourboire, vous emmènent pour 2 heures 30 de découverte des sites phares du centre-ville. Départ du Nationaal Monument (p. 51) sur le Dam, quel que soit le temps. Vous pouvez vous présenter directement, ou réserver pour être sûr d'avoir une place.

Hungry Birds Street Food Tours CIRCUITS GOURMETS À PIED

(☎06 1898 6268 ; www.hungrybirds.nl ; circuit 5 heures 49 €/pers ; sur réservation). Des guides vous entraînent dans une tournée gourmande des spécialités néerlandaises et de la cuisine du monde. En 4 heures, vous marquerez une dizaine d'arrêts dans des restaurants familiaux ou des stands de rue des secteurs de De Pijp, Utrechtsestraat, Rembrandtplein et du Spui. Le prix comprend les dégustations. Le point de rendez-vous est communiqué une fois la réservation confirmée.

Drugs Tour À PIED

(carte p. 48 ; ☎06 1528 2688 ; drugstour.com ; pourboire ; 18h ven ; 4/14/24 Dam). Pour démêler mythes et réalités de la consommation de drogue à Amsterdam, un circuit de 2 heures qui nécessite une réservation. Vous y verrez des *smartshops*, une "salle de shoot" (sans y entrer) et des échantillons des drogues frelatées vendues dans la rue. Départ devant l'Oude Kerk. Possibilité de visites privées (40 €/4 pers) en plusieurs langues, dont le français.

Mee in Mokum À PIED

(carte p. 48 ; www.gildeamsterdam.nl ; Gedempte Begijnensloot ; circuits adulte/enfant 11/6 € ; 13h mar-dim ; 2/11/12 Spui). Les visites de Mee in Mokum sont guidées par des volontaires de tous âges, qui pimentent souvent la visite d'anecdotes personnelles. Les circuits, de 2 à 3 heures, partent du café de l'Amsterdam Museum (p. 51). Réservez au moins un jour à l'avance et payez en espèces le jour même.

Fêtes et festivals

Fête du Roi TRADITION

(Koningsdag ; 27 avr). La fête du Roi rend hommage à la maison d'Orange ; des centaines de milliers de participants (habitants et visiteurs) vêtus d'orange se répandent dans les rues d'Amsterdam pour boire et danser. La ville se transforme alors en un immense marché aux puces, tandis que les habitants débarrassent leur grenier.

World Press Photo PHOTOGRAPHIE

(www.worldpressphoto.org ; mi-avr à mi-juil ; 2/11/12/13/17 Dam). Cette grande exposition des meilleurs clichés de photojournalisme de l'année a lieu à la Nieuwe Kerk (p. 51) de mi-avril à mi-juillet ; voir les dates précises sur le site Internet.

Herdenkingsdag PATRIMOINE

(Jour du souvenir ; Dam ; 4 mai ; 4/14/24 Dam). Le 4 mai, le roi Guillaume-Alexandre dépose une couronne de fleurs sur le Dam en l'honneur des victimes de la Seconde Guerre mondiale et la ville observe 2 minutes de silence à 20h.

Holland Festival ARTS DE LA SCÈNE

(www.hollandfestival.nl ; juin). Pendant un mois, ce mélange d'art élitiste et populaire est le plus grand festival d'arts de la scène du pays. La programmation est éclectique : théâtre, danse et opéra, films numériques décalés ou musique expérimentale. Dans divers lieux de toutc la ville.

Roots Festival MUSIQUE

(www.amsterdamroots.nl ; fin juin/début juil). Fin juin ou début juillet, ce festival propose des concerts de musiques du monde dans de grandes salles de la ville. Le dernier jour, une grande fête musicale en plein air fait vibrer la foule au **parc Frankendael** (Middenweg ; 19 Hogeweg).

Over het IJ Festival ARTS DE LA SCÈNE

(www.overhetij.nl ; mi-juil ; NDSM-werf). Dix jours de grands spectacles vivants (danse, théâtre, musique) donnés autour du NDSM-werf (p. 79), les anciens chantiers navals d'Amsterdam-Noord.

Pride Amsterdam LGBT

(www.pride.amsterdam ; fin juil à début août). Amsterdam hisse les couleurs de l'arc-en-ciel. Deux temps forts de cet événement excentrique : les Drag Queen Olympics et une parade des fiertés sur l'eau (le premier samedi d'août).

Grachtenfestival MUSIQUE CLASSIQUE

(festival des Canaux ; www.grachtenfestival.nl ; mi-août). Dix jours de concerts de musique classique organisés dans les parcs et les jardins secrets au bord de l'eau à la mi-août. Ne ratez pas le concert gratuit sur une scène flottante installée sur le Prinsengracht.

Amsterdam Dance Event MUSIQUE ÉLECTRONIQUE

(ADE ; www.amsterdam-dance-event.nl ; mi-oct). Immense fête de musique électronique, l'ADE ne réunit pas moins de 2 200 DJ et artistes face à plus de 300 000 clubbeurs, pour 450 événements se déroulant dans plus de 120 lieux. En un mot : 5 jours et 5 nuits débridés, mi-octobre.

Où se loger

Amsterdam compte un grand nombre d'hôtels dans de merveilleux espaces : des architectes inspirés ont redonné vie à d'anciens édifices comme des lofts industriels, des écoles et des rangées entières de maisons en bordure de canal. Plusieurs hébergements donnent sur des canaux ou de petites cours. Mais le charme a son prix et les places partent vite : réservez dès que possible, surtout en été (juin-août), le week-end à tout moment de l'année et pendant les festivals. Les tarifs dégringolent d'octobre à avril, sauf à Noël, au Nouvel An et à Pâques.

Les *Jeugdherbergen* (auberges de jeunesse) sont très populaires à Amsterdam. Stayokay (www.stayokay.com), l'association néerlandaise des auberges de jeunesse, est affiliée à Hostelling International (HI, www.hihostels.com). Des auberges de jeunesse indépendantes à tendance chic, les *poshtels*, commencent à fleurir également.

Les hôtels de plus de 20 chambres sont considérés comme grands, et les chambres sont en général plutôt confortables. Il existe un classement par étoiles (de 1 à 5) attribuées par l'Hotelstars Union (www.hotelstars.eu), en fonction de la présence de certains équipements sans nécessairement tenir compte de la qualité. Un 2-étoiles peut donc être en meilleur état qu'un hôtel mieux classé, car il sera moins bien équipé. Une plaque indique en façade le nombre d'étoiles.

Les tarifs comprennent souvent la taxe de séjour municipale de 6%, mais renseignez-vous avant de réserver. Certains hôtels facturent jusqu'à 5% supplémentaires pour les règlements par carte bancaire.

Les hébergements en centre-ville peuvent être bruyants et d'un mauvais rapport qualité/prix. Les hôtels de la ceinture des canaux ouest sont proches du centre, mais plus agréables et plus paisibles. Le Vieux Sud et le quartier du Vondelpark sont connus pour leurs logements haut de gamme, tous situés à proximité des musées et à courte distance de Leidseplein, mais les tarifs peuvent être élevés.

Centre historique et quartier Rouge

St Christopher's at the Winston AUBERGE DE JEUNESSE, HÔTEL €

(carte p. 48 ; 020-623 13 80 ; www.st-christophers.co.uk ; Warmoesstraat 129 ; dort/d à partir de 47,80/153 € ; 4/14/24 Dam). Cet endroit tourne 24h/24, avec ses chambres rock'n'roll, son night-club diffusant des concerts chaque soir, plus un bar-restaurant, un *beer garden* et un coin fumeurs en bas. Les dortoirs (avec salle de bains) accueillent jusqu'à 8 personnes. Les chambres – avant-gardistes (tout en acier inoxydable) ou carrément grivoises – ont été décorées par des artistes locaux. Petit-déjeuner (et bouchons d'oreille !) compris.

Hotel V Nesplein HÔTEL DESIGN €€

(carte p. 48 ; 020-662 32 33 ; www.hotelvnesplein.nl ; Nes 49 ; d/ste à partir de 170/260 € ; ; M Rokin, 4/14/24 Rokin). Meubles vintage comme de créateurs habillent les parties communes et les chambres de cet hôtel idéalement situé sur Nes, l'artère des théâtres. Les chambres sont spacieuses (18 m² et plus), avec parquet, murs de brique nue et douches à effet pluie (ou baignoires) dans les salles de bains élégantes. Le restaurant, le Lobby, sert une cuisine néerlandaise moderne dans un décor industriel.

Hotel The Exchange HÔTEL DESIGN €€

(carte p. 48 ; 020-523 00 80 ; www.hoteltheexchange.com ; Damrak 50 ; d 153-332,50 € ; @ ; 2/4/11/12/13/14/17/24/26 Centraal Station). Face à l'ancienne Bourse (d'où le nom de l'hôtel), ces 61 chambres ont été habillées par de futurs créateurs de mode, élèves de l'Amsterdam Fashion Institute. Des boutons géants sur les murs au ciel de lit en forme de crinoline, tout est permis. Les chambres, de 1 à 5 étoiles, sont très différentes, mais toutes disposent d'une salle de bains attenante.

Hotel Résidence Le Coin APPARTEMENTS €€

(carte p. 64 ; 020-524 68 00 ; www.lecoin.nl ; Nieuwe Doelenstraat 5 ; app 168 € ; ; M Rokin, 24 Muntplein). Géré par l'université d'Amsterdam, cet établissement dispose de 42 petits appartements de catégorie supérieure répartis dans sept bâtiments historiques. Au programme : mobilier design, parquet et kitchenette, et tous sont accessibles par ascenseur. Wi-Fi gratuit avec la fibre. Très bien situé, à 5 minutes à pied seulement du joli Nieuwmarkt.

Hotel Luxer HÔTEL €€

(carte p. 48 ; 020-330 32 05 ; www.hotelluxer.nl ; Warmoesstraat 11 ; d à partir de 150 € ; ; 2/4/11/12/13/14/17/24/26 Centraal Station). Une agréable surprise que ce charmant petit hôtel qui présente l'un des meilleurs rapports qualité/prix du quartier Rouge. Ses 47 petites chambres sont bien équipées (avec clim). Le soir, l'espace petit-déjeuner (9 €) se métamorphose en bar chic.

W Amsterdam HÔTEL DESIGN €€€

(carte p. 48 ; 020-811 25 00 ; www.wamsterdam.com ; Spuistraat 175 ; d/ste à partir de 380/567 € ; @ ; 2/11/12/13/17 Dam). Cette chaîne hôtelière design a élu domicile dans deux édifices remarquables, l'ex-central téléphonique de la poste royale néerlandaise et une ancienne banque, dont une partie est occupée par le grand magasin du design X Bank (p. 108). Ses 238 chambres (dont des chambres communicantes pour les familles et 28 suites) mêlent éléments design et charme de l'ancien. Sublime piscine sur le toit-terrasse, spa ultra-moderne, salle de sport, restaurants et bars.

AMSTERDAMSE BOS ET COBRA MUSEUM

Des chèvres gambadant dans la forêt et des œuvres insolites récompensent les visiteurs qui s'aventurent au sud-ouest d'Amsterdam, dans la paisible banlieue résidentielle d'Amstelveen, à proximité de l'aéroport de Schiphol.

Véritable joyau, l'**Amsterdamse Bos** (forêt d'Amsterdam ; centre d'information des visiteurs 020-545 61 00 ; www.amsterdamsebos.nl ; Bosbaanweg 5 ; parc 24h/24, centre d'information des visiteurs 10h-17h ; Van Boshuizenstraat) est sillonnée de sentiers sur 5 km de long et 2 km de large, et regroupe lacs, bois et prés. Quelque 40 minutes de bus depuis la Centraal Station suffisent pour rejoindre l'entrée principale où l'on trouve des **vélos à louer** (www.amsterdamsebosfietsverhuur.nl ; 5/10 € heure/jour ; 10h-18h ; Van Boshuizenstraat), nécessaires pour explorer les lieux. Le parc d'Accrobranche **Fun Forest** (www.funforest.nl ; Bosbaanweg 3 ; adulte/enfant 25/20 € ; 10h-18h tlj juil, horaires variables les autres mois ; 170, 172) est également situé près de l'entrée principale.

Depuis l'entrée, parcourez 2,5 km vers l'ouest et vous arriverez au **théâtre en plein air** (www.bostheater.nl ; De Duizendmeterweg 7 ; fin mai-début sept ; 170, 172) où, tout l'été, sont jouées des pièces classiques (en néerlandais). À côté, à la Grote Speelweide (grande aire de jeux), vous pouvez louer des **canoës** ou des **kayaks** (6 €/heure), ainsi que des **pédalos** (*pedal boats* ; 10 €/heure).

Le site le plus pittoresque du parc se trouve à quelque 750 m au sud. **De Ridammerhoeve** (www.geitenboerderij.nl ; Nieuwe Meerlaan 4 ; 10h-17h mer-lin avr-oct, mer-dim nov-mars ; 170, 172) GRATUIT est une ferme d'élevage de chèvres bio où l'on peut nourrir les petits au biberon (8 € les deux biberons). La cafétéria vend des glaces au lait de chèvre et d'autres produits laitiers.

À 3 km au sud de l'entrée principale du parc, la remarquable collection du **musée CoBrA** (www.cobra-museum.nl ; Sandbergplein 1 ; adulte/enfant 15/9,50 € ; 11h-17h mar-dim ; Amstelveen Centrum) illustre à merveille le nouvel élan artistique impulsé après-guerre par des artistes de Copenhague (Co), Bruxelles (Br) et Amsterdam (A). S'inspirant de l'art populaire, du primitivisme et des dessins d'enfants ou de malades, ils rejettent l'art traditionnel en produisant de 1948 à 1951 toute une série d'œuvres spontanées, expérimentales et semi-abstraites débordant de couleurs vives. Sur deux niveaux, la riche collection permanente déploie céramiques, statues et peintures des artistes CoBrA les plus réputés, tels les Néerlandais Karel Appel, Constant Nieuwenhuys (dit Constant) et Guillaume Corneille Van Berverloo (dit Corneille), ou encore le Belge Pierre Alechinsky et le Danois Asger Jorn. Les expositions temporaires sont consacrées à l'art moderne et contemporain.

Hotel de L'Europe HÔTEL €€€
(carte p. 64 ; 020-531 17 77 ; www.deleurope.com ; Nieuwe Doelenstraat 2-8 ; d à partir de 479 € ; 24 Muntplein). Propriété de la famille Heineken, l'"autre" palais royal d'Amsterdam associe classicisme (lustres et voituriers en haut-de-forme) et design original. Les 111 chambres sont grandioses avec vue sur le canal, chauffage au sol, baignoire en marbre blanc et tablette iPad à disposition. Au nombre de ses restaurants, le Bord'Eau est crédité de 2 étoiles au Michelin. Autres points forts : un spa superbe, un fumoir et le Freddy's Bar avec fauteuils en cuir et guéridons au cuivre rutilant.

art'otel amsterdam HÔTEL DESIGN €€€
(carte p. 48 ; 020-719 72 00 ; www.artotels.com ; Prins Hendrikkade 33 ; d à partir de 349 € ; 2/4/11/12/13/14/17/24/26 Centraal Station). En face de la Centraal Station, cet élégante adresse de 107 chambres, au décor moderne et ornées d'œuvres originales, se double au sous-sol d'une galerie d'art ouverte au public. Agrémenté d'une cheminée et d'une bibliothèque, le hall d'accueil offre un espace délicieux. L'excellent petit-déjeuner, comme le somptueux brunch dominical, est compris dans le prix.

Nieuwmarkt, Plantage et îles de l'Est

Christian Youth Hostel 'The Shelter City' AUBERGE DE JEUNESSE €
(carte p. 48 ; 020-625 32 30 ; www.shelterhostelamsterdam.com ; Barndesteeg 21 ; dort 22,90-27,40 € ; Nieuwmarkt). Fort

pratique pour circuler dans le centre, cette grande auberge de jeunesse se trouve juste en dehors du quartier Rouge, mais suit une éthique bien différente. Si quelques principes religieux et l'interdiction de tout alcool ou drogue ne vous dérangent pas, vous profiterez d'impeccables dortoirs unisexes (de 2 à 20 lits), de solides petits-déjeuners (sans supplément), d'un café paisible et d'une jolie cour arborée pour deviser. Location de serviette/cadenas 1/5 €.

Hotel Hortus HÔTEL €

(carte p. 54 ; ✆ 020-625 99 96 ; www.hotelhortus.com ; Plantage Parklaan 8 ; d avec/sans douche à partir de 120/110 € ; P 📶 ; 🚋 14 Plantage Kerklaan). Face au jardin botanique, les 20 chambres de l'Hortus sont un peu spartiates et vieillottes, mais le cadre verdoyant et paisible est appréciable et l'on peut obtenir de substantielles réductions hors saison. Billard et plusieurs écrans de TV dans l'espace commun. Il y a 2 chambres doubles avec douche, et 2 sans ; toutes les chambres ont des toilettes communes, mais chacune est dotée d'un coffre et d'un lavabo.

♥ Lloyd Hotel BOUTIQUE-HÔTEL €€

(✆ 020-561 36 07 ; www.lloyd.nl ; Oostelijke Handelskade 34 ; d/ste à partir de 140/218 € ; @ 📶 ; 🚋 26 Rietlandpark). Au bord de l'eau, le superbe Lloyd accueillait en 1921 les candidats à l'émigration qui attendaient là de pouvoir embarquer. Il a su garder son style des années 1920 tout en affichant un mobilier contemporain et diverses touches très design. La gamme de chambres va de 1 à 5 étoiles, de la petite économique avec salle de bains au bout du couloir à la suite en duplex de 50 m².

Hotel Rembrandt HÔTEL €€

(carte p. 54 ; ✆ 020-627 27 14 ; hotelrembrandt.amsterdamhotels.website ; Plantage Middenlaan 17 ; s/d à partir de 135/150 € ; 📶 ; 🚋 14 Plantage Kerklaan). Cette demeure de brique bâtie pour un marchand du XIXe siècle attire le regard par son contraste rouge et blanc. Les chambres, toutes différentes, sont pour la plupart claires et lumineuses, avec des rideaux colorés, quelques touches modernes et des posters aux murs. Une *Ronde de nuit* orne la chambre n°8 ; une des chambres comporte un balcon, une autre un sauna.

Misc EatDrinkSleep BOUTIQUE-HÔTEL €€€

(carte p. 48 ; ✆ 020-330 62 41 ; www.misceatdrinksleep.com ; Kloveniersburgwal 20 ; d à partir de 175 € ; ❄ 📶 ; Ⓜ Nieuwmarkt). À quelques pas du Nieuwmarkt, les 6 chambres du Misc possèdent toutes des éléments de charme : lanternes et ciel de lit orné de la chambre "Wonders", exubérance de la chambre "Baroque". Trois chambres – l'élégante "Afrika", la "Design" et la "Rembrandt" – donnent sur le canal et ont la climatisation (tarif plus élevé). Sur le jardin, les chambres sont moins larges, mais tout aussi lumineuses, et disposent d'un ventilateur.

Ceinture des canaux ouest

♥ Hotel IX BOUTIQUE-HÔTEL €€

(carte p. 68 ; ✆ 020-845 84 51 ; www.hotelixamsterdam.com ; Hartenstraat 8 ; d à partir de 174€ ; 📶 ; 🚋 13/17 Westermarkt). Seul hôtel de l'agréable quartier commerçant de Negen Straatjes (p. 111), le IX vous propose 5 suites baptisées de noms de rue de ce quartier dit des "Neuf rues". Grandes photos en noir et blanc et minibar à discrétion. La meilleure est la suite Berenstraat, avec son toit-terrasse. Notez qu'il n'y a ni réception (on entre avec un digicode fourni avant l'arrivée), ni petit-déjeuner, ni ascenseur.

♥ Hoxton Amsterdam HÔTEL DESIGN €€€

(carte p. 48 ; ✆ 020-888 55 55 ; www.thehoxton.com ; Herengracht 255 ; s/d à partir de 169/209 € ; ❄ 📶 ; 🚋 13/17 Westermarkt). Appartenant à une chaîne européenne connue pour son style branché et ses prix raisonnables, le Hoxton amstellodamois a réparti sur 5 maisons en bordure de canal ses 111 chambres de diverses tailles, petites ou spacieuses. Le petit-déjeuner léger, le Wi-Fi performant, les appels internationaux gratuits et les prix doux des produits locaux vendus dans la boutique de la réception (à stocker dans le mini-réfrigérateur) sont appréciables. L'hôtel organise aussi des rencontres-événements avec des artistes et des créateurs de la ville.

Dylan BOUTIQUE-HÔTEL €€€

(carte p. 68 ; ✆ 020-530 20 10 ; www.dylanamsterdam.com ; Keizersgracht 384 ; d/ste à partir de 359/581 € ; ❄ @ 📶 ; 🚋 2/11/12 Spui). La magnifique demeure du XVIIIe siècle en bordure du Keizersgracht (canal de l'Empereur) s'organise autour d'une cour intérieure pavée emplie d'art topiaire. Les 40 chambres et suites (certaines en duplex) de ce ravissant établissement ont été meublées sur mesure et pourvues de détails raffinés tels ces précieux bars cachés dans des coffres ornés de nacre et de feuille d'argent. Le Vinkeles, son restaurant couronné d'une étoile au Guide Michelin, sert aussi des repas privés sur son bateau, le *Muze*, lors de croisières sur les canaux.

Andaz Amsterdam HÔTEL DESIGN €€€
(carte p. 64 ; 020-523 12 34 ; www.hyatt.com ; Prinsengracht 587 ; d/ste à partir de 335/915 € ; ; 2/11/12 Prinsengracht). Le créateur néerlandais Marcel Wanders a donné libre cours à son imagination dans cette ancienne bibliothèque municipale : couverts géants or et argent, fresques murales à poissons, moquettes évoquant la faïence de Delft, pages de livres sur les murs et autres fantaisies. Les 122 chambres et suites aux lits extralarges sont équipées d'un système audio ultraperformant. En-cas et boissons non alcoolisées offerts. Vélos mis gracieusement à disposition des hôtes.

't Hotel BOUTIQUE-HÔTEL €€€
(carte p. 68 ; 020-422 27 41 ; www.thotel.nl ; Leliegracht 18 ; d/qua à partir de 145/239 € ; ; 13/17 Westermarkt). Dans une délicieuse maison de canal du XVIIe siècle, 8 chambres baptisées du nom de canaux d'Amsterdam et chacune dessinée selon un thème différent. Gravures agrandies de scènes amstellodamoises, tissus, coussins et papiers peints à motif (en l'occurrence de la créatrice Katarina Stupavska, dont la famille possède l'hôtel). Perchée sous les toits, la chambre familiale tout en bleu et blanc adopte les porcelaines de Delft sur tous les murs, jusqu'en haut de la mezzanine, accessible par une échelle.

Ceinture des canaux sud

Cocomama AUBERGE DE JEUNESSE €
(carte p. 64 ; 020-627 24 54 ; www.cocomamahostel.com ; Westeinde 18 ; dort/d à partir de 42/120 €, séjour minimum 2 nuits ; ; 4 Stadhouderskade). L'ancienne maison close huppée a été transformée en auberge de jeunesse pleine de charme avec chambres doubles et dortoirs lumineux, nets et tout de blanc vêtus avec des tissus design façon porcelaine de Delft et images de moulins à vent. Les équipements sont au top : salles de bains attenantes, Wi-Fi dans les chambres, cuisine bien équipée, jardin pour se détendre à l'arrière, bourse aux livres et salon très confortable pour les soirées cinéma. Petit-déjeuner inclus.

Hotel V Frederiksplein BOUTIQUE-HÔTEL €€
(carte p. 64 ; 020-662 32 33 ; www.hotelvfrederiksplein.nl ; Weteringschans 136 ; d 99-219 € ; ; 1/4/7/19 Frederiksplein). Avec une vue paisible sur la verdure de Frederiksplein et la proximité des bars et restaurants d'Utrechtsestraat, l'Hotel V est plus stylé que beaucoup d'autres dans sa catégorie. Ses 48 chambres sont joliment conçues, avec des pochoirs originaux aux murs et des fauteuils en cuir style années 1950.

Hotel Freeland HÔTEL €€
(carte p. 64 ; 020-622 75 11 ; www.hotelfreeland.com ; Marnixstraat 386 ; s/d à partir de 80/120 €, s sans sdb à partir de 70 € ; ; 2/5/7/11/12/19 Leidseplein). Idéalement situées en bord de canal, 15 chambres sans prétention, chacune arborant un thème floral (tulipes, roses ou tournesols). Les carreaux de céramique aux murs leur confèrent un charme à l'ancienne, tout comme le savoureux petit-déjeuner (6,50 €). L'hôtel est gay-friendly. L'une des meilleures adresses de Leidseplein.

Seven Bridges BOUTIQUE-HÔTEL €€
(carte p. 64 ; 020-623 13 29 ; www.sevenbridgeshotel.nl ; Reguliersgracht 31 ; d 135-280 € ; ; 4 Keizersgracht). Donnant sur un des plus beaux canaux d'Amsterdam, le charmant Seven Bridges vous fait plonger dans une opulence toute aristocratique. Les chambres sont somptueuses, avec des tapis orientaux et des antiquités. Le petit-déjeuner (10 €) servi en chambre, dans de la porcelaine, vous donnera peut-être envie de traîner au lit.

Seven One Seven BOUTIQUE-HÔTEL €€€
(carte p. 64 ; 020-427 07 17 ; www.717hotel.nl ; Prinsengracht 717 ; d à partir de 250 € ; ; 2/11/12 Prinsengracht). Outre une alliance de style et de couleurs très recherchée (à l'image d'un magazine de déco), il est ici un luxe rare pour un hôtel amstellodamois : l'espace. Hautes de plafond et décor contemporain mêlant meubles et objets anciens, toutes les chambres respirent harmonie et confort. Un sans-faute !

Jordaan et l'Ouest

Mr Jordaan HÔTEL DESIGN €€
(carte p. 68 ; 020-626 58 01 ; www.mrjordaan.nl ; Bloemgracht 102 ; s/d à partir de 107/153 € ; ; 13/17 Westermarkt). Têtes de lit en bois façon pignons d'Amsterdam, éclairages en

UN LIT PRÈS DE L'AÉROPORT

À 5 minutes à pied des terminaux de l'aéroport, les 355 chambres du **Citizen M** (☎ 020-811 70 80 ; www.citizenm.com ; Jan Plezierweg 2 ; d à partir de 106 € ; ❄ @ 📶 ; 🚆 Schiphol) ont un petit look Star Trek (aux airs de vaisseau *Enterprise*). Elles sont petites, mais utilisent l'espace au maximum, avec des lits profonds d'une cloison à l'autre et des salles de bains modulaires. Éclairage (violet, rouge ou blanc), stores, TV (films gratuits sur demande), musique, température et douche sont gérés par une télécommande centrale. Certaines chambres donnent sur le tarmac.

matériaux de plomberie recyclés, objets vintage dans les parties communes (TV des années 1960 ou vieilles machines à écrire) dessinent le cadre inattendu de cet hôtel au cœur du Jordaan cultivant une irrévérence rafraîchissante.

Houseboat Ms Luctor — B&B €€
(☎ 06 2268 9506 ; www.boatbedandbreakfast.nl ; Westerdok 103 ; d à partir de 140 € ; 📶 ; 🚌 48 Barentszplein). Cette péniche de 1913, habillée d'acajou, est amarrée au calme sur un canal à 10 minutes à pied de Centraal Station (5 min du Jordaan). Un panier de petit-déjeuner bio bien rempli vous est livré chaque matin. La péniche est équipée d'énergie solaire. Vous pouvez emprunter 2 vélos et un canoë pour explorer les canaux. Minimum de 2 nuitées.

Amsterdam Wiechmann Hotel — HÔTEL €€
(carte p. 68 ; ☎ 020-626 33 21 ; www.hotelwiechmann.nl ; Prinsengracht 328-332 ; s/d à partir de 115/148 € ; @ 📶 ; 🚋 5/7/19 Elandsgracht). Trois maisons de bord de canal au charme suranné accueillent les 37 chambres de cet hôtel familial. Les bibelots du hall n'ont pas changé depuis son ouverture dans les années 1940. L'emplacement et la vue sur le canal Prinsengracht (supplément largement justifié) sont idéals, mais sachez qu'il n'y a pas d'ascenseur et que l'escalier est raide. Petit-déjeuner inclus.

BackStage Hotel — HÔTEL €€
(carte p. 64 ; ☎ 020-624 40 44 ; www.backstagehotel.com ; Leidsegracht 114 ; s sans sdb à partir de 85 €, d avec/sans sdb à partir de 155/125 € ; 📶 ; 🚋 5/7/19 Leidseplein). Un hôtel au thème rock'n'roll, apprécié des musiciens qui se produisent au Melkweg et au Paradiso voisins. Il y a un piano (des guitares aussi) et un billard couverts d'autographes au bar de la réception. Toutes les chambres sont décorées dans le style studio d'enregistrement. Couloirs tapissés d'affiches de concerts (souvent signées) en sus. Stations d'accueil pour lecteurs MP3 et chambres aux tons noir et blanc, dont certaines avec plafonniers en forme de batterie.

Vondelpark et le Vieux Sud

Stayokay Amsterdam Vondelpark — AUBERGE DE JEUNESSE €
(carte p. 64 ; ☎ 020-589 89 96 ; www.stayokay.com ; Zandpad 5 ; dort 27-65 €, lits jum à partir de 136 € ; 📶 ; 🚋 1/3/11 1e Constantijn Huygensstraat). Bordant le Vondelpark, cette auberge de jeunesse HI de 536 lits accueille plus de 75 000 clients par an, routards, familles ou groupes du monde entier. C'est la meilleure auberge Stayokay de la ville. Les chambres privatives et les dortoirs (mixtes ou non) récents pour 2 à 9 personnes avec casiers, salles de bains privatives et couchettes bien espacées ont été aménagés dans d'anciens bâtiments universitaires. Petit-déjeuner au-dessus de la moyenne pour une auberge de jeunesse.

Van Gogh Hostel & Hotel — AUBERGE DE JEUNESSE, HÔTEL €
(carte p. 64 ; ☎ 020-262 92 00 ; www.hotelvangogh.nl ; Van de Veldestraat 5 ; dort/s/d à partir de 35/75/129 € ; ❄ @ 📶 ; 🚋 2/3/5/12 Van Baerlestraat). Comme le nom l'indique, on est à quelques pas du musée Van Gogh, et dans chaque chambre une reproduction d'une toile du maître couvre tout un mur. À côté, l'auberge de jeunesse est plus spartiate. Ses dortoirs de 6 à 8 lits ont une salle de bains attenante et une TV.

Hotel Not Hotel — HÔTEL DESIGN €€
(☎ 020-820 45 38 ; www.hotelnothotel.com ; Piri Reisplein 34 ; d avec/sans sdb à partir de 139/70 € ; 🚋 7/17 Witte de Withstraat). Chaque chambre de cet étonnant ensemble hôtelier est une installation artistique en soi. Le choix ne manque guère : partez au bout de la nuit dans le Tram 965 (au creux d'un très grand lit), assoupissez-vous sur la terrasse

d'une villa espagnole, tombez dans les bras de Morphée au détour d'un passage secret derrière une bibliothèque, grimpez par une échelle jusqu'à un nid-de-pie... Les étudiants designers ont tout prévu !

Owl Hotel HÔTEL €€

(carte p. 64 ; ☎ 020-618 94 84 ; www.owl-hotel.nl ; Roemer Visscherstraat 1 ; s/d 126/164 € ; 📶 ; 🚋1/3/11 1e Constantijn Huygensstraat). La collection de hiboux (*owls*) s'enrichit régulièrement grâce à la générosité d'anciens hôtes qui en expédient du monde entier. Un personnel chaleureux vous accueille dans ces 34 chambres lumineuses et calmes. Le buffet du petit-déjeuner, inclus, est servi dans une pièce claire donnant sur un jardin.

Hotel Fita HÔTEL €€

(carte p. 64 ; ☎ 020-679 09 76 ; www.fita.nl ; Jan Luijkenstraat 37 ; s/d à partir de 125/159 € ; 📶 ; 🚋2/3/5/12 Van Baerlestraat). Nichée au calme non loin des musées, cette adresse familiale et sans chichis de 15 chambres se distingue par d'élégantes salles de bains et sa moquette à entrelacs. Solide petit-déjeuner (inclus) avec œufs, crêpes, fromages et pains. Il y a un ascenseur. Le dynamique propriétaire veille à maintenir l'endroit impeccable. Service attentionné.

Conscious Hotel Museum Square BOUTIQUE-HÔTEL €€

(carte p. 64 ; ☎ 020-820 33 33 ; www.conscioushotels.com ; De Lairessestraat 7 ; d/f à partir de 135/166 € ; @ 📶 ; 🚋3/5/12 Museumplein). 🍃 C'est le plus douillet de la chaîne Conscious Hotel, et le plus proche des grands musées. Il propose une terrasse arborée, un mur végétal dans le hall, des touches design et écoresponsables dans les chambres : literie en matériaux 100% naturels, bureaux faits de caisses de yaourt recyclées, TV à écran plasma à économie d'énergie. Petit-déjeuner bio (15 €).

♥ **Pillows Anna Van den Vondel** BOUTIQUE-HÔTEL €€€

(carte p. 64 ; ☎ 020-683 30 13 ; www.pillowshotels.nl ; Anna Van den Vondelstraat 6 ; d à partir de 360 € ; 📶 ; 🚋1/11 Jan Pieter Heijestraat). Ce sont trois élégantes demeures du XIXe siècle qui composent ce bel hôtel aux chambres ouvrant notamment sur un paisible jardin à l'anglaise. Literie blanche moelleuse, murs d'un gris perle doux et sièges de velours bleu pâle dessinent un cadre élégant. Petit-déjeuner facturé 25 €.

Conservatorium Hotel HÔTEL DESIGN €€€

(carte p. 64 ; ☎ 020-570 00 00 ; www.conservatoriumhotel.com ; Van Baerlestraat 27 ; d à partir de 472 € ; ❄ 📶 🏊 ; 🚋3/5/12 Van Baerlestraat). En face du Royal Concertgebouw, cet édifice néogothique grandiose fut d'abord une banque, puis un conservatoire de musique. C'est désormais un 5-étoiles de 129 chambres sur 8 niveaux avec d'impressionnantes parties communes, dont une vaste cour couverte où verre et acier relient entre eux les bâtiments du XIXe siècle. Chambres contemporaines, aux tons neutres, pourvues de mobilier de créateur.

De Pijp

♥ **Sir Albert Hotel** HÔTEL DESIGN €€

(carte p. 64 ; ☎ 020-710 72 58 ; www.sirhotels.com/albert ; Albert Cuypstraat 2-6 ; d à partir de 159 € ; ❄ @ 📶 ; Ⓜ De Pijp, 🚋3 De Pijp). Qui sait si vous n'allez pas rêver de diamants car on en taillait ici au XIXe siècle. Les 90 chambres et suites du Sir Albert ne manquent pas de style : belle hauteur sous plafond, larges fenêtres, literie raffinée et machines à expresso. Des tablettes iPad sont à la disposition des hôtes dans le bureau-bibliothèque orné de tapis persans. Personnel serviable et efficace. Des 10 chambres avec balcon, les nos336, 337 et 338, orientées à l'ouest, permettent de voir le coucher du soleil sur le canal.

Bicycle Hotel Amsterdam HÔTEL €€

(carte p. 64 ; ☎ 020-679 34 52 ; www.bicyclehotel.com ; Van Ostadestraat 123 ; d/tr/f à partir de 100/150/160 €, s/d/tr sans sdb à partir de 30/60/120 € ; @ 📶 ; Ⓜ De Pijp, 🚋3 De Pijp). 🍃 Tenu par Marjolein et Clemens, cet hôtel décontracté, convivial et écolo, dispose de chambres douillettes et tout confort. Location de vélos (8 €/jour avr-août, gratuit sept-mars) et succulent petit-déjeuner bio (inclus). Repérable aux vélos accrochés dehors sur un mur de brique.

Hotel Okura Amsterdam HÔTEL €€€

(☎ 020-678 71 11 ; www.okura.nl ; Ferdinand Bolstraat 333 ; d/ste à partir de 276/335 € ; ❄ @ 📶 🏊 ; 🚋12 Cornelis Troostplein). Cet hôtel d'affaires se place au-dessus de ses concurrents avec sa vue panoramique sur la ville (surtout des chambres orientées au nord, plus chères) et ses 4 étoiles au Guide Michelin – deux pour Ciel Bleu (p. 98) au dernier étage, une pour le restaurant japonais Yamazato et une pour le restaurant de *teppanyaki* (plaques chauffantes) Sazanka, les deux derniers au rez-de-chaussée. Magnifique espace bien-être doté d'une piscine de 18 m de long avec turbine de nage. Copieux petit-déjeuner buffet (29,50 €).

Amsterdam-Noord

ClinkNOORD AUBERGE DE JEUNESSE €
(020-214 97 30 ; www.clinkhostels.com ; Badhuiskade 3 ; dort/s/d à partir de 27,30/93/112 € ; ; Buiksloterweg). Clink est une chaîne d'auberges de jeunesse créée par des voyageuses irlandaises, qui ont transformé ici un ancien laboratoire des années 1920 sur les quais de l'IJ, près du terminal des ferries. Un ferry gratuit (24h/24, 7j/7) vous emmène en 5 minutes à Centraal Station. Les dortoirs de 4 à 16 lits, avec sanitaires attenants, sont d'un style minimaliste industriel.

Faralda Crane Hotel HÔTEL DESIGN €€€
(020-760 61 61 ; www.faralda.com ; NDSM-plein 78 ; ste à partir de 620 € ; ; NDSM-werf). Cette grue imposante qui s'élève sur les quais du NDSM-werf est un hôtel ! Les 3 suites de rêve perchées à hauteurs diverses – Free Spirit, Secret et Mystique – sont un repaire de choix, avec baignoire séparée, créations originales et vue vertigineuse. Au sommet de la grue, à l'extérieur, on peut se tremper dans un bain bouillonnant chaud, avec une vue époustouflante sur le centre d'Amsterdam.

Sir Adam HÔTEL DESIGN €€€
(020-215 95 10 ; www.sirhotels.com ; Overhoeksplein 7 ; d/ste à partir de 224/431 € ; @ ; Buiksloterweg). Les chambres du Sir Adam ont tout ce qu'un amateur de confort peut désirer : immenses fenêtres avec une jolie vue (dans les chambres “deluxe”), choix des oreillers, linge de qualité, douches à effet pluie, cafetières Illy, tourne-disques Crosley Cruiser, room-service 24h/24... Que demander de plus ?

Où se restaurer

À Amsterdam, la scène culinaire ne cesse de se renouveler que ce soit pour manger sur le pouce comme pour déguster une cuisine inventive ou des classiques revisités à des tables contemporaines. À tout cela s'ajoutent de nouveaux restaurants super-sains, souvent végétariens ou végans, et une tendance croissante à accorder plats et vins, cocktails ou bières. Sans oublier l'abondance de cuisines du monde entier dans cette cité cosmopolite.

La carte bancaire est loin d'être un moyen de paiement courant, même dans les restaurants de luxe. Si elle est acceptée, la note sera taxée de 5% supplémentaires. Mais il arrive aussi que l'on ne puisse régler que par carte ! Alors, vérifiez au préalable.

Pour les établissements de moyenne gamme et au-dessus, téléphonez pour réserver ou bien faites-le en ligne, le cas échéant. L'anglais est parlé couramment.

Centre historique et quartier Rouge

Pour une cuisine rapide et bon marché, stands d'en-cas et cafés abondent. Beaucoup de pubs proposent à manger. Le petit Chinatown d'Amsterdam, autour de Zeedijk, accueille des restaurants de toute l'Asie. Dans le quartier, de plus en plus d'établissements misent sur une cuisine raffinée et souvent très inventive.

Vleminckx FRITES €
(carte p. 64 ; www.vleminckxdesausmeester.nl ; Voetboogstraat 33 ; frites 2,30-4,50 €, sauces 0,70 € ; 12h-19h lun, 11h-19h mar, mer, ven-dim, 11h-20h jeu ; 2/11/12 Koningsplein). La meilleure friterie d'Amsterdam a ouvert ses portes en 1957 dans cette minuscule échoppe proche du Spui. La maison Vleminckz existe cependant depuis 1887 et sait à merveille cuisiner des frites croustillantes et légères, qu'on peut napper de mayonnaise, ou encore d'une des 28 sauces (pomme, poivre vert, ketchup, arachide, sambal ou moutarde). La file s'étire souvent jusqu'au coin de la rue, mais on avance vite.

De Laatste Kruimel CAFÉ, BOULANGERIE €
(carte p. 64 ; 020-423 04 99 ; facebook.com/De-Laatste-Kruimel ; Langebrugsteeg 4 ; plats 3-10,50 € ; 8h-18h lun-sam, 9h-19h sam-dim ; M Rokin, 4/14/24 Rokin). Entre objets chinés au Noordermarkt et mobilier à base de palettes recyclées, les vitrines de la “Dernière Miette” attirent la foule, d'autant qu'on peut s'attabler sur la petite terrasse au bord du canal. Tartes, quiches, pains, gâteaux et scones au citron et aux graines de tournesol,

plus de succulents sandwichs bio font le bonheur des familles nombreuses comme des couples d'amoureux.

Gartine CAFÉ €

(carte p. 48 ; 020-320 41 32 ; www.gartine.nl ; Taksteeg 7 ; plats 6,95-13,50 €, high tea 17,95-25,50 € ; 9h-17h mer-sam, 9h-16h dim ; ; M Rokin, 4/14/24 Rokin). Un établissement magique caché dans une allée en retrait de Kalverstraat. Ses atouts : une vaisselle ancienne dépareillée, de délicieuses pâtisseries au petit-déjeuner, des salades et des sandwichs succulents (à base de produits du jardin, œufs de poule compris). Le *high tea* (thé dînatoire) sucré-salé, de 14h à 17h, est délicieux.

Rob Wigboldus Vishandel SANDWICHS €

(carte p. 48 ; Zoutsteeg 6 ; sandwichs 3-6,50 € ; 8h-17h ; 4/14/24 Dam). Petite oasis de 3 tables dans une venelle en retrait du Damrak touristique, cette poissonnerie prépare d'excellents sandwichs au hareng, à l'anguille fumée, aux crevettes, au poisson blanc… dans de croustillants petits pains blancs ou bis.

D'Vijff Vlieghen NÉERLANDAIS TRADITIONNEL €€

(carte p. 64 ; 020-530 40 60 ; www.vijffvlieghen.nl ; Spuistraat 294-302 ; menu à partir de 35 € ; 17h-22h ; 2/11/12 Spui). Les "Cinq Mouches", ce sont 5 maisons de canal du XVIIe siècle réunies en ce petit bijou de restaurant. Bois ancien peint, carreaux de Delft et cuir de Cordoue, cuivres rutilants et Rembrandt aux murs, c'est dans ce musée qu'ont dîné de célèbres clients aux noms inscrits sur les plaques de cuivre des chaises (Walt Disney, Mick Jagger…). Les plats, exquis, vont du filet d'oie aux pommes, choucroute et beurre fumé au haddock glacé en sauce de réglisse.

Nam Kee CANTONAIS €€

(carte p. 48 ; 020-624 34 70 ; www.namkee.nl ; Zeedijk 111-113 ; plats 12,50-41,50 € ; 11h30-22h30 ; M Nieuwmarkt). Sans décor racoleur, le Nam Kee séduit de plus en plus de monde par ses bons classiques cantonais. Les huîtres à la vapeur et la sauce aux haricots noirs sont légendaires. Si l'éclairage au néon vous déplaît, essayez sa **succursale** (carte p. 48 ; 020-639 28 48 ; www.namkee.net ; Geldersekade 117 ; plats 12,50-41,50 € ; 15h30-23h ; ; M Nieuwmarkt) à Nieuwmarkt, plus chic.

DÉGUSTATION DE FROMAGES

Devenez expert en *kaas* (fromage) grâce aux dégustations proposées par **Reypenaer** (carte p. 48 ; 020-320 63 33 ; www.reypenaercheese.com ; Singel 182 ; dégustations à partir de 17,50 € ; dégustation sur réservation ; 2/11/12/13/17 Dam), un fromager existant depuis plus d'un siècle. Un bel apprentissage du goût (1 heure), incluant deux fromages au lait de chèvre et quatre au lait de vache, jeunes ou plus faits, accompagnés de vin ou de porto. Des experts de l'affinage vous guident dans cette dégustation pour comparer aspect, odeur et goût des fromages.

Bird Snackbar THAÏLANDAIS €€

(carte p. 48 ; 020-420 62 89 ; www.thaibird.nl ; Zeedijk 77 ; plats 12,50-19,50 € ; 13h-22h lun-mer, 13h-22h30 jeu-dim ; 2/4/11/12/13/14/17/24/26 Centraal Station). L'un des meilleurs restaurants asiatiques de la rue. Les cuisiniers, qui officient dans l'étroite cuisine, ne lésinent pas sur la citronnelle, la sauce de poisson ou le piment. Curries, plats de poisson et de viande au basilic à tomber. En face, au 72, le restaurant (légèrement plus cher) offre un peu plus d'espace.

Haesje Claes NÉERLANDAIS TRADITIONNEL €€

(carte p. 48 ; 020-624 99 98 ; www.haesjeclaes.nl ; Spuistraat 275 ; plats 16,25-26,50 €, menu 3 plats 25 € ; 12h-22h ; 2/11/12 Spui). Le cadre traditionnel a tout de chaleureux – boiseries aux murs, objets anciens – et l'on s'y régale d'une bonne soupe aux pois et de *stamppot* (écrasé de pommes de terre avec légume) du jour garni de boulettes de viande, de saucisses et de bacon. Des poissons néerlandais sont proposés en entrée.

Anna NÉERLANDAIS €€

(carte p. 48 ; 020-428 11 11 ; www.restaurantanna.nl ; Warmoesstraat 111 ; plats 14,50-18,50 €, 17h-22h30 mar-sam ; 4/14/24 Dam). Changement de décor et de carte pour ce restaurant de cuisine néerlandaise traditionnelle qui se trouve juste à côté de l'Oude Kerk et des vitrines du quartier Rouge. Une bonne carte des vins bio et vins du monde complète les plats de viande et de poisson, brillamment exécutés.

Nieuwmarkt, Plantage et îles de l'Est

Difficile de ne pas trouver ce que l'on cherche sur Nieuwmarkt, d'autant que ce quartier central d'Amsterdam abrite des pépites. À quelques minutes à vélo, l'atmosphère est plus décontractée dans les restaurants de quartier de Plantage. Sur les îles et dans les docks de l'Est, l'emplacement, souvent spectaculaire, et la vue sur le fleuve sont de sérieux atouts.

Sterk Staaltje TRAITEUR €

(carte p. 64 ; www.sterkstaaltje.com ; Staalstraat 12 ; plats 4-15 € ; 8h30-19h lun-ven, 8h30-18h sam, 10h-19h dim ; 24 Muntplein). Sterk Staaltje, avec ses fruits et légumes étalés dehors, mérite qu'on y entre juste pour sentir les arômes de cuisine, avec la belle gamme de délices prêts à manger : boulettes de viande sauce *teriyaki*, quiche aux tomates séchées et à la feta, wraps au potiron, soupe du jour et savoureux sandwichs (rosbif-roquette-raifort, ou encore poulet mariné-guacamole-crème fraîche).

Tokoman SURINAMIEN €

(carte p. 54 ; www.tokoman.nl ; Waterlooplein 327 ; sandwichs 3,75-5,50 €, plats6,50-12,50 € ; 11h30-19h30 lun-sam ; M Waterlooplein). Joignez-vous à la file d'attente des habitués venant chercher leurs épices du Surinam chez Tokoman. Le *broodje pom* (sandwich à l'écrasée de poulet et de macabo, un tubercule) est sensationnel. Ajoutez-y du *zuur* (condiment au chou vinaigré) et du *peper* (piment), le tout accompagné d'un jus de coco.

IJsmolen GLACIER €

(Zeeburgerstraat 2 ; 1/2/3/4 boules 1,60/2,90/3,90/4,90 € ; 12h-2àh lun-ven, 12h-22h sam-dim ; 7 Hoogte Kadijk). Pour des glaces maison, rendez-vous à cette adresse proche du moulin De Goyer pour savourer des parfums typiquement néerlandais comme le *stroop-wafel* (gaufres au caramel) et le *speculaas* (spéculoos), mais aussi mangue, menthe, melon d'eau, *stracciatella*, pastèque et cheesecake au citron. Ouvert jusqu'à 22h par temps chaud. Espèces uniquement.

Frenzi MÉDITERRANÉEN €€

(carte p. 48 ; 020-423 51 12 ; www.frenzi-restaurant.nl ; Zwanenburgwal 232 ; plats déj 5-17 €, tapas 4-25 € ; 10h-23h ; 24 Muntplein). Plein de cachet avec ses vieilles tables en bois éclairées aux chandelles, Frenzi vous régale de délicieux antipasti : fromage *manchego* et confiture de figues ; sardines marinées ; champignons Portobello au gorgonzola fondu. Gardez une place pour les *primi* tels les gnocchis au potiron nappés d'épinards ou les *secondi* comme le cabillaud poêlé à la purée de fenouil ou le gigot d'agneau aux asperges rôties.

De Plantage EUROPÉEN MODERNE €€

(carte p. 54 ; 020-760 68 00 ; www.caferestaurantdeplantage.nl ; Plantage Kerklaan 36 ; plats déj 8,75-24,50 € ; 9h-22h lun-ven, 10h-22h sam-dim ; 14 Plantage Kerklaan). Élégante, cette ancienne serre de 1870 (agrandie en 1900) est d'une taille impressionnante. Sous sa structure de fer se mêlent tables en bois blond et sièges noirs, avec pour toile de fond les oies qui se dandinent dans l'Artis Royal Zoo (p. 57). La cuisine est inventive, goûteuse, avec des plats tels que la salade de poulpe rôti, couscous, fenouil, *bacalau* (morue), moules et mayonnaise au safran.

Gebr Hartering NÉERLANDAIS TRADITIONNEL €€€

(carte p. 54 ; 020-421 06 99 ; www.gebr-hartering.nl ; Peperstraat 10 ; plats 29,50 €, menus 5/7 plats 57,50/82,50 € ; 18h-22h lun-mar et jeu-ven, plus 12h-17h sam-dim ; 22/48 Prins Hendrikkade). Lambrissée de bois blond rustique, cette table remarquable est l'affaire de deux frères gourmets concoctant une cuisine de saison déclinée à la carte ou en menus de plusieurs plats. Chaque jour apporte son nouveau lot de délices. Il suffit de prendre place et de savourer au bord du canal les plats et les vins associés.

Greetje NÉERLANDAIS CONTEMPORAIN €€€

(carte p. 54 ; 020-779 74 50 ; www.restaurantgreetje.nl ; Peperstraat 23-25 ; plats 27-30 € ; 17h-1h mer-dim, cuisine 17h-21h30 ; 22/48 Prins Hendrikkade). Restaurant néerlandais le plus inventif d'Amsterdam, Greetje ressuscite, voire recrée, des classiques bataves avec les meilleurs produits de saison : bœuf en salaison, veau braisé aux abricots servi avec un *stamppot* aux poireaux, ou encore poitrine de porc à la moutarde néerlandaise. Commencez par le Big Beginning (17 €), assortiment d'entrées chaudes et froides.

Ceinture des canaux ouest

La ceinture des canaux ouest n'a pas la diversité multiculturelle des autres quartiers en matière de restaurants, mais n'oubliez pas que Jordaan est à deux pas. Les Negen Straatjes (p. 111) abondent en cafés et en petits restaurants aussi charmants que leurs boutiques.

Pancake Bakery PANCAKES €
(carte p. 68 ; 020-625 13 33 ; www.pancake.nl ; Prinsengracht 191 ; plats 9,20-16,25 € ; 9h-20h30 dim-jeu, 9h-21h ven-sam ; 13/17 Westermarkt). Au pied d'un ancien entrepôt de la Compagnie des Indes orientales (XVIIe siècle) restauré, ce spécialiste affiche quelque 77 sortes de crêpes, sucrées (chocolat, banane ou pêche, par exemple) ou salées (telle la Canadienne garnie de bacon, fromage et sauce barbecue, ou la Norvégienne : saumon fumé, fromage frais et crème). Les enfants se délecteront des versions Pirate, Pompier ou Princesse.

Singel 404 CAFÉ €
(carte p. 48 ; Singel 404 ; plats 4,50-8,50 € ; 10h-17h ; ; 2/11/12 Spui). Ce café passe souvent inaperçu, malgré sa situation près du Spui, très animé (cherchez l'auvent bleu roi). La carte est sans prétention – sandwichs au saumon fumé, soupe au potiron, citronnade à la menthe et au miel –, mais les prix sont très bas, les portions généreuses et la qualité est excellente. Quelques tables dedans et dehors.

Wil Graanstra Friteshuis FRITES €
(carte p. 68 ; Westermarkt 11 ; frites 3-4,50 €, sauces 0,30-0,50 € ; 12h-20h lun-jeu et sam, 12h-19h ven ; 13/17 Westermarkt). Beaucoup d'Amstellodamois raffolent des frites croustillantes de Wil. Les habitués recouvrent généralement leur cône de mayonnaise, mais les sauces *oorlog* (mélange de mayonnaise et sauce à l'arachide), curry et *picalilly* sont aussi savoureuses. Cette affaire familiale se tient sur la place, près de la Westerkerk, depuis 1956.

De Belhamel EUROPÉEN €€
(carte p. 48 ; 020-622 10 95 ; www.belhamel.nl ; Brouwersgracht 60 ; plats 22-29,50 €, menus 3/4 plats 39/48 € ; 12h-16h et 17h30-22h ; 18/21/22 Buiten Brouwersstraat). Quand il fait beau, les tables au bord du canal, au départ du Herengracht, sont idéales. L'intérieur tapissé Art nouveau, sur 2 niveaux, offre un cadre de choix aux plats parfaitement présentés : sole pochée à la bisque d'épinards sauvages, ris de veau au bacon, à l'oignon confit et à la sauge frite ou demi-homard avec sa mayonnaise au saumon, veloutée.

Bistro Bij Ons NÉERLANDAIS TRADITIONNEL €€
(carte p. 68 ; 020-627 90 16 ; www.bistrobijons.nl ; Prinsengracht 287 ; plats 15,50-21,50 € ; 12h-23h mar-dim, cuisine 12h-22h ; ; 13/17 Westermarkt). Vous savourerez une excellente cuisine familiale dans ce charmant bistrot rétro. Parmi les plats traditionnels, on retrouve le *stamppot* à la saucisse, les *raasdonders* (pois cassés au lard, à l'oignon et aux *pickles*) et les *poffertjes* (petits pancakes au beurre et au sucre glace). Parmi les liqueurs maison, la prune et la réglisse (*drop*).

Ceinture des canaux sud

Les restaurants de steaks s'alignent sur Leidseplein, mais il n'y en a pas que pour le bœuf. Le long des canaux ou des rues avoisinantes, on trouve des tables plus originales.

Un peu à l'écart des établissements un brin tapageurs de Rembrandtplein, Utrechtsestraat regroupe une excellente sélection de restaurants.

Van Dobben NÉERLANDAIS TRADITIONNEL €
(carte p. 64 ; 020-624 42 00 ; www.eetsalonvandobben.nl ; Korte Reguliersdwarsstraat 5-9 ; plats 3-8 € ; 10h-21h mar-sam, 10h30-20h dim ; 4/14 Rembrandtplein). En activité depuis les années 1940, Van Dobben a le charme d'une cantine tendance avec son carrelage blanc et ses tons rouge vif aux murs. Point fort : les plats de viande néerlandais traditionnels. Sandwichs bon marché aux fines tranches de rosbif et à la moutarde, pour retrouver les plaisirs d'antan. Sinon essayez le *pekelvlees* (sorte de *corned beef*) ou le *halfom* (*pekelvlees* mélangé à du foie).

Soup en Zo SOUPES €
(carte p. 64 ; www.soupenzo.nl ; Nieuwe Spiegelstraat 54 ; soupes 4,60-8,10 € ; 11h-20h lun-ven, 12h-19h sam-dim ; ; 1/7/19 Spiegelgracht). Quand il fait froid à Amsterdam, rien ne vaut un bol de soupe fumante de cet expert. Exemples de soupes du jour : pommes de terre et roquefort, lentilles et bœuf haché, prune et citrouille ou épinards épicés à la noix de coco. À emporter uniquement.

Pâtisserie Holtkamp BOULANGERIE €
(carte p. 64 ; www.patisserieholtkamp.nl ; Vijzelgracht 15 ; plats 3-7 € ; 8h30-18h lun-ven, 8h30-17h sam ; M Vijzelgracht, 24 Vijzelgracht). Cette vénérable maison fournit la couronne néerlandaise. La boulangerie fondée en 1886 possède un superbe intérieur Art déco dessiné en 1928 par l'architecte Pet Kramer.

Ici les présentations sont très soignées, avec des *kroketten* (croquettes) garnies de homard ou de veau et des délices de gâteaux crémeux. Les croquettes aux crevettes sont, dit-on, les meilleures d'Amsterdam.

Buffet van Odette CAFÉ €€

(carte p. 64 ; 020-423 60 34 ; www.buffet-amsterdam.nl ; Prinsengracht 598 ; plats 5,50-25 € ; 12h-22h mer-sam ; 1/7/19 Spiegelgracht). Pourquoi ne pas aller manger chez Odette, au bord du canal ? Outre son emplacement pittoresque, ce café carrelé de blanc excelle par sa créativité et la qualité de ses produits. Essayez la superbe assiette de charcuterie et de *dips*, ou des plats tels que les raviolis au fromage affiné, au cresson et à la tomate, ou le saumon fumé aux lentilles et à l'œuf poché.

Pantry NÉERLANDAIS TRADITIONNEL €€

(carte p. 64 ; 020-620 09 22 ; www.thepantry.nl ; Leidsekruisstraat 21 ; plats 14,25-19,75 €, menu 3 plats 22,50-31,25 € ; 11h-22h ; 2/11/12 Leidseplein). Lambris, faïences de Delft et tableaux aux murs dessinent un cadre parfait pour l'ambiance *gezellig* de ce petit restaurant éclairé par d'antiques lustres à abat-jour. Régalez-vous de classiques néerlandais tels que le *zuurkool stamppot* (écrasée de chou et de pommes de terre, servie avec saucisse fumée ou boulettes de viande) ou le *hutspot* (hochepot du Nord, un ragoût de bœuf aux carottes et oignons).

Jordaan et l'Ouest

La *gezelligheid* (convivialité) est bien la marque de fabrique du quartier. Beaucoup s'attablent le long de Westerstraat, mais Haarlemmerbuurt propose aussi des adresses de plus en plus tendance. Sinon, allez au hasard dans les petites rues secondaires, où le dernier restaurant à la mode vient peut-être d'ouvrir. Ne manquez pas les marchés (p. 110) du quartier si vous cuisinez vous-même.

Ceux qui cherchent les dernières tables branchées seront comblés dans l'Ouest, notamment à la Westergasfabriek (encadré p. 70) et alentour.

Festina Lente CAFÉ €

(carte p. 68 ; 020-638 14 12 ; www.cafefestinalente.nl ; Looiersgracht 40b ; sandwichs 7-8,50 €, petites assiettes 4,50-7,75 € ; 9h-1h lun-ven, 10h-1h sam-dim ; ; 5/7/19 Elandsgracht). Café de quartier en bord de canal, Festina Lente ("Hâte-toi lentement" en latin) est l'exemple de la *gezelligheid* du Jordaan. Le lieu, lambrissé, meublé d'ancien, fait régulièrement le plein d'habitués qui jouent à des jeux de plateau, lisent de la poésie en savourant des en-cas méditerranéens ou de généreux sandwichs.

Boca's CAFÉ €€

(carte p. 68 ; 020-820 37 27 ; www.bar-bocas.nl ; Westerstraat 30 ; plats 5-12,50 €, planches 26-69,50 € ; 10h-minuit ; ; 3/5 Marnixplein). Avec sa façade blanche et son auvent rouge, ce petit bar branché est l'endroit idéal pour prendre un verre et déguster de petits plats goûteux. Goûtez aux mini-lasagnes, hamburgers, steaks tartares et bruschettas, ou optez pour des assortiments plus consistants servis sur une planche de bois : fromages, mets végétariens, fruits de mer, viandes, douceurs. Si vous hésitez, l'assortiment vous comblera.

Wolf Atelier GASTRONOMIQUE €€

(020-344 64 02 ; www.wolfatelier.nl ; Westerdoksplein 20 ; plats 27,50 €, menu 4/5/15 plats 49/57/88 € ; 18h-1h, cuisine 18h-22h mar-sam ; 48 Westerdoksdijk). Au-dessus d'un pont de chemin de fer tournant de 1920, cette boîte de verre est la vitrine du chef autrichien Michael Wolf qui expérimente d'audacieux mélanges de saveurs. Parmi les plats : ris à la mousse de truffe, bar flambé aux moules de Zélande cuites au champagne, déconstruction de crumble au caramel, au chocolat et à la fève tonka. La vue panoramique est magique la nuit et l'on s'attarde volontiers devant un verre jusqu'à 1h du matin.

Balthazar's Keuken MÉDITERRANÉEN €€

(carte p. 68 ; 020-420 21 14 ; www.balthazarskeuken.nl ; Elandsgracht 108 ; menu 3 plats 34,50 € ; 18h-23h30 mar-dim ; 5/7/19 Elandsgracht). Cette ancienne forge a été décorée dans un style rustico-moderne et s'est dotée d'une cuisine ouverte faisant du Balthazar's Keuken l'une des vedettes de la scène culinaire. Ne vous attendez pas à un long menu : les plats proposés varient suivant les arrivages. Tout est délicieux, qu'il s'agisse de loup de mer sauvage accompagné d'un risotto aux champignons ou de confit de lapin. Réservation recommandée.

REM Eiland NÉERLANDAIS CONTEMPORAIN €€

(020-688 55 01 ; www.remeiland.com ; Haparandadam 45 ; plats déj 8,50-13 €, dîner 18,50-29,50 € ; cuisine 12h-16h et 17h30-22h, bar jusqu'à 23h ; 48 Koivistokade). Perchée à 22 m au-dessus de l'IJ, cette plateforme rouge pompier fut une station de radio et de TV pirate dans les années 1960. C'est aujourd'hui une table raffinée avec une vue à 360 degrés sur les quais industriels. On y accède par un escalier métallique (ou via un ascenseur). Les salles à manger s'ouvrent sur des plateformes tout autour, et l'ancien héliport sur le toit s'est étoffé d'un bar extérieur.

Pont 13 INTERNATIONAL €€
(020-770 27 22 ; www.pont13.nl ; Haparandadam 50 ; plats déj 7,50-11 €, dîner 17-22,50 € ; restauration 12h-16h et 17h30-22h mar-dim, bar 12h-minuit mar-dim ; ; 48 Koivistokade). Désormais solidement amarré aux docks de l'Ouest, ce large ferry construit en 1927 pour transborder passagers et voitures d'une rive à l'autre de l'IJ s'est accordé une seconde vie avec de larges terrasses à chacune de ses extrémités et un vaste intérieur composé d'une cuisine ouverte. On y concocte une cuisine de pub gastronomique : bar mariné au citron et au laurier, burgers, faux-filet ou maquereau fumé à la salade de fenouil.

Koevoet ITALIEN €€
(carte p. 68 ; 020-624 08 46 ; www.koevoetamsterdam.com ; Lindenstraat 17 ; plats 12-26 € ; 17h30-22h mar-dim ; 3/5 Marnixplein). De sympathiques Italiens ont racheté cet ancien café ayant gardé sa déco *gezellig* et situé dans une petite rue paisible. Les pâtes sont fabriquées par les chefs à partir d'ingrédients venus d'Italie du Sud. Ne manquez pas le dessert maison, le *sgroppino limone* : sorbet citron, vodka et *prosecco* fouettés devant vous et versés délicatement dans une flûte à champagne.

Yam Yam ITALIEN €€
(020-681 50 97 ; www.yamyam.nl ; Frederik Hendrikstraat 88-90 ; pizzas 8,50-15,50 € ; 17h30-22h mer-dim ; 3 Hugo de Grootplein). Demandez aux Amstellodamois de nommer la meilleure pizzeria de la ville et il y a de fortes chances pour que revienne le nom de cette trattoria contemporaine. Des fours à bois sortent des pizzas à pâte fine comme celle au salami et au fenouil, ou la fameuse pizza Yam Yam (jambon fumé bio, mascarpone et sauce à la truffe). Pâtes goûteuses et desserts inventifs, telle la tarte aux noix de pécan et au caramel salé.

Marius EUROPÉEN €€€
(020-422 78 80 ; www.restaurantmarius.nl ; Barentszstraat 173 ; menu 4 plats 49 € ; 17h30-minuit jeu-sam ; 3 Zoutkeetsgracht). Un minuscule établissement prisé des gourmets, situé dans les îles occidentales, au beau milieu des ateliers d'artistes. Le chef Kees Elfring s'approvisionne quotidiennement sur les marchés locaux pour créer son menu unique de 4 plats : crevettes grillées à la purée de fèves, côte de bœuf accompagnée de polenta et de ratatouille… Marius gère aussi le fabuleux bar à vins et tapas **Worst Wijncafe** (020-625 61 67 ; www.deworst.nl ; Barentszstraat 171 ; plats 10,50-16,50 € ; 12h-minuit lun-sam, 10h-22h dim ; 3 Zoutkeetsgracht) attenant.

Vondelpark et le Vieux Sud

Entre Amstelveenseweg et la halle pour gourmets De Hallen (encadré p. 63), le choix ne manque pas en cuisines cosmopolites. Plusieurs restaurants italiens bordent aussi Overtoom et Jan Pieter Heijestraat.

Braai BBQ Bar BARBECUE €
(www.braaiamsterdam.nl ; Schinkelhavenkade 1 ; plats 11-29 € ; 16h-21h30 ; 1/11/17 Surinameplein). Ce lieu minuscule, ancien *haringhuis* (stand de harengs), est aujourd'hui un bar à grillades, aux faux airs de cuisine de rue, en bord de canal. Braai est spécialiste des travers de porc marinés (carré ou demi-carré) et des saucisses grillées, mais il y a aussi des options végétariennes. Carte bancaire de préférence, mais espèces acceptées. Quelques tables sous les arbres, le long de l'eau.

Breakfast Club CAFÉ €
(carte p. 64 ; www.thebreakfastclub.nl ; Bellamystraat 2 ; plats 6-13 € ; 8h-17h ; 7/17 Ten Katestraat). Pour petit-déjeuner à toute heure, c'est le rêve. Vous avez le choix entre la version mexicaine avec *huevos rancheros* (œufs épicés), anglaise avec haricots maison, bacon, œufs, champignons et saucisses, voire new-yorkaise avec pancakes au babeurre, fruits rouges et beurre au miel. D'autres choix de pancakes sont tout aussi tentants, tout comme les céréales et les toasts à l'avocat.

Alchemist Garden VÉGANE €
(020-334 33 35 ; www.facebook.com/AlchemistGarden ; Overtoom 409 ; plats 4-13 € ; 9h-21h lun-sam, 12h-21h dim ; ; 1/11 Rhijnvis Feithstraat). Clair, haut de plafond, ce café est la preuve que la cuisine sans gluten, sans lactose et sans glucose peut réjouir les papilles. Sa carte affiche des plats bio vitaminés (tartes aux légumes

crus, raviolis d'avocat et champignons de Paris au pesto), ainsi que des smoothies, des jus de fruits et des douceurs comme le gâteau au chocolat sans cuisson. De nombreux ingrédients proviennent du jardin du propriétaire. Renseignez-vous ici sur les cueillettes de plantes comestibles qui se tiennent au Vondelpark.

Ron Gastrobar NÉERLANDAIS CONTEMPORAIN €€
(020-496 19 43 ; www.rongastrobar.nl ; Sophialaan 55 ; plats 15-20 € ; 12h-14h30 et 17h30-22h30 ; ; 2 Amstelveenseweg). Ron Blaauw a dirigé son restaurant qui a décroché 2 étoiles au Michelin ici, dans ce vaste espace épuré, avant d'en faire un "gastrobar" plus abordable (toujours étoilé), où la qualité est là, mais sans formalisme. Près de 25 plats/tapas gastronomiques sont servies, mariant des saveurs surprenantes comme le foie gras, la framboise et le yaourt.

Van 't Spit RÔTISSERIE €€
(carte p. 64 ; www.vantspit.nl ; De Clercqstraat 95 ; demi-poulet/poulet entier 11,90/23 € ; restauration 17h-22h, bar 17h-1h ; 13/19 Willem de Zwijgerlaan). Sans apprêt, Van 't Spit fait du poulet rôti au feu de bois, ce que témoignent les tas de fagots visibles dans la rôtisserie. Choisissez entre le demi-poulet et le poulet entier, avec ou sans accompagnements (épis de maïs, frites, salade et coleslaw maison).

l'Entrecôte et les Dames FRANÇAIS €€
(carte p. 64 ; 020-679 88 88 ; www.entrecote-et-les-dames.nl ; Van Baerlestraat 47-49 ; menu dîner 24,50 € ; 12h-15h et 17h30-22h ; 3/5/12 Museumplein). Balustrade en fer forgé et gigantesque mur de tiroirs en bois dressent le cadre de cette adresse française vouée au steak et au poisson. L'entrecôte remporte la palme. Gardez une petite place pour les délectables desserts : peut-être une mousse au chocolat, une tarte au citron ou des crêpes au Grand Marnier.

Roc Elements INTERNATIONAL €€
(carte p. 64 ; 020-579 17 17 ; www.heerlijkamsterdam.nl ; Roelof Hartstraat 6-8 ; menus déj 2/3 plats 12,50/15 €, menus dîner 3/4 plats 21/24,50 € ; 12h-15h mer-ven et 18h-22h lun-ven ; 3/5/12/24 Roelof Hartplein). Des élèves en hôtellerie et en cuisine – ceux même du **College Hotel** (carte p. 64 ; 020-571 15 11 ; www.thecollegehotel.com ; Roelof Hartstraat 1 ; d à partir de 227 € ; ; 3/5/12/24 Roelof Hartplein) – concoctent et servent une cuisine contemporaine internationale dans un restaurant au chic minimaliste. Résultat : un service de qualité à prix avantageux. Sur réservation ; paiement en espèces.

Adam GASTRONOMIQUE €€€
(020-233 98 52 ; www.restaurantadam.nl ; Overtoom 515 ; plats 25 €, menus 4/5/6 plats 49,50/57,50/65 € ; 17h-22h mar-sam ; 1/11/17 Surinameplein). Une authentique table dédiée à la fine cuisine. Le cadre est élégant et intimiste, avec des plats parfaitement présentés tels que la joue de veau aux lentilles en sauce au laurier ou la *côte de bœuf* (pour deux). Pour finir, assiette de fromages ou surprise du chef. Des vins accordés aux plats sont proposés au verre (7,50 €).

Rijks INTERNATIONAL €€€
(carte p. 64 ; 020-674 75 55 ; www.rijksrestaurant.nl ; Rijksmuseum ; menu 5/6 plats 75/85 € ; 11h30-16h30 mer-dim, 11h30-16h30 et 18h-tard mar-dim ; 2/5/12 Rijksmuseum). Une belle hauteur de plafond et de larges fenêtres à carreaux agrémentent ce Rijks (dans une aile du Rijksmuseum), gratifié d'une étoile au guide Michelin en 2016. Son chef, Joris Bijdendijk, adhère à la philosophie Slow Food et trouve dans l'histoire des Pays-Bas l'inspiration pour sa cuisine innovante. Au déjeuner comme au dîner, on peut choisir entre la carte et les menus.

Restaurant Blauw INDONÉSIEN €€€
(020-675 50 00 ; www.restaurantblauw.nl ; Amstelveenseweg 158 ; plats 21,50-26,50 €, rijsttafel 31-37,50 €/pers ; 17h-22h dim-jeu, 17h-22h30 ven-sam ; 2 Amstelveenseweg). La salle du Blauw, réputé l'une des meilleures tables indonésiennes de la Venise du Nord, ne désemplit pas (réservez tôt). Les plats les plus appréciés sont notamment l'*ikan pesmol* (poisson frit à la sauce aux noix de bancoul), l'*ayam singgand* (poulet dans une sauce à la noix de coco semi-épicée aux feuilles de curcuma) et les desserts indonésiens parfumés.

De Pijp

Le quartier De Pijp présente tous les avantages sur le plan culinaire : multiculturalisme, goût de l'innovation et attachement aux racines néerlandaises. Choisissez entre cuisine de rue, bars à salades, petits plats bon marché d'Asie ou du Surinam, adresses à la mode, tables gastronomiques ou cafés bruns servant quelques plats.

Côté brunch, nombre de cafés (encadré p. 99) affichent une alléchante carte. Arpentez Albert Cuypstraat, Ferdinand Bolstraat, Ceintuurbaan et les alentours.

Avocado Show CAFÉ €
(carte p. 64 ; www.theavocadoshow.com ; Daniël Stalpertstraat 61 ; plats 6,95-16,95 € ; 10h-16h lun-jeu, 10h-17h ven-dim ; ; 24 Ferdinand Bolstraat). Première mondiale, ce café glisse de l'avocat dans *tous* les plats. Ce fruit exotique est ainsi mis en scène coupé en deux dans de petits pains pour burgers ou en tranches pour former le "bol" de votre salade... Concluez l'expérience par une glace ou un sorbet à l'avocat. En cocktail : Guaco Mary, épicé, ou daïquiri d'avocat. Pas de réservation, patientez pour avoir une place ; paiement par carte bancaire exclusivement.

Sir Hummus MOYEN-ORIENTAL €
(carte p. 64 ; www.sirhummus.nl ; Van der Helstplein 2 ; plats 9,90-13,90 € ; 12h-20h mer-sam, 12h-17h dim ; ; 3 2e Van der Helststraat). Trois jeunes Israéliens passionnés ont décidé d'ouvrir un stand dédié au houmous dans un marché londonien, puis ce café. On y sert un houmous crémeux entièrement naturel, accompagné de pita et d'une salade, ainsi que de délicieux falafels. À déguster sur place ou à emporter. Mieux vaut venir tôt, tout part vite.

Geflipt BURGERS €
(carte p. 64 ; www.gefliptburgers.nl ; Van Woustraat 15 ; plats 8,50-13 € ; 12h-21h ; ; 4 Stadhouderskade). La concurrence est rude entre restaurants à burgers dans ce quartier de gourmets, et le Geflipt tient le haut du pavé. Dans un cadre brut de style industriel-chic, vous vous régalerez d'appétissants burgers (garnis de bœuf gascon, bacon, cheddar, compote d'oignons rouges ou œuf au plat) servies dans de petits pains briochés. Sauces préparées sur place avec des ingrédients locaux. Le petit plus : les bières de la brasserie amstellodamoise Brouwerij 't IJ.

Surya INDIEN €€
(carte p. 64 ; 020-676 79 85 ; www.suryarestaurant.nl ; Ceintuurbaan 147 ; plats 15,50-26 € ; 17h-0h mar-mer et dim, 17h-1h jeu-sam ; 3/4 2e Van der Helststraat). La qualité des tables indiennes est étonnamment inégale pour une ville aussi cosmopolite, ce qui rend l'élégant Surya d'autant plus précieux. Ses plats vedettes sont un curry de Madras corsé, un curry *vindaloo* très relevé, les plats *tandoori tikka* et le *paneer makhni*, avec du fromage ultrafrais cuit dans une sauce épicée à la tomate. Les plats principaux sont accompagnés de *papadum* (galettes croustillantes), du riz et de la salade.

Volt MÉDITERRANÉEN €€
(carte p. 64 ; 020-471 55 44 ; www.restaurantvolt.nl ; Ferdinand Bolstraat 178 ; plats déj 8-17 €, dîner 17-23 € ; restauration 17h30-22h lun-ven, 11h-15h30 et 17h30-22h sam-dim, bar 16h-22h lun-ven, 11h-22h sam-dim ; 12 Cornelis Troostplein). Un trésor du quartier qui fait la part belle aux produits du marché. Les plats changent quotidiennement : raviolis d'artichaut aux noix et à la roquette (*arugula*), queue de bœuf au céleri et mousseline de pommes de terre ou steak tartare aux pickles de betterave. Le bar reste ouvert tard. Sinon, filez en face chez **Gambrinus** (carte p. 64 ; www.gambrinus.nl ; Ferdinand Bolstraat 180 ; 11h-1h dim-jeu, 11h-3h ven-sam ; ; 12 Cornelis Troostplein), son *bruin café* jumeau.

Friterie par Hasard NÉERLANDAIS TRADITIONNEL €€
(carte p. 64 ; www.cafeparhasard.nl/amsterdam ; Ceintuurbaan 113-115 ; dîner 14,50-25 € ; 16h-22h mer-jeu, 16h-23h ven, 12h-23h sam-dim ; M De Pijp, 3/12/24 De Pijp). Ce café à l'éclairage tamisé sert des frites succulentes. Elles accompagnent des plats comme le carré de bœuf préparé en ragoût traditionnel, sauce au sureau et au laurier, les cuisses de poulet marinées à la sauce satay et aux cornichons, la bavette et le cabillaud pané. Pour un cornet de frites à emporter, adressez-vous à la boutique voisine **Frites uit Zuyd** (carte p. 64 ; www.cafeparhasard.nl ; Ceintuurbaan 113-115 ; cornet de frites petit/moyen/grand 2,50/3/3,75 €, sauces 0,65-2,25 €, plats déj 13,50-20,50 € ; 16h-22h mer-jeu, 16h-23h ven, 12h-23h sam-dim ; M De Pijp, 3/12/24 De Pijp).

Graham's Kitchen GASTRONOMIQUE €€€
(020-364 25 60 ; www.grahamskitchen.amsterdam ; Hemonystraat 38 ; menus 3/4/5/6 plats 45/55/65/75 € ; 18h-21h30 mar-sam ; 4 Ceinturbaan). Vétéran des cuisines étoilées au Michelin, le chef Graham Mee concocte des plats raffinés dans son restaurant à la déco étudiée. Les menus déclinent plusieurs plats tels que le gibier et macarons de betterave fumée, le saumon fumé au concombre et au gin, le veau au wasabi et au crabe, ou un crumble déconstruit aux fruits rouges avec glace à la menthe. Mee vient en personne présenter sa cuisine aux clients.

Ciel Bleu GASTRONOMIQUE €€€
(020-678 74 50 ; www.cielbleu.nl ; Hotel Okura Amsterdam, Ferdinand Bolstraat 333 ; menu dégustation à partir de 195 € ; 18h30-22h lun-sam ; 12 Cornelius Troostplein). Dans ce temple de la gastronomie (2 étoiles Michelin), les créations époustouflantes changent au fil des saisons : au printemps vous pourrez déguster des saint-jacques ou des huîtres au sel de mer vanillé et à l'espuma de gin-tonic, un crabe royal au citron salé, à la glace au beurre blanc et au caviar, ou encore une selle d'agneau à l'anis étoilé. L'emplacement au 23e étage, et sa vue panoramique sur la ville, est tout aussi exceptionnel.

Oosterpark et est de l'Amstel

Cuisines créatives et cuisines du monde ont adopté l'Est dont l'offre culinaire mérite largement le déplacement.

Wilde Zwijnen NÉERLANDAIS CONTEMPORAIN €€
(020-463 30 43 ; www.wildezwijnen.com ; Javaplein 23 ; menus 3/4/5/6 plats 37/47/57/67 € ; 17h30-22h lun-jeu, 12h-22h ven-dim, Eetbar à partir de 17h ; ; 14 Javaplein). Le "Sanglier" inscrit souvent du gibier au menu. Murs clairs, tables de bois... le cadre épuré tend vers le rustique-industriel. La cuisine innovante de ce restaurant moderne utilise les produits locaux et de saison. C'est le paradis des mangeurs de viande, mais il y a aussi des plats végétariens.

De Kas INTERNATIONAL €€€
(020-462 45 62 ; www.restaurantdekas.nl ; Park Frankendael, Kamerlingh Onneslaan 3 ; menus déj 3/4 plats 38,50/48 €, dîner 5/6 plats 60,50/68,50 € ; 12h-13h45 et 18h-21h mar-dim ; ; 19 Hogeweg). La philosophie bio de De Kas s'accorde à son élégant décor de verre, dans de majestueuses serres de 1926. La plupart des produits, cultivés sur place, sont savoureux et préparés de manière inventive. Un menu fixe est proposé quotidiennement, en fonction de la récolte. Réservez.

Amsterdam-Noord

Hotel de Goudfazant FRANÇAIS €€€
(020-636 51 70 ; www.hoteldegoudfazant.nl ; Aambeeldstraat 10h ; menu 3 plats 32 € ; 17h-minuit mar-dim ; 34/35 Johan van Hasseltweg, Zamenhofstraat). Clin d'œil à l'"hôtel des Trois Faisants" dans la version française des "Bourgeois" de Jacques Brel, ce rendez-vous gourmet a pour cadre un ancien atelier de mécanique automobile dont on a gardé quelques voitures en déco. Les chefs aux allures de rock-stars imaginent des mélanges de saveurs aux accents français dans leur cuisine ouverte.

Où prendre un verre et faire la fête

Toute la quintessence d'Amsterdam est concentrée dans les fameux *bruin cafés* (cafés bruns). Dans ces lieux hors d'âge, les vieux planchers de bois, l'éclairage à la chandelle et, surtout, l'atmosphère cosy poussent les amis à s'attarder pour discuter pendant des heures autour d'un verre.

Les bières artisanales ont le vent en poupe depuis quelques années. Aux côtés de microbrasseries établies de longue date, une vague de nouvelles enseignes se profile, ainsi que des bars/magasins spécialisés.

Les marchands amstellodamois introduisirent le café en Europe et il reste la boisson chaude favorite des habitants. Brûleries et microbrûleries apparaissent dans toute la ville, et les baristas utilisent de plus en plus de grands crus de café pour leur café filtre.

Si le centre-ville ne manque pas de bars, préférez les quartiers du Jordaan ou de De Pijp pour côtoyer les habitants.

Centre historique et quartier Rouge

Le quartier est réputé pour ses pubs et bars animés, outre ses *coffee shops* (encadré p. 106). Mais ce qui fait son intérêt c'est la diversité – des salles de dégustation des distilleries de *jenever* aux vénérables cafés bruns, des brasseries traditionnelles aux adresses dernier cri. Zeedijk et Warmoesstraat concentrent la vie homosexuelle du quartier.

Brouwerij De Prael BRASSERIE
(carte p. 48 ; www.deprael.nl ; Oudezijds Armsteeg 26 ; 13h-minuit ; 2/4/11/12/13/14/17/24/26 Centraal Station). Les bières bio (ale écossaise, IPA, vin d'orge...) de la **brasserie De Prael** (carte p. 48 ; 020-408 44 70 ; www.deprael.nl ; Oudezijds Voorburgwal 30 ; visite avec 1/4 bières 11/19,50 € ; visites ttes les heures 13h-18h mer-dim ; 2/4/11/12/13/14/17/24/26 Centraal Station) – connue pour son investissement auprès des personnes souffrant de troubles mentaux – sont servies à de grandes

tables en bois réparties sur plusieurs niveaux. Confortables canapés, fréquents concerts et dégustation facturée 10 € les 4 bières.

Cut Throat BAR

(carte p. 48 ; 06 2534 3769 ; www.cutthroat-barber.nl ; Beursplein 5 ; 10h30-1h lun-jeu, 10h30-3h ven, 10h-3h sam, 10h-0h dim ; ; 4/14/24 Dam). Prenez rendez-vous chez cet authentique barbier-coiffeur et profitez du moment pour déguster, sous des voûtes en brique des années 1930, bières artisanales du monde, cocktails (dont des gin-tonic parfumés myrtille-thym ou mandarine-romarin), milk-shakes "épicés" ou café du torréfacteur amstellodamois De Wasserette. Brunch jusqu'à 16h tous les jours, plus quelques plats tels que poulet frit accompagné de gaufres ou burgers terre-mer servis à toute heure.

Wynand Fockink DISTILLERIE

(carte p. 48 ; 020-639 26 95 ; www.wynand-fockink.nl ; Pijlsteeg 31 ; visite guidée 17,50 € ; taverne de dégustation 14h-21h tlj, visites 15h, 16h30, 18h et 19h30 sam-dim ; 4/14/24 Dam). Derrière le Grand Hotel Krasnapolsky, cette taverne de 1679 propose de multiples versions de *jenever* (genièvres) et de liqueurs. Bien qu'on ne puisse pas s'asseoir, c'est un lieu intimiste où avaler un *shot* ou deux. Le week-end, visite guidée de la distillerie en anglais (45 min), suivie d'une dégustation (6 variétés) ; réservez en ligne.

Hoppe CAFÉ BRUN

(carte p. 48 ; www.cafehoppe.com ; Spui 18-20 ; 8h-1h dim-jeu, 8h-2h ven-sam ; 2/11/12 Spui). Institution d'Amsterdam, Hoppe sert à boire depuis 1670. Piliers de bar et buveurs occasionnels avalent verre après verre sous les lambris du café brun au n°18 – et dans le pub plus moderne (début du XXe siècle) au n°20. Par tous les temps ou presque, la clientèle animée déborde sur la rue.

Tales & Spirits BAR À COCKTAILS

(carte p. 48 ; www.talesandspirits.com ; Lijnbaanssteeg 5-7 ; 17h-22h jeu-sam ; 2/11/12/13/17 Nieuwezijds Kolk). La maison fabrique ses propres infusions, sirops et vinaigres d'herbes. Parmi les cocktails artisanaux, citons les poétiques *Floats Like a Butterfly* (vodka-orange, liqueur de pêche, miel au safran et sorbet citron) ou *Stings*

BRUNCHER À DE PIJP

Le brunch a le vent en poupe dans la Venise du Nord, surtout dans le quartier De Pijp.

Bakers & Roasters (carte p. 64 ; www.bakersandroasters.com ; 1e Jacob van Campenstraat 54 ; plats 9-20 € ; 8h30-16h ; ; 24 Marie Heinekenplein). Les propriétaires brésilien et néo-zélandais préparent de somptueux brunch : pain perdu (*French toast*) de cake à la banane avec marmelade de bananes maison et bacon croustillant ; œufs navajos au porc effiloché, à l'avocat, à la sauce de mangue et à la crème de piments chipotle ; ou encore saumon fumé aux œufs pochés, croquettes de pommes de terre et sauce hollandaise. Et... pour digérer, un Bloody Mary bien corsé. Tourtes et pâtisseries sont aussi un régal.

Scandinavian Embassy (carte p. 64 ; www.scandinavianembassy.nl ; Sarphatipark 34 ; plats 5-14 € ; 8h-18h lun-ven, 9h-18h sam-dim ; 3/4 2e Van der Helststraat). Ce café lambrissé de bois clair est l'endroit idéal pour commencer la journée. Au programme : du porridge aux myrtilles, au miel et à la noix de coco, servi avec un yaourt au lait de chèvre, un gravlax de saumon sur du pain de seigle danois au yaourt de brebis, à moins de préférer le muesli aux fraises et les viennoiseries du jour (petits pains à la cannelle par exemple). Sans oublier le délicieux café provenant de microbrûleries scandinaves (dont un rafraîchissant café infusé à froid avec de l'eau tonique).

CT Coffee & Coconuts (carte p. 64 ; www.coffeeandcoconuts.com ; Ceintuurbaan 282-284 ; plats 11,90-14 € ; 7h-19h ; ; M De Pijp, 3/12/24 De Pijp). Ce cinéma Art déco (1920) a été remarquablement reconverti en un espace entièrement ouvert sur 3 niveaux (immense portrait de John Lennon tout en haut). Les plats servis au brunch – pancakes de sarrasin à la noix de coco et aux amandes, brioche de pain perdu aux abricots, toasts à l'avocat avec vinaigrette à la *dukkah* (mélange d'épices et de noix d'Afrique du Nord) et citron, œufs brouillés à la feta émiettée sur du pain au levain – sont servis jusqu'à 13h.

Like a Bee (gin de Dijon, cognac, sirop d'érable et eau gazeuse) servis dans un verre ancien sous les lustres et poutres au plafond. Âge minimum : 21 ans.

De Drie Fleschjes DISTILLERIE
(carte p. 48 ; www.dedriefleschjes.nl ; Gravenstraat 18 ; 14h-20h30 lun-sam, 15h-19h dim ; 2/11/12/13/17 Dam). Face au vénérable mur de tonneaux, le comptoir de dégustation de la distillerie Bootz (créée en 1650) sert son emblématique liqueur de *bitterkoekje* (sorte de macaron) aux arômes d'amande, et un excellent *jenever*, entre autres alcools. Notez la collection de *kalkoentjes* (petites bouteilles portant les portraits – peints à la main – des anciens échevins).

Café Belgique BAR À BIÈRES
(carte p. 48 ; facebook.com/cafebelgique ; Gravenstraat 2 ; 16h-1h lun et mer-jeu, 16h-2h ven, 15h-2h sam, 15h-1h dim ; 2/11/12/13/17 Dam). Comme les habitués, choisissez une pompe de cuivre au bar en vous juchant sur un des tabourets. C'est ici le royaume des bières belges : 8 à la pression, et près de 50 autres en bouteille. Atmosphère toute *gezellig* (conviviale) ; concerts ou DJ certains soirs.

Proeflokaal de Ooievaar DISTILLERIE
(carte p. 48 ; www.proeflokaaldeooievaar.nl ; St Olofspoort 1 ; 12h-minuit ; 2/4/11/12/13/14/17/24/26 Centraal Station). À peine plus grande qu'un tonneau de *jenever*, cette superbe petite salle de dégustation existe depuis 1782 dans une maison qui penche depuis le début de son existence. On y trouve 14 *jenevers* et liqueurs de la distillerie De Ooievaar, toujours installée à Jordaan.

Café de Dokter CAFÉ BRUN
(carte p. 48 ; www.cafe-de-dokter.nl ; Rozenboomsteeg 4 ; 16h-1h mer-sam ; 2/11/12 Spui). Chandelles sur les tables, lustres et cage à oiseau au plafond, jazz classique en fond sonore... voici, dit-on, le plus petit café d'Amsterdam ouvert en 1798 par un chirugien dont la famille vit toujours là. Le whisky et les saucisses fumées au bœuf sont les spécialités de la maison.
Dans l'auberge de jeunesse St Christopher's at the Winston (p. 84).

Nieuwmarkt, Plantage et îles de l'Est

Brouwerij 't IJ BRASSERIE
(www.brouwerijhetij.nl ; Funenkade 7 ; brasserie 14h-20h, visite guidée en anglais 15h30 ven-dim ; 7 Hoogte Kadijk). Quoi de plus néerlandais que de boire une bière bio sous les ailes grinçantes d'un vénérable moulin à vent de 1725 ? La reine des microbrasseries bio d'Amsterdam produit d'excellents brassins standards, de saison ou en quantité limitée ; essayez la Plzeň de la maison, parfumée et houblonnée. À savourer dans la salle de dégustation carrelée et tapissée d'une impressionnante collection de bouteilles, sinon en terrasse à l'ombre des platanes.

Amsterdam Roest BEER GARDEN
(www.amsterdamroest.nl ; Jacob Bontiusplaats 1 ; 12h-minuit dim-mer, 12h-1h jeu, 12h-3h ven-sam ; 22 Wittenburgergracht). Un lieu comme il n'y en a qu'à Amsterdam : d'anciens chantiers navals à l'abandon (Amsterdam Roest veut dire "rouille", en néerlandais) transformés en bar-restaurant branché et devenus le repaire d'un collectif d'artistes. Terrasse en bord de canal, immenses terrains de jeux pleins de pneus et de cordes, hamacs, street art, une plage de sable en été et des feux de joie, l'hiver.

SkyLounge BAR À COCKTAILS
(carte p. 54 ; www.skyloungeamsterdam.com ; Oosterdoksstraat 4 ; 11h-22h ; ; 2/4/11/12/13/14/17/24/26 Centraal Station). La vue à 360° sur Amsterdam depuis le 11e étage de l'hôtel DoubleTree Amsterdam Centraal Station est époustouflante, quel que soit le temps (elle est plus grandiose encore depuis le bar extérieur de la vaste SkyTerrace dotée de canapés). Plus de 500 cocktails au choix. Soirées DJ régulières.

Hannekes Boom BEER GARDEN
(carte p. 54 ; www.hannekesboom.nl ; Dijksgracht 4 ; 11h-1h dim-jeu, 10h-3h ven-sam ; 26 Muziekgebouw). Il suffit de passer le pont (piétonnier ou cyclable) depuis le musée des sciences NEMO pour accéder à ce havre frais sous les arbres. Le Boom, avec ses bancs de bois au bord de l'eau, est construit avec des matériaux recyclés. L'ambiance cool attire une clientèle branchée, arty, adepte du soleil (s'il se montre !).

De Sluyswacht CAFÉ BRUN
(carte p. 48 ; www.sluyswacht.nl ; Jodenbreestraat 1 ; 12h30-0h lun-jeu, 12h-1h30 ven-sam, 13h-20h dim ; M Waterlooplein, 14 Waterlooplein). Penchant tel un bateau par grand vent, l'ancienne petite maison (1695) d'éclusier sur l'Oude Schans est devenue un lieu sublime pour se détendre devant une bière belge ou hollandaise, et grignoter des

en-cas tels que *bitterballen,* frites ou toasts. Sa terrasse offre une belle vue sur la tour Montelbaans.

Ceinture des canaux ouest

't Arendsnest CAFÉ BRUN

(carte p. 48 ; www.arendsnest.nl ; Herengracht 90 ; 12h-minuit dim-jeu, 12h-2h ven-sam ; 2/11/12/13/17 Nieuwezijds Kolk). Un superbe café brun réaménagé, avec des chaudières de distillation de *jenever* en cuivre rutilant derrière le bar. On y sert uniquement de la bière néerlandaise, à raison d'une centaine de variétés (souvent issues de microbrasseries), dont 52 en alternance à la pression... Tout un programme. Sans oublier la quarantaine de genièvres, cidres, whiskies et alcools, tous néerlandais également.

Café Tabac BAR

(carte p. 48 ; www.cafetabac.eu ; Brouwersgracht 101 ; 12h-1h lun-jeu, 12h-3h ven, 11h-3h sam, 11h-1h dim ; ; 18/21/22 Buiten Brouwersstraat). Le Café Tabac est-il un café brun, un bar design, un endroit où déguster des plats indonésiens, ou juste un lieu naturellement cool pour se détendre quelques heures, à l'intersection de deux des plus beaux canaux de la ville ? Peu importe, les clients sont ravis de profiter de la vue et de passer un bon moment sous les poutres apparentes du plafond.

Café de Vergulde Gaper CAFÉ BRUN

(carte p. 68 ; www.deverguldegaper.nl ; Prinsenstraat 30 ; 10h-1h lun, 11h-1h mar-jeu et dim, 11h-3h ven, 10h-3h sam ; ; 13/17 Westermarkt). Bocaux d'apothicaire et vieilles affiches rappellent l'ancienne pharmacie qui occupait les lieux, tout comme le nom du café qui signifie "l'homme à la bouche ouverte", allusion au buste de maure placé jadis devant les boutiques d'apothicaire. Avec sa terrasse en bord de canal, au soleil l'après-midi, et ses occasionnels concerts de jazz, l'endroit est très prisé, surtout à la sortie des bureaux. Personnel affable.

Ceinture des canaux sud

Air CLUB

(carte p. 64 ; air.nl ; Amstelstraat 24 ; 23h30-4h jeu et dim, 23h-5h ven-sam ; 4/14 Rembrandtplein). De grands noms comme Pete Tong se lâchent sur la superbe sono du club Air dont l'intérieur, y compris la piste de danse sur plusieurs niveaux, est une création au designer néerlandais Marcel Wanders. Les petits plus : des casiers et un système de carte rechargeable pour ne pas avoir à compter sa monnaie au bar.

Door 74 BAR À COCKTAILS

(carte p. 64 ; 06 3404 5122 ; www.door-74.nl ; Reguliersdwarsstraat 74 ; 20h-3h dim-jeu, 20h-4h ven-sam ; 4/14 Rembrandtplein). Laissez un message vocal ou un texto de réservation pour pénétrer dans ce bar "clandestin" situé derrière une porte cachée. On y sert des concoctions parmi les plus surprenantes d'Amsterdam, dans une ambiance digne de la Prohibition, tout en boiseries sombres et plafonds tapissés d'étain ouvragé. La carte à thème des cocktails change régulièrement. Lieu très sympa.

Eijlders CAFÉ BRUN

(carte p. 64 ; www.cafeeijlders.com ; Korte Leidsedwarsstraat 47 ; 16h30-1h lun-jeu, 12h-2h ven et sam, 12h-1h dim ; 2/11/12 Leidseplein). Pendant la Seconde Guerre mondiale, ce café brun à vitraux servait de repaire aux artistes refusant de suivre la ligne culturelle imposée par les nazis. L'esprit rebelle perdure. Ce café d'artistes, avec serveurs en gilet et ambiance discrète le jour, s'anime le soir, comme il se doit sur Leidseplein.

De Kroon BAR

(carte p. 64 ; www.dekroon.nl ; Rembrandtplein 17 ; 16h-0h mer-dim ; 4/14 Rembrandtplein). Le grand café De Kroon de Rembrandtplein a retrouvé son éclat de 1898 avec ses lustres scintillants sous ses hauts plafonds, ses fauteuils où se lover, et sa longue déclinaison de cocktails, vins et bières. On y mange aussi de la viande et du poisson principalement grillés. Le lieu devient un club les vendredis et samedis soir.

Jordaan et l'Ouest

't Smalle CAFÉ BRUN

(carte p. 52 ; www.t-smalle.nl ; Egelantiersgracht 12 ; 10h-20h lun-dim ; 13/17 Westermarkt). Cette ancienne distillerie (tireuses à bière en porcelaine, vitraux) et maison de dégustation de *jenever* (le gin local) date de 1786. Restauré dans les années 1970, l'endroit préféré des riverains est aussi l'un des plus charmants cafés bruns d'Amsterdam. Vous pouvez amarrer votre bateau juste à côté de la jolie terrasse pavée, très sympathique en journée et ultra-romantique la nuit.

AMSTERDAM LGBTI+

Renseignements

Gay Amsterdam (www.gayamsterdam.com). Fournit une liste d'hôtels, de boutiques, de restaurants et de clubs, ainsi que des plans.

Pink Point (carte p. 68 ; 02-428 10 70 ; www.pinkpoint.nl ; Westermarkt ; 10h-18h lun-sam, 12h-18h dim ; 13/14/17 Westermarkt). Situé derrière la Westerkerk, le Pink Point est à la fois un kiosque d'information et une boutique de souvenirs. Idéal pour trouver des publications gays et lesbiennes, et se renseigner sur les fêtes, événements et groupes sociaux.

Où sortir

La scène gay d'Amsterdam est l'une des plus riches au monde. Ses hauts lieux sont : **Warmoesstraat** et **Zeedijk** dans le quartier Rouge, **Rembrandtplein**, **Leidseplein** et surtout **Reguliersdwarsstraat** dans la ceinture des canaux sud.

't Mandje (carte p. 48 ; www.cafetmandje.amsterdam ; Zeedijk 63 ; 16h-1h mar-jeu, 15h-3h ven-sam, 15h-1h dim ; 2/4/11/12/13/14/17/24/26 Centraal Station). Ouvert en 1927, le plus ancien bar gay d'Amsterdam a fermé en 1982, lorsque Zeedijk était mal famée. L'intérieur, couvert de bibelots, a toutefois été dépoussiéré avec amour et le café a rouvert en 2008. Les barmen peuvent vous raconter des anecdotes sur l'excentrique fondatrice du bar, Bet Van Beeren. C'est certainement l'un des lieux les plus *gezellig* du centre-ville, que l'on soit gay ou non.

Montmartre (carte p. 64 ; www.cafemontmartre.nl ; Halvemaansteeg 17 ; 17h-3h dim-jeu, 17h-4h ven-sam ; 4/14 Rembrandtplein). Chouchou des Amstellodamois, ce bar gay toujours bondé programme une musique typiquement néerlandaise. Les clients y reprennent en chœur les ballades emblématiques du pays comme de vieux tubes du top 40. Programmation divertissante : soirées karaoké, travestis ou tubes des années 1980 ou 1990.

Fête

Le clou de la **Pride Amsterdam** (p. 83) est sa parade aquatique sur les canaux, à bord de bateaux décorés avec extravagance.

Monks Coffee Roasters CAFÉ
(www.monkscoffee.nl ; Bilderdijkstraat 46 ; 8h-17h lun-ven, 9h-17h sam-dim ; ; 3/13/19 Bilderdijkstraat). Le fantastique mélange maison de Monks (diverses préparations) est de loin le meilleur d'Amsterdam, mais on y trouve aussi de délicieux cafés de petits spécialistes amstellodamois comme Lot Sixty One et White Label Coffee, ou encore le café Lomi parisien. Ce vaste espace est idéal pour un brunch (goûtez le toast à l'avocat avec feta, piment et citron vert, ou le pain de banane au mascarpone et à l'ananas caramélisé).

Café Pieper CAFÉ BRUN
(carte p. 64 ; www.facebook.com/CafePieper ; Prinsengracht 424 ; 16h-1h lun et mer, 16h-0h mar, 12h-1h jeu, 12h-2h ven-sam, 13h-0h dim ; 2/11/12 Prinsengracht). Très ancien (1665), ce modeste café brun au plafond assez bas a beaucoup de charme avec ses vitraux et ses anciennes chopes de bière accrochées au bar, non loin d'une tireuse à bière belge de 1875 qui fonctionne toujours. Dégustez une bière de la Brouwerij 't IJ (brassée à Amsterdam) ou un excellent cappuccino.

De Kat in de Wijngaert CAFÉ BRUN
(carte p. 68 ; www.dekatindewijngaert.nl ; Lindengracht 160 ; 10h-1h lun-mer, 10h-3h jeu-ven, 9h-1h sam, 11h-1h dim ; 3/10 Marnixplein). Modèle de *gezelligheid* (convivialité), ce très beau bar est le genre d'endroit où on peut passer des heures à discuter devant une bière, en compagnie des habitués qui hantent les lieux. Accompagnez votre mousse d'un *tosti* (sandwich grillé), que beaucoup considèrent comme le meilleur d'Amsterdam.

Cafe Soundgarden BAR
(carte p. 68 ; www.cafesoundgarden.nl ; Marnixstraat 164-166 ; 13h-1h lun-mer, 13h-3h jeu-ven, 15h-1h

sam-dim ; 5/13/17/19 Marnixstraat). Dans ce rade un peu grunge accueillant toutes les générations, les "grands maîtres" sont les Ramones et Black Sabbath. Tables de billard, flippers des années 1980, DJ échevelés et barmen revêches : pour une raison inconnue, une magie indéfinissable se dégage de l'ensemble. Concerts occasionnels. Terrasse super relax au bord de l'eau.

De Twee Zwaantjes CAFÉ BRUN
(carte p. 68 ; 020-625 27 29 ; www.cafedetweezwaantjes.nl ; Prinsengracht 114 ; 15h-1h dim-jeu, 15h-3h ven et sam ; 13/17 Westermarkt). Dans ce petit café authentique des "deux cygnes", l'ambiance bat son plein les soirs de week-end, lorsque les clients chantent à tue-tête chansons populaires et airs néerlandais traditionnels, à l'occasion d'une hilarante soirée cabaret-karaoké. Les bières trappistes à la pression contribuent à l'atmosphère festive. N'hésitez pas à vous joindre aux chanteurs d'un soir.

Vondelpark et le Vieux Sud

Lot Sixty One CAFÉ
(carte p. 64 ; lot61.com ; Kinkerstraat 112 ; 8h-18h lun-ven, 9h-18h sam-dim ; 3/7/17 Bilderdijkstraat). Le café est au niveau de la rue, mais ne manquez pas d'aller faire un tour dans la cave en bas de l'escalier pour voir (et humer !) les grains de café frais que l'on torréfie. Ils viennent de petits producteurs écoresponsables. Parmi les variétés : Fivr brésilien (arômes chocolat-orange), Kii kényan (agrumes) et Bombora (caramel, drupe). Tous les cafés sont des doubles (sauf si vous précisez) ; à déguster assis sur l'un des bancs installés devant en regardant les passants.

Welling CAFÉ BRUN
(carte p. 64 ; www.cafewelling.nl ; Jan Willem Brouwersstraat 32 ; à partir de 16h ; 2/3/5/12 Museumplein). Niché derrière le Concertgebouw, voici un lieu décontracté où siroter sous les lambris une *biertje* (bière) fraîche et mousseuse en compagnie d'intellectuels et d'artistes. Amical, le chat du café viendra peut-être réclamer des caresses. Il y a souvent des concerts, notamment de jazz, à l'issue des concerts du Concertgebouw.

Butcher's Tears BRASSERIE
(www.butchers-tears.com ; Karperweg 45 ; 16h-22h jeu-sam, 14h-19h dim ; 24 Haarlemmermeerstation). Les amateurs éclairés de houblon aiment se fournir à la source chez Butcher's Tears, brasserie culte. Sa salle de dégustation, au fond d'une ruelle industrielle, propose de nombreuses bières, dont six à la pression. Goûtez la Far Out (une bière de saison) et la Misery King (une ale ambrée houblonnée trois fois).

Craft &Draft CAFÉ BRUN
(www.craftanddraft.nl ; Overtoom 417 ; 14h-22h lun-ven, 12h-22h dim ; 1/11 Rhijnvis Feithstraat). Les amateurs de bière artisanale pourront choisir parmi la quarantaine de bières pression et la centaine de bières en bouteille. Tous les jours à la pression : bière belge Lips of Faith de 3 Floyds, bière américaine Stupid Stout de Coronado, bière Yang d'Evil Twin, bière britannique Thoughtless de Red Willow, ale bio suédoise de Sigtuna ou bière danoise Peter, Pale & Mary de Mikkeller.

De Pijp

Brouwerij Troost BRASSERIE
(carte p. 64 ; 020-760 58 20 ; www.brouwerijtroost.nl ; Cornelis Troostplein 21 ; 16h-1h lun-jeu, 16h-3h ven, 12h-3h sam, 12h-0h dim ; ; 12 Cornelis Troostplein). Une brasserie artisanale exceptionnelle, où l'on peut observer le brassage de la bière dans des cuves en cuivre derrière un mur de verre. Une douzaine de bières y sont fabriquées, dont une blonde estivale, une porter fumée, une triple forte et une IPA impériale d'un roux profond. On y distille aussi du gin à partir de bière, de baies de genièvre et de concombre. Excellente cuisine de pub, notamment des tacos de crevettes croustillants et d'énormes burgers. Réservez les soirs de week-end.

Boca's BAR
(carte p. 64 ; www.bar-bocas.nl ; Sarphatipark 4 ; 12h-0h mer-dim ; ; 3 2e Van der Helststraat). Le Boca's ("bouche" en italien) est un lieu tendance où aller prendre un verre. Une mezzanine surplombe la salle principale (aux banquettes recouvertes de coussins), mais en été la terrasse, qui fait face au verdoyant Sarphatipark, est idéale. Courte carte des vins (dont 7 au verre) accompagnant parfaitement les copieuses assiettes à partager.

Oosterpark et est de l'Amstel

Canvas BAR
(www.volkshotel.nl ; Wibautstraat 150 ; 7h-1h lun-ven, 8h-1h sam-dim ; M Wibautstraat). Au 7e étage du Volkshotel (ancien siège du

ÇA PENCHE !

Non, vous ne rêvez pas… les édifices d'Amsterdam sont bien penchés. Certains – comme De Sluyswacht – se sont inclinés au fil des siècles, mais de nombreuses demeures en bordure de canal furent délibérément construites pour s'incliner vers l'avant. Les escaliers intérieurs étant étroits, il fallait trouver un moyen simple pour hisser les objets et meubles imposants aux étages supérieurs. Un palan fut fixé dans le pignon pour soulever et faire passer les objets par les fenêtres, l'inclinaison permettant de ne pas endommager la façade.

journal *Volkskrant*), le bar de l'hôtel (ouvert à tous) offre une des plus belles vues qui soient à Amsterdam. Créateurs et hipsters adorent venir y boire une bière ou un cocktail. Les soirs de week-end, le Canvas se transforme en discothèque.

Distilleerderij 't Nieuwe Diep DISTILLERIE
(www.nwediep.nl ; Flevopark 13a ; 15h-20h mar-dim avr-oct, 15h-18h nov-mars ; 3/14 Soembawastraat). Émergeant des arbres, cette étonnante ancienne station de pompage donne l'impression d'une délicieuse escapade campagnarde alors que l'on n'est à Flevopark. La petite distillerie produit une centaine de *jenevers*, bitters, liqueurs et alcools de fruits en petite quantité, à partir de produits bio, selon de vieilles recettes néerlandaises.

De Ysbreeker CAFÉ BRUN
(www.deysbreeker.nl ; Weesperzijde 23 ; à partir de 8h ; ; 3 Wibautstraat/Ruyschstraat). Historique, ce café brun élégant ouvert en 1702 et appelé le "brise-glace" rappelle ces mois d'hiver où accostait non loin ce type de navire (des vitraux illustrent la scène). La clientèle se rafraîchit dans les box luxueux ou au comptoir de marbre.

Amsterdam-Noord

Café de Ceuvel BAR
(020-229 62 10 ; www.deceuvel.nl ; Korte Papaverweg 4 ; 12h-22h mar-ven, 10h-22h sam-dim ; 34/35 Mosplein). Tout de matériaux recyclés, le Café de Ceuvel, dessiné sur une île par l'architecte Wouter Valkenier, se niche au cœur d'un ancien chantier naval d'Amsterdam-Noord. Sur la carte, limonade au gingembre maison et bière en bouteille de la brasserie locale, Oedipus.

Pllek BAR
(www.pllek.nl ; TT Neveritaweg 59 ; à partir de 9h30, cuisine jusque 22h ; NDSM-werf). Super-cool, Pllek est un haut lieu du quartier Noord et une clientèle de tous âges se presse entre ses murs faits d'anciens conteneurs ou viennent s'allonger sur sa plage de sable artificielle, quand le temps le permet. Un endroit épatant pour déguster une bière ou un verre de vin au bord de l'eau.

Café Noorderlicht BAR
(www.noorderlichtcafe.nl ; NDSM-plein 102 ; 11h-minuit ; NDSM-werf). Le café d'origine était dans un bateau qui a brûlé. Désormais installé dans une grande serre entourée de drapeaux, avec une pelouse au bord de l'eau et une mini-scène, il est au croisement du pub, du jardin et du lieu festif. Sa grande aire de jeux dehors et sa fusée métallique à escalader conviennent à merveille aux familles. Sur la carte : plats, bières artisanales et bien d'autres boissons.

Où sortir

Les arts de la scène se portent bien à Amsterdam, où abondent grandes salles de concerts, théâtres, salles de cinéma, cabarets comiques et autres salles de spectacle qui font régulièrement le plein. Les amateurs de musique y sont comblés par une intense activité dans presque tous les genres, notamment jazz, classique, rock ou beats d'avant-garde.

Le site I Amsterdam (www.iamsterdam.com) liste un grand nombre de manifestations culturelles et musicales.

Concertgebouw MUSIQUE CLASSIQUE
(carte p. 64 ; 020-671 83 45 ; www.concertgebouw.nl ; Concertgebouwplein 10 ; billetterie ouverte les jours de spectacle à partir de 17h lun-ven, à partir de 10h sam-dim ; 3/5/12 Museumplein). Le Royal Concertgebouw Orchestra qui est ici en résidence compte parmi les plus grands orchestres symphoniques au monde. Bâtie en 1888 par A. L. Van Gendt, la salle dispose d'une acoustique quasi parfaite. L'un des chefs du Concertgebouw, Bernard Haitink, avait coutume de dire que c'était même le meilleur instrument de l'orchestre. Des concerts gratuits

d'une demi-heure ont lieu le mercredi à 12h30 de septembre à juin ; venez tôt. La boutique Last Minute Ticket Shop (p. 110) propose des places à moitié prix pour toutes les représentations.

Pathé Tuschinskitheater CINÉMA

(carte p. 64 ; www.pathe.nl ; Reguliersbreestraat 26-34 ; 9h30-0h30 ; 4/14 Rembrandtplein). Ce fantastique cinéma, dont la façade est un bel exemple de l'école d'architecture d'Amsterdam, mérite une visite ne serait-ce que pour son superbe intérieur Art déco. La salle principale (*grote zaal*) est la plus belle, et on y projette généralement des blockbusters ; les salles plus petites sont dédiées aux films indépendants ou d'art et d'essai. Hors heures de projection, il est organisé le matin un "Audio Tour" (45 min, 10 €, néerlandais/anglais).

Muziekgebouw aan 't IJ SALLE DE CONCERTS

(carte p. 54 ; billetterie 020-788 20 00 ; www.muziekgebouw.nl ; Piet Heinkade 1 ; billetterie 14h-18h lun-sam ; 26 Muziekgebouw). Spectaculaire cube de verre et d'acier sur les quais de l'IJ, cet espace interdisciplinaire des arts du spectacle dispose d'une grande salle ultramoderne avec une scène modulable et une très bonne acoustique. Sa scène de jazz, le **Bimhuis** (carte p. 54 ; 020-788 21 50 ; www.bimhuis.nl ; Piet Heinkade 3 ; 26 Muziekgebouw) est plus intimiste. Éventuels tarifs réduits à la Last Minute Ticket Shop.

Muziektheater OPÉRA, DANSE, MUSIQUE

(carte p. 64 ; 020-625 54 55 ; www.operaballet.nl ; Waterlooplein 22 ; billetterie 12h-18h lun-ven, 12h-15h sam-dim ou jusqu'à la représentation sept-juil ; M Waterlooplein, 14 Waterlooplein). Le Muziektheater accueille en résidence le Nationale Opera & Ballet (troupe nationale néerlandaise) qui donne des représentations sensationnelles. La scène reçoit aussi de grands noms du spectacle et des compagnies de danse internationales. Concerts de musique classique gratuits (de 12h30 à 13h) la plupart des mardis, de septembre à mai dans la Boekmanzaal.

Tolhuistuin SPECTACLES

(020-763 06 50 ; www.tolhuistuin.nl ; IJpromenade 2 ; Buiksloterweg). De 1941 à 2011, les employés de l'entreprise Shell ont pris là leurs repas. Le bâtiment industriel a désormais droit à une seconde vie : il accueille sur sa scène en plein air, sous des guirlandes lumineuses, des troupes de danse africaine, des DJ et bien d'autres artistes. Sans oublier les soirées clubbing dans son night-club, le Paradiso.

Melkweg MUSIQUE LIVE

(Milky Way ; carte p. 64 ; 020-531 81 81 ; www.melkweg.nl ; Lijnbaansgracht 234a ; 1/2/5/7/11/12/19 Leidseplein). Au cœur d'une ancienne laiterie, groupes en live ou DJ se répartissent la programmation épatante de la "Voie lactée", association à but non lucratif. On vient y écouter de la

LES NUITS D'AMSTERDAM

Tout change, les nuits d'Amsterdam aussi. Il existe depuis 2012 dans la Venise du Nord un *nachtburgemeester*, un "maire de la nuit" pour permettre une concertation et une coordination de l'ensemble des acteurs de la vie nocturne. La création de ce nouveau poste de bourgmestre nocturne était alors inédite.

En créant des licences d'exploitation 24h/24, le premier *nachtburgemeester*, Mirik Milan, a ainsi autorisé l'ouverture nuit et jour de certains établissements contribuant à l'offre culturelle de la cité autant qu'à son développement économique. L'autre critère nécessaire à l'attribution d'une telle licence étant l'insonorisation des lieux.

Autre dispositif : la présence d'"hôtes d'accueil" (*square hosts*) dans les points chauds de la vie nocturne comme **Leidseplein** (carte p. 64 ; 2/5/7/11/12/19 Leidseplein) et Rembrandtplein, pour repérer et régler des questions telles que nuisances sonores ou dépôts d'ordures avant que les problèmes ne surviennent, et s'assurer que fêtards et habitants coexistent en harmonie. On a aussi amélioré les infrastructures autour des hauts lieux de fête, en éclairant mieux les rues, par exemple.

Un nouveau maire de nuit, Shamiro Van der Geld, a été élu pour deux ans en 2018, assisté d'un conseil de 20 personnes.

L'administration municipale et les activités de la nuit financent à elles deux cette initiative qui a remporté un franc succès. D'ailleurs le cas a fait école : il existe désormais des Conseils de la nuit à Londres, Paris et Zürich.

COFFEE SHOPS

Première chose à savoir : le café dans le sens où l'entendent les Néerlandais est en réalité un bar, et le *coffee shop* désigne un lieu où l'on se procure de la marijuana.

Bien que le cannabis ne soit pas techniquement légal aux Pays-Bas, la possession et l'achat de petites quantités (5 g) de drogues "douces" (marijuana, haschisch, gâteaux au cannabis et "truffes aux champignons" hallucinogènes) sont autorisés et les usagers ne seront pas poursuivis pour consommation ou possession d'une telle quantité. Les *coffee shops* font donc un commerce illégal – mais toléré dans une certaine mesure.

Le gouvernement laisse les municipalités décider si elles veulent appliquer la loi nationale *wietpas* ("carte de cannabis" ou "carte de membre") interdisant aux touristes l'accès aux *coffee shops* et exigeant que les résidents fournissent une pièce d'identité. Bien que certaines parties des Pays-Bas ont commencé à l'appliquer, la municipalité d'Amsterdam, ville très touristique, a décrété que les choses ne changeraient pas.

Lonely Planet déconseille à ses lecteurs l'usage de drogues, même les plus douces, qui modifient le comportement, mais si vous souhaitez néanmoins faire l'expérience d'un *coffee shop*, veillez à respecter certaines règles :

- Demandez au bar la carte des produits disponibles, généralement emballés dans des pochons. Vous pouvez également acheter des joints déjà roulés (3 à 7 €). La plupart des établissements proposent des feuilles, des pipes ou des bongs.
- Ne fumez jamais ailleurs que dans un *coffee shop* sans vérifier que c'est autorisé.
- L'alcool et le tabac sont interdits dans les *coffee shops*.
- Ne demandez pas de drogues dures (illégales).
- Sachez que certaines variétés locales de cannabis peuvent contenir jusqu'à 15% de tétrahydrocannabinol (THC, la substance active) et entraîner une expérience

musique électronique, du reggae, du punk ou encore du heavy metal. La musique roots, le rock et les chanteurs-compositeurs ont également leur temps de scène. Cinéma d'avant-garde, théâtre et multimédia également au programme (consultez le site Internet).

Paradiso MUSIQUE LIVE

(carte p. 64 ; ☎020-622 45 21 ; www.paradiso.nl ; Weteringschans 6 ; 📶 ; 🚋1/2/5/7/11/12/19 Leidseplein). En 1968, cette belle église ancienne est devenue le "Centre de relaxation cosmique Paradiso". Aujourd'hui, l'ambiance est plus au marathon festif que hippie, avec des soirées à thème ou indie qui durent parfois toute la nuit. La petite salle accueille des groupes qui montent tandis que la grande décoiffe sous la puissance des beats !

Jazz Café Alto JAZZ

(carte p. 64 ; www.jazz-cafe-alto.nl ; Korte Leidsedwarsstraat 115 ; ⏲21h-3h dim-jeu, 21h-4h ven-sam ; 🚋1/2/5/7/11/12/19 Leidseplein). Un club à la façon d'un café brun intime et plein de cachet, pour les fans de jazz et (parfois) de blues. Concerts tous les soirs. Le concert ne démarre qu'autour de 22h, mais arrivez tôt si vous voulez vous asseoir.

Maloe Melo BLUES

(carte p. 68 ; ☎020-420 45 92 ; www.maloemelo.com ; Lijnbaansgracht 163 ; ⏲21h-3h dim-jeu, 21h-4h ven-sam ; 🚋5/7/17/19 Elandsgracht). Haut lieu indépendant, pointu et agréable de la petite scène blues d'Amsterdam. La musique est variée : funk, soul, Texas blues, rockabilly... De grands noms du rock, comme Patti Smith, s'y sont produits. Entrée 5 €.

Boom Chicago HUMOUR

(carte p. 68 ; ☎020-217 04 00 ; www.boomchicago.nl ; Rozengracht 117 ; 📶 ; 🚋5/13/17/19 Marnixstraat). Spectacles d'humour improvisés très divertissants en anglais, dans lesquels la troupe tourne en dérision la culture néerlandaise ou américaine et tout ce qui bouge. Des spectacles plus expérimentaux ont lieu sur la scène plus modeste à l'étage. Les seaux à glace pleins de bière du bar contribuent à l'ambiance festive.

Amsterdams Marionetten Theater MARIONNETTES

(carte p. 48 ; ☎020-620 80 27 ; www.marionettentheater.nl ; Nieuwe Jonkerstraat 8 ; adulte/enfant 17/8 €, visite 1 heure 30 15 € ; Ⓜ Nieuwmarkt). Une

intense déplaisante et durable ; demandez conseil au personnel du *coffee shop* sur le produit et la quantité à consommer, et suivez ses recommandations.

Dampkring (carte p. 64 ; www.dampkring-coffeeshop-amsterdam.nl ; Handboogstraat 29 ; 8h-1h ; ; 2/11/12 Koningsplein). On croirait être dans une lampe à lave géante… Dampkring est réputé avoir l'une des "cartes" les plus complètes de tous les *coffee shops* d'Amsterdam, avec des descriptions sur l'arôme, le goût et l'effet. Le nom, qui signifie "atmosphère", fait référence à la couche atmosphérique de la Terre où brûlent les corps célestes plus petits.

Abraxas (carte p. 48 ; www.abraxas.tv ; Jonge Roelensteeg 12 ; 8h-1h ; ; 2/11/12/13/17 Dam). Musique douce, sofas moelleux, milk-shakes crémeux et salles composées de différents niveaux de détente réparties dans les étages (reliées par un modeste escalier en spirale). Le personnel bienveillant en fait un excellent endroit pour les novices (à condition d'apprécier le décor féerique burlesque).

Greenhouse (carte p. 48 ; www.greenhouse.org ; Oudezijds Voorburgwal 191 ; 9h-1h ; ; 4/14/24 Dam). Ce *coffee shop*, l'un des plus fréquentés de la ville, propose petit-déjeuner, déjeuner et dîner. Les fumeurs apprécient la musique, les mosaïques multicolores et la qualité des produits. Clientèle de jeunes routards.

Bluebird (carte p. 48 ; Sint Antoniesbreestraat 71 ; 9h30-1h ; ; M Nieuwmarkt). À l'écart des principaux *coffee shops* de Nieuwmarkt, le Bluebird, abritant plusieurs salles, est moins touristique. Côté décor, les murs sont tapissés de fresques murales et de peintures d'artistes locaux, le lounge est meublé de sièges en cuir. Il y a un bar sans alcool et la cuisine sert d'excellents en-cas (pancakes du jour). L'endroit est bien connu pour son haschich, avec des variétés que l'on ne trouve nulle part ailleurs à Amsterdam.

ancienne forge héberge ce sublime théâtre de marionnettes (à fil) qui plonge adultes comme enfants dans un autre temps, celui des contes de fées ou de *La Flûte enchantée*, entre autres opéras mozartiens. Décors féeriques, costumes d'époque et chanteurs de talent.

Openluchttheater THÉÂTRE
(Théâtre en plein air ; carte p. 64 ; 020-428 33 60 ; www.openluchttheater.nl ; Vondelpark 5a ; début mai à début sept ; 1/3/11 1e Constantijn Huygensstraat). Le merveilleux théâtre en plein air du Vondelpark accueille l'été des concerts gratuits où l'ambiance est festive et détendue, comme il sied à ce parc qui a gardé un petit côté hippie. Au programme : musiques du monde, danse, théâtre… Réservation possible par Internet (5 €/place) jusqu'à 1 heure 30 avant la représentation.

Stadsschouwburg THÉÂTRE
(carte p. 64 ; 020-624 23 11 ; ita.nl/ ; Leidseplein 26 ; billetterie 1 heure 30 avant la représentation ; 1/2/5/7/11/12/19 Leidseplein). Ce grandiose théâtre de la ville terminé en 1894 fut si critiqué que son architecte Jan Springer ne put en achever la façade. L'amphithéâtre de 1 200 places réparties sur de vastes balcons, sans séparations ni loges, accueille de grandes pièces de théâtre, des opérettes et des festivals. Les lustres du bar, le **Stanislavski** (carte p. 64 ; Leidseplein 26, Stadsschouwburg ; 10h-1h dim, 9h-1h lun-jeu, 9h-2h ven-sam ; ; 1/2/5/7/11/12/19 Leidseplein) sont une splendeur.

Movies CINÉMA
(020-638 60 16 ; www.themovies.nl ; Haarlemmerdijk 161 ; billets 11,50 € ; 3 Haarlemmerplein). Le plus ancien cinéma d'Amsterdam date de 1912. C'est un petit bijou *gezellig* où sont projetés films indépendants ou commerciaux. Du dimanche au jeudi vous pouvez dîner au restaurant (17h30-22h) ou prendre un verre avant la séance dans le ravissant café.

Achats

Au Siècle d'or, Amsterdam fut la boutique du monde, débordant de richesses venues de tous les coins de la Terre. Si l'on trouve toujours dans la capitale une grande variété de produits exotiques, le véritable plaisir est

AU SPECTACLE CE SOIR

Vous ne savez pas quoi faire ce soir ? Vous trouverez sur **Last Minute Ticket Shop** (www.lastminuteticketshop.nl ; vente en ligne à partir de 10h des billets pour le soir même) des billets à moitié prix pour les spectacles du soir : humour, danse, concerts et même discothèques. Pratique, les événements sont indiqués 'LNP' (*language no problem*) si la maîtrise du néerlandais n'est pas indispensable. Deux billets maximum par transaction.

de dénicher des petites boutiques originales aux objets délicieusement insolites.

Centre historique et quartier Rouge

Kalverstraat et ses alentours débordent de chalands courant les grands magasins de chaîne. Le long de Damrak se succèdent les magasins de souvenirs. Il faut arpenter les rues secondaires pour un peu plus d'originalité et dénicher articles de maison de marques néerlandaises, objets d'art ou jeux vidéo d'occasion. Le quartier Rouge est le royaume des boutiques pour adultes et fétichistes, ainsi que des *smartshops* où trouver des "truffes magiques".

X Bank DESIGN

(carte p. 48 ; www.xbank.amsterdam ; Spuistraat 172 ; 10h-17h lun-sam, 12h-17h dim ; 2/11/12/13/17 Dam). X Bank, qui occupe sur 700 m² une ancienne banque intégrée aujourd'hui au ravissant hôtel W Amsterdam (p. 84), est plus qu'un concept store. Il présente haute couture et prêt-à-porter néerlandais, mobilier, art, gadgets et articles pour la maison, mais accueille aussi expositions, ateliers, conférences et fêtes de lancement de produits. Chaque mois, la déco change. Événements indiqués en ligne.

Condomerie Het Gulden Vlies BOUTIQUE COQUINE

(carte p. 48 ; www.condomerie.com ; Warmoesstraat 141 ; 11h-21h lun-sam, 13h-18h dim ; 4/14/24 Dam). Au cœur du quartier Rouge, cette boutique vend tous les préservatifs imaginables. Taille, couleur, parfum, design (diables cornus, feuilles de marijuana, faïence de Delft) : le choix est vaste. Également : des lubrifiants et des cadeaux coquins. Photos interdites à l'intérieur.

Marché aux livres d'Oudemanhuispoort LIVRES

(carte p. 48 ; Oudemanhuispoort ; 11h-16h lun-sam ; M Rokin, 4/14/24 Rokin). Les livres d'occasion recouvrent les tables dans la charmante allée couverte située entre Oudezijds Achterburgwal et Kloveniersburgwal. Nombre de professeurs de l'université d'Amsterdam feuillettent ici Marx, Aristote... Affiches rétro, cartes et partitions ne manquent guère non plus. La plupart des livres sont en néerlandais, mais il y en a quelques-uns dans d'autres langues. Espèces uniquement.

PGC Hajenius CADEAUX ET SOUVENIRS

(carte p. 48 ; www.hajenius.com ; Rokin 96 ; 12h-17h dim-lun, 9h30-17h mar-sam ; M Rokin, 4/14/24 Rokin). Dorures, marbre italien et hauts plafonds tapissés de cuir, ce royaume du tabac mérite un coup d'œil même si l'on ne fume guère le cigare. Les clients fidèles, notamment les membres de la famille royale néerlandaise, disposent ici d'une cave à cigares privée. Possibilité de tester des cigarillos cubains, entre autres produits du tabac, dans le beau salon fumeurs.

Kokopelli ADULTES

(carte p. 48 ; Warmoesstraat 12 ; 11h-22h ; 2/4/11/12/13/14/17/24/26 Centraal Station). Si l'on n'y vendait pas des "truffes magiques" (similaires aux champignons "magiques" appelés psilocybes, maintenant interdits), on jurerait que ce vaste et bel espace est une boutique de vêtements ou d'articles pour la maison à la mode. Café et bar à jus de fruits sur place, ainsi qu'un lounge donnant sur Damrak.

Nieuwmarkt, Plantage et îles de l'Est

Il y a beaucoup de petites boutiques et de magasins indépendants intéressants dans Nieuwmarkt. On y vend de tout, des objets pour fétichistes comme des articles de mercerie. C'est aussi sur Waterlooplein que se tient l'un des meilleurs marchés aux puces d'Amsterdam. Il existe aussi quelques boutiques d'articles pour la maison très chics dans les îles de l'Est.

Hôtel Droog DESIGN, MAISON, MODE
(carte p. 48 ; www.droog.com ; Staalstraat 7 ; 9h-19h ; 24 Muntplein). C'est une marque de design locale – pas un hôtel – dont les produits sont pleins d'humour (*droog* signifie "sec" en néerlandais). On y dégote d'élégantes versions d'objets utilitaires : éponge à vaisselle originale ou thermos aérodynamique, tout comme des vêtements à la coupe épurée.

Mark Raven Amsterdam Art ART
(carte p. 64 ; www.markraven.nl ; Nieuwezijds Voorburgwal 174 ; 10h30-18h ; 2/12 Dam). Encres, dessins et œuvres mixtes de l'artiste néerlandais Mark Raven croquent différents sites et scènes d'Amsterdam. On peut acheter ici à des prix abordables les originaux ou leurs versions imprimées sur T-shirts, pulls à capuche, posters ou mugs.

Ceinture des canaux ouest

Le shopping est un bonheur dans les Negen Straatjes (encadré p. 111), où abondent les petites boutiques spécialisées.

Frozen Fountain ARTICLES POUR LA MAISON
(carte p. 68 ; www.frozenfountain.nl ; Prinsengracht 645 ; 10h-18h mar-sam, lundi sur rdv ; 2/11/12 Prinsengracht). Le magasin vedette d'Amsterdam pour le mobilier et les articles de maison. C'est assez cher, mais les objets ont un design original (canifs, gadgets de cuisine et cadeaux qui combleront même les plus blasés).

De Kaaskamer ALIMENTATION
(carte p. 64 ; www.kaaskamer.nl ; Runstraat 7 ; 12h-18h lun, 9h-18h mar-ven, 9h-17h sam, 12h-17h dim ; 2/11/12 Spui). Le nom signifie "salle à fromages" et, en effet, les fromages néerlandais et bio y sont légion, sans oublier les olives, les tapenades, les salades et autres denrées de pique-nique. On peut goûter avant d'acheter, ou emporter un sandwich baguette au fromage. Mise sous vide des fromages pour le transport.

Ceinture des canaux sud

Que vous cherchiez bulbes de tulipes, mode ou design néerlandais, comme un *jenever* rare, impossible de ne pas le trouver dans ce quartier. Nieuwe Spiegelstraat (l'épine dorsale du Spiegel) est le royaume des antiquités, objets de collection et babioles, trésors exotiques ou asiatiques. C'est aussi l'artère des galeries d'art.

TRUFFES MAGIQUES ET SMARTSHOPS

Les *smartshops*, qui vendent des stimulants bio et des hallucinogènes naturels, ont longtemps vendu les fameux champignons "magiques". Mais, en 2008, le gouvernement a interdit ces derniers, après le décès d'une jeune touriste française qui s'est jetée d'un pont après en avoir consommé. Une liste de près de 200 variétés de champignons interdits a été établie – mais la "truffe magique" n'y figurait pas.

Les truffes proviennent d'une partie différente de la plante, mais elles contiennent les mêmes ingrédients actifs que les champignons et constituent désormais le fonds de commerce des *smartshops*. Le personnel dispense des conseils sur les nuances de dosage et les effets possibles. Ne passez pas outre si vous tenez à y goûter : chaque année, les urgences reçoivent des personnes mal en point ayant consommé plus que les doses recommandées. Et, bien évidemment, n'achetez jamais de truffes et autres drogues dans la rue.

Concerto MUSIQUE
(carte p. 64 ; www.concerto.amsterdam/en ; Utrechtsestraat 52-60 ; 10h-18h mar-sam, 12h-18h lun et dim ; 4 Keizersgracht). Le paradis des amoureux de musique, avec son excellent choix de vinyles et de CD, neufs ou d'occasion, dans tous les genres possibles. Dotée d'un café-salon meublé de canapés, cette boutique accueille régulièrement des groupes live (détails sur le site Internet).

Skateboards Amsterdam PLEIN AIR
(carte p. 64 ; www.skateboardsamsterdam.nl ; Vijzelstraat 77 ; 13h-18h dim-lun, 11h-18h mar-sam ; 24 Muntplein). Tous pour les skateurs, avec une vaste gamme d'accessoires : *cruisers*, longboards, chaussures,

LE MEILLEUR DES MARCHÉS D'AMSTERDAM

Albert Cuypmarkt (p. 71). Le plus grand marché d'Amsterdam, à découvrir pour son ambiance locale et la myriade d'objets exotiques qui s'y trouvent.

Marché aux puces de Waterlooplein (carte p. 48 ; www.waterlooplein.amsterdam ; Waterlooplein ; 9h30-18h lun-sam ; M Waterlooplein, 14 Waterlooplein). Des tas de curiosités – des chaussures d'occasion aux pièces détachées de vélo à petits prix.

Bloemenmarkt (p. 62). Le long du canal, le marché aux fleurs où faire emplette de magnifiques bulbes éclos.

Noordermarkt (p. 110). Aliments bio et vêtements vintage sur ce marché du matin.

Dappermarkt (www.dappermarkt.nl ; Dapperstraat, entre Mauritskade et Wijttenbachstraat ; 9h-17h lun-sam ; 1/3 Dapperstraat). Le marché multiculturel de l'Oost reflète la diversité de sa population.

casquettes, bonnets, sacs et vêtements, dont des T-shirts “griffés” de célèbres skateurs.

Kramer Kunst & Antiek ANTIQUITÉS
(carte p. 64 ; www.antique-tileshop.nl ; Prinsengracht 807 ; 10h-18h lun-sam, 13h-18h dim ; 1/7/19 Spiegelgracht). Spécialiste des fameux carreaux de Delft bleu et blanc, cette boutique pour amateurs passionnés regorge d'antiquités, de chandeliers d'argent, de carafes de cristal, de bijoux ou de montres à gousset.

Jordaan et l'Ouest

Les boutiques ici sont plutôt branchées et éclectiques. On trouvera antiquités et art autour de l'Elandsgracht, ainsi que toutes sortes de boutiques spécialisées, des chats aux chapeaux. À cheval sur Jordaan et la ceinture des canaux ouest, Haarlemmerbuurt et notamment Haarlemmerdijk, au nord du Jordaan, débordent de boutiques de mode et d'épiceries tendance. Le Jordaan est aussi très convoité pour ses excellents marchés, aux puces comme alimentaire (encadré p. 110).

Moooi Gallery DESIGN
(carte p. 68 ; 020-528 77 60 ; www.moooi.com ; Westerstraat 187 ; 10h-18h mar-sam ; 3/5 Marnixplein). Créée par Marcel Wanders, cette boutique-galerie présente le design néerlandais dans tous ses excès, de l'onéreux cheval noir-lampadaire grandeur nature au “blow away vase” (une version déformée très originale du vase de Delft classique).

Marché du Lindengracht MARCHÉ
(carte p. 68 ; www.jordaanmarkten.nl ; Lindengracht ; 9h-16h sam ; 3 Nieuwe Willemsstraat). Remontant à 1895, le marché du samedi du Lindengracht est délicieusement local, avec 232 stands proposant une abondance de produits frais, notamment du poisson et de nombreux fromages, ainsi que des produits gastronomiques, vêtements et articles pour la maison. Venez le plus tôt possible : il y a plus de choix et moins de monde.

Noordermarkt MARCHÉ
(marché du Nord ; carte p. 68 ; www.jordaanmarkten.nl ; Noordermarkt ; marché aux puces 9h-13h lun, marché fermier 9h-16h sam ; 3/5 Marnixplein). Place marchande depuis le début du XVIIe siècle, le parvis devant la Noorderkerk accueille chaque semaine deux marchés animés. Le lundi matin, vous pouvez faire de vraies affaires au **marché aux puces** ; le samedi matin, les acheteurs locaux se rendent en nombre au **boerenmarkt** (marché fermier), qui déborde de fruits et légumes bio. Il y a de très bons cafés autour de la place, comme **Winkel** (carte p. 68 ; www.winkel43.nl ; Noordermarkt 43 ; plats 4-9 € ; restauration 7h-22h lun et sam, 8h-22h mar-ven, 9h-22h dim, bar jusqu'à 1h dim-jeu, jusqu'à 3h ven-sam ;).

Vondelpark et le Vieux Sud

Le Vieux Sud, au sud du Vondelpark, est un des quartiers les plus chics d'Amsterdam ; ses boutiques ne sont pas en reste. On en trouve de très élégantes dans Cornelis Schuytstraat et Willemsparkweg (répertoriées sur le site dédié www.cornelisschuytstraat.com). Non loin, la rue du shopping de luxe, P. C. Hooftstraat, accueille

A NE PAS MANQUER

LES "NEUF RUES"

Dans une ville où les occasions de faire du shopping ne manquent pas, les **Negen Straatjes** (Neuf Rues ; carte p. 68 ; www.de9straatjes.nl ; 2/11/12 Spui) représentent une concentration unique de boutiques plus séduisantes les unes que les autres. Ces neuf rues sont minuscules, chacune de la longueur d'un pâté de maisons. Les boutiques aussi sont miniatures, et beaucoup sont spécialisées : lunettes, fromages, brosses à dents, éditions uniques de livres d'art...

les grandes marques. Le centre culturel De Hallen héberge aussi des boutiques plutôt originales.

Pied à Terre LIVRES
(carte p. 64 ; 020-627 44 55 ; www.piedaterre.nl ; Overtoom 135-137 ; 10h-19h ; 1/3/11 1e Constantijn Huygensstraat). Les amoureux des voyages sont ici au paradis, à naviguer d'une mezzanine à l'autre sous l'éclairage zénithal. Pied à terre est en effet le plus grand libraire de voyages d'Europe.

Johnny at the Spot MODE ET ACCESSOIRES
(carte p. 64 ; johnnyatthespot.shop ; Jan Pieter Heijestraat 94 ; 13h-18h lun, 11h-18h mar-mer et sam, 11h-19h jeu-ven, 13h-17h dim ; 7/17 Jan Pieter Heijestraat). Beau modèle de concept store, Johnny at the Spot propose sur plusieurs bâtiments reliés entre eux vêtements, chaussures et manteaux du monde entier, pour homme comme pour femme, et tous ultrabranchés.

Renseignements

ACCÈS INTERNET

Le Wi-Fi est très répandu. Consultez le site www.wifi-amsterdam.nl pour connaître les hotspots gratuits.

ARGENT

Les distributeurs de billets (DAB) sont nombreux dans le centre-ville, mais il y a souvent de l'attente. Pour changer de l'argent, essayez **GWK Travelex** (020-627 27 31 ; www.gwktravelex.nl ; Stationsplein 13f ; 10h-17h ; 2/4/11/12/13/14/17/24/26 Centraal Station) à Centraal Station, qui a des antennes à **Leidseplein** (020-622 14 25 ; www.gwktravelex.nl ; Leidsestraat 103 ; 9h-21h ; 1/2/5/7/11/12/19 Leidseplein) et à l'**aéroport international de Schiphol**.

OFFICES DU TOURISME

Centre d'information I Amsterdam
(carte p. 48 ; 020-702 60 00 ; www.iamsterdam.com ; Stationsplein 10 ; 9h-17h ; 2/4/11/12/13/14/17/24/26 Centraal Station). À l'extérieur de Centraal Station, cette antenne est très pratique, que ce soit pour acheter la carte de réduction I Amsterdam, des billets pour les théâtres et les musées ou des plans. Au bureau voisin du GVB (p. 111), vous pourrez vous procurer votre forfait de transports. L'attente peut être longue : prenez votre numéro d'appel en arrivant.

Centre d'information I Amsterdam-Schiphol
(www.iamsterdam.com ; 7h-22h). Dans le hall 2 des arrivées de l'aéroport international (p. 363). Fournit des plans et des cartes de réduction.

SERVICES MÉDICAUX

Onze Lieve Vrouwe Gasthuis (020-599 91 11 ; www.olvg.nl ; Oosterpark 9 ; 24h/24 ; 1/3 Beukenweg). À Oosterpark, près du musée des Tropiques. Hôpital public le plus proche du centre-ville.

Depuis/vers Amsterdam

AVION

L'aéroport international de Schiphol (020-653 51 21 ; www.schiphol.nl ; 6h-22h) se trouve à 18 km au sud-ouest du centre-ville. Sur place : DAB, bureaux de change, renseignements touristiques, location de voitures, guichets de billets de train, consigne à bagages, restauration et Wi-Fi gratuit.

BUS

Les bus d'Eurolines et de FlixBus relient Amsterdam à toutes les grandes capitales européennes et plusieurs autres villes. Prenez vos billets en ligne.

Les bus Eurolines arrivent à la **Duivendrecht Station** (Stationsplein 3, Duivendrecht ; M Duivendrecht), au sud du centre, reliée en métro à la Centraal Station (environ 20 min, lignes nos 50, 53 ou 54).

Le terminal de FlixBus (www.flixbus.com) est à la **gare ferroviaire de Sloterdijk**, à l'ouest du centre, reliée à Centraal Station par la ligne de métro n°50 (6 min de trajet).

TRAIN

La gare centrale (Centraal Station, p. 52) se trouve dans le centre-ville et les

1

2

1. Location de vélos (p. 27)
Circulez à Amsterdam comme un Amstellodamois.

2. Brouwerij 't IJ (p. 100)
Rejoignez à vélo cette brasserie au pied d'un moulin à vent.

3. Des vélos partout (p. 27)
Un des nombreux vélos d'Amsterdam, attaché à un pont.

4. Zaanse Schans (p. 125)
Des moulins toujours en activité à 1 heure 30 de vélo d'Amsterdam.

4

correspondances de transport sont bonnes. Dans la gare : DAB, bureaux de change, bureau touristique, restaurants, boutiques, consigne à bagages (7-10 €/jour) et vente de billets de trains nationaux et internationaux.

Amsterdam est le terminus de la ligne à grande vitesse Thalys reliant la ville à Paris via Rotterdam, Anvers et Bruxelles. Une liaison Eurostar entre Amsterdam et Londres St Pancras (3 heures 52) est entrée en service en 2018.

VERS	PRIX	DURÉE	FRÉQUENCE
La Haye (Den Haag)	11,70 €	55 min	2/jour
Haarlem	4,30 €	15 min	8/jour
Maastricht	25,30 €	2h30	2/jour
Rotterdam	15,40 €	1h15	2/jour
Rotterdam (train grande vitesse)	17,80 €	40 min	5/jour
Aéroport de Schiphol	4,30 €	15 min	8/jour
Utrecht	7,60 €	25 min	5/jour

VÉLO

Amsterdam est facilement accessible à vélo. Des routes rayonnent dans toutes les directions. Planifiez vos trajets sur www.fr.routeplanner.fietsersbond.nl.

VOITURE

Si vous venez en voiture, il vaut mieux laisser votre véhicule dans un parking relais aux abords de la ville. Le ticket de parking (environ 8 € les premières 24 heures, puis 1 €/jour ensuite) donne droit à une réduction dans les transports en commun. Plus de renseignements sur www.iamsterdam.com.

ℹ Comment circuler

DEPUIS/VERS L'AÉROPORT

L'aéroport est relié à Amsterdam par le train (trajet d'environ 15 min pour Centraal Station ; 4,30 € avec une OV-chipkaart). Une navette Schiphol Hotel Shuttle circule vers le centre-ville en s'arrêtant à de nombreux hôtels (toutes les 30 min ; www.airporthotelshuttle.nl). En taxi, vous paierez 35-40 € pour vous rendre dans le centre d'Amsterdam (30-45 min).

BATEAU (FERRY)

De fin mars à début novembre, on monte et on descend à sa guise aux 20 embarcadères du Canal Bus (p. 81), en ville et à proximité des grands musées.

Des ferries gratuits pour Amsterdam-Noord partent des quais situés derrière Centraal Station.

TAXI

- Les taxis sont chers et pas très rapides étant donné le labyrinthe que constitue Amsterdam.
- On ne hèle pas un taxi dans la rue. Rendez-vous à une station de taxis à la Centraal Station, à Leidesplein et dans d'autres lieux touristiques. Vous n'êtes pas obligé de prendre le premier taxi dans la file.
- Vous pouvez aussi réserver par téléphone. **Taxicentrale Amsterdam** (TCA ; ☎ 020-777 77 77 ; www.tcataxi.nl) est la compagnie la plus fiable.
- Les prix sont calculés au compteur, qui démarre à 2,95 €, puis chaque kilomètre coûte 2,17 €. Une course de Leidseplein au Dam revient à 16 € environ ; de Centraal Station au Jordaan, comptez 13 à 19 €.

TRAIN

Les trains NS (www.ns.nl) desservent la banlieue et, hormis les liaisons avec l'aéroport, la plupart des visiteurs n'auront que peu de raison de les emprunter, à moins de vouloir explorer les environs.

Les lignes de métro du GVB, qui desservent aussi la banlieue au-delà des stations proprement urbaines, partagent le même système de billetterie (mais il faut recharger les OV-chipkaarts dans les automates de NS pour pouvoir prendre les trains NS). Si vous vous déplacez entre deux quartiers desservis par le métro, il peut être plus rapide que le tram, surtout aux heures de pointe.

TRANSPORTS PUBLICS

Le GVB gère le réseau de transports publics, un mélange de tramway, bus, métro et ferry. Billets, pass et cartes sont disponibles au **bureau d'information du GVB** (www.gvb.nl ; Stationsplein 10 ; ⏲ 7h-21h lun-ven, 8h-21h sam-dim ; 🚋 2/4/11/12/13/14/17/24/26 Centraal Station), situé face à la Centraal Station, derrière les rails du tramway.

Bus et métro

- Les bus et le métro desservent principalement les quartiers excentrés.
- Le GVB propose des pass de 1 à 7 jours avec trajets illimités (8,50 à 37 €), valables pour les trams, le métro et certains bus.
- Sinon, achetez une carte OV-chipkaart (www.ov-chipkaart.nl ; 1 heure, 3 €) à usage unique, au guichet du GVB.
- Les *nachtbussen* (bus de nuit) circulent quand les autres transports s'arrêtent (de 1h à 6h, toutes les heures). Un billet coûte 4,50 €.

LA LIGNE DE MÉTRO NORD-SUD

Elle ne fait que 9,7 km de long, mais la Noord/Zuidlijn (ligne de métro nord-sud) a bien faillit ne jamais voir le jour. Le projet lancé en 2003 devait être achevé en 2011, mais, lorsque les ingénieurs se sont mis à creuser sous l'IJ et les immeubles centenaires du centre d'Amsterdam, certains monuments historiques ont commencé à vaciller sur leurs fondations. La construction fut immédiatement arrêtée et un grand débat divisa l'opinion publique : fallait-il poursuivre, alors que le budget devenait stratosphérique, ou tout stopper et renoncer aux millions d'euros déjà dépensés ?

La ville décida finalement de poursuivre. On ajouta des étais supplémentaires sous les bâtiments touchés, et la ligne put enfin être terminée et inaugurée en juillet 2018. Depuis Station Noord, elle se dirige vers le sud jusqu'à Noorderpark, passe sous l'IJ puis dessert Centraal Station, Rokin, Vijzelgracht, De Pijp, Europaplein (près du RAI, un centre de congrès) et Station Zuid.

Les découvertes archéologiques mises au jour durant le creusement du métro sont exposées dans des vitrines entre les escalators de la station Rokin.

- À noter que les bus Connexxion (qui partent de la Centraal Station et sont pratiques pour visiter le sud d'Amsterdam) et le bus pour l'aéroport n°397 ne font pas partie du réseau GVB. Ils sont plus chers (environ 6 €).

Tramway

- Le tramway est le mode de transport public le plus utilisé en ville. Rapide, fréquent et omniprésent, il circule entre 6h et 0h30.
- Pas de vente de billets à bord. Achetez une OV-chipkaart (www.ov-chipkaart.nl ; 7,50 €) ou un pass journalier (1 à 7 jours, 8,50 à 37 €) au centre d'information du GVB.
- À la montée comme à la descente, passez votre carte devant le composteur.
- La plupart des lignes de tram partent de Centraal Station et rayonnent vers tous les quartiers.

Cartes de transport

- Les cartes de transport sont pratiques et permettent de faire des économies significatives.
- Le GVB propose différents forfaits pour voyager de façon illimitée pendant 1 à 7 jours (8,50 à 37 €), valables dans les tramways, le métro et certains bus.
- Les forfaits s'achètent au centre d'information du GVB et auprès d'I Amsterdam, mais pas à bord.
- La carte I Amsterdam (www.iamsterdam.com ; 24/48/72/96/120 heures 65/90/110/125/135 €) inclut des voyages illimités sur le réseau GVB.
- Un forfait couvrant Amsterdam et sa région pour 1/2/3 jours (Amsterdam & Region Travel Ticket, 19,50/28/36,50 €) permet d'utiliser, outre le réseau métro/tram, les bus de nuit, ceux pour l'aéroport, les bus Connexxion et les bus régionaux d'EBS desservant notamment Haarlem, Muiden et Zaanse Schans. Ce pass est disponible au bureau du GVB et dans les offices du tourisme.
- Autre option, l'Amsterdam Travel Ticket (1/2/3 jours 17/22,50/28 €) qui est, en gros, un billet illimité du GVB auquel s'ajoute un billet de train pour l'aéroport. Achetez-le à l'aéroport (au guichet de NS) ou au bureau du GVB.

VÉLO

Le vélo est le mode de déplacement par excellence pour visiter Amsterdam. Il y a plus de vélos (environ 881 000) que de voitures ou même d'habitants en ville, et il vous en faudra un pour faire comme les Amstellodamois. Louez-le auprès des innombrables prestataires ou bien sur votre lieu d'hébergement.

Il faut présenter un passeport ou une carte d'identité européenne pour en louer un, et laisser une empreinte de carte bancaire ou une caution (souvent 50 €). La location d'un vélo basique avec frein à rétropédalage coûte environ 11 € par 24 heures. Les vélos multi-vitesses avec freins actionnés à la main sont plus chers. L'assurance contre le vol coûte 3 € de plus par jour. Les antivols sont généralement fournis ; utilisez-les car les vols sont fréquents. En général, les casques ne sont pas fournis (les Néerlandais n'en portent généralement pas). La plupart des agences de circuits guidés à vélo louent aussi des deux-roues (p. 81).

Frederic Rentabike (carte p. 48 ; ☎020-624 55 09 ; www.frederic.nl ; Binnen Wieringerstraat 23 ; location de vélo jour/semaine 20/60 € ; ⏲9h-17h30 lun-sam, 12h-17h30 dim ; 🚊18/21/22 Buiten Brouwersstraat) loue des vélos dans sa boutique de cycles, qui accueille aussi des expositions d'art.

Bike City (carte p. 68 ; ☎020-626 37 21 ; www.bikecity.nl ; Bloemgracht 68-70 ; location de vélo à partir de 14 €/jour ; ⏲9h-18h lun-mar

S'ORIENTER À AMSTERDAM

Les canaux concentriques d'Amsterdam et les rues portant un nom quasi identique font qu'il est très facile de se perdre. Quelques indications : un *gracht* (canal), comme l'Egelantiersgracht, est différent d'une *straat* (rue), telle l'Egelantiersstraat. Une *dwarsstraat* (rue transversale) faisant une intersection avec une *straat* est souvent précédée du mot *eerste*, *tweede*, *derde* ou *vierde* (premier, deuxième, troisième, quatrième), écrit 1e, 2e, 3e et 4e sur les plans. Ainsi, Eerste Egelantiersdwarsstraat désigne la première rue transversale de l'Egelantiersstraat (soit la rue transversale la plus proche du centre-ville). Souvenez-vous que des rues se prolongent fréquemment sous un autre nom, surtout lorsqu'elles traversent différents quartiers.

et ven)sam ; 13/17 Westermarkt). Ces vélos noirs ne portent pas de publicités, vous pouvez donc pédaler comme un habitant du coin.

Black Bikes (carte p. 48 ; 0852 737 454 ; www.black-bikes.com ; Nieuwezijds Voorburgwal 146 ; location de vélo 3 heures/24 heures à partir de 7,50/9,99 € ; 8h30-18h30 lun-ven, 9h-18h sam-dim ; 2/11/12/13/17 Nieuwezijds Kolk). Location de vélos de ville ou pour enfant, de tandems, de porteurs et de vélos électriques sans publicité, avec 13 antennes en ville. Celle-ci est dans le centre.

MacBike (carte p. 48 ; 020-624 83 91 ; www.macbike.nl ; De Ruijterkade 34b ; location de vélo 3 heures/24 heures à partir de 5/9,75 € ; 9h-18h ; 2/4/11/12/13/14/17/24/26 Centraal Station). Société de location très présente en ville (ses vélos arborent d'énormes logos), MacBike dispose de plusieurs emplacements pratiques (Leidseplein, Waterlooplein et Overtoom, près du Vondelpark, entre autres) en plus de cette antenne de Centraal Station. On y vend aussi de bonnes cartes.

VOITURE ET MOTO

Les places de parking sont chères et rares. Se garer dans la rue en centre-ville coûte autour de 5/55 € par heure/jour. Il vaut mieux utiliser les parkings périphériques, où le prix peut descendre jusqu'à 1 €/jour après 10h du matin. Toutes les grandes agences de location sont représentées en ville.

Haarlem et la Hollande-Septentrionale

Dans ce chapitre ➡

Le top des restaurants

- Lucas Rive (p. 136)
- Smit Bokkum (p. 129)
- Restaurant Mr & Mrs (p. 123)
- Restaurant ML (p. 123)
- Bij Jef (p. 147)

Le top des hébergements

- ML (p. 122)
- Fort Resort Beemster (p. 130)
- Gevangenis Hotel Hoorn (p. 136)
- Boutique Hotel Texel (p. 146)

Pourquoi y aller

La Hollande-Septentrionale (Noord-Holland) est riche de culture et de traditions. Située à une vingtaine de kilomètres à l'ouest d'Amsterdam, la jolie Haarlem, parcourue de canaux, est la capitale de cette région et sa perle médiévale – témoignant de la splendeur du XVIIe siècle. À l'ouest de la ville s'étendent de larges plages de sable et de paisibles dunes littorales.

Au nord de la région, les petites cités anciennes se bousculent : des ports datant du Siècle d'or comme Hoorn et Enkhuizen, avec leur splendide centre historique, ou des villes et villages sillonnés de canaux comme Alkmaar et Edam, aux traditions fromagères séculaires. Partout vous attendent des étendues bucoliques balayées par les vents : vastes polders (territoires gagnés sur la mer), pâturages ponctués de moulins à vent où paissent vaches et moutons, champs de fleurs multicolores et immuables paysages de dunes, en particulier sur l'île de Texel, petit bijou au parfum de bout du monde à seulement 20 minutes en ferry de la côte.

Quand partir

- Facilement accessible depuis Amsterdam, Haarlem compte suffisamment de beaux musées, de sympathiques bars, cafés et restaurants et de boutiques pour mériter d'être visitée toute l'année.
- La saison de l'agnelage, en mars-avril – aux alentours de Pâques –, est particulièrement agréable pour faire un saut sur l'île de Texel, bien qu'il fasse encore trop froid pour se baigner et que tous les sites et prestataires n'opèrent pas à plein régime.
- Les mois plus chauds, de mai à septembre, sont le moment idéal pour visiter les petites villes et villages qui sombrent dans la torpeur de novembre à mars, lorsque de nombreux sites, prestataires de loisirs et curiosités ferment pour l'hiver.

À ne pas manquer

1 Les chefs-d'œuvre néerlandais inestimables du **Frans Hals Museum** (p. 119), à Haarlem.

2 Une dégustation de fromages à **Gestam** (p. 129), dans la jolie petite ville d'Edam.

3 Un aperçu des villes portuaires avant l'édification de l'Afsluitdijk (digue de fermeture) au **Zuiderzeemuseum** (p. 137) d'Enkhuizen.

4 Une balade à vélo entre hautes dunes de sable, plages désertes, forêts et pâturages sur l'île de **Texel** (p. 141).

5 L'imposante forteresse médiévale du XIIIe siècle de **Muiderslot** (p. 149), à Muiden.

6 Les "enchères flottantes" au **Museum BroekerVeiling** (p. 134) de Broek op Langedijk, près d'Alkmaar.

7 Une promenade dans les rues élégantes de **Naarden** (p. 150), cité protégée par un système de fortification en étoile – chef-d'œuvre d'architecture militaire.

HOLLANDE-SEPTENTRIONALE (NOORD-HOLLAND)

La province de Hollande-Septentrionale compte, outre Haarlem sa capitale animée, suffisamment de jolies petites villes historiques et de curiosités pour mériter quelques jours de balade.

Histoire

Jusqu'au XIIe siècle, la péninsule aujourd'hui connue sous le nom de Noord-Holland faisait partie intégrante de la Frise. À cette époque, une série de tempêtes et d'inondations isolèrent la partie ouest de ce territoire, donnant naissance à la Zuiderzee. Les comtes de Hollande, favorables au commerce, régnaient alors sur la région. L'un des premiers d'entre eux, Guillaume II de Hollande, fut fait souverain du Saint-Empire romain germanique en 1247, mais périt dans un raid contre les habitants de Frise-Occidentale. Son fils, le comte Florent V, ne soumit ces sujets rebelles que 40 ans plus tard.

La Frise-Occidentale était alors propriété du comté de Hollande, l'une des provinces fondatrices de la république des sept Provinces-Unies (Union d'Utrecht, 1579). La Hollande-Septentrionale joua un rôle essentiel dans la lutte contre la domination espagnole et la ville d'Alkmaar fut la première à en secouer le joug. La période de prospérité qui suivit fut connue sous le nom de Siècle d'or : durant celle-ci furent bâtis bon nombre des édifices richement ornementés de la région. Les ports de commerce et de pêche d'Enkhuizen, de Hoorn, de Medemblik et d'Edam furent au cœur de ce boom économique.

La France de la Convention envahit la Hollande en 1795 et la scinda en deux, à la faveur de la création de la République batave, afin d'en briser la puissance économique. Cette division perdura, même après que Guillaume Ier (Guillaume-Frédéric, prince d'Orange-Nassau) se fut proclamé prince souverain des Pays-Bas unis en 1815, et les provinces de Noord-Holland et de Zuid-Holland (Hollande-Méridionale) furent officiellement créées en 1840.

L'agriculture, et notamment la production laitière, constitue désormais la principale activité du Noord-Holland.

Haarlem

023 / 159 556 HABITANTS

On est invariablement séduit par cette ville néerlandaise classique où, au charme des rues pavées, des édifices historiques, des magnifiques églises et des musées, s'ajoute celui de petits bars cosy et de ravissants cafés au bord des canaux. Le tout à seulement 15 minutes en train d'Amsterdam. À l'ouest de Haarlem s'étendent les dunes littorales du parc national du Zuid-Kennemerland, et les plages très prisées de Zandvoort et Bloemendaal aan Zee.

Histoire

Les origines de Haarlem remontent au Xe siècle, quand les comtes de Hollande décidèrent d'installer un poste de douane sur la Spaarne. La ville devint rapidement le port d'arrière-pays le plus important après celui d'Amsterdam, jusqu'à l'invasion espagnole de 1572. Ayant capitulé au terme d'un siège de 7 mois, la ville perdit le plus gros de sa population dans le massacre qui s'ensuivit. Guillaume le Taciturne finit par repousser les Espagnols et Haarlem profita alors pleinement de la prospérité du Siècle d'or, attirant peintres et artistes de toute l'Europe.

À voir et à faire

Flanquée d'édifices historiques, de restaurants et de cafés, Grote Markt, la vaste grand-place est le cœur vibrant de Haarlem.

Grote of Sint-Bavokerk ÉGLISE

(www.bavo.nl ; Oude Groenmarkt 22 ; adulte/enfant - 12 ans 3/1 € ; 10h-17h lun-sam tte l'année, plus 10h-16h jeu juin-sept). Couronnée d'un clocher haut de 50 m, cette cathédrale gothique abrite de belles œuvres de la Renaissance. Toutefois, la pièce maîtresse est son orgue Müller (1738), l'un des plus impressionnants du monde, installé à 30 m de haut et fort de quelque 5 000 tuyaux. Haendel en 1740 et Mozart en 1766 (il avait alors 10 ans) vinrent en jouer. Des **récitals d'orgue** gratuits ont lieu à 20h15 le mardi et à 16h le jeudi (juil-oct), et certains dimanches à 14h30.

Frans Hals Museum – Hof MUSÉE

(www.franshalsmuseum.nl ; Groot Heiligland 62 ; adulte/enfant avec entrée au Frans Hals Museum – Hal 16 €/gratuit ; 11h-17h mar-sam, 12h-17h dim). Ce superbe musée,

Haarlem

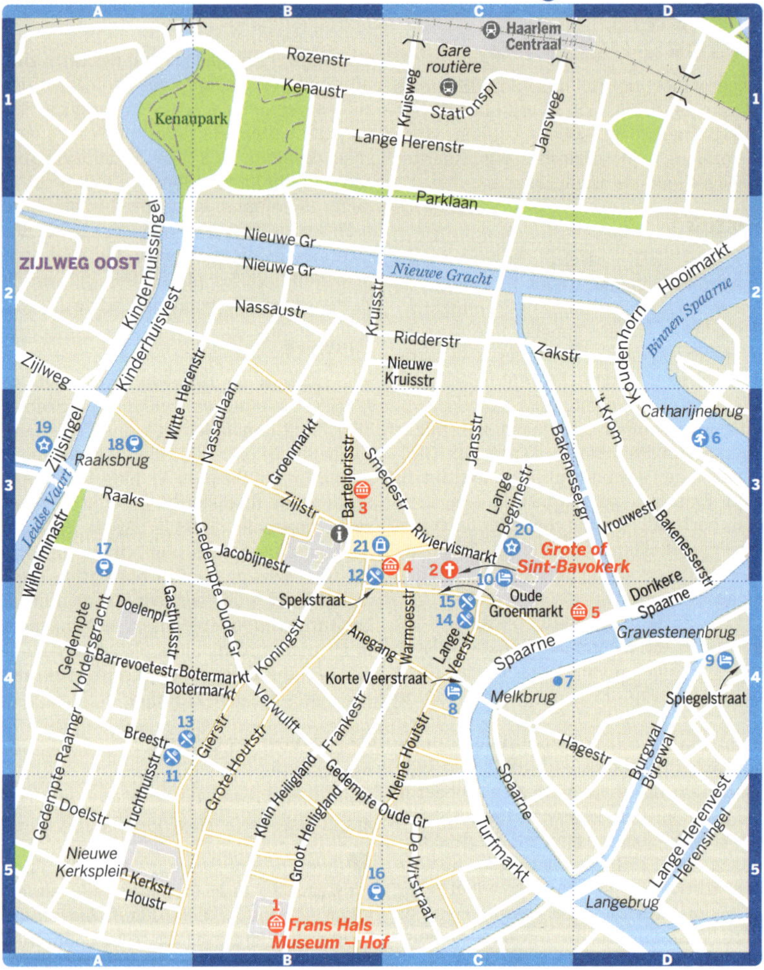

incontournable pour les amateurs de grands maîtres flamands, est installé dans un ancien hospice où Frans Hals (vers 1580-1666) passa les dernières années de sa vie. La collection se concentre sur l'école de Haarlem du XVIIe siècle. Elle s'enorgueillit notamment de huit portraits de groupe de la Garde civique, lesquels témoignent de l'attention portée par le peintre à la psychologie de ses personnages. On y trouve également les œuvres de grands peintres comme Pieter Bruegel le Jeune (vers 1564-1636) et Jacob van Ruisdael (vers 1628-1682). Comprend l'admission au musée d'art moderne et contemporain Frans Hals Museum - Hal.

Frans Hals Museum – Hal MUSÉE

(☎023-511 57 75 ; www.franshalsmuseum.nl ; Grote Markt 16 ; adulte/enfant avec entrée au Frans Hals Museum – Hof 16 €/gratuit ; ⏲11h-17h mar-sam, 12h-17h dim). Le musée d'art moderne et contemporain Frans Hals occupe deux "halles" historiques : la **Vleeshal** (halle aux viandes), bâtiment de la Renaissance flamande du XVIIe siècle, ancien marché des bouchers et seul endroit de la ville

Haarlem

Les incontournables
1 Frans Hals Museum – Hof B5
2 Grote of Sint-Bavokerk C3

À voir
3 Corrie ten Boom House B3
4 Frans Hals Museum – Hal C3
5 Teylers Museum D4

Activités
6 Club Spaarne D3
7 Haarlem Canal Tours C4

Où se loger
8 Brasss Hotel Suites C4
9 Hello I'm Local Boutique Hostel D4
10 ML C3

Où se restaurer
11 Brick A4
12 De Haerlemsche Vlaamse B3
13 Native A4
Restaurant ML .... (voir 10)
14 Restaurant Mr & Mrs C4
15 Thrill Grill C4

Où prendre un verre et faire la fête
16 DeDakkas B5
17 Jopenkerk A3
18 Uiltje Bar A3

Où sortir
19 Patronaat A3
20 Philharmonie Haarlem C3

Achats
21 Grote Markt B3

où était autorisée la vente de viande du XVIIe au XIXe siècle, et la **Verweyhal** (halle aux poissons), de style néoclassique. Les œuvres exposées en alternance vont de l'impressionnisme néerlandais et du mouvement CoBrA (mouvement d'artistes avant-gardistes de Copenhague, Bruxelles et Amsterdam) à des vidéos, des installations et des photographies de créateurs internationaux. Comprend l'admission au Frans Hals Museum - Hof.

Corrie ten Boom House ÉDIFICE HISTORIQUE
(☎023-531 08 23 ; www.corrietenboom.com ; Barteljorisstraat 19 ; sur don ; ⏲10h-15h30). Aussi appelée "la cachette", cette maison doit son nom à la mère de famille qui y vécut durant la Seconde Guerre mondiale. Elle utilisa un local secret dans sa chambre pour cacher des centaines de juifs et de résistants jusqu'à ce qu'ils puissent être emmenés en sûreté. En 1944, la famille fut trahie et envoyée dans un camp de concentration, où périrent trois de ses membres. Par la suite, Corrie ten Boom (1892-1983) parcourut le monde pour prêcher le pardon évangélique. Réservez une visite guidée de 1 heure (en anglais) au moins 5 jours à l'avance.

Teylers Museum MUSÉE
(☎023-516 09 60 ; www.teylersmuseum.nl ; Spaarne 16 ; adulte/enfant 15/2,50 € ; ⏲10h-17h mar-dim). Fondé en 1778, le musée Teyler (du nom du riche négociant en textile et banquier Pieter Teyler van der Hulst) est le plus ancien musée des Pays-Bas ouvert de façon continue. Il rassemble une vaste collection d'inventions étonnantes, tel cette machine électrostatique du XVIIIe siècle digne d'un savant fou. La magnifique et immense Ovale Zaal (salle ovale), à l'éclairage zénithal, donne à voir, sur deux niveaux, des spécimens d'histoire naturelle (fossiles et minéraux) dans de superbes vitrines anciennes.

Visite guidée gratuite de 1 heure 30 en anglais et en néerlandais à 14h le dimanche.

Haarlemmerhout PARC
(www.vriendenhaarlemmerhout.nl ; Kleine Houtweg ; ⏲24h/24). D'une superficie de 60 ha, le Haarlemmerhout est le plus ancien parc public des Pays-Bas. Cartographié pour la première fois en 1539 alors qu'il était déjà bien établi, il fut largement redessiné en 1760. Planté de hêtres, de marronniers, de chênes, de tilleuls, d'érables argentés et de platanes, c'est un lieu tranquille pour une promenade ou un pique-nique. Les enfants adorent son petit zoo avec animaux à caresser, ses aires de jeux et sa crêperie. Expositions artistiques, concerts et festivals à la belle saison.

Club Spaarne BATEAU
(☎06 3330 0000 ; www.clubspaarne.com ; Koudenhorn ; location bateau à partir de 25/100 € par heure/jour ; ⏲10h-20h lun-jeu, 10h-21h ven-dim). Explorez les cours d'eau de Haarlem à bord de bateaux sans permis pour 4 à 12 personnes. Carburant et gilets de sauvetage compris.

VAUT LE DÉTOUR

ÉCHAPPÉE VERTE PRÈS DE HAARLEM

À moins de 5 km à l'ouest de Haarlem, la vaste enclave naturelle du **parc national du Zuid-Kennemerland** (www.np-zuidkennemerland.nl) protège et permet la réhabilitation de près de 3 800 ha de dunes côtières typiques des Pays-Bas. Des chemins serpentent à travers les collines coiffées de bosquets de pins laricio et les vallées couvertes de fourrés bas s'étendent jusqu'à l'extrémité ouest du parc, ourlée d'une impressionnante barrière de sable doré vieille de plus d'un millénaire. Son centre des visiteurs, **De Zandwaaier** (☎ 023-541 11 23 ; www.np-zuidkennemerland.nl ; Zeeweg 12 ; ⌚ 10h-17h mar-dim) comprend notamment une exposition sur la nature et on peut y louer des vélos.

Empruntez le bus n°81 (2,17 €, 15 min, toutes les 30 min) au départ de la gare ferroviaire de Haarlem ou suivez, en voiture ou à vélo, la N200 en direction de Bloemendaal aan Zee.

Depuis les parkings situés aux entrées de Koevlak et de Parnassia, des sentiers mènent dans la réserve.

Au printemps, les orchidées du désert, les rosettes éclatantes de la centaurée jaune et les taches blanches de la parnassie surgissent dans les dunes. Les renards roux, les daims et nombre d'oiseaux sont également des espèces endémiques de la région. Les chauves-souris sommeillent dans les bunkers abandonnés du parc, et en sortent au crépuscule.

Des résistants néerlandais reposent au cimetière de la Seconde Guerre mondiale d'**Erebegraafplaats Bloemendaal** (☎ 023-526 18 69 ; www.eerebegraafplaatsbloemendaal.eu ; Zeeweg 26 ; ⌚ 9h-18h avr-oct, 9h-17h nov-mars).

Une cabane destinée à l'observation des oiseaux domine la rive sud du lac Vogelmeer. En été, les baigneurs sont nombreux à venir profiter du lac artificiel 't Wed. Des points d'observation aux noms évocateurs, comme Hazenberg (la montagne du lièvre), ponctuent cette zone. Avec ses 50 m, la Kopje van Bloemendaal est la plus haute dune du pays. Située juste de l'autre côté de la limite orientale du parc, elle offre un beau point de vue sur la mer et Amsterdam.

Circuits organisés

Haarlem Canal Tours BALADE EN BATEAU SUR LE CANAL
(☎ 06 3394 6144 ; www.haarlemcanaltours.com ; en face de Spaarne 17 ; 14 €/pers ; ⌚ circuits 11h30-17h30 avr-oct). Promenade distrayante de 1 heure 15 dans un bateau ouvert vintage permettant de voir des sites majeurs tel le moulin De Molen Adriaan ; départ toutes les 90 minutes.

Où se loger

♥ **Hello I'm Local Boutique Hostel** AUBERGE DE JEUNESSE €
(☎ 023-844 69 16 ; www.helloimlocal.com ; Spiegelstraat 4 ; dort 19-42 €, s/d/tr/qua à partir de 84/88,50/128/150 € ; 📶). Située dans un charmant quartier à la lisière du centre, cette auberge au nom insolite occupe une maison néerlandaise traditionnelle en brique. Il y a 56 lits répartis dans 12 chambres (2, 3, 4, 8 et 12 pers) et les espaces communs (cuisine, patio, cheminée ouverte) sont design et accueillants. Toutes les chambres sont équipées d'une douche, mais certaines ont des toilettes communes. Les lits superposés en bois sont accessibles par des échelles. Location de vélos : 12,50 €/jour. Wi-Fi dans les espaces communs.

♥ **ML** HÔTEL DESIGN €€
(☎ 023-512 39 10 ; www.mlinhaarlem.nl ; Klokhuisplein 9 ; s/d/ste à partir de 105/125/175 € ; ❄ 📶). Cet hôtel a ouvert en 2018 dans un ancien atelier d'imprimerie et de moulage sous pression de 1703, où œuvra jadis l'imprimeur royal Johan Enschedé. La demeure, superbe, possède un escalier métallique monumental surmonté d'une coupole en vitrail. Ses 17 chambres (30 à 50 m²), décorées dans un style contemporain, s'ornent de lustres-chandeliers et de plafonds à poutres. Également : un bistrot et un restaurant étoilé au Michelin (ci-contre).

♥ **Brasss Hotel Suites** BOUTIQUE-HÔTEL €€
(☎ 023-542 78 04 ; www.brasss-hotelsuites.nl ; Korte Veerstraat 40 ; ste à partir de 117 € ; ❄ 📶). Chacune des suites luxueuses de ce bijou d'hôtel porte le nom d'une créature aquatique (pieuvre, sardine, langoustine, maquereau, etc.), excepté la suite Diamonds of the Sea, qui possède son propre sauna. Toutes sont dotées d'un lit extra-large,

d'une douche à effet pluie et de peignoirs moelleux. Service très attentionné.

Où se restaurer

Native CAFÉ, VÉGÉTARIEN €

(www.nativehaarlem.nl ; Breestraat 23 ; plats 4,50-10 € ; 8h-15h mar-sam ;). Ce café contemporain décontracté, situé dans une rue verdoyante, propose des plats bio végétariens, dont nombre de mets végans et/ou sans gluten. Faites-y une pause pour siroter des jus de fruits frais, du thé ou du White Label Coffee torréfié à Amsterdam. À accompagner de pâtisseries (petits pains à la cannelle nappés de glaçage, tartes aux fruits), de salades, de sandwichs ou de sandwichs grillés, et d'en-cas du jour – tel le houmous au potiron servi avec des crackers aux graines de lin et aux algues. Pas de réservations.

De Haerlemsche Vlaamse FRITES €

(www.dehaerlemschevlaamse.nl ; Spekstraat 3 ; frites 1,90-5,40 € ; 12h-18h dim-ven, 11h-18h sam). Cette petite boutique-comptoir est une institution locale : on y fait la queue pour déguster des frites dorées et croustillantes dans un cornet, avec une dizaine de sauces au choix, dont trois sortes de mayonnaise.

Thrill Grill BURGERS €

(023-202 40 47 ; www.thrillgrill.nl ; Oude Groenmarkt 26-28 ; burgers 10,50-14,50 € ; 12h-22h dim-mer, 12h-23h jeu-sam ;). Donnant sur la Grote of Sint-Bavokerk, cet établissement central fait partie d'une micro-chaîne amstellodamoise de quatre restaurants, créée par Robert Kranenborg, ancien chef néerlandais étoilé au Michelin et star du petit écran. On y sert des burgers exquis à base de bœuf, de poulet, de poisson et de légumes de provenance locale, avec garnitures (frites à la truffe et au parmesan...) Mini-burgers et hot dogs pour les enfants.

Restaurant Mr & Mrs BISTROT €€

(023-531 59 35 ; www.restaurantmrandmrs.nl ; Lange Veerstraat 4 ; petites assiettes 11-13 €, menu 4/5/6 plats 40/48/56 € ; 17h-22h mar-sam). De façon inattendue, ce minuscule restaurant propose une fine cuisine réalisée avec art. Les petites assiettes froides et chaudes sont destinées à être partagées : tartare de bœuf à la truffe noire, asperges blanches à l'œuf poché dans le miel, maquereau aux crevettes et aux pétales de rose, caille farcie au chorizo accompagnée de *fregola* (pâtes en forme de petites billes). Côté desserts : tarte aux fruits de la passion avec meringue à la menthe, salsa à la mangue... Réservation indispensable.

Brick EUROPÉEN €€

(023-551 18 70 ; www.restaurantbrick.nl ; Breestraat 24-26 ; plats 16,50-24,50 € ; 12h-22h). Vous pouvez observer les chefs du Brick en train de préparer du risotto, des steaks et des burgers gourmands depuis la salle à manger du rez-de-chaussée ainsi qu'au premier étage, où un sol en verre donne au-dessus de la cuisine ouverte. Des tables sont installées devant le restaurant, mais le toit-terrasse est idéal l'été.

Restaurant ML GASTRONOMIQUE €€€

(023-512 39 10 ; www.mlinhaarlem.nl ; Klokhuisplein 9 ; menu 5/6/7 plats 77,50/87,50/97,50 € ; à partir de 18h mar-sam). L'hôtel ML (ci-contre) recèle une cour surmontée d'une verrière et une salle à manger façon galerie d'art figurant parmi les meilleures tables de Haarlem. Au menu de cet établissement étoilé au Michelin : saint-jacques au pesto de petits pois et d'échalotes, langoustines à l'émulsion de chicorée et de pomme, cervelle de veau et d'agneau au fondant de romarin, ou canard de Texel au crabe de la mer du Nord. Sa table du chef de 12 couverts donne directement sur la cuisine.

En façade, le bistrot décontracté du ML, pourvu d'une terrasse de 200 places face à la Grote of Sint-Bavokerk, offre un service continu.

Où prendre un verre et faire la fête

DeDakkas BAR SUR LE TOIT

(www.dedakkas.nl ; Parkeergarage de Kamp, 6e ét, De Witstraat ; 12h-22h mar-jeu, 12h-0h ven, 11h-0h sam, 11h-22h dim ;). De la rue, l'endroit ressemble à n'importe quel autre parking multiniveau, mais prenez l'ascenseur jusqu'au 6e étage et vous découvrirez ce fabuleux bar sur le toit ouvert en 2018. Il est doté d'un café façon verrière et d'une terrasse en bois avec vue panoramique sur Haarlem (on voit même Amsterdam par beau temps). Des événements sont régulièrement organisés : barbecues, projections de films, yoga, DJ invités et concerts.

Jopenkerk BRASSERIE

(www.jopenkerk.nl ; Gedempte Voldersgracht 2 ; brasserie et café 10h-1h, restaurant 12h-15h et 17h30-23h ;). Cette ancienne église de

VAUT LE DÉTOUR

BAZAR DE FOLIE À BEVERWIJK

Chaque week-end, jusqu'à 80 000 chasseurs de bonnes affaires viennent au **De Bazaar Beverwijk** (www.debazaar.nl ; Montageweg 35, Beverwijk ; marché 12h-18h ven, 10h-18h sam-dim, espace de restauration jusqu'à 22h), l'un des plus grands marchés couverts d'Europe, avec plus de 2 000 vendeurs et 69 cantines. Épices exotiques, tapis persans, vêtements et objets artisanaux et bien plus encore, s'entassent sous son toit. La plus animée des trois halles principales est le Zwarte Markt, un gigantesque marché aux puces à l'atmosphère de carnaval.

Il est difficile de trouver une place de parking (5 €/jour) après 9h30. Des trains relient la Centraal Station d'Amsterdam (5,90 €, 40 min, toutes les 30 min) et Haarlem (3,20 €, 20 min, jusqu'à 4/heure) à Beverwijk ; de là, marchez 1 km ou prenez le bus n°76 (3 min, toutes les 30 min).

1910 ornée de vitraux sert désormais de cadre, superbe, à la brasserie indépendante Jopen. Vous pourrez y savourer des bières comme la Hopen aux arômes d'agrumes, la Lente Bier fruitée ou la Koyt aux accents de chocolat, à accompagner d'en-cas néeerlandais – *bitterballen* (croquettes à la viande), fromages – sous les cuves en cuivre étincelant. Ou bien installez-vous sur la mezzanine pour déguster des plats à base de produits locaux de saison et des bières Jopen (accord mets-bières proposé).

Uiltje Brewing Co BRASSERIE

(023-844 63 95 ; www.uiltjecraftbeer.com ; Bingerweg 25 ; 12h-20h jeu, 12h-22h ven-sam, 12h-18h dim). À 4 km à l'est du centre de Haarlem, la brasserie Uiltje compte un espace bar animé et une cour ensoleillée où vous pourrez goûter ses 10 bières pression et ses 2 bières en fût, ainsi qu'une boutique attenante vendant des bières en bouteille. Des événements sont souvent organisés : feux de joie, concerts, barbecues. La brasserie propose aussi une visite guidée de ses installations (disponible en anglais, 40 min, 12,50 €/pers avec 2 bières).

Guettez les mousses emblématiques, comme la Miss Hooter (IPA), la Cry Baby (Berliner Weisse), la Peat the Scotchman (bière fumée) et la Christmas Tree is on Fire (stout à l'avoine).

Comptez 10 minutes à vélo depuis le centre de Haarlem ; il existe aussi une **salle de dégustation en ville** (www.uiltjecraftbeer.com ; Zijlstraat 18 ; 17h-0h lun-mer, 16h-minuit jeu-ven, 12h-0h sam-dim).

Où sortir

Philharmonie Haarlem SALLE DE CONCERTS

(023-512 12 12 ; www.theater-haarlem.nl ; Lange Begijnestraat 11 ; box-office 14h-18h lun-sam). Derrière sa splendide façade en verre, la plus belle salle de concerts de Haarlem affiche une programmation variée, des concerts de musique classique (comme l'orchestre de chambre des Pays-Bas, le Nederlands Kamerorkest) aux grands événements pop (tel le sulfureux rocker Marilyn Manson).

Patronaat MUSIQUE LIVE

(023-517 58 58 ; www.patronaat.nl ; Zijlsingel 2 ; horaires variables). Les groupes de pop-rock se pressent pour venir jouer sur la meilleure scène de Haarlem (de la musique country au punk), tout comme les grands noms de la musique électro. Discothèque également. À partir de 21h.

Achats

Grote Markt MARCHÉ

(Grote Markt ; 10h-14h lun et sam). Haarlem s'anime particulièrement les jours de marché : le lundi et surtout le samedi, la place principale se remplit d'étals vendant fruits et légumes frais, fromages, conserves, épices, noix et en-cas de spécialités néerlandaises et d'ailleurs, ainsi que des vêtements neufs ou vintage, des sacs, des accessoires et de la brocante.

Renseignements

L'**office du tourisme** (VVV ; 023-531 73 25 ; www.visithaarlem.com ; Grote Markt 2 ; 10h-16h) vend des billets pour les musées à prix réduits.

Comment s'y rendre et circuler

BUS

Le bus n° 300 relie la gare routière de Haarlem, derrière la gare ferroviaire, à l'aéroport de Schiphol (35 min, toutes les 15 min).

TRAIN

La gare de Haarlem, de style Art nouveau (1908), est desservie de manière régulière par des trains en provenance d'Amsterdam et de Rotterdam notamment.

VERS	PRIX	DURÉE	FRÉQUENCE
Alkmaar	9 €	40 min	4/heure
Amsterdam	7 €	15 min	4-8/heure
La Haye (Den Haag)	9 €	40 min	4/heure
Rotterdam	11 €	60 min	2-4/heure

VÉLO

Des pistes cyclables relient Haarlem à Amsterdam, à 20 km à l'est. La zone étant fortement urbanisée, oubliez l'idée d'une balade bucolique ; des itinéraires plus jolis longent la côte au nord et au sud de Haarlem.

Zaanse Schans

☎ 075 / 8 870 HABITANTS

Impossible de prévoir une visite éclair à Zaanse Schans. En bordure de la Zaan, ce véritable musée à ciel ouvert est un lieu pittoresque où on s'attarde volontiers pour admirer notamment des moulins à vent. Les six moulins sont authentiques, parfaitement fonctionnels et entretenus avec soin. Il est possible de les explorer à sa guise et d'observer de près les gigantesques éléments mobiles si caractéristiques.

À voir et à faire

Zaanse Schans molens MOULINS À VENT, VILLAGE TRADITIONNEL
(☎ 075-681 00 00 ; www.dezaanseschans.nl ; Kalverringdijk ; adulte/enfant 5/2,50 € par moulin ; ⏲ la plupart des moulins 9h-17h avr-oct, horaires variables nov-mars). En bordure de la Zaan, les jolies maisonnettes en bois, les granges, les ateliers et les moulins s'apparente à un musée à ciel ouvert et la visite vous plonge au cœur des traditions régionales. Les berges de la rivière sont par ailleurs un endroit ravissant.

Le moulin à pigments De Kat (1664) réjouira les artistes – ils pourront assister au broyage des mêmes matériaux que ceux utilisés pour peindre des chefs-d'œuvre de la Renaissance. Mais il y a aussi le moulin à épices De Huisman (1786), les moulins à huile De Zoeker (qui remonterait à 1610) et De Bonte Hen (1693)... Horaires et jours de visite variables selon le moulin.

Les autres bâtiments du site, y compris certains moulins, y ont été apportés de tout le pays afin de recréer une communauté telle qu'elle était aux XVIIIe et XIXe siècles. On y trouve une épicerie d'autrefois, un fromager et un fabricant de sabots très populaire (avec un musée intéressant). Le potier d'étain est très accueillant et ne manquera pas de vous expliquer l'histoire à l'origine de dizaines de petits personnages exposés pendant que le métal malléable durcit dans des moules.

Une fois votre exploration terminée, traversez la Zaan en **bateau** (www.voetveer-zaandijk.nl ; Kalverringdijk ; adulte/enfant 1 €/gratuit ; ⏲ à la demande 10h-17h avr-sept).

Zaans Museum MUSÉE
(☎ 075-681 00 00 ; www.zaansmuseum.nl ; Schansend 7 ; adulte/enfant 12,50/6,50 € ; ⏲ 10h-17h). L'impressionnant Zaans Museum retrace l'histoire du moulin à vent depuis les toutes premières constructions et présente la culture et les costumes néerlandais ; il recèle aussi un tableau de Monet, qui peignit de nombreuses fois la région.

Renseignements

Comptoir d'information de Zaanse Schans
(☎ 075-681 00 00 ; www.zaanseschans.nl ; ⏲ 9h-17). Au Zaans Museum.

Comment s'y rendre et circuler

BATEAU

Lancé en 2018, le **Zaanferry** (☎ 06 3330 0022 ; www.zaanferry.com ; Zuiddijk 384, Zaandam ; Amsterdam-Zaanse Schans aller simple/aller-retour 10/15 € par pers ; ⏲ jusqu'à 10/jour) relie Zaanse Schans à Amsterdam, au quai fluvial nord-ouest sur De Ruijterkade, près de la Centraal Station. L'aller simple prend 2 heures, avec 4 escales. Réservez vos billets en ligne.

TRAIN

Depuis la Centraal Station d'Amsterdam (3,50 €, 17 min, ttes les 30 minutes), prenez le train en direction d'Alkmaar et descendez à Zaandijk Zaanse Schans – le trajet à pied de 1,5 km jusqu'à Zaanse Schans est bien indiqué.

VÉLO

Depuis Amsterdam, un itinéraire cyclable de 22 km serpente à travers champs et lacs une fois passée la périphérie.

Du côté est de la gare ferroviaire de Zaandijk Zaanse Schans, **Fietsverhuur Zaanse Schans** (☎ 06 2674 0840 ; www.zaanseschansbikerent.nl ; Stationsstraat, Zaandijk ; location vélo 5 €/heure ; 9h-18h avr-oct) loue des vélos pour découvrir Zaanse Schans et la campagne alentour.

Région du Waterland

Le temps s'écoule doucement dans cette région rurale à seulement 9 km au nord d'Amsterdam. Des hérons immobiles observent les champs verdoyants le long des sillons remplis d'eau, au milieu des terres agricoles. La région est idéale pour les randonnées à vélo ; les curiosités ne manquent pas, notamment la pittoresque Monnickendam et l'adorable Marken.

Monnickendam

0299 / 9 830 HABITANTS

Les origines de Monnickendam, qui doit son nom aux bénédictins qui y édifièrent une digue, remontent à 1356. Après la disparition de l'industrie de la pêche, elle s'est reconvertie en port de plaisance huppé.

Les chalutiers d'antan se consacrent principalement aux croisières touristiques, mais un parfum d'histoire flotte encore dans les ruelles autour des chantiers navals.

À voir et à faire

Le long de la rue principale, Noordeinde, les vieilles maisons en brique s'enfoncent en d'improbables inclinaisons dans le sol détrempé.

Tout en vous baladant, cherchez les enseignes murales sur les façades des bâtiments : celle du Kerkstraat 32, par exemple, date de 1620, tandis que celle du Kerkstraat 12 raconte comment cinq juifs furent cachés avec succès dans l'édifice durant toute la Seconde Guerre mondiale.

Dans le port, on ne compte plus les magnifiques *tjalken*, *botters* et *klippers*, des bateaux anciens que l'on peut louer (des skippers proposent leurs services). Renseignements à l'office du tourisme (ci-contre).

Speeltoren ÉDIFICE HISTORIQUE

(0299-652 203 ; www.despeeltoren.nl ; Noordeinde 2 ; adulte/enfant 4,50/2,50-3 € ; 13h-17h lun juil-août, 11h-17h mar-dim avr-oct, sam-dim nov-mars). Monument emblématique de la ville, le Speeltoren est une tour du XVe siècle d'inspiration italienne, qui abrita autrefois l'hôtel de ville. Le carillon (*glockenspiel*) de la tour date du XVIIe siècle – le plus ancien d'Europe – et on peut l'entendre sonner le samedi, à 11h et à midi. À cette occasion, quatre chevaliers mécaniques apparaissent dans l'ouverture de la fenêtre en bois, s'y pavanant avant de se retirer. À l'intérieur de la tour de l'horloge se trouve le **Museum De Speeltoren**, qui présente la région du Waterland d'hier et d'aujourd'hui, et permet d'admirer l'étonnant mécanisme qui fait fonctionner le carillon.

Grote Kerk ÉGLISE

(Sint Nicolaaskerk ; www.grotekerkmonnickendam.nl ; De Zarken 2 ; 11h-16h mar-sam, 13h-16h dim avr-oct, horaires variables nov-fév). Située dans la frange sud de la ville, la Grote Kerk, de style gothique, se distingue par sa triple nef, ses hautes galeries et son jubé en chêne du XVIe siècle. Son orgue principal date de 1780 ; il est aussi appelé *zwaluwnestorgel* (orgue en nid d'hirondelle) en raison de son emplacement contre le mur de la tour.

Où se loger et se restaurer

Posthoorn BOUTIQUE-HÔTEL €€

(0299-654 598 ; www.posthoorn.eu ; Noordeinde 43 ; s/d/ste à partir de 99/135/159 € ; P). Cet hôtel remarquablement restauré date de 1697, mais il pourrait être plus ancien encore. Les 12 chambres romantiques mêlant tradition et modernité arborent des meubles anciens et des peintures paysagères du Waterland des XVIIe et XVIIIe siècles. Les enfants de moins de 8 ans ne sont pas acceptés. Le **restaurant** (0299-654 598 ; www.posthoorn.eu ; Noordeinde 43 ; plats 33,75-38,50 €, menus dégustation 69-99 €, accords mets-vins 111-168 € ; 18h-23h30 mar-jeu, 18h-0h30 ven-sam, 12h-15h et 18h-23h dim ;), étoilé au Michelin, met à l'honneur les produits frais d'origine locale. Pour un séjour le week-end, mieux vaut réserver la chambre et le dîner dans la cour.

Theetuin Overleek CAFÉ €

(0299-652 735 ; www.theetuinoverleek.nl ; Overleek 6a ; pique-nique déj 15,50 €/pers ; 10h-17h sam-dim avr, ven-dim mai-juin et sept, mer-dim juil-août). Au bord de l'eau, à 3 km à l'ouest de la ville, cette maison de thé en bois (seulement ouverte en saison) est un lieu charmant où se délecter d'un *high tea* (réservation essentielle), mais vous pourrez aussi y déguster un simple en-cas (sandwichs, pâtisseries). L'équipe loue des bateaux électriques (45 €/2 heures, 100 €/journée) pour explorer les cours d'eau et fournit des pique-nique.

Achats

Avontuur in Miniatuur JOUETS

(☎ 0299-652 085 ; www.avontuurinminiatuur.nl ; Noordeinde 76 ; ⏱10h-17h ven-sam, sur rdv dim-jeu). Les maisons de poupée sont la spécialité de ce pays des merveilles en miniature. Vous verrez peut-être les artisans créer de minuscules objets, assis autour de la grande table (beaucoup sont fabriqués ici à la main).

Renseignements

Le personnel du petit **office du tourisme** (VVV ; ☎ 0299-820 046 ; www.vvv-waterland.nl ; Zuideinde 2 ; ⏱10h-17h avr-oct, 10h-14h lun-sam nov-mars) fournit d'excellents conseils, y compris sur les balades, les curiosités méconnues et les activités nautiques.

Comment s'y rendre et circuler

Des pistes cyclables suivent les digues rurales le long de l'Ijsselmeer en direction du nord jusqu'à Volendam (7 km) et Edam (9 km). Marken se trouve à 8,5 km à l'est, et Amsterdam à 15 km au sud-ouest.

Location de vélos chez **Ber Koning** (☎ 0299-651 267 ; www.berkoning.nl ; Noordeinde 12 ; 12,50 €/jour ; ⏱10h-17h mar-ven, 10h-16h sam).

Les bus n^os^312, 314 et 315 (20 min, jusqu'à 4/heure), gratuits avec le forfait Waterland, relient le centre de Monnickendam à la Centraal Station d'Amsterdam.

LE WATERLAND EN BUS

Pour qui projette une journée d'excursion en bus dans le Waterland, notamment à Monnickendam et Marken, ainsi qu'Edam, Volendam et Hoorn, l'achat d'un **Waterland Dagkaart** (billet Waterland ; adulte/enfant 12,50/3 €) s'avère très avantageux. Ce forfait d'un excellent rapport qualité/prix vous permet de voyager une journée en illimité sur les lignes n^os^312, 314, 315 et 316. Achat en ligne sur le site www.ovshop.nl ou auprès des offices du tourisme.

Marken

☎ 0299 / 1 810 HABITANTS

De l'autre côté de la baie de Gouwzee se trouve la jolie presqu'île de Marken, dont les habitants au caractère marqué ont toujours formé une petite communauté très soudée. Séparée du continent à la suite d'une tempête au XIIIe siècle, Marken est restée une île isolée dans la Zuiderzee pendant des siècles. En 1957 seulement, la construction d'une chaussée la relia à nouveau au continent, la transformant de fait en une sorte de village-musée. Marken a néanmoins su préserver son atmosphère de village de pêcheurs (on aperçoit toujours des sabots de bois usés devant les maisons) et l'interdiction faite aux voitures d'y pénétrer limite l'affluence touristique.

À voir

Le quartier très coloré de Kerkbuurt, dans le nord-est du village, est la partie la plus authentique de Marken, avec ses maisons peintes ou recouvertes de goudron, et surélevées sur des pilotis ou des monticules pour échapper aux inondations de la Zuiderzee. C'est dans le quartier portuaire de Havenbuurt que se situent la plupart des restaurants et des magasins de souvenirs.

Marker Museum MUSÉE

(☎ 0299-601 904 ; www.markermuseum.nl ; Kerkbuurt 44 ; adulte/enfant 3/1,50 € ; ⏱11h-16h lun-sam, 12h-16h dim). D'une rangée d'anciens fumoirs à anguilles, dans le quartier de Kerkbuurt, est né le Marker Museum, consacré à l'histoire de l'île. On peut y voir la reconstitution d'un intérieur d'une maison de pêcheur, avec tout un bric-à-brac d'objets personnels, ainsi qu'une collection de costumes traditionnels et de peintures. La brochure du musée (2 €) décrit un itinéraire pédestre, qui permet de s'orienter dans le dédale des ruelles.

Où se loger et se restaurer

Les quelques restaurants sont sur le port ; le supermarché de Marken, situé en face du parking, permet de s'approvisionner.

Hof Van Marken HÔTEL **€€**

(☎ 0299-601 300 ; www.hofvanmarken.nl ; Buurt II 15 ; s/d à partir de 89/99 € ; wifi). Difficile de résister aux grands lits, aux oreillers moelleux et aux divines couettes de l'unique hôtel de Marken. Les 7 chambres sont décorées dans des tons pastel typiques d'une région où terre et mer se fondent dans la brume. Au restaurant (plats 12,50 €), la cuisine sublime les saveurs mariant les produits locaux et le

À NE PAS MANQUER

LA PLUS GRANDE BOURSE AUX FLEURS DU MONDE

À Aalsmer, à une quinzaine de kilomètres au sud-ouest d'Amsterdam, est implanté le marché aux fleurs le plus important du pays. Gérée par un vaste conglomérat du nom de Royal FloraHolland et fonctionnant sur le système de vente au cadran, la **Bloemenveiling Aalsmeer** (www.royalfloraholland.com ; Legmeerdijk 313 ; adulte/enfant 10/7,50 € ; 7h-11h lun-mer et ven, 7h-9h jeu) est la plus grande vente aux enchères de fleurs (*bloemenveiling*) au monde. Il est indispensable d'arriver dans la galerie d'observation avant 9h pour profiter du spectacle, au moment de la mise aux enchères du contenu des chariots emplis de fleurs. Une immense horloge indique le prix de départ ; quand la sonnerie retentit, l'aiguille indique un prix de plus en plus bas jusqu'à ce que quelqu'un accepte l'offre et conclue ainsi le marché.

Prenez le bus n°357 depuis la gare d'Amsterdam jusqu'à l'arrêt BVFH Hoofdingang (45 min, fréquent, à partir de 4h59).

Le lundi est le jour le plus chargé et le jeudi, le plus tranquille.

La Bourse aux fleurs occupe un vaste complexe de 1 million de mètres carrés ; quelque 90 millions de fleurs et 2 millions de plantes y sont échangées chaque jour de marché. Vous pouvez visiter l'endroit en toute autonomie en empruntant une passerelle longue de 3 km surplombant les entrepôts en pleine activité, entre chariots transportant des fleurs et chariots élévateurs. Le long du parcours, des panneaux explicatifs avec enregistrements audio traduisent ce qui se passe en contrebas ; vous pouvez aussi télécharger un audioguide gratuit depuis le site Web.

L'itinéraire passe devant des vitres par lesquelles vous pourrez observer les enchères et la préparation des chariots de fleurs avant la mise aux enchères. Un nombre croissant de transactions se font en ligne, alors ne manquez pas l'occasion de venir avant que la Bourse ne soit complètement dématérialisée.

poisson. Réservez tant pour l'hôtel que pour le restaurant.

Depuis/vers Marken

Si vous venez en voiture, garez-vous au parking extérieur (obligatoire) à l'entrée du village (4,50 €/jour/voiture, plus 0,50 €/pers).

BATEAU

Le **Marken Express Ferry** (0299-363 331 ; www.markenexpress.nl ; Havenbuurt ; adulte/enfant/vélo aller simple 8,75/4,38/1,75 €, aller-retour 13,50/8,75/3 € ; 10h15-19h30 mars-sept) effectue toutes les 45 minutes la traversée de 45 minutes entre Marken et Volendam.

BUS

Le bus n° 315 relie Marken à Amsterdam (40 min, toutes les heures) via Monnickendam (10 min) ; gratuit avec le forfait Waterland (p. 127).

VÉLO

La balade de 8 km le long de la digue depuis Monnickendam permet d'apprécier le paysage marin changeant.

Volendam

0299 / 28 490 HABITANTS

Cet ancien port de pêche ne manque pas de pittoresque, avec ses rangées de maisons en bois et ses habitants parfois vêtus de costumes traditionnels pour aller à l'église, ou pendant les jours de fête. Le port est jalonné de magasins de souvenirs et de boutiques où l'on peut se faire prendre en photo en costume néerlandais traditionnel. Également, promenade virtuelle dans l'ancien Volendam, immense musée/magasin de fromages, échoppes de poisson frit, baraques à frites... et mouettes voraces. L'endroit est noir de monde le week-end.

À voir

Volendams Museum MUSÉE

(0299-369 258 ; www.volendamsmuseum.nl ; Zeestraat 41 ; adulte/enfant 5/3 € ; 10h-17h lun-ven, 11h-17h sam-dim). Les amateurs de cigares ne rateront pour rien au monde ce musée où découvrir quelque

11 millions de bagues de cigares, disposées en mosaïques sur ses murs. La culture locale y est par ailleurs abordée avec des costumes traditionnels, des estampes, des tableaux représentant des scènes du port et même la reproduction d'une petite cabine de bateau.

Où se loger et se restaurer

Il y a deux grands hôtels touristiques sur les quais, mais la plupart des visiteurs viennent d'Amsterdam, à 25 km au sud-ouest, pour la journée.

Smit Bokkum PRODUITS DE LA MER €€

(☎029-936 33 73 ; www.smitbokkum.nl ; Slobbeland 19 ; plats 10,50-29,50 € ; ⏲12h-21h mar-dim ;). Dans cet établissement familial tenu par la sixième génération, on fume toujours les produits de la mer – notamment l'anguille, le bar, les huîtres, le maquereau et les coques – de manière traditionnelle, depuis 1856. Goûtez ces spécialités odorantes dans le restaurant, qui s'ouvre sur une terrasse ensoleillée face au port, ou réservez une visite guidée de la fumerie (20 min, 4,50 €, dégustation comprise). À 800 m au sud-ouest de la principale artère touristique de Voldendam.

Renseignements

Adresses d'hébergement et cartes de randonnées cyclistes vous seront fournies à cet **office du tourisme** (VVV ; ☎0299-363 747 ; www.vvv-volendam.nl ; Zeestraat 37 ; ⏲11h-16h mer-dim) très fréquenté.

Depuis/vers Volendam

Des pistes cyclables le long de la Zuiderzee mènent à Monnickendam, à 8 km au sud, et à Amsterdam, à 23 km au sud-ouest. Edam n'est qu'à 3,5 km au nord-ouest.

Le **Marken Express Ferry** (☎0299-363 331 ; www.markenexpress.nl ; Haven ; adulte/enfant/vélo aller simple 8,75/4,38/1,75 €, aller-retour 13,50/8,75/3 € ; ⏲9h45-18h45 mars-sept) effectue la traversée de 30 minutes entre Volendam et Marken toutes les 45 minutes.

Le bus n°316 relie Volendam à Amsterdam (25 min, 4/heure) et Edam (10 min, 4/heure) ; ils sont gratuits avec le forfait Waterland (p. 127).

Edam

☎0299 / 7 380 HABITANTS

Ancien port baleinier très actif, Edam connut son apogée au XVIIe siècle : 33 chantiers navals y étaient alors en activité et c'est là que fut construite la flotte du légendaire amiral Michiel de Ruyter. La jolie bourgade compte aujourd'hui au nombre des perles cachées de la Hollande-Septentrionale. Avec ses anciens entrepôts, ses rues pavées tranquilles, ses ponts à bascule manuelle et ses ravissants canaux, s'y balader est un enchantement.

À voir et à faire

Edams Museum MUSÉE

(☎0299-372 644 ; www.edamsmuseum.nl ; musée Damplein 8, annexe Damplein 1 ; adulte/enfant 5€ /gratuit ; ⏲musée 10h-16h30 mar-sam été, 10h-16h30 ven-dim nov à mars). Une collection un peu à l'étroit de meubles anciens, de porcelaine, de verrerie et d'argenterie a été rassemblée sur les trois niveaux de cette demeure Renaissance, édifice le plus ancien d'Edam (1540). Le musée est surtout connu pour sa remarquable cave flottante, qui monte et descend en fonction du niveau de la rivière, réduisant ainsi les contraintes supportées par la construction s'élevant au-dessus.

De l'autre côté du canal, une annexe du musée, située dans l'hôtel de ville de 1737, abrite d'autres collections. Parmi quelques tableaux célèbres, repérez *De Groote Meid* (*La Grande Fille*), par un artiste inconnu, portrait en pied à taille réelle d'une jeune fille mesurant 2,80 m (supposée être la femme la plus grande ayant jamais vécu).

Gestam ENTREPÔT

(☎0299-372 376 ; www.gestam.com ; Voorhaven 127 ; ⏲8h-17h lun-ven). GRATUIT Goûtez 30 variétés de fromage à l'excellent Gestam, un entrepôt établi en 2016 et destiné aux producteurs régionaux, peu axé sur le tourisme.

Grote Kerk ÉGLISE

(www.grotekerkedam.nl ; Grote Kerkstraat 57 ; ⏲13h30-17h mi-mai à sept, 13h30-16h oct). Édifiée au XVe siècle, la Grote Kerk fit jadis les frais des caprices de la météo néerlandaise. Ses 32 magnifiques vitraux représentant des scènes historiques et des armoiries furent ajoutés après 1602, date à laquelle l'église, frappée par la foudre, fut entièrement détruite par un incendie. Il est

À NE PAS MANQUER

UN HÔTEL-SPA CLASSÉ AU PATRIMOINE MONDIAL

Construit en 1912, ce fort, qui porte désormais le nom de **Fort Resort Beemster** (☎ 0299-682 200 ; www.fortresortbeemster.nl ; Nekkerweg 24, LC Zuidoostbeemster ; d/ste à partir de 155/210 € ; P Wi-Fi) est une ancienne forteresse et prison, à 10 km d'Edam, transformée un siècle plus tard en un superbe hôtel-spa. Parmi les éléments d'origine figurent les lampes, les portes en acier et les fenêtres renforcées. Certaines des 16 chambres occupent l'ancien corps de garde ; celles situées dans le fort même disposent d'un patio face au lac. Les deux restaurants proposent une cuisine néerlandaise bio d'inspiration contemporaine.

Les installations du spa (où la clientèle est généralement entièrement dévêtue) comprennent des saunas de style finlandais, chauffé au bois et grotte de sel de l'Himalaya, ainsi que des bains de vapeur turcs, sans oublier les bassins intérieurs et extérieurs.

L'eau de pluie purifiée provenant du toit de la forteresse, équipé de filtres à sable, est réutilisée dans le spa ; ses eaux usées servent au chauffage par le sol.

Le fort fait partie intégrante d'un site classé au patrimoine mondial de l'Unesco, la ligne de défense d'Amsterdam, une ceinture de fortifications longue de 135 km autour de la cité comprenant 42 forts situés entre 10 et 15 km du centre-ville.

possible de monter au sommet de la tour pour profiter de la vue sur les toits rouges de la ville. Un calendrier en ligne vous informe des concerts organisés régulièrement.

Kaasmarkt SITE HISTORIQUE
(marché aux fromages ; www.kaasmarktedam.nl ; Jan Nieuwenhuizenplein ; ⏲10h30-12h30 mer juil à mi-août). Plus petit que celui d'Alkmaar (p. 131), mais tout aussi touristique, le marché aux fromages d'Edam a lieu chaque semaine en été. Au XVIe siècle, Guillaume le Taciturne accorda à Edam le droit de tenir un Kaasmarkt, lequel devint le point névralgique de la ville jusque dans les années 1920. Au plus fort de l'activité, près de 250 000 meules de fromage y étaient vendues chaque année. La tradition de ce marché a été remise à l'honneur depuis 1989. Sur le côté ouest, se dresse le Kaaswaag, établissement de pesée des fromages datant de 1778.

Fluisterbootjes PLAISANCE
("barques à murmures" ; ☎ 0299-371 664 ; www.fluisterbootverhuur-edam.nl ; VVV, Damplein 1 ; location de bateau 25 €/heure ; ⏲9h-17h avr à mi-oct). Glissez sur les canaux d'Edam à bord d'un petit bateau électrique sans permis (jusqu'à 7 pers), à piloter soi-même. Paiement et remise des clés à l'office du tourisme.

Où se loger et se restaurer

L'Auberge Dam Hotel BOUTIQUE-HÔTEL €€
(☎ 0299-371 766 ; www.damhotel.nl ; Keizersgracht 1 ; d/f à partir d 125/175 € ; Wi-Fi). Au cœur d'Edam, cette adresse, parfaite pour un séjour romantique, marie superbement mobilier ancien et œuvres artistiques. Elle compte 11 chambres, certaines un peu exiguës, mais dotées de grands lits et de salles de bains résolument modernes. Deux chambres familiales peuvent accueillir respectivement 3 et 4 personnes. Son Grand Café s'ouvre sur la place principale.

De Fortuna NÉERLANDAIS €€
(☎ 0299-371 671 ; www.fortuna-edam.nl ; Spuistraat 3 ; plats déj 5,50-14,50 €, plats dîner 21,50-26,50 €, menu 3/4/5 plats 36/44/52 € ; ⏲cuisine 12h-15h et à partir de 18h lun-sam, 12h-15h et à partir de 17h30 dim ; Wi-Fi). Avec ses peintures à l'huile accrochées aux murs, ses baies vitrées et ses sièges en cuir lustré, le charmant restaurant de l'hôtel **De Fortuna** (☎ 0299-371 671 ; www.fortuna-edam.nl ; Spuistraat 3 ; s/d/tr/f à partir de 87,50/107,50/157,50/177,50 € ; Wi-Fi) ne manque pas de panache. On y sert des déjeuners légers (sandwichs gourmands au pain artisanal, poisson et fruits de mer grillés, croquettes et salades). Au dîner, la cuisine gagne en raffinement : carpaccio de bœuf du Waterland, pintade rôtie à la crème d'asperge, crumble aux mûres servi avec du yaourt glacé d'Edam. On peut aussi manger sur la terrasse au bord de l'eau.

Renseignements

Office du tourisme (VVV ; ☎ 0299-315 125 ; www.vvvedamvolendam.nl ; Damplein 1 ; ⏲11h-16h mer-dim). Dans le splendide hôtel de ville du XVIIIe siècle, au sein de l'Edams Museum (p. 129).

Comment s'y rendre et circuler

BUS

Les bus nos 312 et 314 assurent la liaison entre Edam et Amsterdam (35 min, 6/heure) en passant par Volendam, toutes les 20 minutes ; ils sont gratuits avec le forfait Waterland (p. 127).

VÉLO

Des pistes cyclables mènent à Hoorn, au nord, à Volendam, au sud-est, et à la région du Waterland, à l'ouest. Les nombreuses digues de l'Ijsselmeer près d'Edam sont propices à de belles balades.

Alkmaar

072 / 107 822 HABITANTS

Chaque vendredi matin, d'avril à début septembre, le centre-ville entouré de canaux d'Alkmaar est envahi de voyageurs venus pour la journée, impatients de découvrir son célèbre marché aux fromages. C'est un spectacle à part entière, mais même sans cela, la ville, au charme suranné, est agréable à visiter en tout temps. Produits laitiers excepté, Alkmaar occupe une place à part dans le cœur des Néerlandais. Ce fut en effet la première ville, en 1573, à repousser les troupes espagnoles. Ouvrant les écluses installées sur les digues, ses habitants inondèrent le territoire, surprenant ainsi l'ennemi et le forçant à battre en retraite. Forte de cette victoire, la cité obtint des droits de pesage, à l'origine de son marché aux fromages.

À voir

Waaggebouw ÉDIFICE HISTORIQUE

(Poids public ; Waagplein 2 ; carillon 18h30 et 19h30 jeu, 11h et 12h ven, 12h et 13h sam de mi-avr à mi-sept). Édifié comme chapelle au XIVe siècle, le Waaggebouw fut transformé en maison de pesage deux siècles plus tard. Ce beau bâtiment abrite désormais l'office du tourisme (p. 134) et le **Hollands Kaasmuseum** (musée du Fromage néerlandais ; 072-562 85 30 ; www.kaasmuseum.nl ; Waagplein 2 ; adulte/enfant 5/2 € ; généralement 10h-16h lun-sam, 13h-16h dim). Le **carillon** mécanique de la tour, avec ses deux chevaliers en pleine joute, est toujours en état de marche.

Kaasmarkt MARCHÉ

(marché aux fromages ; kaasmarkt.nl ; Waagplein ; 10h-13h ven avr à début sept). Le vendredi matin, les meules de fromage (*kaas*) entourées de cire jaune sont empilées avec cérémonie sur la Waagplein (place du Poids Public), principale place de la ville. Ensuite, des porteurs coiffés de chapeaux colorés (signalant leur appartenance à la guilde des porteurs de fromage) et des négociants en blouse blanche se servent d'une tige creuse pour extraire une carotte de fromage, reniflant et émiettant la pâte pour évaluer son taux de graisse et d'humidité. Une fois les marchés conclus, les porteurs embarquent à toute vitesse les fromages sur des traîneaux en bois jusqu'à l'ancienne balance à fromages. Ce rituel n'a pas changé depuis 1622, dit-on... pour le grand bonheur des habitants et des touristes.

Stedelijk Museum MUSÉE

(072-548 97 89 ; www.stedelijkmuseumalkmaar.nl ; Canadaplein 1 ; adulte/enfant 13,50 €/gratuit ; 11h-17h mar-dim). Un musée remarquable, dont la collection de peintures à l'huile de grands maîtres flamands, notamment des portraits grandeur nature de nobles d'Alkmaar, justifie à elle seule la visite. D'autres œuvres évoquent le déclin de la ville après le Siècle d'or, et des scènes sombres de femmes s'occupant des pauvres dans les hospices rappellent le

HORS DES SENTIERS BATTUS

BALADES À VÉLO AU FIL DES DIGUES

À mi-chemin entre Alkmaar (17 km au nord-ouest) et Edam (17 km au sud-est), le village de De Rijp, sur la N244, se trouve à l'extrémité sud de plusieurs routes et pistes pour automobiles et vélos le long des digues – une bonne occasion de vérifier la différence de niveau entre le sol et les canaux qui courent entre les murs de terre.

La route entre Oostdijk et Westdijk part vers le nord et rejoint, après 6 km, le village de Schermerhorn sur la N243. Tout de suite à l'ouest, une autre route de digue, étroite, court en parallèle et passe en serpentant devant plusieurs moulins. Attention aux moutons errants.

Location de vélos auprès de **Rent a Scooter Alkmaar** (072-562 85 30 ; www.ras-alkmaar.nl ; Molenbuurt 21 ; vélo/vélo électrique/scooter 15/40/55 € par tranche de 24 heures ; 9h-17h lun-sam).

Alkmaar

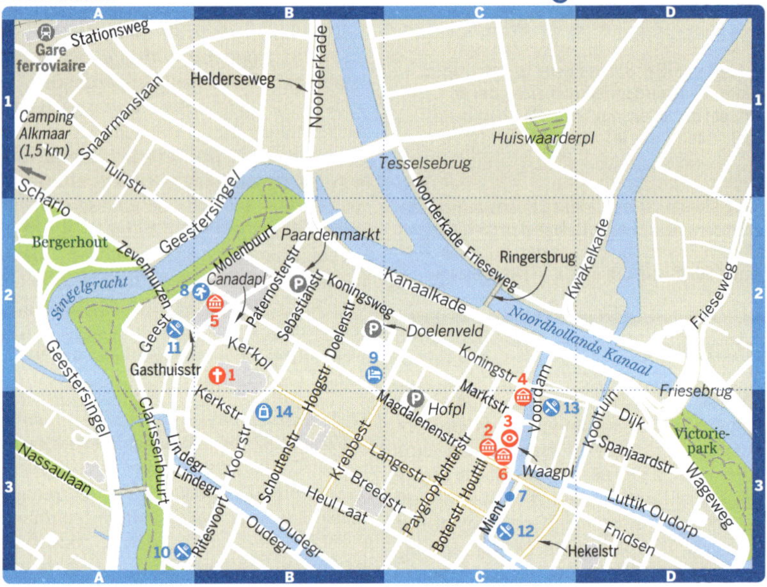

rôle grandissant de l'Église à cette époque. Parmi les œuvres plus modernes, les représentations grotesques des porteurs de fromage de Charley Toorop (1891-1955) suscitent la controverse.

Grote Kerk ÉGLISE

(☎072-514 07 07 ; www.grotekerk-alkmaar.nl ; Kerkplein ; ⏲11h-17h mar-dim fin mars à début oct, sur rdv début oct à mi-avr). La Grote Kerk, dont les vitraux pastel illuminent l'intérieur de couleurs printanières, nous rappelle l'engouement des habitants pour les orgues. Le plus connu est ici le plus petit des deux, datant de 1511 et installé dans le transept nord. L'orgue de tribune, installé dans la nef, est une réalisation du XVIIe siècle à laquelle a pris part Jaco van Campen. Des concerts d'orgue sont organisés le mercredi soir et à midi les jours d'ouverture de l'église.

Nationaal Biermuseum MUSÉE

(☎072-511 38 01 ; www.biermuseum.nl ; Houttil 1 ; adulte 6,50 € ; ⏲13h-17h jeu, 10h-17h ven-sam). Logé dans la brasserie De Boom, ce musée renferme une belle collection d'ustensiles destinés à la fabrication de la bière. Des mannequins y figurent les étapes du brassage. La vidéo consacrée aux publicités pour les bières néerlandaises depuis les années 1950 est très amusante. L'entrée comprend une bière (ou un soda), à déguster dans son bar convivial (p. 134).

Circuits organisés

Grachtenrondvaart Alkmaar CIRCUITS EN BATEAU

(☎06 5371 4608 ; www.rondvaartalkmaar.nl ; Mient ; adulte/enfant 8/6 € ; ⏲toutes les heures lun-sam avr-oct, lun-dim mai-sept). Des circuits multilingues de 45 minutes sur les charmants canaux sont organisés au départ de Mient, à côté de la Waagplein. En route vous passerez sous 22 ponts – certains si bas que l'on doit baisser la tête pour les éviter.

Où se loger

Il est très aisé de venir passer la journée à Alkmaar depuis Amsterdam, située à 40 km au sud-est, mais, si vous souhaitez y dormir, plusieurs bons hôtels sont situés dans le centre-ville et d'autres encore dans la campagne environnante.

Camping Alkmaar CAMPING €

(☎072-511 69 24 ; www.campingalkmaar.nl ; Bergerweg 201 ; empl 25-30 €, bungalow 50 € ; P 📶). Ce camping ouvert à l'année est installé dans un agréable espace boisé d'accès facile depuis la rocade, à 1 km au

Alkmaar

nord-ouest de la gare ferroviaire. Emplacements pour tentes ombragés ; les bungalows en bois (sans sdb) accueillent 2 personnes. Aire de jeux pour enfants et tables de ping-pong. Prendre le bus n°6 jusqu'à Hogeschool (10 min).

Grand Hotel HÔTEL €€
(☎ 072-576 09 70 ; www.grandhotelalkmaar.nl ; Gedempte Nieuwesloot 36 ; d/ste à partir de 100/170 € ; 📶). Cet hôtel central occupe une poste néogothique édifiée par l'architecte Cornelis Hendrik Peters, un disciple de Pierre Cuypers (qui réalisa la Centraal Station d'Amsterdam et le Rijksmuseum), en 1877. Ses 20 chambres bénéficient d'un décor contemporain dans des nuances de gris, et elles ont vue sur la vieille ville ou sur la cour. Les chambres plus chères disposent d'un minibar, d'une machine à café et d'un Jacuzzi ; l'une d'elles est équipée d'un sauna.

Où se restaurer

Les restaurants ne manquent pas autour de la Waagplein et du quai de Bierkade. Un peu à l'écart de l'agitation du marché, Koorstraat et Ritesvoort sont deux rues jalonnées d'excellents bistrots et cafés.

De Vlaminck FRITES €
(☎ 072-512 22 24 ; www.devlaminck.nl ; Voordam 2 ; frites à partir de 2,50 € ; ⏲ 11h-19h ven-mer, 11h-21h15 jeu). Ce comptoir donnant sur la rue est réputé pour ses frites succulentes (pommes de terre coupées à la main), tout comme les 17 sauces proposées : cacahuète, *sambal oelek* (sauce indonésienne au piment) et sauce à l'ail et ketchup, entre autres. Dégustez votre cornet sur l'un des bancs en face, le long du canal.

Bistro de 13 Balcken BISTROT €€
(☎ 072-520 00 79 ; www.13balcken.nl ; Zevenhuizen 11 ; plats déj 8-18 €, dîner 20-26 € ; ⏲ 15h-21h30 lun, mer et jeu, 12h-21h30 ven-dim ; 📶). Les fromages néerlandais sont à l'honneur dans ce bistrot d'angle, au déjeuner (sandwichs gourmands au fromage de chèvre, jambon fumé d'Alkmaar et à la betterave marinée) comme au dîner (*panna cotta* au bleu de Frise). Au dessert, ne manquez pas de goûter le traditionnel *spekkoek* (gâteau aux épices en couches, sauce aux mûres et glace à la cardamome).

Cafe Restaurant De Buren INTERNATIONAL €€
(☎ 072-512 03 08 ; www.restaurant-deburen.nl ; Mient 37 ; plats 16,50-23,50 € ; ⏲ 11h-22h lun-dim ; 📶). Les tables en terrasse de ce café-restaurant vintage s'étendent le long du canal et autour de la vieille halle aux poissons ; à l'intérieur, admirez les œuvres du sculpteur néerlandais Ron Moret. La carte lorgne du côté fusion, avec des plats comme le coq au vin blanc, le steak frites à la sauce au poivre et au cognac, les raviolis au potiron et les travers de porc fumé et leur épi de maïs.

Abby's EUROPÉEN €€
(☎ 072-511 11 11 ; www.restaurantabbys.nl ; Ritesvoort 60 ; sandwichs 12,50 €, plats 16,50-28,50 € ; ⏲ 11h-0h lun, 11h-0h mar)sam, 11h-22h30 dim, cuisine 11h-21h30 lun-dim). Optez pour l'ambiance jazz de la salle

VAUT LE DÉTOUR

LA VIE AQUATIQUE

La zone inondée au nord d'Alkmaar englobait jadis près de 15 000 micro-fermes d'un bon rendement, chacune sur une île ; les fermiers se rendaient dans leurs champs en barque. Au **Museum BroekerVeiling** (musée des Enchères de Broeker ; ☎226-313 807 ; www.broekerveiling.nl ; Museumweg 2, Broek op Langedijk ; adulte/enfant avec audioguide 17,75/9,50 € ; ⏲10h-17h tlj juil-août, fermé lun sept-juin), vous pouvez visiter la halle aux enchères, où les fermiers arrivaient par bateau, leurs embarcations chargées de produits frais, puis attendaient à l'intérieur de pouvoir ramer jusqu'à une salle où les cargaisons étaient vendues à l'encan à des grossistes en produits maraîchers. Bâti en 1877, l'entrepôt repose sur 1 900 pilotis. Le billet comprend l'entrée au musée et la visite de la halle aux enchères, ainsi qu'un tour en bateau.

Dans la partie extérieure sont présentées quelques-unes des 15 000 îles. À l'intérieur, l'exposition se concentre sur l'activité des exploitations agricoles, mélangeant technologie de pointe et outils mécanisés à l'ancienne, se révèle encore plus divertissante. Le musée organise des visites guidées de 45 minutes, ainsi que des circuits en bateau vers quelques-unes des 200 parcelles insulaires qui existent encore à proximité. Autour du musée, on peut voir *in situ* une partie des cultures traditionnelles. Il y a un petit café sur place.

Le Museum BroekerVeiling est à 8,5 km au nord-est d'Alkmaar. Du lundi au vendredi, le bus n°10 (30 min, toutes les heures) va jusqu'à l'arrêt Museumweg ; le week-end, prenez le bus n°9 (30 min, toutes les heures) jusqu'à l'arrêt Laansloot et marchez vers l'est sur 750 m. Une piste cyclable de 9 km, au départ d'Alkmaar, longe les canaux et traverse le vieux village de Sint Pancras.

ou la douce brise de la terrasse, dominée par un ancien moulin à vent. Soupes, salades et sandwichs constituent l'essentiel du menu à midi, tandis que le dîner est plus audacieux : tournedos de bœuf à la betterave rôtie, raviolis aux asperges, copeaux de fenouil et de truffe noire, et bar mariné au citron vert avec pesto aux agrumes.

Où prendre un verre et faire la fête

De Boom CAFÉ BRUN

(www.proeflokaaldeboom.nl ; Houttil 1 ; ⏲12h-minuit lun-mer, 12h-2h30 jeu, 11h-2h30 ven-sam, 12h-1h dim). Inchangé depuis les années 1930, ce pub tout en lambris, situé au rez-de-chaussée du Nationaal Biermuseum (p. 132), fait honneur au site. En été, des sièges installés sur un vieux bateau, amarré sur le canal, offrent un cadre parfait pour savourer tranquillement une bière (sélection épatante). Concerts jazz le dernier jeudi du mois.

Où sortir

Theater De Vest ARTS DE LA SCÈNE

(☎072-548 98 88 ; www.theaterdevest.nl ; Canadaplein 2 ; ⏲billetterie 13h-15h et 17h-21h mar-ven, 12h-16h et 17h-21h sam, 1h30 avant la représentation). Ce centre accueille les événements culturels d'Alkmaar, allant des pièces de théâtre classiques et des spectacles de marionnettes jusqu'à la danse contemporaine. À la belle saison, Canadaplein devient la scène centrale du festival d'arts de la scène Zomer op het plein ("l'été sur la place").

Achats

Les enseignes internationales monopolisent Langestraat, une artète piétonne ; préférez lui Laat, bordée de boutiques plus intéressantes et moins uniformes.

Kaan's Kaashandel FROMAGE

(www.kaanskaas.nl ; Koorstraat 11 ; ⏲13h-18h lun, 9h-18h mar-ven, 8h30-17h sam). Cette affaire familiale, gérée par la quatrième génération, propose une remarquable sélection de fromages néerlandais, dont une trentaine de variétés d'édam. Emballage sous vide.

Renseignements

Office du tourisme (VVV ; ☎072-511 42 84 ; www.vvvhartvannoordholland.nl ; Waagplein 2 ; ⏲9h30-17h lun-sam, 12h-17h dim). Installé dans le Waaggebouw, l'ancienne maison de pesage.

Depuis/vers Alkmaar

TRAIN

La gare se trouve à 1 km au nord-ouest du centre-ville. Voici quelques trains au départ d'Alkmaar :

VERS	PRIX	DURÉE	FRÉQUENCE
Amsterdam	9 €	35 min	4/heure
Den Helder	9 €	35 min	2/heure
Haarlem	9 €	40 min	4/heure
Hoorn	8 €	25 min	2/heure

VÉLO

Des pistes cyclables longeant des champs de fleurs à bulbes mènent à Den Helder, 40 km au nord, et permettent de rallier Haarlem, à 33 km au sud, Amsterdam, à 45 km au sud-est, et Hoorn, à 26 km à l'est.

Hoorn

0229 / 72 707 HABITANTS

Jouissant d'une situation privilégiée sur une presqu'île en forme de corne (*hoorn* en néerlandais), de plusieurs musées et de quelques très bons restaurants, Hoorn attire les flâneurs du week-end ainsi que les navigateurs. La ville fut jadis la capitale de la Frise-Occidentale et, grâce à la présence de la flotte de commerce hollandaise, une puissante cité marchande. Membre de la ligue des Sept Provinces – les futures Provinces-Unies –, elle contribua à libérer le pays de l'emprise des Espagnols, qui occupèrent la ville de 1569 à 1573. Ce fut aussi l'une des six cités fondatrices de la VOC (Compagnie néerlandaise des Indes orientales), en 1602, à l'instar d'Amsterdam, de Rotterdam, Delft, la province de Zélande et Entkuizen.

Son plus illustre représentant, l'explorateur Willem Schouten (vers 1567-1625), donna en 1616 le nom de sa ville natale à la pointe située à l'extrémité de l'Amérique du Sud, battue par les vents : le cap Horn.

À voir

À Hoorn, c'est un plaisir de se balader dans les rues bordées d'édifices du XVIe siècle en particulier. D'imposantes demeures à pignon s'alignent sur le port, notamment le long de **Veermanskade**. Allez jeter un coup d'œil aux anciens entrepôts sur **Bierkade**, où arrivait la bière importée d'Allemagne.

Le vieux quartier commence à environ 1 km au sud-ouest de la gare ferroviaire : depuis celle-ci, longez la large Veemarkt vers le sud jusqu'à Gedempte Turfhaven, tournez à droite puis prenez la première à gauche dans Grote Noord, la rue commerçante piétonne. Elle débouche sur la belle place principale, Rode Steen. Le port principal se trouve 300 m plus loin en direction du sud-ouest, au bout d'une rue appelée West.

Rode Steen PLACE

Il y a bien longtemps que Hoorn n'est plus une ville maritime active, mais la **statue de Jan Pieterszoon Coen** (1587-1629), officier de la VOC qui fut le très influent gouverneur général des Indes néerlandaises dès 1619, veille toujours sur la Rode Steen (pierre rouge). Cette place doit son nom au sang coulant des gibets qui y étaient jadis dressés. Côté nord-est de la place se dresse le **Waag**, la Maison du poids public du XVIIe siècle, orné d'une licorne gravée, symbole de la ville.

Westfries Museum MUSÉE

(0229-280 022 ; wfm.nl ; Rode Steen 1 ; adulte/enfant 10 €/gratuit ; 11h-17h mar-dim). Cet intéressant musée renferme une riche collection de toiles historiques. En 2005, une vingtaine de tableaux, d'une valeur de 10 millions d'euros, y furent d'ailleurs dérobés (cinq ont été retrouvés mais 19 manquent encore à l'appel, tout comme 70 pièces d'argenterie). Fort heureusement, les quatre grands portraits de groupe représentant d'éminents *schutters* (gardes civiques), peints par Jan Albert Rotius (1624-1666), furent épargnés.

Le musée occupe l'ancien siège du Staten-College (Collège des États), l'instance qui gouvernait jadis la Frise-Occidentale et le Noorderkwartier (la partie de la Hollande au nord de l'IJ). La façade en escalier du bâtiment de 1632 porte les armoiries d'Orange-Nassau, la dynastie royale germano-néerlandaise qui régna sur les Pays-Bas après le départ de Napoléon. Dans la cour arrière de l'édifice sont exposées d'intéressantes plaques de pierre issues des façades de la ville.

Hoofdtoren ÉDIFICE HISTORIQUE

(Hoofd 2). Dominant les édifices historiques environnants, la Hoofdtoren (1532), tour de défense massive surmontée d'un minuscule beffroi, sert désormais de cadre à un restaurant plein de cachet (ci-après).

Museum van de Twintigste Eeuw MUSÉE

(musée du Vingtième Siècle ; 0229-214 001 ; www.museumhoorn.nl ; Krententuin 24, Oostereiland ; adulte/enfant 10/5 € ; 10h-17h lun-ven,

12h-17h sam-dim). Logé dans l'ancienne et vaste prison de Oostereiland, au sud de la Hoofdtoren, ce musée divertissant est consacré aux équipements ménagers et aux inventions modernes. On marque notamment l'arrêt devant un ordinateur de 1964 – un meuble massif doté de 1 Ko de mémoire – et l'immense maquette de Hoorn en 1650. L'entrée inclut un audioguide.

Activités

Museum Stoomtram TRAIN À VAPEUR
(☎0229-255 255 ; www.stoomtram.nl ; Van Dedemstraat 8 ; circuit adulte/enfant 24,75/18,50 €, vélo 4 € ; ⏲variables). Des locomotives à vapeur, suivies de charmants wagons en bois, relient la gare jouxtant le petit musée de Hoorn à Medemblik (22 km, 1 heure 15). Il est possible de combiner train et bateau dans un circuit appelé le “Triangle historique” (adulte/enfant 24,75/18,50 €) : vous emprunterez le train à vapeur de Hoorn à Medemblik, puis un bateau jusqu'à Enkhuizen et enfin un train NS normal pour le retour à Hoorn (20 min). Horaires variables : renseignez-vous.

Circuits organisés

Watertaxi Hoorn CIRCUITS EN BATEAU
(☎06 4637 4059 ; www.watertaxihoorn.nl ; Oostereiland 21 ; circuit 1 heure jusqu'à 4 pers 50 €, bateau-taxi à partir de 2,50 €/pers par arrêt, location bateau 25 €/heure ; ⏲sur réservation). Le circuit de 1 heure vous donne un aperçu du port de Hoorn, florissant au Siècle d'or, depuis la voie des eaux. La société loue également des bateaux sans permis (panier pique-nique en option 15 €/pers) et propose un service de bateau-taxi dans le port.

Où se loger

♥ **Gevangenis Hotel Hoorn** HÔTEL À THÈME €€
(☎0229-820 246 ; www.gevangenishotelhoorn.nl ; Schuijteskade 5 ; cellule s/d 65/85 €, ch standard d/f 95/199 € ; 📶). Cet hôtel branché occupe une partie de l'immense ancienne prison d'Oostereiland – encore pourvue de barreaux aux fenêtres. Onze cellules ont été aménagées (avec sdb privative) derrière les portes des cellules d'origine. Il y a aussi 14 chambres standards si vous trouvez l'idée déconcertante. Une brasserie lumineuse, avec vue sur le port, complète l'ensemble. Garez-vous de l'autre côté du pont.

Où se restaurer

Wormsbecher PRODUITS DE LA MER €
(☎0229-214 408 ; Wijdebrugsteeg 2 ; plats 3-13 € ; ⏲10h-18h mer-ven, 9h-17h sam, 12h-17h dim). Reconnaissable aux carreaux turquoise de sa façade, cette échoppe traditionnelle de poisson frais à emporter, située sur le port, propose des spécialités prisées des habitants – anguille fumée, hareng cru, coques de la Zuiderzee – et des salades de fruits de mer à prix très serrés. On peut pique-niquer un peu partout sur le port et à Oostereiland.

♥ **De Hoofdtoren** EUROPÉEN €€
(☎0229-215 487 ; Hoofd 2 ; plats 15,50-24,50 €, menu dîner 3 plats 32,50 € ; ⏲12h-22h). Un escalier de brique rouge en colimaçon mène à ce ravissant restaurant à l'intérieur de la tour historique Hoofdtoren. Beau parquet ancien dans une salle éclairée aux chandelles, où l'on sert une cuisine raffinée d'un bon rapport qualité/prix : risotto à la truffe, steak à la polenta, au *stamppot* de roquette et au jus de vin rouge ou encore sole aux épinards sautés. Réservation recommandée. Terrasse sur le trottoir en été.

♥ **Lucas Rive** BISTROT €€€
(☎0229-213 362 ; restauranthavn.nl ; Oude Doelenkade 7 ; plats 13-23 €, menu 3 plats 65 € ; ⏲17h30-0h mer-ven, 13h-0h sma-dim). Il n'a fallu que cinq mois au chef Lucas Rive pour obtenir une étoile au Michelin dans cet établissement chic et contemporain, face au port animé de Hoorn. Pensez à réserver pour venir déguster l'un des menus renouvelés chaque jour, où figurent des plats comme le foie de canard poché sur magret de canard fumé, sauce aux oranges sanguines, le homard braisé au crabe royal ou les ris de veau aux rognons confits et jus à la moutarde.

Renseignements

Office du tourisme (VVV ; ☎0229-855 761 ; Schuijteskade 1, Oostereiland ; ⏲10h-17h tlj mars-sept, ven-dim oct-fév). Dans l'ancienne prison d'Oostereiland.

Comment s'y rendre et circuler

BUS

La gare routière se trouve à l'extérieur de la gare ferroviaire. Le bus n°135 en part pour Den Helder (1 heure 15, toutes les heures), où un changement permet de traverser l'IJsselmeer en direction de Leeuwarden.

Le bus n°314 dessert Edam (35 min, 4/heure) ; il est gratuit avec le forfait Waterland (p. 127).

TRAIN

VERS	PRIX	DURÉE	FRÉQUENCE
Alkmaar	8 €	25 min	2/heure
Amsterdam	9 €	35 min	2/heure
Enkhuizen	7 €	25 min	2/heure

Le Museum Stoomtram (ci-contre) gère une ligne touristique à destination de Medemblik et d'Enkhuizen.

VÉLO

Des pistes cyclables mènent à Edam, 20 km au sud, et à Enkhuizen, au nord-est, via un itinéraire côtier de 25 km.

Fietspoint Ruiter (☎ 0229-217 096 ; fierspointruiter.nl ; Stationplein 1 ; location de vélos dès 12,50 €/jour ; ⏲ 4h50-1h20 lun-jeu, 4h50-2h50 ven-sam, 6h30-1h20 dim). De nombreux résidents de Hoorn travaillent à Amsterdam et ce garage à vélos/agence de location situé à la gare est presque tout le temps ouvert.

Enkhuizen

☎ 0228 / 18 480 HABITANTS

Si la jolie petite ville d'Enkhuizen, superbement préservée, semble très paisible aujourd'hui, il faut savoir qu'au Siècle d'or, son port stratégique abritait la flotte commerciale néerlandaise et qu'elle connut une grande prospérité, notamment liée au commerce lointain de la VOC. La ville tomba petit à petit dans l'oubli à la fin du XVIIe siècle, mais elle possède désormais l'une des plus grandes flottes de bateaux de plaisance de l'IJsselmeer.

Nombre de voyageurs viennent surtout pour visiter le Zuiderzeemuseum, installé à ciel ouvert et en intérieur, et considéré comme l'un des plus beaux musées du pays.

À voir et à faire

Zuiderzeemuseum MUSÉE

(www.zuiderzeemuseum.nl ; Wierdijk 12-22 ; Binnenmuseum adulte/enfant 9,50/66 € ; ⏲ Binnenmuseum 10h-17h toute l'année, Buitenmuseum 10h-17h avr-fin oct). Ce captivant musée se divise en deux parties distantes de 300 m : le Buitenmuseum, à ciel ouvert, riche de plus de 130 bâtiments (habitations et ateliers) déplacés et reconstitués sur place, et le Binnenmuseum, en intérieur, consacré à l'agriculture, la pêche et la navigation. Les visiteurs sont encouragés à garer leur véhicule dans un parking (5 €) près de la N302 à la limite sud de la ville. Un ferry (compris dans le billet d'entrée ; toutes les 15 min d'avril à octobre) fait la navette entre le parking, la gare ferroviaire et le Buitenmuseum. Prévoyez une demi-journée pour visiter tranquillement les deux sections.

Ouvert en 1983, le **Buitenmuseum** vaut à lui seul le voyage. Y sont rassemblés des maisons, des fermes et des ateliers, transportés ici par camion de toute la région, afin de plonger le visiteur dans la vie de la Zuiderzee entre 1880 et 1932. Tout a été pensé dans le moindre détail dans un souci d'authenticité, depuis la décoration des barrières et le choix des arbustes jusqu'à la disposition des villages eux-mêmes. Le guide illustré (en anglais) offert avec le billet d'entrée sera le compagnon indispensable de votre visite.

Les habitants portent des tenues traditionnelles et on trouve là de vraies commerces comme la boulangerie, la pharmacie et le magasin de bonbons. Des démonstrations sont organisées dans les ateliers tout au long de la journée. Bien que très différentes les unes des autres, les expositions s'enchaînent avec fluidité : les fours à chaux d'Akersloot ne sont qu'à quelques mètres du quartier de Zuidende et de son alignement de maisons de Monnickendam, initialement bâties à l'extérieur des digues. Ne ratez pas le quartier d'Urk, édifié pour reproduire le lieu-dit du même nom, lequel était une île avant l'assèchement du Noordoostpolder. Les amateurs de timbres enverront leurs lettres depuis le vieux bureau de poste de Den Oever. Le Marker Haven est une reproduction du port édifié en 1830 sur ce qui était alors l'île de Marken. Une aire de jeux est installée à l'entrée.

Le site est ouvert toute l'année mais les animations n'y ont lieu que d'avril à octobre.

Adjacent au Peperhuis, le **Binnenmuseum** occupe l'ancienne demeure et entrepôt d'un négociant de la marine marchande. Une belle salle y est consacrée à la marine, avec tableaux, estampes et autres objets liés à l'expansion puis au déclin de l'industrie de la pêche et à l'édification des digues. On y trouve aussi des objets liées à la culture et aux traditions : costumes régionaux, porcelaine, argenterie et bijoux notamment, tous évocateurs de l'opulence de la Hollande à cette époque.

Flessenscheepjes Museum MUSÉE

(musée des Bateaux en bouteille ; www.flessenscheepjesmuseum.nl ; Zuiderspui 1 ; adulte/enfant 4,50/3 € ; 12h-17h sam-lun). Ce minuscule musée est à la mesure des objets de sa collection : un fascinant ensemble de bateaux en bouteille, sculptés par les marins à travers les époques. Il en abrite plus de 1 000, dont certains ont plus de 750 ans ; une vidéo dévoile les secrets de leur fabrication.

Westerkerk ÉGLISE

(www.westerkerkenkhuizen.nl ; Westerstraat 138 ; 13h30-17h mar-sam début juil à début sept). En longeant Westerstraat, on découvre la remarquable Westerkerk, église gothique du XVe siècle au joli clocher en bois. Son jubé très ornementé et son imposante chaire méritent un coup d'œil.

Drommedaris ÉDIFICE HISTORIQUE

Dressée entre le Buitenhaven et l'Oude Haven, l'imposante Drommedaris était à l'origine une tour de défense intégrée à l'enceinte de la ville du XVIe siècle. Après avoir été une prison, elle sert désormais de point de repère visible de loin. Son carillon sonne toujours les heures.

Stadhuis ÉDIFICE HISTORIQUE

(Breedstraat 53). L'hôtel de ville de style classique (1686) a été construit sur le modèle de l'ancien hôtel de ville d'Amsterdam sur le Dam (aujourd'hui le Palais royal). En jetant un coup d'œil à travers les fenêtres, on aperçoit des tapisseries, certaines issues des Gobelins.

Où se loger

Camping Enkhuizer Zand CAMPING €

(0228-317 289 ; europarcs.nl ; Kooizandweg 4 ; empl 17-27,50 € ; avr-sept ; P). Installé au nord de la section extérieure (Buitenmuseum) du Zuiderzeemuseum, ce camping populaire brille par ses installations très complètes. Belle plage de sable blanc, courts de tennis, épicerie et cantine avec Wi-Fi (tous les emplacements de camping n'en bénéficient pas).

De Koepoort BOUTIQUE-HÔTEL €€

(0228-314 966 ; www.hoteldekoepoort.com ; Westerstraat 294 ; d/tr/f à partir de 104/149/174 € ; P). Baptisé du nom de la porte occidentale historique de la ville située à deux pas, l'hôtel De Koepoort dispose de 25 chambres (certaines avec balcon) avec finitions en bois et lits ultraconfortables. Détendez-vous dans le salon de l'entrée agrémenté de fauteuils en cuir, au bar, au restaurant proposant une cuisine à base de produits frais locaux (petit-déjeuner compris) ou sur le fabuleux toit-terrasse dominant la porte historique. Ascenseur, réception ouverte 24h/24.

Où se restaurer et prendre un verre

Cafés et restaurants bordent l'Oude Haven (Vieux Port), ainsi que les rues Venedie et Westerstraat. La ville compte plusieurs supermarchés, dont un grand dans la rue Molenweg.

De Mastenbar BAR

(www.demastenbar.nl ; Compagnieshaven 3 ; 16h30-23h jeu-ven, 12h-23h sam-dim). Niché au cœur de la marina Compagnieshaven, le De Masten est un bar très prisé des habitants. L'intérieur, spacieux et plein de cachet, est décoré dans le style nautique – cartes imprimées au plafond, gouvernails, boussoles et lanternes en cuivre récupérés sur d'anciens navires. Depuis la terrasse panoramique, on peut observer les bateaux de plaisance et les péniches de commerce à la manœuvre. Côté cuisine, les spécialités sont les produits de la mer tout frais, la soupe flamande à l'oignon et les assiettes de dégustation, avec du gibier notamment.

Renseignements

En face de la gare ferroviaire, l'**office du tourisme d'Enkhuizen** (VVV ; 0228-313 164 ; www.enkhuizenboeit.nl ; Tussen Twee Havens 1 ; 8h-17h juil-août, 9h-17h mer-sam mai-juin et sept, 10h-16h mer-ven, 11h-15h sam avr et oct) vend des billets de ferry ; borne de recharge pour vélos électriques.

Comment s'y rendre et circuler

BATEAU

L'**Enkhuizen-Stavoren Ferry** (0228-326 006 ; www.veerboot.info ; Tussen Twee Havens ; adulte/enfant/vélo aller simple 14,50/9/7,20 € ; 3/jour avr-oct) navigue sur l'IJsselmeer, reliant la Hollande-Septentrionale à Stavoren, dans la Frise, et située sur la ligne ferroviaire menant à Leeuwarden via Sneek ; la traversée dure 1 heure 20 (aller simple). Les ferries mettent à quai près de l'office du tourisme, qui vend des billets.

L'ASSÈCHEMENT DE LA ZUIDERZEE

À l'origine, le littoral des Pays-Bas s'étendait jusqu'aux plages de sable de Texel et des îles des Wadden (îles de la Frise). Mais la mer, implacable, semble n'avoir jamais accepté de telles limites : à la fin du XIIIe siècle, poussées par plusieurs tempêtes, les eaux salées emportèrent les fragiles barrières naturelles de la zone et s'engouffrèrent profondément à l'intérieur des terres, créant ainsi la Zuiderzee (littéralement "mer du Sud").

Durant des siècles, les habitants ont rêvé d'assécher la Zuiderzee afin de gagner sur la mer d'immenses et précieuses étendues de terres agricoles. Les pêcheurs des villages installés sur ses rives voyaient les choses d'un autre œil, même si les eaux de cette mer peu profonde inondaient régulièrement leurs maisons et leurs ateliers, emportant souvent des vies au passage. Il fallait trouver une solution à ce problème et le seul moyen imaginé pour dompter les vagues consistait à leur bloquer le passage.

La construction d'une immense digue fut proposée dès le milieu du XVIIe siècle, mais ce n'est qu'à la fin du XIXe siècle, grâce au développement de nouvelles techniques, que ce projet put enfin devenir réalité. L'ingénieur Cornelis Lely, qui donna son nom à la ville de Lelystad, fut le premier à dessiner une barrière de rétention. En 1916, une grave inondation donna le coup d'envoi au projet, dont la construction débuta en 1927. Les pêcheurs firent part de leur inquiétude quant à leur source de revenus et des voix s'élevèrent pour évoquer le risque que les îles des Wadden ne disparaissent sous la montée des eaux. Si la première source d'inquiétude s'avérait légitime, la seconde se révéla infondée.

En 1932, la Zuiderzee fut fermée en grande pompe par l'Afsluitdijk (digue de fermeture), une impressionnante retenue de 30 km de long sur 90 m de large, reliant les provinces de Hollande-Septentrionale et de Frise. Si le niveau de l'eau resta relativement stable, le projet signa la mort de l'industrie de la pêche, car le bassin se remplit progressivement de l'eau douce apportée par la rivière IJssel – l'IJsselmeer était né. Cependant, de vastes étendues de terres furent créées, rapidement transformées en polders (étendues artificielles de terre entourées de digues où l'eau peut être régulée) cultivables. Une seconde barrière entre Enkhuizen et Lelystad fut achevée en 1976 – donnant ainsi naissance au Markermeer – avec l'idée de lancer la phase d'assèchement suivante, mais ce projet fut abandonné en raison de son coût et de préoccupations environnementales.

Pour en savoir plus sur ce vaste projet, attardez-vous au Nieuw Land Poldermuseum de Batavialand (p. 150), à Lelystad, qui décrit en détail la récupération des terres sur la mer.

En juillet et août, des ferries **De Zuiderzee** (☎ 06 5360 8813 ; www.de-zuiderzee.nl ; Tussen Twee Havens ; adulte/enfant aller simple 15/10 €, aller-retour 18/13 €, vélos gratuits ; ⏲ toutes les 2 heures 9h-18h lun-sam juil-août) traversent l'IJsselmeer pour rallier Urk en 2 heures.

TRAIN

Des trains directs relient Enkhuizen à Amsterdam (11,30 €, 1 heure, toutes les 30 min) et Hoorn (7 €, 25 min, toutes les 30 min).

VÉLO

Des pistes cyclables le long de la Zuiderzee relient Enkhuizen à Medemblik, à 21 km au nord-ouest, et à Hoorn, à 25 km au sud-ouest. D'Enkhuizen, vous pouvez aussi circuler à vélo le long de la Houtribdijk, cette longue digue qui sépare l'IJsselmeer au nord et la Markermeer au sud, jusqu'à Lelystad (29 km).

Bike Totaal (☎ 0228-325 771 ; www.biketotaalbovenkarspel.nl ; Westerstraat 25 ; vélo standard/électrique à partir de 10/25 € par jour ; ⏲ 9h-18h mar-ven, 9h-17h sam) loue des vélos standards et électriques, ainsi que des vélos pour enfant, des remorques, des sacoches et des sièges pour enfant.

Medemblik

☎ 0227 / 44 275 HABITANTS

Située à quelque 12 km au nord-ouest d'Enkhuizen, la paisible ville de Medemblik est le plus ancien port sur l'IJsselmeer. Des fouilles ont montré qu'elle remonte au VIIe siècle ; plus tard, elle fit partie de la Ligue hanséatique (p. 266). Certaines parties de la ville séduisent particulièrement les voyageurs, notamment son port animé, ses vieilles rues en retrait des quais et sa forteresse médiévale.

À voir et à faire

En vous promenant sur Kaasmarkt, et le long de la Torenstraat, de la Nieuwstraat et du canal Achterom, vous verrez de belles façades richement décorées.

Kasteel Radboud CHÂTEAU
(☎0227-541 960 ; www.kasteelradboud.nl ; Oudevaartsgat 8 ; adulte/enfant 8,50/5,50 € ; ⏲11h-17h mar-dim, horaires variables). Le petit château de Radboud fut édifié au XIIIe siècle sur les ordres du comte Florent V (1254-1296) de Hollande, dit "der Keerlen God" (le dieu des paysans), et utilisé comme prison avant d'être remanié au XIXe siècle par Pierre Cuypers, architecte à qui l'on doit le Rijksmuseum à Amsterdam. Le plan d'origine fut conservé et l'imposante **Ridderzaal** (salle des Chevaliers) conserve pour l'essentiel l'aspect qui était le sien au Moyen Âge. Des panneaux explicatifs (en anglais) donnent des détails sur la longue histoire du château et sur la triste fin du comte (il mourut assassiné). Pour vous y rendre, suivez les panneaux depuis le port, à l'est de la ville. L'entrée comprend un audioguide.

Stoommachine Museum MUSÉE
(musée de la Machine à vapeur ; ☎0227-544 732 ; www.stoommachinemuseum.nl ; Oosterdijk 4 ; adulte/enfant 9/6 € ; ⏲10h-17h mar-dim mars-nov, lun-dim pendant les vacances). Le Stoommachine Museum occupe l'ancienne station de pompage située à l'extérieur de Medemblik. Trente machines à vapeur anciennes venues des Pays-Bas, d'Angleterre et d'Allemagne y sont mises en marche pour des démonstrations. Consultez le site Internet pour connaître les jours de fonctionnement.

Le Museum Stoomtram (p. 136) part de l'ancienne gare ferroviaire pour rejoindre Hoorn. Il est aussi possible d'emprunter un bateau pour Enkhuizen dans le cadre d'un circuit "Triangle historique".

Où se loger et se restaurer

Il y a à Medemblik des B&B et des campings, mais peu d'autres hébergements. Vous trouverez plus de choix à Hoorn, à 22 km au sud.

Restaurant Meijer's 2.0 NÉERLANDAIS €€€
(☎0228-591 667 ; www.restaurant-meijers.nl ; Oosterhaven 3 ; plats 12,50-18,50 €, menus 4/5/6 plats 48,50/58,50/68,50 € ; ⏲à partir de 18h lun, mer et jeu-dim, 13h-16h ven-dim). Le meilleur restaurant de Medemblik sublime la cuisine néerlandaise traditionnelle : les plats comme la bisque de homard aux *bitterballen* (croquettes) de crevettes, la tourte au crabe de la mer des Wadden (Waddenzee) et au fenouil, la poitrine de porc de Middenmeer au caviar de hareng et l'agneau mariné aux groseilles avec panna cotta à l'asperge sont aussi créatifs que délicieux. La salle à manger s'agrémente de chaises tendues d'un tissu gris clair et de fleurs fraîches ; petite terrasse en été.

Depuis/vers Medemblik

Des pistes cyclables longeant les digues vers le sud et l'est mènent à Enkhuizen, à 21 km.

Le bus n°239 relie Medemblik à Hoorn (30 min, toutes les 30 min).

Den Helder

☎0223 / 56 308 HABITANTS

Ville portuaire où se trouve la principale base navale néerlandaise, Den Helder, sorte de "Gibraltar du Nord", est située tout au nord de la province, à quelques encablures de l'île de Texel. Elle possède un musée de la marine, ainsi qu'un musée militaire et un aquarium (dans un fort du XIXe siècle) qui valent le coup d'œil, avant de prendre le ferry pour Texel. Côté nature, Den Helder est entourée de réserves naturelles uniques, de la mer aux dunes, des forêts aux polders et aux vasières.

À voir

Marine Museum MUSÉE
(☎0223-657 534 ; www.marinemuseum.nl ; Hoofdgracht 3 ; adulte/enfant 12/7,50 € ; ⏲10h-17h). Installé dans l'immense ancien arsenal de la Marine royale néerlandaise, à qui appartient encore le bâtiment, ce musée couvre essentiellement l'histoire navale après 1815, année de naissance du royaume des Pays-Bas. Il est possible d'explorer plusieurs vaisseaux amarrés aux docks extérieurs, notamment un sous-marin. Le site recèle aussi le pont et le radôme du destroyer lance-missiles *De Ruyter*, où les visiteurs peuvent faire l'expérience d'une simulation de crise et apprendre les secrets des radars tridimensionnels.

Fort Kijkduin MUSÉE, AQUARIUM
(☎0223-612 366 ; www.fortkijkduin.nl ; Admiraal Verhuellplein 1, Huisduinen ; entrée

combinée musée et aquarium adulte/enfant 15/12 € ; ⏲10h-17h avr-oct, 11h-17h nov-mars). Construite sur les ordres de Napoléon en 1811 pour loger 1 400 soldats, cette forteresse perchée en haut d'une colline (baptisée Fort Morland à l'origine) accueille désormais un musée militaire, en plus d'un fantastique aquarium souterrain constitué de 14 bassins remplis de créatures marines de la mer des Wadden et de la mer du Nord. L'un d'eux comporte un tunnel immersif ; les enfants adorent.

Où se restaurer

Kade 60 EUROPÉEN **€€**

(☎0223-682 828 ; www.kade60.nl ; Willemsoord 60 ; plats déj 5,50-12,50 €, dîner 18,50-23,50 € ; ⏲10h-22h mer-dim). Situé près du Marine Museum et du terminal des ferries, ce restaurant caverneux occupe une ancienne fonderie de fer en bordure de canal. Des sandwichs gourmands, tel le bœuf fumé-œuf mayonnaise à la truffe, sont servis au déjeuner ; les plats du soir vont de l'agneau mariné à la betterave à l'ail confit au bar rôti au four avec pesto à la salicorne. Vous pouvez aussi vous contenter d'une bière, d'un verre de cidre ou de vin.

Depuis/vers Den Helder

Den Helder est le point de départ des ferries de passagers et de véhicules (p. 150) desservant l'île de Texel.

TRAIN

Au départ de Den Helder, trains directs pour Alkmaar (9 €, 40 min, 2/heure) et Amsterdam (12 €, 1 heure 20, 2/heure). Des trains pour Haarlem via Alkmaar (19 €, 1 heure 30, 2/heure) circulent également.

VÉLO

La véloroute de la mer du Nord (Noordzee) relie Den Helder à Sluis, près de la frontière belge ; elle longe les dunes de la mer du Nord et les champs de tulipes aux environs de Julianadorp, à quelque 9 km au sud de Den Helder.

Texel

☎0222 / 13 643 HABITANTS

Grandes plages de sable blanc, réserves naturelles riches en flore et en faune, forêts parsemées de villages pittoresques : tels sont les atouts de Texel (prononcé *tes*-sel), la plus vaste et la plus visitée des îles des Wadden.

Située à 3 km au nord des côtes de la Hollande-Septentrionale, Texel s'étend sur 25 km de long et 9 km de large. Ses paysages plats typiquement néerlandais en font l'endroit rêvé pour des sorties à vélo. Les moutons, que l'on voit partout sur l'île, produisent une laine très appréciée et de nombreuses laiteries fabriquent du fromage. Pendant la saison de l'agnelage, aux environs de Pâques, vous aurez très certainement la chance d'observer des agneaux gambader dans toute l'île.

Les distractions sont suffisamment nombreuses sur l'île pour un séjour prolongé. Prisée des visiteurs néerlandais et allemands, Texel reste néanmoins à l'écart des sentiers battus.

Elle était à l'origine constituée de deux îles jusqu'en 1835, date à laquelle une petite portion de terre menant à l'île d'Eyerland fut asséchée.

Avant l'ouverture du Noordzeekanaal au XIXe siècle, Texel était une étape importante pour les navires en route vers l'Asie, l'Afrique et l'Amérique du Nord : c'est ici que débuta et s'acheva la première expédition commerciale vers les Indes orientales. L'île fut aussi le théâtre d'une spectaculaire catastrophe maritime : la veille de Noël 1593, des vents violents frappèrent une flotte marchande amarrée à proximité de la côte, coulant pas moins de 44 navires et noyant près d'un millier de marins.

Orientation

Les ferries venus du continent accostent à **'t Horntje**, au sud de l'île, d'où des bus partent vers le nord pour rallier les 6 principales localités de Texel :

Den Burg La modeste capitale de l'île offre le plus de services et constitue son principal centre commerçant ; à 7 km au nord de 't Horntje.

De Koog Le cœur touristique balnéaire est la seule localité regroupant des bars bruyants ; à 13 km au nord de 't Horntje.

Den Hoorn Un charmant village, tout proche des champs de tulipes et des dunes battues par les vents ; à 3,5 km au nord-ouest de 't Horntje.

Oudeschild Les meilleures installations portuaires de l'île, un excellent musée et de succulents produits de la mer, ainsi qu'une aire de jeux pour enfants sur le thème des pirates à l'extrémité nord ; à 7 km au nord-est de 't Horntje.

Oosterend Hameau calme à l'architecture intéressante ; à 15 km au nord-est de Den Burg.

De Cocksdorp Vers l'extrémité nord de l'île, ce tout petit village est le point de départ pour l'île de Vlieland et les autres îles des Wadden (îles de la Frise) ; à 20 km au nord de 't Horntje.

Les plages de la côte ouest sont numérotées au kilomètre du sud au nord.

À voir

Parc national des Dunes de Texel — PARC NATIONAL

(Nationaal Park Duinen van Texel ; www.npduinen-vantexel.nl). Le spectaculaire patchwork de paysages de dunes qui couvre toute la côte occidentale est la raison principale d'une visite sur l'île. Marais salés et landes alternent avec de douces dunes couvertes d'herbe, où l'on trouve certaines plantes endémiques tel le délicat orchis des marais ou l'argousier, un arbrisseau épineux aux baies orange vif. Une grande partie de la zone constitue un sanctuaire pour les oiseaux et n'est accessible qu'à pied. Rendez-vous au centre des visiteurs d'Ecomare, pour vous informer et réserver d'excellentes randonnées dans les dunes d'une durée de 2 heures, menées par un guide forestier (parlant anglais et néerlandais ; à partir de 7,50 €), et obtenir des cartes.

De Slufter s'est transformé en une zone humide après l'échec d'une tentative d'assèchement ; lorsqu'une tempête brisa les digues au début des années 1900, l'endroit fut inondé et donna naissance à un écosystème unique. Au sud, **De Muy** héberge une colonie de spatules, surveillée avec beaucoup de zèle par les naturalistes locaux.

À seulement quelques mètres de la plage, battue par les vents, la forêt touffue de **De Dennen** s'étend entre Den Hoorn et De Koog. Plantée à l'origine pour fournir du bois de construction, elle compte aujourd'hui un formidable réseau de sentiers, à parcourir à pied ou à vélo. Au printemps, le sol est tapissé de perce-neige, plantés ici dans les années 1930.

Ecomare — RÉSERVE NATURELLE

(☎ 0222-317 741 ; www.ecomare.nl ; Ruijslaan 92, De Koog ; adulte/enfant 14,50/10,50 € ; ⌚ 9h30-17h, dernière entrée 16h30). Créé initialement comme un refuge pour les phoques malades de la mer des Wadden, Ecomare s'est développé pour devenir un remarquable centre dédié à la préservation de la vie sauvage de Texel. On peut y voir des expositions sur l'évolution de l'île depuis la dernière ère glaciaire et sur les interactions entre les îliens et la mer. S'y trouvent également de grands aquariums peuplés d'animaux marins de la mer des Wadden et de la mer du Nord (dont des requins). À l'extérieur, le réseau de sentiers nature balisés est propice aux balades.

Les phoques (*zeehonden* en néerlandais) sont les vedettes des aquariums : leur ballet aquatique ravira même les visiteurs les plus blasés. Essayez de venir à 11h30 ou à 15h30, au moment du nourrissage. Les marsouins (rescapés) sont nourris à 10h30 et à 13h30 ; les poissons à 14h30. Les oiseaux sauvés par le centre tiennent une place de choix. Vous pourrez aussi voir les squelettes de six baleines échouées dans la mer des Wadden, dont celui d'un cachalot de 15 m de long armé de 52 dents redoutables.

Kaap Skil Museum Van Jutters & Zeelui — MUSÉE

(musée de la Mer et des Pilleurs d'épaves ; ☎ 0222-314 956 ; www.kaapskil.nl ; Heemskerckstraat 9, Oudeschild ; adulte/enfant 9,75/7 € ; ⌚ 10h-17h mar-dim sept-juin, 10h-17h lun-dim juil-août). Cet excellent musée est doté d'un magnifique hall d'entrée en verre recouvert de lattes verticales de bois recyclé. On reste ébahi devant l'extravagant bric-à-brac récupéré sur les navires naufragés et sur la côte. Dans la partie extérieure ont lieu des démonstrations de fabrication de cordes, de fumage de poisson et de forge. À l'intérieur, des sujets aussi divers que l'archéologie sous-marine ou le fonctionnement des moulins à vent sont abordés.

Reede van Texel, ou "Routes de Texel", est une grande maquette très détaillée des ports et des routes maritimes tels qu'ils étaient au XVIIe siècle.

Phare d'Eierland — PHARE

(☎ 0222-317 741 ; www.vuurtorentexel.nl ; Vuurtorenweg 184, De Cocksdorp ; 5,50 € ; ⌚ 10h-17h tlj 21 fév-6 nov, 10h-17h mer sam et dim 7 nov-21 fév). Victime des tempêtes et de la guerre, la tour écarlate de 35 m de haut du vieux phare de Texel, construit en 1864, n'en est pas moins toujours debout. Grimpez ses 153 marches, et vous aurez une belle vue sur les îles et sur les hauts-fonds.

Activités

Texel compte un peu plus de 140 km de pistes cyclables bien balisées. Toutes les routes peuvent être empruntées à vélo et il est possible de faire tout le tour de l'île en suivant les digues à l'est et les sentiers derrière les dunes à l'ouest.

La baignade, la voile, le kitesurf, le saut en parachute et les sorties équestres sont des activités ayant chacune leurs adeptes.

Kitesurf School Texel KITESURF
(☎ 06 1097 1992 ; www.kitesurftexel.nl ; Paal 17 ; location kitesurf à partir de 15 €/heure, cours de 2 heures 30 à partir de 85 € ; ⏲ 9h-17h). À 3 km au sud de De Koog, la Kitesurf School Texel propose de vivifiantes séances de kitesurf et loue aussi du matériel. Réservé aux plus de 12 ans.

Paracentrum Texel VOLS, SAUTS EN PARACHUTE
(☎ 0222-311 464 ; www.paracentrumtexel.nl ; aéroport de Texel, Postweg 128, De Cocksdorp ; saut en tandem à partir de 199 € ; ⏲ tlj avr-oct, sam sur demande nov-mars). Ce prestataire organise des vols d'agrément de 15 minutes au-dessus de Texel (2 pers minimum) et, pour un peu plus cher, au-dessus des autres îles des Wadden. Les amateurs de sensations fortes pourront essayer le saut en tandem.

Manege Elzenhof BALADES À CHEVAL
(☎ 0222-317 469 ; www.manegeelzenhof.nl ; Bosrandweg 252, De Koog ; balade à cheval à partir de 25 € l'heure, leçon 25 min 22,50 € ; ⏲ 8h-20h). L'un des centres équestres de l'île, le Manege Elzenhof propose des balades à cheval et à poney, ainsi que des cours d'équitation. Ne manquez pas de réserver les promenades sur la plage.

☞ Circuits organisés

Le port de pêche d'Oudeschild accueille nombre d'anciens gros chalutiers utilisés pour la pêche à la crevette, désormais reconvertis pour transporter les excursionnistes. La concurrence est rude : le meilleur moyen de choisir votre embarcation est donc de descendre sur les quais pour comparer les prix et les itinéraires. Les sorties autour de Texel passent à proximité d'une colonie de phoques menacée, installée sur les bancs de sable. Horaires de départ en fonction des marées.

Emmie TX10 SORTIE EN MER
(☎ 06 5149 8614 ; www.garnalenvissenoptexel.nl ; Haven 8, Oudeschild ; adulte/enfant 20/15 € ; ⏲ sorties de 2 heures à 10h30 et 14h lun-sam mi-mars à octavr-nov, à 12h mer et sam nov-avr). Les crevettes pêchées lors de la sortie en mer de ce chalutier sont cuisinées sur le bateau pour les passagers.

À NE PAS MANQUER

LES PLAGES DE TEXEL

L'île de Texel séduit les visiteurs à la recherche de détente et de loisirs – baignade ou balades à vélo ou en bateau. Ses plages de sable immaculées, qui ourlent la côte ouest en un long ruban, sont numérotées par kilomètres, du sud au nord, et signalées par un *paal* (pieu).

Les courants peuvent être dangereux, et des maîtres-nageurs surveillent la baignade en juillet et en août depuis la plage n°9, au nord-est de Den Hoorn, jusqu'à la plage n°21, près de De Koog.

Même s'il y a foule sur l'île, il suffit de marcher un peu pour trouver une étendue de sable déserte. Les plus belles plages sont les suivantes :

n°9 Peu de monde, appréciée des habitants de l'île et des nudistes.

n°12 Peu de monde, avec un café abrité.

n°17 La plage festive de Texel (www.paal17.com) ; beaucoup d'activités en journée comme de nuit.

n°19 Ici, les bars et les restaurants ne manquent pas (www.paal19.nl).

n°20 Juste en face de l'enclave touristique de De Koog, assez artificielle.

n°27 Une plage assez isolée, prisée des nudistes.

n°31 Près du phare ; baignade interdite en raison de dangereux contre-courants, mais beaucoup de sports de voile.

n°33 Pas de baignade ici non plus, mais de nombreux sports de plage. On y aperçoit parfois des phoques.

Texel

Texel 44
CIRCUITS EN BATEAU

(☏ 06 5110 5775 ; www.tx44.nl ; Haven 6, Oudeschild ; sortie de 2 heures adulte/4-8 ans/9-12 ans 19,50/12,50/15 € ; ⏲ variables). Bateau-promenade construit à cet effet en 1950, le *Texel 44* est doté d'un vaste pont supérieur, idéal pour observer les phoques, et d'un habitacle chauffé en cas de mauvais temps.

Texelstroom
VOILIER

(☏ 06 5179 4992 ; www.texelstroom.nl ; Haven 4, Oudeschild ; circuit 3 heures 25 € ; ⏲ sur réservation mi-avr à oct). Si vous préférez la voile traditionnelle aux bateaux à moteur, optez pour une navigation de 3 heures sur ce beau voilier de 1906. Il peut embarquer jusqu'à 12 passagers ; à partir de 14 ans seulement.

Tuk Tuk Express
TUK-TUK, BUGGY

(☏ 06 2145 2052 ; www.tuktukexpresstexel.nl ; Haven 12, Oudeschild ; tuk-tuk lun-ven/sam-dim 99/119 € par jour, buggy 50/120 € par heure/jour ; ⏲ 10h-18h avr-oct, sur réservation nov-mars). Un moyen divertissant de faire le tour de l'île est au volant d'un petit *tuk-tuk* (triporteur) à trois roues et quatre sièges, un Piaggio Calessino convertible qui ne fut produit qu'à 999 exemplaires. Également : location de buggies ouverts pour 2 personnes.

Texel

Les incontournables
1 Ecomare ... B3
2 Kaap Skil Museum Van Jutters & Zeelui ... C4
3 Parc national des Dunes de Texel ... B3

À voir
4 De Kroon van Texel ... B4
5 De Zelfpluktuin ... C4
6 Phare d'Eierland ... C1
7 Kaasboerderijk Wezenspyk ... B4
8 Texelse Bierbrouwerij ... C4

Activités
Emmie TX10 ... (voir 16)
9 Jan Plezier ... B3
10 Kitesurf School Texel ... A3
11 Manege Elzenhof ... B3
12 Tessel Air ... C2
Texel 44 ... (voir 16)
Texelstroom ... (voir 16)
Tuk Tuk Express ... (voir 16)

Où se loger
13 Bij Jef ... B4
14 Boutique Hotel Texel ... C2
15 Design Hotel Texel Suites ... C4
16 Hotel De 14 Sterren ... B4
17 Stayokay Texel ... B4
18 Strandhotel Noordzee ... B3
19 't Anker ... C1
20 Texel Yurts ... B4

Où se restaurer
Bij Jef ... (voir 13)
De Worsteltent ... (voir 16)
21 Eiland Keuken ... B4
Freya ... (voir 21)
Gusta ... (voir 14)
22 IJsboerderij Labora ... C2
Restaurant Topido ... (voir 19)
't Pakhuus ... (voir 15)
23 Vispaleis Rokerij van der Star ... C4

Où prendre un verre et faire la fête
24 Kaap Noord ... C1

Achats
De Kade ... (voir 15)
25 De Texelse Chocolaterie ... B4

Jan Plezier BALADE À CHEVAL, EN CARRIOLE
(☎06 2009 7793 ; www.janpleziertexel.nl ; Nikadel, De Koog ; circuit adulte/enfant 18/9 €, balade à cheval 65 €/3 heures ; ⏲circuits 10h et 14h lun-sam avr-oct, balade à cheval sur rdv). Les balades de 3 heures en carriole tirée par des chevaux sont proposées sur deux jolis itinéraires : l'un suit principalement la plage et l'autre traverse la forêt. Départ à l'arrêt de bus de la rue Nikadel à De Koog. Les cavaliers chevronnés peuvent opter pour une balade de 3 heures.

Fêtes et festivals

Ronde om Texel VOILE
(www.roundtexel.com ; Paal 17 ; ⏲début à mi-juin). La plus grande régate en catamaran au monde attire quelque 600 participants et des milliers de spectateurs le long des plages. Elle débute et prend fin à la plage n°17, à 3 km au sud de De Koog.

Où se loger et se restaurer

Si l'on dénombre sur l'île plus de 45 000 places d'hébergement, la réservation n'en est pas moins indispensable, surtout en juillet et en août. Si c'est à De Koog que le choix est le plus important, des hameaux tels que Den Hoorn ou De Cocksdorp se révèlent plus tranquilles.

L'office du tourisme dispose d'une liste de B&B. Les prix chutent en basse saison (octobre à avril). Les campings de Texel sont pleins l'été, et à cette époque beaucoup exigent un séjour minimum d'une semaine.

Den Burg

Stayokay Texel AUBERGE DE JEUNESSE €
(☎0222-315 441 ; www.stayokay.com ; Haffelderweg 29, Den Burg ; dort/d/f à partir de 35,50/78,75/149,50 € ; P 📶). À 700 m au sud du centre de Den Burg, cette auberge de jeunesse moderne, affiliée HI, compte 240 lits dans des chambres propres et colorées, ainsi qu'un café. Location de vélos pour rallier la plage, située à 6 km.

Hotel De 14 Sterren HÔTEL €€
(☎0222-322 679 ; www.14sterren.nl ; Smitsweg 2-4, Den Burg ; d/ste à partir de 130/170 € ; 📶). En lisière de la forêt de De Dennen, un charmant hôtel de 14 chambres, décorées dans des teintes chaudes méditerranéennes, la plupart pourvues d'une terrasse ou d'un balcon avec vue sur le jardin. Le petit-déjeuner (compris) est servi

100% LOCAL

LES PRODUITS DE L'ÎLE

Sur toute l'île vous trouverez de délicieux produits locaux : fruits, fromages, chocolat, glaces, bières et, chose rare aux Pays-Bas, du vin. Cherchez aussi les spiritueux distillés sur Texel, comme le gin et le whisky, dans les bars et les restaurants.

Texelse Bierbrouwerij (0222-320 325 ; www.texels.nl ; Schilderweg 214b, Oudeschild ; visite guidée 12,50 € ; visites sur rdv, bar 10h30-19h mar-dim mi-juil à août, 10h30-18h mar-dim avr à mi-juil et sept-oct, horaires réduits nov-mars). Visites guidées et dégustations à la brasserie de Texel, assortie d'un bar.

De Kroon van Texel (06 5180 8386 ; www.wijngaarddekroonvantexel.nl ; Rozendijk 32, Den Burg ; dégustation de vins 12-18 € ; cave 10h30-16h mar, 14h-16h ven, 10h30-14h30 sam, visite guidée 15h30 mar, 19h30 mer, 15h30 ven fin mai-fin sept). Domaine viticole primé.

Kaasboerderijk Wezenspyk (0222-315 090 ; www.wezenspyk.nl ; Hoondernweg 29, Den Burg ; dégustation adulte/enfant 5,50/2,75 € ; 9h30-17h mar-sam, 11h-17h dim, dégustation 14h mar et ven, 11h sam). Goûtez et achetez les fromages fabriqués dans cette petite laiterie.

De Zelfpluktuin (0222-315 080 ; www.zelfpluktuin.nl ; Middellandseweg 4, Oudeschild ; 9h30-17h30 lun-sam mai-nov). Fruits, légumes et fleurs à cueillir dans cette petite ferme.

IJsboerderij Labora Ferme laitière spécialisée dans les glaces.

De Texelse Chocolaterie (0222-313 179 ; www.detexelsechocolaterie.nl ; Spinbaan 1a, Den Burg ; 9h-17h30 mar-sam). Fabrique de chocolats à base de lait frais de Texel.

De Kade (Haven 9c, Oudeschild ; 10h-18h tlj juil-août, 10h-17h lun-sam, 12h-17h dim mars-juin et sept-oct). Magasin de spécialités gastronomiques de Texel, notamment les fromages, les confitures et les conserves.

en chambre. Son bistrot, **De Worsteltent** (0222-310 288 ; www.14sterren.nl ; Smitsweg 4, Den Burg ; plats déj 6,50-18,50 €, dîner 15,50-23,50 € ; 12h-20h30 ;), occupe une grange rustique.

Freya BISTROT €€

(0222-321 214 ; Gravenstraat 4 ; menu 3 plats 28,50 € ; 18h-21h mar-sam). Dans ce petit restaurant chaleureux, le menu à prix fixe change tous les jours. On y sert une cuisine néerlandaise contemporaine, comme le magret de canard fumé aux asperges, l'agneau de Texel en croûte d'herbes accompagné de pommes de terre au four, et les fruits rouges locaux servis avec une meringue, le tout nappé de crème fouettée du cru. Réservation indispensable.

Eiland Keuken NÉERLANDAIS €€

(0222-322 084 ; www.deeilandkeuken.nl ; Gravenstraat 7, Den Burg ; menus 3/5/6/7 plats 39/57,50/67,50/77,50 € ; 18h-22h mar-sam, ;). Les produits frais de Texel sont à l'honneur dans ce bistrot stylé proposant une excellente cuisine : huîtres de la mer des Wadden à la salsa citron-salicorne, ceviche de maquereau fumé, agneau de Texel saupoudré de chocolat et garni de pommes rôties de Den Burg et de mousse à la betterave, ou sorbet aux baies d'argousier et à la framboise avec mûres confites. Demi-portions à moitié prix pour les enfants.

De Cocksdorp

't Anker HÔTEL €€

(0222-316 274 ; www.hotelhetankervantexel.nl ; Kikkertstraat 24, De Cocksdorp ; s/d à partir de 58/98 € ;). Un petit hôtel familial près de la réserve naturelle de Roggesloot, à la solide façade de brique, et aux chambres sans prétention mais confortables, où le bois domine. Jardin luxuriant. Petits-déjeuners copieux avec pain maison et produits bio de l'île. L'eau chaude et l'électricité fonctionnent à l'énergie solaire. Les enfants ne sont pas admis.

Boutique Hotel Texel BOUTIQUE-HÔTEL €€

(0222-311 237 ; www.hoteltexel.nl ; Postweg 134, De Cocksdorp ; d/f/ste 135/215/225 €, empl camping à partir de 17,50 € ; hôtel tte l'année, camping mi-mars à oct ; P). Le meilleur hôtel de Texel, comptant 42 belles chambres dans des tons gris et naturels, ainsi qu'un paisible camping à l'arrière. Parmi les installations : une jolie piscine intérieure, un sauna et un espace beauté, en plus d'un restaurant exceptionnel, le **Gusta** (☎0222-311 237 ; www.hoteltexel.nl ; Postweg 134, De Cocksdorp ; plats 20-24 €, menu dîner 3 plats 29,50 € ; ⊙12h30-15h et 18h-21h ; 📶). Le petit-déjeuner (compris) est servi sous forme d'un généreux buffet de produits locaux, dont des fromages et des délices maison comme le pain d'épices. À 4,5 km au sud de De Cocksdorp, près de l'aéroport de Texel.

IJsboerderij Labora GLACIER €
(www.ijsboerderijlabora.nl ; Hollandsweg 2, De Cocksdorp ; boule de glace 1,35 € ; ⊙12h-17h). Venez assister à la traite automatisée des vaches dans cette ferme laitière où l'on fabrique les délicieuses glaces Labora. Chaque jour, 18 parfums sont préparés : on retient en particulier la glace à la fraise, faite avec des fruits récoltées sur la ferme, servie dans un gros cornet gaufré, recouverte de fraises fraîches et nappée de sirop et de crème fouettée maison.

Restaurant Topido BISTROT €€
(☎0222-316 227 ; www.topido.nl ; Kikkertstraat 21-23 ; plats 27,50 €, menu 3 plats 46,50 € ; ⊙à partir de 17h30 mer-dim). Situé au cœur du village, ce restaurant décontracté met à l'honneur les produits de l'île dans une cuisine créative : savourez de l'agneau de Texel aux betteraves rôties, du loup de mer en croûte d'herbes locales ou encore un strudel aux légumes de l'île.

Kaap Noord CAFÉ
(☎0222-316 340 ; www.strandpaviljoenkaapnoord.nl ; Volharding 4, Paal 33, De Cocksdorp ; ⊙10h-minuit ; 📶). À l'extrémité nord de l'île, un bar de plage rustique doté d'une terrasse extérieure protégée du vent par des écrans vitrés, face au sable et à la mer. L'intérieur, vaste et lambrissé, est réchauffé par un poêle à bois et des peaux de mouton posées sur le mobilier en bois flotté. On y sert de la bière, dont celle de la brasserie locale Texelse Bierbrouwerij (p. 146), ainsi que du gin et du whisky distillés sur Texel, du vin au verre, des jus de fruits frais et de la citronnade maison.

Nourriture servie jusqu'à 20h (salades, sandwichs, steaks, produits de la mer et crêpes néerlandaises).

Den Hoorn

Texel Yurts PENSION €€
(☎06 3077 1667 ; www.texelyurts.nl ; Rommelpot 19, Den Hoorn ; yourte 2 pers 3 nuits à partir de 370 € ; ⊙juin-oct ; P). Dormez dans une yourte en toile à ossature en bois, chauffée au poêle à bois. Des hamacs vous attendent dans le jardin. Séjour minimum de 3 nuitées. À 1 km au sud de Den Hoorn.

Bij Jef BOUTIQUE-HÔTEL €€€
(☎0222-319 623 ; www.bijjef.nl ; Herenstraat 34, Den Hoorn ; d à partir de 245 € ; 📶). Les 12 chambres pleines de cachet de cet ancien presbytère s'agrémentent d'une baignoire et jouissent de la vue sur la campagne ou sur la pittoresque rue du village. Petit-déjeuner fastueux (compris) au champagne ; le restaurant de l'hôtel détient une étoile au guide Michelin.

♥ **Bij Jef** EUROPÉEN €€€
(☎0222-319 623 ; www.bijjef.nl ; Herenstraat 34, Den Hoorn ; plats 55 € ; ⊙18h-21h tlj juil-août, mer-dim sept-juin). Le restaurant étoilé au Michelin du boutique-hôtel Bij Jef propose une éblouissante carte régulièrement renouvelée à base de produits locaux : agneau de lait de Texel, asperges et fines herbes de De Westen, chocolat de Den Burg, fromage de De Hoorn, fraises de De Cocksdorp, maquereau de la mer des Wadden et crabe de la mer du Nord. Essayez d'obtenir une table dans le jardin.

De Koog

Strandhotel Noordzee HÔTEL €€
(☎0222-317 365 ; www.strandhotelnoordzee-texel.nl ; Badweg 200, De Koog ; s/d à partir de 130/150 € ; P 📶). L'un des rares hôtels de Texel donnant directement sur la plage. Ses 10 chambres face à la mer du Nord (quelques-unes dotées de matelas à eau) affichent des touches originales comme les lampes-phares. Certaines disposent d'un balcon ; vous pouvez aussi vous détendre sur la vaste terrasse côté plage. Sauna finlandais sur place. Petit-déjeuner compris.

Oudeschild

Design Hotel Texel Suites HÔTEL DESIGN €€€
(☎06 5061 5558 ; www.texelsuites.com ; Haven 8, Oudeschild ; ste à partir de 249 € ; 📶). Situées dans un ancien entrepôt en brique dans le quartier du port, les 3 suites panoramiques de cet hôtel sont immenses :

2 mesurent 90 m² (l'une d'elles est un duplex pour 3 pers), et la 3e (pour 4 pers) a une superficie de 140 m², avec une énorme cheminée au gaz en prime. Toutes disposent d'une kitchenette ; petit-déjeuner compris. Les produits de la mer sont la spécialité du délicieux **'t Pakhuus** (☎0222-313 581 ; www.pakhuus.com ; Haven 8, Oudeschild ; plats 9,75-65 €, menu 5/6 plats 69,50/79,50 € ; ⏲à partir de 12h jeu-dim ; 👪), le restaurant de l'hôtel.

Vispaleis Rokerij van der Star PRODUITS DE LA MER €
(☎0222-312 441 ; www.vispaleistexel.nl ; Heemskerckstraat 15, Oudeschild ; plats 4-11 € ; ⏲8h30-18h lun-sam). Un café dédié aux produits de la mer tout frais ; on y sert notamment de la soupe de poisson et fruits de mer parfumée à l'ail et de délicieux poissons fumés. Le mobilier est spartiate – choisissez une chaise en plastique sur la terrasse.

Renseignements

Office du tourisme (VVV ; ☎0222-314 741 ; www.texel.net ; Emmalaan 66, Den Burg ; ⏲10h-17h). Indiqué depuis le terminal du ferry, à la limite sud de Den Burg.

Depuis/vers Texel

Les trains voyageant entre Amsterdam et Den Helder (12 €, 1 heure 15, toutes les 30 min) sont attendus par des bus **Texel Hopper** (☎0222-784 000 ; www.texelhopper.nl ; billet simple/1 jour 3/7,50 €) qui emmènent les passagers jusqu'au ferry, où le bus embarque aussi.

Teso (☎0222-369 600 ; www.teso.nl ; aller-retour piéton/voiture/cycliste avec vélo 2,50/37/5 €, aller-retour voiture en période creuse mar-jeu 25 € ; ⏲au départ de Texel toutes les heures 6h-21h lun-sam, 8h-21h dim, au départ de Den Helder 6h30-21h30 lun-sam, 7h30-21h30 dim). Traversées entre Den Helder et 't Horntje à bord de grands ferries ; le trajet dure 20 minutes. Certains jours d'été le service fonctionne toutes les demi-heures – vérifier les horaires sur le site Internet. Les services débutent entre une demi-heure, et une heure, plus tard le dimanche. Les files d'attente des voitures peuvent être très longues en haute saison, prévoyez d'arriver à l'embarquement au moins une heure avant le départ.

Le ferry de passagers **De Vriendschap** (☎06 1352 4734 ; www.waddenveer.nl ; Volharding 2a, Paal 33, De Cocksdorp ; adulte/enfant aller simple 29,50/15 €, aller-retour 35/27,50 € ; ⏲1/jour 9h30 mai-sept), qui circule uniquement en saison, part de l'extrémité nord de Texel pour rallier l'île piétonne de Vlieland (îles des Wadden ou îles de la Frise) ; la traversée dure 1 heure, y compris le transport vers Het Posthuys (un ancien relais de poste historique, désormais hôtel-restaurant). Pour des raisons de place à bord, les vélos ne peuvent être transportés que pour un aller simple et non un aller-retour, mais vous pouvez en louer sur Vlieland. Réservez en ligne au préalable.

Comment circuler

BUS

Le bus n°28 de Texel Hopper circule toute l'année. Achetez vos billets à l'avance en ligne, à la gare ferroviaire de Den Helder, à l'office du tourisme de Texel ou dans les grands supermarchés. Vous pouvez aussi utiliser une OV-chipkaart (carte de transport magnétique). Le bus relie 't Horntje à Den Burg (7 min) et De Koog (15 min de plus) avant de retourner à son point de départ via la réserve naturelle d'Ecomare. Il y a généralement un bus par heure toute la journée (jusqu'à 22h en été).

Texel Hopper gère aussi des minibus à destination du reste de l'île sur réservation ; réservez au moins 30 minutes à l'avance par téléphone ou en ligne et payez par carte bancaire ou en donnant le code de votre ticket de bus prépayé. L'OV-chipkaart est également valable.

TAXI

Taxi Botax (☎0222-315 888 ; www.taxibotaxtexel.com) vous emmène depuis le terminal de ferry jusqu'à n'importe quel point de l'île, dont Den Burg (14 €), De Koog (22,50 €) et De Cocksdorp (35 €). Réservez.

VÉLO

Des vélos de randonnée peuvent être loués dans les localités plus importantes de Texel (à partir de 10 €/jour environ).

Au terminal des ferries, **Rijwielverhuur Veerhaven** (☎0222-319 588 ; www.fietsverhuurtexel.nl ; Pontweg 2, 't Horntje ; location vélo standard/vélo électrique/scooter 12,50/23,50/50 € par jour ; ⏲9h-17h lun-ven, 9h30-17h sam et 9h30-12h dim mars, 8h30-18h lun-sam et 9h30-18h avr-sept, 9h-17h lun-ven et 9h30-17h sam-dim oct, 9h-17h lun-ven et 9h30-17h sam nov-fév) loue des vélos standards et électriques, ainsi que des scooters, des vélos pour enfant, des tandems et des sièges enfant. Assistance gratuite en cas de panne. Livraison et reprise possibles ailleurs dans l'île (pratique si vous voyagez vers/depuis Vlieland, dans les îles des Wadden).

Muiden

0294 / 6 261 HABITANTS

À proximité d'Amsterdam, Muiden est une petite cité historique paisible où se dresse le Muiderslot, un château médiéval en brique rouge. La bourgade s'anime autour de l'écluse centrale empruntée par de nombreux bateaux de plaisance pour gagner l'IJmeer, le lac voisin relié au Markermeer et à l'immense IJsselmeer.

À voir

Muiderslot CHÂTEAU, MUSÉE NATIONAL

(château de Muiden ; 0294-256 262 ; www.muiderslot.nl ; Herengracht 1 ; adulte/enfant 16,50/10 € ; 10h-17h lun-dim avr-oct, 10h-17h mar-dim nov-mars). Édifiée en 1280 sur les ordres du comte Florent V, fils de Guillaume II de Hollande, Muiderslot est une forteresse remarquablement bien conservée, entourée de douves et surmontée de tours d'angle rondes, une innovation française. Le comte, très populaire, était du côté du petit peuple (d'où son surnom de "dieu des paysans") et favorable à la France, deux facteurs de troubles inévitables. Il fut fait prisonnié en 1296 et assassiné alors qu'il tentait de fuir. Aujourd'hui, le Muiderslot est le château le plus visité des Pays-Bas (visite, obligatoirement guidée, de 30 min). Entrée gratuite avec l'I Amsterdam Card et la Museumkaart.

Au XVIIe siècle, l'historien et poète P. C. (Pieter Corneliszoon) Hooft (1581-1647) accueillit ici certains des plus grands écrivains, artistes et scientifiques de l'époque, formant un cercle intellectuel et littéraire renommé, connu sous le nom de Muiderkring (Cercle de Muiden). La visite guidée "Siècle d'or" vous fait découvrir le château avec son mobilier précieux, ses armes et ses tapisseries des Gobelins conçues pour recréer l'époque de Hooft.

Pampus FORT

(www.pampus.nl ; adulte/enfant ferry et entrée 18/14 € ; 10h30-17h mar-dim mai-oct, 11h30-16h mar-ven, 10h30-17h sam-dim avr). Un fort abandonné se dresse sur l'île de Pampus, au large de Muiden. Cette construction massive du XIXe siècle fut un élément clé de la ceinture de 42 forteresses appelée ligne de défense d'Amsterdam, finalement rendue inutile par les bombardements aériens. Désormais classé au patrimoine mondial de l'Unesco, le site est très intéressant à explorer. Les ferries pour Pampus partent du port du Muiderslot en saison suivant des horaires variables (25 min). Vous pouvez aussi vous y rendre en ferry directement depuis le quartier d'IJBurg, secteur est d'Amsterdam.

Sur l'île, une présentation interactive enrichie d'éléments audiovisuels, la Pampus

VAUT LE DÉTOUR

L'ANCIENNE ÎLE DE SCHOKLAND

La communauté de Schokland subsista pendant des centaines d'années sur une longue bande de terre étroite au sein de la Zuiderzee. Mais, au milieu du XIXe siècle, l'heure était venue de quitter les lieux : les prix du poisson dégringolaient et de terribles tempêtes grignotaient petit à petit la surface de l'île. Les courageux habitants s'accrochaient à leur terre, en dépit de leurs dures conditions de vie, contraignant Guillaume II à ordonner leur évacuation en 1859. Schokland fut finalement engloutie par le Noordoostpolder au XXe siècle. Le **Schokland Museum** (0527-760 630 ; www.museumschokland.nl ; Middelbuurt 3, Schokland ; adulte/enfant 8/5 € ; 11h-17h juil-août, fermé lun sept-juin) donne un aperçu de ce passé tourmenté.

L'exposition, qui comprend un film en anglais, relate l'histoire de l'île, désormais inscrite au patrimoine mondial de l'Unesco. Depuis le sentier le plus bas, on aperçoit la barrière de protection en forme de proue de navire édifiée à partir de grands pieux de bois, qui donne une idée de la hauteur des vagues en ce lieu. Ironie du sort, depuis le drainage de la zone, les fondations ont commencé à sécher. Schokland est en train de s'enfoncer, mais plus dans la mer, heureusement.

Le musée se trouve à 14 km à l'est d'Urk ; il n'est pas accessible en transport public, il faudra donc vous y rendre à vélo ou en voiture. Une fois sur place, on peut suivre un itinéraire pédestre de 10 km tout autour de l'ancienne île.

VAUT LE DÉTOUR

SORTIE EN FAMILLE

Capitale tentaculaire du Flevoland, Lelystad n'en compte pas moins deux musées, qui plairont aux enfants comme aux adultes.

Batavialand (☎0320-261 409 ; www.batavialand.nl ; Oostvaardersdijk 1-13 ; adulte/enfant 16/8,50 €, billet combiné avec Luchtvaart Themapark Aviodrome 23,25/16,95 € ; ⏲10h-17h lun-sam, 11h-17h dim). La pièce maîtresse de Batavialand est la réplique d'une frégate marchande néerlandaise du XVIIe siècle, le *Batavia*, fruit de dix années d'efforts. L'original, un énorme navire prétendument insubmersible, a suivi le même destin tragique que le *Titanic*. Tout comme son homologue, le *Batavia*, plein à ras bord de canons et de denrées destinées aux colonies, coula en 1629 lors de son tout premier voyage, au large de la côte ouest de l'Australie. La réplique sauva l'honneur de son prédécesseur en faisant la traversée du Pacifique en 2000.

Luchtvaart Themapark Aviodrome (☎0320-289 842 ; www.aviodrome.nl ; Pelikaanweg 50 ; adulte/enfant 17,95/15,95 €, billet combiné avec Batavialand 23,25/16,95 € ; ⏲10h-17h). Doté d'un bureau d'accueil calqué sur les comptoirs d'enregistrement des aéroports, l'Aviodrome est un musée passionnant, qui donne à voir quelque 70 avions anciens, dont une réplique du Flyer de 1902 des frères Wright, le triplan de la Première Guerre mondiale du baron Von Richthofen, un Spitfire et un 747 de la compagnie KLM. Il est aussi possible d'y jouer les contrôleurs aériens dans une tour de contrôle reconstituée ou de regarder des films sur l'aviation dans un cinéma géant. Le musée est situé sur le terrain de l'aéroport de Lelystad, à 8 km au sud-est de la gare ferroviaire ; prendre le bus n°148 (15 min, 2/heure).

Xperience, fait revivre le fort. Également plusieurs jeux pour enfants.

Où se restaurer et prendre un verre

De Doelen FRANÇAIS €€€

(☎0294-263 200 ; www.restaurantdedoelen.nl ; Sluis 1 ; plats 14,50-19,50 € ; ⏲cuisine 12h-19h). Caille farcie aux pruneaux, canard mariné au miel épicé, bar en croûte de sel, steak-frites sauce béarnaise et homard grillé sauce hollandaise, suivis d'une crème brûlée ou de profiteroles au chocolat, figurent parmi les délicieux classiques. Ils sont servis dans une jolie salle à manger aux murs de brique ornés de tableaux de style impressionniste, ou sur la terrasse ombragée face aux écluses du canal.

Café Ome Ko CAFÉ BRUN

(www.omekomuiden.nl ; Herengracht 71 ; ⏲à partir de 8h tlj, cuisine à partir de 10h). Avec sa terrasse au bord du canal et ses concerts organisés régulièrement l'été, le Café Ome Ko, lambrissé et cosy, est au cœur de la vie sociale de Muiden depuis 1810. Napoléon Bonaparte y aurait fait halte à cheval lors de son passage dans ces contrées. Cidres de saison, bières artisanales locales et *jenevers* (gins) sont les spécialités de la maison.

Comment s'y rendre et circuler

BATEAU

Les ferries de **Veerdienst** (www.amsterdamtouristferry.com ; Krijn Taconiskade 124, IJBurg ; adulte/enfant ferry 24,50/17 € ; ⏲embarquement à 10h30, départ à 10h45) partent d'IJburg, le quartier d'Amsterdam (tramway n°26 depuis la Centraal Station ; 20 min). Les billets de ferry incluent la visite de Pampus ou du Muiderslot. Vélos transportés gratuitement.

BUS

Les bus nos 320, 322 et 327 relient la gare d'Amsterdam-Amstel à Muiden (15 min, 1/heure). Le château se trouve ensuite à 1 km à pied.

VÉLO

Des pistes cyclables relient Muiden à Amsterdam à l'ouest et au Flevoland à l'est.

Naarden

☎035 / 17 115 HABITANTS

Naarden, dans la région boisée de Het Gooi, au sud-est d'Amsterdam, s'enorgueillit d'une remarquable forteresse, Naarden-Vesting. Ce chef-d'œuvre d'architecture militaire a la forme d'une étoile à 12 branches, chacune terminée en pointe de flèche, et il est protégé par deux ceintures de douves. Ce système de défense, l'un des mieux préservés des Pays-Bas, ne fut édifié qu'après le massacre des habitants par les Espagnols au XVIe siècle.

Protégée par ses murs d'enceinte, la ville de Naarden-Vesting constitue aujourd'hui une enclave où voisinent restaurants haut de gamme, galeries d'art et antiquaires.

À voir

À l'intérieur de la forteresse, la plupart des drôles de petites maisons remontent à 1572, année durant laquelle les Espagnols rasèrent la ville lors de la colonisation du Noord-Holland. Le massacre, mené par Don Federico de Toledo, est commémoré par une plaque de pierre sur le bâtiment situé au Turfpoortstraat 7.

Vestingmuseum MUSÉE
(musée de la Forteresse ; ☎035-694 45 59 ; www.vestingmuseum.nl ; Westwalstraat 6 ; adulte/enfant 10,50/5,75 € ; ⏲10h30-17h mar-dim). Le Vestingmuseum permet de replacer l'immense forteresse dans son contexte. Celle-ci serait la seule en Europe à être toujours protégée par une double enceinte et deux fossés. On peut se balader sur la totalité des remparts avant de descendre dans les casemates pour un aperçu de la vie de soldat.

Grote Kerk ÉGLISE
(www.grotekerknaarden.nl ; Markstraat 13 ; visite adulte/endant 3/2 € ; ⏲église 10h30-16h30 mar-sam, 13h30-16h30 dim et lun mi-mai à sept, visite 14h-15h mer, sam-dim mi-mai à sept). La haute tour de la Grote Kerk, dressée au centre de la citadelle, est facilement repérable. Cette basilique gothique possède une magnifique voûte du XVIe siècle ornée de scènes bibliques. Il est possible de monter au sommet de la tour (235 marches), d'où l'on voit la verdure du Gooi et la Vecht. Des concerts d'orgue sont organisés toute l'année dans l'église – consultez l'agenda.

Comenius Museum MUSÉE
(www.comeniusmuseum.nl ; Kloosterstraat 33 ; adulte/enfant 6 €/gratuit ; ⏲12h-17h mar-dim). La Waalse Kapel (chapelle wallonne) de l'ancien monastère de la forteresse abrite la sépulture du Tchèque Jan Amos Komensky (latinisé en Comenius ; 1592-1670), célèbre réformateur du système éducatif au XVIIe siècle et pédagogue d'avant-garde. Le Comenius Museum voisin présente sa vie et ses travaux (il prôna l'éducation pour tous, riches comme pauvres). Billets en vente à l'office du tourisme et au Vestingmuseum, mais pas au Comenius Museum.

Circuits organisés

Vestingvaart Naarden CIRCUITS EN BATEAU
(☎035-694 11 94 ; www.vestingvaart.nl ; Kooltjesbuurt ; adulte/enfant 7/5 € ; ⏲départs quotidiens 12h, 13h30, 15h et 16h30). Circuits de 1 heure en bateau ancien pour explorer les douves protégeant Naarden-Vesting et la zone humide des roselières.

Où se loger et se restaurer

Naarden compte très peu d'hébergements et ceux-ci affichent vite complet, mais Amsterdam n'est qu'à 23 km au nord-ouest.

Passionata TRAITEUR €
(www.passionata-naarden.nl ; Marktstraat 31 ; plats 3,50-12 € ; ⏲10h-18h mar-sam). Cette épicerie-traiteur italien est la source d'approvisionnement parfaite pour un pique-nique, à déguster ensuite sur les remparts. Les délicieux sandwichs sont garnis de *prosciutto*, *bresaola*, ricotta, gorgonzola, mayonnaise truffée, tomates séchées et roquette.

Renseignements

Office du tourisme (VVV ; ☎035-694 26 73 ; www.vvvnaarden.nl ; Ruijsdaelplein 6 ; ⏲10h-17h avr-oct, 11h-16h mer-dim nov-mars). En face de l'Utrechtse Poort (porte d'Utrecht).

Depuis/vers Naarden

De Naarden, des pistes cyclables mènent à Amsterdam, à 25 km au nord-ouest, via Muiden (8 km).

Des trains relient la Centraal Station d'Amsterdam à Naarden-Bussum (5,40 €, 25 min, 2/heure). Depuis la gare, le bus n°110 (12 min, jusqu'à 2/heure) va jusqu'à la forteresse. Sinon, la balade à pied partant vers le nord (2 km), également très agréable, permet de s'y rendre.

FLEVOLAND

Le Flevoland, la deuxième et la plus récente des provinces néerlandaises, est un véritable chef-d'œuvre en matière d'hydro-ingénierie. De 1927 à 1932, un ambitieux projet vit le jour afin de récupérer sur la mer plus de 1 400 km^2 de terre. L'idée elle-même remontait au XVIIe siècle et c'est l'achèvement de l'Afsluitdijk (digue de fermeture) qui ouvrit la voie à la création du Flevoland. Des digues successives furent élevées, permettant ainsi de pomper très lentement l'eau de ce territoire. Le Noordoostpolder, qui faisait jadis partie de la province de l'Overijssel, fut inauguré en 1942, suivi par le Flevoland du Sud-Est (1957) puis du Sud-Ouest (1968). Les premières autorisations d'installation furent accordées aux travailleurs ayant participé à l'assèchement et aux agriculteurs, notamment ceux de Zélande, qui avaient tout perdu lors de la grande inondation de 1953.

Les principaux centres de population du Flevoland – Almere, Lelystad et Emmeloord – sont organisés selon des plans quadrillés monotones ; les principaux points d'intérêt sont les anciens villages de pêcheurs d'Urk et de Schokland, ainsi que les musées de l'air et de la marine de Lelystad.

Urk

☎0527 / 20 421 HABITANTS

Jusqu'en 1939, Urk était une fière petite île constituée d'une flotte de pêche de belle taille et d'un phare, destiné aux navires qui ralliaient la mer du Nord. Urk rejoignit bien malgré elle le continent lorsque le Noordoostpolder environnant fut asséché.

Bien que désormais coupée de la mer du Nord, Urk est restée un centre actif dans l'industrie des produits de la mer. Des dizaines de bateaux de pêche sont amarrés autour du port. La ville est divisée en *wijken* (districts) ; Wijk 1 comprend la partie centrale du port, Wijk 2, la partie est du port, et Wijk 3, le centre-ville et le littoral occidental.

À voir

Vuurtoren van Urk PHARE

(Wijk 3 ; adulte/enfant 3/2 € ; 10h-16h juil-août). Le phare d'Urk, haut de 18,5 m, fut érigé en 1845 à la place d'une petite tour en pierre où un feu de charbon guidait les bateaux jusqu'au port. Gravissez les 295 marches pour admirer la vue sur la ville et l'IJsselmeer.

Museum het Oude Raadhuis MUSÉE

(☎0527-683 262 ; www.museumopurk.nl ; Wijk 2 ; adulte/enfant 7/4 € ; 12h-16h lun-sam). L'ancien hôtel de ville accueille un petit musée présentant l'histoire d'Urk travers des costumes traditionnels, des modèles réduits de bateaux, des reconstitutions de maisons de pêcheurs et des œuvres d'art.

Kerkje aan de Zee ÉGLISE

(Prinshendrikstraat 1 ; 10h-17h lun-sam, 12h-16h dim avr-sept). Les piliers qui soutiennent l'église sont tous d'anciens mâts de navires de la Compagnie néerlandaise des Indes orientales. Des maquettes de navires ornent l'intérieur de l'église, où une chorale donne parfois des récitals.

Vissersmonument MONUMENT

(monument aux pêcheurs ; Wijk 3). En face de l'église, au bord de l'eau, se trouve cette statue d'une femme solitaire à la robe gonflée par le vent regardant vers le large. Des tablettes de marbre donnent la liste des marins d'Urk qui ne revinrent jamais. Des noms continuent cruellement de s'y ajouter aujourd'hui encore.

Où se loger et se restaurer

Urk compte quelques B&B mais pas d'hôtel ; l'office du tourisme en détient la liste. Sinon, Kampen (30 km au sud-est) et Zwolle (45 km au sud-est) constituent de bonnes base où poser ses valises.

La scène culinaire variée d'Urk se concentre essentiellement sur le port – des petites échoppes de plats à emporter aux restaurants de poisson plus haut de gamme.

De Boet PRODUITS DE LA MER €€€

(☎0527-688 736 ; www.restaurantdeboet.nl ; Wijk 1 ; menu 3/4/5 plats 41,50/51,50/59,50 € ; 12h-14h et 17h30-21h30 mar-ven, 17h30-22h sam). Le meilleur restaurant d'Urk sert des menus composés (il n'y a pas de plats à la carte) à base de produits de la mer pêchés le jour même par la flotte amarrée, juste en face. De la sole aux coques cuites à la vapeur au *jenever* (gin), des huîtres aux œufs de hareng et de l'anguille fumée sont notamment proposées.

Renseignements

Office du tourisme (VVV ; ☎ 0527-684 040 ; www.touristinfourk.nl ; Wijk 2 ; ⏲ 10h-17h lun-ven, 10h-16h sam). Juste au nord du port.

Depuis/vers Urk

Le bus n°141 relie Urk à Kampen (50 min, 2/heure lun-sam), où se trouve la gare ferroviaire la plus proche, et à Zwolle (1 heure 15, 4/heure lun-sam).

Des pistes cyclables mènent à Lelystad, 30 km au sud-ouest, et à Zwolle, 45 km au sud-est, un parcours pittoresque entre digues et rivières via le village de Schokland.

En juillet et en août, les ferries **De Zuiderzee** (☎ 06 5360 8813 ; www.de-zuiderzee.nl ; Handelskade ; adulte/enfant aller simple 15/10 €, aller-retour 17,50/12,50 €, vélos gratuits ; ⏲ toutes les 2 heures 9h-18h lun-sam juil-août) effectuent la traversée de l'IJsselmeer en 2 heures jusqu'à Enkhuizen.

Utrecht

Dans ce chapitre ➡

Le top des restaurants

- Blauw (p. 162)
- Heron (p. 161)
- Jackie Brown (p. 166)
- Kasteel Amerongen (p. 163)
- Gys (p. 161)
- Corazon Coffee (p. 166)

Le top des hébergements

- Mother Goose Hotel (p. 161)
- Eye Hotel (p. 161)
- Hotel de Tabaksplant (p. 166)
- Strowis Hostel (p. 161)

Pourquoi y aller

Il ne faut pas sous-estimer la petite province d'Utrecht. La ville du même nom – connue pour son centre historique, ses canaux bordés d'arbres et son université – mérite qu'on s'y attarde. C'est une cité très vivante et dynamique, qui compte quantité de bars et de cafés branchés, ainsi qu'un ensemble de musées remarquables, petits et grands. En arpentant ses ruelles, on découvre de superbes vestiges du XVIIe siècle.

Une fois sorti de la capitale de la province, on peut aisément rejoindre à vélo de jolies bourgades et des châteaux splendides, tels le Kasteel de Haar, sis aux portes d'Utrecht. À l'est s'étend le plus grand parc de la Randstad, l'Utrechtse Heuvelrug, ponctué de somptueuses propriétés. Quant à Amersfoort, où naquit l'artiste Piet Mondrian, l'un des pionniers de l'abstraction, c'est une grande ville à part entière dont le centre affiche un charme médiéval.

Quand partir

- Utrecht est une ville estudiantine ; une fois l'année universitaire achevée, les concerts de musique sont peu nombreux, sauf en juillet-août lors des festivals.
- Avril et octobre sont parfaits pour sillonner la province à vélo.
- C'est en automne que se tiennent des manifestations autour de la bière bock, ainsi qu'un grand festival de cinéma et Le Guess Who?, un festival éclectique.

À ne pas manquer

1. La vue sur Amsterdam depuis le sommet du **Domtoren** (p. 158) d'Utrecht, la tour de la cathédrale, et l'exploration des fondations lors d'une visite guidée passionnante.
2. Le **Kasteel de Haar** (p. 163), château fort néogothique mêlant atmosphère médiévale et confort à la fin du XIXe siècle.
3. Une promenade au fil des canaux et des jolies rues médiévales du centre d'**Amersfoort** (p. 165), après avoir exploré la maison-musée du peintre abstrait Piet Mondrian.
4. La visite de **Wijk bij Duurstede** (p. 166), l'une des bourgades les plus charmantes de la région, suivie d'une excursion au Kasteel Amerongen le long du canal.
5. La découverte des **canaux d'Utrecht** (p. 160) en kayak, en bateau sans permis ou à pied, le long des doubles quais bordés de restaurants.
6. La **pyramide van Austerlitz** (p. 164), surmontée d'un monolithe, construite au cœur d'une forêt par des soldats napoléoniens désœuvrés.
7. Une pesée sur la balance des sorcières à **Oudewater** (p. 167).

UTRECHT

☎ 030 / 345 100 HABITANTS

Difficile de ne pas tomber sous le charme d'Utrecht, l'une des villes les plus anciennes des Pays-Bas, et qui fut son centre religieux pendant des siècles. Elle est devenue une ville universitaire dynamique, dont le centre médiéval compact, ceint de très jolis canaux bordés d'arbres, rayonne autour

Utrecht

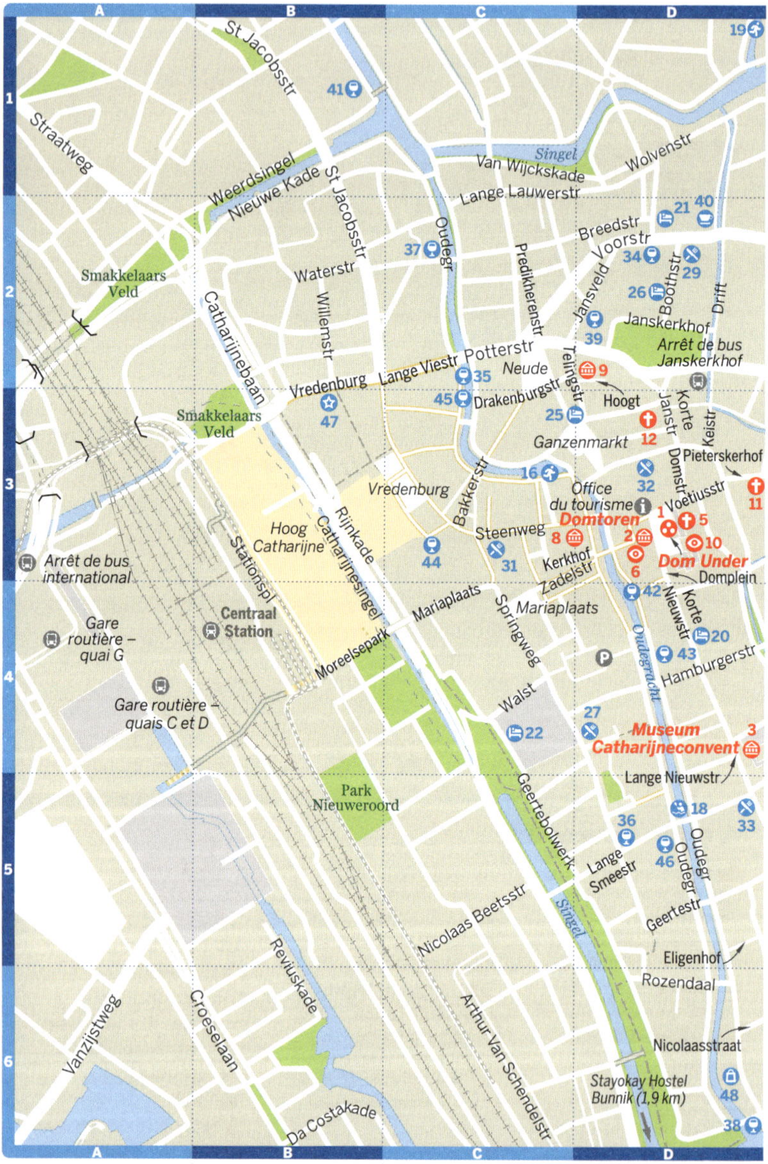

de l'emblématique Domtoren – le campanile du XVe siècle de l'ancienne cathédrale. En leur partie centrale, les canaux comportent un double quai distinctif, dont l'un en contrebas de la rue, où furent aménagés des entrepôts au Moyen Âge ; beaucoup recèlent aujourd'hui des établissements où l'on vient boire, dîner, danser ou dormir, assortis de terrasses au bord de l'eau. Mais la formidable culture des cafés et les canaux ne sont pas les

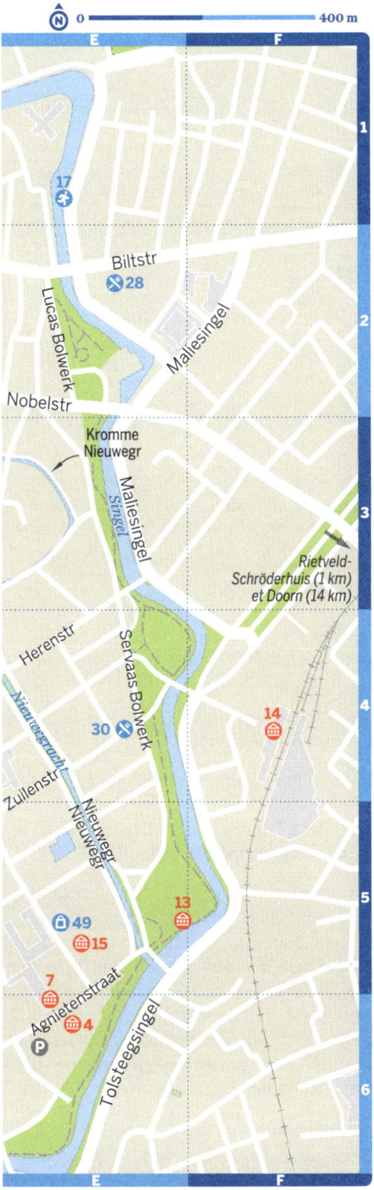

seuls atouts de la ville : la scène musicale est également très riche. Si votre budget le permet, offrez-vous le luxe d'un séjour dans l'une des nombreuses demeures historiques transformées en boutiques-hôtels.

Histoire

À l'époque romaine, la cité, alors appelée Trajectum, était traversée par le Rhin. Foyer des missions d'évangélisation dès le VIIe siècle et important centre chrétien durant le Moyen Âge, Utrecht fut, dès le XIe siècle, un haut lieu de culture et d'enseignement, alors même qu'Amsterdam n'était encore qu'un port de pêche peu engageant.

Acte fondateur des Provinces-Unies, l'Union d'Utrecht fut signée le 23 janvier 1579 en réponse à l'Union d'Arras, formée par les provinces catholiques des Pays-Bas, ratifiée quelques jours plus tôt. Instituant le protestantisme comme religion officielle, elle interdit toutefois de persécuter les catholiques. L'université d'Utrecht fut fondée en 1636, un an avant la publication du *Discours de la méthode* de René Descartes, alors que le philosophe et scientifique français s'était installé en ville.

En 1702, au sortir d'une longue période d'indépendance du clergé catholique d'Utrecht, Rome voulut ramener les évêques dans son giron. Le schisme qui s'ensuivit entraîna la naissance de l'Église Vieille-Catholique d'Utrecht, en 1723. La rupture s'accrut davantage encore avec la proclamation, en 1870, du dogme de l'infaillibilité pontificale et de la juridiction universelle de l'évêque de Rome, que refusent les fidèles. En 1889, la ville accueillit un vaste rassemblement de toutes les obédiences européennes de ce courant apostolique. Par la suite, l'Église Vieille-Catholique perdit peu à peu ses adeptes et compte aujourd'hui moins de 10 000 membres aux Pays-Bas.

À voir

Bon nombre de curiosités se trouvent près de Domplein, la place où se dressait l'ancienne cathédrale et le cœur de la ville. À proximité, privilégiez les promenades le long de l'**Oudegracht** et du **Nieuwegracht**, l'ancien canal et le nouveau, datant respectivement des XIe et XIVe siècles. Un troisième canal circulaire (*singel*), le **Stadsbuitengracht**, délimite le centre historique.

Plus au sud, le canal arbore son plus beau visage, les rues sont plus tranquilles et s'étirent sur un kilomètre jusqu'à la pointe sud de la vieille ville.

Un circuit pédestre "gratuit" (paiement au pourboire) de 3 heures est proposé au

Utrecht

Les incontournables
1 DOMunder D3
2 Domtoren D3
3 Museum Catharijneconvent D4

À voir
4 Centraal Museum E6
5 Domkerk D3
6 Flora's Hof D3
7 Miffy Museum E6
8 Museum Speelklok C3
9 Museum voor het Kruideniersbedrijf D2
10 Pandhof D3
11 Pieterskerk D3
12 Sint-Willibrod-Kerk D3
13 Sonnenborgh Museum & Observatory E5
14 Spoorweg Museum F4
15 Universiteitsmuseum E5

Activités
16 Canal-bikes (pédalos) C3
17 Greenjoy (location de bateaux) E1
18 Kanoverhuurutrecht D5
Schuttevaer (circuits sur les canaux) ..... (voir 35)
19 Sloep Delen (location de bateaux) D1

Où se loger
20 Court Hotel D4
21 Eye Hotel D2
22 Grand Hotel Karel V C4
25 Mother Goose Hotel C3
26 Strowis Hostel D2

Où se restaurer
27 Blauw D4
28 Concours E2
29 Gys D2
30 Heron E4
31 Kimmade C3
32 Loetje Utrecht D3
33 Syr D5

Où prendre un verre et faire la fête
34 ACU D2
35 Bas/s C2
36 Cafe DeRat D5
37 Cafe Kalff C2
38 Café Ledig Erf D6
39 De Bastaard D2
40 De Ontdekking D2
41 Ekko B1
42 Heen en Weer D4
43 Kafé België D4
44 Olivier C3
45 Stadskasteel Oudaen C3
46 't Oude Pothuys D5

Où sortir
47 TivoliVredenburg B3

Achats
48 De Bierverteller D6
49 HetFotoAtelier E5

départ du Domtoren le samedi (12h) et le dimanche (14h).

Domtoren — ÉDIFICE HISTORIQUE

(campanile de la cathédrale ; www.domtoren.nl ; Domplein 9 ; visite guidée tarif plein/étudiant/enfant 11/7,50/5,50 € ; visites guidées 13h45-15h). Vestige de la splendide cathédrale d'origine du XIVe/XVe siècle, cette tour haute de 112 m est le monument médiéval le plus remarquable d'Utrecht. L'ascension de ses 465 marches est amplement récompensée par la vue imprenable sur la ville ; on peut même voir Amsterdam par temps clair. Visite guidée obligatoire, avec départ au moins une fois par heure, à l'heure pile. Billets en vente à l'office du tourisme (p. 164) de l'autre côté de la place ou en ligne (conseillé l'été).

L'ancienne cathédrale vit sa nef détruite lors d'une violente tempête en 1674. Elle ne fut jamais reconstruite, et c'est ainsi que le campanile se retrouva séparé du transept et du chœur de la Domkerk, également épargnés. L'endroit où se trouvait la nef est désormais occupé par Domplein.

Domkerk — CATHÉDRALE

(www.domkerk.nl ; Achter de Dom 1 ; don à l'entrée 2,50 € ; 11h-16h lun-ven, 11h-14h30 sam, 12h30-16h dim oct-avr, 10h-17h lun-ven, 10h-15h30 sam, 12h30-16h dim mai-sept). La partie est de la cathédrale survécut à la tempête de 1674 et forme maintenant un lieu de prière curieusement tronqué, mais impressionnant.

DOMunder — SITE ARCHÉOLOGIQUE

(www.domunder.nl ; Domplein 4 ; adulte/enfant 12,50/10 € ; visites guidées toutes les heures 12h-15h). De talentueux guides bénévoles et d'intéressants films éducatifs (assortis d'effets spéciaux numériques) font revivre ce site historique. Un film traite même de l'ouragan de 1674. C'est ensuite à vous de jouer les archéologues : plongé dans une demi-obscurité sous le Domplein, torche audio interactive à la main, vous devrez découvrir des cibles-indices, interpréter les couches de décombres et parfois les morceaux de poterie, et identifier les vestiges du *castrum* romain à l'origine de la ville et de ses premières églises.

L'entrée au campanile de la cathédrale Domtoren donne droit à une réduction de 20% à DOMunder, et inversement.

Centraal Museum — MUSÉE

(☎030-236 23 53 ; www.centraalmuseum.nl ; Agnietenstraat 1 ; tarif plein/étudiant/enfant 13,50/6,50 €/gratuit ; ⏲11h-17h mar-dim). Plus de la moitié des dix galeries du musée sont consacrées aux expositions temporaires (consultez bien le programme). La collection permanente, elle, couvre 2 000 ans de l'histoire d'Utrecht à travers le design et l'art, selon un parcours thématique.

Parmi les pièces phares figurent les œuvres surréalistes du Dali néerlandais Johannes Moesman (1859-1937) et d'autres artistes. La muséographie joue sur les contrastes avec le riche patrimoine architectural de la ville, opposant notamment la complexité gothique du Domtoren au fonctionnalisme du mobilier de Gerrit Rietveld (1888-1964 ; designer, architecte et ébéniste), ici bien représenté. Le café du jardin, très agréable, est libre d'accès. L'entrée au tarif plein comprend l'admission au Miffy Museum, situé en face, surtout destiné aux enfants.

Miffy Museum — MUSÉE

(Nijntje Museum ; ☎030-236 23 62 ; www.nijntjemuseum.nl ; Agnietenstraat 2 ; adulte/enfant 7,50/11 € ; ⏲10h-17h mar-dim ; 👪). Au grand ravissement des jeunes enfants, cet audacieux musée-terrain de jeu pour les touche-à-tout met en scène l'adorable lapine Miffy et autres personnages nés de l'imagination de l'artiste local Dick Bruna. Réservation en ligne conseillée.

♥ Rietveld-Schröderhuis — ÉDIFICE HISTORIQUE

(maison Schröder de Rietveld ; ☎réservations 030-236 23 10 ; www.rietveldschroderhuis.nl ; Prins Hendriklaan 50 ; adulte/étudiant/enfant 19/10,50/3 € ; ⏲visites guidées toutes les heures 11h-17h mar-dim ; 🚌8). En avance sur son temps, cette petite maison de conception unique (inscrite au patrimoine mondial de l'Unesco) fut construite en 1924 par le fameux architecte designer natif d'Utrecht Gerrit Rietveld. On a l'impression de parcourir une peinture en 3D de Piet Mondrian, et les choses deviennent particulièrement intéressantes quand les murs commencent à bouger. Pour voir un film replaçant l'édifice dans son contexte, arrivez 20 minutes avant votre visite guidée.

Réservez le plus tôt possible, car le nombre de visiteurs est limité à 12 par heure. Le billet est également valable pour le Centraal Museum (ci-contre), où sont exposées de nombreuses chaises emblématiques de Rietveld. Si vous commencez la journée en visitant le Centraal Museum, on vous remettra un plan et on vous prêtera un vélo (à retourner avant 16h45) pour parcourir les 1 800 m séparant les deux sites. En bus, prenez la ligne n°8 vers De Hoogstraat depuis les arrêts Neude ou Janskerkhof en centre-ville.

♥ Museum Catharijneconvent — MUSÉE

(☎030-231 38 35 ; www.catharijneconvent.nl ; Lange Nieuwestraat 38 ; tarif plein/senior/étudiant/enfant 14/12,50/7/7 € ; ⏲10h-17h mar-ven, 11h-17h sam-dim). Le musée du couvent Sainte-Catherine donne à voir l'une des plus belles collections d'œuvres d'art religieux des Pays-Bas – retraçant pour ainsi dire l'histoire du christianisme –, dans un couvent gothique et une demeure du XVIIIe siècle en bordure de canal. Extasiez-vous devant les nombreux manuscrits aux enluminures superbes, découvrez quelques Rembrandt et profitez des impressionnantes expositions temporaires.

Pieterskerk — ÉGLISE

(Pieterskerkhof 3 ; ⏲8h-17h lun-jeu). Sa dépouille n'est plus là, mais le sarcophage datant de 1054 du prince-évêque Bernold d'Utrecht repose encore dans la crypte de la Pieterskerk (1048). C'est l'une des quatre chapelles d'Utrecht qu'il fonda et la plus ancienne église de la ville encore debout aujourd'hui.

Universiteitsmuseum — MUSÉE

(☎030-253 80 08 ; umu.nl ; Lange Nieuwstraat 106 ; ⏲réouverture en 2023). Des expositions mettent en valeur les recherches actuelles menées par l'université d'Utrecht. Son passé illustre est évoqué à travers une salle de classe de la fin du XIXe siècle, d'anciens instruments de dentiste, etc.

Spoorweg Museum — MUSÉE

(musée du Rail ; ☎030-230 62 06 ; www.spoorwegmuseum.nl ; Maliebaanstation ; 17,50 € ; ⏲10h-17h). Avec son entrée aménagée dans une gare restaurée de 1874, aux admirables lustres Art nouveau, le musée du Rail néerlandais abrite d'innombrables locomotives anciennes, une vaste collection de modèles réduits, et un assortiment de curiosités et d'expériences interactives qui attendent les amateurs de trains de tous âges. L'attention portée aux détails se retrouve jusque dans les toilettes à l'ancienne. Ne manquez pas De Vuurproef, une expérience façon *Harry Potter* et *Charlie et la Chocolaterie* qui commence par une histoire du chemin de fer avant de se transformer en simulateur vidéo primé.

Sonnenborgh MUSÉE

(☎030-820 14 20 ; www.sonnenborgh.nl ; Zonnenburg 2 ; adulte/enfant 8,50/5 € ; ⏲11h-17h mar-ven, 13h-17h dim). L'observatoire Sonnenborgh abrite deux musées en un : à l'étage, une exposition sur l'histoire de l'astronomie et la météorologie, dans un bâtiment des années 1850 qui fut l'un des sites à l'avant-garde de la recherche en la matière. Au niveau inférieur se trouvent les fondations des bastions de l'ancienne muraille de la ville sur lesquelles fut construit l'édifice. L'observatoire dispose de cinq téléscopes et des soirées d'observation des étoiles sont organisées.

Museum Speelklok MUSÉE

(☎030-231 27 89 ; www.museumspeelklok.nl ; Steenweg 6 ; adulte/enfant 14/7,50 € ; ⏲10h-17h mar-dim, ouvert le lundi pendant les vacances). Dans une vieille église, on découvre une collection colorée d'orgues de Barbarie, de boîtes à musique et de divers instruments mécaniques remontant, pour certains, au XVIIIe siècle. Des visites guidées assorties de démonstrations sont organisées toutes les heures. Économisez en achetant un billet combiné pour le Domtoren (p. 158 ; +12 ans/-12 ans 19/10 €).

Le premier mercredi de chaque mois à 14h, les billets donnent aussi accès à l'atelier de restauration du Flora's Hof (p. 162).

Sint-Willibrod-Kerk ÉGLISE

(www.kerkenkijken.nl ; Minrebroederstraat 19 ; ⏲12h-15h lun-mer, 10h-17h jeu-ven, 10h-14h30 sam, 12h-16h dim). Passant facilement inaperçue, cette église néogothique de 1877 possède un intérieur magnifique orné de splendides vitraux et de colonnes peintes à motifs.

Fêtes et festivals

♥ **Le Guess Who?** MUSIQUE

(www.leguesswho.nl ; forfait 4 jours 158 € ; ⏲nov). Quatre jours de musique alternative,

À NE PAS MANQUER

UTRECHT AU FIL DE L'EAU

Au moins toutes les heures, **Schuttevaer** (☎030-272 01 11 ; www.schuttevaer.com ; Oudegracht a/d Werf 85 ; à partir de 14,95 € ; ⏲9h-18h tlj) organise des circuits sur les canaux à heures fixes, mais il existe de nombreuses alternatives pour vous balader sur l'eau. Souvent, les résidents sautent à bord d'un bateau électrique ouvert et vont pique-niquer entre amis. Les locations les moins chères (jusqu'à 8 pers) sont généralement celles des bateaux activés par SMS de **Greenjoy** (☎085-401 95 55 ; www.greenjoy.nl ; en face de Wittevrouwensingel 57 ; location 50-90 €/2 heures ; ⏲9h-22h). Cependant, **Sloep Delen** (☎030-711 62 00 ; www.sloepdelen.nl ; Hooghiemstraplein ; location 65 €/heure, caution 150 €) propose des bateaux un peu plus grands (jusqu'à 12 pers) et d'ordinaire, un employé est présent au départ pour vous en expliquer le fonctionnement. Les deux prestataires requièrent une réservation préalable en ligne ; les tarifs sont souvent divisés par deux en semaine pour les départs avant 16h. Plusieurs sociétés, dont **Lekkerbootje** (www.lekkerbootjevaren.nl) et **Sloephuren** (www.sloephurenutrecht.nl), proposent des bateaux avec pilote (repas parfois compris). On peut aussi tout simplement louer un kayak (*kano*) auprès de **Kanoverhuurutrecht** (☎030-633 22 36 ; www.kanoverhuurutrecht.nl ; Oudegracht a/d Werf 275 ; location kayak simple/double 6/12 € par heure, 14/28 € par jour ; ⏲10h-19h mar-dim) ou un pédalo – appelé **canal-bike** – (www.stromma.nl ; en face d'Oudegracht 167 ; circuit à partir de 25 € ; ⏲10h-18h tlj juil-août, mer-dim avr-juin et sept-oct) sur le quai inférieur de l'Oudegracht, devant la bibliothèque municipale.

souvent non-occidentale et peu connue du grand public, dans divers lieux d'Utrecht.

Où se loger

Les boutiques-hôtels logés dans des édifices anciens restaurés sont en plein essor à Utrecht. Il existe aussi quelques possibilités d'hébergement au bord du canal dans d'anciens entrepôts. Les routards ont le choix entre au moins quatre auberges de jeunesse en centre-ville.

Strowis Hostel AUBERGE DE JEUNESSE €

(030-238 02 80 ; www.strowis.nl ; Boothstraat 8 ; dort 22-28 €, s/d avec sdb 72,50/82,50 €, s/d/tr sans sdb 62,50/72,50/95 € ;) La plus jolie auberge de jeunesse d'Utrecht, installée un bâtiment du XVIIe siècle à la belle hauteur sous plafonds. Les dortoirs sont plutôt spacieux, y compris celui de 16 lits. Au sous-sol, les casiers (gratuits, caution de 10 €) intègrent parfois une prise de rechargement. L'attrayant café-espace salon s'ouvre sur un jardin original à l'arrière. La cuisine, petite mais bien équipée, ferme à 22h30.

Eye Hotel BOUTIQUE-HÔTEL €€

(030-303 63 03 ; www.eyehotel.nl ; Wijde Begijnstraat 1 ; ch petite/standard à partir de 110/145 € ;). Ce fabuleux boutique-hôtel de 36 chambres occupe une belle demeure ancienne modernisée, qui fut la première clinique ophtalmologique du pays en 1858 – d'où les références oculaires et les photos d'art sur un thème optique. Murs d'un blanc éclatant, salles de bains avec vasques et tables de chevet façon mini-pupitre d'écolier.

Mother Goose Hotel HÔTEL HISTORIQUE €€

(030-303 63 00 ; www.mothergoosehotel.com ; Ganzenmarkt 26 ; ch 120-250 € ;). Une ancienne demeure fortifiée du XIIIe siècle restaurée avec goût, sert de cadre à ce boutique-hôtel de 23 chambres. De nombreux éléments architecturaux et objets d'époque ont été conservés dans les chambres, au confort contemporain. Le personnel local, réactif, ajoute une touche très personnelle, et l'accueil est chaleureux.

Grand Hotel Karel V HÔTEL €€

(030-233 75 55 ; www.karelv.nl ; Geertebolwerk 1 ; ch à partir de 167,50 € ;). L'unique cinq-étoiles d'Utrecht était à l'origine un monastère du XIVe siècle où séjournèrent chevaliers et souverains, dont l'empereur du Saint-Empire romain germanique Charles Quint (Karel V) en 1543. Il fut transformé en un grand hôpital militaire en 1823. Aujourd'hui, les confortables chambres, agrémentées de lits à baldaquin, occupent le bâtiment principal, de style néoclassique napoléonien (chambres Empire), et l'aile Romaine, qui date de 2007.

Où se restaurer

Utrecht jouit d'une épatante scène culinaire. Bien que souvent touristiques, les restaurants des quais de l'Oudegracht et ceux avec terrasse le long de l'étroite Dreiharingstraat, rue très animée, servent un vaste choix de cuisines du monde. Voorstraat, une rue estudiantine de plus en plus tendance, mise sur les échoppes de plats à emporter, les en-cas et la cuisine orientale à petits prix, à côté de bonnes tables fort tentantes. D'autres établissements bordent Biltstraat, dans le prolongement vers l'est de Voorstraat. Nobelstraat est le domaine des pizzerias bon marché.

Kimmade VIETNAMIEN €

(030-7370993 ; www.kimmade.nl ; Mariastraat 2 ; baguettes 4,50-6,25 € ; 12h-21h45 lun-sam, 13h-19h45 dim). Cette échoppe dotée de quatre tables est le plus modeste des nombreux cafés-restaurants animés de Mariastraat, mais sa cuisine de rue vietnamienne, d'un excellent rapport qualité/prix, garantit sa popularité.

Gys CAFÉ €

(030-259 17 88 ; www.gysutrecht.nl ; Voorstraat 77 ; plats déj/dîner à partir de 9,50/15,50 € ; 10h-21h ;). Tout est bio dans ce café lumineux qui respire la vie saine. La plupart des plats sont végétariens, végans et/ou sans gluten. Le cadre est spacieux et accueillant – luminaires à faible intensité, gravures botaniques et plantes en pot suspendues aux murs.

Héron EUROPÉEN €€

(030-230 22 29 ; www.heronrestaurant.nl ; Schalkwijkstraat 26-28 ; menu 3/4/5 plats 39/46/52 € ; 17h30-21h30 mar-sam). Ce ravissant petit restaurant présente à sa clientèle un dîner de saison débordant de saveurs créatives. Les produits sont uniquement de provenance locale, y compris les

100% LOCAL

ESCAPADES VERTES

Pour goûter au calme à Utrecht, rendez-vous dans un espace vert. Situé à l'arrière de l'Universiteitsmuseum (p. 159), **De Oude Hortus** (compris dans l'entrée au musée, sinon 2,50 €) est un vénérable jardin botanique merveilleusement paisible, planté d'essences rapportées du monde entier par les explorateurs néerlandais.

Pandhof (Kloosterhof ; uu.nl ; Domplein ; ⏲10h-16h). Entre la Domkerk et l'Academiegebouw se trouve l'entrée de ce charmant petit jardin formel ceint d'un cloître gothique du XVe siècle.

Flora's Hof (Servetstraat 1 ; ⏲9h30-17h). Niché derrière la librairie Steven Sterk, ce petit jardin clos de murs est un havre de paix ; il suffit de lever la tête pour voir le Domtoren (p. 158).

Parc national Utrechtse Heuvelrug (www.np-utrechtseheuvelrug.nl). À l'est de la ville d'Utrecht, cet arc vert de 65 km au statut de parc national est idéal pour les balades à pied et à vélo. Il englobe la deuxième forêt du pays, particulièrement riche en faune, mais aussi des prairies et de hautes dunes, le tout entrecoupé de zones habitées.

plantes cueillies par le propriétaire, qui est sylviculteur. Six clients chanceux peuvent s'asseoir au comptoir central et observer le ballet des chefs chevronnés.

Blauw INDONÉSIEN €€

(☎030-234 24 63 ; www.restaurantblauw.nl ; Springweg 64 ; plats 21,50-25 €, rijsttafel 31-37,50 € ; ⏲17h-22h dim-jeu, 17h-22h30 ven-sam). Le Blauw est un endroit idéal où venir déguster une cuisine indonésienne de qualité. Les saveurs parfaitement équilibrées, y compris celles des *sambal* (condiments épicés) maison servis en amuse-bouche, font les délices des dîneurs.

Loetje Utrecht NÉERLANDAIS €€

(☎030-231 50 40 ; loetje.nl ; Oudkerkhof 29 ; plats 9-25 €, sandwichs 6-12 € ; ⏲10h-22h30). La chaîne montante de restaurants Loetje est fière de son filet de bœuf (à partir de 18,25 €), mais on y sert aussi des plats néerlandais plus typiques comme les boulettes de viande sur pain rustique, les asperges de saison et les *kapucijners* – un gros bol de pois marrons garnis d'oignons, de cornichons, de *picalilli* (sauce à base de pickles et de moutarde) et de bacon frit. Le restaurant design d'Utrecht a des airs de grand café revisité façon modernisme néerlandais.

Concours EUROPÉEN €€€

(☎030-223 11 58 ; www.restaurantconcours.nl ; Biltstraat 23 ; menu 4/5/6 plats 47/55/65 € ; ⏲12h30-22h lun-sam). Intimiste et sobrement décoré, le Concours plaira aux fins gourmets. Le cadre est romantique sans être guindé, les prix sont relativement raisonnables et les plats présentés avec panache. Il n'y a pas de carte ici : faites confiance au fameux chef Alex Zeelenberg, qui concocte un menu du jour à base de produits frais locaux.

Ateliers culinaires privés le dimanche et *master class* thématiques chaque mois.

Syr MOYEN-ORIENTAL €€€

(☎030-233 11 04 ; www.restaurantsyr.nl ; Lange Nieuwstraat 71 ; dîner 3/4/5 plats 32,50/37,50/42,50 € ; ⏲17h-21h mar-dim). Dans une ambiance décontractée faite de simplicité, le Syr propose une délicieuse cuisine moyen-orientale mâtinée d'influences européennes, préparée et servie par des réfugiés syriens.

Où prendre un verre et faire la fête

Utrecht recèle bien des merveilles pour les amateurs de bière, et les cafés ponctuant l'Oudegracht raviront les visiteurs. Quand le soleil brille, Ganzenmarkt est une artère prisée des habitants, qui viennent y boire une bière en déjeunant d'un sandwich, et Tolsteegbrug est très animée au coucher du soleil. Le soir, la rue Neude et la place Janskerkhof s'éveillent, notamment pour danser dans le cas de cette dernière. Les pubs de Nobelstraat attirent une clientèle estudiantine.

Olivier CAFÉ BRUN

(cafe-olivier.be ; Achter Clarenburg 6a ; ⏲12h-22h dim-jeu, 12h-0h ven-sam). Malgré un emplacement peu engageant, à côté de la grande galerie marchande Hoog Catharijne, l'Olivier est un véritable paradis de la bière. Il occupe une ancienne église au décor étonnamment sophistiqué mais plein de caractère, et l'orgue d'origine y figure en bonne place.

Kafé België BAR

(www.kafebelgie.nl ; Oudegracht 196 ; ⏲13h-22h lun-jeu, 12h-22h ven-sam). Dans ce grand bar peu raffiné mais ultra convivial, les 20 bières du Benelux disponibles à la pression complètent l'offre pléthorique de mousses en bouteille.

't Oude Pothuys CAFÉ BRUN

(www.pothuys.nl ; Oudegracht 279 ; ⏲12h-1h ou plus tard). L'attrait principal de ce pub-restaurant douillet, aménagé dans une cave voûtée aux murs chaulés, sont les concerts gratuits qui y sont donnés tous les soirs. La musique débute rarement avant 23h (22h les soirées calmes). En été, vous pouvez prendre un verre ou dîner juste au bord du canal, face à l'arche de brique du pont Smeebrug.

Heen en Weer BAR

(Donkere Gaard 13 ; ⏲14h30-22h lun, 13h-22h mer-ven et dim, 12h-22h sam). Dans cette maison de 1702, la vue sur le canal porte jusqu'à un pont à deux arches. Le meilleur endroit où s'asseoir est la table d'angle. Par beau temps, prenez place sur le triangle de terrasse niché entre la rue et la partie supérieure du bord du canal.

ACU CENTRE CULTUREL, BAR

(www.acu.nl ; Voorstraat 71 ; ⏲18h-4h ven-sam, 18h-23h dim). Repaire du petit monde politique et culturel d'Utrecht, le fameux centre ACU, indépendant, fait, entre autres emplois, office de bar et de lieu de concerts ou de conférences. Les débats vont bon train autour de plats bio végétariens réalisés par l'inimitable Kitchen Punx (18h-21h mar-jeu et sam).

Cafe DeRat PUB

(☎030-231 95 13 ; www.cafederat.nl ; Lange Smeestraat 37 ; ⏲16h-22h lun, mer-jeu, 14h-22h mar, ven-dim ; 📶). Ce pub avec parquet et poutres au plafond et plein d'âme propose un choix remarquable de bières confidentielles issues de brasseries peu connues, dont toute une gamme de lambics (bières aigres à fermentation spontanée).

De Bastaard PUB

(www.debastaard.nl ; Jansveld 17 ; ⏲16h-1h mar-jeu, 16h-3h ven-sam). Un bar jazzy sans prétention qui propose une sélection complète de bières trappistes néerlandaises (La Trappe), à accompagner d'un plat à emporter – il n'y a pas de cuisine et vous pouvez apporter votre nourriture.

VAUT LE DÉTOUR

LA VIE DE CHÂTEAU

D'Utrecht, on peut aisément découvrir en une demi-journée des châteaux grandioses, que ce soit à vélo, en bus ou en voiture.

Kasteel de Haar (☎030-677 85 15 ; www.kasteeldehaar.nl ; Kasteellaan 1, Haarzuilens ; visite guidée adulte/enfant 18/12,50 €, jardin seulement 5/7 €, châtelet 25,50/20 € ; ⏲parc 9h-17h, château 11h-17h, visites guidées toutes les 30 min jusqu'à 16h). Le plus vaste château fort du pays est un véritable festival de flèches, de tourelles et de herses gothiques. Doté d'une superbe chapelle, il est entouré d'un grand jardin paysager à l'anglaise ponctué de larges allées, de statues et de bassins évoquant des canaux.

Kasteel Amerongen (☎0343-563 766 ; www.kasteelamerongen.nl ; Drostestraat 20, Amerongen ; adulte/enfant 15/7,50 €, jardin seulement 5 € ; ⏲château 11h-16h sam-dim, jardin 11h-15h30 sam-dim ; 🚌50). Le Kasteel Amerongen est un manoir d'allure rectiligne entouré de douves, dont les salons somptueux peuvent être admirés lors d'une visite guidée (en néerlandais) toutes les heures. Si vous souhaitez seulement voir sa façade plutôt austère, marchez jusqu'au très impressionnant café-restaurant Bentinck. Comptez 1 heure 05 de trajet depuis Utrecht avec le bus n°50 (5,15 €) et 15 minutes depuis Doorn (2,20 €).

De Ontdekking CAFÉ
(www.deontdekkingutrecht.nl ; Voorstraat 110 ; café 2,50-3,90 €, petit-déj 3,15-11,50 € ; ⏲9h-17h). Dans une maison ancienne située à l'angle d'une rue face au canal, un agréable café au décor sobre. L'endroit est apprécié pour ses excellents cafés, petits-déjeuners et *high teas*.

Cafe Kalff LGBT
(☎030-231 09 19 ; Oude Gracht 47 ; ⏲16h-1h mar-jeu, 16h-2h ven, 15h-2h sam, 15h-23h dim). "Allez là où vous êtes fêté, et non où l'on vous tolère" est la devise de ce pub étroit, en bordure de canal, pilier de la scène LGBT.

Ekko CLUB
(☎030-231 74 57 ; www.ekko.nl ; Bemuurde Weerd WZ3). Un lieu culturel innovant, dont l'équipe sait débusquer les nouvelles tendances ; sa programmation vaut donc toujours le coup d'œil, des soirées clubbing aux concerts éclectiques. Tous les paiements se font par l'application PinPay.

Bas/s CLUB
(www.clubbasis.nl ; Oudegracht a/d Werf 97 ; tarifs variables ; ⏲23h-6h ven-sam). Cette cave au bord du canal, où le son atteint une haute intensité, est principalement dédiée à de la musique techno, dans un cadre industriel où domine le béton. Consultez le site Web pour connaître la programmation et bénéficier de réductions en ligne. Paiements par carte uniquement.

☆ Où sortir

Utrecht brille en matière de cinémas et de théâtres, nombreux, en plus des cinq magnifiques salles de concerts du **Tivoli-Vredenburg** (☎030-231 45 44 ; www.tivolivredenburg.nl ; Vredenburgkade 11).

Hôtels et auberges de jeunesse mettent à disposition une liste des concerts hebdomadaire d'**UitLoper** et la publication bimensuelle gratuite **MagUtrecht** (www.magutrecht.com), présentant toutes les sorties. Rendez-vous sur www.duic.nl/uitgaan pour une suggestion quotidienne.

Achats

La grande galerie marchande Hoog Catharijne est presque incontournable – c'est le point de passage quasi obligé entre la gare ferroviaire et le centre-ville. Enseignes de grandes chaînes et boutiques classiques jalonnent Vredenburg et Steenweg. Toutefois, Voorstraat est bordée de boutiques plus intéressantes, particulièrement le long de la partie sud de l'Oudegracht.

> VAUT LE DÉTOUR
>
> **LA PYRAMIDE VAN AUSTERLITZ**
>
> L'un des monuments les plus insolites de la campagne au sud d'Amersfoort est la **pyramide van Austerlitz** (www.pyramidevanausterlitz.nl ; Zeisterweg 98, N224 ; ascension 3 € ; ⏲centre d'information 12h-16h Pâques-oct, ascension 11h-17h mar-dim Pâques-oct, dim seulement nov-Pâques), une colline pyramidale de 36 m de haut édifiée en 1804 afin de combattre l'ennui des 18 000 soldats français. Surmontée d'un monolithe, elle a été restaurée en 2004-2005. Au niveau du parking, le centre d'information des visiteurs mérite une halte : on peut y voir gratuitement un film captivant de 8 minutes retraçant le contexte historique. Parcourez 400 m à travers les bois pour découvrir la pyramide ; seule l'ascension est payante.

♥ **De Bierverteller** BIÈRE
(☎030-737 13 06 ; www.debierverteller.nl ; Twijnstraat 47 ; ⏲11h-19h mar-ven, 10h-18h sam, 12h-18h dim). Le personnel, obligeant et bien informé, peut vous aider à faire votre choix parmi plus de 700 variétés de bières. Des dégustations sont organisées environ une fois par mois (inscription en ligne). Ou bien cédez à la tentation et achetez une caisse de l'excellente Zuster Agatha, brassée par la Muifel Brouwerij.

♥ **HetFotoAtelier** PHOTOGRAPHIE
(☎030-243 49 98 ; www.hetfotoatelier.nl ; Lange Nieuwstraat 86 ; ⏲14h-18h mer, ven et dim, 14h-21h jeu, 13h-18h sam). Si vous êtes passionné de photographie argentique noir et blanc, cette boutique-galerie d'art spécialisée sera probablement l'un des points d'orgue de votre visite à Utrecht.

ℹ Renseignements

Office du tourisme (VVV ; ☎030-236 00 04 ; ontdek-utrecht.nl ; Domplein 9 ; ⏲10h-17h). Nombreuses brochures et vente de billets pour le Domtoren (p. 158). Certains hôtels et auberges de jeunesse offrent l'excellent plan-guide *Use-it*, rempli de conseils éclairés des habitants.

Depuis/vers Utrecht

Utrecht est un carrefour de transports publics. Si vous êtes en voiture, sachez que le stationnement dans les rues est très limité, et payant presque 24h/24 et 7j/7.

BUS

Les bus régionaux partent essentiellement de deux endroits situés sur le côté ouest de la gare ferroviaire centrale Utrecht CS (Centraal Station). Le bus pour Breda n°401 (14 €, 1 heure 15, toutes les heures) utilise les **quais G** (Jaarbeursplein) en face de l'immeuble du World Trade Centre. La plupart des autres lignes de bus intéressantes, dont le n°107 allant à Gouda via Oudewater, utilisent les **quais C et D** (Jaarbeurszijde), auxquels on accède par les escalators descendant depuis le hall ouest de la gare ferroviaire. Quant au bus n°50 pour Doorn et Amerongen, il est en général plus aisé de le prendre à l'arrêt central **Janskerkhof** (Nobelstraat ; 50).

Passez à l'**U-OV Service Winkel** (www.u-ov.info ; 6h30-19h lun-ven, 10h-17h30 sam-dim), à la gare ferroviaire, pour des renseignements sur les itinéraires des bus et des tramways.

Les bus internationaux utilisent un **arrêt** (Westplein) difficile à trouver, juste au nord de la tour NH Hotels, après les quais G et la station de tramway (au nord-ouest de la gare ferroviaire).

TRAIN

L'Utrecht CS (Centraal Station) est la gare ferroviaire des liaisons nationales. Les services directs suivants se révèlent pratiques :

Amsterdam Centraal (8,40 €, 35 min, 6/heure)
La Haye (12,30 €, 38 min, 2/4 par heure semaine/week-end)
Groningue (27,30 €, 1 heure 55, 2/heure)
Maastricht (26,20 €, 1 heure 57, 2/heure)
Aéroport de Schipol (9,70 €, 40 min, 4/heure)
Rotterdam (11,50 €, 37 min, 2/heure)

La gare est équipée d'une **consigne à bagages** (Utrecht Centraal ; petit/grand casier à partir de 6,20/9,30 € ; 24h/24), peu aisée à localiser. Elle se trouve au-dessus du Burger King, en entrant par le passage du nord, ou en traversant le Bistro Centraal et en poursuivant le long du balcon supérieur de la gare jusqu'à ce que vous soyez au-dessus des quais n^{os}18 et 19. En venant de la ville, ne franchissez pas les barrières d'accès aux quais.

VÉLO

La véloroute **LF9** file vers le nord en traversant des terres agricoles sur 23 km, jusqu'à l'embranchement avec la **LF23**, qui rejoint la municipalité de Muiden et la Frise (Flevoland). Au sud, la piste traverse de riches zones de cultures et rejoint Bréda. Reliant Alkmaar à Maastricht en 350 km, la longue **LF7** passe également par Utrecht ; Amsterdam se trouve à 50 km au nord-ouest. La **LF4** file vers l'est sur 80 km jusqu'à Arnhem.

AMERSFOORT

033 / 154 700 HABITANTS

La bière, la laine et le tabac ont fait la fortune de la jolie cité d'Amersfoort au XVIe siècle. Sa vieille ville de forme ovoïde s'agrémente d'une collection de belles demeures de négociants, de petits canaux et de trois portes historiques. On musarde avec bonheur dans ce centre historique évocateur, dont les scènes artistique et gastronomique sont les autres points forts.

À voir

Le principal attrait d'Amersfoort tient à sa vieille ville, avec ses ruelles, ses places et ses canaux ; plus de 300 maisons antérieures au XVIIIe siècle s'y dressent encore.

Onze Lieve Vrouwe Toren — ÉDIFICE HISTORIQUE

(www.olvkerk.nl ; Lieve Vrouwekerkhof ; adulte/enfant 5/4 € ; visites guidées toutes les heures 12h-17h mar-dim juil-août, 14h tlj sept-juin). Cette superbe tour gothique du XVe siècle, haute de 100 m, est emblématique d'Amersfoort. C'est la seule partie encore debout d'une église qui fut malheureusement détruite par une explosion de poudre à canon en 1787.

Mondriaanhuis — MUSÉE

(maison de Mondrian ; www.mondriaanhuis.nl ; Kortegracht 11 ; adulte/enfant 13/8 € ; 10h-17h mar-dim). Piet Mondrian (1872-1944), peintre emblématique du mouvement De Stijl et considéré comme un pionnier de l'abstraction est né à Amersfoort. Ce petit musée passionnant, aménagé dans sa maison natale, rend hommage à son œuvre.

Un film (5 min) retrace avec imagination son évolution artistique, de ses paysages réalistes à l'impressionnisme, puis aux lignes et aux couleurs primaires

VAUT LE DÉTOUR

WIJK BIJ DUURSTEDE

Dans le ravissant centre ancien de Wijk, entouré de canaux, ne manquez pas Peperstraat, une rue jalonnée de cafés et de galeries d'art située derrière une église remarquable (sur Markt) et un château particulièrement romantique, dont il ne reste que deux tours. Bien que le château soit privé et accueille des réceptions de mariage, son parc boisé à demi-sauvage est en accès libre.

Le bus n°41 dessert Wijk depuis la gare centrale d'Utrecht (4,30 €, 35 min), ou bien prenez le bus n°56 depuis Amersfoort via Doorn. Pour trouver le centre-ville historique, prenez Zandweg à côté de l'hôtel-restaurant Gouden Leeuw et franchissez le pont sur le canal.

qui devinrent caractéristiques de son style après son arrivée à Paris en 1911.

Kade Museum MUSÉE
(☎033-422 50 30 ; www.kunsthalkade.nl ; Eemplein 77 ; adulte/enfant 13 €/gratuit ; ⏲10h-17h mar-dim). Ce musée original et très créatif sert de cadre à de grandes expositions temporaires d'art contemporain. Boutique de livres d'art et café sur place.

Où se loger et se restaurer

Il y a un excellent choix de restaurants à travers la vieille ville, notamment le long de Krommestraat ; toutes les gammes de prix sont représentées, des boulangeries-cafés au Bloks, l'une des tables étoilées au Michelin les plus abordables des Pays-Bas.

Hotel de Tabaksplant HÔTEL €
(☎033-472 97 97 ; www.tabaksplant.nl ; Coninckstraat 15 ; s/lits jum/ste avec sdb à partir de 85/95/140 €, lits jum/tr sans sdb 67/75 € ; ⏲8h-23h). Trois édifices historiques, dont la demeure d'un négociant en tabac antérieure à 1623, ont été combinés pour créer un hôtel de 25 chambres au style discret. Personnel très affable.

Corazon Coffee CAFÉ €
(www.coffeecorazon.nl ; Krommestraat 18 ; café 2,60-7,95 € ; ⏲10h-tard ; 🚸). Rangez vos appareils numériques en entrant dans ce café convivial ; à la place, un système d'échange de livres gratuit et des tables proches les unes des autres pour encourager la conversation. Nombre de sandwichs et d'assiettes du déjeuner sont végans ; vous pouvez aussi goûter l'une des 16 variétés de café 100% arabica, différents thés (une trentaine) ainsi que des lassis et des smoothies.

Jackie Brown FUSION €€
(www.jackiebrown.nl ; Hof 23 ; plats 7,50-11,50 € ; ⏲17h-1h). Les murs noirs, l'éclairage tamisé et la peinture murale du rappeur américain Notorious B.I.G. ceint d'une couronne donnent au restaurant Jackie Brown une ambiance urbaine étudiée. Les portions de plats fusion euro-asiatique façon tapas plairont aux gourmets, tant par leur présentation que par leur qualité.

Où prendre un verre et faire la fête

Les pubs et les cafés sont nombreux sur le Hof (grand-place) et sur la place Lieve Vrouwekerkhof ; poursuivez la nuit sur Groenmarkt. Rendez-vous au **Hop** (www.bierwinkelhop.nl ; Achter Het Oude Stadhuis 2 ; ⏲12h-18h mer, 12h-20h jeu, 10h-18h ven, 10h-17h sam, 13h-17h dim) pour un excellent choix de bières à emporter.

De Drie Ringen Bierbrouwerij MICROBRASSERIE
(www.dedrieringen.nl ; Kleine Spui 18 ; bières 3,95 € ; ⏲12h-20h mer-dim). Près de la Koppelpoort (l'une des portes anciennes de la ville), cette microbrasserie très réputée doit son nom à un prédécesseur du XVIIe siècle. Sept de ses 11 variétés robustes de bière sont proposées à la pression.

Renseignements

Office du tourisme (VVV ; ☎par appel 0,50 €, 0900-112 23 64 ; www.vvvamersfoort.nl ; Breestraat 1 ; ⏲11h-17h lun, 10h-17h mar-sam, 11h-16h dim, fermé dim nov-mars). Circuits pédestres et cartes d'itinéraires cyclables. À l'angle de la place principale, en face de l'Onze Lieve Vrouwe Toren.

Comment s'y rendre et circuler

TRAIN

La gare ferroviaire d'Amersfoort est à 500 m à l'ouest du centre. Des trains fréquents la relient à Amsterdam (9,50 €, 35-50 min), Deventer (11,90 €, 35 min, 3/heure) et Utrecht (5 €, 13-20 min, jusqu'à 6/heure).

À NE PAS MANQUER

SORCELLERIE À OUDEWATER

Monter sur la balance aux sorcières est l'attrait principal de la petite **Heksenwaag** (www.heksenwaag.nl ; Leeuweringerstraat 2 ; adulte/enfant 7/3,50 € ; 11h-17h mar-dim avr-oct, fermé lun), ou "Maison de la pesée des sorcières", située à Oudewater, à 40 minutes d'Utrecht avec le bus n°107. Quelque 50 000 à 100 000 malheureuses furent victimes, en Europe, de la chasse qui leur fut faite, dès la fin du XVe siècle, pour suspicion de sorcellerie. La pesée était l'une des méthodes les plus courantes pour avérer de cet état, une croyance populaire voulant que les femmes trop légères pour leur gabarit dussent ce défaut de poids au fait de n'avoir pas d'âme.

VÉLO

Située à 23 km au sud-ouest, Utrecht se prête à une superbe excursion à travers forêts et fermes par la véloroute **LF9**. Celle-ci file aussi vers le nord et rejoint, après 23 km, la **LF23** ; les deux itinéraires vont jusqu'à la Frise.

Fietsboot Eemlijn (06 5194 2279 ; www.eemlijn.nl ; Grote Kapel ; adulte/enfant 2 €/gratuit par secteur, vélo 2 € ; tlj mi-juin à mi-sept, 4 jours/sem mi-avr à mi-juin et mi-sept à mi-oct). Le "bateau à vélos" d'Amersfoort parcourt la vallée de Gueldre ; il met 3 heures 30 pour atteindre Huizen ou Spakenburg sur le lac d'Eemmeer. Départ à 10h d'une jetée située à seulement 200 m au nord-ouest de Koppelpoort ; trajets de retour à partir de 14h. Les escales à l'aller/au retour sont Soest (10h45/17h), Baarn (11h30/16h15) et Eemdijk (12h15/15h30). Agréable trajet de retour à vélo à travers les bois depuis n'importe quelle escale.

Dans le centre-ville, **Rijwielhandel van Hoeijen** (033-461 37 73 ; www.van-hoeijen.nl ; Krommestraat 61 ; vélo 7 vitesses/électrique 10/20 € par jour ; 13h-18h lun, 9h-12h30 et 13h-18h mar-ven, plus 19h-21h jeu, 9h-12h30 et 13h-17h sam) loue des vélos à la journée calendaire ; rendus le lendemain, ils seront facturés le double.

Rotterdam et la Hollande-Méridionale

Dans ce chapitre ➡

Le top des restaurants

- Fouquet (p. 198)
- In den Doofpot (p. 212)
- Villa Augustus Restaurant (p. 188)
- Fenix Food Factory (p. 179)

Le top des hébergements

- Hotel The Roosevelt (p. 216)
- Ex Libris (p. 211)
- Hotel Indigo (p. 197)
- Citizen M (p. 178)
- De Luthiers (p. 188)

Pourquoi y aller

La Hollande-Méridionale (Zuid-Holland) et la Zélande sont des terres de contrastes. Alors qu'à Rotterdam, on s'extasie devant une architecture expérimentale en constante évolution et de nombreux bâtiments avant-gardistes, à Delft, dans le centre historique datant du XVIIe siècle, on se croirait transporté au Siècle d'or. La comparaison ne s'arrête pas à l'architecture : tandis que La Haye épate les visiteurs avec son charme urbain et sa scène artistique, culinaire et culturelle, la Zélande, peu peuplée et balayée par les vents, prend des airs de bout du monde. Enfin, Gouda joue de tous les clichés néerlandais avec des habitants en habit traditionnel et, partout, des roues de son célèbre fromage. En résumé, que vous cherchiez des moulins à vent, des bars à vins tendance, des tulipes ou des restaurants gastronomiques, la Hollande-Méridionale est en tout point parfaite.

Quand partir

- Rotterdam se visite toute l'année. Sa myriade de musées, boutiques, restaurants, bars et autres lieux de sortie (et son excellent réseau de transports publics) permettent de faire fi du mauvais temps.
- Au printemps, l'explosion de couleurs dans les jardins du Keukenhof, tapissés de tulipes, invite à une frénésie de photos. Leur visite mérite un peu d'organisation car ils n'ouvrent que huit semaines par an.
- C'est du printemps à l'automne que vous trouverez le plus de sites ouverts, et que vous aurez le plus de chances de bénéficier d'un ciel clément pour vos balades le long des canaux, voire un bain de mer.
- En juillet et août, pleine saison des festivals, des événements s'organisent dans les rues, les parcs et sur la plage.

À ne pas manquer

1 L'architecture avant-gardiste en perpétuel renouveau, ainsi que l'art et les cafés de **Rotterdam** (p. 172).

2 Les tulipes en fleur, au printemps, dans les fabuleux **jardins du Keukenhof** (p. 214).

3 L'ensorcelante *Jeune Fille à la perle* de Vermeer au **Mauritshuis** (p. 192) de La Haye.

4 Le panorama sur la vieille ville de Delft depuis la tour de la **Nieuwe Kerk** (p. 203).

5 La découverte, à pied ou à vélo, des moulins à vent et des digues de **Kinderdijk** (p. 183).

6 Une immersion dans les collections des **Rijksmuseums** (p. 208) de Leyde : Volkenkunde, Boerhaave et Van Oudheden.

7 La grandeur et les splendides vitraux de **Sint Janskerk** (p. 189), la cathédrale du XVIe siècle de Gouda.

Centre de Rotterdam

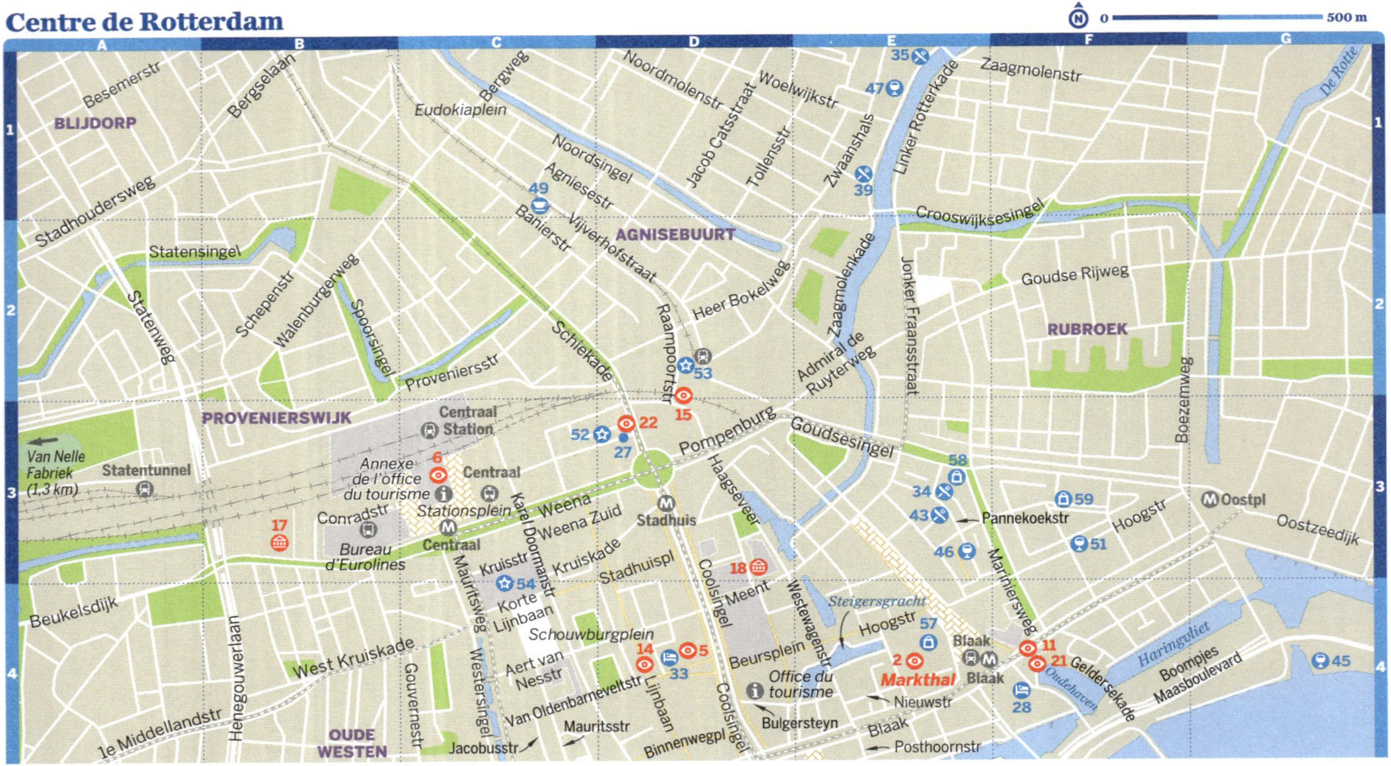

Willemsbrug
Nieuwe Maas
Ons Park
Hef Park
Oranjeboomstr
Rosestr
Handelspl
Van der Takstr
Maaskade
Koningshaven
Binnenhaven
Stieltjesstr
32
Levie Vorstkade
Spoorweghaven
Laan op Zuid
Rijnhaven
Hillelaan
Maassilo (350 m)
NOORDER EILAND
Prins Hendrikkade
Wilhelminapl
Posthumalaan
Erasmusbrug
WILHELMINAPIER
Otto Reuchlinweg
Rijnhaven
Dock de bateaux-taxis Fenix/Walhalla
Brede Hilledijk
Maashaven N z
Speeltuinvereniging Katendrecht (1 km)
Rijnhavenbrug
WATERSTAD
Scheepmakershaven
Wijnhaven
Dock de bateaux-taxis Leuvehaven
Leuvehaven
Boompjes
26
30
12
31
7
20
56
8
Waterbus
Nieuwe Maas
Wilhelminakade
Dock de bateaux-taxis Wilhelminapier/Hotel New York
38
42
36
Veerlaan
KATENDRECHT
Dock de bateaux-taxis Katendrecht/Provimi
16
Beurs
Schiedamsedijk
Leuvehaven
Schilderstr
37
Schiedamse Vest
Willemskade
25
Dock de bateaux-taxis Veerhaven
Veerhaven
Schiedamsesingel
Hartmansstr
23
29
William Boothlaan
Vasteland
Van Vollenhovenstr
COOL DISTRICT
Eendrachtspl
Westblaak
Witte de Withstr
Museumpark
NIEUWE WERK
Parklaan
Parkkade
Oude Binnenweg
Eendrachtspl
1
Huis Sonneveld
3
Museum Boijmans van Beuningen
19
13
24
Kievitslaan
Westzeedijk
10
Het Park
Nieuwe Maas
55
Rochussenstr
Museumpark
DIJKZIGT
Wytemaweg
41
Maastunnel
9
Nieuwe Binnenweg
Dijkzigt
Parkhaven
Parkhaven
Dock de bateaux-taxis Euromast
's-Gravendijkwal
Mathenesserlaan
MIDDELLAND
LLOYDKWARTIER
Dock de bateaux-taxis Sint-Jobshaven/Mullerpier
St Jobshaven
Coolhaven
Coolhaven
Rochussenstr
44
Volmarijnstr
Nieuwe Binnenweg
4
Museum Rotterdam: 1940-1945 NU
Dullaertplein
Lloydstr
DELFSHAVEN
Heiman Dullaertplein
Schiehaven
Schiehaven
Heemraadssingel
Heemraadssingel
5
6
7
8
A
B
C
D
E
F
G

Centre de Rotterdam

Les incontournables

1 Huis Sonneveld C5
2 Markthal E4
3 Museum Boijmans van Beuningen C5
4 Museum Rotterdam: 1940-1945 NU A7

À voir

5 Bijenkorf (grand magasin) D4
6 Centraal Station C3
7 De Rotterdam E7
8 Erasmusbrug E7
9 Euromast B8
10 Het Park C8
11 Kijk-Kubus Museumwoning F4
12 KPN Telecom (siège) F7
13 Kunsthal C6
14 Lijnbaan D4
15 Luchtsingel D2
16 Maritiem Museum Rotterdam D5
17 Miniworld Rotterdam B3
18 Museum Rotterdam D3
19 Muséum d'histoire naturelle C6
20 Nederlands Fotomuseum E7
21 Overblaak Development F4
22 Schieblock D3
23 TENT D5
Timmerhuis .... (voir 18)
24 Tuin Schoonoord C7
25 Wereldmuseum D7
Witte de With Centre Contemporary Art .... (voir 23)

Activités

26 Rebus E5
27 Urban Guides D3

Où se loger

28 Citizen M F4
29 King Kong Hostel D5
30 Mainport E6
31 nhow E7
32 Pincoffs G6
33 Urban Residences D4

Où se restaurer

34 AJÍ E3
35 Bertmans E1
36 CEO Baas van Het Vlees E8
37 De IJsmaker D5
38 Fenix Food Factory E8
Kaapse Kitchen .... (voir 38)
39 Lof der Zoetheid E1
41 Parqiet C7
Pierre .... (voir 34)
42 Posse E8
43 Tante Nel E3
44 Urban Espresso Bar A6

Où prendre un verre et faire la fête

45 Aloha G4
Biergarten .... (voir 40)
46 Bokaal E3
47 Brouwerij Noordt E1
49 Man Met Bril C1
51 Verward F3

Où sortir

52 Annabel D3
53 Bird Jazz Club D2
54 De Doelen C4
55 KINO C5
56 LantarenVenster E8

Achats

57 Blaak Markt E4
58 De Groene Passage E3
59 Groos F3

HOLLANDE-MÉRIDIONALE

Comptant deux des plus importantes cités du pays, Rotterdam et La Haye, ainsi que nombre de ses plus belles villes historiques, la Hollande méridionale (Zuid-Holland) séduit autant les touristes néerlandais qu'étrangers. De pair avec la Hollande-Septentrionale (Noord-Holland) et Utrecht, la Hollande-Méridionale forme la Randstad, cœur économique et démographique des Pays-Bas. L'architecture, les musées, les plages de sable et les parcs nationaux riches en faune aviaire en font une région qui mérite amplement une visite.

Rotterdam

☎ 010 / 629 606 HABITANTS

L'innovation est le maître-mot à Rotterdam, deuxième métropole des Pays-Bas et plus grand port d'Europe, et l'enthousiasme avec lequel les habitants se l'approprient fait plaisir à voir. Les touristes, chaque année plus nombreux, l'ont bien compris : de fait, la ville tire bonne part de son attrait de son architecture unique et son design urbain. Ajoutez à cela d'intéressants musées, une vie artistique dynamique, une culture du café et pléthore de canaux bourdonnant de vie, enjambés de gracieux ponts et parcourus de bateaux-taxis, et le charme de Rotterdam opère.

Traversée par le large chenal de navigation de la Nieuwe Maas (Nouvelle Meuse), Rotterdam est sillonnée d'un réseau de tunnels et de ponts, le plus connu étant l'**Erasmusbrug**, joliment surnommé "le Cygne" (*de Zwaan*). Sur la rive nord, le centre-ville se parcourt aisément à pied.

Histoire

Beaucoup d'eau est passée sous les ponts depuis la fondation de Rotterdam, alors simple village de pêcheurs. Autrefois pilier de la Compagnie néerlandaise des Indes occidentales, plus importante multinationale de son temps, la ville est aujourd'hui le premier port d'Europe, ainsi qu'une figure mondiale de l'architecture contemporaine et du design urbain.

L'histoire de Rotterdam en tant que cité portuaire majeure remonte au XVIe siècle. En 1572, les Espagnols pourchassés par les "Gueux de mer" (un groupe en révolte contre la répression religieuse espagnole) y trouvèrent refuge – et s'empressèrent de mettre la ville à sac. Rotterdam rejoignit alors la révolution.

À l'embranchement des grands fleuves du Sud, elle a tout pour accueillir la navigation marchande. De larges canaux creusés au XIXe siècle, puis améliorés sans cesse depuis, relient son port au Rhin et à d'autres grands axes fluviaux.

Le 14 mai 1940, les Allemands envahirent le pays et adressèrent un ultimatum au gouvernement néerlandais : s'il ne capitulait pas, toutes les grandes villes du pays, y compris Rotterdam, seraient détruites. Les Pays-Bas cédèrent – mais les bombardiers étaient déjà en route. Les incendies qui ont suivi le bombardement dévasteur détruisirent environ 24 000 maisons.

L'élan architectural né de la reconstruction après-guerre, loin du style d'origine de la ville, n'est jamais retombé depuis, et gratte-ciel et édifices audacieux lui confèrent une allure en perpétuelle évolution, sans égale dans le pays.

À voir

On se repère facilement dans la ville grâce à une myriade d'édifices de style très divers. Le centre-ville est bien plus petit qu'on ne s'y attend dans une métropole aussi animée : peut-être n'aurez-vous même pas l'occasion d'emprunter le réseau de transports en commun (métro, bus et tramway), par ailleurs très efficace. Le meilleur moyen de découvrir les curiosités de Rotterdam reste le vélo.

Museum Boijmans van Beuningen — MUSÉE

(www.boijmans.nl ; Museumpark 18-20 ; tarif plein/étudiant/-19 ans 20/10 €/gratuit ; 11h-18h mar-dim ; M Eendrachtsplein, Museumpark, Eendrachtsplein). La collection permanente du plus éminent musée des beaux-arts de Rotterdam rassemble une impressionnante liste de grands maîtres passant en revue de multiples périodes et mouvements : Rubens, Rembrandt, Monet, Degas, Van Gogh, Picasso, Degas, Miró ou Bacon. Entre autres chefs-d'œuvre, citons les *Trois Marie au tombeau* (1425-1435) de Jan van Eyck, *Le Marchand ambulant* de Hieronymus Bosch (env. 1500), le *Portrait de Desiderius Erasmus* de Lucas Cranach (env. 1530-1536) et la *Tour de Babel* de Brueghel l'Ancien (env. 1568). La section design du rez-de-chaussée mérite également une visite.

Kunsthal — GALERIE

(010-440 03 00 ; www.kunsthal.nl ; Westzeedijk 341 ; tarif plein/étudiant/enfant 16,50/8,25 €/gratuit ; 10h-17h mar-dim ; Kievitslaan). Cette institution culturelle dynamique, établie dans le principal quartier des musées de Rotterdam, est réputée pour ses installations qui, constamment renouvelées, donnent invariablement à réfléchir. Au moins trois expositions sont organisées en même temps (peinture, photographie, mode ou graphisme), réparties sur les différents niveaux de ce bâtiment à l'architecture remarquable, attenant au talus d'une digue et conçu en 1988-1989 par Rem Koolhaas et Fuminori Hoshino, de l'agence locale OMA.

Witte de With Contemporary Art — MUSÉE

(010-411 01 44 ; kunstinstituutmelly.nl ; Witte de Withstraat 50 ; tarif plein/étudiant et -18 ans 6/3 €, entrée libre ven 18h-21h, billet combiné avec TENT 9/4,50 € ; 11h-18h mer-dim, 11h-21h ven ; M Eendrachtsplein, Museumpark). Le musée, qui partage ses locaux avec **TENT** (www.tentrotterdam.nl ; tarif plein/étudiant et -18 ans 5/2,50 €, gratuit ven 18h-21h), est à l'affût des évolutions de l'art contemporain dans le monde. Ses expositions, manifestations et événements expérimentaux passent au crible la situation sociale et politique. Vérifiez s'il est ouvert, car il ferme ses portes entre les expositions pendant la rotation des œuvres. En 2019, le musée devait changer de nom, mais aucune décision n'avait encore été prise au moment de notre passage.

Museum Rotterdam MUSÉE

(☎010-217 67 50 ; www.museumrotterdam.nl ; Rodezand 26 ; tarif plein/étudiant/4-17 ans 9/4,50 €/gratuit, gratuit 1er sam du mois ; ⏲10h-17h mar-sam, 11h-17h dim ; Ⓜ Stadhuis, 🚊Stadhuis). Dessinée par Rem Koolhaas, architecte de Rotterdam, la **Timmerhuis** est un bel édifice hébergeant le musée de Rotterdam. Trois grandes expositions mettent en scène le passé, le présent et le futur de la ville : son histoire au rez-de-chaussée, avec de nombreux objets et des maquettes de la cité en 1694, 1940 et aujourd'hui ; un espace multimédia centré sur l'histoire des habitants ; et une exposition temporaire à l'étage. Il existe également une petite aire de jeux pour enfants.

♥ Van Nelle Fabriek BÂTIMENT REMARQUABLE

(usine Van Nelle ; www.vannellefabriekrotterdam.com ; Van Nelleweg 1, Spaanse Polder ; 🚌38 et B9 depuis Centraal Station). Conçue et construite entre 1925 et 1931 au nord-ouest du centre-ville, cette usine moderniste, classée au patrimoine mondial de l'Unesco, est une icône de l'architecture industrielle du XXe siècle. Ce "palais de verre" à la pointe de la technique, qui fut une fabrique de café, de thé et de tabac jusque dans les années 1990, abrite aujourd'hui des industries innovantes. Bien que fermée au public, elle propose parfois des visites guidées le week-end à 13h (adulte/-13 ans 8,50/5 €). Renseignements en ligne. Urban Guides (ci-contre) organise également des visites d'une heure (15 €/pers) à 12h la plupart des samedis et dimanches (réservez).

ⓘ BIENVENUE À ROTTERDAM

Vendue dans les offices du tourisme de Rotterdam, la carte Welcome Card (adulte 12/17/21 € pour 1/2/3 jours) offre jusqu'à 25% de réduction sur les billets de certains musées et curiosités, et l'utilisation illimitée des métros, tramways et bus du réseau RET.

♥ Museum Rotterdam : 1940-1945 NU MUSÉE

(musée de la Guerre et de la Résistance ; www.40-45nu.nl ; Coolhaven 375 ; tarif plein/étudiant/4-17 ans 9/4,50 €/gratuit, gratuit 1er sam du mois ; ⏲10h-17h mar-sam, 11h-17h dim ; Ⓜ Coolhaven). Petit mais excellent, ce musée situé sur Coolhaven est abrité sous un pont. Une expérience multimédia de 8 minutes immerge les visiteurs dans la terreur du 14 mai 1940, lorsque 54 avions allemands lâchèrent 1 300 bombes sur la ville en l'espace de 13 minutes. Des expositions d'objets retracent tous les aspects de la guerre, entre récits d'espérance ou de bravoure et sombres histoires.

Nederlands Fotomuseum MUSÉE

(☎010-203 04 05 ; www.nederlandsfotomuseum.nl ; Wilhelminakade 332, Wilhelminapier ; tarif plein/étudiant 18-25 ans/-18 ans 14/7 €/gratuit ; ⏲11h-17h mar-dim ; Ⓜ Wilhelminaplein). Cette institution nationale possède une collection de plus de 5 millions de photographies, dont une sélection est exposée dans la galerie à l'étage. On peut souvent y admirer l'œuvre de photographes néerlanais majeurs tels que Ed van der Elsken, Aart Klein et Cas Oorthuys. Le rez-de-chaussée accueille des expositions temporaires de grands noms de la photographie des Pays-Bas et d'ailleurs.

Euromast PANORAMA

(www.euromast.nl ; Parkhaven 20 ; adulte/enfant 11,50/8 € ; ⏲10h-22h ; 🚊Euromast/Erasmus MC). Conçue par HA Maaskant et construite entre 1958 et 1960, cette tour de 185 m est emblématique de Rotterdam. On a une vue panoramique sur la ville depuis sa plateforme, aménagée à 100 m de hauteur, ou depuis son ascenseur en verre tournant, qui monte directement au sommet.

La tour comprend un bar à cocktails/brasserie sous la plateforme, et un hôtel louant 2 suites (à partir de 385 €, petit-déj compris). Les plus téméraires tenteront la descente en rappel ou la montée/descente en tyrolienne (55 €, le week-end de mai à sept, réservation indispensable).

Het Park PARC

(👪 ; 🚊Euromast/Erasmus MC). Créé en 1852, ce parc à l'anglaise est très apprécié des habitants qui viennent y courir, jouer au foot, pique-niquer, faire des barbecues et

À NE PAS MANQUER

À VISITER EN FAMILLE

Cultures du monde, histoire maritime, muséum d'histoire naturelle, vaste aire de jeux, les enfants seront ravis de visiter Rotterdam !

Wereldmuseum (musée du Monde ; www.wereldmuseum.nl ; Willemskade 25 ; Willemskade). Installé dans le Royal Yacht Club du XIXe siècle, ce musée ethnographique est consacré aux cultures du monde. Après de grands travaux de rénovation et sa réouverture à l'été 2019, il propose désormais un musée dédié aux enfants.

Maritiem Museum Rotterdam (Musée maritime ; 010-413 26 80 ; www.maritiemmuseum.nl ; Leuvehaven 1 ; tarif plein/étudiant/enfant 16/11/12 € ; 10h-17h mar-sam, 11h-17h dim ; ; M Beurs, Beurs). Les enfants raffolent de ce musée donnant sur Leuvehaven dont les expositions permanentes sont pensées pour eux. "Offshore Experience", la meilleure, plonge dans le quotidien des plateformes pétrolières et gazières de la mer du Nord et comporte neuf activités interactives. Les plus grands testeront leur dextérité sur des simulateurs de grue, passeront des quiz de sûreté, piloteront des bateaux, et bien plus encore. Les petits préfèreront l'activité ludique "Professor Splash". Quant aux adultes, ils apprécieront différentes expositions temporaires sur des thématiques maritimes.

Le billet comprend l'accès à la collection de vaisseaux et grues historiques, tous en état de marche, amarrés dans le Leuvehaven ; plusieurs se visitent (jusqu'à 16h).

Muséum d'histoire naturelle (Het Natuurhistorisch ; 010-436 42 22 ; www.hetnatuurhistorisch.nl ; Westzeedijk 345 ; tarif plein/étudiant et enfant 5-15 ans 8/4 € ; 11h-17h mar-dim ; ; Kievitslaan). La collection de ce petit musée s'adressant essentiellement aux enfants présente les choses de manière ludique. L'exposition "Uitslovers" rassemble les animaux les plus imposants, singuliers ou inattendus ; celle sur la biodiversité renseigne sur les espèces animales et végétales. On peut aussi y voir quantité d'os et de fossiles, notamment le squelette reconstitué de Ramon, un impressionnant éléphant d'Asie.

Speeltuinvereniging Katendrecht (www.svkatendrecht.nl ; Staalstraat 91, Katendrecht ; adhésion 20 €, passe à la journée adulte/enfant 1/0,50 € ; 10h-18h lun-ven, 12h-17h sam-dim avr-oct, 11h-17h lun-ven nov-mars ; ; 77). Une aire de jeux gigantesque et bien conçue près du SS Rotterdam, appréciée des familles pour ses équipements destinés aux tout-petits et aux plus grands. Prenez le bus n°77 depuis la station de métro Rijnhaven.

du vélo, et déguster un café, un verre ou un repas au charmant Parqiet (p. 179), café doté de chaises longues sur la pelouse.

Immédiatement à l'est, le **Tuin Schoonoord** (www.tuinschoonoord.nl ; Kievitslaan 8 ; 8h30-16h30 ; Kievitslaan) GRATUIT est un petit jardin clôturé datant de la même période.

Activités

La principale activité consiste à sillonner à vélo le dense réseau de pistes cyclables, notamment la voie de 28 km longeant les rives nord et sud de la Nouvelle Meuse. Les circuits organisés s'intéressent surtout à l'architecture de la ville, mais l'office du tourisme (p. 183) peut planifier sur demande des visites sur d'autres thématiques.

Circuits organisés

De Rotterdam Tours ARCHITECTURE

(www.deroterdamtours.nl). Les mordus d'architecture adoreront ces visites guidées par des spécialistes, notamment un circuit d'une heure comprenant le Markthal et les maisons-cubes (15,95 €), un "Circuit des Titans" (bâtiment De Rotterdam, Markthal et maisons-cubes, 29,95 € avec transport en bateau-taxi), et un "Circuit Turbo" de 2 heures 30 (De Rotterdtam, Centraal Station, la Timmerhuis et le Markthal, 29,95 €).

Urban Guides CIRCUITS À PIED
(010-433 22 31 ; www.urbanguides.nl ; Schiekade 205 ; circuit en bateau adulte/-12 ans 17 €/gratuit ; 9h30-18h lun-ven ; M Stadhuis, Pompenburg, Weena, Stadhuis). Installée dans le **Schieblock** (www.schieblock.com ; Schiekade 189 ; Weena, Pompenburg), cette agence de Rotterdamois propose divers circuits passionnants sur le thème de l'architecture : balade en bateau de 1 heure le week-end à 15h (mai à octobre), circuit vélo de 2 heures certains samedis (5 € + location de vélo 10 €) et visite guidée de la Van Nelle Fabriek (p. 180). Loue aussi des vélos (10 €/jour).

S'dam Gin Tour GASTRONOMIE
(www.sdam.nl/zien-doen/tours-tickets/info/gin-tour-sdam ; à partir de 25 € ; 13h-16h lun, 9h30-16h mar-ven, 10h-16h sam, 12h-16h dim). Circuit pédestre de 2,5 km dans le quartier historique des distilleries, passant par le *waag* (Poids public), où étaient pesées autrefois les baies de genièvre utilisées dans la fabrication du *jenever*, des entrepôts et d'autres bâtiments liés à l'industrie. Il prévoit un arrêt au National Jenevermuseum Schiedam, où vous dégusterez différents gins Schiedam. Réservez en ligne.

Whisper Boat CIRCUITS EN BATEAU
(www.sdam.nl/rondvaarten/info/vertrek-tijden ; Lange Haven 99, Schiedam ; adulte/4-12 ans 6,50/3,50 € ; 9h-17h lun-jeu, 9h-20h30 ven-dim avr-oct ; M Schiedam Centrum ou Parkweg). Des *fluisterboot* (bateaux "chuchoteurs") suivent tranquillement les canaux à la découverte d'entrepôts, de distilleries et de moulins à vent. Départ non loin du *vismarkt* (marché au poisson). Billets disponibles à l'office du tourisme.

QUAND LE JAZZ EST LÀ

Ces dernières années, quelques grands artistes de jazz nous viennent de la scène néerlandaise. Parmi les jeunes voix talentueuses, citons Fleurine, Ilse Huizinga et Denise Jannah. Née au Suriname et reconnue comme la meilleure chanteuse de jazz du pays, Jannah a enregistré un disque avec Blue Note. Son répertoire mêle des influences du Suriname à des classiques américains.

Fêtes et festivals

Rotterdam Architecture Month DESIGN
(rotterdamarchitecturemonth.com/ ; juin). Depuis 2018, le "mois de l'architecture" propose des circuits de découverte de l'architecture, à pied et à vélo (certains en anglais), des visites de sites, des expositions et des ateliers.

Rotterdam Bluegrass Festival MUSIQUE
(www.bluegrassfestival.nl ; Pijnackerplein ; hfin juin ; Benthuizerstaat). GRATUIT Des musiciens renommés, néerlandais et étrangers, jouent devant un public enthousiaste au parc de Pijnackerplein, dans le quartier branché de Noord.

Metropolis Festival MUSIQUE
(www.metropolisfestival.nl ; début juil ; M Zuidplein). GRATUIT Pendant ce festival d'une journée, les groupes montants du monde entier se produisent au Zuiderpark. C'est l'un des plus grands événements organisés dans la ville, pouvant rassembler plus de 35 000 personnes.

North Sea Jazz Festival MUSIQUE
(www.northseajazz.nl ; mi-juil). Temps fort du calendrier de jazz mondial, attirant des centaines de musiciens. Pendant les semaines qui le précèdent, différentes formations de jazz jouent dans des sites publics et des salles de concerts de la ville, à la faveur du festival gratuit "North Sea Round Town".

Pleinbioscoop Rotterdam FILM
(pleinbioscooprotterdam.nl/ ; Museumpark ; août ; M Eendrachtsplein, Museumpark ou Vasteland). Le plus grand cinéma en plein air d'Europe s'installe dans le Museumpark pour une grande partie du mois d'août.

Où se loger

Les hébergements sont limités et, même si le choix va croissant, il reste assez difficile de trouver une chambre. Réservez longtemps à l'avance si vous voyagez entre avril et septembre, la haute saison à Rotterdam. Le centre-ville est le plus pratique.

King Kong Hostel AUBERGE DE JEUNESSE €
(010-818 87 78 ; www.kingkonghostel.com ; Witte de Withstraat 74 ; dort 19-26 €, d 75-105 € ; ; M Beurs, Museumpark). Mention spéciale pour cette auberge de jeunesse

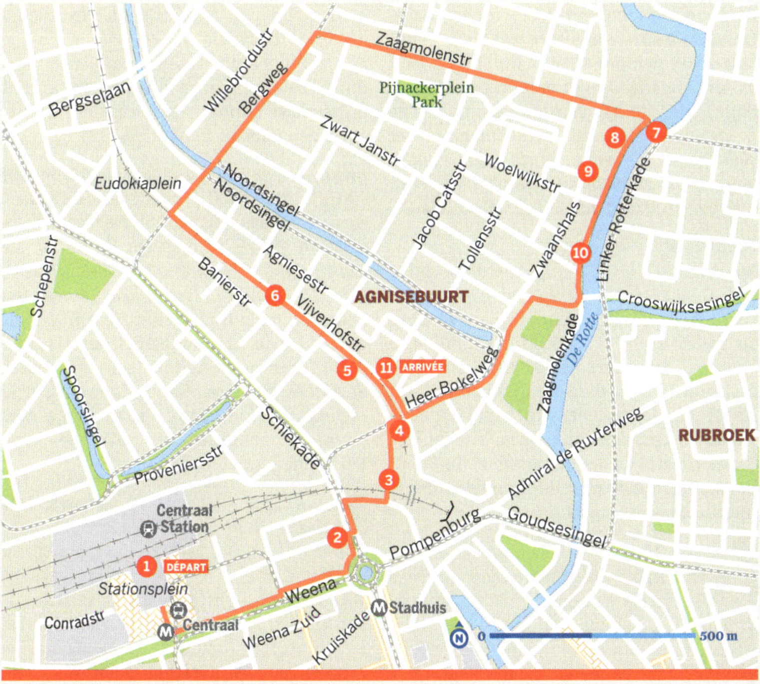

Promenade à pied
Nord-est de Rotterdam

DÉPART CENTRAAL STATION
ARRIVÉE MICROBRASSERIES
DISTANCE 4,4 KM

Cette promenade qui fait une boucle au nord-est de 1 **Centraal Station** (p. 180) traverse l'un des quartiers les plus multiethniques de Rotterdam. Depuis la cour devant la gare, cap à l'est jusqu'au gigantesque rond-point de Hofplein. Montez découvrir le toit-potager du 2 **Schieblock** (p. 176), l'un des plus grands d'Europe. Traversez le 3 **Luchtsingel** (Canal aérien ; Ⓜ Stadhuis 🚋 Heer Bokelweg), passerelle piétonne en bois conçue par le studio rotterdamois ZUS et financée par une campagne participative, et gagnez 4 **Station Hofplein**, une ancienne gare ferroviaire accueillant commerces et restaurants. Continuez vers le nord en longeant Vijverhofstraat où se trouve 5 **Hofbogen**, viaduc en béton dont les arches ont été investies par des boutiques, cafés et studios. Après un café chez 6 **Man Met Bril** (p. 180), le torréfacteur le plus coté de la ville, tournez à droite (nord-est) sur Bergweg jusqu'à Zaagmolenstraat. Là, prenez vers l'est jusqu'à 7 **De Rotte Canal** puis tournez à droite pour explorer une artère jalonnée de cafés, l'une des plus prisées de Noord, où vous pourrez savourer un déjeuner sain chez 8 **Bertmans** (café ; ☎ 010-844 88 60 ; www.bertmans.nl ; Zaagmolenkade 15 ; plats brunch/déj 9,25-14,50 €, plats soir 7,75-23,75 € ; ⏲ 8h30-22h lun-sam, 9h-21h dim ; 📶 ✍ ; 🚋 Zwaanshals), une bière artisanale chez 9 **Brouwerij Noordt** (brasserie ; ☎ 010-223 05 66 ; www.brouwerijnoordt.nl ; Zaagmolenkade 46 ; ⏲ bar 14h-20h jeu-dim ; 🚋 Zwaanshals) ou un plantureux *high tea* chez 10 **Lof der Zoetheid** (Café ; ☎ 010-265 00 70 ; www.lofderzoetheid.com ; Noordplein 1 ; high tea 25 € ; ⏲ à partir de 10h mer-dim ; 🚋 Zwaanshals). De là, on revient facilement à pied dans le centre, en faisant éventuellement un crochet par l'une des 11 **microbrasseries** en vogue de Rotterdam (p. 178).

tendance, au cœur de la vie nocturne. Dortoirs pour femmes et mixtes accueillant 4 à 18 personnes, avec lits superposés, casiers sous les lits et nombreuses prises. Salles de bains communes modernes et propres. Blanchisserie (machine et séchage 8 €), salle pour les bagages, cuisine à disposition, garage à vélos, espace détente et café au rez-de-chaussée.

Stadsvilla Mout Hotel BOUTIQUE-HÔTEL €

(☎ 010-200 44 99 ; www.stadsvillamout.nl ; Lange Haven 71, Schiedam ; petite d 74-89 €, ste 94-129 € ; ❄ 📶 ; Ⓜ Schiedam Centrum ou Parkweg). Inauguré en fanfare en 2018, cet hôtel logé dans une demeure du XVIIIe siècle au bord du canal loue de belles et grandes suites avec kitchenette (panier petit-déjeuner possible, 12,50 €/pers). Quelques chambres standards et familiales. Parking 12 €.

Citizen M BOUTIQUE-HÔTEL €€

(☎ 010-810 81 00 ; www.citizenm.com ; Gelderse Plein 50 ; ch à partir de 66 € ; P @ 📶 ; Ⓜ Blaak, 🚋 Blaak). Aussi accueillante que bien située, une auberge de jeunesse nouvelle génération pour les voyageurs aspirant à une ambiance conviviale de baroudeurs, sans toutefois devoir partager dortoirs et salles de bains. Les chambres-capsules sont plutôt confortables et la TV connectée comprend l'accès gratuit à des films et bouquets de chaînes. Le bar, café et lounge à l'étage est doté d'espaces au style recherché, pour se relaxer ou travailler.

Urban Residences APPARTEMENTS €€

(☎ 010-414 32 99 ; www.urbanresidences.com ; Hennekijnstraat 104 ; studio 95-150 €, app 2 ch 220-280 € ; P ❄ 📶 ; Ⓜ Beurs). Offrez-vous un aperçu de la vie dans le centre-ville de Rotterdam dans ces appartements élégants. Répartis sur 15 niveaux d'un immeuble récent, ces 76 appartements spacieux (souvent avec vue splendide) et tout confort sont pourvus d'un canapé, d'une table et d'une cuisine bien équipée. La décoration, signée Alessi, est plutôt minimaliste.

Pincoffs BOUTIQUE-HÔTEL €€

(☎ 010-297 45 00 ; www.hotelpincoffs.nl ; Stieltjesstraat 34, Feijenoord ; s 125-145 €, d 145-175 €, ste 175-275 € ; P ❄ @ 📶 ; Ⓜ Wilhelminaplein). Dans un ancien bâtiment des douanes de 1879, Pincoffs est le seul véritable boutique-hôtel de Rotterdam et se révèle, bien qu'un peu excentré, une excellente adresse. Il associe art recyclé et vintage avec du mobilier contemporain, cheminée dans l'élégant bar en hiver et restaurant en terrasse donnant sur la rivière en été. Petit-déjeuner 18 €, parking 16 €.

nhow HÔTEL €€

(☎ 010 206 7600 ; www.nhow-rotterdam.com ; Wilhelminakade 137, Wilhelminapier ; ch standard 99-129 €, premium 114-184 €, ste 225-255 € ; P ❄ 📶 🐾 ; Ⓜ Wilhelminaplein). Les 248 chambres de cet hôtel sont aussi épurées que la tour signée Rem Koolhaas qui les abrite. Les meilleures, dans la catégorie "Premium Skyline", sont spacieuses et dotées de baies vitrées donnant sur la Meuse. Bar à cocktails au 7e étage avec terrasse, restaurant et salle de gym. Petit-déjeuner 20 €, parking 25 €.

Mainport HÔTEL DESIGN €€€

(☎ 010-217 57 57 ; www.mainporthotel.com ; Leuvehaven 77 ; ch à partir de 150 €, ste à partir de 450 € ; P ❄ @ 📶 🏊 ; Ⓜ Leuvehaven, 🚋 Leuvehaven). Emplacement imbattable sur le port, au cœur de la vie citadine. Les chambres luxueuses, à la décoration rappellant des horizons lointains, sont équipées de grands lits, de bureaux et de quoi préparer café et thé. Sauna et/ou Jacuzzi dans les suites. Petite piscine intérieure, sauna et salle de gym (gratuits) et spa (payant) avec hammam.

Où se restaurer

Oubliez les restaurants guindés : les Rotterdamois n'aiment rien tant que manger au café une cuisine fraîche et de saison. La ville compte pléthore de restaurants informels et deux superbes marchés alimentaires (Markthal et Fenix Food Factory) où grignoter entre les étals.

De IJsmaker GLACIER €

(☎ 010-341 84 19 ; deijsmaker.nl/ ; Witte de Withstraat 7a ; 1,30-1,80 €/boule ; ⏲ 12h-20h ; Ⓜ Beurs, 🚋 Museumpark). Un salon glacier artisanal sur Witte de Withstraat utilisant exclusivement des produits de qualité : la pistache, simplement divine, vient de Bronte en Sicile, tandis que la vanille arrive de Madagascar.

Tante Nel RESTAURATION RAPIDE €

(Pannekoekstraat 53a ; frites 2,50-8,75 € ; ⏲ 12h-22h ; 🚋 Meent). Tante Nel est loin des échopes de frites traditionnelles avec sa terrasse agréable donnant sur la rue, où la clientèle, nombreuse et éclectique, déguste des frites coupées à la main et cuites à la perfection, avec mayonnaise à la truffe, ou des *patat stoofvlees* (frites garnies d'un ragoût à la viande). Enfin, accompagnez vos frites d'un gin-tonic, d'une bière ou d'un milkshake.

Urban Espresso Bar CAFÉ €

(UEB West ; 010-477 01 88 ; www.urbanespressobar.nl ; Nieuwe Binnenwag 263 ; sandwichs 5-6 €, plats 7-9 € ; 8h30-18h lun-sam, 10h-18h dim ; ; Claes de Vrieselaan). Peut-être le meilleur endroit de Rotterdam pour déguster un excellent café (grains provenant de chez Giraffe, baristas spécialisés). On y mange aussi très bien (pains et pâtisseries artisanaux, gâteaux maison, saveurs du monde, ingrédients bio). Ne manquez pas les *tosties* (sandwichs toastés), soupes, burgers, ni la table commune où discuter avec les autres convives. Règlement en espèces uniquement.

Parqiet CAFÉ €

(06 5100 1606 ; www.parqiet.nl ; Baden Powelllaan 20 ; plats matin 5,75-9,95 €, plats déj 7-8,50 € ; 9h-17h lun-ven, 9h-18h sam-dim ; ; Euromast/Erasmus MC). Fleurs sauvages dans des bocaux Kilner, terrasse et transats rayés sur la pelouse à l'avant contribuent au charme de cette ancienne remise à calèches dans Het Park (p 174). Plats légers et frais et grand choix de plats végétariens. Des baristas compétents travaillent avec des machines à expresso Marzocco et des grains fraîchement torréfiés par Man Met Bril.

AJÍ INTERNATIONAL €€

(010-767 01 69 ; www.restaurantaji.nl ; Pannekoekstraat 40a ; en-cas 5-24 €, petites assiettes 16-24 € ; 17h-22h mer, 12h-15h et 17h-22h jeu, 12h-22h ven-sam, 13h-20h dim ; Meent). Ce bistrot chic servant de bons plats d'inspiration asiatique (rares à Rotterdam) et méditerranéenne est une belle trouvaille. Confectionnez un repas avec plusieurs assiettes, ou contentez-vous d'un verre accompagné d'un plateau d'huîtres ou de charcuterie espagnole. Bon choix de vins au verre ou à la bouteille.

Pierre FRANÇAIS €€

(010-842 37 57 ; pierre.nl/ ; Pannekoekstraat 38a ; plats 8-25 € ; 15h-0h mer, 15h-1h jeu, 12h30-1h ven-sam, 12h30-22h dim ; ; Meent). Comme de nombreux Rotterdamois, on aime venir chez Pierre à toute heure. Croissants beurrés le matin, sandwichs baguettes délicieusement garnis le midi, et plats de brasserie classiques le soir (bœuf bourguignon, confit de canard, steak-frites) en deux tailles différentes. Personnel avenant, tables au soleil sur le trottoir et excellente carte des vins.

CEO Baas van Het Vlees STEAK €€€

(010-290 94 54 ; www.ceobaasvanhetvlees.nl ; Sumatraweg 1-3, Katendrecht ; plats 12,50-49,50 €, menu 3/4/5 plats 29,50/39,50/49,50 € ; à partir de 17h mar-jeu, à partir de 12h ven-sam ; Rijnhaven). Amateurs de viande, ne manquez pas de réserver une table dans le meilleur restaurant du genre à Rotterdam. Depuis leur cuisine ouverte, les chefs préparent d'imposants morceaux

À NE PAS MANQUER

MARCHÉ ALIMENTAIRE

Dans la vaste **Fenix Food Factory** (www.fenixfoodfactory.nl ; Nico Koomanskade 1025 ; 8h-22h mar-jeu et dim, 8h-23h ven-sam, horaires des étals variables ; ; Rijnhaven), un ancien entrepôt, tout ou presque est élaboré localement et vendu par des entrepreneurs qui marquent la scène gastronomique : Booij Kaasmakers (fromage, lait, yogourt, œufs), Cider Cider (cidre), Jordy's Bakery (boulangerie et pâtisserie), Stielman Koffiebranders (torréfaction), Stroop Rotterdam (*stroopwafels*), Kaapse Brouwers (brasserie artisanale), Firma Bijten (viande) et De Westlandse Tuin (fruits et légumes).

Des tables sont à disposition pour déguster un repas acheté chez les traiteurs tels que Meneer Tanger (mezze marocains) et **The Kaapse Kitchen** (www.kaapsebrouwers.nl ; Nico Koomanskade 1025 ; prix variables ; 12h-22h mar-jeu et dim, 12h-23h ven-sam ; Rijnhaven).

On accède facilement au marché depuis le Wilhelminapier par la passerelle Rijnhaven.

À NE PAS MANQUER

MERVEILLES D'ARCHITECTURE

Rotterdam est une véritable galerie à ciel ouvert d'architecture moderne et contemporaine, jalonnée de bâtiments étonnants. On y croise de nombreux trésors, notamment de magnifiques immeubles signés des cabinets d'architectes OMA et MVRDV, mais aussi un certain nombre de fiascos (l'Innport Hotel et le Shipping and Transport College par exemple). Tous témoignent d'une volonté commune d'innovation et d'expérimentation.

Le spectaculaire **Markthal** (marché couvert ; markthal.nl ; Nieuwstraat ; 10h-20h lun-jeu et sam, 10h-21h ven, 12h-18h dim ; M Blaak, Blaak) en forme de U inversé est l'un des emblèmes de la ville. Conçu par le cabinet local MVRDV et achevé en 2014, il comporte des appartements vitrés formant un arc à 40 m au-dessus du marché, dont le plafond est couvert d'une impressionnante fresque de fruits et légumes.

Centraal Station (www.ns.nl/stationsinformatie/rtd/rotterdam-centraal ; Stationsplein 1 ; M Centraal Station, Centraal) est une gare très fréquentée, et un monument particulièrement apprécié de Rotterdam. Dessiné par Benthem Crouwel, MVSA et West 8, il fut construit entre 1999 et 2013. Son hall affiche un surprenant angle surmonté d'un toit pointu recouvert d'acier inoxydable s'élevant vers le ciel.

De Rotterdam (www.derotterdam.nl ; Wilhelminakade 177, Wilhelminapier ; M Wilhelminaplein) a été dessiné Rem Koolhaas, architecte star d'OMA couronné du prix Pritzker. Achevée en 2013, "la cité verticale" avec ses trois tours interconnectées est l'édifice contemporain le plus applaudi de la ville.

Conçue et construite entre 1925 et 1931, la **Van Nelle Fabriek** (p. 174) est classée au patrimoine mondial par l'Unesco. Cette usine moderniste située au nord-ouest du centre-ville est une icône de l'architecture industrielle du XXe siècle.

Dessiné par l'architecte Piet Blom d'Amsterdam et érigé entre 1978 et 1984, le **lotissement d'Overblaak** (Blaakse Bos ; Blaak Woods ; Overblaak ; M Blaak, Blaak)

de bœuf. La possibilité de commander des demi-portions de steak et de succulents desserts est appréciable, et la carte des vins (au verre et à la bouteille) marque les esprits. Vraiment excellent.

Où prendre un verre et faire la fête

Si les habitants aiment autant le café que la bière, ils apprécient également un bon cocktail réalisé avec art. De fait, la ville ne manque pas de cafés, bars à cocktails, microbrasseries et pubs, la plupart dotés d'une terrasse extérieure, parsemés dans différents quartiers de la ville. Witte de Withstraat concentre le plus de bars.

Man Met Bril CAFÉ
(www.manmetbrilkoffie.nl ; Vijverhofstraat 70 ; formule matin 6,66 € ; 7h-17h lun-ven, 8h-18h sam-dim ; ; Schiekade, Walenburgerweg). Premier torréacteur artisanal de Rotterdam (ils sont 12 aujourd'hui), Man Met Bril achète directement ses grains (à 90% bio) dans le monde entier et les torréfie dans son espace branché, sous un viaduc au nord de Centraal Station. Sur place, le café concocte brevages, gâteaux et sandwichs avec brio. Arrivez avant 10h pour profiter de la formule petit-déjeuner, généreuse et bon marché.

Biergarten BEER GARDEN
(010-233 05 56 ; www.biergartenrotterdam.nl ; Schiestraat 18 ; 13h-17h ; M Centraal Station). Dans un dédale lumineux de tables en bois, escaliers aux couleurs vives, feuillage exotique et suspensions basses, une foule de Rotterdamois assoifés déguste pilsner glacée, limonade maison et un choix appétissant de viandes cuites au barbecue. Le vendredi, des DJ prennent en charge l'animation.

Verward BAR À VINS
(06 50 67 04 95 ; www.verward.nl ; Hoogstraat 69a ; 16h-23h mar, 15h-23h jeu-ven, 14h-0h sam ; M Blaak, Burg Van Walsumweg, Kipstraat). Les Rotterdamois buvant davantage de bière que de vin, le choix de crus au

face au Markthal est l'un des bâtiments les plus connus de Rotterdam. Avec ses couleurs vives, ce lotissement décalé est reconnaissable à sa tour en forme de crayon et à sa "forêt" de 38 maisons-cubes perchées sur des pylones hexagonaux. L'une d'elles, le **Kijk-Kubus Museumwoning** (maison-cube musée ; 010-414 22 85 ; www.kubuswoning.nl ; Overblaak 70 ; tarif plein/étudiant/-11 ans 3/2/1,50 € ; 11h-17h), est ouverte au public.

Lorsqu'Albertus Sonneveld, directeur d'entreprise, décida de faire construire une maison contemporaine pour sa famille, le choix de Leendert Van der Vlugt, architecte de la superbe usine Van Nelle, s'imposa. Avec Johannes Brinkman, celui-ci a dessiné la **Huis Sonneveld** (villa Sonneveld ; www.huissonneveld.nl ; Jongkindstraat 25 ; tarif plein/étudiant/-18 ans 14/7 €/gratuit ; 10h-17h mar-sam ; M Eendrachtsplein, Museumpark), une villa ultramoderne profilée, érigée en exemple émérite du fonctionnalisme néerlandais dès la fin de sa construction en 1933.

Siège de **KPN Telecom** (Toren op Zud ; Wilhelminakade 123, Wilhelminapier ; M Wilhelminaplein). Dessiné par Renzo Piano et inauguré en 2000, le bâtiment du siège de KPN Telecom, fortement incliné, semble s'appuyer sur un long pilier.

Légende du style Bauhaus, l'architecte Marcel Breuer a travaillé avec Abraham Elzas, basé à Amsterdam, à la conception du **grand magasin Bijenkorf** (p. 182), ouvert en 1957. Recouverte de panneaux hexagonaux en travertin caractéristiques, sa façade côté Coolsingel est ornée d'une sculpture monumentale signée par l'artiste constructiviste russe Naum Gabo.

Pour en savoir plus sur les joyaux de l'architecture rotterdamoise, procurez-vous *Rotterdam Architecture City* de Paul Groenendijk et Piet Vollaard, disponible en néerlandais et en anglais. Les offices du tourisme de la ville possèdent également une brochure intitulée "Rotterdam, City of Architecture", accompagnée d'une carte, qui indique les édifices remarquables.

verre ou en bouteille est souvent limité. Or tel n'est pas le cas de ce sympathique bar à vins, où le sommelier Ward De Zeeuw débouche une intéressante sélection de vins européens, à siroter attablé au grand bar en bois ou à l'extérieur.

Aloha BAR

(010-210 81 70 ; www.alohabar.nl ; Maasboulevard 100 ; 15h-22h30 mer-jeu, 12h-23h ven-dim ; M Oostplein). Aloha est un café-bar durable, innovant et vitaminé, installé dans l'ancien parc aquatique Tropicana, qui bénéficie d'une vue dégagée sur la Nouvelle Meuse. Géré par le collectif Blue City, un groupe d'entrepreneurs écolos, c'est un endroit idéal pour déjeuner en été (sandwichs 6 à 9 €, en-cas 5 à 13 €) ou prendre un verre accompagné de *bitterballen* (croquettes) aux champignons.

Bokaal BAR

(010-720 08 98 ; www.bokaalrotterdam.nl ; Nieuwemarkt 11 ; 11h-0h ; Meent). Dans l'enclave piétonne formée par la Nieuwmarkt et la Pannekoekstraat, Bokaal (le trophée) possède un bar à l'intérieur et une immense terrasse lumineuse qui ne désemplit pas les soirs d'été. La bière (artisanale et trappiste) est la spécialité, avec 9 pressions et plus de 80 bières en bouteille. Il propose une carte de plats, mais mieux vaut profiter des *food-trucks* présents à proximité.

Maassilo CLUB

(010-476 24 52 ; www.maassilo.com ; Maashaven Zuidzijde 1-2 ; horaires variables ; M Maashaven). Aménagé dans un silo à grains centenaire, le plus grand club de Rotterdam exhibe tuyaux apparents, graffitis sur les piliers de béton et rambardes métalliques. Selon les soirs, les DJ passent de tout, de la *tech house* à la *soca*. Consultez l'agenda en ligne.

Où sortir

La musique domine les programmes culturels de la ville, avec un large choix de festivals et de lieux. Nombre de salles de concerts refusent de se cantonner à un seul style, programmant jazz, rock, reggae ou encore R&B. En juillet, pendant le North Sea Jazz Festival (p. 176) de renommée mondiale, des "afters" aux étonnantes performances improvisées ont lieu dans toute la ville.

Bird Jazz Club MUSIQUE LIVE
(bird-rotterdam.nl ; Raampoortstraat 24-28, Station Hofplein ; 17h30-1h mar-jeu, 17h30-4h ven-sam). Jazz, mais aussi soul, hip-hop, funk et musique électronique ont leur place au Bird – du nom du saxophoniste de jazz américain Charlie "Bird" Parker. Consultez la programmation et achetez vos billets en ligne. Son excellent restaurant sert des pizzas cuites au feu de bois et de petites assiettes. La cuisine ferme à 21h30. Le club accueille des afters pendant le North Sea Jazz Festival.

De Doelen MUSIQUE CLASSIQUE
(010-217 17 17 ; www.dedoelen.nl ; Schouwburgplein 50 ; billetterie 14h-18h lun-ven ; M Centraal, Kruisplein). Résidence du prestigieux Orchestre philharmonique de Rotterdam, cette somptueuse salle des années 1950 peut accueillir 2 200 mélomanes. Également réputée pour ses concerts de jazz et de musique du monde.

Annabel MUSIQUE LIVE
(06 28 28 94 91 (WhatsApp uniquement) ; www.annabel.nu ; Schiestraat 20 ; 20h-1h jeu, 20h-2h ven-sam ; M Stadhuis, Weena, Pompenburg). Annabel accueille des groupes de tous genres (hip-hop, pop, electronica...) et des soirées dansantes régulières dans une salle de taille moyenne.

KINO CINÉMA
(010-268 11 60 ; www.kinorotterdam.nl ; Gouvernestraat 129-133 ; 10h-1h dim-jeu, 10h-2h ven-sam ; Bloemkwekersstraat). Depuis son inauguration en 1909, ce cinéma de légende fut tour à tour salle de concerts, théâtre et même hôpital. Rénové et rouvert en 2016, KINO abrite à présent quatre salles de cinéma, un bar et un restaurant. Programmation plutôt audacieuse.

Achats

Le shopping est tout sauf compliqué à Rotterdam. Les grandes chaînes ont des boutiques sur **Lijnbaan** (M Stadhuis, Beurs, Stadhuis, Beurs) et la Beurstraverse (surnommée "Koopgoot", "tranchée commerçante"), une allée à demi souterraine qui croise Lijnbaan et passe sous Coolsingel. Le **grand magasin Bijenkorf** (Coolsingel 105 ; M Beurs, Beurs) est également établi dans ce quartier. On trouve des magasins indépendants aux alentours de Meent, ainsi que sur Nieuwemarkt, Pannekoekstraat, Witte de Withstraat, OudeBinnenweg et Nieuwe Binnenweg.

De Groene Passage MARCHÉ
(degroenepassage.nl/ ; Mariniersweg 9 ; 8h-20h lun-ven, 8h-18h sam ; Meent). Marché couvert et véritable empire de produits écologiques et durables, où de petites entreprises vendent nourriture, savons, vêtements, articles pour la maison, meubles et textiles. On peut y suivre des cours de tai-chi, de yoga ou de Pilates, ou même consulter un naturopathe. Le samedi, des étals de nourriture bio s'installent parfois dans la rue à l'extérieur.

ROTTERDAM LGBTI+

Rotterdam abrite une scène LGBTI+ foisonnante.

Principal événement de l'année, le festival **Rotterdam Pride** (www.rotterdam-pride.com/en ; fin sept) dure trois jours fin septembre. Il comprend une Marche des fiertés, des fêtes, des séminaires et plus encore. La fête du Roi (27 avril) est aussi l'occasion de manifestations LGBTI+.

De nombreux bars et clubs sont rassemblés dans le "triangle gay" de la ville, délimité par Churchillplein, Westblaak, Mauritsweg et Van Oldebarneveldtstraat, près de la station de métro Eendrachtsplein.

En été, le cinéma d'art et d'essai **LantarenVenster** (010-277 22 77 ; www.lantarenvenster.nl ; Otto Reuchlinweg 996, Wilhelminapier ; tarif plein/étudiant 9,50/8 € ; à partir de 11h30-1h lun-ven, à partir de 10h sam-dim ; M Wilhelminaplein) propose un Gay & Lesbian Summer Film Festival, programmant des films LGBTI+ tous les mardis soir.

Gay Rotterdam (www.gayrotterdam.nl/en) est un site utile.

VAUT LE DÉTOUR

UNE JOURNÉE À KINDERDIJK

Classé au patrimoine mondial de l'Unesco, le site de **Kinderdijk** (078-691 28 30 ; www.kinderdijk.com ; Nederwaard 1 ; site 24h/24, musées et centre d'information 9h-17h30 ; Kinderdijk) GRATUIT est une magnifique étendue de marais déserts et de voies d'eau au-dessus desquels 19 moulins à vent historiques (en brique ou en bois) se dressent comme des sentinelles. Tous en état de marche, certains sont encore habités. L'été, les deux canaux sont bordés de hauts roseaux, des nénuphars flottent sur l'eau et des cris d'oiseau percent le silence, créant un paysage évocateur (et typiquement néerlandais).

Un centre d'information est aménagé dans l'ancienne station de pompage de Wisboom du XIXe siècle, où est projetée une vidéo sur le polder et ses moulins, et un sentier pour piétons et cyclistes court entre les canaux. Les moulins de Nederwaard et de Blokweer, datant du XVIIe siècle, hébergent des musées où est retracée la vie des familles de meuniers. L'aller-retour d'un bout à l'autre du site, soit 5,7 km, se fait facilement à pied ou à vélo. L'entrée est gratuite, mais il faut un billet (adulte/enfant 8/5,50 €, 7/4,50 € en ligne) pour pénétrer dans les deux moulins-musées et le centre d'information. On peut aussi faire un tour en bateau sur le canal (adulte/enfant 5,5/3 €).

Cette partie du pays est, depuis des siècles, le symbole de la lutte des Néerlandais pour conquérir des territoires sur la mer – et du génie hydraulique hollandais. Kinderdijk signifie "la digue de l'enfant" : lors des terribles inondations de la Sainte-Élisabeth, en 1421, la mer tempétueuse aurait déposé là un berceau contenant un bébé (*kind*). Plusieurs grands types de moulins sont représentés ici, dont les moulins à pivot et les moulins à calotte tournante. Ces derniers, conçus pour offrir une meilleure prise au vent, sont parmi les plus hauts du pays.

Depuis/vers Kinderdijk

Malgré sa proximité, aucune ligne de bus ou de train pratique n'assure la liaison depuis/vers Rotterdam.

Ferry Rapide et agréable, le **Waterbus** (www.waterbus.nl ; adulte/enfant 4/2 €) n°202 part de l'Erasmusbrug à Rotterdam (adulte/enfant 4/2 €, 30 min, 8/jour) ou de Merwekade à Dordrecht (adulte/enfant 4/2 €, 30 min, fréquent). Les vélos voyagent gratuitement. Des ferries directs circulent de mai à octobre. Entre novembre et avril, prenez un waterbus jusqu'à Ridderkerk (adulte/enfant 4/2 €, 30 min, fréquent) puis un autre pour Kinderijk (adulte/enfant 1,70 €, 10 min, fréquent). L'embarcadère du ferry se trouve à 250 m de l'entrée de Kinderdijk.

Rebus (06 55 82 64 63 ; www.rebus-info.nl ; tarif plein/-12 ans 15/10 € ; départs 10h et 13h ; M Leuvehaven) propose des sorties en bateau (4 heures), au départ de Rotterdam, incluant une escale rapide aux moulins.

Vélo Kinderdijk est proche de Rotterdam (16 km) comme de Dordrecht (11 km).

Groos MODE ET ACCESSOIRES
(010-0413 33 44 ; groos.nl ; Achterklooster 13 ; 10h-18h mar-sam, 12h-17h dim ; Kipstraat). Ce concept store installé dans le bâtiment Het Industriegebouw, dont le nom signifie "fierté" en argot, tire un légitime orgueil de ses produits, conçus et fabriqués à Rotterdam : mode, bijoux, articles pour la maison, œuvres d'art, livres, papeterie, musique et alimentation.

Blaak Markt MARCHÉ
(9h-17h mar et sam ; M Blaak, Blaak). Cet immense marché de rue investit la place dont il prend le nom, à l'est du Markthal. Les étals sont emplis de toutes sortes de produits alimentaires, gadgets, vêtements, en-cas et bien d'autres articles.

Renseignements

Office du tourisme (010-790 01 85 ; www.rotterdam.info ; Coolsingel 114 ; 9h30-18h ; ; M Beurs). Office du tourisme principal.

Office du tourisme (www.rotterdam.info ; Stationsplein 21, Centraal Station ; 9h30-18h). Annexe dans la gare de Rotterdam.

Depuis/vers Rotterdam

AVION

Le vaste aéroport international Schiphol (p. 363) est à peu près équidistant de Rotterdam et d'Amsterdam en train à grande vitesse (compter 20-30 min). Quant à l'aéroport de Rotterdam-La Haye (p. 364), à moins de 6 km au nord-ouest de Rotterdam, il dessert plus de 40 villes européennes.

BATEAU

Le **Waterbus** (www.waterbus.nl ; Willemskade) est un ferry rapide qui relie Rotterdam, Kinderdijk et Dordrecht ; les horaires varient selon les saisons. Les bateaux partent de Willemskade près de l'Erasmusbrug.

BUS

Rotterdam est une importante plateforme pour les lignes Eurolines vers le reste de l'Europe. Les **bureaux d'Eurolines** (☎ 088 076 17 00 ; www.eurolines.eu/rotterdam-eurolines-agency ; Conradstraat 16 ; ⏲ 9h30-17h30 lun-sam ; Ⓜ Centraal Station, Centraal) ont pignon sur rue dans le Groothandelsgebouw, près de la Centraal Station. L'arrêt des bus longue distance se trouve à proximité.

TRAIN

Rotterdam Centraal (CS) est la principale gare ferroviaire de la ville. Les trains en direction du sud s'arrêtent souvent à Blaak Station après Centraal.

Des Thalys fréquents circulent depuis/vers Bruxelles (1 heure 15), ainsi que des NS Intercity directs (2 heures). Le Thalys dessert aussi Paris (2 heures 30). Des Eurostar reliant Amsterdam à Bruxelles s'arrêtent ici ; pour Londres, changez à Bruxelles. Comptez 4 heures de Rotterdam à Paris.

Voici les principales lignes intérieures gérées par la compagnie nationale Nederlandse Spoorwegen (NS ; www.ns.nl) :

VERS	PRIX	DURÉE	FRÉQUENCE
Amsterdam (Intercity/ Sprinter)	16,90 €	1 heure 15	4/heure
Amsterdam (Intercity Direct)	16,90 €	40 min	4/heure
Bréda	10,40 €	25 min	5/heure
Schiphol (Intercity)	13,60 €	1 heure	2/heure
Schiphol (Intercity Direct)	13,60 €	40 min	4/heure
Utrecht	11,50 €	40 min	4/heure

VÉLO

Des véloroutes nationales reliant Amsterdam à la Belgique et La Haye à Bréda passent par Rotterdam. Si la ville peut sembler étendue, il suffit de pédaler à bon rythme pendant 15 minutes pour se retrouver à la campagne.

Les vélos voyagent gratuitement sur les ferries Waterbus entre Rotterdam, Kinderdijk et Dordrecht.

Comment circuler

DEPUIS/VERS L'AÉROPORT

Le bus RET 33 assure la liaisont aéroport-Centraal Station (20 min) toutes les 15 minutes entre 5h40 et minuit (4 €).

Il est aussi possible de prendre ce bus jusqu'à la station de métro Meijersplein, d'où la ligne E rejoint Rotterdam ; un ticket valable 2 heures (4 €) suffit pour l'ensemble du trajet.

En taxi, comptez 10 minutes et environ 25 € pour rejoindre le centre-ville.

BATEAU

Jaune et noir, les **bateaux-taxis** (Watertaxi ; ☎ 010-403 03 03 ; www.watertaxirotterdam.

100% LOCAL

EN SELLE

La ville et ses environs comptent quelques itinéraires cyclables intéressants, dont les suivants :

Roaming Rotterdam (10 km, carte disponible à l'office du tourisme). Architecture emblématique et autres curiosités de la ville.

Rondje Katendrecht (15 km ; rotterdam.info/bezoekers-informatie/rondje-rotterdam/). Suit les quais et traverse les ports de Rijnhaven et Maashaven. Propose des variantes jusqu'à Katendrecht, le Wilhelminapier et Noordereiland.

Nieuwe Maasparcours (28 km ; www.rotterdam.nl/vrije-tijd/nieuwe-maasparcours). Comprend sept tronçons (de 3,5 à 5 km) longeant les rives nord et sud de la Nieuwe Maas. Téléchargez la carte en ligne ou prenez une brochure à l'office du tourisme.

nl) filent à grande vitesse sur la Nieuwe Maas ; comptez autour de 30 € (trajet 15 min). En fonction du nombre de zones, et donc de la distance à parcourir, les tickets coûtent entre 4,50 et 10 € par personne. Les moins de 13 ans payent demi-tarif. Renseignements en ligne sur l'emplacement des embarcadères (docks) et les zones.

TRANSPORTS PUBLICS

Le réseau de tramways, bus et métro de Rotterdam est géré par le **RET** (www.ret.nl) et converge pour une bonne part vers la Centraal Station. Le **guichet d'information du RET** (www.ret.nl ; Stationsplein 20, Centraal Station ; ⏲7h-22h lun-ven, 9h30-17h30 sam-dim) vend des billets dans le hall d'entrée de Centraal Station. Autres guichets dans les principales stations de métro.

Un billet rechargeable valable 2 heures acheté auprès d'un chauffeur de bus ou de tramay coûte 3,50 €. Un pass touristique à la journée (13,50 €) permet un nombre illimité de trajets dans les tramways, bus, métros et ferries Waterbus. Contrôles fréquents.

VÉLO

Zwann Bikes (☎010-412 62 20 ; www.czwaan.nl ; Weena 703-707 ; vélo standard/électrique 12,50/17,50 € par jour ; ⏲8h30-17h lun-ven, 9h-17h sam-dim). Location de vélos proche de Centraal Station.

Delfshaven

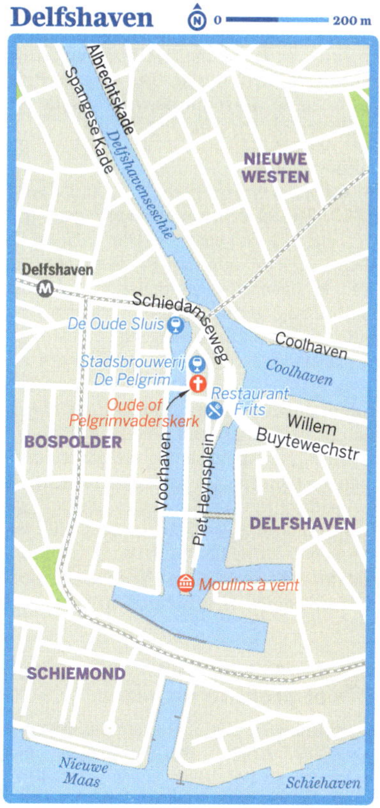

Delfshaven et Schiedam

À seulement 3 km au sud-ouest de Rotterdam, l'enclave historique de Delfshaven, ancien port officiel de Delft, a été épargné par la guerre et conserve de ravissants canaux et maisons à pignon datant du Siècle d'or. Plus à l'ouest, la charmante Schiedam se distingue par ses distilleries de *jenever*. Delfshaven est facilement accessible à pied, à vélo, en métro ou en tramway (n°4 ou 8) ; Schiedam est desservie par le métro.

À voir et à faire

Oude of Pelgrimvaderskerk ÉGLISE

(église des Pères pèlerins ; ☎010-477 41 56 ; www.oudeofpelgrimvaderskerk.nl ; Aelbrechtskolk 22, Delfshaven ; ⏲12h15-16h ven-sam ; Ⓜ Delfshaven). C'est dans l'Oude Kerk fondée en 1417 que les Pères pèlerins (p. 209) firent leur prière avant de quitter les Pays-Bas pour l'Amérique à bord du *Speedwell* le 1er août 1620. Mais, comme le bateau flottait à grand peine, ils firent halte en Angleterre et embarquèrent sur le *Mayflower*, dont les passagers furent à l'origine de la fondation de la première colonie du Massachusetts. Le bâtiment, construit en 1417, fut en grande partie reconstruit à la fin du XVIe siècle. À l'intérieur, une annexe de 1890 abrite un mémorial dédié à ces pèlerins.

National Jenevermuseum Schiedam MUSÉE

(musée national du Jenever ; ☎010-246 96 76 ; www.jenevermuseum.nl ; Lange Haven 74 ; adulte/12-17 ans/7-11 ans, comprend l'entrée au Branderij 12,50/7,50/2,50 €, billet combiné avec le Korenmolen de Walvisch 15/10/2,50 € ; ⏲11h-17h mar-dim ; Ⓜ Schiedam Centrum ou Parkweg). Aménagé dans une distillerie du XVIIIe siècle, voici un musée sur la production du gin traditionnel néerlandais, le *jenever*, auquel Schiedam doit son renom. En 1850, lorsque ce commerce était à son apogée, des centaines d'entreprises distillaient l'eau-de-vie de malt en l'aromatisant de baies de genévrier pour obtenir cette eau-de-vie, qui était expédiée dans le monde entier. On peut encore voir les immenses bacs, cuves de refroidissement et alambics en cuivre de la distillerie, ainsi que des expositions sur la fabrication du *jenever* à l'étage.

Korenmolen de Walvisch MOULIN À VENT

(☎ 010-246 95 06 ; www.jenevermuseum.nl ; Westvest 229, Schiedam ; adulte/12-17 ans/7-11 ans 12,50/7,50/2,50 €, billet combiné avec le National Jenevermuseum Schiedam 15/10/2,50 €/gratuit ; ⏲11h-17h mar-dim ; 👪 ; Ⓜ Schiedam Centrum ou Parkweg). Le "Moulin de la baleine", l'un des plus hauts du monde, fut construit en 1794 pour moudre l'orge destiné à la production de gin. Rebâti en 1996 après un incendie, il abrite aujourd'hui un musée sur le fonctionnement du moulin, avec une vidéo présentant les quelque 1 200 moulins à vent des Pays-Bas (dont un tiers fonctionnent encore). Au sous-sol, une boutique vend les farines moulues au moulin De Vrijheid, le seul des sept moulins de Schiedam encore en activité.

Où se restaurer et prendre un verre

Restaurant Frits EUROPÉEN MODERNE €€

(☎ 010-477 30 25 ; restaurantfrits.nl ; Piet Heynsplein 25, Delfshaven ; menu 5 plats 40 € ; ⏲18h-22h jeu-dim ; 🚊 Delfshaven). Dans une jolie maison donnant sur un canal, à l'intérieur intimiste sur plusieurs niveaux, le Fritschy sert un menu de 8 plats d'un très bon rapport qualité/prix, élaboré avec des ingrédients de son jardin. Si la formule menu est imposée le soir, le chef Robbert van Gammeren s'adapte aux régimes alimentaires (sans gluten, végétarien, allergies) ; prévenez à l'avance. Réservation indispensable.

Stadsbrouwerij De Pelgrim BRASSERIE

(☎ 010-477 11 89 ; www.pelgrimbier.nl ; Aelbrechtskolk 12, Delfshaven ; ⏲12h-minuit mer-sam, 12h-22h dim ; 🚊 Delfshaven). En entrant dans la brasserie vintage attenante à l'Oude Kerk, on est accueilli par le bouillonnement des cuves en cuivre et l'odeur entêtante du houblon. Goûtez de délicieuses bières de saison ou des classiques, telles la Mayflower Tripel, au bar, sur la terrasse près du canal ou dans la cour. Dégustation de cinq bières pour 5 €.

De Oude Sluis CAFÉ BRUN

(☎ 010-477 30 68 ; www.cafedeoudesluis.nl ; Havenstraat 7, Delfshaven ; ⏲12h-1h lun-jeu, 12h-2h ven, 14h-2h sam, 14h-1h dim ; 🚊 Delfshaven). Depuis la terrasse de ce *bruin café*, établissement de quartier prisé depuis 1912, la vue sur le canal court jusqu'au moulin de Delfshaven. Occasionnels concerts, et bon choix de bières, à la pression ou en bouteille.

ℹ Depuis/vers Delfshaven et Schiedam

DELFSHAVEN

Métro Lignes A, B et C, arrêt Delfshaven.

Tramway La ligne 4 (direction Marconiplein) part de Rotterdam Centraal ; descendez à l'arrêt Delfshaven.

Dordrecht

☎ 078 / 118 899 HABITANTS

À l'inverse d'autres villes historiques de Hollande méridionale, le quotidien de Dordrecht ne tourne pas autour du tourisme, ce qui en fait une destination agréable à découvrir. Son emplacement stratégique (qui favorisa un important essor du négoce de vin) et son statut de doyenne des villes néerlandaises (elle acquit ses droits de cité en 1220) lui ont valu d'être l'un des principaux pôles du pays jusqu'à la seconde moitié du XVIe siècle. Elle garde, de cette période faste, maints bâtiments bien conservés. Dordrecht compte également plusieurs musées, d'excellents restaurants, ainsi que le vaste parc national du Biesbosch, tout proche, qui se prête à une multitude d'activités de plein air.

À voir et à faire

La plupart des sites se concentrent autour de trois vieux canaux, le Nieuwehaven, le Wolwevershaven et le Wijnhaven.

Grote Kerk ÉGLISE

(☎ 078-614 46 60 ; www.grotekerk-dordrecht.nl ; Lange Geldersekade 2 ; tour adulte/enfant 1/0,50 € ; ⏲10h30-16h30 mar-sam, 12h-16h dim avr-oct, 14h-16h mar, jeu et sam nov à mi-déc). GRATUIT La tour carrée, massive, de la Grande Église, qui date des XIVe et XVe siècles, aurait dû être bien plus élevée, n'était cette tendance à l'affaissement qu'elle a prise durant les 150 années qu'a duré sa construction. Vous pourrez gravir ses 275 marches pour profiter d'une superbe vue sur la ville. À l'intérieur,

Dordrecht

Dordrecht

À voir
1 Dordrechts Museum B2
2 Grote Kerk A2
3 Museum Simon van Gijn A1

Activités
4 Distilleerderij Rutte B2

Où se loger
5 De Luthiers B1
6 Villa Augustus D1

Où se restaurer
7 Bistro Twee 33 .... B1
8 Magazijn B1
9 Strada del Vino B2
Villa Augustus Restaurant .... (voir 6)

Achats
Wereldwijven .... (voir 8)

notez l'imposante chaire en marbre au dais en bois sculpté, les stalles du chœur du XVIe siècle, richement sculptées, et quelques vitraux.

Dordrechts Museum
MUSÉE

(☎078-770 52 17 ; www.dordrechtsmuseum.nl ; Museumstraat 40 ; adulte/enfant 22,50 €/gratuit, billet combiné 3 musées 25,50 € ; ⏲10h-17h). Ce musée sur deux niveaux met en valeur le patrimoine artistique de Dordrecht, avec des toiles dépeignant les paysages de la région ainsi que des portraits de grands peintres locaux. On retient surtout les œuvres d'Albert Cuyp (1620-1691) et de Jan van Goyen (1596-1656). Van Goyen fut l'un des premiers peintres néerlandais à saisir les jeux de lumière sur les paysages – admirez sa *Vue de Dordrecht* – tandis que Cuyp a acquis ses lettres de noblesse grâce à ses nombreux tableaux représentant la ville et ses environs.

Distilleerderij Rutte
DISTILLERIE

(☎078-613 44 67 ; www.rutte.com ; Vriesestraat 130 ; dégustations 25 min/1 heure 30 5/15 €, distillerie 34 € ; ⏲9h30-17h lun-sam). Vous saurez tout sur le *jenever* en visitant cette distillerie en activité depuis 1872. Mieux encore, réservez un circuit avec dégustation, ou un atelier de 3 heures pour apprendre à le fabriquer. Bouteilles en vente à la boutique.

Réservation nécessaire pour la visite de 1 heure 30, mais pas pour le "mini"-circuit

VAUT LE DÉTOUR

LE CHÂTEAU DE LOEVESTEIN

Près de la petite cité fortifiée de Woudrichem, le **Slot Loevestein** (château de Loevestein ; 018-344 71 71 ; www.slotloevestein.nl ; Loevestein 1, Poederoijen ; adulte/4-18 ans 14,50/10 € ; 10h-17h tlj), solide forteresse de brique rose du XIVe siècle pleine de caractère, a été tour à tour prison, habitation et poste de péage. Il accueille aujourd'hui les visiteurs et des manifestations culturelles variées. Attention, la billetterie n'accepte que les espèces.

Le château est difficile d'accès en transport public. Depuis la gare ferroviaire de Gorinchem, faites 1,6 km jusqu'au port de Binnenstad, où un **ferry** (018-365 93 14 ; www.riveer.nl ; billet pour la journée 3 €) ou un **bateau-taxi** (06 22 55 82 33) vous y emmènera. Consultez les horaires des ferries en ligne. Réservation nécessaire pour le bateau-taxi.

de 25 minutes qui démarre à 15h et 16h tous les vendredis et samedis.

Où se loger

De Luthiers B&B €
(078-631 33 90 ; www.deluthiers.nl ; Voorstraat 13 ; ch 90-95 € ; P). Au-dessus d'un atelier de luthier, 2 chambres douillettes et mansardées, équipées d'une kitchenette et d'une salle de bains impeccable. Petit-déjeuner servi dans la chambre. Salle de musique avec piano à queue et coin jeux pour les enfants. Excellent rapport qualité/prix.

Villa Augustus BOUTIQUE-HÔTEL €€
(078-639 31 11 ; www.villa-augustus.nl ; Oranjelaan 7 ; d 125-155 €, f/ste 155/210 € ; P). Ce château d'eau de 1882 entouré de jardins a été transformé en ode au design néerlandais. Il compte 20 chambres toutes différentes, décorées d'œuvres d'art et de meubles recyclés ; les familiales, installées dans des cabanons jouxtant le jardin, ont un charme fou. De nouvelles chambres aménagées sur un ponton sur le Wantij ont ouvertes courant-2019.

Le petit-déjeuner à la carte est servi dans le restaurant de l'hôtel, qui donne sur un vaste verger-potager. Le restaurant étant prisé, l'endroit est parfois bruyant. Location de bateau possible.

Où se restaurer et prendre un verre

Scheffersplein, grand-place centrale construite sur un canal, et bordée de cafés et de terrasses, est idéale pour regarder passer les gens en été sous les parasols. Étrangement, les cafés servant en-cas et bon café sont rares ; le plus pittoresque est niché dans le jardin du **Museum Simon van Gijn** (078-770 87 08 ; www.huisvangijn.nl ; Nieuwe Haven 29 ; tarif plein/-19 ans 10 €/gratuit, billet combiné avec le Dordrechts Museum 15 €/gratuit ; 11h-17h mar-dim). Wijnstraat et Voorstraat comptent quelques bars à vins chaleureux.

Villa Augustus Restaurant EUROPÉEN MODERNE €€
(078-639 31 11 ; www.villa-augustus.nl ; Oranjelaan 7 ; plats 6,75-24,50 €, afternoon tea 24 € ; 7h-0h lun-ven, 8h-0h sam-dim, cuisine jusque 22h45 ;). Si le château d'eau a été transformé en hôtel, son ancienne station de pompage accueille désormais un restaurant, lieu animé fort d'une grande cuisine ouverte et d'un four à pizza. Les chefs s'approvisionnent principalement dans le grand verger-potager attenant et sur les marchés locaux, où sont vendus des produits essentiellement bio et toujours de saison.

Magazijn INTERNATIONAL €€
(078-890 27 80 ; www.magazijndordrecht.nl ; Voorstraat 180 ; déj 6,50-11,50 €, plats 16,50-23,50 € ; 10h-minuit lun-jeu et dim, 10h-1h ven-sam ;). L'établissement le plus branché de Dordrecht est un bar-café-restaurant partageant un vaste espace historique avec une galerie d'art à l'arrière et un magasin de musique vendant des vinyles à l'étage. Des assiettes aux inspirations d'ici et d'ailleurs, certaines véganes et végétariennes, sont concoctées dans la cuisine semi-ouverte. Aire de jeux pour enfants et jardin dans une cour à l'arrière.

Bistro Twee 33 EUROPÉEN €€
(078-740 00 04 ; www.bistrotwee33.nl ; Wijnstraat 233 ; plats 19,50-25,50 €, menu 4/5 plats 48/57 € ; 12h-17h mer-dim). Un bistrot et bar à vins décoré de couleurs chaudes, de

lampes à suspensions et de bouteilles de vin sur les étagères, avec bar et cuisine ouverts. La carte, sans chichis, mise sur la charcuterie maison, les huîtres et les classiques français (bavette, steak tartare, tartes salées). Ici, le vin est une passion. Sélection (internationale) disponible au verre ou à la bouteille.

Strada del Vino ITALIEN **€€**
(☎078-740 00 01 ; www.stradadelvino.nl ; Wijnstraat 170 ; pizzas et pâtes 7,50-17,50 € ; ⏲17h-23h30 dim-jeu, 17h-minuit ven et sam ;). Fier de ses drapeaux italiens, cet établissement est apprécié des familles et des chefs locaux (c'est l'un des rares ouverts le lundi). Immense four à pizza trônant à l'arrière, pâtes et expressos délicieusement authentiques.

Achats

La partie nord de Voorstraat se prête particulièrement bien au shopping.

Wereldwijven TEXTILES
(☎078-613 63 07 ; www.wereldwijven.info ; Voorstraat 178 ; ⏲9h-17h lun-mar et jeu-ven, 12h-17h sam-dim). Magasin associé à une entreprise à vocation sociale, Wereldwijven (Gens du monde) forme des migrantes aux métiers de couture et de broderie, leur permettant d'acquérir des compétences, d'avoir un revenu, d'apprendre le néerlandais et de se tisser un réseau professionnel et culturel. L'entreprise est financée par la vente de leurs travaux : coussins, vêtements, jouets et autres beaux articles.

Renseignements

Le vaste **office du tourisme** (VVV Dordrecht ; ☎078-632 24 40 ; www.vvvdordrecht.nl ; Spuiboulevard 99 ; ⏲9h30-17h lun-ven, 10h-17h sam, 11h-15h dim) se trouve à mi-chemin entre la gare ferroviaire et le centre-ville.

Depuis/vers Dordrecht

Des bus locaux partent de la zone sur votre droite en sortant de la gare ferroviaire.

BATEAU

Les ferries rapides de **Waterbus** (☎0800 023 25 45 ; www.waterbus.nl ; adulte aller simple 6,74 €) relient Dordrecht à Rotterdam. De mai à octobre, certaines lignes passent aussi par Kinderdijk.

TRAIN

Depuis la gare ferroviaire, le centre-ville est à 700 m vers le nord. Lignes régulières :

VERS	PRIX	DURÉE	FRÉQUENCE
Amsterdam	19,80 €	1 heure	1 ou 2/heure
Bréda	6,70 €	45 min	3-4/heure
Rotterdam	4,80 €	50 min	5/heure

VÉLO

Des pistes cyclables rejoignent Rotterdam, à 27 km au nord, en traversant une belle campagne via Kinderdijk. Le parc national du Biesbosch, à seulement 10 km à l'est, est accessible par plusieurs bons itinéraires.

Gouda

☎0182 / 71 189 HABITANTS

Gouda a donné son nom à son célèbre fromage, l'une des meilleures exportations néerlandaises. Au printemps et en été, des bus entiers de touristes viennent visiter le *kaasstad* (marché au fromage), plutôt kitsch, installé tous les jeudis devant l'ancien *waag* (Poids public). La ville a toutefois bien plus à offrir, notamment la splendide église Sint Janskerk, qui renferme la plus grande collection de vitraux du XVIe siècle réalisés *in situ*, et un excellent musée municipal. Tous deux sont situés dans son centre historique, dense et ceinturé de canaux, à 5 minutes à pied de la gare ferroviaire.

À voir

La plupart des sites notables sont situés à moins de 10 minutes de marche du Markt, place trapézoïdale, mais il est agréable de flâner au gré des venelles comme Achter de Kerk et Lage Gouwe, artères anciennes épargnées par le temps et traversées de paisibles canaux.

Sint Janskerk ÉGLISE
(église Saint-Jean ; ☎0182-512 684 ; www.sintjan.com ; Achter de Kerk 2 ; tarif plein/étudiant et 13-18 ans 9,50/5,75 € ; ⏲9h-17h lun-sam mars-oct, 10h-16h lun-sam nov-fév). Immense église aux superbes vitraux, l'église Saint-Jean a connu des débuts chaotiques : des incendies à répétition l'ont frappée peu ou prou tous les siècles, de 1361 au milieu du XVIe siècle, période où l'édifice actuel fut achevé. C'est l'église la plus longue du pays (123 m). Un

Gouda

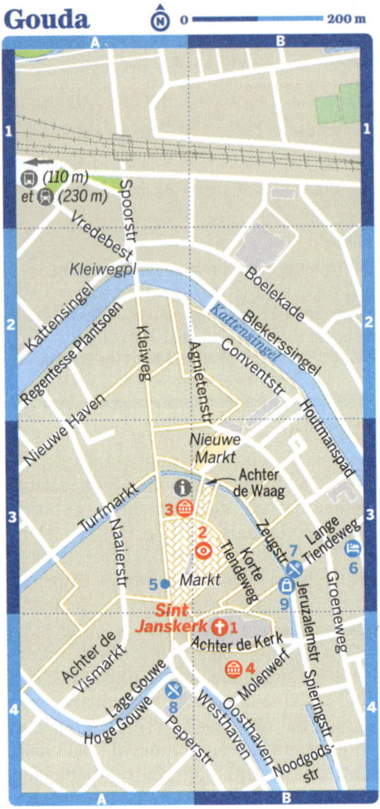

Gouda

Les incontournables

1 Sint Janskerk B4

À voir

2 Gouda Kaasstad B3
3 Goudse Waag A3
Kaaswaag .... (voir 3)
4 Museum Gouda B4

Activités

5 Kamphuisen Siroopwafels A3

Où se loger

6 De Utrechtsche Dom B3

Où se restaurer

Brunel .... (voir 8)
7 David's Gelato B3
8 Kamphuisen A4

Achats

9 't Kaaswinkeltje B3

audioguide gratuit en anglais renseigne sur les 72 vitraux, qui forment la plus grande collection au monde de vitraux du XVIe siècle réalisés *in situ*.

Museum Gouda MUSÉE

(☎0182-33 10 00 ; www.museumgouda.nl ; Achter de Kerk 14 ; adulte/5-17 ans 13 €/gratuit ; ⏲11h-17h mar-dim). Le plus grand musée de la ville occupe un ancien hôpital médiéval et expose des objets et œuvres d'art en rapport avec l'histoire de Gouda et des environs. Il renferme de nombreuses *Gouds plateel* (faïences), des toiles d'artistes des écoles de Barbizon et de La Haye du XIXe siècle, une maquette de Gouda en 1562, ainsi qu'une section consacrée à la torture au Moyen Âge au sous-sol. Il accueille aussi des expositions itinérantes et temporaires. On entre par Achter de Kerk ou Oosthaven.

Goudse Waag ÉDIFICE HISTORIQUE

(Poids public de Gouda). Les bas-reliefs représentant la pesée du fromage sur le côté de cet édifice de 1668 témoignent de son rôle passé. Aujourd'hui, il abrite un guichet de l'office du tourisme et le **Kaaswaag** (musée du Fromage ; ☎0182-529 996 ; www.goudsewaag.nl ; Markt 35 ; adulte/-12 ans 6,50 €/gratuit ; ⏲10h-17h lun-dim 21 mars-oct, 10h-16h mer-dim 3 nov-21 mars), consacré à l'histoire du fromage aux Pays-Bas.

Gouda Kaasstad MARCHÉ

(marché au fromage de Gouda ; www.goudakaasstad.nl ; Markt ; ⏲10h-12h30 jeu mi-avr à mi-sept). GRATUIT Sur le Markt, ce marché au fromage, qui n'a rien d'authentique, attire une foule de visiteurs locaux et étrangers, tout comme les étals vendant d'autres sortes de produits et souvenirs laitiers. Des habitants en costume traditionnel y prennent la pause pour les touristes.

Activités

Un agréable itinéraire en boucle traverse ce qui est présenté comme le Groene Hart ("cœur vert") de la région. Il commence juste au sud du centre-ville et court sur 42 km au sud de Gouda dans la campagne émaillée de fermes et sillonnée de canaux. Cette route du Krimpenerwaard, nom de la région, comprend des haltes dans des fromageries. L'office du tourisme distribue une brochure gratuite et vend des cartes détaillées.

Téléchargez des cartes pratiques de circuits pédestres et des renseignements sur www.xplregouda.nl.

Reederij de IJsel BATEAU

(06 8370 5193 ; www.reederijdeijsel.nl ; Donkere Gaard 14 ; adulte/3-12 ans 11/6 € ; 11h, 12h30, 14h et 15h30 jeu-sam mi-avr à oct, mer)sam mai-sept ;). Promenades en bateau de 1 heure 30 sur les canaux de Gouda.

Où se loger et se restaurer

Gouda est largement perçue comme une destination à visiter à la journée, sentiment renforcé par la rareté des hébergements corrects. Mieux vaut loger ailleurs.

Le fromage du même nom n'est pas la seule spécialité gastronomique de Gouda. Le fameux *siroopwafel* (biscuit croustillant formé de deux gaufres collées par un sirop au caramel) est une création locale qui se déguste à peine sortie de la chaîne de production chez **Kamphuisen Siroopwafels** (0182-634 965 ; www.siroopwafelfabriek.nl ; Markt 69 ; visite 9,95 € ; 10h-18h), sur le Markt. On trouve des fromagers dans toute la ville, mais peu de bons restaurants.

David's Gelato GLACIER €

(06-28 55 85 59 ; www.davidsgelato.nl ; Lange Tiendeweg 23 ; 1,50 €/boule ; 10h-22h mar-sam, 12h-22h lun-dim ;). Le propriétaire de ce glacier a fait l'objet d'un documentaire signé Mirjam Van Veelen en 2017, *Chill: The Road to David's Gelato*, qui relate le pèlerinage de ce jeune entrepreneur autour de la Méditerranée pour y apprendre les secrets d'un bon glacier. Habitants et touristes plébiscitent ses sorbets, crèmes et yaourts glacés.

Kamphuisen NÉERLANDAIS €€

(0182-514 163 ; www.kamphuisen.com ; Hoge Gouwe 19 ; plats déj 9,25-14,50 €, plats dîner 16,50-23 € ; 16h-minuit lun-jeu, 13h-0h ven, 13h-22h30 dim, ;). Un *bruin café* classique, dont la patine des parquets et du bar attestent des nombreuses années d'activité. Dehors, des tables sont installées sous la halle de l'ancien marché au poisson. La carte du bar présente des plats d'inspirations variées : Italie, Australie, Moyen Orient... Pour dîner, réservez.

Brunel BISTROT €€

(0182-518 979 ; restaurantbrunel.nl ; Hoge Grouwe 23 ; plats 19-22 €, menus dîner 3 plats 32,50 € ; à partir de 17h ;). Ici, le chef

VAUT LE DÉTOUR

PARC NATIONAL DU BIESBOSCH : LE PLEIN DE NATURE

Créés par l'inondation d'une vaste région de polders lors du raz-de-marée du jour de la Sainte-Élisabeth (19 novembre) en 1421, les 7 100 ha de zone humide du **parc national du Biesbosch** (www.np-debiesbosch.nl/ ; Hollandse Biesbosch) constitue le plus grand delta d'eau douce d'Europe, et l'un des plus vastes territoires naturels des Pays-Bas. Protégeant les paysages et les habitats de la faune sur les deux rives de la Nieuwe Merwede, à l'est et au sud de Dordrecht, le parc abrite des castors (réintroduits dans sa partie située au Brabant en 1988), des cerfs et des campagnols, ainsi qu'une importante avifaune. Trois centres d'information, des sentiers de randonnée balisés et un réseau étendu de rivières, criques et îles à explorer en canoë en font une destination prisée des amateurs d'aventures en plein air.

Biesboschcentrum Dordrecht (078-770 53 53 ; www.biesboschcentrumdordrecht.nl/ ; Baanhoekweg 53, Dordrecht ; 9h-17h lun-dim ; Hollandse Biesbosch), près de Dordrecht, est le centre d'information le plus facile d'accès. On peut y réserver un circuit en bateau ou à pied et louer bateaux et canoës (d'avril à octobre). Des expositions tournantes présentent sa flore, sa faune et ses caractéristiques naturelles.

Pour y arriver en transports publics, prenez le Waterbus (toute l'année) ou le bus (en été). Le Waterbus n°23 relie Merwekade à Hollandse Biesbosch (aller simple 4,49 €, 12 min) ; pas de bateau le week-end d'octobre à avril. Depuis le ponton du Waterbus, suivez les flèches sur 800 m jusqu'au centre. En été, le bus n°801 fait la navette entre la gare ferroviaire de Dordrecht et le centre (3,50 €).

prépare des spécialités françaises et italiennes modernes, à partir de produits locaux frais. L'été, on dîne le long du canal sous les arcades du vieux marché au poisson.

Achats

Lange Groenendaal, l'artère commerçante la plus intéressante, comporte boutiques, concept stores et une épicerie bio.

't Kaaswinkeltje ALIMENTATION
(☎182 51 42 69 ; www.kaaswinkeltje.com ; Lange Tiendewag 30 ; 8h30-18h lun-ven, 8h-17h sam). Des nombreux fromagers de Gouda, voici le plus intéressant (et le plus odorant). Voisin du canal, il vend un large choix de fromages locaux fermiers au lait cru.

Renseignements

Office du tourisme (VVV Gouda ; ☎0182-589 110 ; www.welkomingouda.nl ; Waag, Markt 35 ; 10h-17h tlj)

Comment s'y rendre et circuler

BUS

La gare routière se trouve juste à gauche en sortant de la gare ferroviaire côté Centrum. Le bus n°107 dessert Oudewater (2,90 €, 20 min, 2/heure) et continue jusqu'à Utrecht (6,10 €, 55 min). Le nombre de bus est réduit le dimanche.

TRAIN

La gare ferroviaire de Gouda est proche du centre-ville.

Lignes régulières :

VERS	PRIX	DURÉE	FRÉQUENCE
Amsterdam	12,70 €	50 min	5/heure
La Haye	6,30 €	20 min	4/heure
Rotterdam	5,60 €	20 min	4/heure
Utrecht	7,10 €	20 min	4/heure

VÉLO

Des véloroutes relient Gouda à Amsterdam et Rotterdam.

Oldenburger (☎0182-516 111 ; www.oldenburger.nl ; Burgemeester Jamesplein 2 ; location vélo classique/électrique 17/31,50 € par jour ; 6h-0h15 lun-ven, 7h-0h15 sam, 9h-0h15 dim). Location de vélos.

La Haye (Den Haag)

☎070 / 519 988 HABITANTS

La Haye ne dévoile pas ses trésors au premier coup d'œil. La réputation de la troisième métropole des Pays-Bas est celle d'une imposante ville royale vouée à la bureaucratie et au monde des affaires. Et c'est le cas, dans une certaine mesure. Mais la ville a bien davantage à offrir : sa scène culturelle, fermement établie par le Mauritshuis Museum et le Nederlands Dans Theater mondialement connus, est l'une des plus actives du pays et profitera de l'ouverture prochaine de l'espace culturel Spuiplein ; sa gastronomie est portée par d'innombrables restaurants contemporains ; et, enfin, sa vie nocturne, bien loin des cocktails d'ambassade, fait la part belle au quartier de Grote Markt et à la salle de concerts Paard, devenus incontournables. Cette cité se visite aisément à pied ou en tramway.

Histoire

La Haye, officiellement 's-Gravenhage (la haie des comtes), est le siège de la monarchie et du gouvernement des Pays-Bas, après en avoir été la capitale jusqu'en 1806. Cette année-là, Louis Bonaparte installa son gouvernement à Amsterdam. Huit ans plus tard, l'expulsion des Français permit à La Haye d'accueillir de nouveau le gouvernement, mais non de retrouver son titre de capitale, que conserva Amsterdam.

Au XXe siècle, la ville est par ailleurs devenue le siège de plusieurs organisations internationales, dont la Cour pénale internationale, entité onusienne.

À voir

♥ **Mauritshuis** MUSÉE
(Cabinet royal de peintures ; ☎070-302 34 56 ; www.mauritshuis.nl ; Plein 29 ; tarif plein/étudiant/-19 ans 17,50/12,50 €/gratuit ; 13h-18h lun, 10h-18h mar-dim ; Centrum). Idéal pour une introduction à l'art néerlandais et flamand, ce splendide musée est installé dans une demeure du XVIIe siècle construite pour le magnat du sucre Johan Maurits. Il devint Cabinet royal de peintures en 1822, et s'offrit une aile magnifiquement restaurée en 2012-2014. L'essentiel de sa collection, forte de 800 tableaux, s'étend du XVe au XVIIIe siècle. Il possède, entre autres joyaux, *La Jeune Fille à la perle* de

Vermeer (env. 1665) et l'intrigante *Leçon d'anatomie du docteur Nicolaes Tulp* de Rembrandt (1632).

La liste des maîtres est impressionnante : outre Vermeer et Rembrandt, on peut y admirer de nombreuses toiles signées Anthony van Dyke, Rubens, Brueghel l'Ancien, Hans Holbein le Jeune, Hals et Steen. Ne manquez pas la *Lamentation du Christ* (env. 1460-1464) de Van der Weyden, *Le Chardonneret* (1654) signé Fabritius et la *Vue de Delft* de Vermeer (env. 1660-1661), le plus célèbre paysage urbain du Siècle d'or.

Un audioguide coûte 3,50 €, mais une visite multimédia peut être téléchargée gratuitement sur Apple Store et Google Play. Excellents café et boutique dans la nouvelle aile.

Le billet comprend l'entrée à la Galerij Prins Willem V (ci-après).

Binnenhof PALAIS

(Centrum). Accueillant les deux chambres du gouvernement néerlandais, ce complexe bordant le **Hofvijver** (étang de la Cour ; Centrum) est organisé autour d'une cour centrale où se tenaient les exécutions. Sa splendide **Ridderzaal** (salle des Chevaliers) remonte au XIIIe siècle. L'aile nord du XVIIe siècle abrite toujours la chambre haute du Parlement, mais la chambre basse se réunit aujourd'hui dans la partie moderne à l'est du complexe. L'agence **ProDemos** (070-757 02 00 ; www.prodemos.nl ; Hofweg 1 ; visite de la Ridderzaal 5,50 €, visite de la Ridderzaal, de la Chambre des représentants et du Sénat 11 € ; bureau 10h-17h lun-sam, visites sur réservation ; Kneuterdijk, Centrum) organise des visites guidées.

Museum de Gevangenpoort MUSÉE

(musée de la Porte de la prison ; 070-346 08 61 ; www.gevangenpoort.nl ; Buitenhof 33 ; adulte/-13 ans 15/7,50 € ; 10h-17h mar-ven, 12h-17h sam-dim, dernière visite 15h45 ; Kneuterdijk). Vestige des fortifications du XIIIe siècle, le Gevangenpoort fut une prison de 1428 à 1825. Les visites guidées (30 min) qui démarrent toutes les heures en semaine, et toute les demi-heures le week-end, évoquent la vie des prisonniers d'alors et de leurs geoliers. Les enfants risquent d'être très impressionnantes pour les jeunes enfants. Visites en anglais à 14h15 samedi et dimanche.

Galerij Prins Willem V GALERIE

(www.mauritshuis.nl ; Buitenhof 33 ; tarif plein/-19 ans 5 €/gratuit, billet combiné avec le Mauritshuis tarif plein/-19 ans 17,50 €/gratuit ; 12h-17h mar-dim ; Kneuterdijk). Partageant son entrée avec le Gevangenpoort, cette galerie fut le premier musée public des Pays-Bas à ouvrir en 1774, pour exposer la collection de Guillaume d'Orange. Fermé après l'"acquisition" par l'occupant français en 1794 de la majeure partie de ses œuvres, il ne rouvrit à cet endroit qu'en 2010. Aujourd'hui, la galerie, entièrement restaurée, rassemble les œuvres de quelque 150 vieux maîtres de la collection du Mauritshuis (Steen, Rubens, Potter, et bien d'autres) accrochés bord à bord, à la mode de la fin du XVIIIe siècle.

Grote Kerk ÉGLISE

(070-737 03 25 ; www.grote-kerk.nl ; Rond de Grote Kerk 12 ; adulte/-12 ans 3 €/gratuit ; 12h-16h sam-dim ; Grote Markt). La Grande Église de 1450 possède une belle chaire, conçue et installée au siècle suivant. En dehors de la saison (limitée) d'ouverture au public (attention, les horaires sont variables), vous pourrez y assister à des concerts et des récitals d'orgue (les dates figurent en ligne).

À côté, l'**Oude Raadhuis** (ancien hôtel de ville ; 1565) est un magnifique témoignage de l'architecture Renaissance néerlandaise.

Escher in Het Paleis MUSÉE

(070-427 77 30 ; www.escherinhetpaleis.nl ; Lange Voorhout 74 ; tarif plein/étudiant/7-15 ans/-7 ans 11/8/6,50 €/gratuit ; 11h-17h ; Korte Voorhout). Ancienne demeure royale du XVIIIe siècle, le palais du Lange Voorhout héberge aujourd'hui l'œuvre graphique de l'artiste néerlandais M. C. Escher (1898-1972). L'exposition permanente présente des notes, lettres, photos, mais aussi des découpes de bois et des lithographies couvrant toute la carrière d'Escher, de ses débuts réalistes aux fantasmagories plus tardives. Toutes ses œuvres tiennent d'audacieux exercices, visant à mélanger différentes perspectives et à mêler lois mathématiques et sujet artistique.

Gemeentemuseum MUSÉE

(Musée municipal ; 070-338 11 11 ; www.gemeentemuseum.nl ; Stadhouderslaan 41 ;

Centre de La Haye (Den Haag)

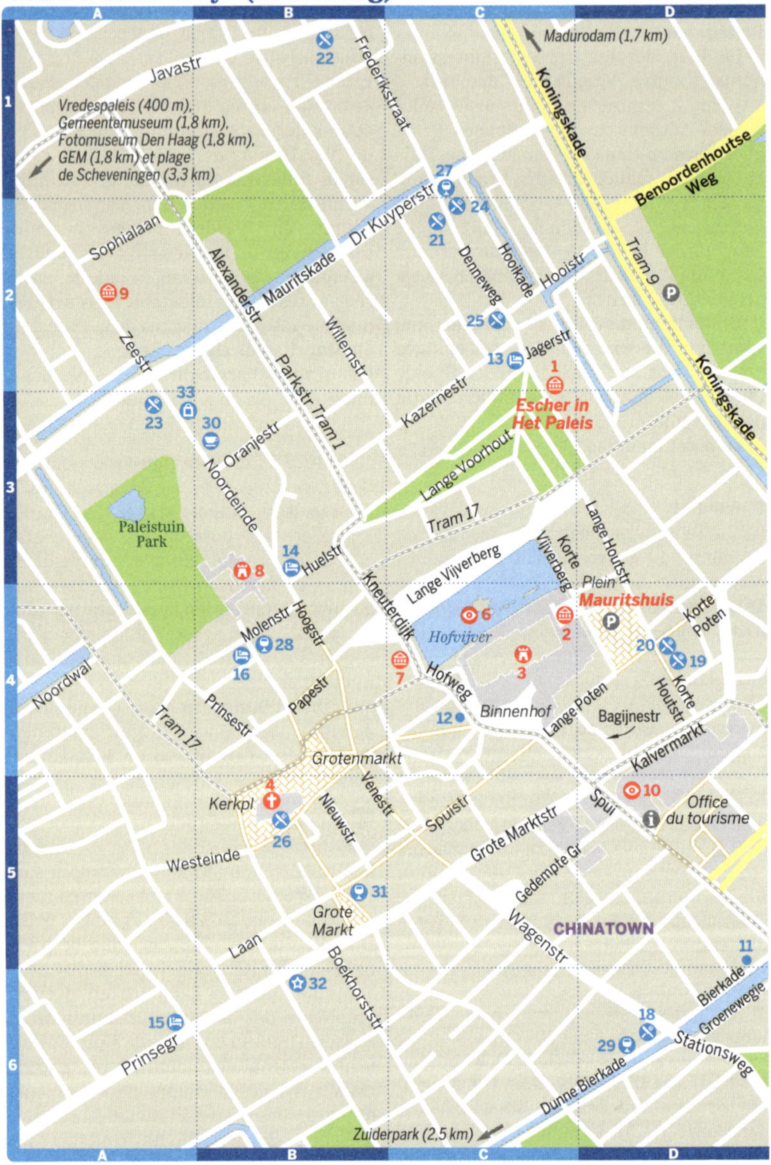

adulte/enfant 16,50 €/gratuit, billet combiné avec le Fotomuseum/GEM 26,50 € ; 10h-17h mar-dim ; Gemeentemuseum/Museon). Les amateurs du mouvement De Stijl apprécieront ce musée ouvert en 1935, sis dans un singulier édifice Art déco conçu par H. P. Berlage (1856-1934). Si l'exposition De Stijl accorde peut-être un peu trop de place aux toiles de Piet Mondrian antérieures au mouvement, son *Victory Boogie Woogie*, chef-d'œuvre abstrait inachevé, est mis à l'honneur.

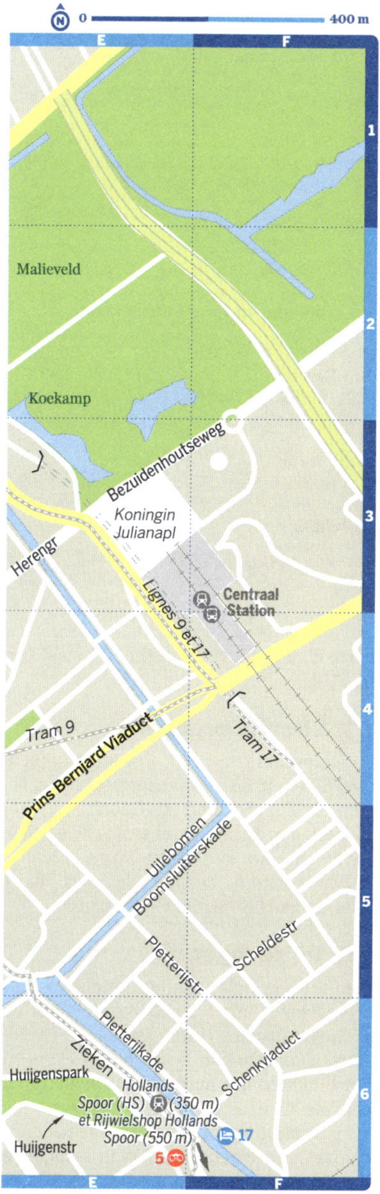

À l'étage, l'exposition "Discover the Modern" présente notamment le charmant *Portrait of Edith* (1915) d'Egon Schiele et quelques Van Gogh, Picasso, Kandinsky et autres œuvres d'artistes du début du XXe siècle.

Fotomuseum Den Haag MUSÉE

(070-338 11 44 ; www.fotomuseumdenhaag.nl ; Stadhouderslaan 43 ; adulte/enfant 10 €/gratuit, billet combiné avec le Gemeentemuseum/GEM 26,50 € ; 11h-17h mar-dim ; Gemeentemuseum/Museon). Voisin du Gemeentemuseum (p. 193) et partageant le bâtiment du **GEM** (070-338 11 11 ; www.km21.nl ; 11h-18h mar-dim), cet excellent musée présente chaque année plusieurs grandes expositions. Le café du rez-de-chaussée donnant sur le joli lac à l'avant du Gemeentemuseum est un lieu de rendez-vous prisé dans le quartier.

Madurodam PARC DE LOISIRS

(070-416 24 00 ; www.madurodam.nl ; George Maduroplein 1 ; billet avec/sans réservation 17/22 €, billet famille à partir de 68 €, gratuit pour les -3 ans ; 10h-17h ; ; Madurodam). Avec ses maquettes à l'échelle 1/25 d'Amsterdam, de l'aéroport Schiphol, de moulins, de champs de tulipes, du port de Rotterdam ou des barrages du Delta, Madurodam présente les Pays-Bas en miniature. Les enfants adorent.

Les Museumkaarts ne sont pas acceptées. Économisez 2 € en achetant vos billets en ligne, et au moins 5,50 € en optant pour le billet combiné avec le Madurodam/Escher in Het Paleis Museum. Parking 8,50 €.

Panorama Mesdag GALERIE

(070-310 66 65 ; www.panorama-mesdag.com ; Zeestraat 65 ; tarif plein/étudiant/4-11 ans 15/12/7 € ; 10h-17h mar-dim ; Mauritskade). Ce musée, l'un des sites culturels les plus originaux de La Haye, expose le *Panorama* (1881), une gigantesque représentation à 360° de la mer, des dunes et du village de pêcheurs de Scheveningen (120 m de circonférence pour 14 m de haut) peinte par Hendrik Willem Mesdag (1831-1915), membre de l'école de La Haye. Posté sur une plateforme, le visiteur a l'impression d'observer l'ensemble depuis le sommet d'une dune !

Haagse Toren POINT DE VUE

(070-305 10 00 ; www.haagsetoren.nl ; Rijswijkseplein 786 ; 9 € ; plateforme d'observation 0h-22h ; Rijswijkseplein). Un ascenseur de verre vous hissera en 40 secondes à la plateforme d'observation au 42e étage (135 m) de cette tour (il existe également un ascenseur non vitré, moins sensationnel). Un

Centre de La Haye (Den Haag)

Les incontournables
1 Escher in Het Paleis C2
2 Mauritshuis C4

À voir
3 Binnenhof C4
Galerij Prins Willem V ..... (voir 7)
4 Grote Kerk B5
5 Haagse Toren E6
6 Hofvijver C4
7 Museum de Gevangenpoort C4
8 Paleis Noordeinde B3
9 Panorama Mesdag A2
Ridderzaal ..... (voir 3)
10 Stadhuis (hôtel de ville) D5

Activités
11 De Ooievaart D5
12 ProDemos C4

Où se loger
13 Hotel Des Indes C2
14 Hotel Indigo B3
15 KingKool A6
16 Paleis Hotel B4
17 Stayokay Den Haag F6

Où se restaurer
18 Basaal D6
19 Bloem D4
20 De Basiliek D4
21 Dekxels C2
22 Fouquet B1
23 Madame Poulet A3
24 Oker C2
25 Oogst C2
Walter Benedict ..... (voir 24)
26 Zebedeüs B5

Où prendre un verre et faire la fête
27 Bouzy C1
28 Café De Oude Mol B4
29 De Paas D6
30 Lola Bikes & Coffee B3
31 VaVoom! B5

Où sortir
32 Paard B6

Achats
33 Frenken A3
Mauritshuis Gift Shop ..... (voir 2)

espace d'observation se trouve à l'intérieur et un balcon à l'extérieur. Par temps clair, la vue s'étend jusqu'à Rotterdam, Leyde et Hoek van Holland, à 45 km. Le billet inclut une boisson (bière, vin ou sans alcool) au Sky bar (passé 18h, l'offre s'étend aux cocktails).

Vredespaleis SITE HISTORIQUE
(palais de la Paix ; ☎070-302 42 42 ; www.vredespaleis.nl ; Carnegieplein 2 ; centre d'information entrée libre, visites guidées tarif plein/-9 ans 11 €/gratuit ; centre d'information 12h-16h mer-dim ; Vredespaleis). Le palais de la Paix, majestueux édifice construit en 1913 sur financement du magnat américain de l'acier Andrew Carnegie, est notamment le siège de la Cour permanente d'arbitrage de l'ONU et de la Cour pénale internationale. Son centre d'information organise des expositions multimédias sur l'histoire du Vredespaleis et des organisations qu'il abrite, à découvrir avec un audioguide gratuit (30 min). Le week-end, des visites guidées du palais sont proposées l'après-midi (1 heure, en néerlandais et en anglais). Réservation en ligne indispensable.

À chaque visite, 20 places sont réservées pour les visiteurs venus à l'improviste ; présentez-vous à 10h pour en avoir une. À l'entrée, présentez un passeport, une carte d'identité ou un permis de conduire de l'UE.

Circuits organisés

De Ooievaart BALADE EN BATEAU
(☎070-445 18 69 ; www.rondvaartdenhaag.nl ; Bierkade 18b ; adulte/enfant 12,50/8,50 € ; tlj juil-août, mar-dim avr-juin et sept ; Bierkade). Divers circuits de 1 heure 30 en bateau à la découverte de certains des plus beaux sites de La Haye depuis les canaux.

Où se loger

Toutes les grandes chaînes hôtelières sont représentées, mais on rencontre aussi de petites adresses intéressantes. Scheveningen compte bon nombre d'adresses en bord de mer, qui manquent cependant de charme. Le prix des hébergements en ville est plus élevé les jours de semaine pendant l'année parlementaire (voir l'agenda sur www.houseofrepresentatives.nl) et lorsque la Cour permanente d'arbitrage et la Cour pénale internationale siègent.

KingKool AUBERGE DE JEUNESSE €
(☎70 215 8339 ; www.kingkool.nl ; Prinsegracht 51 ; dort 21-31 €, d avec sdb commune 55 €, d 69-76 € ; P ; Brouwersgracht). Proche de Paard (p. 199) et du quartier de Grote

Markt où faire la fête, voici le repaire des baroudeurs à La Haye. Bar sympathique au rez-de-chaussée, et dortoirs mixtes (8 à 12 pers, certains avec lits superposés sur trois niveaux) décorés de joyeuses fresques de street art. Les meilleures sont au premier. Les salles de bains communes sont exiguës mais propres, et l'eau chaude ne manque pas.

Stayokay Den Haag AUBERGE DE JEUNESSE €

(☎070-315 78 88 ; www.stayokay.com ; Scheepmakerstraat 27 ; dort 19-35 €, s 43-75 €, d 49-85 €, tr 93-125 € ; @ 📶 ; 🚊 Rijswijkseplein, 🚆 Den Haag HS). 🍃 Auberge membre du réseau Hostelling International (HI) située au sud-est du centre et proposant des dortoirs non mixtes de 4 à 8 lits, avec salle de bains attenante. Chaque lit dispose d'une prise et d'une lampe de chevet. Casiers (2 €/24 heures) à la réception. Les chambres privées sont rudimentaires. Bons aménagements (buanderie, bar avec billard et terrasse en bordure de canal). Petit-déjeuner (compris) et buffet le soir (8,50-14,50 €) servis dans la cafétéria.

Location de vélos (10 €/jour) et de serviettes de toilette (3,50 €).

Hotel Sebel HÔTEL €

(☎070-345 92 00 ; www.hotelsebel.nl ; Prins Hendrikplein 20 ; s/d à partir de 65/75 € ; 📶 ; 🚊 Elandstraat, Van Speijkstaat). Sebel loue 33 chambres d'un bon rapport qualité/prix réparties dans trois édifices Art nouveau. Les chambres les moins chères sont toutes petites, mais les autres ont un balcon. Kitchenette dans les studios. Petit-déjeuner 12,50 €.

Paleis Hotel BOUTIQUE-HÔTEL €€

(☎070-362 46 21 ; www.paleishotel.nl ; Molenstraat 26 ; d à partir de 89 € ; P ❄ 📶 🐾 ; 🚊 Kneuterdijk). Situé près du palais Noordeinde, cet hôtel compte 20 chambres, très correctes, mais un peu défraîchies. Les standards, petites, ont des salles de bains étriquées ; celles de catégorie supérieure sont plus spacieuses, et les "executive" encore plus grandes, mais elles donnent sur la cour d'un restaurant qui peut être bruyante. Salon et vaste salle du petit-déjeuner (18,50 €).

♥ **Hotel Indigo** BOUTIQUE-HÔTEL €€€

(☎070-209 90 00 ; www.hotelindigo.com ; Noordeinde 33 ; ch standard 160-230 €, supérieure 220-290 € ; 📶 ; 🚊 Kneuterdijk). Occupant l'ancien siège de la De Nederlandsche Bank, datant de 1884 et audacieusement transformé, l'Indigo donne sur l'artère branchée Noordeinde. Ses 63 chambres de belle taille, décorées avec goût, sont bien conçues – celles mansardées, au dernier étage, ont beaucoup de charme. Petit-déjeuner compris, servi dans le café du rez-de-chaussée. Le bar du sous-sol sert des cocktails.

Hotel Des Indes HÔTEL HISTORIQUE €€€

(☎070-361 23 45 ; www.hoteldesindesthehague.com ; Lange Voorhout 54-56 ; s/d/ste à partir de 155/169/469 € ; P ❄ 📶 ; 🚊 Korte Voorhout). Cette ancienne résidence de 1858, grandiose, est un hôtel depuis 1881 et l'adresse la plus luxueuse de La Haye. Personnel compétent et emplacement imbattable, mais certaines chambres des étages inférieurs manquent de lumière naturelle et les espaces communs (surtout le bar) auraient besoin d'un rafraîchissement.

Où se restaurer

La Haye peut se targuer d'une scène gastronomique de qualité et d'une grande diversité multiethnique. De nouvelles adresses ouvrent régulièrement dans les rues pavées et en bordure des canaux autour de Denneweg.

On peut manger à prix doux à Chinatown.

Bloem CAFE €

(☎070-737 0589 ; www.bloemdenhaag.nl ; Korte Houtstraat 6 ; tartes 4,50 €, high tea 23,95 €/pers ; ⏱11h-16h mar, 11h-17h mer-ven, 11h-18h sam-dim ; 🚊 Kalvermarkt-Stadhuis). Le salon de ce charmant café est décoré de canevas, bibelots et moquette à fleurs. Idéal au moment du *high tea*, il n'en sert pas moins gâteaux, tartes salées et sandwichs à toute heure.

Walter Benedict BISTROT €€

(☎070-785 3745 ; www.walterbenedict.nl ; Denneweg 69a ; plats matin 3,50-10,75 €, plats midi 12,50-15,50 €, plats soir 19,50-24,50 € ; ⏱9h-23h ; 📶 ; 🚊 Dr Kuyperstraat). Un café-bistrot façon self qui sert des petits-déjeuners toute la journée (formule café, jus et croissant à 5 €) et des soupes, hamburgers et salades à midi. Le soir, place à la viande (le steak au jus à l'ail fumé et ses pommes de terre sautées dans la graisse de canard ont la cote).

Zebedeüs CAFÉ €€

(☎070-346 83 93 ; zebedeus.nl ; Rond de Grote Kerk 8 ; sandwichs 9,5-13 €, plats déj

8,5-14,50 €, plats soir 22,50-24,50 € ; 12h-16h et 17h30-21h30 ; ; Gravenstraat ou Grote Markt). Installé dans les murs de la Grote Kerk, ce café sert toute la journée des sandwichs, sandwichs toastés, pâtes et soupes, ainsi qu'un choix restreint de plats plus élaborés le soir. La plupart des produits sont bio. Outre le café et les boissons alcoolisées, il prépare aussi des jus de légumes crus pressés à froid et des jus de fruits frais. Par beau temps, attablez-vous dehors à l'ombre des marronniers.

De Basiliek INTERNATIONAL €€

(070-360 61 44 ; www.debasiliek.nl ; Korte Houtstraat 4a ; plats 19,50-24,75 €, menu 3 plats 33,50 € ; 12h-16h et 17h30-22h lun-ven, 13h-16h et 17h30-22h sam ; ; Kalvermarkt-Stadhuis). Lumière tamisée, sièges confortables et service discret dans un cadre élégant. La carte, essentiellement italienne et française, présente également quelques plats indiens et proche-orientaux. La cuisine, fraîche et pleine de saveurs, est élaborée à partir des meilleurs produits. Divine carte des vins, dont beaucoup sont servis au verre. Très bon café également.

Basaal MÉDITERRANÉEN €€

(070-427 68 88 ; www.restaurantbasaal.nl ; Dunne Bierkade 3 ; plats 17-55 € ; à partir de 17h mer-sam, à partir de 12h dim ; Bierkade). Ravissant bistrot de quartier donnant sur le canal, qui sert une cuisine contemporaine d'inspiration méditerranéenne à prix abordable, et des vins en accord avec le menu. Le chef Bas Oonk concocte des plats de viande et de poisson aux mille saveurs à partir d'ingrédients locaux et de saison. Son menu Bib Gourmand (3 plats, 36,50 €) est une aubaine. Terrasse au bord de l'eau.

Oogst MÉDITERRANÉEN €€

(070-360 92 24 ; www.restaurantoogst.nl ; Denneweg 10b ; menu 3 plats 37 €, menu 3/4/5 plats avec dessert 45/52/58 € ; 12h-13h30 et 18h-22h mar-sam ; ; Malieveld, Dr Kuyperstraat). Élégant est le terme qui définit le mieux ce petit établissement situé sur la principale artère des restaurants à La Haye. Cette qualité s'applique aussi bien à l'intérieur (banquettes recouvertes de brocard, linge raffiné, vaisselle délicate) qu'au menu (petites assiettes savamment présentées). Produits ultrafrais pour une cuisine succulente à prix correct.

Dekxels INTERNATIONAL €€

(070-365 97 88 ; www.dekxels.nl ; Denneweg 130 ; plats soir 12-15 €, menu 3 plats avec dessert à partir de 38 € ; 17h30-22h dim-jeu, 17h30-23h ven-sam ; ; Dr Kuyperstraat). Un autre adepte de délicieux menus composés d'une succession de petites assiettes plutôt que de plats complets. Dekxels a un penchant pour la cuisine asiatique, mais s'inspire aussi de l'Italie. Les saveurs sont au rendez-vous et la présentation est très élaborée. La carte des vins, aux prix honorables, fait le tour du monde.

Oker INTERNATIONAL €€

(070-364 54 53 ; www.restaurantoker.nl ; Denneweg 71 ; menu déj 29,50 €, plats soir 10,50-19 € ; 11h30-22h dim-mer, 11h30-23h jeu-sam ; ; Kuyperstraat). Italie, Japon, Thaïlande, France, Chine et Liban : faites voyager vos papilles chez Oker, qui ne désemplit jamais. Sa carte des vins servis au verre est tout aussi variée. Pendant l'happy hour (samedi et dimanche 15h-18h), la douzaine d'huîtres Fines de Claire coûte 15 €.

Fouquet NÉERLANDAIS €€€

(070-360 62 73 ; www.fouquet.nl ; Javastraat 31a ; plats 24-28 €, menu 3/4/5 plats 42/52/62 € ; 18h-22h mar-sam ; ;). Le menu du marché à 3 plats de cet élégant restaurant constitue une introduction excellente (à prix abordable) à la cuisine de Sebastiaan de Bruijn, aux accents français et méditerranéens. La carte change tous les jours en fonction de l'offre sur les marchés locaux. Présentation, service et carte des vins irréprochables.

Où prendre un verre et faire la fête

Cafés, bars à vins, bars underground ou pubs, les adresses où prendre un verre sont légion à La Haye. Les cafés s'alignent essentiellement sur Denneweg et Noordeinde, tandis que Grote Markt s'est transformé en quartier de pubs et de bars.

Lola Bikes & Coffee CAFÉ

(www.facebook.com/LolaBikesandCoffee/ ; Noordeinde 91 ; 10h-19h lun et mer, 10h-18h mar, jeu-ven, 9h-18h sam-dim ; Mauritskade). Dans l'atelier à l'arrière du café, des cyclistes passionnés réparent des vélos de course quand ils ne servent pas d'excellents cafés et gâteaux à une clientèle d'habitués. Prenez place dans le jardin à

À NE PAS MANQUER

DES PLAGES DANS LA VILLE

Très urbanisée, la longue **plage de Scheveningen** attire chaque année 9 millions de visiteurs. Les cafés y jouent des coudes sur la promenade en bord de plage.

Cette plage ne plaira pas à tout le monde, mais l'ambiance carnavalesque peut avoir son charme, tout comme les vagues. **Aloha Surf** (070-322 71 71 ; www.alohasurf.nl ; Strand Noord 2b, Scheveningen ; cours 2 heures privé/collectif 75/37,50 € ; 9h-crépuscule lun-ven, 8h30-crépuscule sam-dim ; Vuurbaakstraat) loue planches et combinaisons et donne aussi des cours.

On pourra préférer des plages plus préservées, accessibles sans trop d'effort, en particulier vers le sud, où il suffit de dépasser le port pour sentir l'animation décroître.

La plupart des rues de La Haye partant à l'ouest arrivent à Scheveningen, à 4 km. Sinon, prenez le tramway 1 ou 11 à la gare de Hollands Spoor (HS).

l'arrière ou détendez-vous dans l'espace "shabby-chic" à l'avant. Le Lola Cycling Club a son siège ici ; nouveaux membres bienvenus.

Café De Oude Mol CAFÉ BRUN
(070-345 16 23 ; www.facebook.com/DeOudeMol/ ; Oude Molstraat 61 ; 17h-1h lun-mer, 17h-2h jeu-ven, 16h-2h sam, 16h-1h dim). Franchissez cette porte envahie par le lierre, et découvrez un pub intimiste illustrant à la perfection la *gezelligheid* (convivialité) néerlandaise. Concerts rock le lundi. Cuisine ouverte du mercredi au samedi.

De Paas PUB
(070-360 00 19 ; www.depaas.nl ; Dunne Bierkade 16a ; 14h-0h ;). Un bar à l'ancienne, plein de charme, réputé pour son choix de bières néerlandaises, belges ou internationales. Treize pressions et d'originales bières de saison sont proposées. L'été, installez-vous dehors sur la péniche.

Bouzy BAR À VINS
(070-780 35 63 ; www.bouzywineandfood.nl ; Denneweg 83 ; à partir de 15h mar-sam ; Dr Kuyperstraat). Bar de quartier ensoleillé sur l'effervescente Denneweg. La carte des vins, essentiellement européenne, fait aussi de l'œil au Nouveau Monde. Dizaines de variétés de vins pétillants ainsi que des plateaux de charcuterie et fromages, des flammekueches et les incontournables *bitterballen* (croquettes).

VaVoom! BAR À COCKTAILS
(070-346 75 06 ; www.gmdh.nl/vavoom/ ; Grote Markt 29 ; 13h-1h dim-mer, 13h-1h30 jeu-sam). La force de ce bar tiki, dans le quartier nocturne de La Haye, réside dans ses cocktails : 85 rhums différents entrent dans la composition de breuvages mémorables, comme le Jungle Jetsetter (rhum Malibu, liqueur marasquin à la cerise, citron vert et jus d'ananas).

Où sortir

La plupart des performances du **Nederlands Dans Theater** (www.ndt.nl ; Statenlaan), du Théâtre national (www.hnt.nl), du Koninklijk Conservatorium (Conservatoire royal ; www.koncon.nl) et du Residentie Orkest (Orchestre philarmonique ; www.residentieorkest.nl) se déroulent actuellement au **Zuiderstrandtheatre** (Théâtre de la plage sud ; 070-880 03 33 ; amare.nl ; Houtrustweg 505, Vissershaven ; Statenlaan).

En été, des concerts gratuits sont souvent organisés dans le Zuiderpark, au sud-ouest du centre. Paard est sans conteste la meilleure adresse pour écouter de la musique live contemporaine.

Paard MUSIQUE LIVE
(070-750 34 34 ; www.paard.nl ; Prinsegracht 12 ; horaires variables ; Grote Markt). Club, temple de la musique live ou simplement épatante adresse où sortir, cette institution de La Haye propose un programme éclectique de concerts (jazz, métal, blues, roots, reggae et soul), mais aussi des festivals tels que le Mondriaan Jazz Festival en octobre. Consultez l'agenda en ligne.

Achats

Amateurs de shopping, bienvenue à La Haye, où vous pourrez flâner et fureter à loisir dans divers quartiers. La bien nommée Grote Marktstraat réunit tous les grands magasins et enseignes de chaînes. Hoogstraat, Noordeinde, Huel-

1

3

CELLIO/SHUTTERSTOCK ©

TTSTOCK/SHUTTERSTOCK ©

. Mauritshuis (p. 192), Den Haag (La Haye)
Cet excellent musée, sis dans une demeure du XVIIe siècle, représente une fantastique introduction à l'art néerlandais et flamand.

2. Van Nelle Fabriek (p. 174), Rotterdam
Conçue et construite entre 1925 et 1931, cette usine moderniste, classée au patrimoine mondial par l'Unesco, est une icône de l'architecture industrielle du XXe siècle.

3. Jardins du Keukenhof (p. 214), Lisse
Les plus grands jardins de fleurs à bulbe du monde attirent 1,4 million de visiteurs durant les huit semaines de la période de floraison.

straat et Prinsestraat sont jalonnées de boutiques et galeries. Denneweg, artère réputée pour ses restaurants et ses bars, l'est aussi pour ses boutiques design et décalées.

Mauritshuis Gift Shop CADEAUX ET SOUVENIRS
(Plein 29 ; 13h-18h lun, 10h-18h mar-dim ; Centrum). Excellente boutique dans le Mauritshuis (p. 192) où acheter de beaux souvenirs inspirés des œuvres du musée, cartes postales, posters, livres et bien d'autres.

Renseignements

Office du tourisme (VVV ; 070-361 88 60 ; www.denhaag.com ; Spui 68 ; 12h-20h lun, 10h-10h mar-ven, 10h-17h sam, 12h-17h dim ; ; Kalvermarkt-Stadhuis). Le bureau est situé au rez-de-chaussée de la bibliothèque publique installée dans le **Stadhuis** (hôtel de ville ; Spui 70 ; 7h-19h lun-mer et ven, 7h-21h30 jeu, 9h30-17h sam).

Depuis/vers La Haye

BUS

Les bus longue distance d'Eurolines, ainsi que les bus régionaux, partent de la gare routière (bus et tramway) située au-dessus des voies ferrées de la Centraal Station.

TRAIN

La Haye compte deux grandes gares ferroviaires.

Centraal Station (CS) – une gare-terminus côté est du centre-ville. La principale gare ferroviaire de la ville est aussi une importante station de tramways et de bus locaux.

Hollands Spoor Train Station (HS) – accessible à pied depuis Centraal Station (1,5 km vers le sud-ouest), et sur la grande ligne ferroviaire Amsterdam-Rotterdam.

Centraal Station est aussi reliée à Rotterdam par la ligne E du métro (4,90 €, 30 min).

Lignes régulières :

VERS	PRIX	DURÉE	FRÉQUENCE
Amsterdam	12,80 €	55 min	4 (CS)/heure, 2 (HS)/heure
Delft	2,70 €	15 min	4 (CS)/heure, 4 (HS)/heure
Leyde	3,90 €	20 min	7 (CS)/heure, 4 (HS)/heure
Rotterdam	5,40 €	25-30 min	6 (CS)/heure, 6 (HS)/heure
Schiphol	9,300 €	40-55 min	5 (CS)/heure, 2 (HS)/heure

VÉLO

Une véloroute côtière passe juste derrière Scheveningen, dans les terres. Leyde est aisément accessible, à une vingtaine de kilomètres au nord en bifurquant ensuite vers l'intérieur. Une autre véloroute rejoint Delft, à 11 km vers le sud-est.

Rijwielshop Centraal (070-383 00 39 ; www.rijwielshopcentraal.nl ; Lekstraat 21-25 ; location vélo 10 €/jour ; 9h-18h lun-ven, 10h-17h sam ; Centraal, Den Haag Centraal). À Centraal Station ; location de vélos.

Rijwielshop Hollands Spoor (070-389 08 30 ; www.rijwielshop-hollands-spoor.nl ; Stationsplein 29 ; location vélo 8,50 €/jour ; 7h-19h lun-ven, 10h-18h sam-dim ; HS/Stationsplein, Hollands Spoor). Location de vélos à la gare ferroviaire Holland Spoor.

Comment circuler

La plupart des lignes de tramway convergent vers la Centraal Station (CS) et la gare routière située au-dessus des voies ferrées, sur leur côté ouest. Plusieurs lignes desservent également la gare de Hollandes Spoor (HS), dont le très pratique tramway n°1, qui part de Scheveningen et va jusqu'à Delft en passant par le centre de La Haye. Le tramway n°11 relie Scheveningen à La Haye HS. Les derniers tramways, dans les deux directions, partent vers 1h30. Des tickets valables 1 heure peuvent s'acheter (espèces uniquement) à bord des lignes n^{os}1, 6, 12 et 16.

Des tickets de bus et de tramway valables 1 heure coûtent 3,50 € (moins sur une OV chipkaart). L'exploitant de tramways et bus HTM (www.htm.net) vend également des pass à la journée très utiles (adulte 7,10 €) ; toutefois, ils ne sont pas valables dans les bus de nuit.

Delft

015 / 101 034 HABITANTS

Le superbe centre médiéval de Delft en fait une destination extrêmement prisée. Les touristes y viennent en nombre à la journée pour déambuler sur sa place centrale et dans ses ruelles bordées de canaux. La ville est comme figée dans le temps depuis l'époque de Johannes Vermeer, peintre emblématique du Siècle d'or. Né à Delft, l'artiste resta dans sa ville, où il peignit sa célèbre *Vue de Delft* en 1660-1661.

La ville, fondée au Xe siècle, devint une cité prospère aux XIIIe et XIVe siècles grâce au textile et au commerce. Au XVe siècle, un canal fut creusé jusqu'à la Meuse, ce qui permit le développement du petit port de Delfshaven. Au XVIIe siècle, des artisans inventèrent le fameux "bleu de Delft", des faïences au camaïeu de bleus sur fond blanc, en copiant d'abord les porcelaines chinoises. Aujourd'hui, la ville continue de produire ses poteries vendues dans le monde entier tandis que l'université de Delft, florissante, propose un cursus d'architecture réputé.

À voir et à faire

Vous aurez plaisir à découvrir la ville à pied : presque tous les sites d'intérêt sont concentrés dans un rayon de 1 km autour du vaste Markt, la place centrale. La majeure partie de Delft, ville admirablement préservée, date du XVIIe siècle.

Vermeer Centrum Delft MUSÉE
(015-213 85 88 ; www.vermeerdelft.nl ; Voldersgracht 21 ; tarif plein/étudiant/12-17 ans 10/8/6 € ; 10h-17h). Johannes Vermeer, né à Delft en 1632, y vécut jusqu'à sa mort, en 1675, à 43 ans. Malheureusement, aucune de ses œuvres n'est restée à Delft. Ce centre vise donc à mettre en exergue le lien entre l'artiste et la ville. Outre des reproductions de tableaux du maître, vous y découvrirez un court film sur sa vie et une intéressante présentation des techniques et matériaux utilisés en peinture au XVIIe siècle.

Markt PLACE
Le Markt de Delft est l'une des plus grandes places historiques d'Europe. Pavée à la fin du XVe siècle, elle est bordée par le **Stadhuis** (hôtel de ville ; Markt), la Nieuwe Kerk, des cafés, des magasins et des boutiques de souvenirs. Un marché s'y tient le jeudi.

Nieuwe Kerk ÉGLISE
(Nouvelle Église ; 015-212 30 25 ; oudeen-nieuwekerkdelft.nl/ ; Markt 80 ; adulte/6-11 ans avec l'Oude Kerk 6,50/2,50 €, billet combiné avec la tour 10/4,50 € ; 10h-17h lun-sam fév-oct, 11h-16h lun-ven et 10h-17h sam nov-jan). Lancée en 1381, la construction de la Nieuwe Kerk ne s'est achevée qu'en 1655. L'église fut la dernière demeure de la majorité des membres de la maison d'Orange depuis 1584, et notamment de Guillaume Ier d'Orange (Guillaume le Taciturne), qui repose dans un mausolée en marbre réalisé par le sculpteur Hendrick de Keyser. Les moins de 5 ans ne sont pas autorisés à grimper les 376 marches étroites de l'escalier hélicoïdal de la tour, haute de 109 m et offrant une vue panoramique de la région.

Oude Kerk ÉGLISE
(Vieille Église ; 015-212 30 15 ; oudeen-nieuwekerkdelft.nl/ ; Heilige Geestkerkhof 25 ; adulte/6-11 ans avec l'Oude Kerk 6,50/2,50 €, billet combiné avec la tour 10/4,50 € ; 10h-17h lun-sam fév-oct, 11h-16h lun-ven et 10h-17h sam nov-jan). Construite en 1246, cette église gothique possède un surprenant clocher de 75 m (érigé vers 1350) qui penche de près de 2 m par rapport à la verticale, à cause de l'affaissement du terrain. D'où son surnom de *Scheve Jan* ("Jan qui penche"). La partie ancienne possède une voûte en berceau austère tandis que le nouveau transept nord arbore un plafond voûté de style gothique. Vermeer (p. 207), entre autres notables, est enterré dans l'église.

Museum Prinsenhof Delft MUSÉE
(015-260 23 58 ; prinsenhof-delft.nl ; St Agathaplein 1 ; adulte/13-18 ans/ 4-12 ans 13,50/4/4 € ; 11h-17h). Cet ancien couvent fut le théâtre de l'assassinat de Guillaume d'Orange (dit "Le Taciturne") en 1584 – l'impact de la balle dans le mur est toujours visible – qui devint ainsi le premier grand dirigeant au monde tué par arme à feu. C'est aujourd'hui un musée labyrinthique, dont l'une des pièces est consacrée à l'histoire de la maison d'Orange. On y découvre aussi une exposition sur Delft et sur l'innovation, ainsi qu'une autre consacrée au bleu de Delft. Comptez 1 € pour un audioguide.

Museum Paul Tetar van Elven MUSÉE
(015-212 42 06 ; www.tetar.nl ; Koornmarkt 67 ; tarif plein/étudiant et enfant 9,50 €/gratuit ; 11h-17h mar-dim). Ce musée méconnu est installé dans ce qui était la demeure et l'atelier de l'artiste néerlandais Paul Tetar van Elven de 1864 à 1894. On peut y voir ses reproductions de tableaux (sa spécialité) et sa collection de meubles anciens, de porcelaines d'Orient et de faïences de Delft. L'intérieur conserve son mobilier d'origine.

Circuits organisés

Rondvaart Delft BALADE EN BATEAU
(www.rondvaartdelft.nl ; adulte/enfant 9,50/4,50 € ; départs 11h, 13h30, 14h, 15h30). Balades de 45 minutes sur les canaux de Delft ; départ au Koornmarkt 113.

Delft

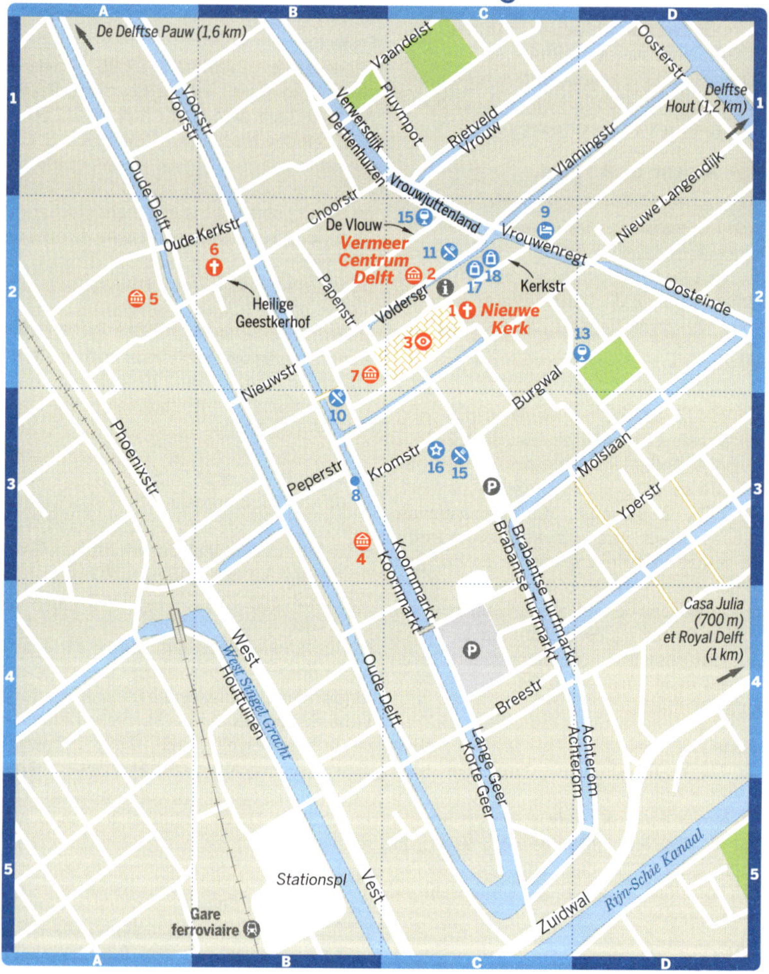

Où se loger

Par ses curiosités, sa taille modeste et sa gare bien desservie, Delft fait une excellente base pour découvrir la Hollande-Méridionale. Les hébergements, pris d'assaut du fait de sa popularité et de la présence de son université, gonflent souvent très nettement leurs prix durant le week-end et les périodes de vacances : réservez tôt.

Delftse Hout CAMPING €
(☎ 015-213 00 40 ; www.delftsehout.nl ; Korftlaan 5 ; empl 30-38 €, bungalows à partir de 63 € ; avr-déc ; P). Ouvert toute l'année, un camping bien équipé, avec 160 emplacements, installé à 1,5 km au nord-est de la ville – à 15 minutes à pied du Markt. Restaurant ouvert d'avril à septembre. Accessible grâce à sa navette, ou par les bus n[os]61 et 64 (2,50 €) depuis la gare routière.

Casa Julia B&B €€
(☎ 015-256 76 12 ; www.casajulia.nl ; Maerten Trompstraat 33 ; ch/ste/f à partir de 70/115/135 € ;). Proche de l'université, cet élégant B&B aménagé dans un bâtiment des années 1920

Delft

est l'hébergement le plus confortable de Delft. Les 24 chambres sont équipées de TV connectées, de bureaux et d'un nécessaire à thé. Toutefois, la plupart étant petites, choisissez l'option "confort" si possible. Une des suites comporte une kitchenette et les 2 chambres familiales accueillent jusqu'à 4 personnes. Petit-déjeuner 15 €.

Hotel de Emauspoort HÔTEL €€
(015-219 02 19 ; emauspoort.nl ; Vrouwenregt 9-11 ; s 115 €, d 125-170 €, roulotte d 125 €, app 150 € ;). Un petit hôtel sympathique voisin du Markt, où sont louées 28 chambres bien tenues, à la déco ancienne, un appartement avec kitchenette et 2 charmantes roulottes en bois (chacune avec salle de bains) dans la cour. Le prix comprend un généreux petit-déjeuner buffet.

Où se restaurer

YS Van Jans GLACIER
(015-820 09 70 ; www.jansdelft.nl/ijs ; Brabantse Turfmarkt 87 ; 1,25 €/boule ; 10h-17h mer-ven, 9h-17h sam, 10h-17h dim ;). Difficile de résister, à la faveur d'une balade en centre-ville, aux crèmes glacées et sorbets artisanaux de ce glacier. Les parfums chocolat, yogourt et camarel salé, miel et noix sont absolument divins.

Kek CAFÉ €
(015-750 32 53 ; www.kekdelft.nl/ ; Voldersgracht 27 ; plats matin et sandwichs 3,75-10,50 € ; 8h30-17h, fermé le mar ;). Le panier de fruits et légumes bio à l'entrée de cet élégant café est un bon indicateur du menu : jus de fruits pressés, smoothies de fruits et large choix de gâteaux, muffins, tartes et sandwichs confectionnés à partir de produits locaux de saison (versions sans sucre, sans gluten et véganes disponibles). Petits-déjeuners servis toute la journée et café de chez Giraffe.

De Waag CAFÉ €€
(015-213 03 93 ; www.de-waag.nl ; Markt 11 ; plats déj 9,50-17,95 €, plats dîner 15,50-22,95 € ; 11h-0h mar-mer et ven, 11h-0h jeu et sam, 11h-17h dim ;). Une immense terrasse derrière le Stadhuis (hôtel de ville), un intérieur de charme aménagé dans un bâtiment historique et divisé en deux espaces (café et restaurant) : l'endroit est parfait pour déguster une bonne bière après une journée de visites. Côté cuisine, choisissez entre la cuisine internationale du restaurant gastronomique à l'étage (dîner uniquement) ou un repas moins formel au rez-de-chaussée.

Où prendre un verre et faire la fête

Les pubs situés sur le Beestenmarkt sont particulièrement prisés pour faire la fête à l'instar du populaire bar estudiantin De Oude Jan.

De Oude Jan CAFÉ BRUN
(015-214 53 63 ; www.oudejan.nl ; Heilige Geestkerkhof 4 ; 10h-1h dim-jeu, 10h-2h ven-sam ;). Une adresse nocturne très prisée en face de l'Oude Kerk, qui propose des tranches horaires à prix réduits pour les étudiants et des concerts dans la cour. Repas servis

À NE PAS MANQUER

OÙ TROUVER DES FAÏENCES

Les faïences bleu et blanc de Delft sont omniprésentes dans la ville. Ironie de l'histoire pour cet artisanat à l'origine copié sur les porcelaines chinoises, les contrefaçons de Delft qu'on trouve aujourd'hui en grand nombre dans les boutiques pour touristes sont très souvent fabriquées… en Chine.

Les vraies faïences, elles, sont produites en quantités assez limitées dans quatre manufactures de Delft et des environs ; vous pouvez voir les faïenciers à l'œuvre dans trois d'entre elles.

Royal Delft (Koninklijke Porceleyne Fles ; ✆ 015-760 0800 ; www.royaldelft.com ; Rotterdamseweg 196 ; adulte/enfant 13-18 ans/-13 ans 11,50/8,75 €/gratuit ; ⏲ 9h-17h30 avr à mi-mai, 10h-17h le reste de l'année). La plus réputée des faïenceries est aussi celle qui propose l'offre la plus intéressante. Le billet comprend un audiotour en plusieurs langues avec : démonstration de peinture, visite du musée de la faïencerie et entrée dans la zone de fabrication. Les visiteurs peuvent participer à un atelier de peinture (29-39 € ; réservez). Sans surprise, tous les circuits se terminent à la boutique.

De Candelaer (✆ 015-213 18 48 ; www.candelaer.nl ; Kerkstraat 13a ; visites guidées adulte/enfant 4,50/2,50 € ; ⏲ 9h-18h lun-sam). Petite faïencerie centrale, où quelques artistes sont présents la plupart du temps.

De Blauwe Tulp (✆ 015-214 80 92 ; www.bluetulip.nl ; Kerkstraat 12 ; ⏲ 10h-17h lun-mar et ven, 12h-16h mer et sam, 10h-16h jeu). Cette boutique en retrait du Markt ne fabrique pas sa faïence mais la peint. Les artistes tiennent aussi la boutique et sont toujours heureux de parler de leur travail.

uniquement pendant la journée (sandwichs toastés 3-4 €, burgers 13 €).

Café-Brasserie Belvédère BEER GARDEN
(✆ 015-212 32 97 ; www.bbcbelvedere.nl ; Beestenmarkt 8 ; ⏲ 11h-0h mer-jeu, 11h-1h ven-sam, 12h-21h dim). On y vient surtout pour sa bière belge que l'on boit sans complexe autour de tables installées sur le Beestenmarkt. Plus de 10 bières proposées à la pression, et plats de pub typiques (moules entre autres).

Doerak PUB
(✆ 06 45 69 49 28 ; www.cafedoerak.nl ; Vrouwjuttenland 17 ; ⏲ 15h-1h lun-jeu, 15h-2h ven, 12h-2h sam, 13h-1h dim). Installez-vous près du canal ou, comme les habitués, à l'intérieur devant le grand bar, et commandez l'une des nombreuses bières artisanales et trappistes, parmi lesquelles 12 pression.

☆ Où sortir

Bebop Jazzcafé CONCERTS
(✆ 015-213 52 10 ; jazzcafebebop.nl ; Kromstraat 33 ; ⏲ 16h-1h). Dans un café brun, une petite salle sombre où écouter du jazz tous les dimanches et des bœufs le mardi, du be-bop le mercredi et du jazz certains dimanches après-midi. Voir la page Facebook pour le programme. *Beer garden* en été.

ℹ Renseignements

Office du tourisme (✆ 015-215 40 51 ; www.delft.com ; Kerkstraat 3 ; ⏲ 10h-16h mar-sam, 11h-15h dim-lun). Vend d'utiles brochures de promenades et propose des balades à pied guidées dans la ville.

ℹ Comment s'y rendre et circuler

La Haye est reliée à Delft par le tramway 1 (3,50 €, 30 min, fréquents).

TRAIN

Lignes régulières depuis Delft :

VERS	PRIX	DURÉE	FRÉQUENCE
Amsterdam	14,50-17,20 €	1 heure	10/heure
La Haye	2,70 €	15 min	6/heure
Rotterdam	3,70 €	15 min	10/heure

VÉLO

Des véloroutes rallient La Haye (11 km au nord-ouest) et Rotterdam (28 km au sud-est).

Delft By Cycle (✆ 06 24 34 26 10 ; delftbycycle.nl/en/ ; Phoenixstraat 112 ; à partir de 10 €/jour ; ⏲ 10h-17h mer-sam) loue des vélos.

Leyde

071 / 122 561 HABITANTS

Leyde (Leiden) compte parmi les grandes, et charmantes, cités historiques des Pays-Bas. Ses pittoresques canaux bordés de beaux édifices du XVIIe siècle et ses nombreux musées, tous situés dans un périmètre accessible à pied, figurent parmi ses principaux attraits, tout comme sa vie nocturne, que quelque 27 000 étudiants rendent très animée.

La "petite Amsterdam" vit naître Rembrandt et abrite la plus vieille et la plus prestigieuse université du pays (où Einstein enseigna). C'est d'ici que les Pères pèlerins partirent sur le *Speedwell* à destination du Nouveau Monde en 1620. Mais les fuites dans la coque les obligeant à changer d'embarcation, ils partirent de Plymouth, en Angleterre, à bord du *Mayflower*.

Histoire

L'université de Leyde, la plus ancienne des Pays-Bas, fut fondée par Guillaume le Taciturne en 1575, afin de récompenser la ville pour avoir résisté à deux sièges espagnols (en 1573 et 1574). Ce sont les Gueux venus sur des bateaux qui donnèrent l'assaut final et repoussèrent les envahisseurs. Selon la légende, les Espagnols battirent en retraite de manière si précipitée qu'ils abandonnèrent sur place une marmite de *hutspot* (ragoût à base de pommes de terre, de carottes et d'oignons) : le plat est devenu un classique de la cuisine néerlandaise.

Quelques décennies plus tard, les protestants, persécutés dans d'autres régions des Pays-Bas, en France et en Angleterre, y trouvèrent refuge – une centaine d'entre eux, fédérés par le pasteur anglais John Robinson, embarquèrent sur le *Mayflower*, mirent cap sur la côte

VERMEER DE DELFT

Johannes Vermeer (1632-1675), l'un des grands maîtres de la peinture néerlandaise, vécut toute sa vie à Delft, où il donna naissance à 11 enfants, mais aussi à un peu moins de 40 chefs-d'œuvre (le nombre exact fait débat, certains spécialistes ayant récemment remis en question l'origine de certaines toiles qui lui étaient attribuées). Ses tableaux se distinguent par le soin apporté aux associations de couleurs, d'une grande richesse, et un sens de la lumière que peu d'autres artistes ont égalé. Le peintre, surtout reconnu pour ses scènes de genre, s'inspira de la vie domestique à Delft, comme en témoignent ses intérieurs, et ses portraits, dont *La Jeune Fille à la perle* (1665), le plus célèbre, ménagent un effet à la fois poétique et quasi photographique.

Vue de Delft (vers 1660-1661), paysage le plus emblématique de Vermeer, rend avec talent les jeux d'ombre et de lumière par une journée partiellement nuageuse, et fascinait Proust, notamment son "petit pan de mur jaune". On peut se rendre à l'endroit où le peintre l'a réalisé, de l'autre côté du canal, sur l'Hooikade, au sud-est de la gare. Si Delft ne conserve malheureusement aucune œuvre de Vermeer, le Vermeer Centrum Delft (p. 203) est un bon site pour découvrir la vie et l'œuvre du peintre, et l'office du tourisme propose, dans une brochure (2,50 €), une intéressante promenade thématique. *La Jeune Fille à la perle* et *Vue de Delft* sont exposés à la Mauritshuis (p. 192) de La Haye, tandis que *La Laitière*, sans doute l'œuvre la plus connue du peintre, se trouve au Rijksmuseum d'Amsterdam (p. 72) avec *La Femme en bleu lisant une lettre* (1663-1664), entre autres.

La vie de Vermeer reste quelque peu énigmatique et sa renommée en tant que peintre est reconnue depuis le milieu du XIXe siècle seulement. En 2003, le film *La Jeune Fille à la perle* (inspiré du roman de Tracy Chevalier) imaginait une relation intime du peintre avec son modèle. L'année suivante, un tableau longtemps considéré comme un faux a finalement vu son authenticité confirmée : *Jeune Femme au virginal* fut alors le premier Vermeer vendu aux enchères depuis plus de 80 ans, acquis par un anonyme pour la bagatelle de 24 millions d'euros.

L'excellent site Internet www.essentialvermeer.com (en anglais) fourmille de détails sur le peintre et ses œuvres, recensant en temps réel leurs lieux d'exposition.

sud-est des États-Unis et entrèrent dans l'histoire sous le nom des Pères pèlerins.

Les lucratives manufactures textiles consolidèrent la prospérité grandissante de Leyde qui, au cours du XVIIe siècle, vit s'épanouir plusieurs artistes de grand talent, dont un certain Rembrandt van Rijn, né à Leyde en 1606. Le maître y demeura ses 26 premières années, avant de connaître la gloire à Amsterdam.

À voir

Il suffit de marcher cinq minutes depuis la Centraal Station vers le sud-est pour découvrir la ville sous son jour traditionnel, en particulier aux alentours de la Pieterskerk. Le vieux quartier des canaux mérite bien une journée de flânerie.

Rijksmuseum van Oudheden — MUSÉE

(musée national des Antiquités ; ✆071-516 31 63 ; www.rmo.nl ; Rapenburg 28 ; tarif plein/5-17 ans 12,50/4 € ; ⏲10h-17h). Les collections d'antiquités grecques, étrusques, romaines et égyptiennes du Rijksmuseum sont présentées ici. Mais le musée doit surtout sa renommée à sa section égyptienne, qui possède notamment l'extraordinaire reconstitution du **temple de Taffeh**, offert par le président égyptien Anouar el-Sadate aux Pays-Bas, en remerciement de leur participation au sauvetage de monuments historiques dans la foulée de la construction du barrage d'Assouan. On peut aussi y admirer des mastabas de Saqqara et une pièce consacrée aux sarcophages. Les galeries du premier étage comptent nombre de statuettes et vases grecs, étrusques et romains, ainsi que des trésors du Proche-Orient.

Museum Volkenkunde — MUSÉE

(musée national d'Ethnologie ; www.volkenkunde.nl ; Steenstraat 1 ; tarif plein/étudiant/4-18 ans 15/10/6 € ; ⏲10h-17h mar-dim). C'est un tour du monde des cultures et des civilisations qu'offre ce splendide musée, à travers plus de 300 000 pièces venues du monde entier. Les expositions permanentes sont consacrées à l'Afrique, l'Arctique et l'Amérique du Nord, l'Asie, l'Amérique centrale et du Sud, la Chine, l'Indonésie, au Japon et à la Corée et à l'Océanie. Voisine de la section japonaise et coréenne, la pièce dédiée au Bouddha avec ses éclairages d'ambiance, mérite qu'on s'y attarde, tout comme la sculpture de la "Montagne des Immortels" dans la section sur la Chine. Excellentes expositions temporaires également.

Museum De Lakenhal — MUSÉE

(www.lakenhal.nl ; Oude Singel 28-32 ; adulte/enfant 12,50 €/gratuit ; ⏲10h-17h mar-dim). Le principal musée de Leyde, où sont exposées des œuvres de Rembrandt, a subi d'importants travaux de rénovation et d'agrandissement et a rouvert en juin 2019. Consultez le site Internet ou l'office du tourisme pour en savoir plus.

De Valk — MUSÉE

(The Falcon ; ✆071-516 53 53 ; molenmuseumdevalk.nl/en ; 2e Binnenvestgracht 1 ; adulte/6-15 ans 5/2,50 € ; ⏲10h-17h mar-sam, 13h-17h dim). Devenu musée, ce superbe moulin historique (1743) est emblématique de Leyde. Si ses ailes tournent encore de temps à autre, il s'est arrêté de moudre en 1965. En haut, une présentation audiovisuelle éclaire le visiteur sur l'histoire des moulins à vent aux Pays-Bas.

Rijksmuseum Boerhaave — MUSÉE

(✆071-751 99 99 ; www.rijksmuseumboerhaave.nl ; Lange St Agnietenstraat 10 ; tarif plein/4-17 ans 13/5,50 € ; ⏲10h-17h). Baptisé en l'honneur d'Herman Boerhaave (1668-1738), physicien, botaniste, chimiste et professeur à l'université de Leyde, cet impressionnant musée des sciences et de la médecine propose des expositions autour des grandes découvertes médicales aux Pays-Bas et des médecins et scientifiques à qui on les doit. Le musée est logé dans un couvent du XVe siècle, qui devint plus tard le premier hôpital universitaire d'Europe du Nord. Son théâtre anatomique propose une présentation multimédia ; les adolescents apprécieront les interactions de l'exposition Waterland.

Hortus Botanicus Leiden — JARDINS

(✆071-527 51 44 ; www.hortusleiden.nl ; Rapenburg 73 ; tarif plein/étudiant universitaire/4-12 ans 8/2,50/3,50 € ; ⏲10h-18h avr-oct, 10h-16h nov-mars). Fondé par l'université de Leyde en 1590, c'est l'un des plus anciens jardins botaniques d'Europe (le plus vieux fut créé à Padoue, en Italie, en 1545). La majorité de ses collections botaniques provient d'Asie du Sud et de l'Est. L'endroit, qui s'est donné comme mission d'entretenir une collection de plantes vivantes pour la recherche, l'éducation, l'intérêt public et le plaisir des yeux, abrite une orangerie du XVIIIe siècle et une serre

LES PÈRES PÈLERINS : VERS LE NOUVEAU MONDE

En 1608, des protestants calvinistes se séparèrent de l'Église anglicane et, fuyant les persécutions dont ils étaient victimes dans le Nottinghamshire, en Angleterre, entreprirent un voyage long de plusieurs décennies – et de milliers de kilomètres. Échouant d'abord à Amsterdam, ces croyants menés par le pasteur John Robinson se heurtèrent rapidement aux protestants néerlandais.

Ils trouvèrent plus de tolérance à Leyde, rendue plus ouverte par son université et la présence sur place de calvinistes partageant leurs vues, mais aussi de réfugiés ayant fui tout comme eux des persécutions. Les calvinistes anglais se virent rapidement rattrapés par leur passé. En 1618, alors même que les Néerlandais commençaient à devenir moins tolérants à l'égard des dissidents religieux, Jacques Ier d'Angleterre décida d'affirmer son autorité sur les calvinistes de Leyde.

Un premier groupe d'Anglais quitta donc la ville en 1620 pour Delfshaven, quartier de l'actuelle Rotterdam, où ils acquirent le *Speedwell*, avec l'objectif de voguer à son bord jusqu'au Nouveau Monde. Malheureusement, le *Speedwell* dut rebrousser chemin à la suite d'une avarie à la coque, et ce fut bien à contrecœur que ces futurs émigrants mirent le cap sur Southampton, en Angleterre. Là, après de nouvelles réparations et un énième départ manqué, les calvinistes finirent par se joindre, à Dartmouth, à un navire plus sûr qui transportait des dissidents religieux anglais, le *Mayflower*, qui allait les conduire sur la côte est américaine. Ils entrèrent dans l'histoire en fondant la colonie de Plymouth, dans le Massachusetts.

Tous les émigrés anglais de Leyde ne firent pas partie de ce voyage mythique et il fallut attendre 1630 pour que la plupart – environ un millier –atteignent les colonies de l'actuelle Nouvelle-Angleterre, accompagnés de Néerlandais partageant les mêmes croyances.

Les Pères pèlerins n'ont guère laissé de traces dans la Leyde d'aujourd'hui. Pour découvrir leur histoire, rendez-vous au Leiden American Pilgrim Museum (p. 209).

tropicale datant de 1938. Aujourd'hui, il compte aussi un jardin d'hiver ainsi qu'un jardin d'herbes aromatiques chinoises.

Naturalis Biodiversity Centre — MUSÉE

(www.naturalis.nl ; Darwinweg 2 ; 16 € ; ⏲10h-17h). Fermé de longs mois en raison en raison d'un large chantier de rénovation, le musée a rouvert ses portes en 2019 et accueille désormais l'unique squelette de T-Rex en Europe.

Burcht van Leiden — CHÂTEAU, PARC

(⏲aube-crépuscule ; 👪). GRATUIT Cette ancienne citadelle du XIe siècle, bâtie sur une colline artificielle, a perdu ses fonctions défensives à mesure que s'étendait la ville. N'en demeurent que les murs, et elle a été transformée en un parc comptant de beaux points de vue sur les toits de la cité.

Pieterskerk — ÉGLISE

(☎071-512 43 19 ; www.pieterskerk.com ; Kloksteeg 16 ; tarif plein/-12 ans 4 €/gratuit ; ⏲12h-17h mer-dim). Surmontée d'un immense clocher, l'église Saint-Pierre, aujourd'hui désacralisée, est fréquemment en restauration. De fait, elle menace de s'effondrer depuis sa construction en 1121. L'édifice se distingue par un sol en marbre et en pierre. Les Museumkaarts ne sont pas acceptées.

Aux alentours, on peut admirer la façade à redents (ou en gradins) de l'**École latine** (Lokhorststraat 16), académie qui compta Rembrandt dans ses rangs de 1616 à 1620, et aujourd'hui un bâtiment commercial. De l'autre côté de la place, ne manquez pas la **Gravensteen** (Pieterskerkhof 6), construction du XIIIe siècle qui fut jadis une prison. Les juges assistaient aux exécutions depuis la tribune donnant sur la place.

Leiden American Pilgrim Museum — MUSÉE

(☎071-512 24 13 ; www.leidenamericanpilgrimmuseum.org ; Beschuitsteeg 9 ; tarif plein/6-18 ans/-6 ans 9,50/4,25 €/gratuit ; ⏲13h-17h jeu-sam). Les Pères pèlerins n'ont guère laissé de traces dans la Leyde d'aujourd'hui. Pour découvrir leur histoire, rendez-vous dans ce musée, fascinante reconstitution d'une maison d'une seule pièce occupée vers 1610 par les futurs

Leyde

pères fondateurs (voir encadré p. 209). La demeure date de 1365-1370 (remarquez le carrelage d'origine au sol), mais le mobilier remonte à l'époque des pèlerins. Jeremy Bangs, le conservateur, s'avère un véritable puits de connaissance sur la vie de ces protestants calvinistes à Leyde.

Activités

Bootjes en Broodjes BALADES EN BATEAU

(☎06 22 61 05 52 ; www.bootjesenbroodjes.nl ; Blauwpoortsbrug 1 ; location de bateau électrique 95 €/2 heures, croisière sur le canal adulte/enfant 12/8,50 € ; ⏲11h-16h30 lun-ven, 10h-17h sam-dim ; 👪). Chez "Bateaux et Petits Pains", vous pouvez acheter des sandwichs à emporter à bord (à commander à l'avance), que vous décidiez de louer un bateau électrique (pas besoin de permis) ou de participer à un circuit guidé sur les canaux (50 min). Croisières privées sur demande.

Circuits organisés

Rederij Rembrandt BALADES EN BATEAU

(☎071-513 49 38 ; www.rederij-rembrandt.nl ; Blauwpoortshaven 5 ; tarif plein/4-12 ans/-4 ans

Leyde

Les incontournables
1 Museum Volkenkunde ... A2
2 Rijksmuseum Boerhaave ... B3
3 Rijksmuseum van Oudheden ... B4

À voir
4 Burcht van Leiden ... C4
5 De Valk ... B2
6 Gravensteen ... B4
7 Hortus Botanicus Leiden ... A5
8 École latine ... B4
9 Leiden American Pilgrim Museum ... C4
10 Museum De Lakenhal ... B2
11 Pieterskerk ... B4

Activités
12 Bootjes en Broodjes ... A3
13 Rederij Rembrandt ... A3

Où se loger
14 D'Oude Morsch ... A3
15 Ex Libris ... B4
16 Huys van Leyden ... D2

Où se restaurer
17 Brasserie de Engelenbak ... C2
18 Dapp Frietwinkel ... C3
19 In den Doofpot ... B3
20 Oudt Leyden ... A2
21 Vishandel Atlantic ... D5

Où prendre un verre et faire la fête
22 Bad Habits International Pub ... D3
23 Borgman & Borman ... C4
24 Waag ... C4

Où sortir
25 De Twee Spieghels ... C4
26 Dranklokkal de WW ... C4

11,50/6,50/2,50 € ; ⌚départs 10h30, 11h30, 13h, 14h et 15h). Paisibles sorties commentées (notamment en anglais) de 1 heure sur les canaux de la vieille ville.

Fêtes et festivals

Leidse Lakenfeesten CULTUREL
(Festival textile de Leyde ; www.lakenfeesten.nl ; ⌚juin). Organisé le dernier week-end de juin, ce festival de 4 jours qui célèbre l'histoire de l'ancienne industrie textile de Leyde, comprend spectacles de rue, courses de bateaux-dragons et exposition artistique. L'événement inclut les festivals Leiden Culinair et Leiden Bierfest.

Leidens Ontzet CULTUREL
(Festival du 3 octobre ; 3october.nl/ ; ⌚3 ou 4 oct). Tout s'arrête le 3 octobre à l'occasion du Leidens Ontzet, qui commémore la fin de la famine due au siège espagnol, en 1574. *Hutspot*, harengs et pain blanc à foison, arrosés de bière en abondance, surtout la veille. Si le 3 tombe un dimanche, la célébration est reportée au lundi.

Où se loger

Leyde compte peu d'hébergements petits budgets, la plupart relevant plutôt d'hôtels de moyenne catégorie. Réservez longtemps à l'avance si vous projetez d'y séjourner pendant le festival Leidens Ontzet (p. 211).

Ex Libris B&B €€
(☎071-240 86 36 ; www.hotelexlibris.com ; Kloksteeg 4 ; ch 120-200 € ; ❄📶). Un B&B particulièrement élégant, confortable et accueillant. Près de la Pieterskerk, il est installé dans une ancienne librairie et la maison attenante. Dans les 5 chambres paisibles, accessibles par un escalier abrupt, vous trouverez un nécessaire à café/thé et une TV connectée. Un copieux petit-déjeuner (17 €) composé de smoothies, granola, œufs, pancakes et sandwichs toastés est servi dans la jolie salle du rez-de-chaussée.

D'Oude Morsch BOUTIQUE-HÔTEL €€
(☎071-569 00 90 ; www.hoteldeoudemorsch.nl ; Park de Put 1 ; ch 94-180 € ; P📶). Sur le canal aux côtés du moulin De Put, cet hôtel occupe la maison du gardien (1870) d'une ancienne caserne militaire. La transformation radicale des lieux a permis à 18 chambres élégantes et confortables de voir le jour. Certaines ont une salle de bains originale. Le petit-déjeuner (14,50 €) est pris au bar/café du rez-de-chaussée, qui possède une terrasse en bordure du canal.

Huys van Leyden BOUTIQUE-HÔTEL €€
(☎071-260 07 00 ; www.boutiquehotelsvanleyden.nl ; Oude Singel 212 ; s/d à partir de 100/110 € ; P📶). Empreint d'histoire, cet hôtel aménagé dans deux maisons de 1611 au bord du canal compte 7 belles

chambres (demandez la n°4, spacieuse et donnant sur l'eau), ainsi qu'une vaste salle à manger, où sont servis petit-déjeuner (15,50 €), *high tea* (22,50 €) et dîner (plats 18-20 €). Sauna et Jacuzzi ; parking 15 €/jour.

Où se restaurer

On mange très bien à Leyde : une profusion d'excellents restaurants y sert une cuisine européenne moderne. Les menus faisant la part belle aux produits de saison sont généralement délicieux et assez bon marché. Bon nombre de tables gastronomiques sont regroupées sur Kloksteeg, près de la Pieterskerk. En été, la plupart des établissements installent des tables à l'extérieur, souvent en bordure de canal.

Dapp Frietwinkel FAST-FOOD €

(www.frietwinkel.nl/leiden/ ; Aalmarkt 14 ; frites 2,70-4 € ; 11h30-20h dim-mer, 11h30-21h jeu-sam ;). Pour les envies de frites, rien de tel que cette chaîne de fast-foods qui vous servira des frites bio nappées de mayonnaise (version végane disponible), sauce curry ou ketchup également bio.

Oudt Leyden CRÊPERIE €

(071-513 31 44 ; www.oudtleyden.nl ; Steenstraat 49 ; pancakes 7,50-16,45 € ; 11h30-21h30 mar-dim ;). À toute heure, de grandes crêpes à la néerlandaise, que vous ayez envie de salé (saumon mariné, crème aigre et câpres), de sucré (pomme, gingembre et sucre en poudre) ou d'audace (gingembre et bacon).

Vishandel Atlantic POISSON ET FRUITS DE MER €

(071-513 73 31 ; www.vishandelatlantic.nl ; Levendaal 118 ; hareng 1,75 €/pièce, fish and chips 8,50-12,50 € ; 10h-18h lun, 9h-19h30 mar-dim). Deux frères turcs ont ouvert en 1989 cette poissonnerie-traiteur, dont la qualité l'a hissée parmi les meilleures adresses du pays. Leur hareng remporte 10/10 dans les concours ! Vous pourrez y déguster toutes sortes de poissons fumés ou un *fish and chips*.

Brasserie de Engelenbak NÉERLANDAIS €€

(071-512 54 40 ; www.deengelenbak.nl ; Lange Mare 38 ; sandwichs 12 €, salades 13-14 €, plats dîner 21-24 € ; à partir de 12h mar-ven et dim, à partir de 11h sam). Dans l'ombre de la Marekerk, cette adresse chic propose une carte à base de produits frais de saison (souvent bio), laquelle puise ses inspirations sur tout le continent européen. Tables en terrasse pour observer la rue. Le café attenant sert des en-cas jusqu'à minuit.

Lot en de Walvis INTERNATIONAL €€

(071-763 03 83 ; www.lotendewalvis.nl ; Haven 1 ; petit-déj 8-11 €, sandwichs 9,50-10,50 €, hamburgers 16,50-17 € ; 9h-0h, cuisine jusqu'à 22h). Ce café très fréquenté, dont le nom signifie "les petites choses veulent dire beaucoup" est aménagé dans le superbe entrepôt De Volharding (1889). La cuisine y est excellente, le personnel sympathique et la terrasse au bord de l'eau, très lumineuse. Le dimanche matin entre 9h et 12h, son copieux buffet de petit-déjeuner (15 €) est pris d'assaut. Réservez !

In den Doofpot EUROPÉEN €€€

(071-512 24 34 ; www.indendoofpot.nl ; Turfmarkt 9 ; plats 30 €, menu midi 3/4/5/6 plats 55/65/75/85 €, menu soir 4/5/6 plats 65/75/85 € ; 12h30-22h lun-ven, 17h30-22h sam). Avec un chef aussi réputé que Patrick Brugman en cuisine, les prix tiennent d'une véritable affaire. Les plats, aussi innovants que maîtrisés, sont un régal tant pour les yeux que pour le palais. Menus végétariens disponibles sur demande, tout comme les services d'un sommelier pour accorder mets et vins (au verre, 8 € et par plat). Vivement recommandé.

Où prendre un verre et faire la fête

Leyde est une ville universitaire : les cafés, bars et pubs ne manquent pas. La plupart se concentrent autour de Nieuwe Rijn, Breestraat, Aalmarkt et du port.

Borgman & Borman CAFÉ

(071-566 55 37 ; www.borgmanborgman.nl ; Nieuwe Rijn 41 ; 8h30-17h mar-sam, 10h-17h dim ;). Le torréfacteur Giesen qui s'affiche dans la vitrine de ce café branché annonce la couleur : ici, le café est une affaire sérieuse. L'établissement propose aussi quelques assiettes au petit-déjeuner, des sandwichs (5-7 €) ainsi que des sandwichs toastés. Service agréable et bonne ambiance musicale. Espèces uniquement.

Bad Habits International Pub PUB

(071-512 23 07 ; www.badhabitsleiden.nl ; Pelikaanstraat 64 ; 16h-0h lun-jeu, 14h-2h ven,

1h-2h sam, 12h-1h dim). Venez célébrer vos "mauvaises habitudes" dans ce pub estudiantin populaire. Outre un large choix de bières et de burgers, l'endroit programme des événements réguliers : concerts, bœufs, soirées *Game of Thrones* ou football sur écran géant. En été, les clients s'étalent jusque sur la place en face.

Waag BAR
(☎071-740 03 00 ; waagleiden.nl/ ; Aalmarkt 21 ; sandwichs 12-13 €, plats soir 17-19 € ; ⏲11h-1h mer-sam, 11h-22h dim-jeu). L'ancien *waag* (Poids public) de Leyde abrite aujourd'hui l'un des bars-restaurants les plus appréciés de la ville. Le matin, les tables installées en bordure du canal et dans la véranda à l'arrière sont idéales pour prendre un café au soleil. Le soir, on vient boire un verre ou dîner dans la salle voûtée et le bar en marbre aux éclairages tamisés.

Les vendredis et samedis soir, l'endroit se transforme en Waag een Borrel Club avec un bar très animé et une piste de danse improvisée entre 22h et 3h.

☆ Où sortir

De Twee Spieghels MUSIQUE LIVE
(www.detweespieghels.nl ; Nieuwstraat 11 ; ⏲à partir de 12h). Concert de jazz au moins 4 soirs par semaine dans ce bar à vins intimiste. Consultez la programmation. Concerts gratuits.

Dranklokkal de WW MUSIQUE LIVE
(www.dranklokaaldeww.wordpress.com ; Wolsteeg 36 ; ⏲14h-2h dim-mer, 14h-3h jeu, 14h-4h ven-sam). Les vendredis et samedis, les concerts rock débordent parfois sur une scène improvisée dans la ruelle, et les spectateurs se répandent alors jusqu'à la rue principale. Les autres soirs, des DJ y officient. Grand choix de bières. Espèces uniquement.

Achats

Les grandes enseignes internationales sont concentrées dans Haarlemmerstraat. Les grands magasins, eux, débordent jusqu'à Breestraat. Pour des boutiques plus originales, flânez dans les petites rues, telle Vrouwenstraat, et dans les ruelles autour de la Pieterskerk.

Les jours de marché sont le mercredi et le samedi. Des étals de rue se regroupent alors autour de Botermarkt, Vismarkt, Aalmarkt et Nieuwe Rijn.

Renseignements

Office du tourisme (☎071-516 60 00 ; www.visitleiden.nl ; Stationsweg 26 ; ⏲8h-17h30 lun-ven, 10h-16h sam, 11h-15h dim ; 📶). Très bon office du tourisme, près de la gare ferroviaire.

Comment s'y rendre et circuler

Les bus locaux et régionaux partent de la gare routière devant la Centraal Station.

TRAIN

La gare ferroviaire de Leyde est à 400 m au nord-ouest du centre. Lignes régulières :

VERS	PRIX	DURÉE	FRÉQUENCE
Amsterdam	10,10 €	35 min	6/heure
La Haye	3,90 €	15 min	6/heure
Rotterdam	8,20 €	35 min	4/heure
Aéroport de Schiphol	6,50 €	30 min	8/heure

VÉLO

De la gare, partez vers l'ouest en empruntant la piste cyclable le long de Geversstraat, et traversez Rijnsburg pour atteindre, à 10 km, la plage de Katwijk. De là, on peut rejoindre la route ralliant Harlem à 34 km au nord. Vers le sud, la route qui longe la mer pendant 20 km permet de rejoindre Scheveningen et La Haye.

Oldenburger (☎071-760 05 66 ; www.oldenburger.nl ; Stationsplein ; vélo standard/électrique 17/31,50 € par jour ; ⏲7h-19h lun-ven, 10h-18h sam) loue des vélos.

Lisse

☎0252 / 22 606 HABITANTS

Autrefois, Lisse, une paisible bourgade rurale, n'était guère plus qu'une retraite appréciée des marchands aisés de la ville qui venaient s'y reposer. Mais, au XIXe siècle, ses manoirs entourés de jardins soignés et de forêts furent vendus et les terres transformées en plantations de fleurs à bulbe, grande spécialité de cette région de Hollande. Aujourd'hui, la culture des fleurs et leur attrait touristique constituent la principale activité économique de la ville. Les jardins du Keukenhof attirent plus d'un million de visiteurs par an venus admirer les champs de tulipes durant la courte période de floraison. Visiter Lisse au printemps (de préférence en avril) sera l'un des points forts de tout voyage aux Pays-Bas.

À voir et à faire

Vous voilà au cœur de la "région des fleurs à bulbe" (Bloembollenstreek) et des champs de tulipes ! Au printemps, avec un peu de chance, vous survolerez leurs damiers multicolores avant d'atterrir à Schiphol. Pendant la saison des tulipes, louez un vélo pour explorer la ville et sa campagne environnante : un ravissement pour les yeux !

Jardins du Keukenhof JARDINS

(☎0252-465 555 ; www.keukenhof.nl ; Stationsweg 166 ; ⏲8h-19h30 fin mars à mi-mai ; 👪). À 1 km à l'ouest de Lisse, Keukenhof est le plus grand jardin de fleurs à bulbe au monde et l'une des principales curiosités des Pays-Bas : pendant huit semaines, 1,4 million de visiteurs viennent chaque année admirer l'éphémère floraison des tulipes, jonquilles et jacynthes. Pour vous garantir une place, réservez en ligne.

Kasteel Keukenhof CHÂTEAU

(☎0252-465 555 ; www.kasteelkeukenhof.nl ; Keukenhof 1 ; ⏲8h30-17h lun-dim). GRATUIT Situé face aux superbes jardins, de l'autre côté de la route, ce majestueux château fut construit en 1641 par Adriaan Muertenszoon Block, commandant de la VOC (Compagnie néerlandaise des Indes orientales). Le domaine englobe plus de 80 ha de bois, de prairies et de jardins fleuris. Au moment de notre passage, le château était fermé pour rénovation et aucune date de réouverture n'était annoncée. Renseignements en ligne.

Museum de Zwarte Tulp MUSÉE

(musée de la Tulipe noire ; ☎0252-417 900 ; www.museumdezwartetulp.nl ; Heereweg 219 ; adulte/5-18 ans 8/3,50 € ; ⏲13h-17h mar-dim). Ce petit musée vous apprendra tout ce que vous avez toujours voulu savoir sur les bulbes – et notamment qu'il n'existe pas de tulipe noire, simple légende qui alimenta en 1636 la crise de la tulipe, première bulle spéculative économique de l'histoire moderne. Le bâtiment abrite aussi l'office du tourisme.

Où se loger et se restaurer

Si la ville compte quelques adresses, rares sont les visiteurs à dormir à Lisse. La ville voisine de Leyde affiche un choix beaucoup plus important.

De Vier Seizoenen B&B €

(☎0252-418 023 ; rdvs.nl ; Heereweg 224 ; d à partir de 80 € ; 📶). Le "Quatre Saisons", qui assure en un même lieu le gîte et le couvert, est bien connu à Lisse. On trouve à l'étage 4 petites chambres mansardées, toutes avec salle de bains en pierre naturelle. Un panier petit-déjeuner (12 €/pers) est servi dans votre chambre ou sur le toit-terrasse. En bas, l'excellent **restaurant** (☎0252-418 023 ; rdvs.nl ; Heereweg 224 ; sandwichs 8-12 €, plats midi 20 €, plats soir 20-29 € ; ⏲12h-14h30 lun-sam avr-sept, 17h30-21h30 mer-lun toute l'année) sert une cuisine française contemporaine. Au printemps, la cour se pare d'une glycine.

Den Ouden Heere INTERNATIONAL €€

(☎0252-418 660 ; www.denoudenheere.nl ; Heereweg 207 ; plats 15,50-31,50 € ; ⏲17h-22h mar-sam). Sur deux niveaux, avec une terrasse extérieure animée face à la place principale, ce bistrot et bar à cocktails est très apprécié. La carte, aux influences internationales, propose un vaste choix allant des plats de poisson façon asiatique aux steaks cuits dans un Big Green Egg (barbecue à charbon de bois en céramique). Peu de plats végétariens, en revanche.

Renseignements

Office du tourisme (☎0252-417 900 ; www.vvvlisse.nl ; Heereweg 219 ; ⏲13h-17h mar-dim). Dans le Museum de Zwarte Tulp (ci-contre). Nombreuses informations pour découvrir les champs de fleurs à bulbe.

Depuis/vers Lisse

Il est facile de rallier Lisse à vélo depuis Leyde et Haarlem.

Le bus n°361 dessert l'aéroport de Schiphol (5 €, 45 min, 4/heure). Le bus n°50 rejoint Haarlem (4,90 €, 55 min, 4/heure) et Leyde (4,60 €,40 min, 4/heure) ; descendez à Nassaustraat et marchez environ 2 km à l'ouest pour rejoindre les jardins et le Kasteel Keukenhof.

Pendant la floraison, un bus spécial relie Keukenhof à l'aéroport de Schiphol et à la Centraal Station de Leyde. Des billets combinés comprenant l'entrée au château et le transport sont généralement proposés.

ZÉLANDE

La province de Zélande (Zeeland ; "pays de la mer") est composée de plusieurs îles et péninsules – Schouwen-Duiveland, Tholen, Sint Philipsland, Noord-Beveland, Walcheren et Zuid-Beveland – situées au cœur d'un vaste delta à l'embouchure de trois fleuves traversant d'autres pays européens (le Rhin, la Meuse et l'Escaut). Le Zeeuws-Vlaanderen, un ruban de terre bordant la région belge des Flandres, fait également partie de la Zélande. Lorsque vous contemplerez ce paysage plat et calme, gardez à l'esprit qu'il est le théâtre, pour les Zélandais, d'une lutte très ancienne contre la mer du Nord, qui a conduit le pays à mettre en œuvre d'ingénieux systèmes de protection contre les eaux, parmi lesquel le pharaonique Plan Delta.

La Zélande a pour capitale Middelbourg, ville plutôt paisible. La plupart des visiteurs se rendent dans la région pour lézarder sur l'une des plages de sable bordant la mer du Nord (en plein été, la population de la province est multipliée par quatre), tandis que d'autres y vont pour apprécier l'omniprésence hypnotique de la mer et admirer la conception des digues et barrières du Plan Delta.

Depuis/vers la Zélande

Si Middelbourg est facilement accessible en train, il faut emprunter le réseau de bus pour rallier la plupart des autres villes de la région. Le bus n°395 de **Connexxion/Interliner** (☎0900 266 63 99 ; www.connexxion.nl ; 8h-19h lun-sam) relie toutes les heures la station de métro Zuidplein à Rotterdam et Zierikzee (10 €, 1 heure), d'où partent des correspondances en bus pour le reste de la province.

Middelbourg

☎0118 / 47 873 HABITANTS

En arpentant le majestueux port de Middelbourg, son Markt et ses tortueuses rues pavées, difficile de s'imaginer qu'une grande partie de son centre historique fut détruit par l'armée allemande en 1940. Contrairement à Rotterdam qui fut également ravagée par des bombardements, la capitale de la Zélande fut reconstruite dans son style originel et a donc conservé son caractère historique. On reconnaît le tracé des fortifications bâties par les Gueux de mer en 1595 à celui des principaux canaux qui ceinturent aujourd'hui la vieille ville. Le Markt central continue de faire battre le cœur de la ville depuis son édification en 1575, en particulier lors du marché du jeudi.

À voir et à faire

Cette ville coquette et prospère est faite pour les piétons, qui déambulent à loisir dans un dédale de venelles débouchant sur le Markt.

Autour de la Damplein (à l'est de l'Abdij), tout en longueur, de nombreuses maisons du XVIIIe siècle ont été préservées, accueillant pour certaines des cafés et des boutiques.

Des visites à pied du centre (90 min ; adulte/-12 ans 7,50 €/gratuit) démarrent tous les jours à 13h30. Billetterie au Tourist Shop (p. 216).

♥ Abdij — SITE HISTORIQUE

(Abbaye de Middelbourg ; Abbaye de Notre-Dame ; Onder den Toren ; églises 10h30-17h lun-ven Pâques-oct, et 13h30-17h sam-dim juil-sept). GRATUIT Cet immense ensemble abbatial, qui remonte au XIIe siècle, héberge aujourd'hui le gouvernement provincial ainsi que deux églises : la **Koorkerk** (10h30-17h lun-ven Pâques-oct, et 13h30-17h sam-dim juil-sept) GRATUIT (bâtie pour le clergé) et la **Nieuwe Kerk** (pour les paroissiens). Ces deux monuments, en grande partie reconstruits au XVIe siècle après un incendie, sont reliés par une église chorale centrale, la **Wandelkerk**. Quant au **Muntplein**, un magnifique cloître doté d'un petit jardin de plantes aromatiques en son centre, il se situe derrière la Wandelkerk, à l'instar de l'**Abdijplein**, une vaste cour intérieure.

Zeeuws Museum — MUSÉE

(musée de Zélande ; ☎0118-653 000 ; www.zeeuwsmuseum.nl ; Abdijplein ; tarif plein/-19 ans 12,50 €/gratuit ; 11h-17h mar-dim). Installé dans les anciens dortoirs conventuels de l'Abdij, le Zeeuws Museum est divisé en trois sections permanentes : une dédiée à la mode, une autre à l'histoire, à la culture et aux paysages de Zélande, et une dernière présentant un éventail thématique d'objets issus de la collection du musée, à la manière d'une caverne d'Ali Baba (succès garanti auprès des grands comme des petits). Enfin, un étage est consacré aux expositions temporaires. Le café sur place est une bonne adresse pour déjeuner.

Stadhuis ÉDIFICE HISTORIQUE

(hôtel de ville ; ☎0118-675 452 ; visites adulte/-12 ans 5,50 €/gratuit ; ⏲visite 11h30). Inspirée par l'hôtel de ville de Bruxelles, le Stadhuis trône sur le Markt et attire tous les regards avec sa façade très ornementée et pastichant différents styles : la façade gothique, côté Markt, date du milieu du XVe siècle, tandis que l'architecture plus classique côté Lange Noordstraat remonte au XVIIe siècle.

À l'intérieur, plusieurs somptueuses salles de réception renferment des trésors, dont des tapisseries belges. Des visites, uniquement guidées (1 heure), et donnant accès au bureau du maire, à la salle des échevins et des conseillers municipaux, et à la cour de justice, sont proposées presque chaque jour. Billetterie au Tourist Shop.

Tour abbatiale Lange Jan ÉGLISE

(tour de Jean Le Long ; ☎0118-471 010 ; www.langejanmiddelburg.nl ; Onder den Toren ; 4 € ; ⏲11h-15h30 sam-dim). Cette tour, haute de 91 m, est coiffée d'une couronne impériale dorée, hommage à l'empereur romain Maximilien Ier. Gravissez-en les quelque 200 marches pour profiter d'une vue panoramique sur la ville.

Où se loger et se restaurer

Bien que touristique, Middelbourg possède un choix limité d'hébergements, la plupart des visiteurs y venant seulement pour la journée. L'**Hotel The Roosevelt** (☎0118-436 360 ; www.hoteltheroosevelt.com ; Nieuwe Burg 42 ; d 119-199 €, ste 169-330 € ; ❄📶), sans conteste la meilleure adresse de la ville, est l'un des meilleurs boutiques-hôtels du pays.

♥ **Vliegendt Hert** EUROPÉEN €€

(☎0118-236 046 ; www.vliegendthert.nl ; Dam 61 ; en-cas 3-22 € ; ⏲15h-22h ven-dim). Un bar à vins comme on aimerait en voir davantage. Dans cette demeure du XVIe siècle remarquablement reconvertie, est proposé en boutique un choix de grands crus européens et du Nouveau Monde. Choisissez une bouteille à déguster avec votre repas ou votre en-cas servi au bar/restaurant installé à l'arrière (droit de bouchon 10 €), ou parmi les 60 vins servis au verre.

Où prendre un verre et faire la fête

Comme ailleurs, la culture du café est arrivée à Middlebourg qui a vu plusieurs établissements branchés fleurir sur le Markt ou à proximité. La ville compte également d'excellents bars à vins. La vie nocturne se concentre essentiellement autour du cinéma d'art et d'essai **De Spot** (☎0118-633 229 ; www.despotmiddelburg.nl ; Beddewijkstraat 15 ; ⏲horaires variables), une salle de concerts courue.

De Zaak CAFÉ BRUN

(☎0118-853 200 ; www.facebook.com/CafeDeZaakMiddelburg/ ; Pottenmarkt 24 ; ⏲10h-20h lun-mar, 10h-0h jeu-sam, 12h-20h dim). Avec son intérieur rustique aux poutres apparentes et tonneaux de vin, De Zaak est un lieu douillet par temps froid. Lorsqu'il fait beau, la terrasse déborde dans Pottenmarkt, animant joyeusement la rue.

Renseignements

Il n'y a pas d'office du tourisme officiel VVV à Middelbourg, mais un comptoir **Tourist Shop** (☎0118-674 300 ; www.uitinmiddelburg.nl ; Markt 51 ; ⏲11h-18h lun, 9h30-18h mar-mer et ven, 9h30-21h jeu, 9h30-17h30 sam, plus 13h-17h 1er dim du mois ; 📶), installé dans la librairie De Drvkkery, où le personnel est très serviable.

Depuis/vers Middelbourg

Les bus régionaux s'arrêtent le long de Kanaalweg, près de la gare ferroviaire.

TRAIN

La gare de Middelbourg est à 300 m au sud-est du centre-ville. Lignes régulières :

VERS	PRIX	DURÉE	FRÉQUENCE
Amsterdam	27,90 €	2 heures 45	2/heure
Roosendaal	13,80 €	55 min	3/heure
Rotterdam	22 €	1 heure 40	2/heure

VÉLO

Une véloroute part vers l'est en direction de Bréda (140 km), en passant par une campagne fertile émaillée de charmants villages tels que Goes (36 km).

Middelbourg

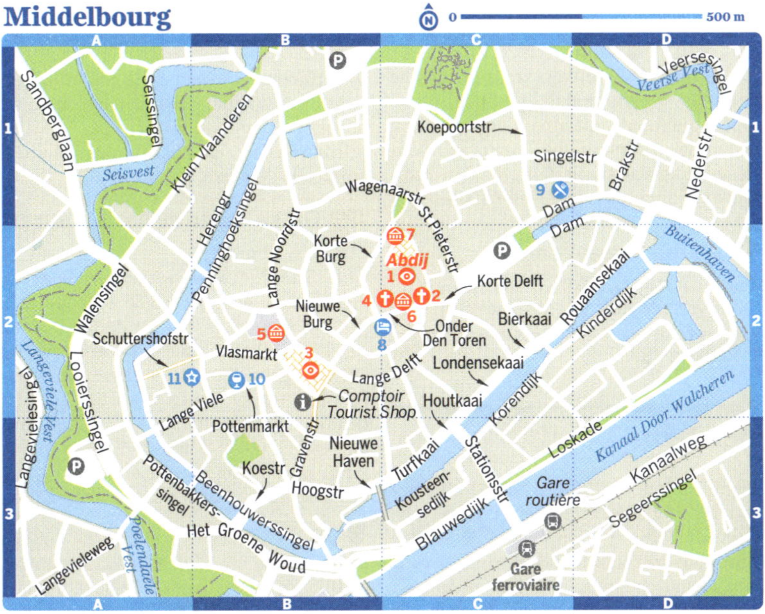

Middelbourg

Les incontournables
1 Abdij C2

À voir
2 Koorkerk C2
Tour abbatiale
Lange Jan .... (voir 2)
3 Markt B2
4 Nieuwe Kerk C2
5 Stadhuis
(hôtel de ville) B2
6 Wandelkerk C2
7 Zeeuws Museum C2

Où se loger
8 Hotel The Roosevelt C2

Où se restaurer
9 Vliegendt Hert C1

Où prendre un verre et faire la fête
10 De Zaak B2

Où sortir
11 De Spot A2

Veere

0118 / 1 500 HABITANTS

On se croirait dans un tableau de Vermeer : les riches demeures de style gothique sont ici très communes, rappelant la prospérité acquise grâce au commerce de la laine venant d'Écosse entre la fin du XVIIe et la fin du XVIIIe siècle. Récemment, le village s'est tourné vers le tourisme une fois son accès à la mer par le Veerse Meer (lac de Veere) fermé, dans le cadre du Plan Delta. Son port de plaisance est devenu prisé.

Le **Stadhuis** (hôtel de ville ; 0118-555 444 ; Markt 5), édifié à la fin du XVe siècle et renfermant un beffroi de 48 cloches, héberge l'**office du tourisme** (VVV ; 0118-435 858 ; www.vvvzeeland.nl ; Markt 5 ; 10h-17h ;). Son personnel vous conseillera sur la location de bateaux et les itinéraires cyclistes.

Où se loger et se restaurer

Les hébergements de Veere se limitent à quelques B&B et un boutique-hôtel.

De Werf BISTROT €€€

(☎0118-502 105 ; www.dewerf.nl ; Bastion 2 ; plats déj 9,50-16 €, plats soir 26,50-29,50 € ; ⌚11h30-22h ;). De Werf sert une cuisine de style international, matinée d'une touche méditerranéenne. Cadre élégant, personnel sympathique, terrasse extérieure donnant sur le port, le tout dans une ambiance animée. Menu enfant.

Depuis/vers Veere

Bus Le bus n°584 (2,20 €, 20 min) assure la liaison Veere-Middelbourg toutes les heures.

Vélo Veere se rejoint facilement à vélo depuis Middelbourg (8 km).

Domburg

☎0118

Domburg est une petite ville balnéaire tranquille, qui doit toutefois à sa jolie plage de faire le plein à la belle saison. Pour échapper aux touristes, dirigez-vous vers le sud en suivant les hautes dunes : vous pourrez pousser au-delà du golf, sur quatre bons kilomètres.

L'office du tourisme saura vous orienter vers l'un des nombreux loueurs de vélos et vous fournir des cartes pour les 35 km de l'itinéraire cycliste de la réserve naturelle du Manteling. Il fait une boucle au départ de Domburg et passe par la plage, la campagne et de charmantes localités, dont celle de Veere.

Où se loger et se restaurer

Stayokay Domburg AUBERGE DE JEUNESSE €

(☎0118-581 254 ; www.stayokay.com ; Duinvlietweg 8 ; dort 24-32 €, d 63-85 € ; ⌚avr-oct ;). Cette auberge a élu domicile dans un château du XIIIe siècle, à 2 km à l'est de Domburg et à 1 km de la plage : réservez, l'endroit a du succès. Le bus n°52 au départ de Middelbourg fait halte sur la N287, près de l'entrée (arrêt Kasteel Westhove). Les tarifs incluent le petit-déjeuner dans l'un des deux cafés avec terrasse. Parking 6 €.

♥ Het Badpaviljoen POISSON ET FRUITS DE MER €€€

(☎0118-582 405 ; www.hetbadpaviljoen.nl ; Badhuisweg 21 ; plats déj 9-34 €, plats dîner 25-49 € ; ⌚12h-22h ;). Perché sur

LE PLAN DELTA

Lancé en 1958, le Plan Delta dévora des milliards de florins, des millions d'heures de travail et des volumes incommensurables de béton et de pierre avant son achèvement en 2010. Ces grands travaux avaient pour objectif d'empêcher que ne se répètent des inondations aussi catastrophiques que celles de 1953, quand une marée de tempête avait remonté les estuaires de Zélande en brisant des digues intérieures. Le raz-de-marée causa des ruptures de digues dans toute la région, submergeant une grande partie de la province.

Le projet originel prévoyait la fermeture des estuaires, ce qui aurait créé un vaste réseau d'eau douce. Mais, dans les années 1960, cette idée radicale était devenue inacceptable pour l'opinion néerlandaise, sensibilisée aux enjeux écologiques. On laissa donc l'Oosterschelde (Escaut oriental) ouvert aux marées grâce à trois sections de vannes mobiles qui permettent de fermer l'estuaire en cas de menace. Ce barrage, qui s'étend de Noord Beveland à Schouwen-Duiveland, est l'ouvrage le plus spectaculaire du Plan Delta, et l'objet du Deltapark Neeltje Jans (p. 219), où sont détaillés les efforts colossaux qu'ont nécessités les travaux.

Le projet a également amené à la surélévation et au renforcement des digues de la région, et un barrage antitempête a été ajouté au niveau du port de Rotterdam, ouvrage qui marqua la fin des travaux. L'opinion publique a par la suite contesté le plan, mais de vastes étendues d'eau étaient déjà barrées et transformées en lacs d'eau douce. Dans le Veerse Meer, l'industrie de la pêche a disparu au profit du tourisme et de la plaisance.

Les conséquences du Plan Delta restent bien palpables. Dans le parc national du Biesbosch, la réduction des marées est en train d'exterminer les roseaux qui poussaient là depuis des siècles. Mais, pour tous ceux qui se souviennent des terribles inondations de 1953, le jeu en vaut largement la chandelle.

Bien que ce projet titanesque ait enfin abouti en 2010, il faut toujours renforcer et surélever encore certains tronçons pour faire face à la montée du niveau de la mer qu'induit l'inévitable réchauffement climatique.

les dunes herbeuses de Domburg, cette table de légende occupe un magnifique établissement de bains du XIXe siècle, immense, flanqué d'une grande terrasse. Commandez un plat de fruits de mer, un steak ou des pâtes au restaurant, ou bien installez-vous dehors pour un apéro-grignotage avec vue sur la mer. Des livres de coloriage et des crayons de couleurs sont mis à disposition des enfants.

Renseignements

L'**office du tourisme** (VVV Domburg ; Schuitvlotstraat 32 ; 9h30-17h30 lun-sam, 11h-15h dim fin mars-sept) se situe près de l'entrée de la bourgade, juste après le moulin.

Depuis/vers Domburg

Bus Le bus n°52 (3,30 €, 30 min) assure toutes les heures la liaison entre Domburg et Middelbourg.

Vélo La région est sillonnée de pistes cyclables idylliques. Achetez une carte "Bike Hub" aux offices du tourisme de Zélande et explorez les environs. Les boutiques de location sont répertoriées sur www.vvvzeeland.nl. Middelbourg est à environ 13 km.

Deltapark Neeltje Jans

La N57 est en première ligne de la bataille que livrent les Néerlandais contre la mer : elle passe sur les structures massives du Plan Delta, succession de digues et de barrages colossaux conçus pour prévenir les inondations. Le tronçon le plus impressionnant est sans doute celui qui va de Noord Beveland à Schouwen-Duiveland, au nord, via l'immense Oosterscheldekering (barrage de l'Escaut oriental). Le long pont routier construit au-dessus des imposantes portes-glissières a été conçu pour permettre le passage des marées dans l'Escaut oriental. Débutée en 1976, la construction de ce barrage antitempête long de près de 9 km, qui enjambe trois bras de mer et deux îles artificielles, a pris dix ans.

Vers le milieu du barrage, entre Noord Beveland et Schouwen-Duiveland sur la N57, l'ancien centre d'information du Plan Delta a été transformé en parc à thème arborant pour mascotte une petite sirène : le **Deltapark Neeltje Jans** (0111-655 655 ; www.neeltjejans.nl ; Neeltje Jans ; adulte/4-11 ans 20/12,50 € ; 11h-17h ; P). Outre un film en 3D sur l'inondation dévastatrice du 31 janvier 1953, il y a aussi des phoques, un aquarium tropical et un parc aquatique comprenant un toboggan, des aires de jeux aquatiques et un simulateur de tempête. Une sortie en bateau sur l'Oosterschelde (Escaut oriental) permet de découvrir les barrages et l'environnement naturel.

L'île artificielle de Neeltje Jans, où se trouve le Deltapark, est bordée à sa pointe sud d'une longue plage appréciée des véliplanchistes.

Dans toute la région, certaines sections du littoral font partie du **parc national de l'Escaut oriental** (www.np-oosterschelde.nl ; 24h/24) ; GRATUIT son point d'information (sans personnel) de l'autre côté de la N57 depuis le Deltapark présente d'intéressantes expositions.

Le **bus** n°133 suit la N57 et fait halte au Deltapark en venant de la gare ferroviaire de Middelbourg (4,40 €, 40 min, toutes les 30 min à 2 heures) ou de Zierikzee (5,30 €, 40 min).

Schouwen-Duiveland

33 821 HABITANTS

Au milieu du Plan Delta, Schouwen-Duiveland est une petite île tout en dunes. Sa population assoupie se réveille l'été lorsque l'île est soudainement envahie de touristes venant du reste des Pays-Bas et d'Allemagne. Attirés par les plages bordant la mer du Nord et l'ambiance estivale qui y règne, de nombreux visiteurs possèdent une maison de vacances près du village de Renesse, sur la côte ouest de l'île. Son principal village, Zierikzee (11 017 hab), concentre la plupart des services. Les rues bordant son Oude Haven (Vieux Port) comptent de nombreux bâtiments historiques méritant le coup d'œil. Le site Internet de l'office du tourisme (www.vvvzeeland.nl) affiche des informations intéressantes.

À voir et à faire

Zierikzee VILLAGE

Zierikzee, principale localité de l'île, fut érigée au Moyen Âge comme en témoigne le nombre d'édifices datant de cette époque, notamment sa **De Dikke Toren**, tour de l'ancienne église Sint-Lievensmonstertoren qui brûla au début du XIXe siècle. Parmi les autres monuments historiques, citons la **Nieuwe**

Kerk, construite entre 1835 et 1848 pour remplacer l'église Sint-Lievensmonstertoren et le **Stadhuis** (hôtel de ville) datant du XVIe siècle. Les visiteurs aiment flâner dans son centre historique ou encore boire un verre et manger un morceau sur le port.

Westerschouwen VILLAGE

Ce village à la pointe occidentale de Schouwen-Duiveland, voisin de la commune de Burgh-Haamstede, vivait autrefois du commerce florissant du hareng, jusqu'à ce que son port s'ensable au XVIe siècle et que la plupart de ses habitants partent vivre à Zierikzee. Aujourd'hui, l'économie locale dépend des touristes qui affluent l'été, attirés par les jolies plages de sable adossées aux dunes. Les amoureux du grand air aiment aussi explorer à vélo, à pied ou à cheval les 330 ha de la Boswachterij Westerschouwen (forêt de Westerschouwen).

Renseignements

Il n'y a désormais plus d'office de tourisme à Zierikzee, Renesse et Haamstede. Consultez le site zeeland.com..

Depuis/vers Schouwen-Duiveland

Bus Zierikzee est la plaque tournante des bus ; l'arrêt de bus est au nord du centre-ville, à 5 minutes de marche le long de Grachtweg de l'autre côté du canal. Vous pouvez y prendre le bus n°133 qui rejoint Renesse (3,20 €, 30 min) et continue sur la N57 qui traverse les grands ouvrages du Plan Delta jusqu'à Middelbourg (8,60 €, 50 min). Il dessert de nombreux villages. Le bus n°395 de Connexxion/Interliner assure toutes les heures la liaison depuis/vers la station de métro de Zuidplein à Rotterdam (10 € ; 1 heure).

Vélo Le vélo est ici le moyen de transport le plus pratique. Les voies cyclables ne manquent pas, telle celle qui longe du nord au sud la côte et la série d'ouvrages du Plan Delta.

La Frise

Dans ce chapitre ➡

Le top des restaurants

- Oost (p. 234)
- Restaurant 't Golfje (p. 236)
- Proefverlof (p. 226)
- De Bessenschuur (p. 236)
- Restaurant By Ús (p. 227)
- Pure Vida (p. 236)

Le top des hébergements

- Hotel Nobel (p. 238)
- Alibi Hostel (p. 225)
- Hotel Post Plaza (p. 225)
- De Eilanden (p. 228)
- Sier aan Zee (p. 238)

Pourquoi y aller

Avec sa côte sauvage et ses plaines herbeuses où paissent des vaches noir et blanc (de race frisonne, bien sûr), cette province septentrionale – le Friesland – est l'endroit idéal pour lever le pied et vous mettre à l'heure frisonne.

Résolument autonomes, les Frisons ont leur propre langue, comme l'attestent notamment les panneaux routiers. Non contents d'avoir dû ériger des digues pour protéger leurs terres des flots, ils ont également dû créer et aménager ces terres avec beaucoup d'imagination. Ici, la mer des Wadden (Waddenzee) a été classée au Patrimoine mondial et présente un système unique de vasières et de bancs de sable. Couvertes de forêts, de dunes et de plages, et sillonnées de pistes cyclables, les petites îles des Wadden constituent une passionnante destination estivale.

Au centre de la province, Leeuwarden vous charmera par ses canaux et son atmosphère dynamique, qui lui a valu le titre de capitale européenne de la culture en 2018. Ailleurs, des villages de pêcheurs comme Hindeloopen et des ports tel Harlingen arborent une architecture du XVIe siècle et conservent le même rythme décontracté depuis des siècles.

Quand partir

- L'été est la période idéale pour découvrir la Frise. Il s'agit de fait de la haute saison des sports nautiques (voile, etc.) sur le lac d'IJsselmeer, et les îles au large se présentent alors sous leur meilleur jour.
- Fin juin, Terschelling accueille l'extravagant festival Oerol. En août, les amateurs de voile assistent à Sneek à la plus grande régate au monde en eau douce.
- Hors saison, on goûte au charme des canaux, des différents musées et événements culturels de villes historiques, telles Leeuwarden et Harlingen.
- L'hiver venu, quand les conditions le permettent, tout le pays s'arrête pour suivre les courses de patineurs de l'Elfstedentocht, organisées dans toute la province.

À ne pas manquer

1 Les remarquables musées de **Leeuwarden** (p. 223), à la scène culinaire créative.

2 **Schiermonnikoog** (p. 239), la sereine "île des moines gris", classée parc national, où communier avec la nature et observer les oiseaux.

3 La ravissante petite cité maritime d'**Hindeloopen** (p. 231), qui ramène au temps du Siècle d'or et à sa tradition des meubles peints.

4 Le festival Oerol de **Terschelling** (p. 235) pour danser toute la nuit et suivre les performances dans la rue en journée.

5 **Ameland** (p. 237), petite île hors du temps, à la nature préservée et au phare très évocateur.

6 Les bateaux glissant sur les vieux canaux d'**Harlingen** (p. 228), en dégustant un festin de harengs, maquereaux, anguilles et crevettes fraîchement pêchés.

7 Une sortie en bateau (ou en paddle) sur les lacs et les cours d'eau frisons de **Sneek** (p. 230), ville où les sports nautiques sont rois.

Histoire

Après avoir gagné leurs terres à la force du poignet sur la mer des Wadden, les Frisons savent l'effort que réclame toute lutte pied à pied contre la nature dans ce qu'elle a de plus hostile.

Principales activités menées dans la région des siècles durant, l'agriculture, la pêche, ainsi que la construction, la réparation et l'entretien des bateaux ont fait de la Frise l'une des provinces les plus prospères des Pays-Bas d'avant 1581. La construction de l'Afsluitdijk (digue du Nord) en 1932, qui se solda par la fermeture de la Zuiderzee (mer du Sud), eut pour conséquence l'intégration, quoique plutôt récalcitrante, des Frisons à la société néerlandaise, et une meilleure liaison avec Amsterdam et le Sud. Elle eut, en revanche, un effet dévastateur sur les villages de pêcheurs, qui ne donnèrent plus que sur un lac.

Comment s'y rendre et circuler

Leeuwarden, la capitale régionale, est facilement accessible en train en provenance du sud. Des trains relient aussi Leeuwarden aux villes côtières de la Frise (sud-ouest), au port de Harlingen (ouest) et à Groningue (est). Notez que les lignes régionales sont exploitées par Arriva. Si vous utilisez une OV-chipkaart (p. 367), vous devrez la valider séparément, en sus de votre trajet sur une ligne Nederland Spoorwegen (NS ; principale compagnie ferroviaire des Pays-Bas). Pas exemple, si vous empruntez un train NS d'Amsterdam à Sneek, il vous faudra valider votre carte sur une machine NS à Leeuwarden, et valider une deuxième fois sur une machine Arriva pour le trajet jusqu'à Sneek.

Il faut en revanche prévoir plus de temps pour rejoindre le reste de la province, par bus, ou, pour les îles, par bateau. Il existe des forfaits journaliers.

Des pistes cyclables nationales sillonnent la Frise. La LF3 traverse horizontalement la province via Leeuwarden, la LF10 emprunte la digue du Nord (30 km) pour franchir la mer des Wadden en provenance de Hollande-Septentrionale puis longe la côte nord frisonne et les ports maritimes, la LF22 longe, elle, la côte sud avant de piquer dans les terres vers Zwolle.

LEEUWARDEN

LJOUWERT ; ☎058 / 107 600 HABITANTS

Entre allées négligées, canaux bordés de cafés et renouveau urbain, Leeuwarden (Ljouwert), capitale de la Frise, surprend par sa juxtaposition de styles et mérite une visite. Outre son superbe trio de musées, les grands projets culturels mis en place en 2018 dans la ville, alors Capitale européenne de la culture, rivalisent d'inventivité. Sans discontinuer, les cyclistes filent allègrement sur les larges pistes longeant les canaux, dont les tunnels sont illuminés en violet la nuit. En vous attardant à Leeuwarden, vous pourrez goûter l'hospitalité, toute septentrionale, des nombreux bars et cafés où les habitants aiment faire la fête.

À voir

La plupart des lieux d'intérêt de Leeuwarden se trouvent à quelque 10 minutes à pied maximum de **Nieuwestad Zaailand**, la grand-place centrale. Également appelée Wilhelminaplein, celle-ci fait à présent office de pôle culturel de la ville avec le Fries Museum à l'une de ses extrémités. **A Guide to Leeuwarden** (www.aguidetoleeuwarden.nl) GRATUIT organise le week-end des circuits guidés de la ville, divertissants et gratuits, pour découvrir les principales curiosités.

Notez les vieux navires, tous différents, amarrés le long des canaux. L'office du tourisme (p. 227) fournit des renseignements sur les balades en bateau sur les canaux et les circuits en gondole.

♥ Keramiek Museum Princessehof — MUSÉE

(☎058-294 89 58 ; www.princessehof.nl ; Grote Kerkstraat 11 ; tarif plein/-18 ans 12,50 €/gratuit ; ⏲11h-17h mar-dim). Le musée national de la Céramique ravira les amateurs du genre, que fascinera la plus importante collection internationale de carreaux de faïence, ainsi que des porcelaines de Delft inédites et des porcelaines et poteries du monde entier. Les sections sur le Japon, la Chine et le Vietnam sont remarquables, tout comme la section Art nouveau néerlandais. Excellentes expositions temporaires.

Le tout est installé dans une demeure du XVIIe siècle, qui fut la résidence de Marie-Louise de Hesse-Cassel, princesse d'Orange-Nassau. Plus tard, l'artiste néerlandais M. C. Escher (1898-1972), mondialement connu, est né à et y vécut jusqu'en 1903, lorsque sa famille s'installa à Arnhem. Partout en ville, des œuvres de *street art* rendent hommage à ses lithographies, impressions et découpes inspirées par les mathématiques.

Fries Museum — MUSÉE

(☎058-255 55 00 ; www.friesmuseum.nl ; Wilhelminaplein 92 ; tarif plein/-17 ans 15/gratuit € ; ⏲11h-17h mar-dim). Le musée de la Frise occupe un imposant bâtiment contemporain à la façade de verre coiffé d'un toit en bois et en acier s'avançant au-dessus de Wilhelminaplein. Ses trois niveaux sont organisés en galeries. Commencez par la galerie Ferhaal fan Fryslân (1er niveau), laquelle brosse un tableau de la province à l'aide d'objets représentatifs de la collection.

Leeuwarden

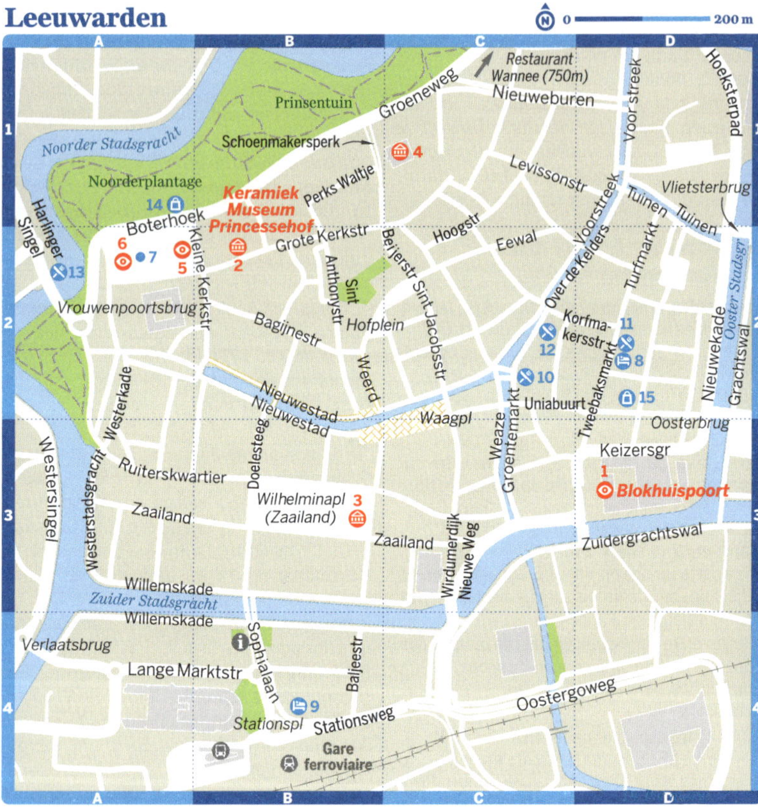

Leeuwarden

Les incontournables
1 Blokhuispoort D3
2 Keramiek Museum Princessehof B2

À voir
3 Fries Museum B3
4 Natuurmuseum Fryslân C1
5 Obe Paviljoen A2
6 Oldehove A2

Activités
7 A Guide to Leeuwarden A2

Où se loger
Alibi Hostel .... (voir 1)
8 Hotel Post Plaza D2
9 Oranje Hotel B4

Où se restaurer
10 Broodje Bewust C2
11 Grand Café Proefverlof .... (voir 1)
12 Restaurant By Ús C2
13 Stek A2

Où sortir
Podium Asteriks .... (voir 1)

Achats
14 Afûk A1
15 Priuw D2

Oldehove TOUR
(☎058-233 23 50 ; www.oldehove.eu ; Oldehoofsterkerkhof ; tarif plein/-12 ans 3,50/1.50 € ; ⏲13h-17h mi-avr à sept). Perle de Leeuwarden, cette tour inclinée, sorte de sœur jumelle de la tour de Pise, se dresse à l'angle nord-ouest du centre historique. Peu après le début des travaux en 1529,

la construction tourna court et l'ouvrage n'atteignit jamais la hauteur ni la rectitude escomptées. Du haut de ses 39 m, on bénéficie d'une vue dégagée sur la grand-place en contrebas, émaillée de dalles gravées, vestiges du cimetière qui s'y trouvait jusqu'en 1833.

En juillet et août 2018, un spectacle de son et lumière gratuit était projeté sur la tour à 22h45 les jeudis, vendredis et samedis. Il y a de fortes chances pour que cet événement nocturne soit reconduit.

Obe Paviljoen CENTRE CULTUREL
(Heer Ivostraatje 1 ; horaires variables). Portant le nom du poète frison local Obe Postma (1868-1963), ce pavillon contemporain tout de bois et de verre accueille des expositions très pointues. Son toit ondulé sert également de tribune à une vue sur la place historique d'Oldehoofsterkerkhof et la tour inclinée d'Oldehove (ci-contre).

Blokhuispoort CENTRE CULTUREL
(06-1117 2362 ; www.blokhuispoort.frl ; Blokhuisplein 40 ; adulte/enfant 10 €/gratuit ; 8h-1h lun-sam, 10h-1h dim, visites guidées 14h et 16h sam). Ce bâtiment médiéval, qui fut une prison dès le XVIe siècle, a été transformé en un centre culturel, incarnation de l'explosion de créativité qui secoue la capitale frisonne. Des dizaines de start-up et jeunes entreprises occupent désormais les cellules, le bloc H accueille des ateliers d'artistes, des salons de tatouage, des boutiques d'artisan et une auberge de jeunesse design, tandis que Proefverlof (p. 226) est l'endroit tendance pour un en-cas ou un verre au bord du canal. Des visites sont menées par un ancien guide de la prison en uniforme.

Où se loger

Alibi Hostel AUBERGE DE JEUNESSE €
(06 1207 7449 ; alibihostel.nl ; Blokhuisplein 40 ; dort 23,50-25 €, d avec sdb 72,70-77,50 €, d sans sdb 50-55 € ; @). Dans l'ancienne prison Blokhuispoort, cette auberge de jeunesse stylée mise sur la nouveauté. Ses 63 lits sont répartis dans un immense dortoir de 17 lits (mixtes, doté de lits superposés type alvéoles sur trois niveaux), plusieurs cellules à 4 lits et des doubles, avec salle de bains commune ou privative.

Hotel Post Plaza BOUTIQUE-HÔTEL €€
(058-215 93 17 ; www.post-plaza.nl ; Tweebaksmarkt 27 ; d 92-310 € ; @). Une rangée de bicyclettes noires attend devant l'hôtel le plus élégant de la ville. À côté d'une ancienne banque, il occupe un bureau de poste du XIXe siècle. À l'intérieur, parquet, épais tissus, poutres apparentes et éclairage soigné mêlent avec bonheur ancien et contemporain. Chambres familiales pour 4 personnes, et cheminée dans l'une des 2 suites.

Oranje Hotel HÔTEL €€
(058-212 62 41 ; www.oranjehotelleeuwarden.com ; Stationsweg 4 ; d à partir de 125 € ; @). Face à la gare ferroviaire, cet hôtel d'affaires est une institution de la ville depuis 130 ans. Il émane une élégance atemporelle des grandes fenêtres de la brasserie au rez-de-chaussée, de son intérieur classique et de ses chambres épurées aux tons or et bordeaux. Les chambres à l'arrière profitent d'une vue verdoyante et calme. Le garage de l'hôtel accueille les vélos. Petit-déjeuner 20 €.

Où se restaurer et prendre un verre

On trouve à Leeuwarden une kyrielle de restaurants tenus par des chefs inventifs, ainsi qu'un large choix de bars à sandwichs et de restauration à emporter, appréciés des étudiants.

PARLEZ-VOUS FRISON ?

La langue régionale, le frison, se révèle plus proche (dans une certaine mesure) de l'allemand et du vieil anglais que du néerlandais, d'où le dicton britannique : *As milk is to cheese, are English and Frise* ("Le lait est au fromage ce que l'anglais est au frison"). La plupart des Frisons n'en parlent pas moins couramment le néerlandais.

Depuis 2002, le nom néerlandais de la province (Friesland) a officiellement laissé place à son pendant local : Fryslân. En règle générale, les noms des villes sont annoncés dans les deux langues : Leeuwarden devient "Ljouwert", Sneek, deuxième ville de la province, est "Snits", et "Hylpen" remplace Hindeloopen.

À NE PAS MANQUER

LES GRANDES COURSES NÉERLANDAISES

Le patin à glace fait partie intégrante de la culture néerlandaise et nul événement n'incarne mieux ce lien que l'**Elfstedentocht** (course des onze villes ; www.elfstedentocht.nl). Il y a plusieurs siècles déjà, des patineurs essayaient de faire le tour des villes frisonnes en une seule journée. Cette course a été officiellement lancée en 1909 par Pim Mulier, qui organisa un circuit le long de onze villes et conçu la "petite croix", que les participants reçoivent s'ils finissent le tour. Cette course de près de 200 km a pour point de départ et d'arrivée Leeuwarden. Elle traverse dix autres villes frisonnes : Sneek, IJlst, Sloten, Stavoren, Hindeloopen, Workum, Bolsward, Harlingen, Franeker et Dokkum.

Le meilleur temps de parcours, 6 heures et 47 minutes, a été établi en 1985 par Evert van Benthem, également vainqueur en 1986, ce qui en fit une légende vivante. Cette épreuve présente la particularité de ne pouvoir se tenir que les années où le froid a fait geler tous les canaux. Depuis 1909, la course n'a ainsi eu lieu qu'à quinze reprises, la dernière remontant à 1997.

Elfstedentocht a inspiré d'autres courses, heureusement indépendantes de la météo : la **Fiets Elfstedentocht** (www.fietselfstedentocht.frl ; ⏲ lundi de Pentecôte) rassemble 15 000 cyclistes dans la petite ville de Bolsward le lundi de Pentecôte pour une course de 235 km à travers les traditionnelles onze villes frisonnes. **SUP11** (sup11citytour.com ; ⏲ sept) est une course de stand-up paddle de cinq jours empruntant les mêmes canaux que l'Elfstedentocht.

Stek
CAFÉ €

(☎058-203 73 37 ; www.stekleeuwarden.nl ; Harlinger Singel 2 ; petit-déj 5,95-12,50 €, salades 6,25-12,95 € ; ⏲11h-18h lun-mar, 9h-18h ven-dim ; wifi). Un café à la mode, installé dans l'ancienne maison du gardien du pont levant voisin. Observez les bateaux de plaisance passer dessous depuis la terrasse en bois surplombant le canal. À la carte, résolument saine : assiettes de fruits, jus et smoothies détox, wraps, salades et burgers créatifs.

♥ Proefverlof
INTERNATIONAL €€

(☎058-302 00 30 ; www.proefverlof.frl ; Blokhuisplein 40 ; plats déj 6,50-14,50 €, dîner 12,50-29,50 €, menu 3 plats 37,50 € ; ⏲16h-tard mar-mer, 11h-tard mer-dim, cuisine 11h-21h ; wifi). Envie d'un cocktail dans un endroit cool ? Venez le siroter sur le flamant rose gonflable géant installé au bord de la terrasse en bois de Proefverlof, très tendance. La carte est variée : oie sauvage frisonne, risotto aux petits pois, huîtres, poulpe sauté, steaks, généreuses salades et alléchants en-cas à picorer.

Le café est servi avec un petit *Fryske dúmkes* (biscuit frison traditionnel aux amandes ou aux noisettes et à l'anis). Réservez une place à la "table des détenus" pour rencontrer d'autres voyageurs ou nouveaux venus en ville. Vous trouverez le Proefverlof dans l'ancienne prison de la ville (p. 225).

Grand Café
INTERNATIONAL €€

(☎058-215 93 17 ; www.post-plaza.nl ; Tweebaksmarkt 25-27 ; plats déj 7-18 €, plats dîner 21,50-27 € ; ⏲7h-0h dim-jeu, 8h-1h ven-sam ; wifi). Splendide établissement contemporain bien nommé, dans un bureau de poste en brique rouge de la fin du XIXe siècle. Côté restauration, on y sert de tout : petits-déjeuners reconstituants, thé accompagné de *Fryske sûkerbôle* (pain de sucre frison), *jenever* (gin néerlandais) gourmet et plateaux de fruits de mer à partager. Ne manquez pas les soirées cocktail avec musique live et les "lazy Sunday tunes" du dimanche après-midi.

La maison torréfie son café et sert d'excellents mocktails infusés à froid et d'autres spécialités à base de café. Nombreuses prises où brancher son ordinateur.

Restaurant Wannee
NÉERLANDAIS €€

(☎058-303 08 00 ; www.restaurantwannee.nl ; Rengerslaan 8 ; menu déj 3 plats 20 €, menu dîner 4/6 plats 30/37,50 € ; ⏲7h-10h lun-ven, 8h-11h sam-dim, plus 12h-14h et 17h-20h lun-dim ; wifi). Pour plonger dans les racines frisonnes, direction ce restaurant contemporain tenu par des étudiants de l'école hôtelière locale. Après un délicieux mojito frison (rhum Flying Dutchman et Beerenburg – *jenever aux herbes* – local), vous ferez un festin de produits locaux d'un épatant rapport qualité/prix. Mention spéciale pour le potager miniature installé au milieu du restaurant, et la ribambelle d'amuse-bouche inventifs.

Restaurant By Ús NÉERLANDAIS €€€

(058-215 86 63 ; www.restaurantby-us.nl ; Over de Kelders 24 ; menu 3/4/5/6 plats 48/58/68/75 € ; à partir de 17h30 mer-jeu, à partir de 18h ven-sam ;). Le bistrot de Michel et Lilian met à l'honneur des produits locaux bio, dans une salle éclairée aux chandelles où le bois et le cuir rencontrent le *street art*. Le délicieux menu d'inspiration frisonne change selon la saison. Choisissez un nombre de plats, indiquez si vous êtes végétarien, et laissez le chef vous surprendre. Belle carte des vins et poêle à bois en hiver.

Où sortir

Podium Asteriks MUSIQUE LIVE

(podiumasteriks.nl ; Blokhuisplein 40 ; 7,50-12,50 € ; sept-juin). Les groupes frisons et néerlandais montants se produisent sur cette scène, qui accueille des concerts presque tous les vendredis à partir de 20h. Dans l'ancienne prison de Leeuwarden (p. 225).

Achats

Flânez le long de Kleine Kerkstraat et Tuinen pour découvrir les adresses les plus originales de Leeuwarden. Vous trouverez des céramiques bleu et blanc traditionnelles dans la boutique du Keramiek Museum Princessehof (p. 223).

Afûk LIVRES

(058-234 30 79 ; afuk.frl ; Boterhoek 3 ; 13h-17h30 lun, 9h30-17h30 mar-ven, 10h30-17h sam). Bon choix de livres sur la Frise, notamment quelques traductions de poètes et romanciers locaux, dans cette librairie et centre culturel... frison.

Lân fan taal (www.lanfantaal.com), une organisation culturelle promouvant la langue frisonne et de nouvelles expériences en différentes langues, gère la boutique. En partant, notez le point d'exclamation géant, réalisé sur le flanc du bâtiment avec des centaines de messages postés sur les réseaux sociaux dans différentes langues.

Renseignements

Office du tourisme (VVV ; 058-234 75 50 ; www.visitleeuwarden.com ; Sophialaan 4 ; 9h-18h lun-mer et ven-sam, 9h-21h jeu)

Depuis/vers Leeuwarde

Leeuwarden (Ljouwert) est le terminus de la principale ligne ferroviaire en provenance du sud. C'est aussi le carrefour des transports de la Frise avec des lignes régionales en direction de l'ouest vers Harlingen (via Franeker), Stavoren (via Sneek) et Groningue près d'Arriva. Consignes dans le hall.

VERS	PRIX	DURÉE	FRÉQUENCE
Groningue	11,20 €	45 min	3/heure
Utrecht	24,50 €	1 heure 55	2/heure
Zwolle	18,1ù0 €	1 heure	3/heure

L'arrêt des bus est à gauche en sortant de la gare. Leeuwarden se trouve à 110 km environ au nord de Kampen (près de Zwolle) sur la LF3.

CÔTE DE LA MER DES WADDEN

Entre la capitale et le pittoresque port de Harlingen, s'étend une région d'agriculture intensive où rayonne Franeker, ville universitaire ancienne. Au nord de Harlingen, une haute digue longe les bancs de vase de la mer des Wadden et relie une succession de villages isolés, entre vastes champs et fermettes de brique.

Harlingen

0517 / 15 822 HABITANTS

Seul ancien port de la Frise encore relié à la mer, Harlingen (Harns, en frison) reste un pôle régional important pour l'expédition maritime de marchandises, et un centre de pêche à la crevette. Ce fut aussi autrefois un grand port baleinier sur la route du Grand Nord. L'embarcadère des ferries pour les îles de Terschelling et de Vlieland est également animé tout au long de l'année.

Harlingen a conservé quelques vestiges de son patrimoine architectural. Une bonne partie de son charmant centre historique est jalonné de maisons des XVIe et XVIIIe siècles bien préservées, en bordure de canal, qui témoignent de la prospérité passée de la ville. Leurs minuscules jardins plantés de roses trémières comportent des bancs invitant à contempler les canaux. Toutes les demi-heures depuis la moitié du XVIIIe siècle, la ville entière résonne de la mélodie du carillon du *Stadhuis* (hôtel de ville).

À voir et à faire

La ville se découvre de préférence à pied, au fil de ses canaux, dont plusieurs sont équipés de ponts à bascule se levant avec régularité. Ne manquez pas les bassins portuaires du **Zuiderhaven** et du **Noorderhaven**, aux nombreux voiliers. Ce dernier, encadré de maisons datant de l'époque prospère des marchands, accueille les bateaux de haute mer depuis le XVIe siècle. Pour observer l'activité du port et la vieille ville avec son chapelet de flèches d'église, grimpez jusqu'à la plateforme du **phare** blanc, de style Art déco.

Museum Hannemahuis Harlingen MUSÉE
(☎ 0517-413 658 ; www.hannemahuis.nl ; Voorstraat 56 ; adulte/enfant 5/2,50 € ; ⏲ 10h-17h mar-sam, 12h-17h dim). Installé dans la demeure du XVIIIe siècle d'une grande famille de la ville, le Gemeentemuseum est pour l'essentiel dévolu au passé maritime de Harlingen, et en particulier à l'industrie de la pêche à la baleine, qui fit la fortune de la Frise dans les années 1700. On y expose aussi le travail de l'argent et la distillation du *jenever* (genièvre).

Où se loger

't Heerenlogement HÔTEL €
(☎ 0517-415846 ; www.heerenlogement.nl ; Franekereind 23 ; s/d/tr/qua 70,50/92/126/144 € ; P). Soigneusement entretenue par ses propriétaires (jusqu'au papier peint d'époque dans certaines des chambres toutes différentes), cette maison vieille de 300 ans dégage une atmosphère surannée. Admirablement située au bord du canal, elle possède une terrasse fleurie et jouxte un adorable jardin à l'anglaise étiré le long des remparts.

100% LOCAL

DE TOBBEDANSER

De l'autre côté de l'embarcadère des ferries, cette **statue** (Oude Ringmuur) en bronze entourée d'un banc en bois invite à contempler la vue depuis le quai. Sculptée par Bert Kiewiet (1918-2008), l'œuvre témoigne de l'époque où l'on travaillait la laine à Harlingen. Le tissu était lavé dans de grands baquets d'eau avec les pieds, d'où ce surnom donné aux habitants de Harlingen : *Tobbedansers* ("danseurs des baquets").

De Eilanden BOUTIQUE-HÔTEL €€
(☎ 0517-210 002 ; Noorderhaven 24 ; d 95-120 €). Une adresse ravissante donnant sur le canal, dans une maison ancienne à la façade en briques caramel et peinture jaune. Parquet soigné, papier peint à motifs et tissus épais dans les chambres contemporaines. Celles du dernier étage ont des poutres centenaires et ouvrent sur la mer (terrasse sur le toit pour l'une d'elles). L'Hotel Zeezicht voisin s'occupe de l'enregistrement et du petit-déjeuner.

Hotel Zeezicht HÔTEL €€
(☎ 0517-412 536 ; www.hotelzeezicht.nl ; Zuiderhaven 1 ; d 115 € ; wifi). Superbement placé face à l'embarcadère des ferries et au vieux phare. Plusieurs chambres, dont certaines avec un balcon, ont vue sur la mer. La terrasse du bar de l'hôtel est très chic pour prendre un verre en fin de journée. Le petit-déjeuner est compris.

Où se restaurer

Voorstraat et, dans son prolongement vers l'ouest, Grote Bredeplaats, sont jalonnées d'établissements décontractés, où prendre un verre et manger en terrasse sur la rue par beau temps. Naturellement, le poisson et les huîtres de la mer du Nord et de la mer des Wadden s'invitent souvent à table.

♥ **De Tjotter** POISSON ET FRUITS DE MER €€
(☎ 0517-414 691 ; www.detjotter.nl ; St Jacobstraat 1-3 ; menus 29,50-42,50 €, plats 11,95-29,50 € ; ⏲ 12h-22h mer-sam, 13h-22h dim-mar). De Tjotter est une institution locale en matière de produits de la mer, tout droit sortis des filets. Harengs, maquereaux, cabillauds, anguilles et petites crevettes sont à l'honneur. Si le choix est trop ardu, optez pour le plateau de cinq poissons (servi avec frites, salade et sauce aux câpres), ou le plantureux menu coquillages et crustacés (4 plats). Installez-vous au bar, en bord de mer ou dans le restaurant plus formel.

VAUT LE DÉTOUR

FRANEKER

À quelque 6 km à l'est de Harlingen, la pittoresque petite ville de Franeker (Frjentsjer) est réputée pour son planétarium, qui serait le plus ancien en activité au monde. Son centre historique bien conservé, que l'on dirait conçu pour flâner en été, mérite une visite d'une demi-journée. Cette ville jouissait d'un fort prestige académique (son université fut fondée en 1585) avant que Napoléon ne fasse fermer son université en 1811.

L'**Eise Eisinga Planetarium** (☎0517-393 070 ; www.planetarium-friesland.nl ; Eise Eisingastraat 3 ; adulte/enfant 5,25/4,50 € ; ⏲10h-17h mar-sam, 11h-17h dim toute l'année, 11h-17h lun avr-oct) doit son nom à un cardeur de laine du XVIIIe siècle passionné de mathématiques cosmiques et d'astrologie, qui le construisit lui-même entre 1774 et 1781 dans la salle de séjour de sa maison en bordure du canal, afin d'illustrer le fonctionnement des étoiles. On découvre avec admiration le mécanisme du système horloger encore visible mis au point par Eisinga et pouvant prendre en compte et indiquer un grand nombre de variables spatio-temporelles.

Les trains Arriva s'arrêtent à la gare de Franeker (4 €, 16 min, 2/heure depuis Leeuwarden), à 500 m du centre-ville.

Nooitgedagt INTERNATIONAL €€
(☎0517-434 211 ; www.eetcafenooitgedagt.nl ; Grote Bredeplaats 35 ; plats 17,50-24,50 € ; ⏲à partir de 10h30 mar-sam, à partir de 11h30 dim). Café élégant dans un ancien entrepôt à vin datant de 1647. L'intérieur associe un carrelage blanc urbain à des tables en bois patiné, des tabourets de bar jaune tournesol, du jazz et une ambiance hipster de bar de plage. Cuisine créative d'ici et d'ailleurs : curry de poisson, travers de porc, huîtres de la mer des Wadden, etc.

ℹ Renseignements

Office du tourisme (☎0517-430 207 ; www.harlingen-friesland.nl ; Grote Bredeplaats 12 ; ⏲11h-15h lun-sam)

ℹ Depuis/vers Harlingen

Des trains Arriva relient Harlingen à Leeuwarden (5,49 €, 22 min) deux fois par heure. Il y a une gare au sud du centre-ville et une près du port (Harlingen Haven), à 300 m de l'embarcadère des ferries. Ces derniers desservent toute l'année Vlieland (1 heure 30) et Terschelling (45 min ou 1 heure 30). La billetterie ouvre tous les jours de 7h30 à 20h10.

La gare maritime est située sur le trajet de la véloroute LF10, qui se poursuit sur 8 km vers le sud jusqu'à la digue du Nord et la frontière avec la Hollande-Septentrionale. En direction du nord-est, la LF10 passe par toutes les gares maritimes d'où rejoindre les îles Ameland et Schiermonnikoog.

SUD-OUEST DE LA FRISE

Émaillée de lacs, la région au sud-ouest de Leeuwarden est le paradis des marins, véliplanchistes et amateurs de sports nautiques. Depuis la construction de la digue Afsluitdijk, les villages côtiers de Hindeloopen et de Stavoren se sont assoupis, et rêvent encore de leur passé maritime. Les ferries à destination de la Hollande-Septentrionale partent de Stavoren.

Sneek

☎0515 / 33 855 HABITANTS

"Tous les Frisons savent manœuvrer un bateau et pêcher", dit-on. Cet adage s'applique assurément aux habitants de Sneek (Snits). De fait, les lacs et les cours d'eau de la Frise découlant de l'IJsselmeer façonnent le paysage, et en font l'endroit idéal pour s'adonner au nautisme.

À voir et à faire

Vestige d'une époque où l'essentiel du trafic maritime transitait par les canaux de Sneek, la jolie Waterpoort, ou "porte de l'eau", ancienne entrée du vieux port, dont la partie centrale forme un pont, date de 1613. Ses tours jumelles sont emblématiques de la ville. En face de l'office du tourisme, le Stadhuis (hôtel de ville ; Marktstraat 15) de style rococo remonte aux années 1760. Devinez

À NE PAS MANQUER

AUX ORIGINES DU GIN

Le Beerenburg est la boisson traditionnelle par excellence de Sneek la maritime. Ce gin aux herbes locales, que buvaient autrefois les marins pour se réchauffer en mer et éviter les maladies, est distillé depuis 1864 à la **Weduwe Joustra** (☎ 0515-412 912 ; www.weduwejoustra.nl ; Kleinzand 32 ; ⏱ 9h-18h lun-ven, 9h-17h sam), une jolie boutique de liqueur à l'ancienne, tenue par la cinquième génération, avec musée et salle de dégustation à l'étage et distillerie à l'arrière.

La recette secrète consiste à mélanger, entre autres ingrédients, feuilles de lauriers, baies de genièvre, chardons, racines de gentiane, bois de santal, racines de carotte douce et écorces d'orange dans d'immenses cuves avec du *jenever* (gin néerlandais) et de laisser macérer quatre semaines minimum pour obtenir une liqueur aromatique à 32°. La boutique vend également des bouteilles en céramique de Beerenburg FS et de Beerenburg FSOB, toutes deux à 38°, vieillies respectivement pendant trois et cinq ans en fût de chêne pour créer le digestif frison parfait.

Appelez pour réserver une visite guidée d'une heure (adulte/enfant 5€/gratuit), avec dégustation.

laquelle des allégories sculptées représente la Sagesse, la Justice ou la Constance.

Fries Scheepvaart Museum MUSÉE
(☎ 0515-414 057 ; www.friesscheepvaart-museum.nl ; Kleinzand 16 ; adulte/enfant 9,50/4,50 € ; ⏱ 10h-17h lun-sam, 12h-17h dim). Des siècles durant, Sneek a été un point de convergence des voies navigables de la Frise. Ce musée maritime frison illustre de belle manière nombre des aspects de la navigation dans la province. Des maquettes de *skûtsjes* et de *koffs*, embarcations qui servaient au commerce intérieur et international, y occupent une place d'honneur.

JFT Watersport PLAISANCE
(☎ 0515-443 867 ; www.jft-watersport.nl ; Hendrik Bulthuisweg 16 ; location 50-200 €/jour). Le Watersport est une agence familiale proposant différents types de bateaux à voile, non pontés ou pourvus de couchages. Loue également des paddles (10/25/35 € pour 1 heure/4 heures/1 journée) et des combinaisons (5 €). Réservez en ligne.

Fêtes et festivals

Sneekweek SPORTS
(www.sneekweek.nl ; ⏱ début août). L'ambiance est à la fête début août, lorsque la ville accueille la plus grande régate européenne en eau douce. Une course et des feux d'artifice ouvrent les festivités : nombreux concours, marché et ambiance joyeuse dans les rues.

Où se loger et se restaurer

Les hébergements étant limités à Sneek, de nombreux visiteurs viennent de Leeuwarden pour la journée.

Stadslogement King-Size B&B €
(☎ 0515-487 605 ; www.stadslogementkingsize.nl ; Prins Hendrikkade 20 ; d 70-90 € ; ❄ 📶). Cinq chambres de style contemporain dans un bâtiment historique de 1898 où les fameuses pastilles à la menthe King furent inventées en 1902. Les chambres, luxueuses, comportent une bouilloire et un éclairage élaboré. Un escalier en colimaçon mène à 2 chambres mansardées. Petit-déjeuner 100% bio servi dans la chambre (10 €).

Le Stadslogement n'a pas de réception. La porte d'entrée et les chambres s'ouvrent en composant différents numéros de téléphone.

Royaal Belegd SANDWICHS €
(☎ 0515-750 503 ; www.royaalbelegd.nl ; Lemmerweg 4 ; sandwichs 3,95-6,50 € ; ⏱ 9h-17h lun-ven, 10h-17h sam-dim). "Commerce équitable, fait maison et bonne chère", tel est le credo du chef de ce sympathique café. Si vous vous asseyez sur l'un des tabourets du bar face aux baies vitrées, vous aurez une belle vue sur le vieux port et la Waterpoort, emblématique de Sneek. Les *broodjes* (sandwichs), servis dans différents pains aux noix et céréales, constituent un déjeuner léger parfait. Également, petit-déjeuner et excellentes spécialités de café.

Renseignements

Office du tourisme (VVV ; ☎0515-750 678 ; www.waterlandvanfriesland.nl ; Kleinzand 16 ; 10h-17h lun-sam)

Comment s'y rendre et circuler

La gare ferroviaire se trouve à 5 minutes à pied du centre-ville par Stationstraat.
Les trains de la compagnie Arriva sur la ligne Leeuwarden-Stavoren reviennent à 4,68 € (22 min, 2/heure).

Profile Rodenburg (☎0515-413 096 ; www.profiledefietsspecialist.nl ; Lemmerweg 13-15 ; 9h-18h mar-mer et ven, 9h-21h jeu, 9h-17h sam), à 150 m à l'ouest de la Waterpoort, loue des vélos.

Hindeloopen

HYLPEN ; ☎0514 / 920 HABITANTS

Blotti au bord de l'IJsselmeer, Hindeloopen (Hylpen) est resté à l'écart du reste de la Frise pendant des siècles. Pour qui arrive par la plate campagne frisonne, l'apparition, à l'horizon, d'une forêt de mâts, annonce ce village frison de conte de fées.

Aux XVIe et XVIIe siècles, les bateaux marchands venant d'Amsterdam et à destination de l'Angleterre et de la Scandinavie faisaient escale dans ce port de la Zuiderzee, lui apportant prospérité et le reliant au reste du monde. La beauté exubérante et le charme du Siècle d'or subsistent dans les rues étroites de la petite cité, ses canaux fleuris, ses nombreux ponts (16 précisément) et sa poignée d'ébénistes qui réalisent depuis des générations des meubles en chêne aux peintures élaborées.

À voir et à faire

La digue herbeuse qui enserre la ville, tachetée de moutons en été, constitue une promenade revigorante et un point de vue d'où admirer l'Ijsselmeer. Au sud, la côte battue par les vents est appréciée des kitesurfeurs.

Museum Hindeloopen MUSÉE
(☎0514-521 420 ; www.museumhindeloopen.nl ; Dijkweg 1 ; adulte/enfant 6/4 € ; 11h-17h lun-sam, 13h30-17h dim avr-oct). Petit musée installé dans l'ancien hôtel de ville (1683) près de l'église, dont les expositions présentent l'histoire maritime de la ville et son artisanat, notamment l'art de la décoration de meubles des XVIe et XVIIe siècles pour lequel Hindeloopen est réputée. Deux salles renferment des carreaux frisons en céramique bleu et blanc, ainsi que des mannequins portant les costumes traditionnels de 1740.

Het Eerste Friese Schaatsmuseum MUSÉE
(musée frison du Patinage ; ☎0514-521 683 ; www.schaatsmuseum.nl/home ; Kleine Weide 1-3 ; adulte/enfant 5/4 € ; 10h-18h lun-sam, 13h-17h dim). Hindeloopen, aux hivers particulièrement froids, est l'une des villes étapes de la course d'endurance en patinage de vitesse de l'Elfstedentocht ("course des onze villes", p. 226). Ce musée retrace de manière captivante l'histoire, au fil des siècles, du patinage, qui était pour de nombreux Frisons le seul moyen de se déplacer l'hiver, puisque il n'était pas possible pour tout le monde d'avoir un cheval.

Où se restaurer et prendre un verre

La dégustation d'huîtres accompagnées de *Fries roggebrood* (pain de seigle frison) tient du rite de passage. Les restaurants donnant sur le vieux port servent tous ces spécialités, ainsi qu'un large choix de poisson frais.

De Hinde NÉERLANDAIS €€
(☎0514-523 868 ; www.dehinde.nl ; 't Oost 4 ; plats déj 6-12,50 €, plats dîner 12-29,50 €, menu dîner 3 plats 37 € ; 11h-21h jeu-mar). On apprécie beaucoup la terrasse de ce restaurant sur le port, propriété de la même famille depuis trois générations. Au menu du service du déjeuner (12h-16h) : soupe de petits pois, salade de hareng et *Fries roggebrood* tartiné de fromage de chèvre frais. Le soir, place à de succulents plats de poisson : huîtres locales, anguille fumée et sandre de l'Ijsselmeer.

Au-dessus du restaurant, De Hinde loue 2 chambres élégantes donnant sur la mer.

De Drie Harinkjes NÉERLANDAIS €€
(☎0514-522 222 ; www.de3harinkjes.nl ; Buren 39 ; plats 20,75-25,75 € ; 17h-22h ven-sam). Restaurant de poisson à l'intérieur d'un ancien garage à bateaux sur le vieux port, où il fait bon se réfugier par temps froid. Vue imprenable sur l'Ijsselmeer et le soleil couchant de la salle à manger à l'étage et la terrasse sur le toit. Spécialités de poissons comme par exemple le carrelet entier rôti au beurre ou le cabillaud à la sauce moutarde, et d'alléchantes viandes grillées.

De Foeke CAFÉ

(☎06 4257 6330 ; www.defoeke.com ; Nieuwstad 49 ; ⏲17h-22h ven-sam). Détendez-vous sur la pelouse de cette *terras* paisible retranchée à l'extrémité du port, face à un minuscule canal bordé d'autres jardins tout aussi fleuris. Banquettes romantiques pour deux, fabriquées à partir de vieilles palettes en bois, au bord de l'eau. Sert des en-cas.

Le samedi soir, de mai à septembre, les noctambules viennent danser toute la nuit au Club De Foeke (2 € ; à partir de 22h).

Achats

Roosje Hindeloopen ARTISANAT

(☎0514-521 251 ; www.roosjehindeloopen.com ; Nieuwstad 44 ; ⏲8h30-12h30 et 13h30-17h mar-ven, 10h30-12h30 et 13h30-16h30 sam). Ne manquez pas de flâner dans l'atelier-boutique du plus ancien ébéniste de Hindeloopen. Fondée en 1894, cette entreprise familiale est aujourd'hui gérée par Bertus et ses deux fils, Johan et Titus, qui fabriquent de superbes tables pliantes, coffres et luges traditionnelles évoquant les pièces richement ornées dont les commodores de la marine marchande décoraient leurs maisons au XVIIe siècle.

Leurs pièces faites main, ornées d'une profusion de fleurs, oiseaux, arabesques et scènes de la mythologie grecque, tous peints à la main à la peinture à l'huile, sont vendues dans le monde entier. La boutique a élu domicile dans une maison de capitaine datant de 1656. Demandez à Titus de vous laisser jeter un coup d'œil aux panneaux et fresques qui décorent le bureau à l'étage.

Renseignements

Le personnel efficace du petit comptoir de l'office du tourisme à l'intérieur du Museum Hindeloopen (p. 231) donne la liste des hôtels et B&B de la ville et vend une brochure pratique (1,50 €) détaillant un formidable circuit pédestre à travers la ville. Il loue également quelques bicyclettes.

Depuis/vers Hindeloopen

Une jolie promenade de 2 km depuis le village permet de rejoindre la minuscule gare ferroviaire (un quai au milieu des champs). Sinon, espérez que votre train coïncide avec le passage du bus n°102 ou de la navette Opstapper (4 €, toutes les heures) reliant la gare au musée de la ville. Les trains Arriva circulent toutes les heures en provenance de Leeuwarden (8,25 €, 45 min) via Sneek (4,70 €, 20 min) en direction de Stavoren, où des ferries desservent Enkhuizen en Hollande Septentrionale.

À vélo, comptez 27 km de Sneek à Hindeloopen via IJlst (Drylts), petite bourgade idyllique conservant deux scieries actionnées par des moulins, et la région constellée de lacs à l'ouest d'Oudega. Depuis Hindeloopen, rattrapez la véloroute nationale côtière LF22 vers le nord jusqu'à Harlingen, ou Stavoren au sud.

ÎLES DES WADDEN

Les îles Vlieland, Terschelling, Ameland et Schiermonnikoog forment un croissant au large de la province. Cet archipel, une région à part des Pays-Bas, constitue une entité écologique unique. Rempart naturel entre la côte frisonne et la mer du Nord, les îles (aussi appelées îles de la Frise) affleurent des bancs de vase de la mer des Wadden, classés au patrimoine mondial de l'Unesco en 2009 où pratiquer le *wadlopen* (marche dans la vase, ou la boue) avec des guides professionnels. Elles sont bordées de villages, de polders et de marais salants côté mer des Wadden, et de larges bancs de plage alternés de dunes face au large. Entre les deux s'étirent zones boisées et landes

100% LOCAL

RANDONNÉE DANS LA BOUE

La traversée à gué (en néerlandais : *wadlopen*) est une façon passionnante et aventureuse d'apprendre à connaître la mer des Wadden. À marée basse, les bas-fonds sèchent et vous permettent de traverser le fond de la mer. Ces bas-fonds sont constitués de bancs de sable entrecoupés de tranchées et de rigoles de ruissellement. Au cours de cette randonnée, les randonneurs se déplacent comme ils le peuvent à travers des kilomètres de bourbier et de boue jusqu'aux cuisses et se frayent un chemin à travers des canaux d'eau leur arrivant à la taille avant d'arriver sur l'une des îles de la mer des Wadden. Voir aussi l'encadré p. 250 sur la marche au nord de Groningue.

sillonnées de sentiers de randonnée et de pistes cyclables.

Peuplées depuis au moins 1 000 ans, ces îles isolées ont souvent essuyé les caprices de la nature, entre la mer qui rase les bourgades de la carte et les sables qui dans leur progression, en modifient le terrain. Dans l'impossibilité de vivre de la terre, les habitants se sont tournés vers la pêche, notamment baleinière. Depuis la Seconde Guerre mondiale, ces îles vivent essentiellement du tourisme estival.

Depuis/vers les îles des Wadden

Des ferries relient de façon régulière les îles au continent. Comptez un supplément pour les voitures ou les vélos. Seuls les résidents peuvent embarquer leur véhicule pour Vlieland et Schiermonnikoog. Les îles des Wadden disposent toutes d'un réseau de bus correct et de nombreuses boutiques de location de vélos électriques et classiques près des débarcadères.

Soyez à l'affût des promotions en ligne. Ainsi, pour vous rendre à Terschelling ou Vlieland, **Rederij Doeksen** (☎ 0889 000 888, 06 1332 6406 ; www.rederij-doeksen.nl) propose un aller-retour dans la journée très intéressant avec location de vélo à l'arrivée.

Vlieland

☎ 0562 / 1 145 HABITANTS

Île la plus isolée de l'archipel et la moins touristique, Vlieland est une vivifiante terre sauvage balayée par les vents. Le ferry accoste à Oost Vlieland, son unique village, à la pointe est de l'île, entouré de forêts. On y trouve tous les hôtels, restaurants et services. L'extrémité occidentale de l'île se résume à une pointe de sable à la merci des éléments marins, dont l'armée néerlandaise occupe certaines parties.

À voir et à faire

La nature est reine ici. L'essentiel de l'île, dont ses 18 km de plage, fait le bonheur des randonneurs et des cyclistes. Visiter l'île à vélo peut se révéler grisant et les vététistes aguerris pourront s'attaquer aux nombreux chemins non goudronnés. L'office du tourisme (p. 234) fournit des guides de randonnée cycliste ou pédestre (en anglais).

Museum Tromp's Huys MUSÉE
(☎ 0562-451 600 ; www.trompshuys.nl ; Dorpsstraat 99 ; adulte/enfant 6/3 € ; ⏲ 14h-17h mar-jeu et sam, 10h-13h ven). Immergez-vous dans la vie sur l'île au début du XXe siècle à l'intérieur du plus vieux bâtiment de Vlieland, datant de 1575. La peintre paysagiste norvégienne Betzy Akersloot-Berg (1850-1922) vécut et travailla ici à partir de 1896, peignant inlassablement les îles et ses paysages marins. Certaines de ses œuvres sont exposées dans le musée, aux côtés d'anciennes maquettes de bateaux, cartes, argenterie et autres objets de l'île à cette époque.

Vlieland Outdoor Center KAYAK, PADDLE
(☎ 06 5146 0152 ; www.vlielandoutdoorcenter.nl). Un centre multiactivités de plein air. Location de canots, kayaks, kite-surfs (2 heures avec moniteur 70 €) et paddles (12,50 €/heure), et cours proposés. Également : du golf de plage, du tennis de plage et des ateliers de cuisine (3 heures, 72 €), comprenant recherche de coques et autres coquillages dans la vase pour les cuisiner au camp de base. Sur la plage, à l'ouest de Badweg.

Informatiecentrum De Noordwester ACTIVITÉS DE PLEIN AIR
(centre d'information De Noorwester ; ☎ 0562-451 700 ; www.denoordwester.nl ; Dorpsstraat 150 ; ⏲ 11h-17h lun-ven, 12h-16h sam-dim fév-juin et sept-déc, 10h-17h lun-ven, 12h-16h sam-dim juil-août). Le centre d'information De Noorwester est un passage obligé. Vous pourrez vous joindre à un groupe de randonneurs ou d'observation des oiseaux, ou profitez des circuits en bateau quotidiens autour de l'île, lesquels incluent un peu de *wadlopen*.

Où se restaurer et prendre un verre

Dorpsstraat, l'artère principale, est une succession de jolies maisons de village en pierre, dont beaucoup accueillent des cafés

HÉBERGEMENT SUR LES ÎLES

En été, période de forte fréquentation – les îles voient régulièrement leur population multipliée par dix les week-ends ensoleillés –, tâchez de vous organiser bien à l'avance. Du reste, les logements sont légion, entre hôtels, B&B, cottages et terrains de camping.

et des restaurants, tous avec terrasse en été ; leurs cartes se valent (produits de la mer bien sûr, viandes, et quelques recettes de pâtes). Vous y trouverez aussi les deux petits supermarchés de Vlieland (aux n^os^38 et 108), parfaits pour préparer un pique-nique, et la boulangerie au no100.

Leut Koffiebar & Logies CAFÉ €
(☎0562-853 791 ; www.leutvlieland.nl ; Dorpsstraat 118 ; salades et sandwichs 5,25-11,95 € ; ⏲9h-18h ; 📶). Avec sa jolie terrasse ombragée, cette maison de village en brique caramel est un endroit branché de la grand-rue où siroter un chai, un smoothie ou une infusion. Petits-déjeuners à base de yaourt et de fruits, délicieuses salades et wraps servis entre 11h30 et 17h, et montagnes de canneberges locales au *slagroom* (crème fouettée) pour le goûter.

Si vous tombez amoureux de ce café, de sa cuisine saine et de son design scandinave, Leut loue 3 chambres élégantes (d à partir de 100 €) avec kitchenette commune à l'étage.

♥ **Oost** PRODUITS DE LA MER €€
(☎06 1007 8585 ; www.oostvlie.nl ; Fortweg 20, Strand Fortweg Vlieland ; plats 9,95-15 € ; ⏲10h30-19h mar-dim, cuisine 11h30-18h). Niché entre les dunes sur une étendue de sable d'or, ce petit *Strandpaviljoen* (pavillon de plage) contemporain est le plus à la mode de l'île. Poissons et coquillages locaux (sa spécialité) cuits au four à charbon avec une touche fusion créative, sont les mets phares ici.

Le plat du jour, *Schelpen in het Zand* ("moules dans leur sable"), un saladier de moules aux herbes parsemées de miettes épicées à base de pain et de beurre d'algues, est succulent, tout comme le burger de bœuf maison à l'algue wakame et sa mayonnaise au wasabi. Pour grignoter, essayez les plateaux de sardines, harengs, coques et rouleaux de printemps au poisson. Le dîner, servi à partir de 18h, comporte 4 plats (réservation indispensable).

ℹ Renseignements

Office du tourisme (VVV ; ☎0562-451 111 ; www.vlieland.net ; Havenweg 10 ; ⏲9h-17h lun-ven, 10h-13h et 15h-17h sam, 10h-12h et 15h30-17h dim)

ℹ Depuis/vers Vlieland

Les ferries de Rederij Doeksen (p. 233) relient Harlingen à Vlieland (aller-retour adulte/enfant 31,01/16,47 €) en 1 heure 30 environ. Ils levent généralement l'ancre à 8h30 ou 9h, 14h et 19h, mais les horaires changent d'une saison à l'autre. Un bateau rapide (39,36/26,42 €) fait le trajet direct en 45 minutes et via Terschelling en 1 heure 30. Cherchez les offres intéressantes de la saison.

L'été, **De Vriendschap** (☎022-231 64 51 ; waddenveer.nl ; aller-retour dans la journée adulte/enfant 32,50/25 €, vélo 12,50 € ; ⏲mai-sept) relie Vlieland à l'île de Texel en 30 minutes. Des excursions à la journée (adulte/enfant 29,50/19,50 €) partent de Het Posthuys (ancien relais de poste historique) dans le centre, où les passagers parcourent 12 km d'étendues de sable à bord du **Vliehors Express** (☎06 2182 0842 ; www.vliehorsexpres.nl ; Dorpsstraat 74 ; adulte/enfant 24,50/17,50 €) – un gros camion adapté pour profiter de la vue – jusqu'au port de Vliehors, à l'extrémité ouest de Vlieland. De là, des bateaux rejoignent Texel. Si vous souhaitez séjourner sur Texel, l'aller simple coûte 18,50/12 €.

ℹ Comment circuler

Face au débarcadère des ferries, **Jan van Vlieland** (☎0562-451 509 ; www.janvanvlieland.nl ; Havenweg 7 ; ⏲9h-12h30 et 13h30-17h) loue vélos/vélos électriques (à partir de 7,70/23,50 € par jour), mais aussi tandems, vélos pour enfant et remorques. Un bus dessert les quelques rues d'Oost-Vlieland.

Terschelling

☎0562 / 4 720 HABITANTS

La plus grande des îles des Wadden est aussi la plus développée et la plus touristique. Des villages s'alignent, entre polders et dunes, sur ses 30 km de longueur. West-Terschelling, à l'extrémité occidentale, où se trouve le port des ferries, et Midsland, sa voisine, sont les principaux villages de l'île, jalonnés de boutiques de souvenirs, de cafés et de restaurants. L'île compte au total 250 km de sentiers et de pistes cyclables. Son extrémité orientale est sauvage et isolée. Willem Barentsz (1550-1597), le fameux navigateur et explorateur, pionnier des "aventures" dans le Grand Nord, est natif de Terschelling. La mer de Barents porte son nom.

À voir et à faire

L'office du tourisme (p. 237) est le point de départ de très nombreuses excursions et autres activités, telles que marche dans la vase (mudflat), observation des phoques et des oiseaux, et marche dans la nature avec un garde forestier.

Bunker Museum MUSÉE

(Stellung Tiger ; ☎0562-850 732 ; www.bunkersterschelling.nl ; Tigerpad 5, West-Terschelling ; adulte/enfant 7,50 €/gratuit ; ⏲12h-16h mar-sam, 11h30-15h30 dim). Dans la forêt à l'est de West-Terschelling se cache un extraordinaire réseau souterrain de 85 bunkers, construits entre 1941 et 1944, qui servait de station radar militaire pendant la Seconde Guerre mondiale. Vous pourrez voir une petite exposition sur la station et visiter deux bunkers emplis de casques, bouteilles en verre, douilles, carnets de croquis et autres objets ayant appartenu aux 200 soldats allemands stationnés à Stellung Tiger, et dans d'autres stations radar, le long du mur de l'Atlantique. La visite guidée passe dans une authentique salle de transmission.

Terschelling Museum 't Behouden Huys MUSÉE

(☎0562-442 389 ; www.behouden-huys.nl ; Commandeurstraat 30, West-Terschelling ; adulte/enfant 7,50/3 € ; ⏲11h-17h lun-ven, 13h-17h sam-dim avr-nov, 13h-17h mer, sam et dim nov-mars). Ce petit musée retrace les coutumes et traditions de Terschelling et son histoire maritime. Il doit son nom à la cabane construite sur l'archipel de la Nouvelle-Zemble (archipel polaire russe ; Novaïa Zemlia ou "Nouvelle Terre") par l'enfant du pays Willem Barentsz. Bloqué par les glaces lors d'une expédition dans l'Arctique en 1596, il y hiverna avec son équipage, et c'est là qu'il mourut l'année suivante. On peut voir ici une reconstitution de leur abri.

De Boschplaat PARC NATUREL

Vaste réserve naturelle à la pointe orientale de l'île, De Boschplaat était une île jusqu'en 1880, année où le canal la séparant de Terschelling s'assécha. Des sentiers sillonnent les dunes enherbées, refuge privilégié des oiseaux migrateurs.

Fêtes et festivals

Oerol CULTURE

(www.oerol.nl ; ⏲fin juin). Ce grand festival de plein air annuel est connu de tous les Néerlandais qui en profitent pour venir au bord de la mer. Tout a commencé au début des années 1980 lorsque des fermiers décidèrent de laisser leurs vaches en liberté un jour par an (*oerol* signifie "partout"). Aujourd'hui, *on peut* participer à l'ambiance festive qui réveille le littoral nord pendant 10 jours la deuxième quinzaine de juin.

Théâtre, musique, danse et arts de la rue s'improvisent sur toute l'île, y compris sur les plages, les dunes de sable et dans les forêts de pin.

Où se loger

Camping, auberge de jeunesse ou hôtel de luxe, il y en a pour toutes les bourses sur cette grande île. West-Terschelling et Midsland comptent le plus d'adresses.

Stayokay Terschelling AUBERGE DE JEUNESSE €

(☎0562-442 338 ; www.stayokay.com/terschelling ; 't Land 2, West-Terschelling ; dort à partir de 26,50 €, d/tr/qua 120/136/160 € ; ⏲réception 9h-17h ; 📶). Cette auberge de la chaîne néerlandaise est installée sur un promontoire dominant le port, à 1,5 km à l'est du phare. Vue imprenable depuis la cantine, la terrasse et de nombreuses chambres. L'emplacement, plutôt isolé, a un goût d'aventure. Le bus n°21 vous y dépose (arrêt Dellewal), sinon suivez la piste cyclable côtière vers le nord-est. Apportez votre serviette ou louez-en une (3,50 €).

D'UNE ÎLE À L'AUTRE

En été, des ferries quotidiens desservent les îles de Texel, Vlieland et Terschelling sans passer par le continent.

Mais, si vous avez le temps, une alternative plus hardie consiste à naviguer d'île en île jusqu'en Hollande-Septentrionale. **Eilandhopper** (☎020-261 46 28 ; www.eilandhopper.nl ; ⏲juil-août) possède deux élégants *clippers* (voiliers traditionnels) centenaires : l'*Avontuur* navigue entre Amsterdam et Terschelling (via Enkhuizen et Stavoren), et le *Willem Jacob* entre Texel et Schiermonnikoog, s'arrêtant dans toutes les îles du parcours. Circuits de plusieurs jours (avec hébergement et repas à bord), d'une journée (55 €/pers) ou d'une nuit (70 €), par exemple avec départ de Terschelling à 18h et arrivée sur Ameland le lendemain matin à 11h. Horaires et réservations en ligne.

100% LOCAL

ANGUILLE SOUS ROCHE EN CUISINE

Natif de l'île, Flang propose des circuits et ateliers de cuisine à nul autre pareils au **Kookstudio Flang in de Pan** (0562-850 134 ; www.flangindepan.nl ; Dorpsstraat 25), son studio de Hoorn, incluant une excursion de *wadlopen* sur la mer des Wadden (avril à octobre ; adulte/enfant 35/25 €) avec ramassage d'huîtres, de bigorneaux et d'algues puis préparation d'un repas. En hiver, les ateliers consistent notamment à ramasser des petits pois pour concocter la traditionnelle soupe (20/15 €, déj compris).

Les amateurs de poisson adoreront la balade jusqu'à un *takkenfuik* traditionnel sur les bancs de vase pour apprendre comment attraper un poisson, le préparer et confectionner un repas (40 €). Flang loue également 2 chambres en B&B au-dessus de son studio.

't Wapen van Terschelling HÔTEL €
(0562-448 801 ; www.twapenvanterschelling.nl ; Oosterburen 25, Midsland ; s sans sdb 40 €, d avec/sans sdb 99/69 € ; wi-fi). En plein milieu de l'artère principale de Midsland, jalonnée de boutiques et de cafés, à 6 km à l'est du port de ferry, cette vénérable auberge est située au-dessus d'un accueillant café brun. Bon choix de bières et sympathique bric-à-brac vintage. Ses 24 chambres (moquette) sont bien tenues, certaines avec salle de bains partagée, d'autres avec balcon. Petit-déjeuner compris.

Où se restaurer et prendre un verre

De Bessenschuur CAFÉ €
(0562-448 800 ; www.terschellingercranberry.nl ; Badweg West 1, West-Terschelling ; gâteaux 4-7 € ; 10h-17h lun et ven-sam). Ancien entrepôt destiné à la récolte de la canneberge, abondante dans cette partie de l'île, cette jolie maison forestière aux auvents rayés blanc et rouge a été reconvertie en café. On y sert des boissons et pâtisseries à base de canneberge. Idéal pour poser son vélo et faire une halte depuis ou vers la plage de West ann Zee (2,3 km plus au nord).

Fruit traditionnel de l'île depuis des siècles, la canneberge sauvage recouvre les dunes, et les vallées de dunes humides sont tapissées de fleurs couleur bruyère de fin mai à début juin. La cueillette a lieu de début septembre à novembre. Le 1er étage du De Bessenschuur renferme un petit musée où sont exposées des photos en noir et blanc de la récolte des baies au fil des siècles.

Pure Vida INTERNATIONAL €€
(06 1185 5457 ; www.puravidaterschelling.nl ; Oosterburen 36, Midsland ; tartines et sandwichs 6,95-8,95 €, plats 14,50 €, petit/grand saladier 10,50/16,50 € ; 10h-23h mar-jeu et dim, 10h-minuit ven-sam ; wi-fi). Un bar bio hipster pour assouvir toutes vos envies : un smoothie pour bien démarrer la journée (épinard, gingembre, yuzu et lait d'amande), un cocktail ou un repas complet. Tartines généreusement garnies, sandwichs, salades et burgers (agneau, poisson ou algues) au déjeuner, saladiers fusion du monde entier débordant de poisson cru, noix, chou chinois et bien d'autres pour le dîner (à partir de 17h30).

De Walvis PRODUITS DE LA MER €€
(www.walvis.org ; Groene Strand 1, West-Terschelling ; plats 15-25 € ; 10h30-20h30 jeu-mar, bar 10h-23h fév-déc). Au pied des dunes occidentales, cette "baleine", un pavillon décontracté juché sur une dune enherbée, est dotée d'une grande terrasse embrassant le paysage changeant de la mer des Wadden. Outre la pêche du jour, on y sert une bonne bouillabaisse et un bœuf Limousin. La tarte à la canneberge et sa crème fouettée calmeront les petites fringales.

Restaurant 't Golfje NÉERLANDAIS €€€
(0562-448 105, 06 2060 8796 ; www.restaurant-tgolfje.nl ; Heereweg 22a, Midsland ; menus 3 à 8 plats 52,50-82,50 € ; 18h-0h). La talentueuse chef Helga Stobbe, enfant de Terschelling, officie dans son petit cottage à l'extrémité nord de Midsland. Elle régale les gourmets avec une succession de petits plats : poisson, coquillages et mélanges inattendus inspirés de ses voyages. Superbe suggestion de vins en accompagnement. Choisissez le nombre de plats ; les fromages et desserts (11/8,50 €) ne sont pas compris dans les menus.

De Ouwe Smitte CAFÉ

(☎0562-448 069 ; www.deouwesmidte.nl ; Oosterburen 37, Midsland ; ⏲10h-17h lun-mar et jeu-sam). Les Néerlandais appréciant le vrai café, l'île possède son propre torréfacteur assorti d'un alléchant café, salon de thé et boutique de la grand-rue de Midsland. Cafetière à piston, extraction à froid en goutte à goutte, filtre, expresso, différents cappuccinos et latte... faites votre choix. Goûtez au fabuleux Black Pearl, au cacao et piment.

Également : d'irrésistibles thés spéciaux, chocolat néerlandais artisanal, fudge à la canneberge et scones à la crème fouettée.

Renseignements

Office du tourisme (VVV ; ☎0562-443 000 ; www.vvvterschelling.nl/en ; Willem Barentszkade 19a, West-Terschelling ; ⏲8h45-17h30)

Depuis/vers Terschelling

Rederij Doeksen (p. 233) assure régulièrement la traversée entre Harlingen et Terschelling (adulte/enfant A/R 38,43/14,42 €, vélo 12,50 €) en 2 heures environ, plusieurs fois par jour (en général 3 départs par jour, et jusqu'à 5 les week-ends d'été). Des bateaux rapides (adulte/enfant A/R 39,36/26,42 €) font le trajet en 45 minutes trois fois par jour.

L'été, deux ferries rapides desservent l'île voisine de Vlieland (30 min) en semaine. Vérifiez les horaires sur Internet.

Ne ratez pas les promotions saisonnières : en 2018, un aller-retour dans la journée vers chaque île coûtait 25 €, 29 € avec une location de vélo ou les trajets en bus pour la journée.

Comment circuler

Des bus (2 €) parcourent toutes les heures la route principale de l'île. Plusieurs agences louent des vélos sur l'île, dont **Rijwielverhuur Tijs Knop** (☎0562-442 052 ; www.tijsknop.nl ; Torenstraat 10/12, West-Terschelling ; vélo 3/7 vitesses 5,40/6,300 € par jour ; ⏲9h-17h30 lun-sam, 10h-17h30 dim) dans l'artère principale de West-Terschelling. S'occupe aussi du transport de vos bagages jusqu'à votre hébergement.

Ameland

☎0519 / 3 591 HABITANTS

Du quartet d'îles de la Frise, Ameland est peut-être la plus consensuelle. Ses quatre villages paisibles – Buren, Nes, Ballum et Hollum – sont certes plus modestes que les villages de Terschelling, mais ils offrent leur content d'animation à la majorité des touristes. Et, si la nature n'est pas aussi sauvage ou grandiose que sur Schiermonnikoog ou Vlieland, la beauté naturelle de l'île, surnommée le "diamant des Wadden", sa quiétude et ses réserves naturelles ont du charme à revendre. En somme, Ameland est un endroit idéal pour passer une journée ou deux hors des sentiers battus.

À 8 km à peine du continent, Ameland est accessible en ferry, et certains choisissent même d'y aller à pied (p. 250), mais accompagnés d'un guide professionnel. L'histoire de l'île, intimement liée à celle de la chasse à la baleine et de la marine marchande, est toutefois atypique : elle fut une "seigneurie" indépendante pendant près de trois siècles, jusqu'à ce que la famille au pouvoir s'éteigne en 1708. Ameland se compose en fait de trois îles qui se trouvèrent réunies au XIXe siècle.

À voir et à faire

De tous les villages, l'ancien port baleinier du XVIIIe siècle de **Nes** est, avec ses rues bordées de jolies maisons de brique, le plus animé et le plus charmant. Depuis **Hollum**, le village le plus occidental, vous aurez accès à pied à des dunes battues par les vents et apercevrez au loin un célèbre phare rouge et blanc à la vue dégagée.

Le tiers oriental de l'île se compose de zones humides et de dunes sans la moindre construction.

Longue de seulement 25 km, Ameland se parcourt aisément à vélo. Parmi les pistes cyclables couvrant toute l'île, un sentier de sable tassé de 27 km longe presque entièrement le littoral nord derrière les dunes.

Phare PHARE

(Oranjeweg 57, Hollum ; adulte/enfant 5/3,75 € ; ⏲13h-17h lun, 10h-17h mar, 10h-17h et 19h-21h mer-dim mars-oct, horaires restreints le reste de l'année). L'emblématique phare rouge et blanc d'Ameland domine l'extrémité occidentale de l'île du haut de ses 55 m. Seul phare de l'archipel à être ouvert au public, cette structure en fer forgé préside, après une grimpée de 236 marches, à un panorama sur toute l'île et la mer des Wadden. Tout en montant, retracez l'histoire du phare à travers une exposition et les enregistrements de gardiens de phare.

Depuis le village d'Hollum (1 km à l'est), suivez à vélo le Badweg vers l'ouest puis prenez le sentier sablonneux qui traverse Hollumerbosch, une forêt de pins.

Natuurcentrum Ameland MUSÉE
(☎0519-542 737 ; www.amelandermusea.eu ; Strandweg 38, Nes; adulte/enfant 8,50/6,50 € ; ⏲10h-17h lun-ven, 11h-17h sam-dim fév-oct, horaires réduits le reste de l'année). Au nord du village de Nes, ce centre possède un excellent aquarium d'eau de mer regroupant des espèces de la mer du Nord, notamment des raies mantas, des barracudas et des anguilles. Observez l'île de bout en bout depuis la tour d'observation attenante et parcourez à pied la boucle de 2,2 km dans la forêt de Nesserbos. Le centre organise, entre autre activités, des circuits de *wadlopen* (voir p. 232), des promenades sur la plage et de la pêche au filet.

Où se loger

Camping Middelpôlle CAMPING €
(☎06 2386 8480 ; Het Westerpad 3, Nes ; empl tente 6,50 €, plus adulte/enfant 5/3,50 € ; ⏲avr-sept). Terrain paisible et arboré fort de 40 emplacements aménagés sur des tertres enherbés entre dunes de sable et forêt, idéal pour les amoureux de la nature. Il n'y a pas d'électricité et le site se trouve à 15 minutes à pied de la plage. Trois tentes Quonset entièrement équipées, avec cuisine, sont à louer pour ceux qui tiennent à leur confort.

Sier aan Zee AUBERGE DE JEUNESSE €
(☎0519-555 353 ; sieraanzee.nl ; Oranjeweg 59, Hollum ; s/d/tr/qua 55/65/82,50/110 € ; 📶). Peter et Ruth sont l'âme de cette auberge familiale et animée donnant sur les dunes – ancien centre de convalescence pour les soldats allemands de la seconde Guerre mondiale. Ambiance de camp de vacances, chambres rudimentaires bien tenues et activités pour les enfants. À 200 m après le phare ; le bus n°130 s'y arrête.

Hotel De Jong HÔTEL €
(☎0519-542 016 ; www.hoteldejong.nl ; Reeweg 29, Nes ; s/d 74,20/89 € ; 📶). Située au carrefour d'Ameland, cette auberge sympathique s'anime à la haute saison, et l'on s'y attable en terrasse pour observer l'activité de l'embarcadère du ferry, à 1 km au sud. Murs et draps blancs, parquets de bois clair et peintures marines dans les 12 chambres. Testez le ragoût de fruits de mer et l'anguille aux herbes.

♥ **Hotel Nobel** HÔTEL DESIGN €€
(☎0519-554 157 ; www.hotelnobel.nl ; Gerrit Kosterweg 16, Ballum ; d à partir de 160 € ; ❄@📶). Adresse luxueuse doté d'un restaurant, dans une ferme reconvertie. Les 19 chambres arborent des tons blancs et des photographies de mode aux murs. Deux suites romantiques sont aménagées dans une chapelle en briques rouges désconsacrée, sur un terrain arboré. C'est dans le café brun attenant que la Nobeltje, fameuse liqueur d'Ameland, fut créée en 1902.

Où se restaurer et prendre un verre

♥ **Sunset** BAR
(☎06 2070 3648 0519-554 280 ; www.thesunset.nl ; Oranjeweg 61, Hollum ; 7-23 € ; ⏲11h-18h). Non loin du phare de Hollum, digne d'une carte postale, ce club de plage a les pieds dans le sable. Les insulaires viennent y boire un gin tonic accompagné d'huîtres ultrafraîches en regardant le soleil se coucher sur l'île.

La cuisine, servie en continu, est tout aussi formidable : sandwichs inventifs au poisson, porc effiloché et falafels (12 €), soupes, tartines et burgers au déjeuner. Le soir venu, goûtez les sushis au thon épicé, le maquereau fumé et ses nouilles au thé vert, ou simplement la pêche du jour.

Renseignements

Le principal **office du tourisme** (VVV ; ☎0519-546 546 ; www.vvvameland.nl ; Bureweg 2, Nes ; ⏲9h-17h lun-ven, 10h-15h sam) de l'île se situe à Nes, à 7 minutes de marche ou un arrêt de bus du débarcadère.

Depuis/vers Ameland

Wagenborg (☎0900 9238, depuis l'étranger 088-103 10 00 ; www.wpd.nl) relie en ferry Nes au grand port maritime de Holwerd, sur le continent, toutes les 2 heures environ (A/R adulte/enfant 14,55/8,05 €, voiture avec conducteur/vélo 22,90/9,05 €, 45 min) toute l'année, de 9h à 20h ; toutes les heures le vendredi et le samedi, de juillet à août.

De Leeuwarden, le bus Arriva n°66 (40 min, toutes les heures) dessert le port de Holwerd. Comptez 26 km à vélo via la LF3b.

Des taxis et des bus assurant la desserte des quatre villages de l'île, et coïncident avec l'arrivée des ferries. À l'unité, le ticket de bus coûte 1,67/2-63 €, et le pass journalier 5 €. La boutique **Kiewiet Fietsverhuur** (☎0519-542 130 ; www.fietsenopameland.nl ; Oude Steiger 1, Nes ; vélo 3/7 vitesses 8/9 € par jour ; ⏲8h-18h lun-jeu et sam, 8h-21h sam, 8h30-18h dim), juste en amont de l'embarcadère des ferries, loue des vélos Gazelle à 7 vitesses.

HORS DES SENTIERS BATTUS

LES BAS-FONDS ET LES PHOQUES DE LAUWERSMEER

Paradis des amoureux de la nature, le minuscule **parc national du Lauwersmeer** (☎ 06 5123 0923 ; www.np-lauwersmeer.nl/doen-zien/activiteitencentrum ; De Rug 1, Lauwersoog ; ⏲ centre des visiteurs 11h-17h mar-dim), à cheval entre la Frise et la province voisine de Groningue, protège les bas-fonds artificiels du Lauwersmeer. Le lac résulte de la fermeture en 1969 de la digue séparant le Lauwerszee, formé en 1280 par une inondation, de la mer des Wadden. Les amateurs d'ornithologie avertis apercevront le rare aigle de mer, le pygargue à queue blanche et de nombreux oiseaux migrateurs dans les eaux peu profondes, tandis que des chevaux koniks peuplent les prairies alentour en compagnie des oies sauvages.

La pêche reste l'occupation traditionnelle à **Zoutkamp**, petit village aux maisons multicolores, où les anguilles sont toujours fumées sur les quais dans des *rokerij* (fumoirs). Depuis le village portuaire de **Lauwersoog**, des ferries gagnent l'île de Schiermonnikoog, classée parc national. Depuis le centre des visiteurs, on peut suivre un sentier nature de 1,5 km. Réservez les promenades nature guidées et les excursions d'observation des oiseaux avec un garde forestier.

En 2020, un nouveau centre dédié aux phoques a ouvert sur la côte à Lauwersoog. Conçu par la fameuse architecte danoise Dorte Mandrup, le bâtiment contemporain en verre est construit sur pilotis et accueille des expositions sur l'écosystème de la mer des Wadden, un centre de recherche, un café et des bassins sur le toit, où observer le phoque gris, autrefois endémique.

Schiermonnikoog

☎ 0519 / 947 HABITANTS

Mesurant seulement 16 km de long sur 4 km de large, la plus petite et la plus calme des îles des Wadden habitées est un havre de paix. Le sentiment d'isolement que l'on éprouve en explorant ses 18 km de plage peut être grisant, et pour cause : excepté son unique village (qui porte aussi le nom de Schiermonnikoog), la totalité de l'île est classée parc national. L'"île des moines gris" doit son nom à l'habit des ecclésiastiques qui y vivaient au XVe siècle.

À voir et à faire

Schiermonnikoog est le paradis des cyclistes, mais aussi des *wadlopers* (adeptes de la marche dans la vase) en provenance du continent. La nuit, quasi exempte de toute pollution lumineuse, le ciel étoilé est impressionnant.

Parc national de Schiermonnikoog PARC NATIONAL
(☎ 0519-531 641 ; www.np-schiermonnikoog.nl ; Torenstreek 20 ; ⏲ centre d'accueil des visiteurs 10h-12h et 13h30-17h lun-sam, 13h30-17h dim). La totalité de l'île, à l'exception de son unique village et du polder qui l'entoure, a été classée parc national par le gouvernement néerlandais en 1989 (le premier du pays). Il est facile de se perdre en explorant ses 5 400 ha composés de plages, de dunes, de marais salants et de forêts. Plusieurs circuits sont proposés à ceux qui préfèrent organiser leurs promenades. Renseignements et réservation auprès du **Bezoekerscentrum Schiermonnikoog** (centre des visiteurs), installé dans une ancienne centrale électrique du village, au pied du phare blanc.

Pour observer les alentours, direction le **Wasserman**, vestiges d'un bunker allemand perché sur de hautes dunes boisées au nord du village. Les passionnés d'oiseaux apercevront peut-être des butors parmi les roseaux du Westerplas, un lac situé immédiatement à l'ouest du village, tandis que les marais salants sont peuplés de goélands argentés, de sternes et de spatules.

Où se loger et se restaurer

Sur l'île, les hôtels et les chambres d'hôtes sont rares, mais il y a en revanche un bon choix de bungalows et d'appartements. Le camping est interdit dans le parc national. L'office du tourisme fournit la liste des fermes (qui louent parfois des chambres), où planter votre tente, aider à nourrir les veaux et vous régaler de lait et de yaourt frais au petit-déjeuner.

Hotel van der Werff HÔTEL €€
(☎ 0519-531 306 ; www.hotelvanderwerff.nl ; Reeweg 2 ; s/d/tr 57,50/115/172,50 € ; 📶). Certaines parties de ce grand hôtel

historique ont plus de deux siècles. Modernes et confortables, ses 57 chambres ont des meubles sombres d'époque, une moquette bordeaux et du papier peint vintage. Quelques-unes possèdent un balcon avec vue et les suites sont adaptées aux familles. Le café en terrasse est la référence pour un long petit-déjeuner. Transfert en bus vintage depuis le débarcadère.

Ambrosijn NÉERLANDAIS **€€€**
(☎0519-720 261 ; www.ambrosijn.nl ; Langestreek 13 ; plats déj 8,50-24,50 €, menu dîner 2 à 7 plats 29,50-78,50 € ; ⏲10h-17h lun-jeu, 10h-21h ven-sam, 17h-21h dim). L'Ambrosijn ("l'Ambroisie"), qui doit son nom aux pommes sauvages poussant sur Schiermonnikoog, est une ode aux produits de l'île, cuisinés avec amour par le propriétaire/chef Co Huijbrechts. Les gourmets commanderont le menu dégustation, succession de plats exquis. Et, bien sûr, ils termineront par une boule de glace au lait frison (fleur de sureau, baie d'argousier ou miel de l'île, suivant le mois).

Également, 3 suites luxueuses à l'étage et un salon glacier (ouvert d'avril à octobre).

Renseignements

Vous trouverez dans le centre du village l'**office du tourisme** (☎0519-531 233 ; www.vvvschiermonnikoog.nl ; Reeweg 5 ; ⏲9h-17h lun-sam, 10h-14h dim), une épicerie, un DAB, une pharmacie, un réparateur de vélos ainsi que d'autres services.

Depuis/vers Schiermonnikoog

Wagenborg (☎0900 9238 ; www.wpd.nl ; adulte/enfant A/R 15,05/8,60 €, vélo 9,05 €) assure la traversée en ferry entre Schiermonnikoog et le port de Lauwersoog, dans la province du Groningue. Les ferries assurent la traversée (45 min) jusqu'à cinq fois par jour de 6h30 à 18h30. Les bus des hôtels et de la commune (A/R 3,50 €) attendent les passagers à la descente du ferry, au port, à 3 km de Schiermonnikoog-ville. Une boutique de location de vélos donne sur le port. Seuls les insulaires peuvent prendre le ferry avec leur voiture.

Le bus n°50 couvre le trajet jusqu'à Leeuwarden depuis Lauwersoog (1 heure) presque une fois par heure (8 €). Depuis Groningue, il faut environ 1 heure au bus n°163 pour atteindre le port des ferries.

Le Nord-Est

Dans ce chapitre ➡

Le top des restaurants

- Bistro Vive La Vie (p. 248)
- 't Zielhoes (p. 252)
- Bistro 't Gerecht (p. 248)
- Wadapartja (p. 248)
- Villa Tapas (p. 255)

Le top des hébergements

- Hotel Miss Blanche (p. 247)
- The Student Hotel (p. 246)
- Prinsenhof Groningen (p. 247)

Pourquoi y aller

Rares sont les voyageurs à s'aventurer dans cette région excentrée. Or cette terre n'en est pas moins le poumon rural des Pays-Bas, une contrée de traditions ponctuée des témoignages d'une présence humaine remontant à la préhistoire. Le principal chemin de grande randonnée des Pays-Bas, le Pieterpad, part aussi de Pieterburen pour rejoindre, 490 km plus au sud, Maastricht.

La capitale régionale, Groningue, est une ville jeune et dynamique. Musées, restaurants, bars, théâtres, canaux, festivals : ce pôle culturel du nord des Pays-Bas est le point de chute idéal pour explorer la région.

Et pourquoi ne pas s'essayer, sur le littoral, à l'étonnante pratique du *wadlopen* (marche dans la vase) ? Ou partir plus à l'est, aux confins de l'Allemagne, où les remparts de Bourtange paraissent aussi formidablement solides qu'ils l'étaient au XVIe siècle. Au sud, la Drenthe est un immense patchwork de prés où pâturent les moutons, de tourbières, de marais et de *hunebedden* (tombes du néolithique) monumentaux, à rejoindre de préférence à vélo ou à pied.

Quand partir

- L'été est la meilleure saison pour visiter la région. Les longues journées baignées de lumière cèdent tout doucement le pas au crépuscule ; la bonne humeur règne aux terrasses des cafés jusque tard dans la nuit, et, même en pleine ville, à Groningue, on peut glisser ses pieds dans le sable de la plage le long du canal.
- Août est un mois festif dans la ville animée de Groningue, entre le festival artistique et musical de Nooderzon et les feux d'artifice du 28 août commémorant la défaite des troupes de l'évêque de Munster en 1672.
- De mai à octobre, pratiquez le *wadlopen* (marche dans la vase) en compagnie d'un guide local le long de la côte de Wadden.

À ne pas manquer

1 Le meilleur de la culture du Nord à **Groningue** (p. 243), ville estudiantine aux intéressants musées et églises, avec cafés et bars banchés.

2 Une balade dans les vasières de la mer des Wadden au **Hoogeland** (p. 251), avec un guide chevronné, bottes aux pieds – magique de nuit !

3 Les remparts de la place forte isolée de **Bourtange** (p. 252), bâtie au XVIe siècle.

4 Les **Hunebedden** (p. 254), ces mystérieuses sépultures collectives construites à l'époque mégalithique.

5 Les traces du transit des victimes de l'Holocauste au **camp de Westerbork** (p. 254).

6 La campagne d'une province peu connue, la **Drenthe** (p. 253), où filer à vélo entre tourbières, sépultures mégalithiques et parcs nationaux riches en flore et en faune.

PROVINCE DE GRONINGUE

Blottie à l'extrémité nord-est du pays, cette province essentiellement agricole réserve d'agréables surprises. En son cœur, Groningue (Groningen), la capitale, n'a rien perdu de son charme de cité hanséatique du XIVe siècle tout en étant tournée vers l'avenir. En témoignent sa vénérable et prestigieuse université (1614), son épatante scène gastronomique, sa vie nocturne audacieuse et son goût pour l'innovation.

Au sud de la province, à la frontière avec l'Allemagne, se dresse l'une des places fortes néerlandaises les mieux préservées.

Au nord subsiste l'authentique manoir de Menkemaborg, et, par-delà ce ne sont que plaines rurales s'étirant jusqu'à la mer des Wadden. Les vasières du Hoogeland, une contrée aux airs de bout du monde, offrent moult sensations fortes aux *wadlopers* (marcheurs dans la vase) bottés et déterminés à arpenter les étendues boueuses à marée basse.

Groningue

050 / 202 567 HABITANTS

Isolée à l'extrême est des Pays-Bas, Groningue (Groningen) est l'une des métropoles les plus progressistes du pays. C'est une ville jeune et effervescente, dont les 40 000 étudiants insufflent un intense élan créatif à la vie culturelle, sur la scène nocturne comme dans les cafés en journée.

À la fin du Moyen Âge, Groningue était déjà une ville-État indépendante et un important centre d'échanges. Témoin de cet âge d'or, le clocher emblématique de Martinitoren a miraculeusement échappé aux combats de la fin de la Seconde Guerre mondiale, avant la libération de Groningue le 17 avril 1945. Dans les années 1970, un plan urbanistique controversé a abouti à réduire considérablement le trafic motorisé dans la vieille ville. Il en résulte un centre-ville paisible, en grande partie réservé aux piétons et aux vélos. Des dizaines d'autres villes néerlandaises lui ont emboîté le pas, mais Groningue, ville pionnière, reste l'une des plus plaisantes pour les cyclistes.

À voir

Le centre historique de Groningue est assez ramassé et entièrement cerné de canaux. Au sud-ouest de Grote Markt, la grand-place, s'étire Vismarkt, une place plus calme et ravissante. Au nord, dans le quartier montant d'Ebbinge, on trouve la plage de Groningue.

Groninger Museum MUSÉE

(050-366 65 55 ; www.groningermuseum.nl ; Museumeiland 1 ; adulte/enfant 15 €/gratuit ; 10h-17h mar-dim). Quiconque arrive par le train ne saurait manquer la silhouette du musée de Groningue, dressé sur trois îles au milieu d'un canal, face à la gare, et dont la curieuse architecture ne laisse pas d'étonner. La collection principale renferme un assemblage éclectique d'œuvres internationales de toutes les époques.

On doit son architecture colorée et singulière à Alessandro Mendini. Celui-ci invita trois de ses confrères à concevoir chacun une section, ce qui explique pourquoi, aux yeux de beaucoup, l'ensemble manque un peu de cohérence. À l'intérieur en revanche, des couleurs pastel égayent de grandes salles d'exposition carrées baignées de lumière naturelle.

Inspiré du déconstructivisme, le pavillon Mendini abrite des expositions temporaires délicieusement excentriques, à l'image de la collection permanente.

Martinikerk ÉGLISE

(050-311 12 77 ; www.martinikerk.nl ; Martinikerkhof 3 ; 10h-17h jours variables). GRATUIT Construite au XVIe siècle, l'église Saint-Martin se dresse à l'extrémité nord de la Grote Markt. Sa tour emblématique, Martinitoren (p. 245), compte parmi les rares vestiges du Siècle d'or à avoir survécu aux durs combats de la fin de la Seconde Guerre mondiale, avant la libération de la ville. Entourée de maisons anciennes, la large place a servi de cimetière jusqu'en 1837.

Noordelijk Scheepvaartmuseum MUSÉE

(Musée maritime du Nord ; 050-312 22 02 ; www.noordelijkscheepvaartmuseum.nl ; Brugstraat 24-26 ; adulte/enfant 8/4,50 € ; 10h-17h mar-sam, 13h-17h dim). Agréable plongée dans la vie des marins et de leurs bateaux, ce musée occupe plusieurs des bâtiments qui ont abrité une distillerie au XVIe siècle. S'orienter dans le labyrinthe des 18 salles relève déjà d'une aventure en soi. Parmi les points forts du musée figure une reproduction finement sculptée d'une église de Paramaribo (capitale de l'ancienne colonie néerlandaise du Suriname) dans une bouteille (salle 3). D'autres maquettes illustrent le travail des nombreux chantiers navals locaux au fil des siècles (salle 8).

Grote Markt PLACE

La place principale est bordée de plusieurs bâtiments exceptionnels. Le **Stadhuis** (hôtel de ville) de 1810 en est la vedette. Les cafés alignés côté sud sont toujours animés. Côté est, un ensemble architectural hétéroclite construit dans les années 1950 après les dévastations de la guerre ont subi de vastes transformations pour devenir, autour du Forum (encadré p. 247), Nieuwe Markt (nouveau marché) dont les travaux se sont achevés fin 2019.

Groningue

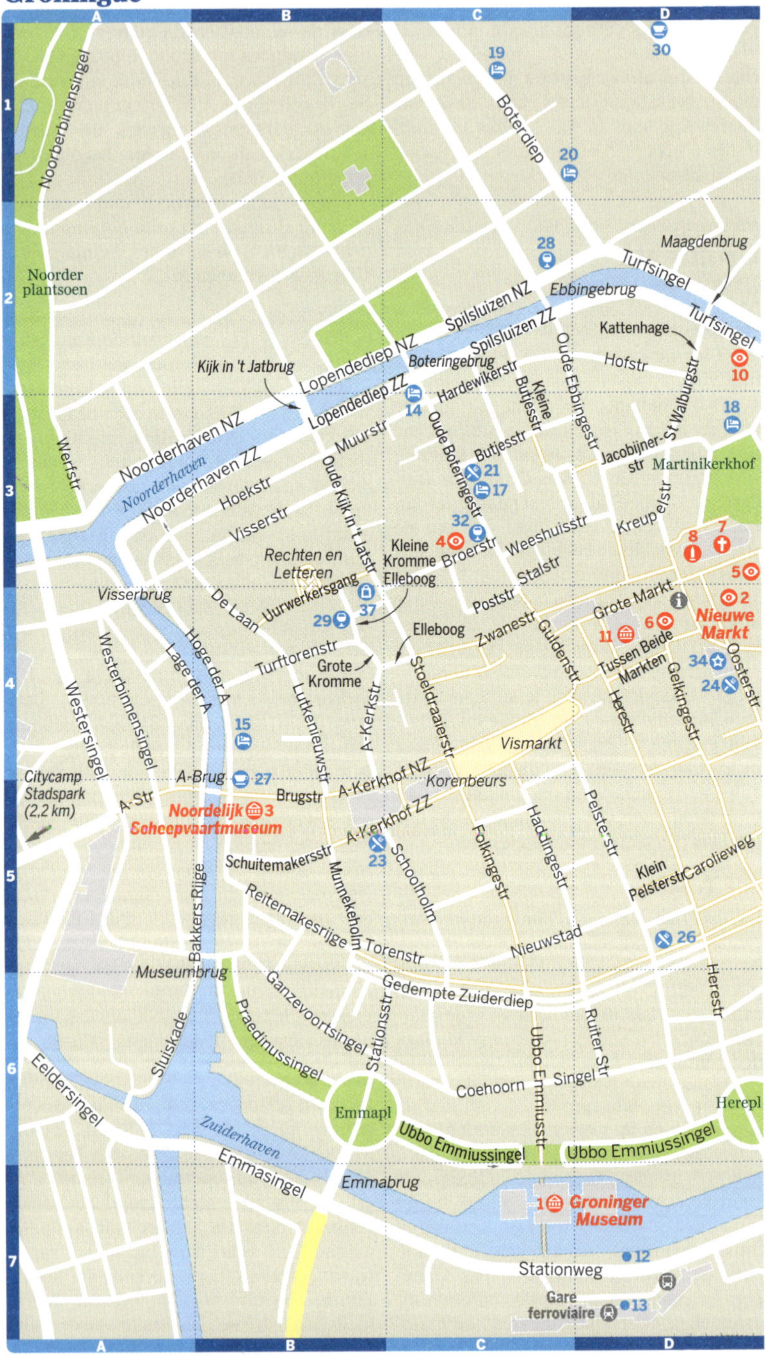

A
B
C
D
1
2
3
4
5
6
7
Noorderbinnensingel
Noorder plantsoen
Boterdiep
Maagdenbrug
Turfsingel
Ebbingebrug
Spilsluizen NZ
Spilsluizen ZZ
Kattenhage
Turfsingel
Hofstr
Boteringebrug
Kijk in 't Jatbrug
Lopendediep NZ
Lopendediep ZZ
Hardewikerstr
Kleine Butjesstr
Oude Ebbingestr
St Walburgstr
Jacobijner-str
Martinikerkhof
Werfstr
Noorderhaven NZ
Noorderhaven
Noorderhaven ZZ
Muurstr
Hoekstr
Oude Boteringestr
Butjesstr
Visserstr
Oude Kijk in 't Jatstr
Kleine Kromme Elleboog
Broerstr
Weeshuisstr
Kreupelstr
Rechten en Letteren
Uurwerkersgang
Stalstr
Visserbrug
De Laan
Poststr
Grote Markt
Elleboog
Zwanestr
Guldenstr
Nieuwe Markt
Tussen Beide Markten
Oosterstr
Westerbinnensingel
Lage der A
Hoge der A
Turftorenstr
Grote Kromme
Stoeldraaierstr
Herestr
Gelkingestr
Westersingel
Luttekenieuwstr
A-Kerkstr
Vismarkt
Citycamp Stadspark (2,2 km)
A-Brug
A-Str
Brugstr
A-Kerkhof NZ
Korenbeurs
Noordelijk Scheepvaartmuseum
A-Kerkhof ZZ
Schuitemakersstr
Munnekeholm
Schoolholm
Folkingestr
Haddingestr
Pelsterstr
Klein Pelsterstr
Carolieweg
Bakkers Rijge
Reitemakersrijge
Torenstr
Nieuwstad
Museumbrug
Ganzevoortsingel
Gedempte Zuiderdiep
Praedinussingel
Stationsstr
Ubbo Emmiusstr
Ruiter Str
Herestr
Sluiskade
Eeldersingel
Coehoorn Singel
Emmapl
Herepl
Ubbo Emmiussingel
Zuiderhaven
Emmasingel
Emmabrug
Groninger Museum
Stationweg
Gare ferroviaire
1
2
3
4
5
6
7
8
10
11
12
13
14
15
17
18
19
20
21
23
24
26
27
28
29
30
32
34
37

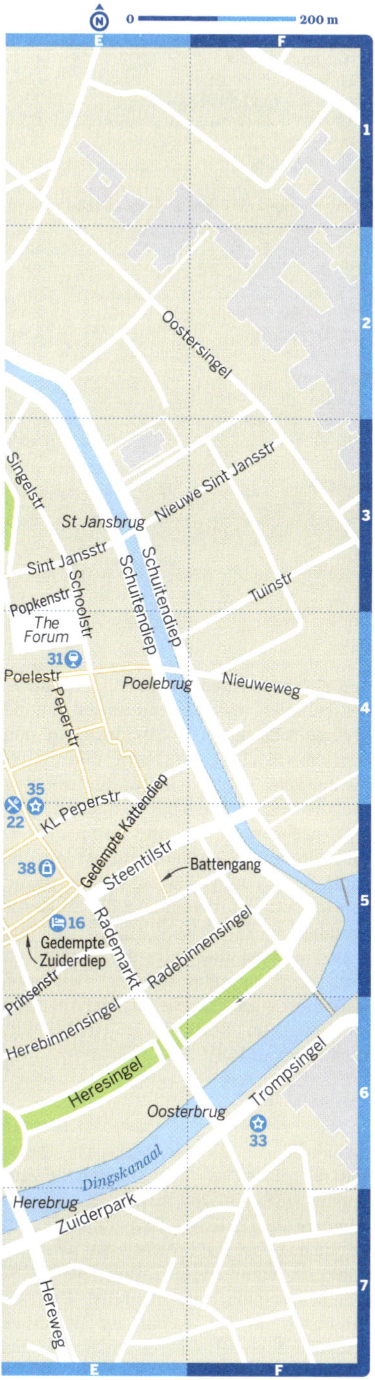

Nieuwe Markt

PLACE

Plus ambitieux projet d'aménagement de cette ville à ce jour, la place Nieuwe Markt a toutes les chances de devenir le lieu de rendez-vous branché par excellence. Surtout pour prendre un verre côté sud, en terrasse de toute une rangée de cafés, au nombre desquels le bar Het Concerthuis (p. 249). Ou encore profiter des activités proposées par le vaste centre culturel Forum (p. 247) sous son immense structure pyramidale, à l'est de la place nouvelle.

Les fins gourmets plébisciteront **Merck** (vieux mot signifiant "marché"), un espace restauration dernier cri avec quelque 24 échoppes culinaires, plus une brûlerie, un toit-terrasse et une distillerie appartenant au roi des cocktails Mr Mofongo (p. 249). En 2020, un nouvel hôtel de luxe, le quatre-étoiles WestCord Market Hotel Groningen, a ouvert ses portes, doublé d'une boulangerie, d'un bar, d'un restaurant et d'une terrasse.

Martinitoren

TOUR

(adulte/enfant 3/2 € ; 11h-17h lun-sam avr-oct, plus 11h-16h dim juil-août, 12h-16h lun-sam nov-mars). Une fois grimpées les 251 marches de pierre du raide escalier à vis, cette élégante tour médiévale (1482) de 96 m de haut offre une vue imprenable. Autre surprise : on se trouve quasiment à tutoyer ses cloches géantes, qui sonnent quatre fois par heure presque chaque jour. Les jetons d'entrée s'achètent en face, à l'office du tourisme (p. 251).

Depuis la terrasse supérieure, un second escalier (54 marches) s'enroule jusqu'à la cabine où, deux fois par semaine, à 12h le mardi et à 11h le samedi, le carillonneur (un professeur de l'université) donne une heure de concert carillonné. Coulé en 1662-1663, l'actuel carillon se compose de 52 cloches. Renseignez-vous sur les concerts occasionnels donnés les jours fériés et jours de fête.

Academiegebouw

UNIVERSITÉ HISTORIQUE

(siège de l'Université ; Broerstraat 5). De style Renaissance flamande, le superbe Academiegebouw est le bâtiment principal de l'université de Groningue. Sa façade (1909) richement décorée est superbe.

Prinsentuin

JARDINS

(jardin du Prince ; Turfsingel ; 10h-18h avr-oct, 10h-16h30 nov-mars). GRATUIT Faites une pause dans les paisibles jardins du Prinsenhof,

Groningue

Les incontournables
1 Groninger Museum ... C7
2 Nieuwe Markt ... D4
3 Noordelijk Scheepvaartmuseum ... B5

À voir
4 Academiegebouw ... C3
5 Forum Cultural Centre ... D3
6 Grote Markt ... D4
7 Martinikerk ... D3
8 Martinitoren ... D3
10 Prinsentuin ... D2
11 Stadhuis (hôtel de ville) ... D4

Activités
12 Balades sur les canaux ... D7
13 Walk Like a Local ... D7

Où se loger
14 Auberge Corps de Garde ... C3
15 Hotel Miss Blanche ... B4
16 Martini Hotel ... E5
17 NH Hotel de Ville ... C3
18 Prinsenhof Groningen ... D3
19 Simplon Jongerenhotel ... C1
20 The Student Hotel ... C1

Où se restaurer
21 Bistro 't Gerecht ... C3
22 Bistro Vive La Vie ... E5
23 Eeterie de Globe ... B5
24 Gustatio ... D4
26 Wadapartja ... D5

Où prendre un verre et faire la fête
27 Café de Sigaar ... B5
28 Café de Toeter ... C2
29 De Pintelier ... B4
30 Dot ... D1
31 Het Concerthuis ... E4
32 Mr Mofongo ... C3

Où sortir
33 De Oosterpoort ... F6
34 Grand Theatre ... D4
35 Vera ... E5

Achats
37 Holtbar ... B4
38 Kaashandel van der Ley ... E5

une demeure du XVe siècle transformée en hôtel de luxe. Les jardins Renaissance sont plantés de fines herbes et de roses odorantes. Ne manquez pas le cadran solaire.

Circuits organisés

Walk Like a Local CIRCUIT PÉDESTRE
(Stationsweg 13). Sous la conduite de résidents passionnés, cette balade à pied gratuite de 2 heures part devant la gare ferroviaire. Renseignez-vous sur les horaires, et réservez, à l'office du tourisme.

Rondvaartbedrijf Kool BALADE SUR LES CANAUX
(☎ 050-312 83 79 ; www.rondvaartbedrijfkool.nl ; Stationsweg 1012 ; adulte/enfant 15/9 €). Balade de 1 heure environ sur les principaux canaux de la ville. Départ devant la gare ferroviaire de 1 à 6 fois par jour, selon la saison.

Où se loger

The Student Hotel HÔTEL DESIGN €
(☎ 050-206 91 61 ; www.thestudenthotel.com ; Boterdiep 9 ; d à partir de 79 € ;). La célèbre phrase d'Andy Warhol *"Everybody should like everybody"* annonce le ton du lieu en façade. À l'entrée du hall polyvalent, des bananes géantes pendues au plafond invitent à découvrir ce Student Hotel non conformiste. Tout est réuni pour agrémenter votre séjour : chaises longues pour prendre le frais, une bibliothèque, un baby-foot, une cour-jardin, une piscine sur le toit, une cuisine commune, un bar branché baptisé The Pool et des espaces de travail conçus pour les détenteurs d'ordinateurs portables.

Il y a aussi une salle de sport et on peut louer des vélos tendance VanMoof. L'hôtel est situé dans le quartier montant d'Ebbinge, au nord de la vieille ville. Petit-déjeuner 14 €.

Simplon Jongerenhotel AUBERGE DE JEUNESSE €
(☎ 050-313 52 21 ; www.simplonjongerenhotel.nl ; Boterdiep 73-2 ; dort/s/d/tr/qua dim-mer, 18/36/45/86,50/116 €, jeu-sam 20/40/64/90/122 € ;). Dans un édifice en brique du début du XXe siècle qui hébergea une conserverie puis la fabrique des imperméables Simplon, cette auberge de jeunesse innovante est tenue par un personnel accueillant, en réinsertion professionnelle. Petit-déjeuner 5,50 €.

Martini Hotel HÔTEL €
(☎050-312 99 19 ; www.martinihotel.nl ; Gedempte Zuiderdiep 8 ; s 69-89 €, d 74-109 €, tr 104-129 €, qua 109-129 € ; ❄ @ 📶). Fondé en 1871, le plus vieil hôtel de Groningue garde un petit côté vintage avec son ascenseur en verre, son bar imposant et son restaurant Weeva, où l'on sert des spécialités traditionnelles locales comme le délicieux *Groningen bloedworst* (boudin noir). Chambres surannées d'un excellent rapport qualité/prix. Somptueux buffet du petit-déjeuner (12,50 €).

♥ Hotel Miss Blanche BOUTIQUE-HÔTEL €€
(☎050-820 09 66 ; www.hotelmissblanche.nl ; Hoge der A 4 ; d à partir de 109 € ; ❄ @ 📶). D'allure jeune et chic, cette adresse en bord de canal ne manque pas de classe. Réparties dans plusieurs édifices historiques proches, ses 46 suites au charme contemporain jouissent pour beaucoup d'une vue romantique sur le canal. Chacune est décorée dans un ton qui lui est propre, avec des touches artistiques ici et là. Kitchenette et coin salle à manger dans certaines suites supérieures et appartements (jusqu'à 6 pers).

NH Hotel de Ville HÔTEL €€
(☎050-318 1222 ; www.nh-hotels.com/hotel/nh-groningen-hotel-de-ville ; Oude Boteringestraat 43-45 ; d basse/haute saison à partir de 115/212 € ; ❄ @ 📶). Sa situation on ne peut plus centrale – de surcroît dans l'une des rues les plus branchées de Groningue – conjuguée à un savant dosage entre tradition et contemporain explique que ce quatre-étoiles affiche souvent complet. La maison de ville en brique rouge est entourée d'un joli jardin idéal au petit-déjeuner. Il y a de quoi faire du thé et du café dans les chambres et on peut se lover au coin du feu dans l'excellent bar-lounge. Location de vélos (5 €/jour).

Auberge Corps de Garde HÔTEL €€
(☎050-314 54 37 ; www.hotelcorpsdegarde.nl ; Oude Boteringestraat 74 ; s 85 €, d 145 € ; ❄ 📶). Cet ancien corps de garde (XVIIe siècle) compte 19 chambres à la décoration à la fois rétro et actuelle. Les poutres en bois des "chambres d'époque" sont un ravissement, à condition de faire attention à sa tête...

♥ Prinsenhof Groningen HÔTEL HISTORIQUE €€€
(☎050-317 65 50 ; www.prinsenhof-groningen.nl ; Martinikerkhof 23 ; d à partir de 164 € ; P 📶). Cet ancien monastère médiéval devenu la résidence des *stadhouders* (gouverneurs) de la maison Nassau au XVIe siècle, puis reconverti en hôpital militaire et en chaîne télévisée, a été transformé en hôtel luxueux où chaque brique rouge foncé est empreinte d'histoire. Les 34 chambres sont toutes différentes ; certaines donnent sur les romantiques jardins Prinsentuin (ci-contre) ou sur l'impressionnant Martinitoren (p. 245). Visitez le Grand Café logé dans la chapelle d'origine (1436), avec ses vitraux et ses vastes fenêtres.

Où se restaurer

Reflet de sa nombreuse population étudiante au budget serré, la majorité des tables de Groningue sont celles des *eetcafés* (cafés-restaurants). Tout au long de la très animée Oude Kijk in 't Jatstraat s'alignent moult cafés, bistrots et autres boutiques de

À NE PAS MANQUER

LE FORUM

Réduite à néant par les bombardements de la Seconde Guerre mondiale, toute la partie est de la Grote Markt connaît une renaissance spectaculaire. L'ensemble disgracieux sorti de terre dans les années 1950 a été démoli pour faire place à un nouvel édifice, le **Forum** (www.groningerforum.nl). Ce trapèze géant (45 m de haut) de pierre zébré au centre d'un grand zig-zag de vitres est bâti en dolomite comme son auguste et vénérable voisin, le Martinitoren. Depuis 2019, ce gigantesque centre culturel réunit l'office du tourisme (p. 251), la bibliothèque municipale, des auditoriums, cinq cinémas, des espaces d'exposition ainsi que des parkings souterrains pour voitures et vélos. Sur le toit-terrasse au 10e étage, le panorama sur la ville est accessible à tous et sera aussi le lieu de séances de cinéma en plein air. Au rez-de-chaussée, le café et sa vaste terrasse ouvrant sur la toute nouvelle place, Nieuwe Markt (p. 245), sera l'endroit idéal pour observer la ville et ses habitants.

VAUT LE DÉTOUR

VOYAGE DANS L'ART FIGURATIF

À 5 km au sud de Groningue, la petite bourgade d'Eelde accueille un charmant espace dédié à l'art figuratif européen, le **Museum De Buitenplaats** (☎ 050-309 58 18 ; www.museumdebuitenplaats.nl ; Hoofdweg 76, Eelde ; adulte/enfant 10 €/gratuit ; 🕒 11h-17h mar-dim). Fondue dans la nature, son architecture organique a de quoi séduire. Le bâtiment principal réunit des tableaux d'artistes néerlandais parmi les plus avant-gardistes du XXe siècle, tels Wout Müller, Henk Helmantel, Herman Gordijn et Matthijs Röling. De captivantes expositions temporaires complètent la collection permanente.

Les jardins forment un kaléidoscope d'ifs et de houx parfaitement taillés, de massifs de fleurs géométriques, de roseraies décoratives, de vergers de pommiers et de plantes grimpantes, le tout émaillé de superbes sculptures. Il y a aussi un café très lumineux. L'été, lectures de poésie, séances de contes et concerts prennent place presque tous les dimanches dans le théâtre en plein air.

De Groningue, prenez le bus n°52 (4 €, 28 min, toutes les 30 min) ou enfourchez votre vélo et empruntez la piste cyclable qui court à l'ouest de Paterswolder Meer.

café artisanal. Mais le dernier lieu tendance sera sans doute l'espace restauration (*food court*) de 24 échoppes culinaires prévue à Nieuwe Markt (p. 245).

Eeterie de Globe NÉERLANDAIS €

(☎ 050-318 22 26 ; www.eeteriedeglobe.nl ; A-kerkhof ZZ 22 ; soupe du jour 2,65 €, plat vegan 9 €, plat classique 10 € ; 🕒 12h-15h et 17h-20h lun-ven, 17h-20h sam ; 🖉). Une soupe ou une entrée, suivie d'un copieux plat de poisson, viande ou végétarien, pour moins de 10 € : une aubaine pour tous les petits budgets. Grande salle lumineuse. Le menu renouvelé chaque jour comprend toujours une option végétarienne. Menus de la semaine à consulter en ligne.

Wadapartja INTERNATIONAL €€

(☎ 06 3903 4837 ; www.wadapartja.nl ; Gedempte Zuiderdiep 39-41 ; plats déj 7,75-13,50 €, dîner 7,90-22,50 € ; 🕒 10h-16h30 mer-ven, 10h-18h sam, 10h-17h dim). *Wadapartja* signifie "Vraiment très spécial !" – ce qui est tout à fait approprié, vu l'esprit d'originalité qui imprègne ce café-boutique farfelu, garni d'une terrasse ensoleillée sur la rue (en été les clients peuvent tremper les pieds dans un bassin). Il y en a pour tous les goûts : ragoût aux saveurs marocaines, œufs au bacon ou encore cake à la banane à tremper dans un sirop à la fleur d'oranger.

Plusieurs plats végans et végétariens au déjeuner, ainsi qu'un irrésistible cheesecake au gin-tonic.

Gustatio ITALIEN €€

(☎ 050-313 64 00 ; www.gustatiogroningen.nl ; Oosterstraat 3 ; plats 13-20 € ; 🕒 13h-16h et 17h-22h dim-lun, 12h-16h et 17h-22h mar-sam). Les recettes de pâtes fraîches sont à l'honneur dans cette jolie trattoria dirigée par un Romain plein d'entrain, Valerio Pizzonia. Tout est délicieux et fait maison : lasagnes au saumon, gnocchis à l'encre de seiche et aux petits pois ou raviolis à l'artichaut nappés d'une sauce tomate à l'agneau.

La carte comprend également une page dédiée aux grands classiques de la fameuse *cucina italiana*.

♥ **Bistro Vive La Vie** FRANÇAIS €€€

(☎ 050-850 39 70 ; www.vivelaviegroningen.nl ; Oosterstraat 39 ; menu dégustation 5/6/7 plats 58/68/78 € ; 🕒 à partir de 18h mer-sam). Cachée derrière une jolie façade noire, voici l'une des tables les plus raffinées de Groningue. Sous un plafond rythmé de poutres à l'ancienne, on s'y délecte d'une cuisine créative aux accents résolument français, à travers un bon choix de menus dégustation signés Jeroen Sportel sur la base de produits locaux et de saison.

Bistro 't Gerecht BISTROT €€€

(☎ 050-318 12 22 ; www.bistrohetgerecht.nl ; Oude Boteringestraat 43 ; plats 30 €, menu 39 € ; 🕒 18h-21h30 lun-sam). Dans l'une des rues les plus animées de Groningue, un élégant bistrot pour une cuisine européenne moderne. Laissez-vous séduire par des compositions originales comme le maquereau aux radis, la lotte servie avec une sauce au vin blanc et au poireau, ou le tartare de bœuf rehaussé d'huître, de céleri-rave, de fenouil et d'estragon. Terminez par de la mangue fraîche garnie de crème à la noix de coco, de sorbet au litchi et de miettes biscuitées. Réservation recommandée.

Où prendre un verre et faire la fête

La vie nocturne étudiante est concentrée autour de Poelestraat et des rues adjacentes. Aux beaux jours, le quartier est bondé. Loin de la foule, Grote Kromme Elleboog est une allée pittoresque dotée de deux agréables cafés.

Mr Mofongo BAR

(050-314 42 66 ; www.mofongo.nl ; Oude Boteringestraat 26 ; à partir de 17h dim-jeu, à partir de 16h ven-sam). Il n'y a pas mieux que Mr Mofongo pour prendre un verre. C'est à la fois un café étudiant avec une terrasse animée, un bar à cocktails arborant un mur de 56 spiritueux maison servis par un étonnant "bras" robotisé et une distillerie artisanale. Un bar à vins se trouve également au 1er étage. Goûtez le traditionnel *jenever* (gin néerlandais) et des liqueurs, vodkas et gins élaborés avec du gingembre, du thym et divers autres ingrédients.

Le bar à vins est tout aussi high-tech ; les étagères pivotantes protègent les verres de la poussière et les herbes en pot bénéficient de l'éclairage et de l'arrosage automatiques. Le bras robotisé remonte les bouteilles de la cave et verse même le vin !

Le bar porte le nom d'un explorateur excentrique que le propriétaire (photographe sous-marin) a rencontré à Cuba.

Café de Sigaar CAFÉ

(050-311 23 99 ; www.cafedesigaar.nl ; Hoge der A 2 ; 12h-21h lun-mar, 10h-22h mer-ven, 8h-22h sam, 8h-21h dim). Le long du canal Hoge der A, ce café à la traditionnelle façade prune a tout le chic du temps passé. Sa terrasse estivale – l'une des rares à être véritablement au bord de l'eau – est bondée par beau temps. Un groupe de batraciens sculptés en bronze émergent du quai pavé tout près des tables sous les arbres.

À l'intérieur, les vitraux dessinés pour le lieu et les peintures à l'huile de l'artiste groningoise Olga Wiese (née en 1944) créent une atmosphère bohème.

Het Concerthuis CAFÉ-BAR

(050-230 42 50 ; www.hetconcerthuis.nl ; Poelestraat 30 ; Eetbar 10h-22h tlj, Speelbar 16h-22h jeu-sam ;). Adresse branchée populaire à toute heure, ce café-bar hybride propose aussi des sessions DJ et de la musique live. Sa terrasse donne sur l'une des places les plus animées de la ville. À l'intérieur, canapés vintage, tapis à motifs et étagères en palettes en bois recyclées donnent le ton. Le Brakke Brunch ("brunch gueule de bois" ; 13,80 €) dominical est très apprécié.

De Pintelier BAR

(050-318 51 00 ; www.depintelier.nl ; Kleine Kromme Elleboog 9 ; 15h-2h dim-mer, 15h-3h jeu-sam). Dans ce bar délicieusement douillet rappelant les années 1920, la carte de bières et de *jenever* se lit comme une encyclopédie. Le long comptoir en bois et les nombreuses tables éclairées à la bougie sont intemporels. Profitez de la brise dans la cour, toujours remplie d'étudiants travaillant sur leurs ordis portables.

Café de Toeter BIÈRES ARTISANALES

(050-312 44 99 ; www.cafedetoeter.nl ; Turfsingel 6 ; 19h-1h lun-mar, 16h-1h mer-jeu, 15h-3h ven-sam, 15h-1h dim). Éternel favori des étudiants, ce bar vintage au bord du canal propose une incroyable palette de bières en bouteille (plus de 160 variétés) et de whiskys de malt (avec 350 variétés !). Mais la star du Café de Toeter est la bière artisanale élaborée dans sa propre brasserie Rockin 'Ludina, sise à bord d'une péniche amarrée devant le bar.

100% LOCAL

PLAGE URBAINE EN FÊTE

Un nouveau lieu tendance vient confirmer l'esprit créatif et innovant de Groningue : le **Dot** (050-211 25 14 ; www.dotgroningen.nl ; Vrydemalaan 2 ; 11h-22h) est un café-bar clair et spacieux, agrémenté d'une terrasse estivale à côté de sa **plage** de sable urbaine, dans le quartier montant d'Ebbinge. Aux sessions de DJ et concerts en été s'ajoutent des projections sous le **ciné-dôme** du 2e étage. Le bâtiment a la forme d'une boule blanche géante.

On peut se procurer les tickets de cinéma (6 €) et les billets pour les soirées clubbing du week-end, les dimanches jazz et autres événements sur le site Internet.

À NE PAS MANQUER

LE WADLOPEN OU L'EXPLORATION DES VASIÈRES

À marée basse, les Néerlandais et les touristes investissent les étendues vaseuses et sablonneuses des Wadden pour s'adonner à la marche (et s'enfoncer) dans la vase (voir aussi l'encadré p. 232).

La vase tapisse le fond de mer jusqu'aux îles de la Frise, au large, et les itinéraires vers Schiermonnikoog et Ameland sont prisés. En raison du danger des marées et du risque pour les randonneurs de se retrouver embourbés et de se perdre, le *wadlopen* se pratique uniquement avec un guide. Les adeptes considèrent la marche dans la vase comme un exercice intense, mais gratifiant. Entre le cri des oiseaux, les petites créatures comme les crabes courant sur la vase et les coques enfouies sous vos pieds, vous vous sentirez en pleine communion avec la nature.

Le centre du *wadlopen* est Pieterburen, sur la côte au nord de Groningue, où sont basés plusieurs groupes de guides chevronnés, dont :

Wadloopcentrum (☎ 0595-528 300 ; www.wadlopen.com ; Hoofdstraat 76, Pieterburen ; ⌚ mai-oct)

Dijkstra Wadlooptochten (☎ 0595-528 345 ; www.wadloop-dijkstra.nl ; Hoofdstraat 118, Pieterburen ; ⌚ 10h-18h)

Wadlopers.nl (☎ 0595-528 689 ; www.wadlopers.nl ; Wierhuisterweg 63, Pieterburen)

Les guides pratiquent des tarifs fixes et proposent des randonnées de mai à octobre allant de la courte traversée de 5 km (12 €, 3 heures) à la randonnée de 20 km jusqu'à Schiermonnikoog, plus exigeante sur le plan physique (35 €, 5 heures). Avec son parc national, cette dernière destination attire nombre de marcheurs. Le prix comprend le retour des îles en ferry.

Il convient de réserver son circuit un mois à l'avance et de se munir de bonnes chaussures (lesquelles finiront invariablement ruinées) : bottes en caoutchouc ou baskets montantes.

☆ Où sortir

Vera MUSIQUE LIVE

(☎ 050-313 46 81 ; www.vera-groningen.nl ; Oosterstraat 44). Pour découvrir la rock-star de demain, rendez-vous dans ce club où quatre concerts et une soirée cinéma ont lieu chaque semaine. Pour preuve : U2 s'y produisit au début des années 1980, devant une trentaine de spectateurs alors que Nirvana n'y rassembla qu'une soixantaine de personnes… Achetez vos billets en ligne à l'avance.

De Oosterpoort MUSIQUE LIVE

(☎ 050-368 03 68 ; www.de-oosterpoort.nl ; Trompsingel 27 ; 🐾). La salle de référence pour nombre de grands concerts programmés en ville. Jazz et musique classique occupent le devant de la scène de la programmation mensuelle.

Grand Theatre ARTS DE LA SCÈNE

(☎ 06 4360 0093 ; www.grandtheatregroningen.nl ; Grote Markt 35). Rénové, ce théâtre de 1929 a retrouvé sa splendeur, et propose un programme varié de musique classique, danse et spectacles pour les enfants.

Achats

Des marchés se tiennent sur Grote Markt et Vismarkt les mardis, vendredis et samedis. Les boutiques de chaînes jalonnent Herestraat. Préférez Folkingestraat pour plus d'originalité. À l'ouest, pléthore de galeries d'art et concept stores branchés s'égrainent en particulier le long de Visserstraat et d'Oude Kijk in 't Jatstraat.

♥ **Holtbar** CONCEPT STORE

(☎ 050-851 72 22 ; www.holtbar.nl ; Oude Kijk in 't Jatstraat 20 ; ⌚ 10h-18h lun-sam). Avec son bar à café bio, ses gâteaux maison et son impeccable assortiment de marques néerlandaises, ce petit concept store vaut la peine qu'on s'y attarde. Parmi les articles pour la maison, les bijoux et la papeterie de créateur, recherchez les lampes Spruitje Amsterdam parées de plantes, les accessoires pour voyageuses d'Anna+Nina et les bijoux fait main de Riverstones.

Kaashandel van der Ley FROMAGES
(050-312 93 31 ; www.kaasvanderleij.nl ; Oosterstraat 61-63 ; 9h-18h mar-ven, 9h-17h sam). Ouverte depuis 1934, cette fromagerie vend les meilleurs fromages des Pays-Bas – plus de 300 variétés – et du monde. Repérez les variétés bio locales et les fromages affinés rares que les Néerlandais n'exportent jamais. Parmi les fromages locaux, goûtez le fabuleux *boerenkaas* ("fromage fermier") au lait cru, fabriqué en petites quantités dans les fermes alentour. Également, un rayon traiteur (belle gamme d'olives), parfait pour le pique-nique.

Renseignements

Office du tourisme (VVV ; 050-313 97 41 ; www.visitgroningen.nl ; Grote Markt 29 ; 9h30-18h lun-ven, 10h-17h sam)

Depuis/vers Groningue

La gare routière régionale se trouve sur la droite en sortant de la gare ferroviaire.

TRAIN

On ne peut qu'admirer la majestueuse gare de 1896, restaurée dans sa gloire de jadis. Consignes automatiques et services au niveau du quai 2b. Deux lignes gérées par Arriva desservent le nord de la province.

Voici quelques trajets et tarifs :

VERS	PRIX	DURÉE	FRÉQUENCE
Leeuwarden	11,17 €	40 min	4/heure
Utrecht	27,30 €	2 heures	2/heure
Zwolle	19,60 €	1 heure	4/heure

VÉLO

Chez **Bikes in Groningen** (06 2451 5546 ; www.facebook.com/BikesInGroningen ; Sint Jansstraat 25 ; 10h-18h mar-ven, 10h-15h sam), on loue des cycles au tarif étudiant. Dans le centre-ville, sachez que les employés municipaux à T-shirt bordeaux sont chargés de contrôler le bon stationnement des vélos dans les zones autorisées et n'hésitent pas à déplacer ceux qui sont mal garés.

La **LF9** dessert Utrecht (environ 200 km) au sud et au-delà. Son tracé suit ce que serait la côte néerlandaise sans digues. La **LF14** rejoint Lauwersoog, à 48 km au nord-ouest, d'où partent les bateaux pour Schiermonnikoog.

Hoogeland

Au nord, entre Groningue et la côte, églises anciennes, moulins et digues érigées pour protéger les terres des eaux montantes ponctuent les plaines rurales du Hoogeland ("haute-terre"). Autant de témoignages de cette vie laborieuse et pieuse des modestes habitants du temps jadis, subsistant tant bien que mal sur cette terre sablonneuse et boueuse. Aujourd'hui c'est une contrée

LA FRACTURATION HYDRAULIQUE EN QUESTION

En 1959, après la découverte de gisements de gaz naturel par un fermier près de Slochteren, la province de Groningue se lança dans le forage à grande échelle, soutenant la croissance du pays. Toutefois, au fil du temps, l'extraction rapide de ces ressources minérales au sein du gisement de gaz naturel le plus important d'Europe (et le 10e au monde) a causé une série de petits séismes, centrés sur le village de Loppersum dont maisons et bâtiments publics ont subi des dommages. Aussi des habitants en colère se sont-ils élevés contre la fracturation hydraulique. Ce mouvement a fini par obtenir en 2014 du gouvernement qu'il fasse diminuer les forages (après un pic de 54 milliards de m^3 en 2013) et verse aux résidents affectés quelque 1,2 milliard d'euros d'indemnités sur une période de cinq ans. Une nouvelle limitation des forages a été imposée en 2016, les réduisant de 27 à 24 milliards de m^3 par an.

En janvier 2018, un séisme majeur de 3,4 sur l'échelle de Richter ayant pour épicentre le village de Zeerijp, près de Loppersum, et ressenti jusqu'à Groningue, a probablement clos ce chapitre une fois pour toutes. Le gouvernement a confirmé qu'il prévoit réduire l'extraction de gaz du champ de Groningue de 12 milliards de m^3 par an, pour y renoncer totalement d'ici à 2022. Actuellement, le gaz naturel représente 40% de l'approvisionnement en énergie du pays.

plébiscitée par les intrépides *wadlopers*, ces marcheurs amateurs de vasières et de tourbières. Le minuscule village de **Pieterburen** est le principal point de chute des balades guidées sur ces étendues boueuses.

À voir et à faire

Noordpolderzijl PORT

À 29 km au nord de Groningue et à 4,5 km au nord-ouest du village d'Usquert, le plus petit port des Pays-Bas rayonne d'une beauté solitaire, en particulier quand on l'aperçoit depuis les vasières. Utilisé jusqu'à récemment par les pêcheurs de crevettes d'Usquert (où se trouve la gare ferroviaire la plus proche), il sert désormais surtout de point de départ aux *wadlopers*. En venant d'Usquert, on traverse à vélo comme en voiture une longue suite de champs désespérément plats.

Ancienne maison éclusière, l'auberge **'t Zielhoes** (☎0595-423 058 ; www.zielhoes.nl ; Zijlweg 4, Usquert ; sandwichs 3-7,50 €, plats 10,50-12,50 € ; ⏲10h-17h mer-jeu, 10h-18h ven-dim) est toujours ouverte, et sa *waddentaart* (aux fruits imbibés de rhum) vaut à elle seule le voyage.

Zeehondencreche Pieterburen RÉSERVE DE FAUNE

(crèche des phoques ; ☎0595-52 65 26 ; www.zeehondencentrum.nl ; Hoofdstraat 94a, Pieterburen ; adulte/enfant 9,50/7,50 € ; ⏲10h-17h). Ce centre recueillant et soignant des phoques malades ou blessés accueille souvent 20 à 30 pensionnaires, que l'on peut apercevoir se prélasser ou nager dans plusieurs bassins. Il vous y est aussi proposé des sorties d'observation des phoques en mer de Wadden à bord d'un bateau depuis Lauwersoog, tout comme des randonnées guidées dans les vasières. Consultez les horaires et réservez sur le site Web.

Menkemaborg MANOIR

(☎0595-431 970 ; www.menkemaborg.nl ; Menkemaweg 2, Uithuizen ; adulte/enfant manoir et jardin 9/2,50 €, jardin seul 6/2 € ; ⏲10h-17h mar-dim mars-sept, 10h-16h oct-déc). À environ 25 km au nord-est de Groningue, dans le bourg d'Uithuizen, subsiste l'un des manoirs les plus représentatifs des Pays-Bas, Menkemaborg. Cet ancien château fortifié du XIVe siècle fut embelli au début du XVIIIe siècle pour prendre l'aspect de trois demeures entourées de douves et d'un jardin paysager, qui n'ont presque pas changé depuis. Les pièces ont conservé tout l'apparat de la vie aristocratique des Lumières avec leurs manteaux de cheminée sculptés en chêne, leurs lits imposants et leur porcelaine fine.

Depuis/vers le Hoogeland

Le meilleur moyen de gagner cette région côtière isolée est de s'y rendre en voiture ou à bicyclette. La véloroute **LF10** traverse Menkemaborg.

Par le train, une ligne mène de Groningue à Usquert (6,14 €, 30 min) ou à Loppersum (6,03 €, 25 min). Si vous allez à Pieterburen, qui se trouve à 12 km à l'ouest d'Usquert, il faut prendre le train de Groningue à Winsum (4,13 €, 15 min) puis le bus n°68 (20 min).

Bourtange

☎0599 / 430 HABITANTS

À 7 km à l'est de la ville assoupie de Vlagtwedde, Bourtange, avec sa forteresse reconstuite, est une bourgade isolée à l'extrémité sud-est de la province. Sa campagne et ses marais méritent d'être découverts, idéalement à vélo ou en canoë.

À voir et à faire

Vesting Bourtange FORTERESSE

(☎0599-354 600 ; www.bourtange.nl ; Willem Lodewijkstraat 33 ; adulte/enfant 9/5 € ; ⏲14h-16h lun-ven jan-fév, 13h-16h lun-ven et 10h30-16h30 sam-dim mars, 9h30-16h30 lun-ven et 10h-16h30 sam-dim avr-oct). Proche de la frontière allemande, Bourtange abrite l'une des places fortes les mieux préservées du pays. Avec ses douves inondées, ses solides ouvrages défensifs et ses maisons protégées de toutes parts, le village fortifié est un régal pour les yeux. Vous vous sentirez transporté à l'époque où les armées ennemies parcouraient le pays et où les villageois érigeaient des murailles pour se protéger des intrus. Voir l'encadré sur cette page.

De Sikkepit CANOË

(☎0599-354 748 ; www.sikkepit.nl ; Bisschopsweg 15 ; canoë 1/2/3 pers 8/12,50/15,50 € l'heure, bateau à rames/électrique 13/17,50 € ; ⏲avr-nov). Pour voir Bourtange sous un jour différent, louez un canoë, une barque ou un bateau électrique silencieux auprès de cette **ferme fortifiée**, pour pagayer, ramer ou participer à une mini-croisière le long des canaux de la place forte et sur Natte Horizon, un lac au sud de Bourtange. Demandez une carte indiquant divers itinéraires avant de partir.

Depuis/vers Bourtange

Les 60 km séparant Groningue (à l'ouest) de Bourtange se font en train et bus (1 heure 30, 7,71 €). Prenez un train à destination de Winschoten à l'est puis le bus n°14 pour Vlagtwedde au sud et enfin le bus n°11 pour Bourtange. Horaires consultables sur www.9292.nl.

À vélo, vous pouvez coupler sur plusieurs jours la visite de Bourtange et des *hunebedden* de la Drenthe, à une quarantaine de kilomètres à l'ouest.

PROVINCE DE LA DRENTHE

Région oubliée des Pays-Bas, sans façade maritime ni métropole digne de ce nom (Emmen, plutôt quelconque, est la ville la plus grande), la Drenthe correspond bien à la description qu'en fit Van Gogh en 1883 avant de sombrer dans la folie : "Ici, j'ai trouvé la paix." Une tranquillité qui transparaît dans ses tableaux de ramasseurs de tourbe du sud-est de la province.

Ce calme campagnard qui caractérise cette province où les parcs nationaux se multiplient invite volontiers à la découverte des mystérieux *hunebedden* (longs dolmens appelés "allées couvertes") qui émaillent le Hondsrug, une série de petites collines bordant l'est de la province.

Assen

☎0592 / 67 600 HABITANTS

Avec ses paisibles pistes cyclables le long des canaux et son beau musée d'art, la petite ville incite à prendre le temps de souffler un peu. Excellent point de chute pour découvrir les parcs nationaux, les *hunebedden* des environs, ainsi que le camp de déportation de Westerbork, Assen vrombit une fois l'an en juin, lorsque des centaines de motards vêtus de cuir rallient la ville assoupie pour le Grand Prix moto des Pays-Bas, le TT Assen.

L'office du tourisme d'Assen propose d'excellentes cartes d'itinéraires cyclables et de randonnées dans la région et des informations sur les parcs nationaux.

À voir

Drents Museum MUSÉE

(☎0592-377 773 ; www.drentsmuseum.nl ; Brink 1 ; adulte/enfant 25/10 € ; ⏲10h-18h lun-dim, 10h-22h ven). Une très jolie demeure de brique rouge construite en 1882 pour le gouverneur de la ville abrite désormais les collections municipales. Il s'agit essentiellement de peinture et d'arts décoratifs de la fin du XIXe siècle au début du XXe, plus une section dédiée au réalisme contemporain. En entrant par la remise (XVIIIe siècle), levez la tête pour admirer la statue sur le toit représentant un héroïque guerrier de Drenthe, armé d'une lance et d'un marteau.

LA CITÉ FORTIFIÉE DE BOURTANGE

Bâtie à la fin du XVIe siècle, Bourtange représente le summum des fortifications défensives de l'époque. Derrière ses murs et ses douves, on pouvait y tenir le siège contre l'envahisseur pendant des mois. Elle a notoirement tenu en échec la marche de l'évêque de Münster sur Groningue au XVIIe siècle.

En 1964, les autorités entreprirent des travaux de restauration des remparts et de la cité pour leur redonner leur apparence de 1742. Les travaux durèrent 30 ans. Le résultat, impressionnant, a débouché sur une place ayant retrouvé la configuration en étoile de ses murs et de ses canaux, et le charme de son village.

Au départ du parking et du centre d'information, il faut franchir deux portes et trois ponts-levis pour gagner la vieille ville. De Marktplein, la grand-place, des rues pavées partent dans toutes les directions. Quelques minutes à pied suffisent pour traverser la ville fortifiée. Quatre des anciens édifices ont été convertis en musées. **Terra Mora** abrite l'exposition principale, avec une partie consacrée à l'histoire naturelle de la région, et une simulation de tirs au canon. Le **Capiteynslogement** s'intéresse à la vie au temps où des milices stationnaient à Bourtange (XVIIe-XVIIIe siècles), tandis que la partie **De Baracquen** présente des objets et des curiosités mis au jour lors de la reconstruction de la forteresse. Vous en apprendrez plus sur la vie de la population juive à la **synagogue** (1842).

Des expositions temporaires investissent régulièrement l'aile contemporaine d'un blanc éclatant du musée.

Camp de Westerbork SITE HISTORIQUE

(☎0593-59 26 00 ; www.kampwesterbork.nl ; Oosthalen 8, Hooghalen ; adulte/enfant 10/5 € ; ⏲10h-17h lun-ven, 10h30-17h sam-dim). Des 107 000 juifs vivant aux Pays-Bas avant la Seconde Guerre mondiale, seuls 5 000 échappèrent à la déportation par les nazis. Presque tous périrent dans des camps de concentration et d'extermination. Leur voyage commençait ici, à Westerbork, un camp de transit nazi situé en pleine forêt à 10 km au sud d'Assen, près du village de Hooghalen. Un excellent musée de site retrace l'histoire de l'Holocauste aux Pays-Bas, et des agrandissements photographiques montrent les différentes parties du camp, tels les ateliers où les déportés travaillaient dans des conditions misérables.

Ironie de l'Histoire, le Kamp Westerbork avait été construit par les autorités néerlandaises en 1939 pour accueillir les juifs allemands fuyant le nazisme. Mais les Allemands l'utilisèrent à partir de 1942 comme lieu de transit pour les prisonniers envoyés dans les camps de la mort, dont la jeune Anne Frank.

Un parcours piétonnier de 2 km dans la forêt sépare le musée du camp (2 € en navette). Il reste peu de traces du camp nazi, car le gouvernement néerlandais s'en servit après-guerre comme camp de réfugiés des immigrés, venant notamment des Moluques du Sud, avant de le démolir. On peut écouter des enregistrements sonores de déportés évoquant la vie dans le camp (réalisés à partir de journaux intimes retrouvés).

De tous les monuments du camp, le plus émouvant est sans doute celui de la "liste d'appel" formé par 102 000 pierres placées sur une carte des Pays-Bas.

Le camp se trouve à 7 km au nord de la ville de Westerbork (et à 7 km au sud d'Assen). Aucun transport public ne le dessert.

En train, descendez en gare de Beilen (ligne Zwolle-Assen, 2 trains/heure) ; là, prenez le bus n°22 pour Hooghalen, puis marchez 25 minutes vers l'est. À vélo, prenez vers le sud depuis Assen sur

HORS DES SENTIERS BATTUS

SUR LA PISTE DES HUNEBEDDEN

Le peuplement de la paisible région de la Drenthe remonte à 3 000 av J.-C. Des tribus protohistoriques y vivaient alors au milieu des tourbières. Elles cultivaient la terre et créèrent ce qui constitue l'une des particularités les plus fascinantes de la Drenthe, les *hunebedden*.

Antérieures à Stonehenge, les *hunebedden* sont de longues chambres funéraires préhistoriques formées de dolmens successifs, couramment appelées "allées couvertes". Ces immenses blocs de pierre grise pouvant peser jusqu'à 25 tonnes proviennent de blocs erratiques charriés par la moraine frontale d'un glacier scandinave il y a 200 000 ans. On sait peu de chose sur les bâtisseurs des *hunebedden*, qui enterraient leurs morts avec leurs effets personnels et leurs outils sous ces vastes tertres funéraires mégalithiques. On a recensé quelque 52 de ces structures funéraires dans la Drenthe, et deux dans la région de Groningue.

Impressionnant, le **Hunebedcentrum** (☎0599-23 63 74 ; www.hunebedcentrum.nl ; Bronnegerstraat 12, Borger ; adulte/enfant 12,50/6,50 € ; ⏲10h-17h lun-ven, 11h-17h sam-dim) constitue le départ idéal d'un circuit. Il est situé à Borger, petite ville à 17 km au nord-ouest d'Emmen. Le site www.hunebedden.nl est aussi une bonne source d'information.

Le plus grand *hunebed* se dresse devant le centre où différentes expositions présentent le mégalithisme et les objets mis au jour lors des fouilles. La plupart sont regroupés autour des villages de Klijndijk, Odoorn, Annen et Midlaren, le long de la pittoresque N34, reliant Emmen et Groningue.

Pour partir à la découverte des *hunebedden*, mieux vaut disposer de son propre moyen de transport ; procurez-vous une carte et l'un des nombreux itinéraires cyclables thématiques (de 6 à 53 km) au Hunebedcentrum et repérez les pictogrammes. Borger se trouve à 25 km au sud-est d'Assen, sur la véloroute LF14.

l'itinéraire cyclable rural passant par les *knooppunten* (panneaux de croisement) 9-8-33-31-58.

Drentsche Aa PARC NATIONAL

(Nationaal beek en esdorpenlandschap Drentsche Aa ; www.drentscheaa.nl). Ce parc national couvre 10 000 ha de paysages variés composés d'anciennes fermes, de denses forêts et de bruyères qui se couvrent de fleurs violettes en fin d'été. Cette région en forme de cloche située au nord-est d'Assen est traversée en son centre par la véloroute LF14. Chaque *knooppunt* (panneau de croisement) comporte un plan des pistes.

Vous remarquerez plusieurs *hunebedden* au nord de Gasteren, au milieu du parc et à côté d'une église médiévale à Rolde, au sud.

Où se loger et se restaurer

Les quelques hôtels d'Assen visent davantage une clientèle d'affaires. L'office du tourisme dispose d'une liste de B&B en ville et alentour, plus douillets et plus intimistes.

Villa Tapas TAPAS €€

(☎ 0592-202 123 ; www.villatapas.nl ; Vaart NZ 2 ; tapas illimitées lun-jeu 24,50 €, ven-dim 27,50 € ; ⏲ 16h30-22h ; wifi). Avec sa sympathique terrasse installée sur le quai bordant le canal et son offre de tapas illimitées à prix fixe, ce café-restaurant contemporain a tout pour plaire. On s'attable dans une immense serre de verre où sont suspendus des luminaires façon lanterne et des plantes. Les clients passent leur commande sur un menu-tablette à pictogrammes et les enfants âgés de 3 à 11 ans paient 1,50 € par année de vie !

HORS DES SENTIERS BATTUS

RENDEZ-VOUS AVEC LA NATURE

Les 3 700 ha protégés du **parc national de Dwingerveld** (☎ 0522-472 951 ; www.nationaalpark-dwingelderveld.nl ; Benderse 22, Ruinen ; ⏲ 10h-17h tlj avr-sept, 10h-17h mer-dim oct-mars) forment la plus vaste lande humide d'Europe. Plus de 60 km de sentiers de randonnée et 40 km de pistes cyclables serpentent entre les tourbières, les prés et à travers bois. Très fréquenté le week-end en été, l'endroit affiche une beauté austère. Le **centre d'accueil des visiteurs** est situé au sud-ouest du parc, à Ruinen, à 7 km à l'ouest de l'A28 sur la N375 ; récupérez-des cartes d'itinéraires cyclables et de randonnée avant de vous lancer.

Renseignements

Office du tourisme (☎ 0592-24 37 88 ; www.drenthe.nl ; Marktstraat 8 ; ⏲ 12h-18h lun, 9h30-18h mar-jeu, 9h30-21h ven, 9h30-17h sam)

Depuis/vers Assen

Des trains fréquents relient Assen à Groningue (6,10 €, 20 min) et Zwolle (15,60 €, 40 min).

Un **magasin** (☎ 030-751 51 55 ; Stationsplein 5c ; 7,50 €/heure) situé à gauche de la gare ferroviaire loue des vélos 3 vitesses (caution 50 €). La véloroute **LF14** rallie Groningue (à 34 km au sud) et Emmen (à 40 km au sud-est).

Le Centre

Dans ce chapitre ➡

Le top des restaurants

- Cèpes (p. 278)
- De Zilte Zeemeermin (p. 276)
- Fresca (p. 272)
- De Hemel (p. 274)

Le top des hébergements

- Hotel de Sterrenberg (p. 278)
- Boutique Hotel Straelman (p. 272)
- Hotel Credible (p. 272)
- De Librije (p. 261)

Pourquoi y aller

Les provinces "oubliées" du Centre, de l'Overijssel et de Gueldre, allient, aux charmes d'une nature superbe, l'intérêt de centres commerçants d'une grande richesse historique. Le parc national de la Haute-Veluwe, aux paysages de toute beauté et au remarquable musée d'art (le Kröller-Müller Museum et sa collection de Van Gogh), devrait figurer au programme de tout voyage aux Pays-Bas.

Le patrimoine architectural de Deventer, Zwolle et Kampen rappelle le rôle clé joué par ces cités séculaires au sein de la Ligue hanséatique. Sise en bord de la Waal, Nimègue ne manque pas d'attraits, avec ses quais en bordure de canaux, sa population estudiantine et ses festivités annuelles. Enfin, le secteur d'Arnhem demeure étroitement lié, par ses lieux chargés de mémoire et ses monuments, à la Seconde Guerre mondiale.

Traversée par le Rhin, l'IJssel et leurs affluents, la région entretient de splendides voies cyclables, notamment le long des rives marécageuses de la Waal et du delta de l'IJssel, une zone protégée parcourue de chenaux.

Quand partir

- En été, la campagne néerlandaise se pare de champs verdoyants, de rivières invitant à la baignade et de nuits étoilées. Quel plaisir d'en sillonner, à pied ou à vélo, la myriade de pistes et de sentiers ! Entre autres activités de plein air, citons le canoë et le kayak.
- La plupart des loueurs de canoës n'ouvrent qu'en saison (avril à septembre-octobre).
- Des milliers de randonneurs gagnent Nimègue en juillet pour la grande marche annuelle De Vierdaagse. Réservez votre hébergement longtemps à l'avance.
- À découvrir à tout moment de l'année : les rues et les places pleines d'atmosphère des villes et des bourgades de la région.

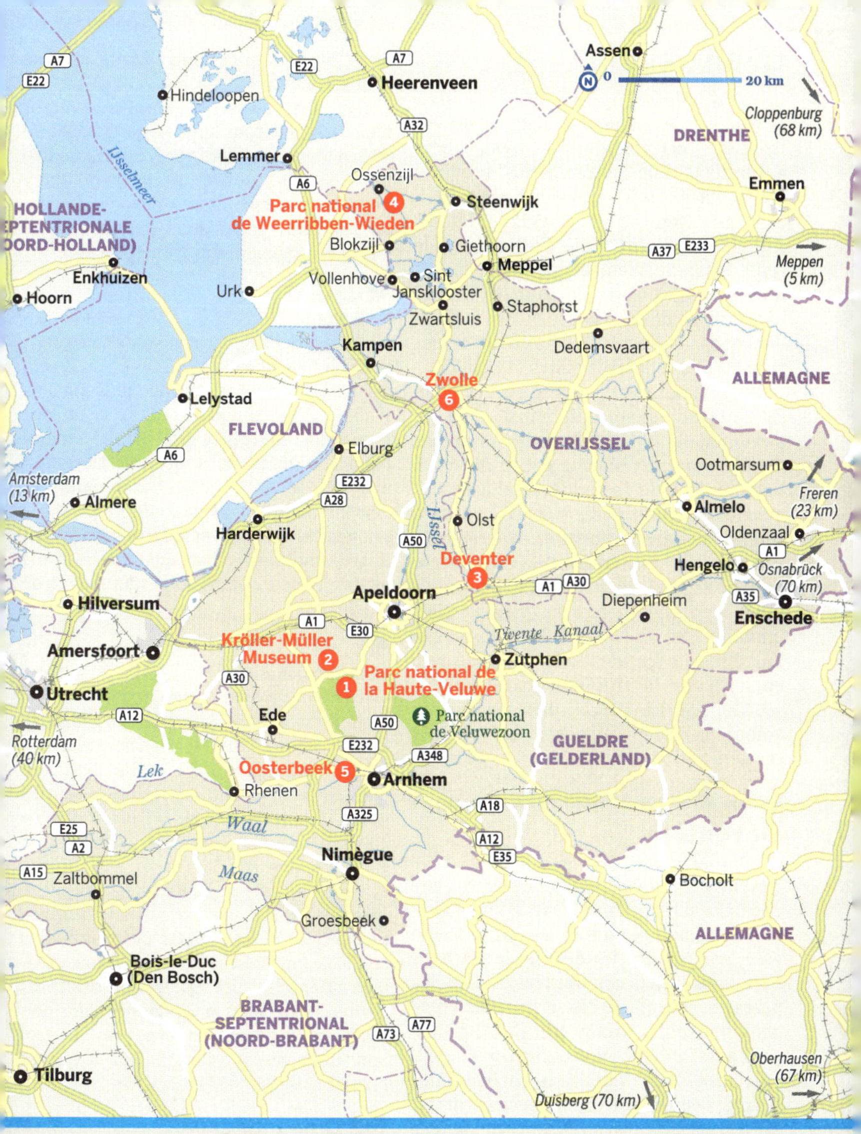

À ne pas manquer

❶ Les forêts, les dunes et les vertes prairies du **parc national de la Haute-Veluwe** (p. 276), à découvrir à vélo (en libre-service).

❷ La deuxième collection d'œuvres de Van Gogh au monde au **Kröller-Müller Museum** (p. 277).

❸ L'architecture médiévale des ruelles de la ville hanséatique de **Deventer** (p. 258) et les innovations étonnantes de son ancien port.

❹ Le **parc national de Weerribben-Wieden** (p. 266) et les mystérieux marécages de l'Overijssel, à explorer en bateau ou à pied.

❺ L'Airborne Museum Hartenstein et le cimetière militaire voisin à **Oosterbeek** (p. 277).

❻ L'ascension du clocher du Peperbus pour une vue panoramique sur les fortifications, le canal et les places de la cité ancienne de **Zwolle** (p. 260).

OVERIJSSEL

La majestueuse rivière IJssel (Yssel) dessinant la majeure partie de sa frontière occidentale, il n'est guère surprenant que cette petite province du Centre soit appelée Overijssel, ce qui signifie "par-delà l'IJssel". À l'est, à proximité de l'Allemagne, le relief est agréablement vallonné, tandis qu'à l'ouest, le long de l'ancien littoral – désormais enclavé par le Noordoostpolder, dans le Flevoland –, s'étendent des terres essentiellement plates et humides.

Pour visiter cette contrée rurale, choisissez la ravissante ville hanséatique de Deventer ou la capitale de la province, Zwolle, comme point de chute. En vous baladant vers le nord, le travail ardu des ouvriers des tourbières a ciselé la beauté sereine du parc national de Weerribben-Wieden. La traversée de cette terre humide en barque traditionnelle jusqu'au village de Giethoorn, la "Venise néerlandaise", en est l'un des temps forts. La région orientale de la Twente, avec en son cœur la ville universitaire d'Enschede, est un secret bien gardé des amoureux d'une nature sauvage hors des sentiers battus.

Deventer

☎0570 / 98 510 HABITANTS

Deventer s'apprécie particulièrement par une belle soirée d'août, lorsque l'on déambule dans les rues tortueuses de la vieille ville, en scrutant les détails des façades anciennes et en découvrant les minuscules passages menant à l'Ijssel, cachés entre deux merveilles architecturales. Rendez-vous aussi au Havenkwartier, un quartier portuaire jadis florissant, mais maintenant délabré, où de nouveaux hôtels et restaurants, ouverts par de jeunes entrepreneurs, ne passent pas inaperçus.

Port actif dès l'an 800, la ville a entretenu une activité marchande prospère des siècles durant, comme en témoignent ses édifices aux riches ornementations.

À voir et à faire

Vaste place principale tout en longueur, le Brink, ancien cœur marchand de la cité, porte désormais haut la culture des cafés. À l'est, le quartier bohème de Bergkwartier abonde en beaux édifices restaurés de l'époque hanséatique, blottis les uns contre les autres.

Les jolies rives de l'Ijssel se prêtent bien au cyclotourisme. Une boucle de 32 km longe la rivière vers le nord jusqu'à Olst, où vous pouvez prendre un ferry pour la traverser et retourner à Deventer par l'autre rive. Il est possible d'aller à Zutphen, au sud, une boucle de 47 km.

Museum de Waag ÉDIFICE HISTORIQUE

(☎0570-693 780 ; www.museumdewaag.nl/ ; Brink 56 ; adulte/enfant 9/2,50 € ; ⏲11h-17h mar-dim). Logé dans l'un des plus anciens Poids publics du pays (1528), ce musée évocateur, au milieu du Brink, explore l'histoire locale. À l'apogée de Deventer, aux XIVe et XVe siècles, marchands et négociants apportaient ici leurs produits pour qu'ils soient pesés et mesurés avant d'être vendus sur l'immense grand-place lors de l'une des cinq foires annuelles de la ville.

Grote of Lebuïnuskerk ÉGLISE

(☎0570-612 548 ; www.lebuiniskerk.nl ; Grote Kerkhof 38 ; visite 2,50 € ; ⏲11h-17h lun-sam avr-oct, 11h-16h lun-sam nov-mars). L'église principale de la ville tient son nom de saint Lébuin, un missionnaire saxon qui, venu en Frise, l'aurait fondée au VIIIe siècle. L'actuelle construction gothique date de la fin du XVe siècle, et avait été, avant la Réforme, un siège épiscopal. Ses nombreuses fresques, recouvertes de chaux par des calvinistes en 1580, ont été restaurées, et l'observateur attentif y distinguera, entre autres motifs, des scènes du Jugement dernier. Grimpez jusqu'au sommet du beffroi pour une vue panoramique sur la ville et l'IJssel.

Où se loger

Camping De Worp CAMPING €

(☎0570-613 601 ; www.stadscamping.eu ; Worp 12 ; empl 6 €, plus 5/3/2,50 € par adulte/enfant/voiture ; ⏲avr-oct ; 📶). Ce petit camping dans la verdure est un endroit charmant où planter sa tente et jouir d'une belle vue sur la ville hanséatique, située sur la rive opposée. La jetée du petit ferry de passagers ralliant la ville (5 min) se trouve à quelques minutes à pied, et une kyrielle de pistes cyclables serpentent dans la nature environnante.

Deventer

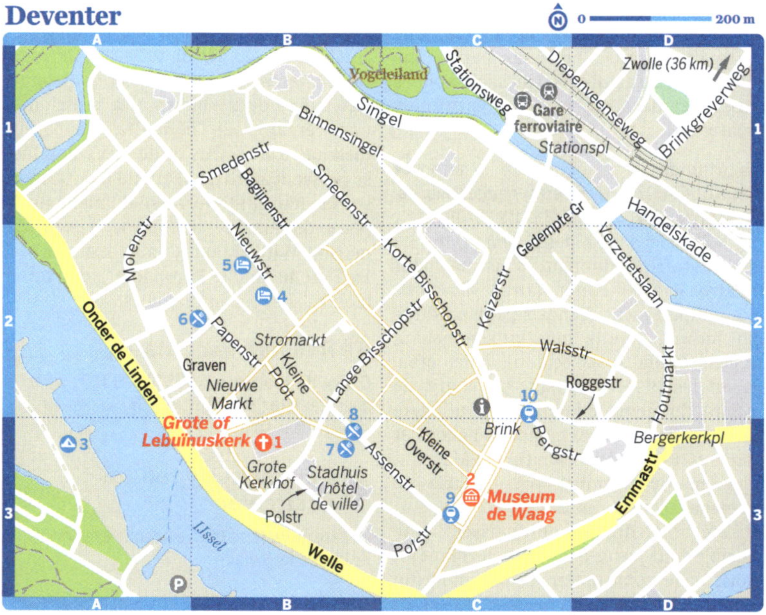

Deventer

Les incontournables
1 Grote of Lebuïnuskerk B3
2 Museum de Waag C3

Où se loger
3 Camping De Worp A3
4 Hotel de Leeuw B2
5 Hotel Gilde B2

Où se restaurer
6 Bouwkunde B2
7 Brood van Joop B3
8 Jackie's B3

Où prendre un verre et faire la fête
9 De Heks C3
10 De Hip C2

Hotel de Leeuw HÔTEL €
(☎0570-610 290 ; www.hoteldeleeuw.nl ; Nieuwstraat 25 ; s/d à partir de 79/89 € ; @). L'adresse plaît, non seulement à cause de son musée-boulangerie et de sa confiserie traditionnelle, mais également parce qu'on y profite de tout le confort possible – jusqu'au bulletin météo quotidien au petit-déjeuner (compris), qui peut être savouré dans la cour. Chambres toutes simples mais douillettes, dont beaucoup ont une kitchenette.

Hotel Gilde HÔTEL €€
(☎0570-641 846 ; www.hotelgilde.nl ; Nieuwstraat 41 ; s 69-89 €, d 99-129 €, tr 124-153 € ;). Cet hôtel de 37 chambres, dans un ancien couvent, est une ode à l'architecture du XVIIe siècle. À l'intérieur, la décoration opulente jusque dans les moindres détails est limitée aux espaces publics ; les chambres spartiates, elles, rappellent l'austérité des anciennes occupantes. Généreux buffet au petit-déjeuner (compris), servi dans une salle à l'étage ou sous les arbres de la jolie cour-jardin.

Où se restaurer

Brood van Joop (Groote Poot) SANDWICHS €
(☎06 3377 6827 ; www.grootepoot.nl ; Grote Poot 12 ; petit-déj 12,50-19,50 € ; 8h30-16h mar-ven, 8h30-17h sam, 9h-12h dim). L'"*Ambachtelijk brood*" (pain artisanal maison), bio, de surcroît, est la star alléchante de cette cantine moderne. On peut s'asseoir au bar, à l'intérieur, ou sur de simples bancs installés devant – idéal

pour savourer un en-cas en plein air tout en observant le va-et-vient sur une jolie place en retrait. Choisissez parmi une sélection de salades fraîches, de soupes maison et de sandwichs aux garnitures créatives.

Bouwkunde BISTROT €€
(☎ 0570-614 075 ; www.restaurantbouwkunde.nl ; Klooster 2-4 ; menu 2/3 plats 35/39,50 € ; ⏱17h-22h mer-sam, 13h-22h dim). Dans ce bistrot raffiné donnant sous un petit théâtre, le chef Pieter van de Pavoordt ajoute une touche française aux produits bio locaux, tandis que la sommelière Heleen Boom y associe de bons crus. Parmi les plats proposés, un confit de canard divinement fondant et une tarte Tatin servie avec une mousse au chocolat blanc et un sabayon au Grand-Marnier, à moins de terminer par un trio de fromages français au lait cru.

L'été, les dîneurs investissent une paisible cour pavée de briques formant un motif à chevrons, prolongée par un jardin secret. Réservez !

Jackie's INTERNATIONAL €€
(☎ 0570-616 666 ; www.jackiesnyc.com ; Grote Poot 19 ; menu 2/3 plats 39,50/48,50 € ; ⏱ à partir de 16h30 ; 📶). Cette adresse branchée propose une excellente cuisine internationale et s'agrémente d'une terrasse en plein air absolument sublime. En plus d'un surprenant menu 5 plats, la carte met l'accent sur la créativité : crêpes au canard laqué, tranches de poitrine de porc à la cacahuète et à la coriandre, caviar, burgers, steaks de Black Angus juteux et huîtres en saison.

Où prendre un verre et faire la fête

De Hip BAR
(☎ 0570-745 091 ; www.dehip.nl ; Brink 21 ; ⏱ mar-sam 12h-tard, dim horaires variables, boutique 10h-18h). À la fois café, bar, centre culturel, salle de concerts, théâtre, espace d'exposition et boutique branchée, De Hip est le lieu nocturne tendance de Deventer. Sa cantine concocte un plat du jour bon marché (12,50 €) ; ses bœufs de musique alternative tard le soir attirent les foules ; et il fait bon y danser le dimanche après-midi. Consultez le site Web ou la page Facebook pour connaître la programmation hebdomadaire. Réservation conseillée.

De Heks BAR À BIÈRES
(☎ 0570-613 412 ; www.deheks.nl ; Brink 63 ; ⏱14h-2h dim-jeu, 14h-3h ven-sam). Ce vénérable *bierencafé* (bar à bières) propose pas moins de 25 bières à la pression et une centaine en bouteille. Un joyeux mélange d'étudiants et de vieux habitués se pressent au bar, ou, quand il fait chaud, sur la charmante terrasse donnant sur la place du marché historique. Les bières maison Witte Maan ("Lune blanche") et De Pyromaan ("le Pyromane"), une bitter blonde, sont recommandées.

Renseignements

Office du tourisme (☎ 0570-710 120 ; www.deventer.info ; Brink 89 ; ⏱11h-16h dim-lun, 10h-17h mar-sam)

Comment s'y rendre et circuler

La gare routière se trouve à droite en sortant de la gare ferroviaire.

TRAIN

Deventer se situe à l'embranchement de deux lignes ferroviaires. Consigne à bagages sur le quai n°3.

VERS	PRIX	DURÉE	FRÉQUENCE
Amsterdam	19,40 €	1 heure 15	4/heure
Arnhem	9,50 €	35 min	2/heure
Nimègue	13 €	50 min	2/heure
Zwolle	6,90 €	25 min	2/heure

VÉLO

La véloroute LF3 court au nord jusqu'à Zwolle (36 km), à travers de grandes zones cultivées. En direction du sud-ouest, la LF3, qui longe essentiellement les rives et les digues de larges rivières, rejoint Arnhem au bout de 55 km et le point d'accès au parc national de la Haute-Veluwe (Hoge Veluwe).

Zwolle

☎ 038 / 125 806 HABITANTS

Les visiteurs ont souvent le coup de foudre pour la ville médiévale de Zwolle, ceinte d'un canal en forme d'étoile le long de ses anciennes fortifications. De pittoresques ruelles pavées mènent à des places animées ornées d'une fontaine et bordées de terrasses de cafés, de boutiques indépendantes, d'œuvres d'art contemporain et de *coffee shops*. L'été est la saison des marchés du week-end, des festivals, des cocktails sur la plage et des balades en canoë ou en kayak au fil du canal semé de nénuphars.

Aux XIVe et XVe siècles, Zwolle a fait fortune en devenant le principal port de commerce de la Ligue hanséatique, ainsi qu'un centre de culture de renom. Aujourd'hui, la capitale de la province d'Overijssel s'explore facilement à la journée depuis Kampen ou Deventer.

À voir et à faire

De l'Oude Vismarkt, on aperçoit les deux principales curiosités de la ville. Si la **Grote Kerk** (☎038-421 25 12 ; www.academiehuis.nl/grote-kerk/ ; Grote Markt 18 ; ⊙11h-17h mar-sam) est superbe, elle était bien plus majestueuse encore avant que la foudre ne vînt la frapper. Pour l'essentiel, ce qu'il reste date du XVe siècle. Juste à côté, le **Stadhuis** (hôtel de ville ; Lübeckplein 2) possède une partie typiquement néerlandaise du XVe siècle ainsi qu'une partie plutôt originale datant de 1976.

Onze Lieve Vrouwe Basiliek ÉGLISE
(Peperbus ; www.peperbus-zwolle.nl ; Ossenmarkt 10 ; clocher adulte/enfant 3,50/2 € ; ⊙13h30-16h30 lun, 11h-16h30 mar-sam avr-oct, 13h30-15h30 et 13h-16h nov-mars). L'emblématique Onze Lieve Vrouwetoren (également appelée *Peperbus*, ou moulin à poivre) est le point de repère des habitants de Zwolle. L'imposante église, construite entre 1394 et 1452, domine les toits de la ville. Du haut de son clocher de 75 m de haut (234 marches !), on apprécie la vue sur la cité et sur l'étonnante extension ajoutée au toit du Museum De Fundatie.

Museum De Fundatie MUSÉE
(☎0572-38 81 88 ; www.museumdefundatie.nl ; Blijmarkt 20 ; adulte/enfant 14 €/gratuit ; ⊙11h-17h mar-dim). Aménagé dans un ancien tribunal de style néoclassique le long du canal, le remarquable musée d'art de Zwolle se distingue par ses expositions temporaires prestigieuses d'artistes contemporains. La petite installation permanente retrace l'histoire de l'art moderne à travers des œuvres représentatives de cette période (une autre partie de la collection est exposée au Kasteel het Nijenhuis, un château à 17 km au sud-est). Impossible de ne pas remarquer les ajouts surréels au toit – un oiseau d'or et une immense extension aux airs de cocon qui brille d'un éclat argenté au soleil.

Sassenpoort ÉDIFICE HISTORIQUE
(porte des Saxons ; ☎038-203 84 56 ; www.sassenpoortzwolle.nl ; Sassenstraat 53 ; adulte/4-12 ans 5/2,50 € ; ⊙13h-17h mer et ven, 11h-17h sam-dim, horaires réduits en hiver). Édifiée en 1409 à l'extrémité sud de Sassenstraat, la Sassenpoort est l'une des portes de la ville encore debout. C'est sûrement l'une des plus ouvragées du pays, avec ses quatre tourelles crénelées couronnées d'un toit pointu et sa tour de l'horloge néogothique en son centre.

Hiawatha Actief BATEAU
(☎0529-43 60 66 ; www.hiawatha-actief.nl ; Potgietersingel ; ⊙11h-18h tlj juil-août, 13h-18h mer et ven, 12h-18h sam-dim avr-oct). Au bord de l'eau, près du Nieuwe Havenbrug ("nouveau pont"), vous pouvez louer un canoë (15 €/2 heures), un bateau électrique (35 €/heure) ou une planche de paddle (11 €/1 heure 30) pour explorer le canal en forme d'étoile de la ville. Mais l'expérience la plus mémorable consiste à déjeuner à bord d'un ingénieux "donut", un bateau pneumatique orange en forme de bouée avec moteur électrique et barbecue (jusqu'à 10 pers, 175 €/2 heures 30).

Où se loger

Hotel Fidder's HÔTEL €€
(☎421 83 95 ; www.hotelfidder.nl ; Koningin Wilhelminastraat 6 ; d à partir de 110 € ; wifi). Trois demeures fin XIXe siècle ont été réunies pour former un somptueux hôtel de gestion familiale de 21 chambres. L'intérieur déborde d'objets anciens ; les clients peuvent s'attarder dans la bibliothèque agrémentée d'un piano et d'une cheminée ; et certaines des chambres élégantes sont équipées d'un lit à baldaquin, d'un Jacuzzi ou d'un sauna à infrarouges. Il y a dans toutes de quoi faire du thé et du café. Dîner servi au restaurant (plats 18 €) à base de produits bio.

De Librije HÔTEL DESIGN €€€
(La Bibliothèque ; ☎038-421 20 83 ; www.librije.com ; Spinhuisplein 1 ; d 310 € ; P ❄ wifi). Audacieuse création de restaurateurs de Zwolle, Jonnie et Thérèse Boer, l'hôtel le plus luxueux de la ville, aménagé dans l'ancienne prison (1739), en a conservé de singuliers éléments comme les barreaux des fenêtres d'origine et

Zwolle

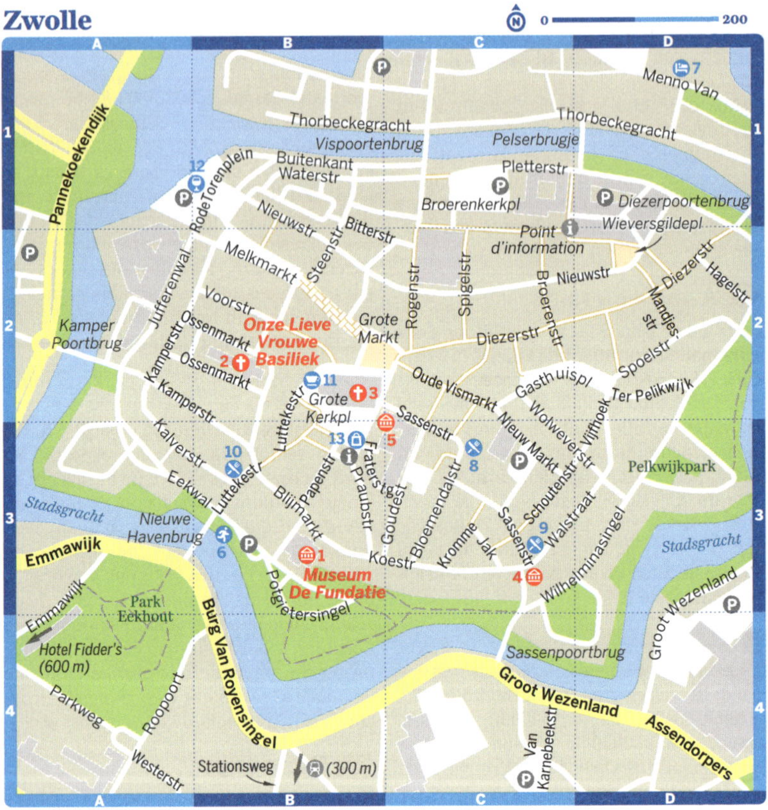

Zwolle

Les incontournables
1 Museum De Fundatie B3
2 Onze Lieve Vrouwe Basiliek B2

À voir
3 Grote Kerk B2
4 Sassenpoort C3
5 Stadhuis (hôtel de ville) C3

Activités
6 Hiawatha Actief B3

Où se loger
7 De Librije D1

Où se restaurer
8 Blue Sakura C3
9 Lots & More C3
10 Poppe B3

Où prendre un verre et faire la fête
11 Espressobar Maling B2
12 Stads Strand Zwolle B1

Achats
13 Zwolle Balletjeshuis B3

les portes de cellule. Les 19 chambres, somptueusement décorées, sont équipées d'une tablette et d'un système audio haut de gamme, et bénéficient des services d'un majordome.

Titulaire de 3 étoiles au guide Michelin, le restaurant gastronomique situé dans le patio met à l'honneur une myriade de produits régionaux exquis (plats/menus à partir de 45/170 €).

Où se restaurer

Lots & More EUROPÉEN €

(☎06 508 983 68 ; www.lotsandmorezwolle.nl ; Sassenstraat 49 ; bol 9,50-9,75 € ; ⏲9h30-17h mar-sam, 11h-17h dim). À quelques pas de la Sassenpoort et des quais au-delà, cet attrayant café partisan d'une nourriture saine est connu pour son brunch servi toute la journée. Proposés en trois tailles, les bols de yaourt et de smoothie incluent des combinaisons de saveurs originales, tout comme les gaufres salées et sucrées. Le menu yaourt et salade à composer soi-même, qui permet aux fins gourmets de créer leur propre brunch, est recommandé.

Blue Sakura JAPONAIS €€

(☎038-333 53 33 ; www.bluesakura.nl ; Bethlehemkerkplein 35 ; menu 34,50 € ; ⏲13h-22h30 lun, 12h-22h30 mar-dim). Pour changer de la cuisine néerlandaise ou européenne, rendez-vous dans ce grill/restaurant de sushis japonais. Les convives apprécient sa "formule illimitée pendant 2 heures 30" et son emplacement exceptionnel au sein de l'impressionnante église gothique (1309) du monastère augustin de Bethléem. Les vitraux, l'autel et les tombeaux des familles nobles sont intacts, rendant surréelle l'expérience dînatoire.

100% LOCAL

SUIVEZ LA LIGNE

En allant à pied de la gare ferroviaire à la vieille ville, vous remarquerez peut-être une curieuse ligne bleue parcourue de traits ondoyants couleur bronze serpentant sur la chaussée. Cette "Blue Line" fait partie intégrante d'une installation d'art contemporain appelée *Portal* (2015) du sculpteur israélo-néerlandais Ram Katzir (né en 1969) et de Hertog Nadler (le duo artistique et couple Chaja Hertog et Nir Nadler). Cet itinéraire artistique inclut plusieurs sculptures et autres œuvres, dont une carte en bronze tridimensionnelle de Zwolle, apposée sur les pavés de Burgemeester van Roijensingel mettant notamment en scène le sceau de la ville et un audioscope d'où s'échappe une musique claironnante à côté du pont Nieuwe Havenbrug.

Poppe NÉERLANDAIS €€

(☎038-421 30 50 ; www.poppezwolle.nl ; Luttekestraat 66 ; plats 14,75-33,50 €, menu 3/4/5 plats 37,50/46,25/53 € ; ⏲17h-minuit tlj plus 12h-15h mar-ven). Cet élégant restaurant est niché dans une ancienne forge, derrière une façade en brique rehaussée de noir et de rouge. Dans la cuisine ouverte sont concoctés de superbes plats de saison – asperges au printemps, moules en été et canard sauvage à la compotée de poires en automne. Par beau temps, les dîneurs peuvent s'installer en terrasse sur la chaussée pavée.

Où prendre un verre et faire la fête

Espressobar Maling CAFÉ

(www.malingzwolle.nl ; Luttekestraat 28 ; ⏲9h-17h lun-sam, 10h-17h dim). Que vous souhaitiez un *cortado*, un mug de café filtre, un *macchiato* ou un *creamy flat white*, ce minuscule bar à expresso est une adresse de choix. Les baristas chevronnés utilisent principalement du café en grains soigneusement sélectionné par Keen, le torréfacteur néerlandais. La petite terrasse sur la chaussée, dotée de "canapés" et de tables en palettes recyclées, est idéale pour observer les passants sur la Grote Kerkplein.

Renseignements

Au **point d'information** (☎038-421 88 15 ; www.visitzwolle.com ; Grote Kerkplein 13 ; ⏲13h-17h lun, 10h-17h-sam) de Zwolle, situé à l'intérieur de la confiserie historique **Zwolle Balletjeshuis** (☎038-421 88 15 ; www.zwolseballetjes.nl ; Grote Kerkplein 13 ; ⏲13h-17h lun, 10h-17h-sam), un personnel obligeant vous renseignera sur les hébergements et les sites à voir.

Comment s'y rendre et circuler

TRAIN

Ville d'interconnexions, Zwolle bénéficie de bonnes liaisons ferroviaires. Une consigne à bagages (petit/grand casier 3,85/5,70 € par 24 heures) se trouve sur le quai n°14.

VERS	PRIX	DURÉE	FRÉQUENCE
Deventer	6,90 €	24 min	2/heure
Groningue	19,60 €	1 heure	4/heure
Leeuwarden	18,10 €	1 heure	4/heure
Utrecht	17,10 €	1 heure	4/heure

VÉLO

La boutique de vélos en libre-service de l'OV-fiets (location 3,95 €/24 heures avec forfait de transport OV-chipkaart) se trouve à gauche en sortant de la gare ferroviaire.

La ville ancienne d'Urk (Hollande du Nord) se situe à 50 km au nord-ouest par la véloroute LF15 et peut faire l'objet d'une belle excursion le long de digues et de rivières. Deventer se trouve à 36 km au sud par la LF3 ; il existe de nombreuses autres pistes possibles en longeant l'IJssel.

Kampen

038 / 53 063 HABITANTS

Située à 15 km à l'ouest de Zwolle, sur la rive gauche de l'IJssel, près de son embouchure, la ravissante Kampen est une ancienne ville hanséatique. Son centre historique est l'un des mieux préservé du pays, avec de nombreux édifices médiévaux, dont des églises, des maisons, des portes et des tours. La fermeture de l'ancien golfe de la Zuiderzee a marqué la fin du rôle majeur joué par le port de Kampen – qui demeure toutefois un port fluvial important. Le long déclin économique qui s'en est suivi a tenu la ville à l'écart de la modernisation et ainsi préservé ses bâtiments.

L'étincelant Stadsbrug, pont mobile orné de poulies dorées, est l'un des principaux traits distinctifs de la ville ; une plateforme permet aux piétons d'observer de près la section centrale du tablier qui s'élève pour laisser passer les navires.

À voir

Partez à la découverte de la vieille ville – lacis de rues médiévales pleines de caractère, organisé de façon linéaire parallèlement à l'IJssel – riche en monuments, sans oublier les musées de Kampen.

Nieuwe Toren — ÉDIFICE HISTORIQUE

(nouvelle tour ; Oudestraat ; 3 € ; 10h-17h jeu fin juil-août). Cette haute tour emblématique (et fort penchée) fut édifiée dans l'artère principale, Oudestraat, au XVIIe siècle, en signe de prospérité. Son carillon (1659-1662) comptait à l'origine 30 cloches, mais en possède désormais 48 ; le carillonneur de la ville en joue les jours de marché (lundi et samedi) et à 19h30 les vendredis d'été. La tour, néoclassique, ne peut être escaladée que cinq jeudis en été, lors du festival annuel **Kamper Ui(t) dagen** (Journées de Kampen ; www.kamper-uitdagen.nl).

Kamper Kogge — NAVIRE

(038-331 05 15 ; kamperkogge.nl ; Havenweg 7 ; horaires variables). Surnommée "La Dame noire de Kampen", le *Kampe Kogge* est l'impressionnante reconstitution (au moyen de matériaux et de techniques médiévaux) d'une cogue – un voilier marchand à fond plat utilisé pour transporter du sel, du bois, des céréales, des harengs, du vin, de l'ambre, etc. à l'époque glorieuse de la Ligue hanséatique au XIVe siècle. Son mât culmine à 22,4 m et rien moins que 10 000 clous forgés à la main ont été nécessaires pour assembler le magnifique navire en chêne. Une maison de pêcheur, un atelier de menuiserie et une forge de l'époque médiévale reconstitués complètent le site.

Stedelijk Museum — MUSÉE

(038-331 73 61 ; www.stedelijkmuseumkampen.nl ; Oudestraat 133 ; adulte/enfant 10 €/gratuit ; 11h-17h mar-sam, 13h-17h dim). Les deux hôtels de ville, dont l'ancien est un chef-d'œuvre du gothique tardif orné de figures sculptées, servent de cadre, superbe, au musée municipal. L'exposition du dernier étage est consacrée au rôle crucial de l'eau dans le développement de la ville ; au niveau inférieur sont présentés des portraits en pied, à taille réelle de tous les membres de la maison d'Orange-Nassau. Expositions temporaires au rez-de-chaussée.

Où se loger et se restaurer

Hotel van Dijk — HÔTEL €

(038-331 49 25 ; www.hotelvandijk.nl ; IJsselkade 30-31 ; s/d/tr/qua 60/90/125/145 € ;). L'accueil ne pourrait être plus chaleureux dans ce trois-étoiles convivial, face à la rivière. Les cyclistes sont bien lotis : ils bénéficient d'un local à vélos verrouillé et des recommandations d'itinéraires d'Irma, qui gère l'hôtel avec son mari Herman. Décorées dans le style années 1980, les 18 chambres sont toutes différentes, et le buffet du petit-déjeuner (compris) est un véritable festin.

De fin mars à la fin de l'été, la confiture de fraises maison et les fraises proviennent de la ferme locale ; demandez l'adresse à Irma si vous souhaitez combiner balade à vélo et cueillette de fraises. L'hôtel peut organiser la location de vélos.

Boetiek Hotel Kampen BOUTIQUE-HÔTEL €
(038-888 87 37 ; www.hotelkampen.nl ; IJsselkade 20 ; s/d/ste à partir de 85/97,50/125 € ;). Cette retraite contemporaine en bordure de rivière jouit de l'atmosphère conviviale d'un B&B. Elle occupe une maison de brique claire à la façade soulignée de vert et agrémentée de carreaux de céramique. Les 11 chambres et appartements, tous différents, sont pourvues d'une salle de bains ouverte (douche à effet pluie) et s'agrémentent de beaux tissus. Les clients se partagent une machine à expresso, et le petit-déjeuner (compris) est servi dans le salon design ou dans l'adorable petite cour à l'arrière. Vue panoramique sur l'Ijssel.

Banketbakkerij Smit CAFÉ €
(Oudestraat 148 ; pâtisseries à partir de 2 € ; 9h-18h lun-ven, 9h-17h sam). Les irrésistible spécialités de ce café-salon de thé à l'ancienne sont notamment le *vulkoek* (pâte d'amandes enrobée de biscuit à la cannelle et à la noix de muscade), le *Kamper slof* (riche gâteau biscuité aux noix et au caramel) et le *vanillestang* (gâteau à la vanille) de couleur rose – parfaits avec un thé ou un café.

Restaurant de Bottermarck NÉERLANDAIS €€€
(038-331 95 42 ; www.debottermarck.nl ; Broederstraat 23 ; plats 15-39,50 € ; 12h-21h mar-ven, 12h-21h sam, sur réservation à partir de 10 pers dim). Avec sa charmante terrasse donnant sur la pittoresque Bottermarkt, cette adresse raffinée est particulièrement agréable l'été. La cuisine de bistrot aux accents français fait la part belle aux produits frais locaux et souvent bio : asperges printanières et jambon à la sauce au beurre persillé ou saint-jacques servies avec une crème aux légumes et aux noix, suivis de turbot au champagne ou de magret de canard aux shiitakés.

Renseignements

Office du tourisme (De Van Heutszkazerne ; 038-202 23 66 ; www.visitkampen.nl ; Oudestraat 216 ; 10h-16h lun-sam mi-mai à oct, 10h30-15h30 lun-sam nov à mi-mai). Circuits pédestres guidés et nombreuses informations à destination des explorateurs indépendants.

Comment s'y rendre et circuler

TRAIN

Kampen possède deux gares : l'une juste de l'autre côté de l'IJssel pour les trajets depuis/vers Zwolle (3,90 €, 10 min, 2/heure), et l'autre à 2 km au sud, Kampen-Zuid, sur la ligne directe pour Amsterdam (18,30 €, 1 heure 10) via Lelystad. Le bus n°74 circule entre les deux gares.

100% LOCAL

LA VACHE DE KAMPEN

Ce n'est pas pour rien qu'une sculpture en bronze contemporaine (1980) d'une vache batifolant se dresse devant la Nieuwe Toren (p. 264) et, plus étonnant encore, qu'une vache en plastique grandeur nature est suspendue par une corde au sommet de cette même tour pendant 5 semaines en juillet-août, à l'occasion des Kamper Ui(t) dagen (ci-dessus), le festival d'été de Kampen. Ces bovins évoquent une vieille légende née de la rivalité séculaire entre villes de la région. Certains disaient que non seulement les habitants de Kampen parlaient leur propre dialecte (appelé Kampers), mais aussi qu'ils n'étaient pas très malins. Un jour, le sommet de la Nieuwe Toren s'effondra, et de l'herbe commença à pousser sur ses hauteurs. Voulant faire goûter cette herbe verte luxuriante à ses bêtes, un fermier local attacha une corde au cou de l'une de ses vaches et la hissa jusqu'au sommet, mais la vache mourut avant d'arriver en haut, sans que le fermier ni les gens de la ville n'en déterminent la raison. Depuis, chaque année, le festival d'été de Kampen débute en hissant avec entrain une vache en plastique grandeur nature jusqu'au sommet de la tour emblématique.

VÉLO

Louez des vélos en ville auprès de **Fietsverhuurkampen.nl** (☎038-333 71 10 ; www.fietsverhuurkampen.nl ; Ijsseldijk 37 ; à partir de 8,75 €/jour ; ⏰9h-20h lun-sam).

Kampen est un nœud d'interconnexion de véloroutes : la LF15 file vers le nord-ouest jusqu'à Urk et vers l'est en direction de Zwolle (18 km) ; la LF23, qui longe les anciennes côtes en deçà du Flevoland et continue sur 130 km jusqu'à l'ouest d'Amsterdam ; la LF22, qui longe également les anciennes côtes vers le nord et l'ouest jusqu'à la Frise (Friesland) ; et enfin la LF3, qui part vers le sud jusqu'à la Frise via Zwolle.

Pour vous rendre au parc national de Weerribben-Wieden, à 21 km au nord, prenez la véloroute LF3 ou LF22.

Parc national de Weerribben-Wieden

Paysage serein et mystérieux lacé de canaux, de bassins et de lacs, le parc national de Weerribben-Wieden fait partie de la plus grande zone humide d'eau douce du nord-ouest de l'Europe. Ses 10 000 ha englobent des tourbières séculaires, des marais, des roselières où prospèrent différentes variétés d'orchidées et des forêts, et ils servent d'habitat à une faune abondante. C'est aussi une zone de nidification pour quantité d'oiseaux : fauvettes, butors, busards des roseaux et hérons pourprés, à la plus grande joie des amateurs d'ornithologie, qui viennent admirer la diversité des espèces au sein du parc – depuis un punt (bateau plat) traditionnel ou en empruntant l'un des nombreux agréables sentiers de randonnée, pédestre ou cyclable.

Les villages de Sint Jansklooster et de Giethoorn, la "Venise néerlandaise", en sont les deux principaux points d'accès.

Giethoorn

☎0521 / 2 620 HABITANTS

La petite bourgade lacustre de Giethoorn – l'une des principales curiosités du parc national – ne possède pas de véritables rues, mais seulement des canaux, des sentiers et des pistes cyclables. Elle n'a donc pas pu échapper au surnom de "Venise néerlandaise". À l'inverse de la plupart des autres cités du pays, Giethoorn a été édifiée sur de l'eau, traversée çà et là de lopins de terre. Les fermiers y transportaient même leurs vaches dans des barques remplies de foin ! L'endroit est très touristique en été ; le reste de l'année, ses voies d'eau dégagent un charme mystérieux.

Quand les touristes se font trop nombreux (le site est devenu une étape incontournable pour les groupes asiatiques), ralliez la partie nord de la bourgade, plus calme et tout aussi pittoresque.

Activités

Le bateau est de loin le moyen le plus plaisant de découvrir le patrimoine aquatique du parc national. Giethoorn

LA LIGUE HANSÉATIQUE

Formée au milieu du XIIIe siècle, cette puissante association marchande permit aux villes membres d'Allemagne et d'Europe du Nord de s'enrichir rapidement en important et exportant diverses marchandises – céréales, minerais, miel, tissus, bois, lin… – et en protégeant les navires commerciaux des attaques extérieures. La Ligue n'était pas une structure politique en tant que telle, mais liait des accords commerciaux privilégiés avec ses partenaires, notamment avec les Suédois – parfois au prix de pratiques douteuses (pots-de-vin, boycott…). La Ligue s'est toutefois efforcée de maintenir la paix entre ses membres afin d'éviter tout conflit de nature à compromettre les échanges.

Sept villes néerlandaises situées le long de l'IJssel figuraient parmi les membres prospères de la Ligue : Hasselt, Zwolle, Kampen, Hattem, Deventer, Zutphen et Doesburg. Ironie du sort, la disparition de la Ligue hanséatique est en grande partie attribuée aux Néerlandais. Au XVe siècle, les marchands d'Amsterdam se sont organisés pour récupérer peu à peu les différents marchés sur lesquels la Hanse possédait la mainmise.

VAUT LE DÉTOUR

UN PALAIS ROYAL

À 3,5 km au nord du centre d'Apeldoorn se trouve le magnifique **Paleis Het Loo** (☎055-577 24 00 ; www.paleishetloo.nl ; Amersfoortweg 1 ; adulte/enfant 19/9,50 € ; ⏲10h-17h mar-dim), édifié en 1685 pour Guillaume III, et où la reine Wilhelmine vécut jusqu'en 1962. Les intérieurs meublés – les chambres, la collection de peintures royales, l'opulente salle à manger de 1686 – sont fermés jusqu'en 2021 pour d'importants travaux d'extension. Mais les magnifiques écuries (1907-1909) et la remise, les superbes jardins du XVIIe siècle aux parterres de fleurs symétriques et à la statuaire classique, et le toit du palais (d'où admirer le domaine tout entier) resteront ouverts.

Derrière les jardins s'étend le **parc du palais**, l'immense section paysagère du domaine où la famille royale passait son temps libre (entrée jusqu'à 15h30). Suivez le **circuit orange** pour en découvrir les principaux sites, dont le hangar royal à bateaux et plusieurs pavillons romantiques. Déjeunez ensuite dans l'un des deux restaurants sur place (cuisine néerlandaise et européenne) ou savourez un pique-nique.

De la gare ferroviaire d'Apeldoorn, prenez le bus n°10 et descendez à l'arrêt Tuinmanslaan (4 €, 15 min), à 5 minutes de marche du palais.

est le principal endroit où en louer à l'intérieur du parc : kayaks, canoës, barques, punts traditionnels et bateaux électriques parfaitement silencieux, il y en a pour tous les goûts et tous les niveaux d'endurance. **Eco Waterliner** (☎0527-20 56 60 ; en.visitweerribbenwieden.com ; Beulakerpad 1, Sint Jansklooster ; forfait journée 9 € ; ⏲10h-17h mai-sept) vous permet de combiner circuit en bateau et balade à vélo.

Plusieurs pistes cyclables tranquilles sillonnent le parc national ; seuls les cris, les gloussements, les gazouillis et les bruits des oiseaux dans l'eau, poissons, grenouilles, loutres, castors et anguilles troublent le silence. Louez un vélo au parc **De Gele Lis** (L'Iris jaune ; ☎0561-477 442 ; www.degelelis.nl ; Hoogeweg 27a, Ossenzijl ; ⏲10h-17h avr-oct) à Ossenzijl, puis suivez la véloroute LF22a vers le sud jusqu'à Blokzijl pour une balade merveilleusement calme le long du canal de Kalenberg, en franchissant les nombreux petits ponts en bois qui enjambent les canaux latéraux.

Où se loger et se restaurer

♥ The Black Sheep Hostel AUBERGE DE JEUNESSE €
(☎06 8009 0614 ; www.hostelgiethoorn.com ; Zuiderpad 19 ; dort à partir de 29 € ; @📶). Les dortoirs modernes d'un blanc étincelant, rehaussés de touches de jaune tournesol et équipés de lits superposés, passent au second plan si l'on considère l'emplacement au bord du principal canal de Giethoorn de cette superbe maison au traditionnel toit de chaume, agrémentée d'un joli jardin fleuri avec hamacs, entre autres, et d'une salle de petit-déjeuner design. Jimmi, d'origine sino-indonésienne, et Gea, Néerlandaise, gèrent cette auberge de jeunesse familiale.

ℹ Renseignements

Centre d'accueil des visiteurs De Wieden (Bezoekerscentrum De Wieden ; ☎0527-24 66 44 ; www.natuurmonumenten.nl/natuurgebieden/de-wieden ; Beulakerpad 1, Sint Jansklooster ; ⏲12h-17h lun, 10h-17h mar-dim juin-sept, 10h-17h mar-dim avr, mai et oct, 12h-16h mer, sam-dim nov-mars). À Sint Jansklooster.

Centre de plein air de Weerribben (Buitencentrum Weerribben ; ☎0561-477 272 ; www.np-weerribbenwieden.nl ; Hoogeweg 27, Ossenzijl ; ⏲10h-17h avr-oct). À Ossenzijl.

Office du tourisme (VVV ; ☎0521-360 112 ; touristinformationgiethoorn.nl ; Hylkemaweg 1a ; ⏲11h-15h lun, mer et sam). À Giethoorn.

ℹ Comment s'y rendre et circuler

Le bus n°70 dessert Giethoorn sur sa route (toutes les heures) entre Steenwijk (18 min) et Zwolle (1 heure).

Twente

627 000 HABITANTS

La Twente forme une région distincte à la lisière sud-est de l'Overijssel, à cheval sur la frontière allemande. Habitée par les *Twentenaren*, aussi appelés "*Tukkers*", c'est la partie sans doute la plus urbanisée de la province de l'Overijssel. La ville universitaire d'**Enschede**, forte d'une population jeune et dynamique de 26 000 étudiants, possède un beau patrimoine industriel (textiles et brasseries) et deux musées d'art remarquables.

Tel un vaste jardin, la Twente rurale se distingue par ses jolis paysages vallonnés semés de prairies, de tourbières et de marais, de champs de bruyère en fleur et de plages fluviales de sable blond, protégés au sein d'une réserve naturelle. De paisibles sentiers cyclables et pédestres sillonnent ce paysage d'antan, avec ses fermes familiales en activité depuis quatre générations et ses rares villages, où le temps semble s'être arrêté. **Ootmarsum** en est le joyau médiéval, avec son église gothique et ses innombrables galeries et ateliers d'artisanat touristiques.

À voir

Rijksmuseum Twenthe — MUSÉE

(☎053-435 86 75 ; www.rijksmuseumtwenthe.nl ; Lasondersingel 129-131, Enschede ; adulte/enfant 15 €/gratuit ; 10h-17h mar-dim). Une petite partie seulement de la riche collection de quelque 9 000 pièces du musée des Beaux-Arts de la Twente est exposée en permanence dans cette belle villa dotée de deux ailes autour d'une cour centrale. La demeure fut construite à cet effet en 1930 par le baron du textile Jan Bernard van Heek et son frère, deux collectionneurs passionnés. La collection couvre tous les mouvements artistiques occidentaux, du Moyen Âge à l'époque contemporaine. Sculptures, reliquaires et manuscrits médiévaux particulièrement intéressants.

De Museumfabriek — MUSÉE

(musée de l'Usine ; ☎053-201 20 99 ; www.demuseumfabriek.nl ; Het Rozendaal 11, Enschede ; adulte/enfant 12,50/10 €, famille 25 € ; 11h-17h mar-dim). Conçu pour éveiller l'intérêt des esprits curieux de tous âges, ce musée insolite mélange expositions à caractère historique et arts décoratifs, artisanat traditionnel local, histoire naturelle, science et technologie. Les pièces phares de la collection permanente comprennent un squelette de mammouth de 3,6 m de haut, la reproduction grandeur nature d'une *lös hoes* (ferme d'une seule pièce où logeaient la famille et les animaux) traditionnelle à toit de chaume, et divers avions précurseurs des années 1920. La dernière salle contient plusieurs métiers à tisser du XIXe siècle – très bruyants quand ils fonctionnent.

Monument vuurwerkramp Enschede — MONUMENT

(monument des feux d'artifice d'Enschede ; Tollensstraat 7523, Lasonderbleek Park). Le monument insolite qui se dresse dans un parc engazonné devant le De Museumfabriek commémore les 23 personnes décédées, et les milliers de blessés, après l'explosion meurtrière dans une usine de feux d'artifice le 13 mai 2000. Les contours de fondations en granit noir enchâssés dans l'herbe évoquent les quelque 400 maisons (et la brasserie Grolsch voisine) endommagées par l'explosion et démolies par la suite. Le secteur tout entier de Roombeek, au nord de la vieille ville d'Enschede, a été reconstruit depuis.

Grolsch Brewery — BRASSERIE

(☎053-483 33 33 ; www.royalgrolsch.com ; Brouwerslaan 1, Enschede ; tarif plein/12-17 ans accompagné d'un adulte 17,50/15 € ; 9h30-12h, 13h30-16h15 et 17h-19h30 mer-jeu, 9h30-12h et 13h30-16h15 ven). Une bière iconique, aisément reconnaissable à l'emblématique bouchon mécanique de sa bouteille de Pilsner, est brassée à Enschede depuis 1895. Des visites guidées de 2 heures 30 donnent une présentation très complète des installations, de l'histoire de la bière à la production, l'embouteillage, la marque et la dégustation. Sa bière blonde De Klok évoque la brasserie d'origine située près de Groenlo, où fut brassée la première bière en 1615. De Klok fusionna avec De Enschedesche Bierbrouwerij en 1922, donnant naissance à Grolsch.

Au-dessus de la brasserie, l'espace **Grolsch Living History** (entrée libre) présente des objets-souvenirs de Grolsch collectionnés par un passionné durant ces 25 dernières années.

La brasserie Grolsch était installée dans le secteur industriel de Roombeek,

HORS DES SENTIERS BATTUS

CHARMANTE LUTTERZAND

Dans la partie extrême-orientale de la Twente, tout près de la frontière allemande, de spectaculaires dunes mouvantes s'étendent le long des berges de la Dinkel et côtoient des taillis odorants de genévriers, des forêts de pins et, plus loin, des landes essentiellement plates, pour former la réserve naturelle protégée de **Lutterzand** (www.lutterzand.nl), qui couvre quelque 750 ha. Le petit village de **De Lutte** est le point de départ d'une boucle cyclable de 35 km traversant la réserve (fermée quand le niveau de la rivière est trop haut) et les marcheurs peuvent profiter de cinq itinéraires balisés (de 3 à 7 km).

Cartes et renseignements disponibles au point d'information touristique de De Lutte, au **Paviljoen Lutterzand** (☎ 0541-551 386 ; www.lutterzand.nl ; Lutterzandweg 12, De Lutte ; sandwichs 9,50-12,50 €, crêpes 6,50-10,50 €, plats 19,50-23,50 € ; ⏲ 11h-20h lun-jeu, 11h-22h ven, 10h-22h sam-dim).

au nord du centre historique, jusqu'en 2000, lorsqu'elle fut gravement endommagée par une explosion dans une usine voisine de feux d'artifice. Ses nouvelles installations dernier cri (2004) se trouvent en périphérie, très à l'est de la ville, près de Boekelo. De la gare ferroviaire et routière d'Enschede, prenez le bus n°506 (4 €, 15 min) jusqu'à l'arrêt Usselerhofweg, à 10 minutes de marche de la brasserie.

Où se loger et se restaurer

Het Meuleman CAMPING €

(☎ 0541-551 289 ; www.camping-meuleman.nl ; Lutterzandweg 16, De Lutte ; empl 29-45 €, cabane de randonnée 2 pers 50 €, bungalow 6 pers à partir de 250 € ; ⏲ avr-oct ; 📶 🏊). Couvrant 7 ha en partie protégés par la réserve naturelle de Lutterzand, ce camping traditionnel offre une jolie échappée en pleine nature. Que vous optiez pour la pêche ou la baignade dans l'étang, la randonnée à pied ou à vélo, le canoë sur la Dinkel ou le farniente sur une plage de sable, ce domaine merveilleusement paisible vous accueille avec 113 emplacements. Il dispose aussi de bungalows tout équipés et de cabanes de randonnée avec foyer ouvert, plaque de cuisson et réfrigérateur.

Restaurant, mini-golf un peu décati, terrain de pétanque, court de volley-ball, parcours dans les arbres et location de vélos.

Twentsche Foodhall ESPACE DE RESTAURATION €

(Performance Factory ; ☎ 053-203 23 12 ; www.twentschefoodhal.nl ; Hoge Bothofstraat 39a, Enschede ; plats 5-15 € ; ⏲ 16h-22h jeu-sam, 14h-21h dim). L'espace restauration durable d'Enschede est le lieu tendance pour goûter de tout, du sandwich de la Twente à la *bakworst* (tranches de saucisse de foie cuites au four) aux plats indiens ou boliviens plus épicés en passant par la *soul food* surinamaise, les plats végans crus ou le travers de porc à la texane. Les échoppes culinaires sont exclusivement artisanales, dirigées par un chef local et n'utilisent que des produits locaux (moins de 40 km d'Enschede).

À l'intérieur de la Performance Factory, l'ancienne usine d'appareils photo Polaroïd.

Renseignements

Office du tourisme d'Enschede (Enschede Promotie ; ☎ 053-480 19 70 ; www.uitinenschede.nl ; Langestraat 41, Enschede ; ⏲ 9h-17h lun-ven)

Comment s'y rendre et circuler

TRAIN

Enschede, le principal point d'accès en train, bénéficie de connexions quotidiennes avec Zwolle (13,89 €, 1 heure), Deventer (12,50 €, 45 min) et Utrecht (23,30 €, 1 heure 40), où des trains en correspondance vous emmènent à Amsterdam, Groningue et autres destinations nationales.

VÉLO

Les véloroutes LF14, LF15 et LF8 traversaient autrefois le joli patchwork de paysages de la Twente, entre champs, tourbières et collines douces, mais cela a changé en 2020, ces trois routes ayant été remplacées par le nouvel itinéraire "Est des Pays-Bas". Consultez le site Web www.hollandcyclingroutes.com pour vous tenir au courant.

GUELDRE

Plus grande province des Pays-Bas, la Gueldre (Gelderland) se caractérise par ses paysages luxuriants constitués de landes, de forêts, de champs de maïs et de digues sinueuses. Pendant la Seconde Guerre mondiale, sa capitale, Arnhem, fut massivement bombardée et ses ponts fluviaux furent détruits lors de la désastreuse opération Market Garden (voir encadré p. 275), mais la ville s'est relevée de ses cendres pour devenir une cité moderne, dotée de jolis parcs et musées.

Au nord s'étend le paisible parc national de la Haute-Veluwe, qui abrite l'un des meilleurs musées d'art et jardins de sculptures du pays, ainsi qu'une kyrielle de sentiers de randonnée pédestres et cyclables en pleine nature. Au sud de la province, tout prêt de la frontière allemande, Nimègue est située sur la rive gauche du Waal. Cité historique, elle fait honneur à ses lointaines origines romaines alors que son importante population étudiante lui insuffle un dynamisme communicatif.

Nimègue

☎024 / 170 681 HABITANTS

Nimègue (Nijmegen) mérite qu'on s'y attarde deux ou trois jours. Avec son université catholique accueillant 13 000 étudiants, elle est animée d'une énergie créative. Son centre médiéval compact va de pair avec une ambiance urbaine décontractée. Cafés historiques, *coffee shops* spécialisés et quelques musées et monuments intéressants jalonnent ses rues qui s'échelonnent doucement entre la ville basse du XVIe siècle, au bord du Waal, et la ville haute, plus ancienne. En été, les fêtards néerlandais investissent la ville lors de la grande marche sportive annuelle de quatre jours et son festival de musique Zomerfeesten.

Histoire

Une petite rivalité oppose Nimègue et Maastricht, qui prétendent l'une et l'autre au titre de ville la plus ancienne des Pays-Bas. Une chose est sûre : les Romains ont conquis la cité en l'an 70 et l'ont rapidement réduite en cendres avant d'y installer un camp.

Nimègue s'est développée grâce au négoce et à l'industrie. Elle a connu de nombreuses invasions au fil des siècles. Servant de point de regroupement aux forces allemandes durant la Seconde Guerre mondiale, elle fut lourdement bombardée par les Américains en février 1944. Quelques mois plus tard, les dévastations s'y poursuivirent avec le fiasco de l'opération Market Garden. Les années d'après-guerre ont donné lieu à plusieurs programmes de reconstruction. Aujourd'hui, la ville compte une large offre culturelle, et de superbes possibilités de loisirs dans ses environs.

À voir

Grote Markt PLACE

Heureusement, la vaste place du marché de Nimègue est l'un des rares secteurs de la vieille ville à ne pas avoir été endommagés lors de la Seconde Guerre mondiale. Un marché en plein air continue de s'y tenir le samedi et le lundi, tandis que le **Waagh** (Poids public ; Grote Markt), un bâtiment ouvragé de style Renaissance néerlandaise construit en 1612, s'est transformé en un café très prisé. Au milieu de la place se dresse la statue d'une Mariken van Nieumeghen repentante ; cette demoiselle issue de la littérature néerlandaise du Moyen Âge tardif fut séduite par Moenen (le Diable) et vécut dans le péché durant 7 ans.

Sint Stevenskerk ÉGLISE

(☎024-360 47 10 ; www.stevenskerk.nl ; Sint Stevenskerkhof 62 ; clocher adulte/enfant 4/2 € ; ⏲ église 11h-17h sam, 12h-17h dim mars-avr). De la Grote Markt, passez sous la **Kerkboog** (1542), l'arche gothique ouvragée de l'église – à l'origine dotée d'une grille à bétail au-dessus d'un fossé pour empêcher les porcs échappés du marché d'atteindre l'enclos paroissial –, pour découvrir cette église emblématique. Édifiée entre les XIIIe et XVe siècles, elle fut lourdement bombardée pendant la Seconde Guerre mondiale. Son intérieur, blanchi à la chaux et orné de lustres-chandeliers, fut reconstruit à grands frais. La vue superbe sur la ville depuis le sommet du clocher vaut bien l'ascension de ses 183 marches.

Nimègue

Nimègue

Les incontournables

1 Nationaal Fietsmuseum Velorama C1

À voir

2 De Waagh C2
Grote Markt .... (voir 2)
3 Museum het Valkhof D2
4 Sint Stevenskerk B1
5 Valkhofpark D1

Activités

Commanderie van St Jan .... (voir 8)

Où se loger

6 Boutique Hotel Straelman D3
7 Hotel Credible D2

Où se restaurer

8 De Hemel C1
9 Fresca C2

Où prendre un verre et faire la fête

Brouwerij De Hemel .... (voir 8)
Café In De Blauwe Hand .... (voir 2)
Down Town .... (voir 2)

Valkhofpark PARC

Perché au-dessus de la Waal, le Valkhof est un parc charmant où se dressent les vestiges d'un palais édifié par Charlemagne au VIIIe siècle et reconstruit par l'empereur Frédéric Ier Barberousse à partir de 1155 (à découvrir tel qu'à l'origine sur le tableau de Jan van Goyen, exposé dans le musée en face). L'ensemble fut détruit en 1796 à l'exception de deux chapelles latérales ; admirez la Sint Nicolaaskapel à 16 faces, rare exemple d'architecture byzantine aux Pays-Bas, et la Sint Maartenskapel, en ruine.

Museum het Valkhof MUSÉE

(☎024-360 88 05 ; www.museumhetvalkhof.nl ; Kelfkensbos 59 ; adulte/enfant 12,50/6,25 € ; ⏲11h-17h mar-dim). Logé dans un saisissant édifice rectangulaire en verre, conçu par l'architecte néerlandais Ben van Berkel dans le parc Valkhof, ce musée régional d'art et d'archéologie présente des expositions temporaires. Ne manquez pas toutefois sa riche collection d'objets romains, qui comprend un fragment de colonne provenant des fondations romaines de Nimègue (dont une réplique sert aussi de cadran solaire sur la place devant le musée), avant de découvrir ses trésors d'art ancien et moderne.

Nationaal Fietsmuseum Velorama — MUSÉE

(musée national du Vélo ; 024-322 58 51 ; www.velorama.nl ; Waalkade 107 ; adulte/enfant 6/4 € ; 10h-17h lun-sam, 11h-17h dim). Ce musée situé au bord de la rivière recèle plus de 250 bicyclettes : modèles en bois et à propulsion manuelle du XIXe siècle, grands bis (une salle entière leur est consacrée) et engins plus modernes, tels que VTT. Arrêt indispensable pour les amateurs de cycles !

Fêtes et festivals

De Vierdaagse — CULTUREL

(Les Quatre Jours ; www.4daagse.nl ; mi-juil à fin juil). Grande manifestation de Nimègue, cette marche annuelle de 4 jours, qui remonte à 1909, est réalisée sur un parcours totalisant entre 120 et 200 km. L'itinéraire le plus court ou le plus simple (plusieurs variantes existent selon le sexe et l'âge) implique un minimum de 30 km par jour. Pendant le Vierdaagse, une ambiance festive s'empare de la ville durant toute une semaine. Achever la marche est considéré comme un honneur national, récompensé d'une médaille. Des milliers de participants relèvent chaque année le défi.

Où se loger

Hotel Credible — HÔTEL DESIGN €

(322 04 98 ; www.in-credible.nl ; Hertogstraat 1 ; s/d 55/75 € ;). Le chic fun et vintage règne dans cet hôtel pour *hipsters* occupant une maison de ville peinte aux couleurs de l'arc-en-ciel, en face du Valkhofpark. Les 18 chambres lumineuses, réparties sur trois niveaux, s'agrémentent de luminaires minimalistes, de livres et de slogans enthousiastes ("Pourquoi arrêter de rêver une fois réveillé ?") sur les murs.

Des DJ mixent uniquement des vinyles chaque samedi au bar du rez-de-chaussée, un lieu cool où l'on sert d'excellents cafés de spécialité, ainsi que le petit-déjeuner et le déjeuner en service continu (plats 5,50-12,50 €), à base de super-aliments. Mention très bien pour le feu de cheminée virtuel sur une TV vintage, les canapés, les étagères remplies de livres et la terrasse animée sur la chaussée.

Boutique Hotel Straelman — BOUTIQUE-HÔTEL €€

(024-388 80 00 ; www.boutique-hotel-straelman.nl ; Straalmanstraat 28 ; d à partir de 100 € ;). Tanja Seegers, la propriétaire, a aménagé elle-même ce superbe boutique-hôtel de 5 chambres, logé dans une élégante maison de ville du XIXe siècle. Chaque chambre est unique et porte le nom d'un produit de luxe – caviar, truffe, champagne, etc. Petit-déjeuner maison (compris) servi dans une salle ouvrant sur une jolie cour-jardin. Les voyageurs en quête de romantisme et d'intimité seront comblés.

Où se restaurer

Fresca — INTERNATIONAL €

(024-324 02 78 ; frescanijmegen.nl/ ; Van Broeckhuysenstraat 16 ; petit-déj 3,50-8,50 €, sandwichs et salades 7-10 €, high tea 21,50 € ; 8h30-18h ;). Avec sa charmante terrasse donnant sur une place arborée et sa carte débordant de salades fraîches, de bols de super aliments et de gâteaux originaux servis en continu, le Fresca attire une clientèle locale qui a du flair. Le pain est bio (version sans gluten possible), et la *frittata* (omelette italienne) aux légumes de saison ou le couscous à la cannelle et aux noix de cajou sont d'excellentes options végétariennes.

Les boissons ne manquent pas de punch : cafés de spécialité du torréfacteur Brink (lait de soja, d'avoine ou de coco en option), *latte* glacés parfumés (à la citrouille épicée ou à la noisette, par exemple), smoothie du jour, jus de fruits frais et un shake (chocolat chaud au caramel au beurre salé avec crème fouettée, caramel fondant, grains de café au chocolat et guimauve) à se pâmer.

Où prendre un verre et faire la fête

Down Town — CAFÉ

(www.downtownnmgn.nl ; Kannenmarkt 16 ; 8h30-17h mar-dim). Niché derrière le Waagh (p. 270) de la Grote Markt, ce café branché occupe une pittoresque maison de ville à la jolie façade vert olive, assortie d'une terrasse sur l'avant avec chaises de bistrot en rotin. La clientèle se presse dans la salle toute blanche pour savourer des cafés de spécialité torréfiés de façon artisanale par la brûlerie locale Blommers, des toasts à l'avocat, des crêpes, et le meilleur brunch de la ville.

Café

In De Blauwe Hand CAFÉ BRUN

("Main Bleue" ; ☎ 024-323 20 66 ; indeblaauwe-hand.nl/ ; Achter de Hoofdwacht 3 ; ⏲ 16h-22h mer-jeu, 15h-22h ven, 13h-22h sam, 14h-22h dim). Dans un angle de la Grote Markt, cet établissement engageant a pour devise : "une chope de bière fraîche procure chaleur, joie et doux plaisir". C'est l'un des plus anciens cafés de la ville et il doit son nom à sa clientèle du XVIIe siècle, des employés d'un marchand de teintures voisin qui venaient savourer une mousse, les mains tachées de bleu indigo.

Renseignements

Office du tourisme (VVV ; ☎ 0900 112 23 44 ; www.visitnijmegen.com ; Keizer Karelplein 32h ; ⏲ 9h30-17h mer-ven, 10h-16h sam)

Comment s'y rendre et circuler

Les bus locaux et régionaux partent de la gare routière, située près de la gare ferroviaire, côté nord.

TRAIN

Une consigne à bagages se trouve sur le quai n°1A de la gare feroviaire (station Nijmegen).

VERS	PRIX	DURÉE	FRÉQUENCE
Amsterdam	19,20 €	1 heure 25	2/heure
Arnhem	4,30 €	13-18 min	8/heure
Bois-le-Duc	8,30 €	28-42 min	4/heure

VÉLO

Louez des vélos à la **Rijwielshop** (☎ 024-322 96 18 ; Stationsplein 7 ; vélo/tandem ou vélo électrique 7,50/17,50 € par jour ; ⏲ 5h20-2h lun-mar, 5h-1h mer-jeu, 5h20-3h10 ven, 5h55-3h10 sam, 7h-minuit dim), à la gare ferroviaire, ou en ville auprès de **Nijmegen Actief** (☎ 06 2783 4974 ; www.nijmegenactief.nl ; Waalkade 113 ; vélo/vélo électrique 9/20 € par jour ; ⏲ 10h-17h).

Arnhem est à 40 km de Nimègue le long de la sinueuse véloroute nationale LF3 en bord de rivière. Quant à la ville de Bois-le-Duc (Den Bosch), elle se trouve à environ 70 km au sud-ouest par la LF12 tout aussi ondulante.

Groesbeek

☎ 024 / 11 388 HABITANTS

La petite ville de Groesbeek, à 10 km au sud de Nimègue, intéressera particulièrement les vétérans de la Seconde Guerre mondiale et leurs familles : elle abrite un musée instructif, le **Nationaal Bevrijdingmuseum 1944-1945** (musée de la Libération nationale de 1944-1945 ; ☎ 024-397 44 04 ; www.bevrijdingsmuseum.nl ; Wylerbaan 4 ; adulte/enfant 10/5,50 €, famille 25 € ; ⏲ 10h-17h lun-sam, 12h-17h dim), et non loin, à quelque 2 km au nord, le **cimetière de guerre canadien** (www.cwgc.org ; ⏲ 24h/24), GRATUIT où reposent 2 598 soldats identifiés et 20 soldats inconnus – essentiellement des Canadiens, mais aussi des Britanniques, des Australiens, des Polonais et des Belges – morts lors de

100% LOCAL

UNE USINE RECONVERTIE

Aucune adresse ne reflète mieux l'effervescence de Nimègue que le **Honigcomplex** (www.honigcomplex.nl ; Waalbandijk 8-22, Nimègue ; ⏲ horaires variables), une usine de production de soupe transformée en plateforme entrepreneuriale, à 1,5 km à l'ouest de la Grote Markt en longeant la rivière. Jusqu'en 2022, le gigantesque espace industriel accueille des entreprises créatives. Parmi les 140 ayant déjà emménagé, citons le torréfacteur **Blommers**, les microbrasseries **Oersoep** et **Bloom**, la **Galerie Bart** – où exposent de jeunes artistes néerlandais prometteurs –, une boutique de mobilier design et un bar à chocolat.

C'est aussi un lieu tendance avec fêtes dansantes, concerts, ateliers pour enfants, etc. L'entreprise néerlandaise bien connue Honig fabriqua de l'amidon de blé et plus tard des soupes, des vermicelles et des aliments secs au Honigcomplex de 1914 à 2012, date à laquelle l'usine occupant un terrain en bordure de rivière, rachetée par Heinz dix ans plus tôt, a fermé.

À NE PAS MANQUER

UN CENTRE DE PLAISIR GOURMAND À NIMÈGUE

Occupant un édifice monumental de brique rouge doté d'une paisible cour arborée, la **Commanderie van St Jan** (Franseplaats 1) ravira les épicuriens. Elle recèle une brasserie au sous-sol, deux restaurants et le bar-bistrot **De Hemel** (Le ciel ; ☎024-333 30 94 ; www.restaurantdehemel.nl ; Franseplaats 1, Commanderie van St Jan ; sandwichs 7,750-15 €, salades 12,50 €, high tea 21,50 €, plats dîner 15-19,75 € ; ⌚12h-18h lun, 12h-minuit mar-jeu et dim, 12h-1h ven, 11h-1h sam) au rez-de-chaussée, une brûlerie artisanale au 1er étage et une école de cuisine au 2e. L'édifice, construit en 1196 pour héberger les pèlerins, fut adopté plus tard par l'ordre de Saint-Jean de Jérusalem (XIIIe siècle).

Les moines brassaient ici de la bière, et, au cours de siècles suivants, le bâtiment fut utilisé pour loger une école, une église et une résidence étudiante. Renseignez-vous sur les dégustations et les ateliers de la brûlerie **Holy Beans** (www.holybeans.nl), ainsi que sur les passionnants ateliers de cuisine historique d'**Eeet Verleden** (www.eetverleden.nl).

l'opération Market Garden. La visite de ces deux sites peut être une expérience poignante ; le mieux est d'y consacrer une demi-journée depuis Nimègue.

Depuis/vers Groesbeek

Prenez le bus n°5 (4 €, 20 min, toutes les 15 min) à la gare ferroviaire de Nimègue et descendez à l'arrêt Oude Molen de Groesbeek, à 300 m à pied du musée. Le bus n°562 (4 €, 20 min, toutes les 15 min) s'arrête devant le cimetière.

À vélo, le trajet de 13 km depuis Nimègue suit la **LF3b** vers le sud jusqu'au *knooppunt* 33 (intersection 33 ; côte raide), puis tourne à l'est en direction du point 88.

Arnhem

☎026 / 156 600 HABITANTS

Après la destruction presque totale de son centre pendant la Seconde Guerre mondiale, Arnhem s'est reconstruite comme une ville prospère dotée de beaux musées, de parcs agréables et d'une industrie de la mode en plein essor, centrée sur l'ArtEZ, son institut de la mode et du design. Le plus grand salon de la mode du pays se tient chaque année ici en juin. Néanmoins, les sites clés de la désastreuse bataille d'Arnhem, qui eut lieu sur les deux rives de la Nederrijn en septembre 1944, restent le principal but de visite de nombreux voyageurs.

À voir et à faire

Les sites à voir se répartissent entre la vieille ville, ceinte de fortifications médiévales jusqu'au XIXe siècle (Sabelspoort est la seule porte d'origine encore debout), les berges aménagées – où se trouve le pont immortalisé dans le film *Un pont trop loin* – et les quartiers verdoyants du nord de la ville et ses beaux parcs.

John Frostbrug SITE HISTORIQUE
(pont John Frost). Le pont moderne et très emprunté qui remplace le fameux "pont trop loin" n'est peut-être pas très spectaculaire, mais il possède une grande valeur symbolique. L'ancien ouvrage aurait été le dernier des 14 ponts sur le Rhin que les parachutistes britanniques devaient franchir lors de la tristement célèbre opération Market Garden.

Airborne at the Bridge MUSÉE
(☎026-333 77 10 ; www.airbornemuseum.nl ; Rijnkade 150 ; adulte/enfant 15/10 € ; ⌚10h-17h). GRATUIT Il n'y a pas plus belle vue sur l'emblématique pont John Frost que celle dont on jouit depuis ce petit musée en bordure de rivière, à la tour d'observation en verre. Au sous-sol, un film (6 min) relate la bataille d'Arnhem, et une exposition au rez-de-chaussée l'évoque à travers le regard de trois soldats– un Néerlandais, un Britannique et un Allemand – qui y participèrent.

Eusebiuskerk ÉGLISE
(église Saint-Eusèbe ; ☎026-443 50 68 ; www.eusebius.nl ; Kerkplein 1 ; adulte/enfant

11/9 € ; ⏲10h-17h). Gigantesque et impressionnante, cette église de style gothique flamboyant vaut le détour, ne serait-ce que pour prendre l'ascenseur jusqu'au sommet du clocher de 73 m de haut et admirer le plus grand carillon d'Europe (54 cloches) et la vue superbe sur la ville depuis les balcons en verre.

Nederlands Openluchtmuseum MUSÉE

(musée en plein air des Pays-Bas ; ☎357 61 11 ; www.openluchtmuseum.nl ; Hoeferlaan 4 ; adulte/enfant 19,50/16,50 € ; ⏲11h-17h avr-oct). Ce grand musée en plein air, situé à 7 km au nord de la gare ferroviaire, est composé d'un ensemble d'édifices et de curiosités nationales allant des fermes aux diligences et aux moulins à vent. Des bénévoles en costume d'époque font revivre les activités traditionnelles : filage et tissage du lin, mouture des grains pour en faire de la farine, façonnage du fer avec un forgeron, cuisine de ferme et même brassage de bière (le musée a sa propre brasserie). Billets moins chers si achetés en ligne au préalable (9,50/6,50 €).

Pour y aller, prenez le bus n°3 (direction Burgers Zoo Openl.Museum) à la gare ferroviaire et descendez à l'arrêt Peter van Anrooylaan (2 €, 17 min) puis marchez pendant 5 minutes ; ou prenez le bus n°8 (direction Velp Ziekenhuis) et descendez à l'arrêt Openluchtmuseum Oost (2 €, 10 min).

Où se loger et se restaurer

Stayokay Arnhem AUBERGE DE JEUNESSE €

(☎026-442 01 14 ; www.stayokay.com/arnhem ; Diepenbrocklaan 27 ; dort 27 €, d/tr à partir de 53/79,50 € ; 📶). Perchée sur une colline boisée, à 2 km au nord de la ville,

UN PONT TROP LOIN : L'OPÉRATION MARKET GARDEN

L'offensive militaire baptisée opération Market Garden, qui a inspiré le film de guerre épique *Un pont trop loin* (1977 ; de Richard Attenborough), fut lancée par le général britannique Bernard Montgomery afin de mettre fin à la Seconde Guerre mondiale avant Noël 1944. Contre l'avis de plusieurs conseillers qui doutaient du succès de l'opération, Montgomery décida de passer rapidement à l'action – le général s'était plaint que les Américains commandés par le général Patton accaparaient trop souvent les gros titres avec leurs assauts en France. Selon ses plans, les forces britanniques déployées en Belgique devaient, avec l'aide de troupes aéroportées, réaliser une brèche majeure le long d'un étroit couloir jusqu'à Arnhem afin de contourner la ligne de défense allemande Siegfried et d'accéder au bassin de la Ruhr, cœur économique et industriel du IIIe Reich. L'objectif des 34 000 hommes parachutés était de prendre les ponts franchissant les principaux fleuves des Pays-Bas, assurant ainsi la progression rapide des troupes vers Arnhem.

Hélas ! les choses se déroulèrent autrement. Outres leurs limites en matière d'armes lourdes et de munitions, les soldats britanniques parachutés disposaient de peu de rations et les forces alliées (venant du sud) devaient franchir 14 ponts – lesquels devaient être intacts et défendus par des troupes affaiblies pour que l'opération réussisse. Les Alliés durent affronter des unités allemandes aguerries et faire face à des ponts détruits. Les parachutistes furent bloqués à Arnhem et à Oosterbeek pendant huit jours sans renforts. Les rescapés profitèrent de l'obscurité pour battre en retraite. Au total, plus de 17 000 soldats alliés (britanniques, canadiens, américains, tchèques et polonais) périrent dans l'offensive. Selon l'expression du lieutenant-général Frederick Browning, Arnhem était "un pont trop loin".

Cette débâcle eut des conséquences tragiques pour les Néerlandais : plusieurs villes, dont Arnhem, furent détruites en représailles et des centaines de civils tués. La Résistance néerlandaise, qui pensait la libération proche, était sortie de la clandestinité pour affronter les Allemands. Privés du soutien escompté des Alliés, des centaines de ses membres furent capturés et exécutés.

Les Allemands interdirent par ailleurs tout ravitaillement en nourriture dans la zone, et l'hiver de 1944-1945 resta en mémoire sous le nom d'"hiver de la faim" et fit de nombreuses victimes néerlandaises.

l'auberge de jeunesse d'Arnhem se révèle peu commode si on compte y venir depuis le centre. Elle est toutefois proche du parc national de la Haute-Veluwe – mieux encore : son pub "à l'anglaise" est ouvert jusqu'à minuit. De la gare ferroviaire, prenez le bus n°3 pour Burgers Zoo Openl.Museum (2 €, 10 min) et descendez à l'arrêt Ziekenhuis Rijnstate (hôpital). Petit-déjeuner compris.

Hotel Modez BOUTIQUE-HÔTEL €€
(026-442 09 93 ; www.hotelmodez.com ; Elly Lamakerplantsoen 4 ; s/d à partir de 106/119 € ; P). À côté d'une charmante place au cœur du quartier de la mode d'Arnhem, ce boutique-hôtel renferme 20 chambres, chacune décorée par un créateur de mode. Selon vos goûts, vous pourrez vous endormir en comptant les boutons ornant le plafond, vous entourer d'objets et d'accessoires tricotés, rêver entre des murs dorés ou passer la nuit à déchiffrer un patchwork de codes QR du sol au plafond.

De Zilte Zeemeermin POISSON, FRUITS DE MER €
(La Sirène silencieuse ; 026-379 48 16 ; www.deziltezeemeermin.nl ; Steenstraat 83a ; petites assiettes à partir de 5 € ; 11h-18h mar, 9h-18h mer-ven, 9h-17h sam). GRATUIT Parmi les spécialités servies dans ce bar à poisson très prisé figurent les *Hollandse Nieuwe* (jeunes harengs crus légèrement saumurés), les sandwichs au hareng, le *gerookte meervalfilet* (filet de poisson-chat fumé), les coques cuites au four et les huîtres ultrafraîches avec un alléchant choix de sauces.

Caspar EUROPÉEN €€
(026-840 35 24 ; www.casparamhem.nl ; Elly Lamakerplantsoen 2 ; plats 9,40-18,60 € ; 9h-0h ;). Cuisine néerlandaise et européenne moderne, servie en plein air sous les arbres, ou dans un cadre design avec tabourets de bar à assise en cuir et coin canapé douillet.

MeeM INTERNATIONAL €€
(06 2376 0851 ; meemetenendrinken.nl ; Coehoornstraat 8 ; burgers 13-16 € ; 16h-23h jeu-lun, cuisine à partir de 17h30 ;). Installez-vous dans cette cantine informelle proche de la gare ferroviaire et choisissez parmi une savoureuse sélection de salades gourmandes, de burgers et de hot dogs. La star du menu est l'énorme Bucketlist Burger (40 €) à partager, qui fait 50 cm de haut !

Où prendre un verre

't Taphuys BAR
(026-202 02 58 ; www.taphuysarnhem.nl ; Jansplein 56 ; 11h-1h ;). Précipitez-vous dans ce gigantesque bar à bières dernier cri, qui propose 100 variétés de bières pression et 80 vins en self-service. Il occupe une somptueuse ancienne poste de brique rouge sur la place la plus animée de la vieille ville. Achetez une carte (caution 2 €), créditez-la d'un montant, puis allez vous servir la mousse ou le cru de votre choix.

Renseignements

Office du tourisme (0900 112 23 44 ; www.visitarnhem.com ; Kerkplein 1 ; 10h_17h lun-sam). Dans la gare ferroviaire.

Comment s'y rendre et circuler

Des bus régionaux partent du sud de la gare ferroviaire.

TRAIN

Une consigne à bagages (petit/grand casier 3,85/5,70 € par 24 heures) se trouve en face des toilettes au rez-de-chaussée de la gare.

VERS	PRIX	DURÉE	FRÉQUENCE
Amsterdam	18,60 €	1 heure	4/heure
Deventer	9,50 €	35 min	2/heure
Nimègue	4,70 €	12-18 min	8/heure

VÉLO

Au sous-sol de la gare ferroviaire, sur la gauche en sortant, une boutique de location propose des Batavus à 7 vitesses (7,50 €/jour, plus 50 € de caution en espèces). La véloroute LF3 file vers le nord-est jusqu'à Deventer à 55 km ; Nimègue se trouve à 40 km au sud.

Parc national de la Haute-Veluwe

Avec ses marais, ses landes où foisonnent les lézards, ses forêts anciennes de pins, de chênes et de hêtres servant d'habitats aux piverts et aux cerfs élaphes, et ses spectaculaires dunes mouvantes, le plus grand **parc national** (www.hogeveluwe.nl ; adulte/enfant 11,30/2,85 € ; 8h-22h juin-juil, 8h-21h

OO…

Banlieue … présente un… villas du XIXe s… Elle fut le théâtre … en septembre 1944, … s'intéressent à l'histoire…

Aménagé dans une der… tour de QG aux Britanniques … l'**Airborne Museum Hartens…** Utrechtseweg 232 ; adulte/enfant 15/… replace admirablement dans son con… sous la terrasse du café est le lieu évoca… un labyrinthe souterrain spectaculaire sim… d'Arnhem (17-26 septembre 1944) à l'aide de … *Theirs is the Glory* (du britannique Brian Desmon…

Non loin de là, 1 691 soldats alliés (principalement … l'opération Market Garden sont enterrés au **cimetière …** Van Limburg Stirumweg 6861 ; 24h/24) d'Oosterbeek, ordo… …rres tombales blanches. Il se trouve à 500 m à l'est de la gare ferr… …beek (suivez les panneaux).

Après avoir visité le musée, faites une pause en savourant un clu… …dwich copieux, une salade ou les incontournables *bitterballen* (croquettes à la viande) au **Klein Hartenstein** (026-334 21 21 ; www.kleinhartenstein.nl ; Utrechtseweg 226 ; plats déj 6,75-17,75 €, plats dîner 22,50-29,50 € ; 10h30-23h, cuisine 11h30-21h ;), une jolie villa en pierre de couleur crème (1779) à côté du musée, dont le jardin d'été donne sur la place du village.

De la gare ferroviaire d'Arnhem, le bus n°352 vous amène directement au musée (4 €, 10 min, toutes les 30 min). Sinon, prenez le bus n°1 de Velverplein à l'arrêt A Weeninklaan (4 €, 10 min), à 5 minutes à pied du musée. Les trains locaux sur la ligne entre Arnhem et Utrecht s'arrêtent à Oosterbeek (depuis Arnhem 2,30 €, 3 min, toutes les 30 min). À vélo, prenez la LF4b vers l'ouest, en longeant les rails sur la majorité du trajet.

mai et août, 8h-20h avr, 9h-20h sept, 9h-19h oct, 9h-18h nov-mars) des Pays-Bas (5 500 ha) vaut largement la visite. Mais son musée d'art qui expose une superbe sélection d'œuvres de Van Gogh et son remarquable jardin de sculptures ponctué d'œuvres contemporaines en font un must.

Il existe une myriade de pistes cyclables et 42 km de sentiers, dont deux itinéraires balisés par les *paddenstoelen* (ramasseurs de champignons). À la lisière nord, au bord d'un lac, le **Jachthuis Sint Hubert** (0800 8353 628 ; www.hogeveluwe.nl ; Apeldoornseweg 258, Hoenderloo ; visite guidée de 45 min adulte/enfant 5/2,50 €, entrée au parc non comprise ; visite toutes les heures 12h-15h) est le pavillon de chasse édifié pour le couple Kröller-Müller, fondateur du musée éponyme, et porte le nom du saint patron des chasseurs.

Qu'ils circulent à pied, à vélo ou en voiture, les visiteurs doivent acheter un billet pour le parc national à l'une de trois entrées : Schaarsbergen (sud), Hoenderloo (est) et Otterlo (ouest, la plus fréquentée). Vente de billets en ligne ou aux guichets situés aux entrées ; ces derniers proposent aussi d'excellentes cartes du parc (2,50 €).

À voir et à faire

Kröller-Müller Museum
MUSÉE

(0318-591 241 ; www.krollermuller.nl ; Houtkampweg 6, Otterlo ; billet combiné musée et parc tarif plein/6-12 ans 12/6 € ; musée 10h-17h mar-dim). Blotti entre les arbres, ce musée impressionnant recèle des œuvres de certains des plus grands peintres des siècles passés, de Bruyn l'Ancien à Picasso. La collection Van Gogh,

…, garnitures …), un modeste …e Hoenderloo, à …d de l'entrée du parc. …ille à l'italienne, crémeuse …, est une légende locale …s 1938, comme en atteste la file …s clients à l'extérieur. Pour vous y …endre à vélo depuis l'entrée du parc, suivez les panneaux indiquant le *knooppunt* 12.

la deuxième plus importante au monde, rivalise avec celle du musée consacré à l'artiste à Amsterdam : elle comprend quelque 90 peintures et 180 dessins, dont le sombre *Métier à tisser avec tisserand* (1884), *L'Arlésienne* (Portrait de madame Ginoux ; février 1890), *Les Mangeurs de pommes de terre* (1885) et *Place du Forum* (1888), peint dans le sud de la France. Parmi les impressionnistes exposés, citons Renoir, Sisley, Monet et Manet.

Quant au jardin de sculptures, il est tout aussi exceptionnel : environ 160 œuvres, de Maillol à Rodin, d'Henri Moore à Martha Pan, de Jean Dubuffet à Pierre Huyghe et Joep van Lieshout, ponctuent ses 25 ha de pelouses vertes, de parterres fleuris très soignés et d'allées ombragées.

Si vous êtes à vélo, sachez que le musée se trouve à environ 3 km de l'entrée du parc d'Otterlo, 4 km de celle de Hoenderloo et 10 km de celle de Schaarsbergen.

Où se loger et se restaurer

De Houtkamp B&B €

(0318-591706 ; www.dehoutkamp.nl ; Houtkampweg 7, Otterlo ; s/d 45/65 € ;). Dotée de 3 chambres doubles dans une maison de ferme des années 1930 et d'une maison indépendante (6 à 10 pers), cette charmante adresse près de l'entrée d'Otterlo du parc de la Haute-Veluwe est parfaite pour explorer ce dernier. Par beau temps, le petit-déjeuner est servi en plein air, sous les arbres.

HÔTEL DESIGN €€

… ; www.sterrenberg.nl ; …weg 1, Otterlo ; d 170 € ;). …sociant un décor chic et urbain à un environnement naturel de toute beauté, ce ravissant hôtel de campagne est situé à 5 minutes à vélo (600 m) de l'entrée d'Otterlo du parc national de la Haute-Veluwe. Les 44 chambres sont pourvues de tout le confort. Le centre de bien-être comprend une piscine, un sauna, un hammam et un tepidarium (bain tiède) absolument divin.

Cèpes EUROPÉEN

(0318-591 228 ; cepes.nl/en/ ; Houtkampweg 1, Otterlo ; plats déj 6,50-18 €, plats dîner 24-28 € ; 12h-15h et 17h30-20h30 ;). Avec sa terrasse ombragée de parasols donnant sur des jardins fleuris et des champs verdoyants, cette adresse contemporaine très apprécié est particulièrement agréable par temps chaud. Le chef Robert Hartelman privilégie les produits frais et bio provenant de fermes et de fromageries locales, pour un résultat sensationnel.

Renseignements

Les billetteries situées aux trois entrées vendent des cartes du parc (2,50 €) indiquant des itinéraires pédestres et cyclables (de 2,6 à 9,2 km). L'équipe organise également quantité de visites guidées et d'activités passionnantes dans le parc : observation des oiseaux à l'aube, ateliers de méditation, balades nature à thème, etc. Réservation indispensable (10-23 €).

Le **centre d'accueil des visiteurs du parc national de la Haute-Veluwe** (Informatiebalies ; 0800 8353 628 ; www.hogeveluwe.nl ; Houtkampweg 9c, Otterlo ; 9h30-17h) vous fera découvrir les aspects naturels, culturels et historiques du parc. Il gère également les réservations pour les visites guidées.

Depuis/vers le parc national de la Haute-Veluwe

BUS

De la gare ferroviaire d'Arnhem, prenez le bus n°9 (4 €, 25 min, toutes les demi-heures) jusqu'à l'entrée Schaarsbergen (arrêt : Koningsweg) ou le bus n°105 (direction Barneveld) pour Otterlo (5 €, 30 min, toutes les demi-heures). De la gare ferroviaire d'Apeldoorn, au nord, le bus n°108 conduit à Hoenderloo (3,79 €, 25 min, toutes les heures). Dans le parc, le bus n°106 (4 €, 10 min) relie les entrées Hoenderloo et Otterlo, et passe par le Kröller-Müller Museum.

VÉLO

On peut aisément rejoindre le parc à vélo de n'importe quelle direction ; la véloroute LF4 passant par Arnhem est l'itinéraire majeur le plus proche, et le parc compte 40 km de sentiers cyclables.

Vous pouvez louer un vélo chez **Geerts Tweewielers** (☎ 0318-595 404 ; www.geerts-tweewielers.nl ; Dorpsstraat 2c, Otterlo ; vélo/vélo électrique 13,50/25 € par jour ; ⌚ 8h30-18h lun-ven, 8h30-17h sam), dans le village d'Otterlo, ou utiliser les très pratiques vélos blancs en libre-service du parc (avec siège enfant), disponibles aux entrées. En haute saison, arrivez avant midi le dimanche pour être sûr d'obtenir l'un des 1 800 vélos à disposition.

VOITURE ET MOTO

Les visiteurs motorisés peuvent se garer dans l'un des immenses parkings aux trois entrées du parc (4 €) ; parkings au centre d'accueil des visiteurs et au Kröller-Müller Museum.

Maastricht et le Sud-Est

Dans ce chapitre ➡

Le top des restaurants

- Restaurant Hemingway (p. 300)
- Dames Pellens (p. 299)
- Dit (p. 294)
- Witloof (p. 286)
- De Burgerij (p. 297)

Le top des hébergements

- Kruisherenhotel (p. 286)
- Sense Hotel (p. 294)
- Bliss Hotel (p. 299)
- Hostel Roots (p. 297)
- Hotel Nassau (p. 299)
- Hotel Restaurant Parkzicht (p. 291)

Pourquoi y aller

Au sud des fleuves, tout semble différent : les provinces du Brabant-Septentrional et du Limbourg sont plus imprégnées de catholicisme, plus décontractées et, pour la plus méridionale (le Limbourg), assez vallonnée, une propriété rare aux Pays-Bas ! Le Sud est aussi une terre de bons vivants, imprégné du concept de *bourgondisch*, un épicurisme que l'on prête ici aux Bourguignons (la région fut un temps rattaché au duché français de Bourgogne).

Les remparts médiévaux de Maastricht, ses délicates tours de briques, ses habitants polyglottes et le rôle joué par la ville dans l'édification de l'Eurozone sont autant d'éléments soulignant une immémoriale affinité avec l'idée d'une Europe unie, plus forte ici que partout ailleurs aux Pays-Bas. À l'est de la région, le relief offre un splendide terrain de randonnée, à pied comme à vélo.

Le Brabant-Septentrional associe pêle-mêle les villes historiques de Bois-le-Duc (Den Bosch) et Bréda à des centres urbains postindustriels tels que Tilburg et Eindhoven, lesquels se redéfinissent en havres du design, de la culture et de la technologie. Mais toujours, bien sûr, à quelques encablures à vélo de la douceur agreste.

Quand partir

- En février ou début mars, bravez le froid pour suivre les carnavals les plus endiablés du pays, tout particulièrement à Bergen op Zoom et à Maastricht.
- De la fin du printemps au début de l'automne, les terrasses des cafés de Bréda et Maastricht, entre autres, sont si plaisantes.
- De la floraison aux prémices de l'automne, c'est aussi le meilleur moment pour longer à vélo les cours d'eau du Brabant-Septentrional ou explorer à pied les collines verdoyantes autour de Valkenburg. L'envoûtement est total si l'on évite le pic touristique de juillet-août.
- Les grands festivals de jazz de Bréda et Bois-le-Duc ont lieu en mai.

À ne pas manquer

1. L'épicurisme de **Maastricht** et l'ambiance débridée de son carnaval (p. 285).
2. La ville natale de Jérôme Bosch, Bois-le-Duc (Den Bosch), et les messages symboliques de ses tableaux au **Jheronimus Bosch Art Center** (p. 292).
3. Le **Philips Museum** (p. 295) où est retracé le génie inventif de la bannière industrielle néerlandaise qui a fait la grandeur d'Einhoven.
4. La vie festive de **Bréda** (p. 297) à l'ombre de son glorieux clocher gothique et au fil de ses sublimes bars à bières.
5. Une incursion hors des sentiers battus autour des douves du superbe village fortifié de **Heusden** (p. 293).
6. L'un des parcs à thème les plus réussis d'Europe, **Efteling** (p. 287), un régal à savourer en famille.
7. L'authenticité d'une trappiste brassée sur place, à **Koningshoeven** (p. 296), abbaye toute proche de Tilburg.
8. Un circuit en bateau sur l'eau, mais sous terre, le long des **canaux de Bois-le-Duc** (p. 291).

MAASTRICHT

☎043 / 122 500 HABITANTS

Avec ses vestiges romains et espagnols, son architecture aux accents français et belges, Maastricht cultive une identité à part. La cité du traité européen de 1992 surprend aussi par sa scène culinaire *bourgondisch* (épicurienne), son culte pour la vie de cafés et la fièvre estudiantine dans ses rues, le tout sans commune mesure, il faut le dire,

Maastricht

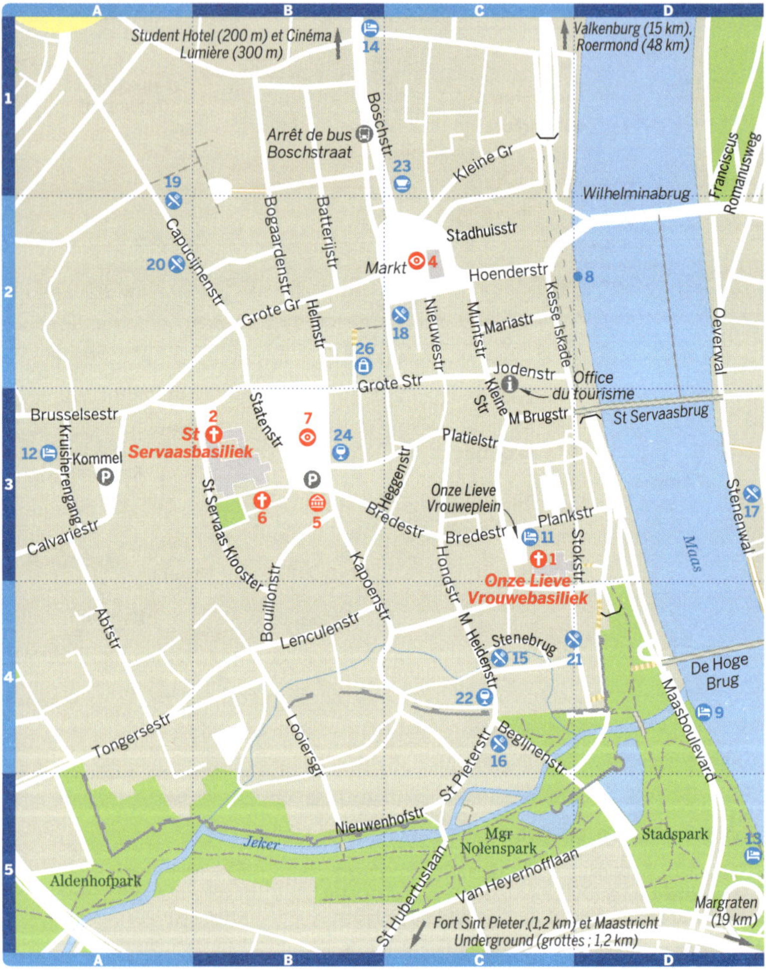

avec la taille de la ville. La retenue typiquement néerlandaise semble bien loin, et on y parle un dialecte (le *Mestreechs*) qui étonne toujours les Hollandais. Un incontournable.

Histoire

Nichée entre la Belgique et l'Allemagne, Maastricht semble suspendue à la pointe sud du pays. C'est sa localisation géographique qui lui a valu d'échapper aux ravages provoqués par les grands conflits du XXe siècle, les autorités n'ayant jamais pris soin d'y organiser de défense.

Au cours des siècles précédents, toutefois, les grandes puissances européennes s'en sont tour à tour emparées. Ces turpitudes ont joué dans l'ouverture de la ville sur le monde, ce qui explique sans doute pourquoi elle a servi de cadre à deux événements fondateurs de l'Union européenne. Le 10 décembre 1991, les douze membres de la Communauté d'alors y ont signé le traité d'Union économique, monétaire et politique. Ils s'y sont de nouveau réunis en février 1992 pour signer celui qui donna naissance à l'Union européenne et reste connu sous le nom de traité de Maastricht.

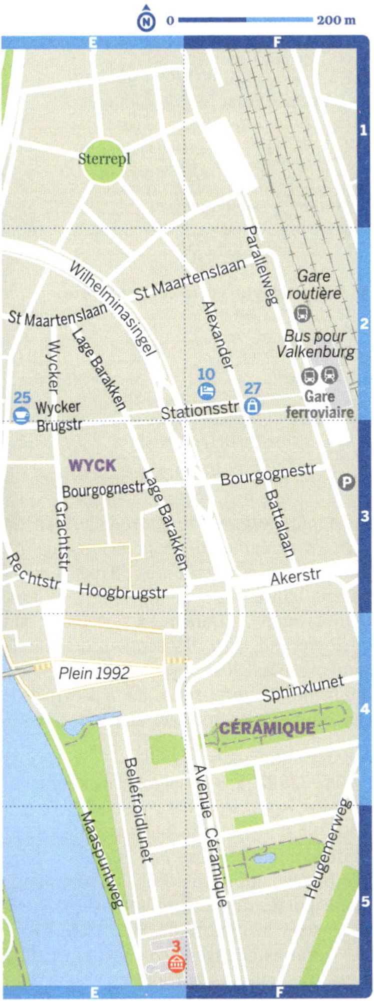

À voir et à faire

Au-delà de sa richesse patrimoniale, Maastricht dévoile ses charmes au fil de rues étroites bordées de cafés blotties entre les deux rives de la Meuse, reliées par le vénérable Sint Servaasbrug (XIIIe siècle) rendu aux piétons. Le charme opère particulièrement entre les trois places principales, Vrijthof, Markt (p. 290) et Onze Lieve Vrowplein, tout comme dans le quartier des remparts juste au sud. Envie de marcher ? Grimpez sur le plateau verdoyant de Sint Pietersberg ou filez sous terre à travers le gigantesque réseau souterrain (Maastricht Underground) partant du fort (p. 284). Un dédale !

Sint Servaasbasiliek — ÉGLISE

(www.sintservaas.nl ; Keizer Karelplein 3 ; adulte/enfant 4,50 €/gratuit ; 10h-17h lun-sam, 12h30-17h dim). Bâtie vers l'an mille autour des reliques de Sint Servaas (saint Servais ou Servatius), premier évêque de Maastricht, la basilique est un témoin de l'évolution des styles qui succédèrent au roman mosan qu'elle illustre si bien. Son abside incurvée et ses tours de briques dominent la Vrijthof. Le billet d'entrée donne accès au jardin du cloître et au trésor (4 salles), dont les pièces maîtresses sont le buste doré de saint Servais et sa châsse (XIe siècle), parfait exemple de l'école mosane.

Sint Janskerk — ÉGLISE

(Vrijthof 24 ; clocher adulte/enfant 2,50/1,50 € ; 11h-16h lun-sam). Vouée au culte protestant, cette belle église de style gothique à haute nef date du XVIIe siècle. Peint en partie en rouge (jadis avec du sang de bœuf, aujourd'hui avec de la peinture), son clocher de pierre calcaire s'élève jusqu'à 43 m. L'endroit est idéal pour une vue panoramique sur la ville, largement présentée à travers divers panneaux explicatifs. L'étroit escalier à vis compte quelque 260 marches avec peu de points de croisement.

Museum Aan Het Vrijthof — MUSÉE

(043-321 13 27 ; www.museumaanhetvrijthof.nl ; Vrijthof 18 ; adulte/ado/enfant 13,50/6 €/gratuit ; 10h-17h mar-dim). Installé dans deux demeures patrimoniales, ce musée renouvelle régulièrement ses œuvres d'arts décoratifs présents et passés, témoins de la vitalité des divers ateliers de la région mosane.

Le grand café, en accès direct, occupe une cour découverte sur laquelle donne une loggia de pierre faisant partie d'un bâtiment appelé le Spaans Gouvernement (hôtel du Gouvernement espagnol). C'est là que séjournait il y a 500 ans Charles Quint lors de ses passages à Maastricht.

Onze Lieve Vrouwebasiliek — ÉGLISE

(043-321 38 54 ; www.sterre-der-zee.nl ; Onze Lieve Vrouweplein 9 ; trésor adulte/enfant 3/1 € ; 8h30-17h, trésor 11h-16h). Dominant une petite place bordée de cafés, cette église-basilique millénaire est un superbe exemple d'art mosan, magnifié par les restaurations menées de 1886 à 1916 par Pierre Cuypers (architecte du Rijksmuseum). Haut lieu

Maastricht

Les incontournables
1 Onze Lieve Vrouwebasiliek C3
2 St Servaasbasiliek B3

À voir
3 Bonnefantenmuseum E5
4 Markt C2
5 Museum Aan Het Vrijthof B3
6 St Janskerk B3
7 Vrijthof B3

Activités
8 Stiphout Cruises D2

Où se loger
9 Botel Maastricht D4
10 Designhotel F2
11 Hotel Derlon C3
12 Kruisherenhotel A3
13 Stayokay Maastricht D5
14 Trash Deluxe B1

Où se restaurer
15 Bisschopsmolen C4
16 Café Sjiek C4
17 Eetcafé Ceramique D3
18 Friture Reitz C2
19 Kantine De Brandweer A2
20 Marres Kitchen A2
21 Witloof C4

Où prendre un verre et faire la fête
22 Café de Pieter C4
23 De Gouverneur C1
24 In Den Ouden Vogelstruys B3
25 Zondag E2

Achats
26 Boekhandel Dominicanen B2
27 Marché bio F2

du culte de la Vierge, honorée ici comme “Maris Stella”, le sanctuaire marial est rempli de bougies allumées par les pèlerins recueillis dans l’obscurité sous ses gigantesques colonnes romanes.

Bonnefantenmuseum MUSÉE
(☎043-329 01 90 ; www.bonnefanten.nl ; Ave Céramique 250 ; adulte/enfant 15 €/gratuit ; ⊙11h-17h mar-dim). Musée vedette de Maastricht, le Bonnefanten héberge une très belle collection de sculptures et de peintures européennes anciennes au 1er niveau, mais est plus connu pour son art contemporain. Un spectaculaire escalier mène à l’étage supérieur qui lui est consacré avec des œuvres d’artistes du Limbourg. Expositions temporaires fréquentes.

Fort Sint Pieter FORTERESSE
(☎043-325 21 21 ; www.maastrichtunderground.nl ; Luikerweg 71 ; visite guidée adulte/enfant 9,50/7,95 € ; ⊙4 visites guidées/jour, en anglais à 11h45 ou 12h45). Entouré d’un profond fossé, ce solide fort de brique pentagonal qui défendait autrefois le sud de la ville est relié à un réseau de tunnels souterrains. Datant de 1701, massif, il est plus frappant que pittoresque. On le découvrira mieux depuis les sentiers qui en font le tour, et d’où on a une belle vue sur la ville.

Des visites guidées permettent de voir son intérieur restauré – à combiner éventuellement avec la visite des Grottes Nord. Achetez vos billets au restaurant Chalet Bergrust, qui donne sur le parking (payant).

La marche depuis le centre-ville, 2 km au sud, est agréable. Sinon prenez le bus n°7 et descendez à “Mergelweg”. Trois sentiers nature, balisés en couleur, partent du fort. Celui-ci marque également l’extrémité sud du Pieterpad, l’un des sentiers de grande randonnée les plus fréquentés des Pays-Bas, qui mène à Pieterburen, dans la province de Groningue, à 492 km plus au nord.

Maastricht Underground GROTTES
(☎043-325 21 21 ; www.maastrichtunderground.nl ; Luikerweg 71 ; visite des grottes adulte/enfant 9,50/7,95 € ; ⊙voir site Internet). Maastricht Underground propose des circuits à faire frissonner, amusants et passionnants, d’une partie du vaste réseau de tunnels situé sous le massif de Sint Pietersberg. Les horaires changent très souvent : s’il y a jusqu’à 5 circuits par jour en été, ils sont peu nombreux hors saison. Consultez le site Internet.

Circuits organisés

Stiphout Cruises CROISIÈRES FLUVIALES
(☎043-351 53 00 ; www.stiphout.nl ; Maaspromenade 58 ; adulte/enfant à partir de 12/6,50 € ; ⊙tlj avr-oct, sam-dim nov-déc). Stiphout propose toutes les heures des croisières sur la Meuse (⊙11h-17h), dont quelques-unes avec une escale à Slavante. Elles sont prévues pour vous laisser le temps de monter à pied depuis Slavante jusqu’au point de départ des visites guidées des grottes de Zonneberg (encadré ci-contre) et de revenir ensuite si vous ne traînez pas trop.

Fêtes et festivals

Carnaval CARNAVAL

(www.visitmaastricht.com ; fév ou mars). Tout s'arrête en ville pendant les festivités. Maastricht s'y prépare trois mois à l'avance. Célébré avec ferveur, le carnaval débute le vendredi précédant Mardi gras pour se conclure le mercredi.

European Fine Art Fair ART

(TEFAF ; www.tefaf.com ; juin). Ce prestigieux rendez-vous européen de l'art et des antiquités accueille plus de 200 exposants.

Où se loger

Stayokay Maastricht AUBERGE DE JEUNESSE €

(043-750 17 90 ; www.stayokay.com/maastricht ; Maasboulevard 101 ; dort 21-41 €, d 53-96 € ; @). Son café-bar avec grande terrasse donnant sur la Meuse ajoute au charme de cette excellente auberge de jeunesse. Les tarifs montent en flèche le week-end et pour les vacances d'été. Réduction de 2,50 € pour les membres HI.

Botel Maastricht HÔTEL FLOTTANT €

(043-321 90 23 ; www.botelmaastricht.nl ; Maasboulevard 95 ; dort 35 €, s/d avec sdb 63/70 €, sans sdb 57/64 €). Ce bateau amarré dans le centre offre 34 petites cabines sans prétention et bon marché, avec de petits lits également ! Les doubles assurent aux couples suffisamment d'intimité, avec (le plus souvent) une parfaite mais très modeste salle de bains.

Trash Deluxe B&B €€

(043-852 55 00 ; www.trashdeluxe.nl ; Boschstraat 55 ; d 82-145 €, qua 130-225 € ;). Tapis roulants en caoutchouc recyclé, éclairages industriels, caisses de transport... créent une atmosphère unique dans ces deux bâtiments historiques proches du Markt. Un artiste champion du recyclage a décoré les 8 chambres. Petit-déjeuner en sus (copieux/léger, 13,50/6 €). L'endroit se veut un hôtel, mais il n'y a pas de vraie réception : ne perdez pas votre code d'accès après avoir réservé.

100% LOCAL

DE L'AUTRE CÔTÉ DU TUNNEL

Dominant Maastricht au sud, le plateau de Sint Pietersberg sur lequel veille un imposant fort de brique invite à randonner sur les hauteurs. Mais il y a mieux, ou du moins plus surprenant : le formidable labyrinthe de carrières et galeries percées en dessous depuis des siècles. Une prouesse technique préindustrielle qui laisse pantois : marnes et calcaires y ont été creusés de main d'homme depuis la période romaine et, à une époque, quelque 20 000 passages distincts se prolongeaient au-delà de la frontière belge, soit 230 km de long au total. Ils servirent d'abri en temps de guerre, de voies de contrebande avant la naissance de l'Union européenne, et une partie a même logé la base de commandement secrète de l'**Otan** (NAVO-hoofdkwartier ; www.limburgs-landschap.nl ; Cannerberg ; sur le site Internet). Plus d'un tiers des souterrains sont toujours intacts et on peut les visiter en participant à des circuits guidés – un accompagnement est indispensable. Marcher dans ces tunnels est une sensation étrange et vous donnera le frisson si vous n'êtes pas correctement vêtu : il y fait 11°C toute l'année et le taux d'humidité atteint 95%.

La plupart des visites invitent à explorer les tunnels nord dits "Grottes Nord", où les guides révèlent surtout leur importance dans l'histoire napoléonienne. Elle n'est pas toujours accessible, mais, en demandant au guide, on peut parfois voir la grotte où 750 tableaux furent mis à l'abri des bombardements et de l'occupant nazi durant la Seconde Guerre mondiale. Au nombre de ces œuvres figurait *La Ronde de nuit* de Rembrandt, roulée dans une tapisserie et transportée jusqu'ici dans un cercueil !

Toutes les visites partent de la billetterie du fort Sint Pieter. Les horaires sont à consulter auprès de Maastricht Underground (ci-contre) et il est conseillé de réserver en période d'affluence. On trouvera sur le site Internet les détails pour participer aux visites, moins fréquentes, des **grottes du Zonneberg** (Grotten Zonneberg ; Slavante 1), plus vastes et tout aussi intéressantes. Elles conservent des années d'histoire inscrites au charbon de bois, de l'antique silhouette romaine esquissée sur la paroi rocheuse aux portraits de vedettes hollywoodiennes. Le départ pour leur visite se fait derrière le café Buitengoed Slavante, à 3 km au sud de la ville (parking gratuit).

Student Hotel
HÔTEL €€

(☎043-711 22 35 ; www.thestudenthotel.com ; Sphinxcour 9a ; ch 80-130 €). "Asseyez-vous… ou dansez avec nous", suggère-t-on dans le vaste hall polyvalent de cet hôtel baigné de lumière. C'est dans le style chic industriel qu'a été superbement réaménagée cette ancienne usine de sanitaires. Branché et très contemporain, mais nul besoin d'être étudiant pour y séjourner, et les 140 chambres sont bien équipées.

Hotel Derlon
HÔTEL HISTORIQUE €€

(☎043-321 67 70 ; www.derlon.com ; Onze Lieve Vrouwplein 6 ; ch semaine/week-end 150/200 €). Avis aux archéologues ! Certes, le vénérable Derlon (1870) est idéalement situé dans la vieille ville, avec 48 chambres rénovées, mais s'il est unique, c'est grâce à son espace du petit-déjeuner en sous-sol, aux tables disposées autour d'une curiosité inattendue : les vestiges d'une piazza romaine, avec des vitrines présentant en détail les trésors découverts lors des fouilles.

Designhotel
HÔTEL DESIGN €€

(☎043-328 25 25 ; www.designhotelmaastricht.com ; Stationsstraat 40 ; ch 89-220 € ; ❄@📶). Passée la réception style années 1970, cet hôtel serein au design étudié (un artiste y travaille) abrite une confortable et très *frenchie* Brasserie Flo, affichant un menu appétissant. En majorité parquetées, ses 105 chambres sont de tailles et de styles divers. Toutes disposent d'une bouilloire et d'une machine à café. Petit-déjeuner : 15 € par personne.

Kruisherenhotel
BOUTIQUE-HÔTEL €€€

(☎043-329 20 20 ; www.oostwegelcollection.nl/kruisherenhotel-maastricht/ ; Kruisherengang 19-23 ; ch semaine/week-end à partir de 195/279 € ; ❄@📶). Aménagé dans un ancien monastère de l'ordre de la Sainte-Croix (1483), ce modèle de design, primé, est agrémenté de touches contemporaines qui mettent en valeur le cadre unique. Les 60 chambres, somptueuses, sont toutes différentes. Certaines renferment des fresques et des œuvres d'art, d'autres sont nichées sous les combles de l'ancienne église. Petit-déjeuner divin.

Où se restaurer

Maastricht ne manque pas de bonnes tables. L'extrémité est de Tongersestraat, les petites rues autour de la place Vrijthof et le Rechtstraat, à l'est de la rivière, fourmillent d'adresses à découvrir. Onze Lieve Vrouweplein est un bel endroit pour une pause café par beau temps, et plusieurs mini-restaurants pleins de cachet bordent l'allée qui y débouche, côté sud – idéal le lundi matin, quand d'autres endroits sont fermés.

Bisschopsmolen
BOULANGERIE €

(www.bisschopsmolen.nl ; Stenebrug 3 ; vlaai 2,40 €, sandwichs 6 € ; ⏲8h30-17h mar-sam, 9h-17h dim). Une roue hydraulique du VIIe siècle encore en fonctionnement alimente ici un moulin à farine, lequel fournit la boulangerie attenante pour ses miches 100% épeautre et ses *vlaai* (tartes aux fruits). On peut dîner sur place, au café, et, s'il n'y a pas trop de monde, faire le tour du moulin.

Friture Reitz
FRITES €

(www.reitz.nl ; Markt 75 ; frites petite/grande portion 3,50/4,25 €, sauce 1,25-1,60 € ; ⏲11h-18h30 mer et ven-dim, 11h30-20h30 jeu). Faites la queue pour emporter une portion des délicieuses frites (cuites en deux bains) que cet emblématique snack-bar produit à partir de pommes de terre du Limbourg depuis 1909.

Marres Kitchen
MÉDITERRANÉEN €€

(☎06-1333 3583 ; www.marres.org ; Capucijnenstraat 98 ; plats 18-25 € ; ⏲12h-17h et 18h-23h mar-dim). À côté d'une galerie d'art contemporain, Marres fait la part belle aux saveurs de la Méditerranée, avec un bon choix de plats sans viande, dont de délicieux mezze moyen-orientaux. Le jardin presque sauvage ajoute à l'atmosphère paisible du lieu, en retrait d'une petite rue non commerçante.

Witloof
BELGE €€

(☎043-323 35 38 ; www.witloof.nl ; Sint Bernardusstraat 12 ; plats 17,50-21,50 €, dîner 2/3 plats 29,75/38,50 € ; ⏲17h30-19h mer-jeu, 17h-22h ven-sam, 17h-21h30 dim). Dix ans après avoir figuré dans la liste du *New York Times* des meilleurs restaurants conceptuels, Witloof fait toujours le poids, avec une cuisine belge traditionnelle de qualité, une splendide cave à bière (à voir absolument !) et un décor plein d'ironie digne d'un Magritte du XXIe siècle.

Café Sjiek
NÉERLANDAIS TRADITIONNEL €€

(☎043-321 01 58 ; www.cafesjiek.nl ; St Pieterstraat 13 ; plats 14,50-39,50 € ; ⏲12h-22h ; 📶). Un endroit douillet, parfait pour goûter le traditionnel *zuurvlees* (ragoût aigre) à la

VAUT LE DÉTOUR

DES ELFES AUX MONTAGNES RUSSES

Efteling (www.efteling.nl ; Europalaan 1 ; 38-46 €, parking 12,50 € ; ⏲10h ou 11h-18h sept-juin, jusqu'à 20h juil-août ; 🚌300, 301) peut-il se targuer d'être le meilleur parc à thème d'Europe ? Les Néerlandais le pensent. Ce rival de Disneyland attire plus de 4 millions de visiteurs par an, avec une grande variété d'attractions sur le thème des contes de fées, des arbres qui parlent et des spectacles aquatiques, mais aussi des grands-huits époustouflants comme le "Baron", à 360°, qui vous fera hurler, et une expérience sensorielle dans l'obscurité, le "Vogel Rock".

Efteling est proche de Kaatsheuvel, une petite ville. Les bus n^os^300 et 301 s'arrêtent, plusieurs fois par heure, à Efteling entre Tilburg (3 €, 20 min) et Bois-le-Duc (Den Bosch, 4,90 €, 40 min).

viande de cheval avec sauce aux pommes. Mais il y a aussi des plats de poissons frais et des classiques de bistrot : bœuf Stroganoff, steaks, poulet-frites ou encore quiche. Pas de réservation, mais si l'endroit est souvent plein, on trouve toujours une place pour manger au bar.

Kantine De Brandweer FUSION €€

(☎043-852 22 29 ; www.brandweerkantine.com ; Capucijnenstraat 21 ; plats 14,50-26,50 € ; ⏲10h-18h lun, 10h-22h30 mar-dim). Une ancienne caserne de pompiers entre cantine branchée et salle d'activités. Prenez place aux tables en Formica bien espacées ou bien au comptoir bordé de nombreux livres. Observez les jeunes chefs s'aventurer avec brio dans des compositions fusion. Ambiance sympathique et détendue.

Eetcafé Ceramique NÉERLANDAIS €€

(☎043-325 20 97 ; www.eetcafeceramique.nl ; Rechtstraat 78 ; plats 17-25 € ; ⏲17h30-22h jeu-lun, plus 12h-16h30 ven-dim). Un vénérable restaurant de quartier toujours plein d'animation (il est prudent de réserver). Dans un cadre tout simple, éclairé par des lanternes de papier, le Ceramique affiche une carte variée mêlant cuisine locale traditionnelle et saveurs internationales. Nombreux plats végans ou végétariens : essayez les lasagnes à la rhubarbe et à la chicorée en sauce vodka-citron vert.

Où prendre un verre et faire la fête

Maastricht compte une myriade de bars, et la plupart des cafés servent à manger. Côté est de la place Vrijthof, ils abondent, mais ceux de Onze Lieve Vrouweplein et des ruelles voisines se prêtent plus à la détente en terrasse par beau temps. Sur la rive est de la Meuse, à l'extrémité du pont Sint Servaasbrug, trois terrasses avec vue plongeante sur le fleuve sont très appréciables. Et, pour les inconditionnels du café, la chaîne The Coffeelovers a élu domicile à la Boekhandel (librairie) Dominicanen.

♥ In Den Ouden Vogelstruys CAFÉ BRUN

(www.vogelstruys.nl ; Vrijthof 15 ; ⏲9h30-tard). Dans un angle ensoleillé de Vrijthof, ce café brun classique aux vieux murs lambrissés dresse toute une page d'histoire à travers épées, médailles et portrait de clients des années 1950. Parmi les 7 bières pression, 2 trappistes (La Trappe Blond et Westmalle Dubbel), plus des bouteilles bien choisies, telle la Klinker III (8,5%) non filtrée, locale, ou la Mooie Nel IPA (surnommée "Mer du Nord", 6,5%), bière primée de chez Jopen,

Café de Pieter CAFÉ BRUN

(www.cafedepieter.nl ; Sint Pieterstraat 22 ; ⏲15h-22h lun, 14h-22h mar, 14h-0h ven, 12h-0h sam, 12h-22h dim). Un petit café brun délicieusement authentique, tapissé de nombreuses œuvres et pourvu d'une terrasse proche des remparts. On s'y délecte de bières à la pression comme la Leeuw IPA de Valkenburg et la Tongerlo. Il y a même une estrade pour les scènes ouvertes (open-mic) du mercredi et les groupes aux accents jazz du week-end ; DJ certains vendredis.

De Gouverneur CAFÉ

(☎043-852 11 25 ; www.degouverneurmaastricht.nl ; Boschstraat 105a ; ⏲11h-tard dim-jeu, 10h-tard ven-sam). Assis à cette terrasse idéalement située au bord du Markt, parcourez la "bible" de ce véritable musée de la bière. Vous aurez le choix entre pas moins de 270 sortes (16 à la pression) de mousse. Cuisine classique belge également, dont de croustillants cornets de frites.

MATYAS REHAK/SHUTTERSTOCK ©

1. Balade sur les canaux (p. 293), Bois-le-Duc
Le vaste réseau de canaux offre même des sections souterraines. Très amusant !

2. Philips Museum (p. 295), Eindhoven
Découvrir comment un simple fabricant d'ampoules devint une multinationale de l'électronique.

3. Sint Servaasbasiliek (p. 283), Maastricht
Le portail sud de la basilique Saint-Servais, de style gothique, renouvelle un sanctuaire de l'an 1000.

4. Heusden (p. 293)
Toits de tuile à quatre pans, moulins à vent sur pivot, pont de poupée et port de plaisance dessinent un village de carte postale.

MATYAS REHAK/SHUTTERSTOCK ©

TONYV3112/SHUTTERSTOCK ©

3

SERGEY KOHL/SHUTTERSTOCK ©

Zondag CAFÉ
(www.cafezondag.nl ; Wycker Brugstraat 42 ; sandwichs 6-8 € ; 10h-2h lun-ven, 10h-3h sam-dim). À la rencontre du café à la mode, du petit resto de midi et du bar pour connaisseurs, le Zondag attire jour et nuit une clientèle jeune et branchée, dans ce qui fut une boutique qui a conservé son carrelage blanc d'origine.

Où sortir

Cinéma Lumière CINÉMA
(043-321 40 80 ; www.lumiere.nl ; Bassin 88). La programmation de classiques en VO comme de titres plus originaux n'est pas la seule qualité du Lumière. Il est aussi intéressant de voir qu'il a pris place dans une ancienne centrale électrique, tout comme son bar-terrasse au bord de l'eau et son original restaurant postindustriel.

Achats

Le **Markt** accueille divers marchés : généraliste le mercredi, au poisson le vendredi et se transformant en brocante les samedis et dimanches. Le jeudi après-midi s'y tient aussi un **marché bio** (Stationstraat ; 13h30-18h30 jeu).

Boekhandel Dominicanen LIBRAIRIE
(043-321 08 25 ; Dominicanenkerkstraat 1 ; 10h-18h lun, 9h-18h mar-mer et ven-sam, 9h-21h jeu, 12h-18h dim ;). Dans une ancienne église dominicaine, une authentique cathédrale de la lecture. Le café décontracté au fond, à la place de l'autel, est un incontournable.

Renseignements

Office du tourisme (VVV ; 043-325 21 21 ; www.vvvmaastricht.nl ; Kleine Straat 1 ; 12h-18h dim-lun, 10h-18h mar-mer et ven-sam, 10h-21h sam). Installé dans la Dinghuis (ancien palais de justice) du XVe siècle. Possibilité de circuits à vélo.

Comment s'y rendre et circuler

BUS

Pour Valkenburg, les arrêts des bus nos 8 et 4 (2-4 €, 30 min) sont sur **Boschstraat**, au Mosae Forum et à la **gare routière** (Parallelweg) découverte, à l'extérieur de la gare ferrovaire, côté nord-ouest. De là part 4 fois par heure le **bus n°350** (Parallelweg) qui dessert le cimetière militaire américain de **Margraten** (2-3 €, 15 min) et la fameuse brasserie de **Gulpen** sur la route menant à Aix-la-Chapelle, en Allemagne (aller/aller-retour journée 6/8,50 €, 1 heure 5).

TRAIN

Validez votre OV-chipkaart (carte à puce) sur les bornes jaunes pour prendre les trains NS : il y a notamment 2 trains par heure pour Amsterdam (27,90 €, 2 heures 25), Bois-le-Duc (Den Bosch, 21,40 €, 1 heure 35) et Utrecht (26,20 €, 2 heures). Les bornes bleues sont réservées aux trains Arriva à destination de Valkenburg (3,71 €, 12 min) et Roermond (10,57 €, 45 min).

Pour Bruxelles, Paris et Cologne, prenez le train (1/heure) de la SNCB pour Hasselt (1 heure 35) et changez à Liège (7,30 €, 40 min). Si on en parle depuis des années, la construction du tram rapide direct Maastricht-Hasselt n'avait pas encore débuté au moment de notre passage.

VÉLO

Aon de Stasie (Stationsplein ; 8h-20h lun-ven, 9h-20h sam, 10h-17h dim), à gauche en sortant de la gare, loue des vélos de ville (sans/avec frein au guidon à partir de 5/10 €/jour) et des VTT (à partir de 20 €).

Valkenburg

043 / 16 400 HABITANTS

Le gros bourg de Valkenburg (Fauquemont) n'est qu'à 12 km à l'est de Maastricht, dans la vallée de la Geul. C'est une destination que les touristes locaux apprécient depuis plus d'un siècle. Les vestiges d'un ancien **château** (château de Valkenburg ; 043-820 00 40 ; www.kasteelvalkenburg.nl ; Grendelplein ; adulte/enfant 15/12 €, audioguide 1,50 € ; 10h-17h30 mars-oct, 10h-16h30 nov-déc, horaires réduits jan-fév) surplombent le centre qui abrite des cafés au milieu de tout un ensemble d'édifices historiques et de mini-ponts enjambant deux petites rivières. Son succès touristique n'en fait plus une échappée tranquille. L'architecte Pierre Cuypers, qui a conçu le Rijksmuseum, y a opéré une reconstitution des **catacombes romaines**(043-601 25 54 ; www.katakomben.nl ; Plenkerstraat 55 ; adulte/enfant 16/10 € ; 10h-16h mer-dim) d'une ancienne carrière de calcaire. Les paisibles vallons du Limbourg alentour, tant à l'est qu'au sud-est, offrent l'occasion de belles balades à pied comme à vélo. Le **Drielandenpunt** (à l'intersection des Pays-Bas, de la Belgique et de l'Allemagne) est le point culminant du pays, à quelque 323 m.

Depuis/vers Valkenburg

Les trains Arriva pour Maastricht (3,71 €, 4/heure) mettent de 8 à 15 minutes. Les bus nos 4 (2/heure) et 8 (1/heure) assurent la liaison en 20 à 30 minutes.

Roermond

☎047 / 57 300 HABITANTS

Principale ville du centre du Limbourg, dont un magasin d'usine très couru trône à l'entrée, Roermond borde la Meuse, au cœur de toute une série de ports de plaisance et de lacs artificiels créés pour les loisirs. La Seconde Guerre mondiale et un séisme en 1992 y ont fait beaucoup de dégâts, mais le centre-ville est toujours dynamique et a conservé une partie de son patrimoine architectural, notamment deux anciennes églises (en grande partie restaurées) dominant chacune une place et une kyrielle de terrasses de cafés. Remarquable exemple de roman tardif (XIIIe siècle) en terres mosanes, l'église anciennement abbatiale appelée **Munsterkerk** (www.roermondparochiecluster.nl ; Munsterplein ; ⏲8h-17h tlj mai-oct, 8h-17h sam nov-avr et 1er dim du mois) abrite un très beau double tombeau. Réduit en miettes au moment de la retraite allemande à la fin de la Seconde Guerre mondiale, le clocher de la **Sint-Christoffelkathedral** (cathédrale Saint-Christophe ; www.roermondparochiecluster.nl ; Grote Kerkstraat 29 ; ⏲14h-17h lun-ven, 13h-17h sam-dim), éclairée de lumières chatoyantes, a été remonté pierre par pierre.

C'est la ville natale de Pierre Cuypers (1827-1921), architecte à l'origine de la gare centrale d'Amsterdam et du Rijksmuseum. Visiter sa maison et son **atelier** (☎047-535 91 02 ; www.cuypershuisroermond.nl ; Pierre Cuypersstraat 1 ; adulte/enfant 6/4 € ; ⏲11h-17h mar-dim) renseignent largement sur les techniques mises en œuvre par le célèbre maître architecte dans ses créations, mais aussi dans les nombreuses restaurations de monuments anciens qu'il réalisa.

Si vous souhaitez passer ici la nuit, l'**Hotel Restaurant Parkzicht** (☎047-531 74 54 ; www.parkzichtroermond.nl ; Parklaan 8 ; d/ste 84/104 € ; ⏲restaurant 15h-22h30, 15h-0h ven-sam, 12h-22h dim ; ❄📶 ; 🚌61), à 1 km au sud-est du centre, est un bijou de café à l'ancienne, avec un restaurant familial concoctant une bonne cuisine italienne.

ℹ Depuis/vers Roermond

Roermond se trouve sur la ligne Intercité reliant Amsterdam, Utrecht, Bois-le-Duc (Den Bosch), Eindhoven (10,60 €, 30 min) et Maastricht (9,70 €, 30 min). Attention, validez votre trajet au lecteur Arriva si vous prenez le Stoptrein, plus lent, vers Maastricht (10,57 €, 45 min) ou celui vers Nimègue via Venlo (18,44 €, 2/heure, 1 heure 20).

BRABANT-SEPTENTRIONAL

Encadrée par la Zélande et le Limbourg, le Brabant-Septentrional (Noord-Brabant), la plus grande province des Pays-Bas, partage une longue frontière avec la Belgique, pays avec lequel elle entretient d'étroits liens culturels. Ne soyez pas surpris : vous y verrez des calvaires (catholiques) aux carrefours et y découvrirez des villages parmi les plus intéressants du pays. Le café est ici lieu de socialisation par excellence, les bières brabantiennes – au nombre desquelles les seules trappistes des Pays-Bas – sont délectables et nombre de festivals rythment la vie urbaine. Bréda et Bois-le-Duc, cités d'une grande richesse historique, portent encore les traces d'anciens canaux et remparts, tandis qu'Eindhoven ou Tilburg, postindustrielles, misent sur la culture contemporaine. Patrie de Vincent Van Gogh (né à Zundert, au sud de Bréda), le Brabant-Septentrional rend hommage à ses artistes dans de beaux musées. Les paysages bucoliques, vallées et bois qui les ont inspirés sont facilement accessibles par un excellent réseau de pistes cyclables.

Bois-le-Duc (Den Bosch)

☎073 / 153 000 HABITANTS

Den Bosch ("Le Bois"), la capitale du Brabant-Septentrional, est le raccourci usuel pour 's-Hertogenbosch (Bois-le-Duc), même si les arbres ont disparu depuis longtemps. Sur ces anciennes terres de chasse ducales naquit au XVe siècle le peintre Jheronimus Van Aken, qui prendra le nom de Hieronymous (dit Jérôme) Bosch. L'artiste visionnaire peint des scènes suréelles peuplées d'êtres étranges (humains, animaux ou les deux à la fois). Outre les sites liés au peintre flamand, Bois-le-Duc possède de vieilles rues charmantes, des cafés-restaurants agréables et des canaux-tunnels uniques, sans oublier une cathédrale d'une grande richesse sculpturale.

La ville fit l'objet d'une âpre lutte pendant la guerre de Quatre-Vingts Ans. On aperçoit encore la démarcation des anciennes fortifications qui suivaient le contour des canaux.

👁 À voir

On peut visiter la ville en une grande boucle, à pied ou avec les minibus gratuits

Bois-le-Duc (Den Bosch)

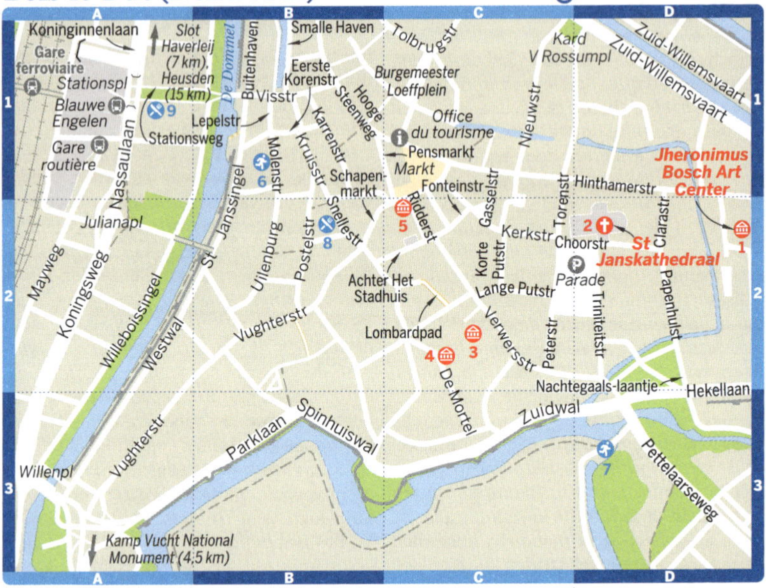

Bois-le-Duc (Den Bosch)

Les incontournables
1 Jheronimus Bosch Art Center D2
2 St Janskathedraal.................................. D2

À voir
3 Design Museum Den Bosch C2
4 Noordbrabants Museum C2
5 Stadhuis (hôtel de ville)......................... C2

Activités
6 Binnendieze... B1

7 Bossche Broek.. D3

Où se loger
Sense Hotel.. (voir 1)

Où se restaurer
8 Dit B2
9 Jan de Groot.. A1

avec montée/descente à volonté (hop on hop off) de **Blauwe Engelen** (www.gastvrij-shertogenbosch.nl ; Stationplein ; 10h-17h mar-sam, 12h-16h dim avr-oct, 10h-16h30 mar-sam et 12h-16h dim npv-mars). GRATUIT

Sint-Janskathedraal CATHÉDRALE
(073-681 49 33 ; www.sint-jan.nl ; Choorstraat 1 ; clocher adulte/enfant 5/2,50 € ; 8h-17h lun-sam, 9h-17h dim). Construite de 1336 à 1550, cette cathédrale est l'une des plus belles du pays. À l'intérieur, admirez des vitraux de la fin du gothique, un buffet d'orgue du XVIIe siècle et une Vierge très vénérée faisant l'objet d'un pèlerinage en mai. N'hésitez pas à grimper au clocher (73 m) pour découvrir le carillon et admirer la vue.

Stadhuis ÉDIFICE HISTORIQUE
(Markt). À la pointe sud de la grande place triangulaire du Markt, l'hôtel de ville du XVe siècle et son beffroi ont adopté ce style baroque en 1670.

Jheronimus Bosch Art Center MUSÉE
(Centre Jérôme Bosch ; 073-612 68 90 ; www.jheronimusbosch-artcenter.nl ; Jeroen Boschplein 2 ; adulte/enfant 7/3,50 € ; 11h-17h30 mar-dim avr-oct, 12h-17h mar-dim nov-mars). La superbe église centenaire Saint-Jacob accueille ce remarquable musée consacré au peintre Jérôme Bosch (vers 1450-1516). Faute d'originaux conservés par sa ville natale, ce sont 29 reproductions photographiques grandeur nature, accompagnées

d'un livret explicatif, qui nous restituent cette œuvre débordant de créatures fantastiques. Des sculptures suspendues, une horloge astronomique et une reconstitution de l'atelier de l'artiste, au sous-sol, ajoutent à l'atmosphère.

Noordbrabants Museum MUSÉE

(musée du Brabant-Septentrional ; 073-687 78 77 ; www.hetnoordbrabantsmuseum.nl ; Verwersstraat 41 ; adulte/enfant 15 €/gratuit ; 11h-17h mar-dim). L'ancienne résidence du gouverneur bâtie au XVIIIe siècle a fait place à ce musée d'art et de culture retraçant à travers diverses œuvres et animations interactives les nombreux soubresauts qu'a connus la province.

Les galeries consacrées à des expositions artistiques temporaires occupent la plus grande partie de l'espace, laissant néanmoins place à la présentation de partie de la très belle collection permanente d'œuvres brabançonnes, allant de l'an 1500 à nos jours.

Design Museum Den Bosch MUSÉE

(Stedelijk Museum ; www.designmuseum.nl ; De Mortel 4 ; adulte/enfant 12 €/gratuit ; 11h-17h mar-dim). Ouvertes en 2014, et rénovées en 2018, les deux grandes salles de ce musée innovant présentent des expositions temporaires interactives, pour la plupart centrées autour de la céramique et des bijoux, mais aussi des concepts du design de la société contemporaine.

Activités

Binnendieze CIRCUITS EN BATEAU

(www.dagjedenbosch.com ; Molenstraat 15a ; adulte/enfant 10/5 € ; balades 14h-17h20 lun, 10h-17h20 mar-dim). Naviguer sur les canaux, c'est aussi en emprunter certaines sections souterraines. Il y a plusieurs itinéraires, les plus appréciés partent toutes les 20 minutes

VAUT LE DÉTOUR

DES VILLAGES À CROQUER !

Trois villages photogéniques allient le charme du bord de l'eau, une histoire ancienne et un caractère surprenant. Le visiteur curieux y découvrira l'âme authentique de ce Brabant-Septentrional peu visité.

Heusden (www.hbtheusden.nl). Ce petit village de carte postale avec ses toits de tuile, ses moulins à pivot, son mini-pont et un adorable port de plaisance en eau douce tient à l'intérieur d'une douve fortifiée qui a conservé ses ravelins (bastions extérieurs) en pointe.

Les familles allant au parc à thème d'Efteling (p. 287, à 16 km au sud-ouest) descendent souvent dans ses hôtels et B&B charmants, mais Heusden mérite bien une visite à lui seul. Prenez le bus n°135 à Bois-le-Duc (Den Bosch, 3,40 €, 25 min) ou, mieux, faites halte ici si vous circulez à vélo entre Bois-le-Duc et Woudrichem.

Woudrichem (Woerekum ; gemeentealtena.nl/redirect/gemeente-woudrichem.html). Entouré de digues-remparts médiévales herbues, le charmant village fortifié de Woudrichem est devenu célèbre grâce à la série TV néerlandaise "Dokter Tinus". Dans son petit port restent amarrés de vieux bateaux de pêche, des maisons du XVIIe siècle bordent sa place centrale (Hoogstraat), plutôt bien préservée, et l'on y trouve quelques restaurants flottants. Un mini-ferry fait la navette pour les piétons désirant faire la traversée (1,40 €/trajet) entre la marina de plaisance et le Kasteel Loevesteen, château du XIVe siècle entouré de douves, transformé en B&B chic, sur l'autre rive.

Les cyclistes peuvent pousser jusqu'à Gorinchem, tout proche, en empruntant un autre ferry. Près de son embarcadère, un stand de poissonniers vend de délicieuses perches (*baars*) pêchées sur place, qu'ils font cuire à la demande.

Baarle-Nassau (toerismebaarle.com). À eux deux, Baarle-Nassau (Pays-Bas) et Baarle-Hertog (Belgique) forment une bizarrerie géopolitique, divisée par la frontière la plus compliquée au monde : ici, la Belgique compte aux Pays-Bas quelque 22 exclaves miniatures, dans lesquelles se trouvent une demi-douzaine de poches néerlandaises. Allez voir à l'office du tourisme l'exposition qui en détaille les circonstances, puis promenez-vous dans les rues (quelconques) pour repérer sur les routes et les trottoirs les clous et croix signalant au sol l'invraisemblable frontière.

de Molenstraat, pour des circuits de 50 minutes. Le commentaire est habituellement en néerlandais, mais avec un livret en anglais. Les manœuvres dans des espaces resserrés sont très divertissantes.

Bossche Broek VÉLO

(Sterrebosweg). Sur l'autre rive de la Dommel par rapport au centre-ville, s'étendent de larges prairies formant une réserve naturelle de 202 ha. Traversée de sentiers pour marcheurs et cyclistes, elle offre une jolie vue sur la vieille ville et ses remparts.

Où se loger et se restaurer

Sense Hotel BOUTIQUE-HÔTEL €€

(ex-Stadshotel Jeroen ; 073-610 35 56 ; www.sensesuites.nl ; Jeroen Boschplein 6 ; s/d/ste à partir de 108,10/146,20/181,20 € ;). Voisin du Jheronimus Bosch Art Center (p. 293), ce charmant petit hôtel aux 4 chambres et 3 suites personnalisées est l'héritier d'une ancienne auberge pour pèlerins de Compostelle. Le petit-déjeuner (17,50 €) est servi dans un excellent restaurant, souvent cité comme un des meilleurs de la ville.

Jan de Groot BOULANGERIE €

(www.bosschebollen.nl ; Stationsweg 24 ; Bossche bol 2,25 € ; 8h-18h lun-mer et ven, 8h-21h ven, 8h-17h sam). Dans un décor aux tons rose et blanc, cette pâtisserie toute simple est le meilleur endroit pour goûter à la spécialité locale, le *Bossche bol* (boule de Den Bosch), une sorte de gros chou fourré de crème sucrée et nappé de chocolat.

Dit BISTROT €

(www.eetbardit.nl ; Snellestraat 24 ; en-cas 1,18-8 € ; 10h-1h lun-ven, 9h-1h sam-dim). Gai et original, Dit ("Ceci") propose des boissons, en-cas ou repas originaux, parfois très surprenants, tel le délicieux éclair au fromage de chèvre et aux noisettes caramélisées.

Renseignements

Office du tourisme (073-612 71 70 ; www.bezoekdenbosch.nl ; Markt 77 ; 13h-17h lun, 10h-17h mar-sam)

Comment s'y rendre et circuler

BUS

La **gare routière** (Stationsplein) est juste au sud de la gare ferroviaire. Les bus n^os^300 et 301 vont à Tilburg via Efteling, le n°156 à Eindhoven.

TRAIN

Au nord de la gare routière, la gare ferroviaire se trouve à 600 m à l'est du Markt. Les consignes sont situées dans le hall au-dessus des quais.

VERS	PRIX	DURÉE	FRÉQUENCE
Amsterdam	17,10 €	1 heure	2/heure
Bréda	9,10 €	35 min	4/heure
Maastricht	22,40 €	1 heure 30	2/heure
Nimègue	9,10 €	40 min	4/heure
Utrecht	10,10 €	40 min	4/heure

VÉLO

La piste cyclable nationale **LF12** qui part vers l'ouest traverse une campagne verdoyante sur 70 km jusqu'à Dordrecht, en longeant le parc national du Biesbosch (p. 191) par le nord. Elle file également vers le nord-est en direction de Nimègue (70 km), le long d'un parcours sinueux au bord de l'eau.

On peut louer des vélos chez chez **Kemps Bike Totaal** (073-613 76 86 ; www.kempsbiketotaal.nl/services/fietsverhuur ; Korenbrugstraat 12 ; vélo jour/sem 9,50/47,50 € ; 8h-18h mar-ven, 9h-17h sam), qui propose des vélos de ville à 7 vitesses.

À NE PAS MANQUER

D'UN VILLAGE À L'AUTRE À VÉLO

Il existe une très belle randonnée cycliste de 40 km le long de la Meuse, en grande partie sur des digues : elle mène de Bois-le-Duc (Den Bosch) à l'un des plus jolis villages du pays, Heusden (encadré p. 293) au nord-est. Passés ses trois moulins à vent, son charmant petit port et ses solides douves, poursuivez jusqu'à Woudrichem (encadré p. 293), moins connu mais tout aussi joli, avec son port en eau douce, ses maisons du XVIIe siècle et son mini-ferry à la demande. De l'autre côté des remparts de Woudrichem, un ferry un peu plus grand emporte les cyclistes jusqu'à Gorinchem, où l'on peut prendre le train, avec son vélo, pour regagner Bois-le-Duc (1 heure, correspondance à Geldermalsen incluse).

100% LOCAL

DÉTOUR PAR THORN

Sur la route entre Maastricht et Eindhoven, il suffit d'un petit détour pour plonger dans la surprenante histoire de **Thorn** (www.vvvmiddenlimburg.nl ; parking 2,50 € ; 73). Ancienne plus petite principauté (*vorstendom*) du Saint-Empire romain germanique, Thorn était dirigé par des femmes, riches et indépendantes, qui refusaient la domination masculine.

Hormis la jolie église (désormais musée), presque tous les bâtiments de la ville sont peints en blanc depuis la fin du XVIIIe siècle, lorsque les occupants français de l'époque imposèrent l'impôt sur les fenêtres, ce qui eut pour effet, dit-on, une réduction des ouvertures suivie d'un badigeon blanc pour masquer les obturations en brique.

Pour gagner Thorn (prononcer *To*-ren) à la belle saison, ne ratez pas le plaisant trajet par voie fluviale sur *Le Cascade*, au départ de Wessem, petite ville sur l'E25 au nord de Maasbracht. Vous pourrez emprunter ce mode de transport le week-end d'avril à septembre et tous les jours en juillet-août, à raison de trois départs par jour, avec halte à Stevensweert, autre charmant village.

Eindhoven

040 / 227 800 HABITANTS

Si vous êtes dans la cinquième ville des Pays-Bas, c'est peut-être parce que vous avez pris un vol international low cost ou que vous prévoyez assister à un match de football du PSV au Philips Stadium. Ce serait aller un peu vite car, depuis la naissance ici de la société Philips en 1891, puis son transfert à Amsterdam un siècle plus tard, Eindhoven a su prendre le virage postindustriel et entretenir son leadership. C'est un centre actif du design et des technologies de pointe. D'accord, son charme ne saute pas aux yeux de prime abord, mais pensez au moins à visiter l'intéressant Philips Museum, qui retrace l'histoire de la firme mondiale d'électronique qui a en grande partie donné naissance à l'Eindhoven moderne. On y trouve aussi une prestigieuse galerie d'art moderne et quelques beaux exemples d'architecture des années 1960, telle la soucoupe volante de l'Evoluon, bâtiment construit par Philips pour ses 75 ans.

À voir et à faire

Philips Museum MUSÉE

(www.philips-museum.com ; Emmasingel 31 ; adulte/enfant 11/6 € ; 11h-17h mar-dim). Du magnétophone de Keith Richards au projecteur pour grand écran qui a remporté un Oscar, cet intéressant musée détaille l'histoire extraordinaire du fabricant d'ampoules devenu multinationale de l'électronique, qui inventa le CD et a contribué au développement d'Eindhoven durant un siècle.

Van Abbemuseum GALERIE D'ART

(040-238 10 00 ; www.vanabbemuseum.nl ; Bilderdijklaan 10 ; adulte/enfant/famille 13 €/gratuit/26 € ; 11h-17h mar-dim ; 1). Cette superbe galerie d'art moderne présente des éléments de sa riche collection – forte d'œuvres signées Picasso, Braque ou Kandinsky – aux côtés d'œuvres et de matériaux ultra-contemporains pour convier le visiteur à s'interroger sur la nature de l'art, son évolution et les espaces qui l'accueillent. L'architecture du bâtiment est par ailleurs spectaculaire : le château (1936) du magnat du cigare Van Abbe a été agrandi en 2003 par une extension de pierre grise englobant le cours même de la Dommel. Son café au bord de l'eau mérite un détour.

Area 51 SPORTS

(040-234 10 60 ; www.area51skatepark.nl ; Klokgebouw 51, Strijp-S ; skateur/spectateur 7 €/gratuit ; 15h-22h mar-ven, 11h-1h sam, 12h30-22h sam, 12h30-19h dim). Ce skatepark couvert de haut niveau est réputé pour son MU-bowl et ses longs runs d'entraînement. Les spectateurs peuvent admirer gratuitement les figures et les impressionnants sauts des skateurs, notamment depuis le bar.

Où se loger et se restaurer

Dans le centre, le quartier De Bergen (www.debergeneindhoven.nl) est idéal pour dénicher des restaurants abordables mais originaux, notamment le long de Bergstraat, où se trouve aussi une très bonne cave à bières. Sinon, plusieurs établissements design se cachent dans l'enclave postindustrielle de Strijp-S.

À NE PAS MANQUER

LA PREMIÈRE TRAPPISTE NON BELGE

Dans le cadre verdoyant du monastère de Koningshoeven, dans les faubourgs de Tilburg, la **brasserie de La Trappe** (☎013-572 26 50 ; www.latrappetrappist.com/nl/ ; Eindhovenseweg 3, Koeningshoeven ; ⏱restauration 11h-19h lun-sam, 12h-19h dim avr-oct, 11h-18h lun-sam, 12h-18h dim nov-mars, boutique 13h-17h30) produit ce qui était jusqu'en 2012 la seule bière trappiste non belge au monde. Aujourd'hui, le *proeflokaal* (salle de dégustation) est un café moderne qui mise sur la tradition avec son chaume aux murs et où l'on peut faire de très bons déjeuners et déguster quelque neuf variétés de bière. Il vaut mieux réserver en ligne pour la très amusante visite guidée (en anglais, 13 €, 1 heure 30).

Blue Collar Hotel HÔTEL, AUBERGE DE JEUNESSE €
(☎040-780 33 34 ; www.bluecollarhotel.nl ; Klokgebouw10;dort/d/qua/steàpartirde29,50/69/135/149 €). De grands portraits sombres de Lemmy et de Beethoven se toisent de chaque côté du bar rock, qui sert aussi de réception à cet hôtel/AJ original. Dans une usine reconvertie du Strijp-S, chambres et dortoirs bien agencés et design, avec un clin d'œil assumé à l'histoire industrielle du quartier. Petit-déjeuner à 10 €.

Comment s'y rendre et circuler

AVION

Plaque tournante des compagnies low cost Ryanair, WizzAir et Transavia, l'aéroport d'Eindhoven (p. 364) se trouve à 6 km à l'ouest du centre. De nombreuses villes méditerranéennes et d'Europe de l'Est figurent parmi les destinations, y compris Marseille et Nice.

Les bus **Airexpress** (www.airexpressbus.com ; parking P2, aéroport d'Eindhoven) relient l'aéroport d'Eindhoven à Amsterdam (22,50 €, 1 heure 45) via Utrecht (arrêt sur le périphérique) et Bois-le-Duc (Den Bosch, 8,50 €, 30 min). Du centre d'Eindhoven, les bus n[os]400 et 401 pour l'aéroport partent du côté nord de la gare ferroviaire (avec/sans OV-card 2,50/3,50 €, 25 min).

TRAIN

Quelques lignes pratiques depuis Eindhoven Centraal :

Amsterdam (21,50 €, 1 heure 20)
Bréda (11,90 €, 40 min)
Maastricht (18,60 €, 1 heure)
Aéroport de Schiphol (22,10 €, 1 heure 30)
Tilburg (8 €, 20-30 min)
Utrecht (16 €, 50 min)

Les trains locaux "Sprinter" venant de Tilburg et Bois-le-Duc (Den Bosch) permettent de descendre à la gare d'Eindhoven Strijp-S, à 5 minutes à pied du Blue Collar Hotel.

VÉLO

Par la piste cyclable nationale LF7, comptez une journée entre Eindhoven et Bois-le-Duc (Den Bosch).

Tilburg

☎013 / 215 600 HABITANTS

Tilburg, la "ville des cruches", n'est pas spécialement attrayante, mais, en creusant un peu, on y trouve de l'énergie à revendre, d'excellentes bières et un épatant mouvement de renouveau. Un musée du textile primé rappelle le fier héritage industriel de Tilburg. Quartier autrefois délabré, Spoorzone (www.spoorzone013.nl), au nord-est de la gare, est aujourd'hui un creuset de créativité. Au fil des maisons de brique du XIXe siècle bordant les rues de Dwaalgebied, vous repérerez d'agréables petites tables pour vous sustenter, ainsi qu'une sympathique auberge de jeunesse. Un carnaval joyeux, une grande foire annuelle et une solide présence étudiante assurent l'animation de la ville. Et, dans l'enceinte verdoyante de l'abbaye de Koenigshoeven, des moines brassent les premières bières trappistes des Pays-Bas, les seules en terre batave jusqu'en 2012.

À voir

De Pont Museum MUSÉE
(☎013-543 83 00 ; www.depont.nl ; Wilhelminapark 1 ; adulte/enfant 10 €/gratuit, gratuit 17h-20h jeu ; ⏱11h-17h mar-dim). Des expositions régulièrement renouvelées font la réputation de ce vaste espace d'art contemporain abrité dans une ancienne filature de laine. Même si le musée est fermé, le *Sky Mirror* ("Miroir aux nuages") d'Anish

Kapoor incliné au-dessus d'un bassin du jardin justifie à lui seul la balade de 1 km depuis Tilburg Centraal.

Textiel Museum MUSÉE
(☎ 013-536 74 75 ; www.textielmuseum.nl ; Goirkestraat 96 ; tarif plein/étudiant/ado/enfant 12/5,50/3,50 €/gratuit ; ⏲10h-17h mar-ven, 12h-17h sam-dim ; 🚌5). Élu "Musée de l'année 2017" aux Pays-Bas, ce lieu innovant célèbre et perpétue la production de textiles originaux, principale industrie de Tilburg durant plus d'un siècle. Le musée du Textile a investi un moulin historique, à 1,5 km au nord de Tilburg Centraal.

On y observe tout aussi bien les méthodes de filage et de tissage du début du XXe siècle que le fonctionnement de machines modernes produisant les superbes tissus vendus dans la boutique du musée, très prisée.

Où se loger et se restaurer

Hostel Roots AUBERGE DE JEUNESSE €
(☎ 0652-308 518 ; www.hostelroots.nl ; Stationsstraat 41 ; dort/d à partir de 21/65 € ; @ 📶). Sympathique, élégante et proche de la gare de Tilburg, Roots a réhabilité avec style une banque du XIXe siècle pour en faire l'une des meilleures auberges de jeunesse du pays. Couchettes confortables, avec éclairage individuel et suffisamment de prises électriques. Les chambres individuelles sont lumineuses et certaines ont un balcon. Petit-déjeuner à 8,50 €.

De Burgerij EUROPÉEN €€
(www.deburgerij.nl ; Nordstraat 87 ; plats 9,95-25,50 € ; ⏲10h-minuit). Une maison de ville accueille ce joli restaurant. Vous y dégusterez une cuisine *bourgondisch* moderne aux accents néerlandais traditionnels ou, selon leurs termes "tout, du chou kale au caviar". On peut donc commander un *stamppot* gastronomique à l'écrasé de pommes de terre, un steak cuit à point ou encore des plats nouvelle cuisine aux accents français.

Depuis/vers Tilburg

Il existe 4 trains par heure faisant halte à Tilburg Centraal entre Bréda (4,60 €, 12 à 18 min) et Bois-le-Duc (Den Bosch, 4,70 €, 15 min).

La **gare routière** (Burgemeester Brokclaan) en plein air n'est qu'à 2 minutes à pied de la sortie nord de la gare en partant vers l'ouest . Parmi les lignes pratiques, le bus n°411 dessert le monastère de Koningshoeven (descendez au 2e arrêt Koningshoeven), le bus n°300 ralllie Bois-le-Duc via Efteling, et le n°132 gagne Bréda en passant par Baarle Nassau.

LA MAISON TOURNANTE

La Hasselt Rotonde est un rond-point banal, dans l'angle nord-ouest du périphérique (Ringbaan) intérieur de Tilburg. Sauf que... si l'on y reste un moment, on a l'impression que la petite maison à l'intérieur du rond-point a bougé. Vous ne rêvez pas. En 53 minutes, cette **Draaiend Huis** (maison tournante, Ringbaan ; 🚌300, 301) grandeur nature accomplit un tour complet, grâce à un système de rails enterrés. Et ce pour le simple amour de l'art.

Bréda

☎ 076 / 183 600 HABITANTS

Au pied du pont Hoge Brug, Bréda a tout de la carte postale : clocher de l'église gothique qui s'élève majestueusement au-dessus des vieilles maisons (aujourd'hui transformées en bars) de Vismarktstraat, bateaux ainsi que solide porte-bastion du château de Bréda qui se reflètent dans l'eau scintillante d'un canal. Derrière s'étirent la vieille ville, de taille plutôt modeste, et le joli parc de Valkenberg ouvrant sur le charmant Begijnhof (béguinage). Tout visiteur de Bréda tombe immanquablement sous le charme de ses cafés animés, surtout lors du festival de jazz qui investit toute la ville début mai.

À voir et à faire

Quand il fait beau, on peut louer canoë (2 heures 10 €/pers) ou bateau à moteur (15 €/pers) du côté nord du Haven (port).

De belles balades à vélo vous appellent au sud de la ville : elles traversent la forêt de Mastbos et longent les jolies berges de la Mark. En 2 heures environ, on peut voir la vieille place du marché de Ginneken, le joli château de Bouvigne et ses douves, et franchir la frontière invisible avec la Belgique jusqu'au village de Meersel-Dreef, où se trouve une grotte de pèlerinage catholique à l'image de celle de Lourdes.

Bréda

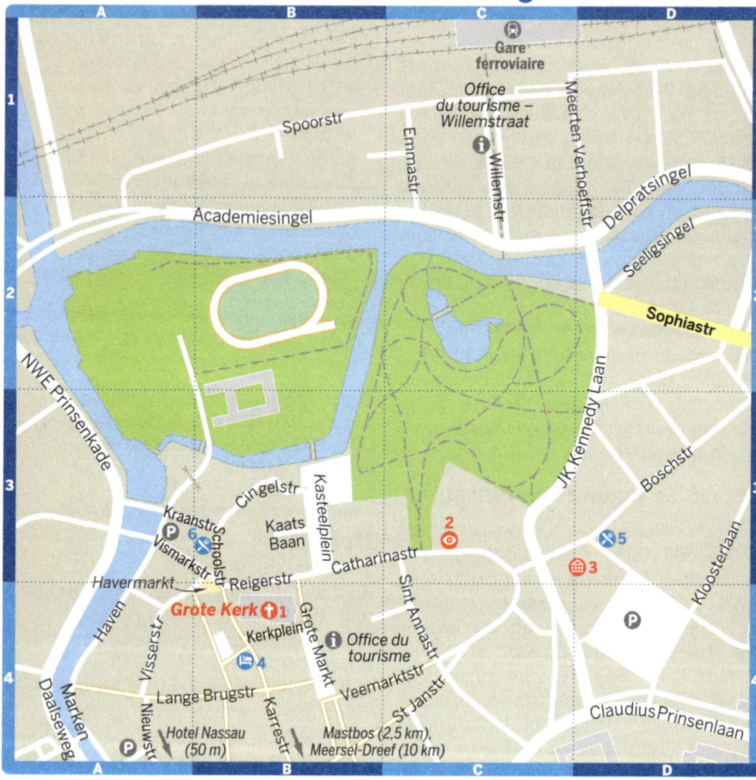

Bréda

Les incontournables

1 Grote Kerk....................B4

À voir

2 Begijnhof (Béguinage)....................C3
3 Stedelijk Museum Breda....................D3

Où se loger

4 Bliss Hotel....................B4

Où se restaurer

5 Dames Pellens....................D3
6 Den Boerenstamppot....................B3

Grote Kerk — ÉGLISE

(Grande Église ; www.grotekerkbreda.nl ; Kerkplein 2 ; audioguide en option 3 € ; 10h-17h lun-sam, 13h-17h dim). Achevé en 1509, le clocher très ornementé surmonté d'un bulbe de cette haute église gothique est l'un des plus beaux du pays. Culminant à 97 m, il est resté le repère central de la vieille ville. On peut y grimper le samedi (et le jeudi en été) en participant à une visite guidée (5 €) qui commence à l'intérieur de l'église à 13h. Réservation non obligatoire.

Stedelijk Museum Breda — MUSÉE

(MOTI ; 076-529 99 00 ; www.stedelijkmuseumbreda.nl ; Boschstraat 22 ; adulte/enfant 12,50/gratuit € ; 11h-17h mar-ven, 10h-17h sam-dim). Le principal musée de Bréda raconte la remarquable histoire de la ville à l'aide de peintures et d'objets, mais pour mieux le comprendre, il vous faudra demander le livret explicatif. L'agencement peut dérouter, et il serait plus qu'ambitieux d'essayer de tout voir dans les deux galeries parmi les six que compte le musée. Les autres galeries présentent des expositions temporaires souvent originales, centrées sur l'ensemble des cultures visuelles.

Begijnhof SITE HISTORIQUE

(Béguinage ; www.begijnhofbreda.nl ; Catharinastraat 29 ; ⌚9h-12h). GRATUIT Délicieusement paisible, ce béguinage a été fondé en 1535 pour des veuves ou des célibataires (les béguines, ou *begijnen*). Autour d'une cour et du jardin de plantes médicinales, de modestes maisonnettes de brique claire à un étage abritent les membres de cette communauté, qui a pour particularité de ne pas prononcer de vœux. Les étages supérieurs et la chapelle Sainte-Catherine ont été ajoutés au XIXe siècle.

Fêtes et festivals

Breda Jazz Festival MUSIQUE

(www.bredajazzfestival.nl ; ⌚mai). Durant 4 jours à partir de l'Ascension, le festival de jazz le plus réputé des Pays-Bas fait le plein autour d'une dizaine de lieux en plein air accueillant plus d'une centaine de concerts gratuits, ainsi que d'autres en intérieur, payants mais bon marché.

Où se loger et se restaurer

Bliss Hotel BOUTIQUE-HÔTEL €€€

(☎076-533 59 80 ; www.blisshotel.nl ; Torenstraat 9 ; ch 200-320 € ; ⌚réception 7h-22h ; ❄ 📶). Le Bliss vous accueille avec un verre de champagne et ses 9 superbes suites affichent des tons affirmés (ou dans une tonalité blanche), une cheminée et un mobilier ancien qui leur donnent un touche classique (lampadaires, bibliothèques, etc.). Service soigné et personnalisé.

Hotel Nassau HÔTEL HISTORIQUE €€€

(☎076-888 49 21 ; www.hotelnassaubreda.nl ; Nieuwstraat 23 ; ch 124-199 €, ste 200-249 € ; ❄ @ 📶). Trois demeures anciennes réunies hébergent 94 chambres ultra-modernes. L'ensemble peut surprendre par la circulation un peu labyrinthique et les portraits artistiques de "nonnes" aux murs, il n'empêche que prendre son petit-déjeuner dans la grande chapelle de pierre ne manque pas de charme. Il en va de même des chambres aux poutres apparentes (les nos 202, 203 et la chambre "executive" no 213). Un très bon choix, tout confort et original.

Den Boerenstamppot NÉERLANDAIS €

(☎076-514 01 62 ; www.facebook.com/denboerenstamppot ; Schoolstraat 3-5 ; menu 3 plats 10 € ; ⌚16h-19h30 mar et jeu-sam, 17h-19h30 mer). Les propriétaires Fred et Marloes Van Weerd concoctent ici depuis presque un demi-siècle des repas familiaux néerlandais typiques. Le plat classique : une grande assiette de *stamppot* (écrasé de pommes de terre et de légumes du jour), avec au choix boulettes de viande, *stofvlees* (ragoût de bœuf), poulet, saucisse, côtelettes, etc. Pour 10 €, on peut même y ajouter une soupe ou une entrée et un dessert.

Dames Pellens FRANÇAIS €€€

(☎076-887 69 29 ; www.damespellens.nl ; Boschstraat 24 ; plats 19-25 €, menus 4/5/6/7 plats 49,50/57,50/65/75 € ; ⌚12h-minuit mer-dim). Ce bar à vins douillet propose des vins parfaitement bien assortis à prix justes, mais la cuisine est son plus grand atout. Salades, coq au vin ou plat du jour sont au menu chaque jour et, du jeudi au dimanche, la cuisine devient gastronomique avec les superbes menus "spéciaux du chef", au cours desquels vous dégusterez jusqu'à 6 plats. Réservation conseillée.

Renseignements

Il existe deux offices du tourisme, pratiques, mais qui pourraient fusionner à l'avenir :

Bureau principal (VVV ; ☎076-522 89 24 ; www.vvvbreda.nl ; Grote Markt 38 ; ⌚10h30-17h30 mer-ven, 10h30-17h sam ; 📶)

Willemstraat (☎numéro payant 0900-522 24 44 ; Willemstraat 17-19 ; ⌚13h-17h lun, 10h-17h mar-ven, 10h-14h30 sam)

Comment s'y rendre et circuler

TRAIN

Parmi les lignes pratiques, citons Rotterdam (10,40 €, 25 min), Bois-le-Duc (Den Bosch, 9,10 €, 40 min) et Eindhoven (11,90 €, 40 min).

VÉLO

La LF11 part de Bréda en direction du nord-ouest et de La Haye (110 km) en desservant Dordrecht et Rotterdam. La LF9 passe par Utrecht pour rallier la côte nord, tandis que la LF13 traverse Bréda et part vers l'est, de Middelbourg jusqu'à la frontière allemande.

Pour louer des vélos de ville, **Fietsenstalling Oude Vest** (Oude Vest 25 ; vélo 10 €/jour, caution 50 € ; ⌚7h-minuit lun-mer, 7h-3h jeu-sam, 11h-1h dim) est bon marché, avec de grandes plages horaires, mais, si vous voulez des vitesses et des freins au guidon, adressez-vous à **De Klein Fietsen** (☎076-532 48 70 ; www.dekleinfietsen.nl ; Markendaalsweg 38 ; vélo 7,50 €/jour ; ⌚9h-17h lun-sam, 12h-17h dim). Le bus no6 passe devant le château de Bouvigne.

Bergen op Zoom

☎0164 / 66 200 HABITANTS

Petit bijou (oublié) des Pays-Bas, Bergen op Zoom se distingue par son carnaval haut en couleur au cours duquel le clocher de son église revêt lui aussi son déguisement et veille sur les festivités de la **Krabbegat** (Grote Markt), la grand-place. C'est aussi une base pratique pour explorer la campagne du Brabantse Wal. Souvenirs d'un passé commerçant et historique glorieux depuis le Moyen Âge, Bergten op Zoom ne compte pas moins de 200 édifices classés sur ses 800 édifices historiques, dont son palais des marquis, le **Markiezenhof** (☎0164-277 077 ; www.markiezenhof.nl ; Steenbergsestraat 8 ; rdc gratuit, étage adulte/enfant 9,50/5,50 € ; ⏲11h-17h mar-dim), plus ancien vestige architectural municipal du pays classé au nombre des 25 principaux monuments néerlandais. L'**office du tourisme** (www.vvvbrabantsewal.nl ; Steenbergsestraat 6 ; ⏲13h-17h lun, 10h-17h mar-sam, 11h-17h dim) a élu domicile dans ce palais gothique tardif occupé par le marquisat jusqu'à la fin du XVIIIe siècle.

Carnaval particulièrement joyeux, le Krabbegat célèbre pendant 3 jours de nombreux personnages, notamment *De Peperbus*, le clocher en forme de poivrière (*peperbus*) de l'église Sainte-Gertrude, paré pour l'occasion d'un visage humain et d'un vêtement.

Si vous voulez y séjourner, offrez-vous un dîner et une nuit dans le plus ancien hôtel toujours en activité des Pays-Bas, **De Draak** (☎0164-252 050 ; www.hoteldedraak.nl ; Grote Markt 38 ; d 79-139 €, ste 99-199 € ; P ❄ 📶). L'épatant buffet du petit-déjeuner (avec du prosecco !) est servi dans une salle ancienne ornée de cartes au plafond. Son **Restaurant Hemingway** (☎0164-252 050 ; www.restauranthemingway.nl ; Grote Markt 36 ; menu déj 32,50-64,50 €, menus dîner 4/5/6 plats 64,50/89,50/99 € ; ⏲12h-14h30 et 18h-20h30) atteint les sommets de la gastronomie locavore néerlandaise. Son *drakenei* ("œuf de dragon") est largement salué.

Depuis/vers Bergen op Zoom

Bergen se trouve sur la ligne Amsterdam-Dordrecht-Vlissingen, un arrêt (10 min) à l'ouest de Roosendaal, où l'on peut prendre une correspondance pour Bréda (8 €, 30 min en tout), Tilburg (11,90 €, 50 min) ou Anvers (Belgique, 80 min). Le trajet Anvers-Bergen coûte 10-14,70 €, mais le plus économique consiste à gagner Roosendal (avec/sans OV-chipkaart 3,20/4,20 €) puis à régler le trajet Roosendaal-Anvers (7,60 €, carte bancaire uniquement, 48 min) à l'automate de la SNCB près de la boutique Kiosk, à la gare de Roosendaal.

Comprendre les Pays-Bas

Histoire

L'atmosphère paisible qui règne aux Pays-Bas ne laisse en rien deviner l'histoire tumultueuse de ce pays. Avidité, convoitise et guerres marquent, en effet, un passé ponctué de fortunes et d'avanies. Conquérantes en leur temps, les provinces néerlandaises furent également envahies à leur tour. La société née de ce parcours accidenté accorde désormais une grande importance aux droits humains, à la tolérance et au consensus.

Les invasions

Les premiers envahisseurs des Pays-Bas actuels dont l'histoire a gardé trace furent les Romains, qui, sous Jules César, conquirent une vaste région le long du Rhin et de ses affluents, vers l'an 59 av. J.-C. Les tribus celtes et germaniques se firent à cette domination et Utrecht devint un avant-poste principal de l'Empire.

Alors que le pouvoir romain commençait à s'affaiblir, les Francs, membres d'une confédération de tribus germaniques, s'imposèrent par la force. À la fin du VIIIe siècle, ils avaient achevé leur conquête des Pays-Bas et commencé à convertir la population locale au christianisme, sous la contrainte si nécessaire. Charlemagne connut le plus grand succès en la matière. Il fit construire un palais à Nimègue (Nijmegen), mais l'Empire carolingien perdit en influence après sa mort en 814.

Durant les deux siècles suivants, en butte aux incursions menées par les Vikings, qui remontaient les grands cours d'eau néerlandais, les chefs locaux bâtirent des villes fortifiées et établirent leur gouvernement et leurs lois.

Les seigneurs locaux, eux-mêmes sous suzeraineté germanique, acquirent de plus en plus de pouvoir. Lorsque deux d'entre eux se disputaient un territoire, les habitants de leurs villes féales respectives leur apportaient leur soutien, mais ce uniquement en échange de diverses libertés et concessions, lesquelles se trouvaient à mesure inscrites dans des chartes. Dès le début du XIIe siècle, les villes néerlandaises possédant un accès à la mer, comme Deventer

CHRONOLOGIE

3000-2000 av. J.-C.

Les habitants de l'actuelle province de Drenthe enterrent leurs morts sous des blocs mégalithiques appelés *hunebedden*, et ce bien avant les monuments de Stonehenge.

59 av. J.-C.

Les Romains étendent leur empire à ce qui est aujourd'hui les Pays-Bas. Durant les quatre siècles qui suivent, ils construisent des villes, des fermes et des routes.

800

Le christianisme est imposé par la force aux Pays-Bas pour remplacer diverses croyances germaniques. À Nimègue, Charlemagne érige une église, dont certaines parties subsistent.

et Zwolle, rejoignirent la Ligue hanséatique (un groupe de puissantes villes marchandes situées dans l'Allemagne actuelle, lequel comprenait Hambourg et Rostock). Mais ces petits seigneurs, aussi nombreux que désunis, ne purent empêcher les ducs de Bourgogne de s'emparer progressivement des Pays-Bas.

Le duc Philippe le Bon (fils de Jean sans Peur), qui régna de 1419 à 1467, appliqua une politique de fermeté à l'endroit des villes sous sa férule, notamment par le rejet des chartes. Si la liberté des communes pâtit de cette domination, elles acquérirent en contrepartie une relative stabilité, laquelle faisait cruellement défaut à la région au temps des querelles seigneuriales. Le XVe siècle marqua le début d'une période de grande prospérité pour les Pays-Bas, la première parmi les nombreuses qui suivirent. Parallèlement au développement du commerce hanséatique, les Néerlandais devinrent très compétents en matière de construction navale. Les marchands, eux, tiraient bénéfice de la vente de produits de luxe tels que tapisseries, vêtements ou peintures, et marchandises plus communes comme le hareng salé et la bière.

Les premiers résidents du territoire inondable de la Frise bâtirent leur maison sur des monticules de boue (appelés *terpen*) pour échapper aux fréquentes inondations.

La lutte pour l'indépendance

Fervent catholique, Philippe II d'Espagne avait hérité de son père, entre autres possessions, des Pays-Bas, à une époque où de la politique matrimoniale des princes dépendaient le contrôle et la cession de vastes pans de territoire européen. Le conflit avec ces nouveaux sujets de l'Empire des Habsbourg était devenu inévitable : la Réforme protestante s'était en effet répandue aux Pays-Bas, alimentée par les idées d'Érasme et les réformes initiées par Martin Luther. Du reste, avant l'arrivée des Espagnols, la situation avait atteint, en matière religieuse, un relatif point d'équilibre. Ainsi, les luthériens exerçaient-ils dans les premiers temps une forme de primat, sans que cela ne pénalise les plus petites églises. Or, lorsque le calvinisme s'imposa dans les Pays-Bas comme le principal concurrent de l'Église catholique romaine et, partant, du règne de Philippe II, le souverain décida de mettre un terme à son influence.

La situation s'envenima en 1566, quand les calvinistes puritains se lancèrent dans une opération de pillage, détruisant l'art et les icônes religieuses des églises catholiques. Aujourd'hui, l'intérieur vide des églises néerlandaises témoigne de ce saccage.

Ces exactions poussèrent Philippe II à agir. En 1568, le duc d'Albe fut choisi pour mener une armée de 10 000 hommes afin de réprimer l'agitation : des milliers de personnes furent tuées. La guerre de Quatre-Vingts Ans avait commencé.

1150-1300

Des barrages sont construits pour retenir le lac d'IJ, entre la Zuiderzee et Haarlem. Il s'agit de l'un des premiers efforts de la lutte acharnée contre les assauts de la mer.

1200

Les seigneurs régnant sur de nombreuses villes en bord de fleuve, l'ère des cités-États est en plein essor. Le commerce entre les villes, source de richesse, aide à prévenir les conflits.

1275

Amsterdam est fondée quand le comte de Hollande accorde un statut de résidents aux habitants des bords de l'Amstel. La cité obtient son premier accès direct à la mer via la Zuiderzee.

1287

La Zuiderzee est inondée lors d'une tempête et plus de 80 000 personnes périssent. Hormis dans quelques villes portuaires alentour, la mer est considérée comme une source d'inquiétudes.

Au début du XVIIe siècle, la Compagnie néerlandaise des Indes orientales inonda le marché de porcelaine à petit prix rapportée de Chine. Les Néerlandais créèrent alors ce que l'on appelle désormais la faïence de Delft. Aujourd'hui, la plupart des "faïences de Delft" sont des importations chinoises bon marché.

Le prince d'Orange, Guillaume le Taciturne, fut l'un des rares nobles à ne pas se ranger du côté de Philippe II et s'en retrouva à mener la révolte des Pays-Bas contre la Couronne espagnole. D'autres nobles néerlandais, satisfaits de la situation politique dans le pays, tentèrent de l'entraver. En 1572, Guillaume engagea une confédération de révoltés néerlandais pour combattre sa cause : les Watergeuzen (Gueux de la mer) remontèrent les cours d'eau néerlandais et prirent des villes telles que Leyde.

En 1579, les provinces majoritairement protestantes du Nord, les plus rebelles, formèrent l'Union d'Utrecht. Cette alliance, résolument antiespagnole, prit le nom de Provinces-Unies (les Pays-Bas actuels). Les régions du Sud demeurées largement catholiques et portées à davantage de compromis avec l'Espagne, formèrent ce qui deviendra plus tard la Belgique.

Toutefois, les combats se poursuivirent jusqu'au traité de Westphalie, lequel, signé en 1648, mit fin à la guerre de Trente Ans qui déchirait l'Europe et incluait la reconnaissance par l'Espagne de l'indépendance des Provinces-Unies.

Le Siècle d'or

Au cours des troubles des XVe et XVIe siècles, les cités marchandes de Hollande (notamment Amsterdam) avaient réussi à maintenir vivace le commerce. Elles excellaient d'ailleurs à tel point dans le domaine des affaires et de la navigation, que, même au point culminant de la rébellion, les Espagnols n'avaient d'autre choix que de recourir aux bateaux néerlandais pour transporter leurs marchandises. Avec l'arrivée de la paix, ces villes se mirent à prospérer. Cette période d'essor économique et d'accomplissements culturels, appelée le Siècle d'or, vit naître des chefs-d'œuvre artistiques et architecturaux qui suscitent encore aujourd'hui l'admiration.

En 1626, les Néerlandais "achetèrent" (un concept inconnu des tribus nord-américaines à l'époque) l'île de Manhattan aux Lenapes contre l'équivalent de 24 $US de perles.

La fortune de la classe commerçante aidait à financer de nombreux artistes, dont Jan Vermeer, Jan Steen, Frans Hals et Rembrandt. Si cette opulence engendra des excès tels que la "Tulipomanie" (voir encadré p. 305), les sciences ne furent pas en reste. Ainsi Christiaan Huygens, physicien et astronome néerlandais, découvrit-il les anneaux de Saturne et inventa-t-il l'horloge à pendule. Spinoza écrivit quant à lui une brillante thèse proclamant que l'Univers et Dieu formaient un tout ; et le Français Descartes, ayant goûté la liberté intellectuelle des Pays-Bas, y demeura quelque 20 ans.

La promesse du maintien de la tolérance au sein de l'Union d'Utrecht conduisit à une diversité religieuse peu commune à cette époque en Europe. Le calvinisme était la religion officielle du gouvernement, mais plusieurs autres cultes protestants, ainsi que

1419

La fin des puissantes cités-États est proche. Le duché de Bourgogne renforce son pouvoir en unifiant de riches villes commerçantes sous une seule férule. Les libertés pâtissent de la centralisation du pouvoir.

1452

Un incendie dévaste Amsterdam. Selon le nouveau code de construction, seules la brique et la pierre seront désormais utilisées. D'autres villes du pays prendront de semblables initiatives.

1519

Charles Quint est couronné saint empereur romain. Les traités et les mariages intègrent l'Amsterdam à l'Empire catholique espagnol. Les protestants sont tolérés en Hollande et dans le Nord-Est.

1555-1566

Philippe II d'Espagne sévit contre les protestants. Les guerres de Religion débutent et les calvinistes pillent les églises catholiques, emportant leurs ornements et leurs richesses.

LA TULIPOMANIE

En matière de frénésie spéculative, l'engouement pour la tulipe aux Pays-Bas, de 1636 à 1637, s'apparente à la bulle des mers du Sud de 1720, au krach boursier de 1929 et à la bulle Internet de la fin des années 1990 !

Au départ, les tulipes étaient des fleurs sauvages originaires d'Asie centrale, d'abord cultivées par les Turcs, qui en habillaient leurs cours au printemps ("tulipe" dérive du mot turc signifiant "turban"). Au milieu du XVIe siècle, l'ambassadeur des Habsbourg à Istanbul rapporta quelques bulbes à Vienne, où le botaniste impérial, Carolus Clusius, apprit à les multiplier. En 1590, Clusius devint directeur de l'Hortus Botanicus (p. 208) de Leyde – le plus ancien jardin botanique d'Europe – et réussit à cultiver et à croiser des tulipes grâce au climat frais et humide de la Hollande et au sol fertile du delta.

Les spécimens les plus exotiques étaient composés de pétales frangés zébrés de couleurs chaudes, qui attirèrent l'attention de riches commerçants. Ces derniers les installèrent dans leurs salons et vestibules pour impressionner les visiteurs. La prospérité économique alimentant le goût pour l'exotisme en général, les cultivateurs s'adaptèrent à la demande.

Une fièvre spéculative s'ensuivit, et les gens payaient des fortunes pour les plus jolis bulbes, lesquels changeaient souvent plusieurs fois de propriétaire avant d'éclore. D'importants profits furent réalisés et les spéculateurs s'entraînèrent dans la surenchère.

Évidemment, cela ne dura pas, et, quand plusieurs négociants en bulbes de Haarlem n'obtinrent pas les prix escomptés en février 1637, le marché s'effondra. En quelques semaines, de nombreux négociants parmi les plus riches firent faillite et un nombre encore plus élevé de personnes plus modestes perdirent tout.

Cependant, l'amour de la tulipe a perduré. Aujourd'hui, les Néerlandais en sont toujours les premiers cultivateurs du monde. Ils excellent également dans la culture de bulbes de jonquille, de jacinthe et de crocus.

La tulipe flamboyante aux pétales frangés est encore cultivée, mais passée de mode. On l'appelle tulipe Rembrandt, en raison de sa présence sur de nombreuses toiles du XVIIe siècle.

Pendant la période de floraison, admirez les fleurs des jardins du Keukenhof (p. 214) près de Leyde. Pour voir des fleurs en abondance, visitez le marché aux fleurs d'Aalsmeer (p. 128). Le livre *La Tulipomania, l'histoire d'une fleur qui valait plus cher qu'un Rembrandt* (JC Lattès, 2000), de Mike Dash, s'intéresse à l'étrange fièvre du bulbe qui balaya la nation au XVIIe siècle et se lit comme un roman.

juifs et catholiques, étaient autorisés à pratiquer leur culte. Toutefois, à la suite de conflits avec l'Espagne, les catholiques devaient prier en privé, ce qui entraîna la création d'églises clandestines. La plupart de ces singuliers édifices sont toujours debout.

1566-1568

Les Pays-Bas se révoltent contre la réduction de leurs libertés religieuses, point de départ de la guerre de Quatre-Vingts Ans. La première victoire néerlandaise, en Frise, est immortalisée par l'hymne national.

1579

À partir des villes récupérées par les Watergeuzen (Gueux de la mer) calvinistes, Guillaume le Taciturne crée une République néerlandaise constituée de sept provinces.

1596

Une expédition en Indonésie perd la moitié de son équipage, mais rapporte des marchandises. Début de la colonisation de l'archipel.

XVIIe siècle

Le Siècle d'or offre à Amsterdam une place dans le paysage culturel. Rembrandt peint dans son atelier et la ceinture de canaux intérieure se construit. La population de la ville atteint 200 000 habitants.

Les colonies néerlandaises

La richesse et l'avidité poussèrent les Néerlandais à découvrir de nouveaux horizons. La flotte marchande, connue sous le nom de Compagnie néerlandaise des Indes orientales, fut formée en 1602 et prit rapidement le monopole des routes commerciales et de navigation situées à l'est du cap de Bonne-Espérance et à l'ouest du détroit de Magellan, devenant la plus grande compagnie commerciale du XVIIe siècle. Presque aussi puissante qu'un État souverain, elle put former une armée et établir des colonies.

Les Archives nationales néerlandaises (www.nationaalarchief.nl) renferment près de mille ans de documents historiques, cartes, dessins et photos.

Une deuxième compagnies néerlandaises, celle des Indes occidentales, échangeait avec l'Afrique et les Amériques et fut au cœur même du commerce triangulaire, ou traite négrière. Les marins travaillant pour ces deux compagnies conquirent de vastes territoires, dont l'Australie-Occidentale et la Tasmanie, la Nouvelle-Zélande, la Malaisie, le Sri Lanka et l'île Maurice. Alors qu'il cherchait, pour le compte de la Compagnie néerlandaise des Indes orientales, le passage du Nord-Ouest, l'explorateur anglais, Henry Hudson, arriva en 1609 sur l'île de Manhattan que les colons néerlandais nommèrent la Nouvelle-Amsterdam.

En 1652, les Provinces-Unies entrèrent en guerre contre l'Angleterre, leur ancien allié, principalement au motif que cette dernière entendait mettre un frein à l'influence croissante de la flotte marchande néerlandaise. Les deux pays conclurent, chacun de son côté, diverses alliances avec l'Espagne, la France et la Suède. Au terme d'une série de traités, les Néerlandais cédèrent la Nouvelle-Amsterdam aux Anglais (qui la renommèrent aussitôt New York) en échange du Suriname, en Amérique du Sud, et du contrôle des îles aux épices d'Indonésie.

En 1672, l'armée française envahit le pays et ne rencontra qu'une résistance minime au sol, les Néerlandais ayant consacré la majeure partie de leurs ressources à la marine. Durant les décennies de conflits qui suivirent, les Néerlandais n'étaient plus en mesure de financer leurs aventures outre-mer. Les Anglais devinrent les maîtres des routes commerciales.

Si les Néerlandais réussirent à conserver les Indes orientales néerlandaises (actuelle Indonésie) ainsi que quelques territoires des Caraïbes, ils n'appliquèrent jamais une forme culturelle de colonialisme aussi appuyée que celle des Britanniques. De fait, dans l'Indonésie d'aujourd'hui, les traces de la domination néerlandaise sont rares.

Les Indes orientales néerlandaises déclarèrent leur autonomie en 1945. Puis, après quatre années de combats et de négociations âpres, l'indépendance de l'Indonésie fut reconnue fin 1949. Le Suriname est devenu indépendant en 1975. Quant aux Antilles néerlandaises, elles se sont dissoutes en tant que telles en 2010, mais aucune des îles qui les constituaient n'a rompu totalement le lien.

1602

Constitution de la Compagnie néerlandaise des Indes orientales, qui obtient le monopole du commerce avec les Indes.

1620

Les Pères pèlerins arrivent dans le Nouveau Monde (dans l'actuel Massachussets) à bord du *Mayflower*. Leur périple avait commencé tant bien que mal à Leyde aux Pays-Bas.

1642

Rembrandt peint *La Ronde de nuit*. Nombre des soldats, qui avaient payé pour figurer sur le tableau, furent mécontents d'avoir été relégués en arrière-plan.

1664

Les Britanniques s'emparent de la Nouvelle-Amsterdam (actuelle New York).

La fondation des Pays-Bas actuels

Les guerres contre la France mirent les Néerlandais en mauvaise posture au XVIIIe siècle. Dictées par la nécessité, les allégeances néerlandaises changeantes à l'endroit des Anglais, des Espagnols et de divers États germaniques contribuèrent à retenir les Français. Mais cette politique d'improvisation se révéla aussi coûteuse que préjudiciable et les liens qui unissaient les Provinces-Unies se délitèrent, initiant un lent mais sûr déclin. La population diminua au rythme de l'amoindrissement des fortunes et les digues commencèrent à s'abîmer sérieusement, faute de fonds pour les entretenir, ce qui se solda par une recrudescence d'inondations. Le Siècle d'or était bel et bien terminé.

Une série d'antagonismes entre la maison d'Orange-Nassau et ses opposants démocratiques conduisit à une guerre civile en 1785. La situation atteignit son paroxysme quand Napoléon renomma le territoire "royaume de Hollande" et y établit son frère, Louis Bonaparte, roi en 1806. Il fallut la débâcle de l'Empereur en Russie pour que les Néerlandais puissent désigner leur propre souverain. C'est ainsi que le prince Guillaume VI arriva à Scheveningen en 1813 et fut nommé prince souverain des Pays-Bas ; l'année suivante, il fut couronné roi sous le nom de Guillaume Ier, instaurant une monarchie qui perdure encore aujourd'hui.

Le royaume uni des Pays-Bas – Pays-Bas au nord, Belgique au sud – fut formé en 1815. Dès le départ, cette association était toutefois vouée à l'échec. Ses partenaires présentaient de grandes divergences : leur religion dominante (calvinisme et catholicisme), leur langue (néerlandais et français) et leurs modèles économiques respectifs (commerce et industrie). Guillaume Ier n'arrangeait rien en prenant généralement le parti de ses sujets du Nord.

En 1830, les États du Sud se révoltèrent, et, neuf ans plus tard, Guillaume Ier dut se séparer du Sud. En échange de la reconnaissance de la Belgique, il obtint le retour de la partie orientale du Limbourg, et put ainsi réunifier Maastricht, mettant fin à neuf années d'enclave néerlandaise en territoire belge. Un an plus tard, il abdiqua pour épouser – ô divine surprise ! – une Belge catholique.

Son fils, le roi Guillaume II, accorda une Constitution plus libérale au peuple des Pays-Bas en 1848. Marquée d'esprit démocratique, celle-ci mit la monarchie au service du gouvernement élu. Ce document est tenu pour être à l'origine du mode de fonctionnement de l'actuel État néerlandais. Leur rôle sur la scène internationale désormais marginal, les Pays-Bas occupèrent une place réduite dans les affaires européennes et se concentrèrent sur la politique intérieure. Le pays se garda de

Le *Hollandais volant* est un vaisseau fantôme mythique du XVIIe siècle, condamné à voguer pour toujours sans jamais rentrer. La légende possède de multiples variantes, dont l'une a été reprise dans la saga cinématographique *Pirates des Caraïbes*.

Deux films (à voir en anglais) traitent de la résistance néerlandaise pendant la Seconde Guerre mondiale : dans *Oorlogswinter* (*Winter in Wartime*, 2008), la loyauté d'un garçon est mise à l'épreuve lorsqu'il aide la résistance à protéger un pilote britannique, tandis que *Zwartboek* (*Black Book*, 2006) explore certains des aspects les moins héroïques de la résistance.

1795

Les troupes françaises instaurent la République batave, du nom d'un peuple jadis rebelle à la domination romaine. Auparavant fragmentées, les Provinces-Unies deviennent un État centralisé.

1813-1814

Les Français sont renversés, et Guillaume VI d'Orange est couronné roi sous le nom de Guillaume Ier. Le Nord protestant et le Sud catholique s'unissent pour former le royaume des Belgiques.

1830

Avec l'aide des Français, les provinces du Sud font sécession pour former l'actuel royaume de Belgique. Les provinces du Nord forment les Pays-Bas actuels.

1865-1876

Période de mutation économique et sociale rapide. On creuse le canal de la mer du Nord, on agrandit le réseau ferré et des principes socialistes sont appliqués aux méthodes de gouvernement.

1

MARC VENEMA/SHUTTERSTOCK ©

2

1. Université de Leyde (p. 207)
La plus ancienne université des Pays-Bas.

2. Le roi des Pays-Bas, Willem Alexander (p. 252)
Le roi Willem-Alexander en fonction depuis 2013.

3. Statue de Rembrandt (p. 253)
L'un des plus grands peintres néerlandais.

4. Port de Rotterdam (p. 173)
Le premier port d'Europe.

4

ARTONO/SHUTTERSTOCK ©

participer à la Première Guerre mondiale, et maintint le commerce avec les deux camps.

Dans les années 1920, l'accroissement de la richesse de la classe moyenne entraîna une poussée de libéralisme. Les Pays-Bas se lancèrent alors dans des programmes sociaux innovants, portant sur la réduction de la pauvreté, les droits des femmes et des enfants, et l'éducation. Rotterdam devint l'un des principaux ports d'Europe et le grand projet d'assèchement de la Zuiderzee débuta en 1932.

LES JUIFS NÉERLANDAIS

L'histoire des juifs en Europe fut marquée par la répression, la persécution et la haine. Au Pays-Bas, le peuple pu afficher sa religion et participa à la prospérité du pays, du moins jusqu'à l'occupation nazie.

Amsterdam est le centre de l'histoire juive des Pays-Bas, et les juifs ont joué un rôle majeur dans le développement de la ville au fil des siècles. La première preuve documentée de leur présence dans la ville remonte au XIIe siècle, mais les chiffres commencèrent à gonfler dans les années 1580 avec l'expulsion des juifs séfarades d'Espagne et du Portugal.

Comme presque partout en Europe, les guildes excluaient les nouveaux venus de la plupart des commerces. Si certains des Séfarades étaient des tailleurs de diamants, pour lesquels il n'existait aucune guilde, la majorité d'entre eux gagnaient durement leur vie comme manœuvres et petits négociants en marge de la société. Ils n'étaient toutefois pas confinés dans un ghetto et, malgré quelques restrictions, pouvaient acquérir un logement et pratiquer leur religion – des libertés inhabituelles en Europe.

Le XVIIe siècle vit arriver un nouvel afflux de réfugiés juifs, ashkénazes cette fois, fuyant les pogroms de l'Europe centrale et de l'Est. Les deux groupes ne s'accordaient pas et des synagogues séparées furent bâties, faisant d'Amsterdam l'un des plus importants centres juifs d'Europe.

Les guildes et toutes les restrictions concernant les juifs furent abolies sous l'occupation française, et la communauté juive prospéra au cours du XIXe siècle. La pauvreté restait considérable, mais l'émancipation économique, sociale et politique des juifs permit à la classe moyenne de s'élever dans la société.

Tout cela prit fin avec l'occupation allemande des Pays-Bas. Les nazis annihilèrent presque totalement la communauté juive néerlandaise. Avant la Seconde Guerre mondiale, le pays comptait 140 000 juifs, dont environ deux tiers vivaient à Amsterdam. Moins de 25 000 survécurent à la guerre, et le quartier juif d'Amsterdam devint une ville fantôme. De nombreuses maisons restèrent abandonnées jusqu'à leur démolition dans les années 1970, et seule une poignée de synagogues à travers le pays reprirent leur fonction de lieu de culte.

On estime que la population juive des Pays-Bas compte quelque 50 000 âmes, et que la plus grande communauté vit à Amsterdam.

1914-1920

Les Pays-Bas restent neutres pendant la Première Guerre mondiale. Les pénuries alimentaires qui paralysent le pays entraînent des grèves, et valent au Parti communiste un soutien croissant.

1919

KLM s'approprie la voie des airs, avec un vol reliant Londres à Amsterdam. La ligne aérienne est la plus ancienne opérant toujours sous son nom d'origine.

1932

Après des siècles de construction de digues et d'inondations, les travaux de la Zuiderzee débutent, stimulés par la tempête meurtrière de 1916. Construction de l'immense digue de l'Afsluitdijk.

1939

Les Néerlandais font de Westerbork un camp de détention pour les réfugiés juifs. Quelque 107 000 juifs transiteront par ce lieu reculé avant d'être déportés dans les camps de la mort nazis.

Seconde Guerre mondiale

Les Pays-Bas tentèrent de rester neutres lors de la Seconde Guerre mondiale, mais furent envahis par les Allemands en mai 1940. Ces derniers détruisirent une grande partie du centre de Rotterdam au cours d'une attaque destinée à pousser les Néerlandais à la reddition. Ce qu'ils firent.

La reine Wilhelmine se révolta publiquement et s'enfuit avec sa famille en Angleterre. La souveraine, qui s'était efforcée de maintenir la neutralité du pays lors de la Première Guerre mondiale, prend les rênes du pays et anime les quelques foyers de résistance néerlandais via la BBC et Radio Oranje. Les Allemands mirent l'industrie et les fermes néerlandaises à contribution pour leur effort de guerre et le peuple subit de grandes privations. D'abord passive, la Résistance néerlandaise se structura lorsque des milliers d'hommes eurent été envoyés comme main-d'œuvre forcée en Allemagne. Un sort pire encore attendait les juifs du pays.

L'"hiver de la faim" de 1944-1945 fut une période de profond désespoir. L'opération Market Garden menée par les Britanniques s'étant soldée par un échec, les Alliés avaient marqué le pas. Les Allemands accrurent le pillage des ressources néerlandaises, y compris au plan alimentaire, ce qui conduisit à une famine générale. En mai 1945, le supplice prit fin lorsque les troupes canadiennes libérèrent le pays.

Après la guerre, les Pays-Bas restèrent ébranlés sur les plans économique et spirituel. Les procès de criminels de guerre s'ouvrirent, et 66 000 personnes furent reconnues coupables de collaboration avec les nazis (900 furent condamnées à mort). Cependant, le nombre de collaborateurs était bien plus élevé et nombre d'entre eux – comme celui, ou ceux, qui dénoncèrent la famille d'Anne Frank – ne furent jamais jugés. À l'inverse, de nombreux Néerlandais ont risqué leur vie pour aider des juifs pendant la guerre.

Prospérité et stabilité

Les Néerlandais se rassemblèrent pour se concentrer sur leur pays à la suite des privations matérielles et au traumatisme de la Seconde Guerre mondiale. Au cours des années 1950, un pays prospère commençait à renaître des décombres. Après la désastreuse inondation en Zélande et dans le sud du pays en 1953, une campagne de 40 ans fut lancée afin de remodeler totalement le territoire et de maintenir la mer à distance.

Les bouleversements sociaux qui balayaient le monde dans les années 1960 n'épargnèrent pas les Pays-Bas. Étudiants, groupes travaillistes et hippies descendaient dans les rues en signe de protestation.

Musées de la Seconde Guerre mondiale

Musée de la Guerre et de la Résistance : 1940-1945 NU (Rotterdam), p. 174

Airborne Museum Hartenstein (Oosterbeek), p. 277

Musée de la Libération nationale de 1944-1945 (Groesbeek), p. 273

Sites juifs historiques

Maison d'Anne Frank (Amsterdam), p. 60

Joods Historisch Museum (Amsterdam), p. 56

Camp de Westerbork (près de Groningue), p. 254

1940

L'Allemagne envahit les Pays-Bas. Rotterdam est détruite, mais Amsterdam subit peu de dégâts avant de capituler. La reine Wilhelmine établit un gouvernement néerlandais en exil à Londres.

1944-1945

Les Alliés libèrent le sud des Pays-Bas, mais le Nord et l'Ouest sont coupés de l'approvisionnement en vivres. L'opération Market Garden échoue et des milliers de gens périssent pendant le triste "hiver de la faim".

1946

La Cour pénale internationale des Nations unies s'établissant à La Haye (Den Haag), le siège du gouvernement néerlandais fait régulièrement la une des journaux depuis lors.

1958

Lancement du Plan Delta suite aux inondations en Zélande de 1953, faisant de nombreuses victimes et à l'origine de graves destructions. De vastes projets de construction s'étalent sur 40 ans.

LES ANTILLES NÉERLANDAISES

Le royaume des Pays-Bas a encore rétréci avec la dissolution des Antilles néerlandaises. Ce groupe d'îles associé au Pays-Bas, situé dans la mer des Caraïbes au large des côtes du Venezuela et à l'est de Porto Rico, était devenu une fédération en 1954 (comme successeur de la colonie de Curaçao et de ses dépendances), mais loin de se définir comme Néerlandais, les îliens se sont toujours considérés avant tout comme habitants de leur île.

Aruba est partie la première en 1986, et la fédération des Antilles néerlandaises s'est dissoute en 2010. Si toutes les îles qui appartenaient aux Antilles néerlandaises font toujours partie du royaume des Pays-Bas, le statut de chaque île varie. Après la dissolution, Curaçao et Saint-Martin sont devenues des nations autonomes au sein du royaume, à l'instar d'Aruba, qui économise ainsi beaucoup sur les services et organisations : ambassades, armée, etc.

Quant à Bonaire, Saint-Eustache et Saba (appelées les îles BES), elles ont acquis un statut particulier de communes néerlandaises – et constituent aujourd'hui autant de destinations prisés des touristes néerlandais.

L'un des groupes les plus agités se fit appeler Provo. Durant les années 1960 et 1970, Amsterdam devint le *magisch centrum* (centre magique) de l'Europe, où les adeptes des courants de contre-culture affluaient. Une pénurie de logements poussa les spéculateurs à abandonner les bâtiments, et les squats se multiplièrent. Les autorités firent du Vondelpark un dortoir à ciel ouvert.

La tolérance envers la drogue et l'homosexualité émergea aussi à cette époque. La politique du pays en matière de drogue s'imposa pour des raisons pratiques, quand l'afflux de hippies à Amsterdam eut rendu les contrôles de stupéfiants quasi impossibles. Les gouvernements successifs manifestèrent par ailleurs un soutien croissant aux homosexuels et, en 2001, cette nation devint la première au monde à en légaliser le mariage.

John Lennon et Yoko Ono ont occupé le Hilton d'Amsterdam pendant une semaine en 1969 et invité des journalistes à les rejoindre, pour appeler le monde à faire la paix.

Au plan économique, les Pays-Bas ont prospéré au fil des décennies, ce qui s'est accompagné du développement, dès la fin des années 1980, d'une société reposant largement sur la classe moyenne.

Tous les gouvernements depuis 1945 relèvent de coalitions, constituées de partis opposés principalement sur les questions de politiques économiques. Toutefois, ces alliances demeurent le fait de simple circonstance, et varient en fonction du climat politique. Or, si la tension entre diverses couleurs politiques et principes n'avait jamais constitué un problème aux Pays-Bas, les meurtres de Pim Fortuyn et Theo van Gogh (voir plus bas) au début des années 2000 ont suscité beaucoup d'émotions et instillé la peur chez certains.

Années 1960

L'agitation sociale conduit à la création de Provo, un mouvement contestataire. L'occupation d'édifices vides (squats) se généralise. La culture néerlandaise conservatrice est remise en cause.

1974

L'équipe nationale de football arrive en deuxième place de la Coupe du monde. Après un résultat similaire en 1978 et 2010, elle détient le record du nombre de finales disputées sans la remporter.

1980

L'investiture de la reine Beatrix est interrompue par des fumigènes et une émeute sur le Dam. Actes d'incivilité et de pillages deviennent courants dans le pays.

2001

Les Pays-Bas sont le premier pays au monde à légaliser le mariage entre personnes du même sexe. Dans les années qui suivent, la Belgique, l'Espagne, le Canada et l'Afrique du Sud suivent la même voie.

Les Provos Provocateurs

Les années 1960 furent une période propice à l'activité contestataire liée au mécontentement, et, aux Pays-Bas, ce mouvement alternatif conduisit à la formation du groupe Provo. Formé d'individus anarchistes, il organisait des "happenings" dans la rue, et notamment des provocations (d'où leur nom) créatives et amusantes autour de la statue du Lieverdje (Petit Choucou) sur la place de Spui, à Amsterdam.

En 1962, Robert Jasper Grootveld, un laveur de vitres amstellodamois, autoproclamé magicien, se mit à détourner des panneaux publicitaires pour les cigarettes en inscrivant une grande lettre "K" pour *kanker* (cancer) afin de dénoncer le rôle de la publicité dans la société de consommation. Accoutré en médecin, il organisait des réunions dans son garage et s'insurgeait contre le tabagisme. Le mouvement prit de l'ampleur.

Le groupe gagna une notoriété internationale en mars 1966 lorsqu'il vint troubler le mariage de la princesse (future reine) Beatrix et de l'Allemand Claus von Amsberg. Les protestataires huèrent le cortège nuptial qui se déplaçait dans Amsterdam.

Cette même année, les Provos eurent suffisamment de soutien pour remporter un siège au conseil municipal d'Amsterdam. Leurs programmes environnementaux et sociaux (comme celui qui consistait à fournir gratuitement un vélo à chacun) se révélèrent difficiles à appliquer et le mouvement se désagrégea dans les années 1970, alors même que certaines de ses politiques sociales commençaient à être mises en œuvre.

Politique récente

Les Pays-Bas sont réputés pour leur esprit de tolérance. Toutefois, cette qualité a été menacée lorsqu'en 2010, les Néerlandais ont amorcé un net virage à droite. Le gouvernement de coalition formé cette année-là composait avec Geert Wilders, chef du Parti pour la liberté (PVV), un mouvement d'extrême droite intransigeant envers les immigrants vivant aux Pays-Bas. Le Premier ministre Mark Rutte, membre du Parti populaire libéral et démocrate (VVD), a en outre fait un certain nombre de propositions marquant une rupture radicale avec les politiques jusqu'alors centristes du pays : affaiblissement des réglementations environnementales, amputation des subventions aux arts et à la culture, et décision restrictive sonnant pratiquement le glas des *coffee shops* vendant du cannabis dans le pays. Enfin, l'engagement jusqu'ici inébranlable des Pays-Bas dans l'Union européenne a fait l'objet d'un débat public.

Le roi Willem-Alexander et sa femme, la reine Máxima, ont trois filles : Catharina-Amalia (la princesse d'Orange), Alexia et Ariane.

2002

Le leader politique Pim Fortuyn, intransigeant sur les questions d'immigration et d'intégration, est assassiné. Virage à droite pour les partis au pouvoir qui ont subi de larges pertes aux élections législatives.

2004

L'assassinat de Theo van Gogh, réalisateur controversé et critique envers l'islam, déclenche un débat sur les limites du multiculturalisme et la nécessité pour les immigrés d'adopter les valeurs néerlandaises.

2008

Amsterdam annonce un programme visant à nettoyer le quartier Rouge et à fermer les *coffee shops*. D'autres villes lui emboîtent le pas, fermant les smartshops qui vendent les champignons hallucinogènes.

2010

Des membres du gouvernement présentent leurs excuses officielles à la communauté juive pour les défaillances de l'État néerlandais durant l'Holocauste.

UNE FAMILLE (ROYALE) ORDINAIRE

Au pouvoir depuis deux siècles, la maison d'Orange-Nassau remonte au XVIe siècle. Contrairement à la famille royale britannique, celle des Pays-Bas est plutôt discrète et se révèle d'un intérêt limité pour les éditeurs de tabloïds et la presse à scandales. Le personnage sans doute le plus remarquable de cette dynastie fut la reine Wilhelmine (1880-1962), qui s'inspira de la reine Victoria et envisagea sa fonction comme celle d'un général. Même si certains lui reprochèrent d'avoir fui les Allemands lors de la Seconde Guerre mondiale, elle mérita par la suite des éloges pour son loyal soutien envers ses sujets.

Pendant les années d'après-guerre, la famille royale veillait sur ses sujets de façon bienveillante et réservée (sans pouvoir réel au sein du gouvernement néerlandais), à l'exception du prince Bernhard, qui fut impliqué dans un scandale de corruption durant les années 1970 avec l'avionneur américain Lockheed. La reine Beatrix (née en 1938) a abdiqué en 2013 en faveur de son fils, Willem-Alexander, mettant fin à un siècle de règne féminin. Le roi, père de trois filles, est monté sur le trône avec son épouse, Máxima Zorreguieta, née en Argentine d'un père ministre sous la dictature du général Videla.

Bien que le rôle du père de Máxima laisse certains sceptiques, la reine est très appréciée pour son travail sur les questions d'immigration et son soutien pour les droits des homosexuels. Malgré son classement parmi les plus riches d'Europe, la famille royale renvoie une image plutôt modeste. Beatrix avait l'habitude de se déplacer à vélo à La Haye. Les Néerlandais trinquent et portent fièrement la couleur nationale lors du Koningsdag (fête du Roi).

Le site officiel de la famille royale néerlandaise (www.koninklijkhuis.nl, en français) propose des mini-biographies et des visites virtuelles des palais, ainsi que des actualités.

Mais, avant que des élections anticipées ne soient organisées en septembre 2012, la politique néerlandaise semblait se tourner à nouveau vers le centre. Le parti de Wilders passa de 24 à 15 sièges au Parlement, et le Parti libéral de centre-droit de Rutte dut composer avec le Parti travailliste (dirigé par un ancien militant de Greenpeace) pour former, après 49 jours de négociation, un gouvernement de coalition. Rutte retrouva son poste de Premier ministre.

En 2016, Wilders a été jugé par un tribunal néerlandais pour des propos qu'il a tenus en 2014, promettant de réduire le nombre de résidents marocains aux Pays-Bas. S'il a été reconnu coupable d'incitation à la discrimination, aucune sanction n'a été retenue.

Plus récemment, les Pays-Bas ont ouvert leurs portes à des réfugiés de guerre, notamment syriens. En 2015, le gouvernement s'est engagé à accueillir 7 000 demandeurs d'asile, sur les 120 000 en Europe, pour une période de deux ans. Ceux-ci sont hébergés dans des camps de réfugiés temporaires et d'anciennes prisons.

2013

Après 33 ans de règne, la reine Beatrix abdique en faveur de son fils aîné, Willem-Alexander, qui devient le premier roi des Pays-Bas depuis 123 ans.

2014

Un avion de la Malaysia Airlines reliant Amsterdam à Kuala Lumpur, touché par un missile, s'écrase en Ukraine. Les Pays-Bas accusent les rebelles pro-russes. Le crash fait 298 victimes, dont 193 Néerlandais.

2017

Le plus ancien *coffee shop* d'Amsterdam, le Mellow Yellow, ferme après 50 ans d'existence suite à une loi de 2014 interdisant la présence d'un *coffee shop* à moins de 250 m d'une école primaire.

2018

Femke Halsema, présidente d'un groupe parlementaire écologiste de gauche née à Haarlem, est la première femme maire d'Amsterdam.

Lors des élections néerlandaises de mars 2017, le parti de Rutte a remporté un succès décisif, même s'il a perdu des sièges et que Wilders en a gagné quatre (ce qui plaçait son parti en deuxième position à la Chambre basse). Les dirigeants de l'UE se sont réjouis de cette victoire sur l'extrémisme.

En 2019, les Pays-Bas ont raflé le Concours de l'Eurovision et le pays a trépigné d'impatience à l'idée l'organiser cet événement à Rotterdam en 2020. Toutefois, la pandémie de Covid-19 qui a débuté en Europe début 2020 a entraîné des restrictions sévères et des confinements : les festivités ont été repoussées à 2021.

Suite à un scandale concernant les aides sociales (de nombreuses familles ont été accusées à tort de fraude), le gouvernement de Rutte a été contraint de démissionner en janvier 2021. Rutte est resté au pouvoir par le biais des élections organisées en mars 2021. Son parti ayant gagné des sièges (tandis que celui de Wilders en perdait et redescendait à la troisième place), Rutte a été en mesure de former un nouveau gouvernement de coalition.

En tant que Premier ministre, Rutte a dénoncé en juillet 2021 le meurtre du journaliste spécialiste des affaires criminelles Peter R. de Vries, une attaque de la liberté de la presse qui a choqué la nation entière. Par ailleurs, Rutte a insisté sur la responsabilité du changement climatique lors des inondations dévastatrices de 2021 en Europe, qui ont fortement touché les Pays-Bas.

La pandémie de Covid-19 a aussi été une occasion de revoir complètement la politique touristique. La maire d'Amsterdam, Femke Halsema, prévoit d'interdire la vente de cannabis aux touristes étrangers dans les coffee-shops, de limiter les locations de vacances de style Airbnb et de déplacer les maisons closes du quartier Rouge en périphérie de la capitale, afin d'encourager un tourisme plus respectueux et culturel.

2018

En avril, La Haye est la première ville des Pays-Bas à interdire la vente de cannabis dans son centre-ville.

2019

Le 27 février, le gouvernement néerlandais achève son opération de rachat de parts (totalisant 14%) du groupe KLM-Air France, à la stupéfaction de l'État français, qui en détient 14,3%.

2019

Le 20 mars, la coalition du Premier ministre Mark Rutte perd sa majorité à la chambre haute du Parlement à l'issue d'élections provinciales qui ont vu une forte poussée des populistes euro-sceptiques.

2021

Malgré le scandale des allocations familiales, le parti du premier ministre Mark Rutte remporte les élections. La ville d'Amsterdam redéfinit sa politique touristique en raison de la pandémie de Covid-19.

La société néerlandaise

Les Pays-Bas sont une nation d'entrepreneurs, fait avéré aussi bien en matière de navigation et d'exploration passées, que de négoce, d'art, de design et d'ingénierie. Les grands travaux menés au fil des siècles ont complètement modelé le territoire, et d'immenses étendues de terre ont pu être gagnées sur la mer. Cependant, l'esprit néerlandais n'est pas acquis au seul travail, et la camaraderie, l'ouverture d'esprit et l'art de la conversation y tiennent également une large place.

Tolérance

Le don des Néerlandais pour l'élaboration de structures se retrouve dans leur conception de la société. Ce peuple a inventé la *verzuiling* (pilarisation), un ordre social dans lequel chaque religion ou courant politique bénéficie d'une existence et d'institutions propres. En résulte une grande diversité religieuse. Mais on le constate également avec la création de stations de radio, de journaux, de partis politiques, de clubs de sport, etc. pour chaque courant. Ce concept de "niches" (qui a même été jusqu'à des boulangeries "pilarisées") a facilité l'harmonie sociale en garantissant à tout un chacun une liberté d'expression.

Les "piliers" s'estompent quelque peu, de nos jours, mais il en reste un esprit de tolérance (véritable constante de la société néerlandaise) qui se révèle propice aux affaires, en particulier lorsqu'il s'agit du tourisme et du commerce. C'est aussi le cas de la fameuse *gezelligheid* (convivialité), cette familiarité presque innée qui rend les Néerlandais si sociables. Un client assis seul dans un bar se retrouvera bien vite entouré de nouveaux et joyeux convives. Et, si les habitants peuvent parfois se montrer abrupts, cela s'explique par leur désir d'être directs et sincères.

Mode de vie

Beaucoup de Néerlandais ont des vies bien remplies et bien organisées qu'ils mènent en toute indépendance. Ici, on ne se présentera jamais à l'improviste quelque part, y compris chez de proches parents. Dans les communautés rurales, souvent plus détendues, les *noabers* (voisins) jouent un rôle essentiel dans le quotidien. Le "*Noaberschap*" est une notion propre à la région de la Twente et aux provinces rurales d'Overijssel et de la Drenthe dans le nord-est reculé du pays, laquelle consiste à aider volontiers son voisin dans toutes sortes de tâches.

Le merveilleux verbe néerlandais *uitwaaien* (prononcez *out-vwy-ehn*), qui n'a pas d'équivalent français, signifie en substance "s'éclaircir les idées en allant marcher en plein vent".

La plupart des ménages néerlandais comptent deux ou trois enfants. Le parc de logement social est très étendu : si quelque 31% des ménages vivent en location, seuls quelques-uns louent à des bailleurs privés. Du reste, les loyers du privé sont assez élevés et la demande excède l'offre. Les jeunes adultes restent donc souvent au domicile des parents bien après l'âge de 20 ans, ou optent pour la colocation. Les loyers sont, bien sûr, plus élevés à Amsterdam, où un appartement de 65 m^2 coûte environ 1 500 € par mois, soit près de 22,8 € le mètre carré, contre 19,4 € à Rotterdam, 15,8 € à La Haye et à peine moins de 9 € dans la Frise.

Le salaire mensuel moyen est ici de 2 816 € (36 500 €/an) – un revenu par habitant supérieur à celui des Français ainsi que des

Allemands. Par ailleurs, la consommation est soutenue, notamment en matière de voyages d'agrément.

Prostitution et drogue

Pragmatiques, les Néerlandais considèrent que dans la mesure où un vice ne peut disparaître, il y a tout intérêt à le contrôler. S'ils discutent librement de sexualité, la promiscuité sexuelle, elle, n'est pas de mise. Seuls 5% environ des clients du quartier Rouge d'Amsterdam sont néerlandais.

De même, la marijuana et le haschich restent tolérés. Toutefois, seule une petite fraction de la population fume : des études montrent que 7% des Néerlandais avaient fumé de la marijuana l'année précédant l'enquête, soit moins que la moyenne en France (11,1%), aux États-Unis (16,3%) ou en Australie (10,2%), où la législation est beaucoup plus stricte. Les drogues dures (héroïne, LSD, cocaïne, ecstasy) sont quant à elles interdites, et les trafiquants sous le coup de la loi.

Aux Pays-Bas, de nombreuses maisons possèdent un mât dans leur jardin pour hisser le drapeau néerlandais les jours de fête nationale. Pour l'Uitslagdag, mi-juin, des sacs de classe sont accrochés aux mâts pour célébrer la fin des examens universitaires.

Population

Ce pays est le plus densément peuplé d'Europe avec 507 habitants au kilomètre carré. Près de la moitié de ses 17 millions d'âmes vit à l'ouest dans un périmètre autour d'Amsterdam, de La Haye et de Rotterdam. Les provinces de Drenthe, d'Overijssel et, au sud-ouest, de Zélande, présentent une faible densité de population, à tout le moins à l'aune des Pays-Bas.

Près de 80% de la population ont des origines néerlandaises. Les 20% restants sont principalement originaires des anciennes colonies (Indonésie, Suriname et Antilles néerlandaises) et, plus récemment, de personnes venues de Turquie, du Maroc et de toute l'Afrique.

Les plus grands du monde

Les Néerlandais sont les personnes les plus grandes au monde par la taille avec, selon les statistiques, une moyenne de 1,83 m pour les hommes et 1,71 m pour les femmes. La consommation importante de protéines de lait et la qualité des soins prénataux figurent parmi les raisons avancées. Quoi qu'il en soit, les Néerlandais continuent de grandir si bien qu'aujourd'hui, la hauteur des portes des maisons et bureaux nouvellement construits est fixée à au moins 2,315 m.

Religion

Des siècles durant, la société néerlandaise a été divisée entre les deux principales religions du monde occidental. Un Néerlandais était forcément catholique ou protestant. Aujourd'hui, 67% des plus de 18 ans déclarent n'avoir aucune attache religieuse et le nombre d'anciennes églises reconverties en bureaux, en galeries d'art et en boutiques témoigne de cette évolution.

La foi faiblit : 12% de la population se dit catholique et 8% protestante et ce pourcentage diminue chaque année. La frontière religieuse entre protestantisme et catholicisme subsiste néanmoins. La région située au nord d'une ligne allant approximativement de la province de la Zélande au sud-ouest à la province de Drenthe accueille la majorité des protestants, tandis que tout le Sud est à prédominance catholique.

L'Église n'exerce que peu ou pas d'influence sur les questions de société comme le mariage homosexuel, l'euthanasie et la prescription de cannabis à visée thérapeutique, tous trois légalisés aux Pays-Bas.

L'islam est la dernière religion ayant un grand impact sur la société néerlandaise. Quelque 6% de la population se déclare musulmane, un chiffre en augmentation constante, en particulier dans la ville multiculturelle de Rotterdam.

Un nombre croissant de décès chez les Néerlandais résulte de la pratique de l'euthanasie (quelque 7 000 décès en 2017 contre 4 829 en 2014). La pratique est très contrôlée et est effectuée par les médecins sur demande des patients.

Multiculturalisme

Les Pays-Bas ont une longue tradition de tolérance en matière d'immigration et la réputation d'accueillir les arrivants à bras ouverts. La plus grosse vague d'immigration date des années 1960 lorsque le gouvernement fit massivement appel à des travailleurs turcs et marocains pour combler un déficit en main-d'œuvre. En 1975, l'accès à l'indépendance du Suriname, une colonie néerlandaise d'Amérique du Sud, se traduisit par un afflux de Surinamiens.

Ces dernières années cependant, la politique de tolérance néerlandaise envers les immigrés a été remise en question. On a assisté à un virage politique à droite et, par conséquent, à une volonté de fermer les frontières aux immigrés. Les assassinats de Pim Fortuyn et de Theo Van Gogh ont entraîné un regain de tensions entre la population néerlandaise de souche et les immigrés musulmans ainsi que la montée en puissance d'hommes politiques d'extrême droite tel Geert Wilders. Toutefois, lorsque Wilders tenta de susciter la polémique après que l'ancienne reine Beatrix s'est couvert la tête d'un foulard pour visiter une mosquée à Oman, la population a majoritairement soutenu sa souveraine.

Il n'en demeure pas moins que la difficulté d'intégration des immigrés dans la société néerlandaise suscite une certaine forme d'inquiétude. Le gouvernement encourage fortement les nouveaux arrivants de suivre des cours de langue et de culture néerlandaises, où l'accent est mis sur la tolérance.

Aucun autre ustensile de cuisine n'incarne mieux le côté économe des Néerlandais que l'incontournable *flessenlikker* ("racle-bouteille"). Cet objet ingénieux muni d'un petit disque à son extrémité permet de racler le fond des bocaux de mayonnaise ou des flacons de sauce à salade pour n'en pas perdre une goutte.

Sport

Les Néerlandais ont le goût du sport. Environ deux tiers de la population pratique une activité physique et y consacre en moyenne 20 minutes de plus par semaine que dans les années 1970. Les quelque 30 000 associations et clubs sportifs du pays comptent environ 5 millions d'affiliés.

Le football, le cyclisme, le patinage et la natation ont de nombreux adeptes.

Football

Sport national, le football est une passion qui atteint des sommets. Les clubs néerlandais tels l'Ajax, le Feyenoord et le PSV bénéficient d'une renommée internationale, au même titre que des joueurs comme Ruud Gullit, Dennis Bergkamp et le légendaire Johan Cruijff. Approche unique mise au point par les Néerlandais, le "football total" (tactique basée sur la possibilité théorique d'interchanger chacun des postes) fascina le public au temps de son apogée, dans les années 1970.

Malgré les excellents résultats enregistrés en Coupe du monde (finale 2010 contre l'Espagne et demi-finale contre le Brésil, pays organisateur en 2014), les Pays-Bas n'ont pas réussi à se qualifier pour la Coupe du monde 2018, au grand dam de ses supporters. Ce revers, survenu peu après l'échec aux qualifications pour les Championnats d'Europe de l'UEFA en 2016, démontre que le football néerlandais avait atteint un niveau assez bas au plan international. L'équipe nationale a cependant repris des couleurs récemment grâce à une nouvelle génération de joueurs.

La Fédération nationale de football totalise un million de membres et, chaque week-end, des équipes jouent, en professionnel ou en amateur, dans tout le pays. Les joueurs professionnels évoluent souvent dans des stades modernes high-tech tel l'ArenA d'Amsterdam (p. 79), et les services de sécurité sont formés à intervenir contre les hooligans.

Ci-dessus :
Supporters lors d'un match de foot de l'équipe nationale.

Ci-contre :
La saison du patin à glace, Groningue (p. 241).

MARC VENEMA/SHUTTERSTOCK ©

LA FIÈVRE ORANGE

Si vous avez déjà assisté à un événement sportif mettant en vedette des joueurs néerlandais, vous connaissez déjà l'*oranjegekte* (folie orange), également appelée *oranjekoorts* (fièvre orange). Aux Pays-Bas, la coutume consistant à porter la couleur traditionnelle de la famille royale, la maison d'Orange-Nassau, était d'abord limitée aux fêtes de la monarchie, comme la fête de la Reine (*Koninginnedag*), désormais fête du Roi (*Koningsdag*). Mais, depuis que des dizaines de milliers de supporters vêtus d'orange ont encouragé l'équipe lors de la Coupe du monde de football de 1974, cette habitude de porter d'excentriques tenues de couleur orange – vêtements, écharpes, perruques, haut-de-forme en fausse fourrure, maquillage, boas, etc. – est devenue un phénomène néerlandais. Pour faire la fête comme un habitant, vous savez désormais quoi arborer.

Cyclisme

Dès leur arrivée aux Pays-Bas, les voyageurs réalisent que le vélo est en usage partout. Vraiment partout. Pour aller chez le dentiste, au travail, à l'Opéra ou à un brunch ; qu'il vente, qu'il pleuve ou qu'il neige. Se mettre sur son trente-et-un pour se rendre à vélo à un dîner ou à un spectacle, ou dans un bar ou un club, est une activité typiquement néerlandaise. Enfourchez un vélo ; quoi que vous portiez et où que vous alliez, vous vous intégrerez (et vous amuserez de surcroît). Sans surprise, 84% des Néerlandais possèdent un ou plusieurs vélos, pour un total de 22,5 millions de deux-roues, soit un record mondial de 1,3 vélo par habitant.

Star nationale indiscutable des Jeux olympiques de 2016, la cycliste sur route Annemiek van Vleuten a fait une chute spectaculaire lors de la course en ligne, se fracturant trois vertèbres et laissant la médaille d'or à sa coéquipière Anna van der Breggen, tandis que Marianne Vos, la “cannibale” (médaille d'or de course en ligne aux Jeux de 2012) terminait neuvième.

Les Pays-Bas ont compté d'éminents noms du cyclisme, notamment Leontine van Moorsel (née en 1970) qui a multiplié les victoires en championnat dans les années 1990 et a raflé au total quatre médailles d'or, une d'argent et une de bronze aux Jeux olympiques de 2000 et 2004. En 1980, Joop Zoetemelk (né en 1946) a remporté le Tour de France après un record de six deuxièmes places.

Patinage

Des milliers de Néerlandais filent sur la glace dès que les lacs gèlent. Le pays compte quantité de patinoires aux normes olympiques où pratiquer le hockey, le patinage artistique ou le patinage de vitesse. L'Elfstedentocht (p. 226), la plus célèbre course non professionnelle, parcourt la Frise sur 220 km.

Les Néerlandais excellent en patinage de vitesse. Aux Jeux olympiques d'hiver de 2018, l'équipe néerlandaise fut la seule à réaliser un triplé, raflant l'or, l'argent et le bronze au 3 000 m femme. Durant ce Jeux, les Pays-Bas ont remporté en tout 20 médailles, la totalité en patinage, et notamment l'or dans toutes les disciplines de vitesse, sauf une. Pour sa deuxième course internationale, Esmee Visser (22 ans), qui doutait de sa qualification quelques mois auparavant, fut la star néerlandaise d-es Jeux en remportant le 5 000 m femme.

Les Pays-Bas sont devenus la première nation à remporter quatre triplés lors de Jeux olympiques d'hiver de 2014.

Design néerlandais

Loin de se cantonner aux projets d'ingénierie et au sport, les Néerlandais sont également doués pour l'esthétique. Le design néerlandais contemporain est réputé pour ses approches minimalistes et créatives du mobilier du quotidien et des objets d'intérieur, et se distingue par des touches vintage et humoristiques. De la poignée de chefs de file des années 1990, on est passé à un mouvement qui place les Pays-Bas en précurseurs de l'industrie. La mode néerlandaise, elle aussi, s'exporte bien au-delà des frontières, avec des créations dynamiques et novatrices, mais toujours fonctionnelles.

Le design néerlandais contemporain est né d'un petit nombre de créateurs. Droog (www.droog.com), créé en 1993 et installé à Amsterdam, est un collectif offrant une plateforme de choix. Comptant aujourd'hui son propre concept store, un café et même un hôtel, il permet à une communauté de designers de produire et de vendre leurs créations partout dans le monde, en jouant sur des partenariats pour faciliter la collaboration avec de grandes marques.

Parmi les pionniers contemporains, Marcel Wanders (né en 1963), légende du design, fut internationalement acclamé pour son emblématique *Knotted Chair* (chaise nouée), produite par Droog en 1996. La technique de séchage à l'air libre de Wanders permettait à la chaise, fabriquée à partir d'une corde en fibre de carbone et d'aramide nouée et de résine, d'être modelée par la gravité. L'objet fait désormais partie de la collection permanente du musée d'Art moderne de New York. Wanders fonda Moooi (www.moooi.com) en 2001 à Bréda, avec l'entrepreneur Casper Vissers. Le nom de cette enseigne de design aujourd'hui mondialement reconnue signifie "beau" en néerlandais, avec un "o" supplémentaire symbolisant plus de beauté et de singularité.

Wanders (www.marcelwanders.com) continue de travailler à des projets portant une touche romantique et humaniste. Son studio occupe une ancienne école d'art dans le quartier des artistes du Jordaan à Amsterdam. Quant à Vissers, il a lancé en 2018 la nouvelle marque de luminaires et de meubles Revised, basée à Rotterdam. S'inspirant du passé, ses produits conçus par le jeune designer néerlandais Sjoerd Vroonland portent le nom de villages anglais et mettent l'accent sur des matériaux traditionnels tels le verre, le bois, l'acier, le marbre et la pierre.

Maarten Baas (né en 1978, www.maartenbaas.com), diplômé de l'Académie du design néerlandais Eindhoven en 2002, a immédiatement été applaudi pour Smoke, sa collection de meubles d'occasion brûlés au chalumeau pour créer un effet calciné. Le goût du risque et le flamboiement de la jeunesse forment la signature de ce jeune créateur, typique d'une génération qui n'a de cesse d'innover.

Entre autres designers révolutionnaires, citons : Jurgen Bey (né en 1965), très lié à l'architecture et s'inspirant de décoration d'intérieur et d'espaces publics ; Hella Jongerius (née en 1963, www.jongeriuslab.com), qui crée des assiettes en porcelaine et des carreaux aux nouvelles techniques d'impressions et Piet Hein Eek (né en 1967, www. pietheineek.nl), qui utilise du bois de récupération. À Rotterdam, Lex Pott (né en 1985, www.lexpott.nl) est un jeune créateur travaillant le bois, la pierre et le métal sous leurs formes les plus brutes.

Scholten & Baijings (Stefan Scholten et Carole Baijings) produisent des textiles et ustensiles de cuisine hauts en couleur. Ineke Hans (née en 1966, www.inekehans.com) est la créatrice de la célèbre chaise en plastique recyclable *Ahrend 380*, dont la gamme comprend une table. Créateur de mobilier et d'objets pour la maison, Richard Hutten (www.richardhutten.com) est réputé pour son mobilier fonctionnel et

Design néerlandais en ligne

Dezeen (www.dezeen.com/tag/netherlands). Architecture, intérieur et design.

Het Nieuwe Instituut (hetnieuweinstituut.nl). Architecture, design, mode et e-culture.

Fashion Council NL (fashioncouncilnl.com). Événements liés au design et à la mode aux Pays-Bas.

Les cuvettes de toilettes néerlandaises sont dotées d'un plateau qui recueille les selles avant qu'elles ne soient emportées par la chasse d'eau. Cela permettrait de déceler certaines maladies. Et non pas, comme certains plaisantins aiment à le penser, parce que les Néerlandais ne supportent pas de voir quoi que ce soit submergé par l'eau.

humoristique "no sign of design". Ses travaux sont exposés dans le monde entier et figurent dans la collection permanente de musées tels que le Stedelijk d'Amsterdam (p. 69).

Eindhoven est un véritable incubateur du design. L'Académie du design néerlandais occupe l'ancienne usine de lampes Philips, qu'elle partage avec un musée interactif apprécié des familles qui présente les nombreux produits fabriqués par Philips au fil des ans. La Dutch Design Week (www.ddw.nl), dont l'année s'achève avec les annuels Dutch Design Awards (www.dutchdesignawards.nl), se tient en octobre à Strijp-S, l'ancien complexe industriel de Philips.

Mode futuriste

Tandis que Viktor & Rolf, pilier néerlandais de la mode traditionnelle formé par le duo Viktor Horsting et Rolf Snoeren, fête ses 25 ans d'existence avec une éclatante collection toute blanche baptisée Immaculate, la nouvelle génération de créateurs se lance dans la haute couture imprimée en 3D. Créatrice incontournable en la matière, Iris van Herpen (née en 1984, www.irisvanherpen.com) a présenté sa première robe en 3D à Paris lors de la Fashion Week de 2010, et habille désormais des vedettes, de Björk à Lady Gaga. Pensées avant tout pour les podiums, les époustouflantes créations de Van Herpen tiennent plus de la sculpture que du vêtement fonctionnel : impossible de s'assoir avec l'une de ses robes, réalisées peut-être en résine transparente ou en Mylar découpé au laser.

Art

Les grands maîtres hollandais Rembrandt, Frans Hals et Vermeer, parmi beaucoup d'autres, font partie des peintres les plus célèbres et les plus admirés au monde. Et il y a, bien sûr, Vincent Van Gogh, remarquable peintre inspiré par l'impressionnisme, qui sombra dans la misère et la folie malgré le soutien indéfectible de son frère Théo. Le XXe siècle fut celui du mouvement De Stijl et de Piet Mondrian, sans oublier le génie graphique d'un M. C. Escher. Pour comprendre ces monstres sacrés de la peinture néerlandaise et leur style, il faut plonger dans l'histoire.

XVe et XVIe siècles

L'école flamande

Avant la fin du XVIe siècle, alors que la Belgique appartient encore aux anciens Pays-Bas, les villes flamandes de Gand, de Bruges et d'Anvers se trouvent au cœur de la création artistique. Les peintures de l'école flamande représentent des scènes bibliques et allégoriques commandées par l'Église, la cour, et, dans une moindre mesure, la noblesse.

Parmi les plus grands noms de l'époque, citons Jan van Eyck (vers 1390-1441), fondateur de l'école flamande et premier peintre à perfectionner la technique de la peinture à l'huile, Rogier van der Weyden (1400-1464) dont les portraits religieux dévoilent la personnalité de ses sujets ainsi que Pieter Bruegel, dit Bruegel l'Ancien (1525-1569) qui s'inspirait des paysages flamands et de la vie rurale dans ses allégories.

Jheronimus van Aken, dit Jérôme Bosch (1450-1516), qui tire son nom de la ville de Den Bosch (Bois-le-Duc), peignait, en phase avec l'époque, des tableaux allégoriques sombres chargés de connotations religieuses. *Le Fils prodigue*, conservé au Museum Boijmans van Beuningen (p. 173) de Rotterdam, est une véritable étude en mouvement.

L'école hollandaise

Dans la partie septentrionale, certains artistes commencent à affirmer leur propre style. Bien que ceux-ci n'aient jamais atteint le niveau de reconnaissance de leurs homologues flamands, leur courant, baptisé école hollandaise, se distingue par la prédominance du réalisme sur l'allégorie et a pour centre Haarlem, avec des artistes comme Jan Mostaert (1475-1555), Lucas van Leyden (1494-1533) et Jan van Scorel (1495-1562). Les peintres installés à Utrecht se distinguent par l'utilisation de la technique du clair-obscur, associée au grand maître italien Caravage.

Un artiste, un musée

Vermeer Centrum (Delft)

Jheronimus Bosch Art Center (Bois-le-Duc)

Maison de Rembrandt (Amsterdam)

Frans Hals Museum (Haarlem)

Mondriaanhuis (Amersfoort)

Escher in het Paleis Museum (La Haye)

Siècle d'or

Avec l'expulsion des Espagnols, le commerce de l'art évolue. Privés du mécénat de l'Église et de la cour qui achetaient leurs œuvres, les artistes doivent survivre dans un marché libéralisé où l'art tient d'un négoce. Une nouvelle classe bourgeoise de marchands, d'artisans et de commerçants se substitue aux anciens commanditaires et n'hésite pas à dépenser ses deniers pour embellir lieux de vie et de travail, du moment qu'elle puisse dûment se reconnaître dans ces tableaux.

Les peintres deviennent alors des entrepreneurs à part entière, réalisant en série des copies et des banalités ou des chefs-d'œuvre dans leurs ateliers. La peinture devient un produit de masse, écoulée sur les marchés aux côtés des meubles et d'autres marchandises. Les demeures les plus aisées se couvrent rapidement de tableaux du sol au plafond. Des témoignages de visiteurs étrangers indiquent que même les boulangeries et les boucheries possédaient une ou deux toiles. La plupart des peintres se spécialisent dans l'un des principaux genres alors en vogue.

Un nouveau Rembrandt a été "découvert" en 2012 après expertise par un grand spécialiste, Ernst van de Wetering, qui a affirmé qu'il s'agissait de l'un des deux tableaux d'une paire réalisée en 1643. *De Oude rabbijn* (Le Vieux Rabbin) appartient à une collection anglaise privée et serait un autoportrait.

Rembrandt

Artiste majeur du XVIIe siècle, Rembrandt van Rijn (1606-1669), fils de meunier, grandit à Leyde. Vers l'âge de 20 ans, il s'affirme déjà comme un peintre accompli.

En 1631, il s'installe à Amsterdam pour diriger l'atelier du riche marchand d'art Hendrick van Uylenburgh. Les portraits constituent une véritable manne pour l'atelier, aussi Rembrandt et ses apprentis en produisent-ils en grand nombre, parmi lesquels des scènes collectives comme *La Leçon d'anatomie du docteur Tulp*. En 1634, Rembrandt épouse Saskia, la nièce de Van Uylenburgh, venue à Amsterdam avec les peintres mennonites Govert Flinck et Jacob Backer, et qui posait souvent pour lui.

Brouillé avec son patron, l'artiste met à profit la dot de son épouse, Saskia van Uylenburgh, pour acquérir une somptueuse maison attenante à l'atelier de Van Uylenburgh (devenue un musée, la Maison de Rembrandt, p. 55). Il y installe son propre atelier avec du personnel travaillant dans un entrepôt du Jordaan. Ce sont des années fastes : ses peintures ont du succès et son atelier devient le plus couru du pays, bien que ses manières bourrues et son agnosticisme assumé le mettent au ban des soirées mondaines.

Rembrandt devient par ailleurs l'un des principaux collectionneurs d'art de la ville. Il manipule non seulement à merveille le pinceau, mais a la réputation de faire monter la cote de ses propres œuvres aux enchères en y envoyant de faux acheteurs qui renchérissent pour son compte. Réalisant souvent des esquisses et des toiles pour son propre usage, il enjoint son personnel à en faire de même. Les habitants du quartier juif limitrophe constituent des sujets parfaits pour ses scènes bibliques théâtrales.

10 CHEFS-D'ŒUVRE DES MAÎTRES NÉERLANDAIS

Amsterdam (Rijksmuseum ; p. 72)
- *La Ronde de nuit*, Rembrandt
- *Autoportrait*, Rembrandt
- *Le Joyeux Buveur*, Frans Hals
- *La Joyeuse Famille*, Jan Steen
- *Femme en bleu lisant une lettre*, Vermeer

La Haye (Den Haag) (Mauritshuis ; p. 192)
- *La Jeune Fille à la perle*, Vermeer
- *La Leçon d'anatomie du docteur Tulp*, Rembrandt

Haarlem (Frans Hals Museum ; p. 119)
- *Régents et Régentes de l'hospice des vieillards*, Frans Hals

Rotterdam (Museum Boijmans Van Beuningen ; p. 173)
- *La Tour de Babel*, Bruegel l'Ancien
- *Le Fils prodigue*, Jérôme Bosch

La Ronde de nuit

Après avoir perdu trois enfants en bas âge, Saskia donne naissance à un fils, Titus, en 1641. La jeune mère meurt l'année suivante, et les affaires de Rembrandt déclinent. Le majestueux portrait collectif *La Ronde de nuit* (1642) est encensé par la critique (c'est aujourd'hui la pièce maîtresse du Rijksmuseum (p. 72) ; et une sculpture de bronze recréant la scène du tableau orne la place **Rembrandtplein** (carte p. 64 ; 4/14 Rembrandtplein). Toutefois, certains des personnages influents, qui avaient déboursé 100 florins pour figurer sur le tableau, n'apprécient guère d'y être relégués à l'arrière-plan. Rembrandt fait la sourde oreille et les commandes se mettent subitement à diminuer.

Il entame une relation avec la gouvernante de son fils, Geertje Dircx, qu'il révoque quelques années plus tard quand il tombe amoureux de la nouvelle domestique, Hendrickje Stoffels, qui lui donnera une fille, Cornelia. L'opinion publique ne voit pas d'un bon œil son style de vie et l'augmentation vertigineuse de ses dettes, si bien qu'en 1656, Rembrandt a recours à la *cessio bonorum* (forme respectable de faillite). Sa maison et sa précieuse collection d'art sont vendues et il s'installe à Rozengracht, dans le Jordaan.

Gravures

Bien que tombé en disgrâce auprès des riches bourgeois depuis sa faillite, Rembrandt continue la peinture, le dessin et la gravure. Le Museum Het Rembrandthuis (maison de Rembrandt) conserve certaines des plus belles gravures de l'artiste. Il travaille encore parfois à la commande comme pour la monumentale *Conjuration de Claudius Civilis* (1661, confiée dans un premier temps à son assistant Govert Flinck, qui meurt avant même d'avoir commencé), destinée à l'hôtel de ville, mais que les autorités font retirer ne la trouvant guère à leur goût. En 1662, il achève *Staalmeesters* pour la guilde des drapiers, en prenant soin d'en bien rendre visibles tous les personnages (contrairement à ceux de *La Ronde de nuit*), Il s'agira de son dernier portrait de groupe. Il est désormais exposé au Rijksmuseum d'Amsterdam (p. 72).

Dernières œuvres

Les derniers travaux de Rembrandt témoignent d'une maîtrise intacte. Affranchi des contraintes des clients, il goûte à une nouvelle liberté, produisant des œuvres moins conventionnelles tout en montrant encore plus d'empathie pour leur sujet, comme avec *La Fiancée juive* (1667), également exposé au Rijksmuseum. Ses nombreux portraits de son fils Titus et de sa maîtresse Hendrickje, ainsi que ses autoportraits toujours plus mélancoliques, figurent parmi les plus remarquables de l'histoire de l'art.

Hendrickje succombe à l'épidémie de peste qui, de 1663 à 1666, emporte un habitant d'Amsterdam sur sept et Titus meurt en 1668, tout jeune marié, à 27 ans, laissant derrière lui une petite fille, Titia, née six mois après la disparition de son père. Rembrandt, anéanti, s'éteint l'année suivante.

Frans Hals

Grand peintre de l'époque, Frans Hals (1581-1666) naît à Anvers mais passe sa vie à Haarlem, à l'ouest d'Amsterdam. Il consacre une grande partie de sa carrière aux portraits, s'essayant aussi parfois à des scènes de genre avec la technique saisissante du clair-obscur. Doté de la même aptitude que Rembrandt à saisir les traits de ses sujets, il n'explore cependant pas autant que lui leur caractère. Les deux maîtres ont plusieurs points en commun, de la même touche expressive brute à l'évolution de leur style,

Le Chardonneret (1654), chef-d'œuvre de Carel Fabritius aujourd'hui exposé au Mauritshuis de La Haye, a inspiré le roman de Donna Tartt *Le Chardonneret* (2013), salué par le prix Pulitzer. Cette somme (plus de 1 000 pages) commence et s'achève à Amsterdam. Son adaptation au cinéma, avec Ansel Elgort et Finn Wolfhard, est sorti fin 2019.

HALS ET LES PORTRAITS COLLECTIFS

Frans Hals se spécialise aussi dans de superbes portraits de groupe où il représente les participants dans des poses presque naturelles, contrairement aux lignes rigides de contemporains moins doués, mais sans aller jusqu'à l'audace de Rembrandt fondant les visages dans la composition. Le duo de toiles connu sous le nom de *Régents et Régentes de l'hospice des vieillards* (1664) conservé au Frans Hals Museum (p. 119) de Haarlem en constitue un bon exemple. Ce musée a été aménagé dans un ancien hospice que Hals connaissait bien, non pour l'avoir fréquenté, comme on le croit souvent, mais parce que dans les années 1930 l'artiste et sa famille vivaient à Groot Heiligland, la rue de l'hospice des vieillards.

passé de l'exubérance éclatante des débuts à une teneur plus sombre et solennelle. Les impressionnistes du XIXe siècle admireront l'œuvre de Hals. De fait, son *Joyeux Buveur* (1628) aux touches vigoureuses, exposé au Rijksmuseum, passerait presque pour l'œuvre de l'un d'entre eux.

Vermeer

Johannes, ou Jan, Vermeer (1632-1675), dit Vermeer de Delft, complète le trio des grands peintres du XVIIe siècle. Seules 34 toiles (peut-être 35, bien que certains experts avancent le chiffre de 66) à la technique méticuleuse lui sont attribuées avec certitude. Père de 11 enfants (quatre de plus moururent en bas âge), il s'éteignit dans la misère. Sa femme paya même une dette de quelque 600 florins au boulanger avec deux de ses tableaux. Pourtant, Vermeer maîtrise la peinture de genre comme personne. Parmi ses œuvres les plus évocatrices figurent des scènes historiques et bibliques en début de carrière, sa célèbre *Vue de Delft* (1660-1661) conservée au Mauritshuis (p. 192) à La Haye et de tendres portraits de femmes inconnues, comme celui, de toute beauté, de la *Jeune Fille à la perle* (1665-1667), également au Mauritshuis.

La Jeune Fille à la perle, un roman émouvant écrit par Tracy Chevalier en 1999 sur la genèse de l'emblématique tableau de Vermeer, a été porté à l'écran en 2003 par Peter Webber.

Toiles célèbres

Vermeer se distingue par sa maîtrise du traitement de la lumière avec des tableaux baignés d'une douce luminosité filtrée par de grandes fenêtres. Les couleurs (bleu foncé, rouge vif, chaudes tonalités de jaune) et l'équilibre parfait de la composition accentuent l'impression de calme et de paix qui en émanent. C'est le cas de plusieurs toiles du Rijksmuseum (p. 72) : *La Laitière* (1660), *La Femme en bleu lisant une lettre* (1663) et, pour son utilisation de la perspective, *La Lettre d'amour* (1669-1670).

La Ruelle (vers 1658, Rijksmuseum) demeure la seule scène de rue peinte par Vermeer.

Autres peintres du Siècle d'or

Vers le milieu du XVIIe siècle, l'importance accordée aux états d'âme et aux subtils jeux de lumière commence à laisser place à la splendeur du baroque. Jacob van Ruysdael (vers 1628-1682) peint des ciels spectaculaires et Albert Cuyp (1620-1691) des paysages à l'italienne. Meindert Hobbema (1638-1709), disciple de Van Ruysdael, se consacre, quant à lui, à des scènes moins héroïques et plus joyeuses, empreintes de charmants détails bucoliques. Cuyp, Ruysdael et Hobbema ont tous une grande rue à leur nom dans les quartiers du Vieux Sud et de De Pijp à Amsterdam. D'autres rues portent également le nom d'artistes néerlandais, comme Frans Hals, Govert Flinck, Ferdinand Bol, Cornelis Troost ou Jan Steen.

La peinture de genre de Jan Steen (1625-1679) montre l'aspect presque frivole du style baroque. Steen tenait aussi une taverne et ses représentations du désordre domestique ont inspiré l'expression néerlandaise "maison à la

Jan Steen". Caractérisé par une ambiance festive, son tableau *La Joyeuse Famille* (1668, Rijksmuseum) illustre bien son style. On peut y voir des adultes faire la noce autour d'un banquet, indifférents aux enfants au premier plan, occupés à se servir à boire.

XVIIIe siècle

Le Siècle d'or de la peinture hollandaise prend fin aussi subitement qu'il avait commencé avec l'invasion des Pays-Bas par les Français en 1672. L'économie s'effondre et, dans son sillage, le marché de l'art. Les peintres toujours en activité se consacrent à des valeurs sûres inspirées de précédents chefs-d'œuvre. Au XVIIIe siècle, la mode est à tout ce qui vient de France et au style français, qu'ils copient.

Il en résulte des œuvres honnêtes, mais pas révolutionnaires. Cornelis Troost (1696-1750) se distingue comme l'un des meilleurs représentants de la peinture de genre. On le compare parfois à l'artiste britannique William Hogarth (1697-1764) pour ses portraits à la fois satiriques et sensibles du petit peuple. Troost introduit lui aussi des scènes domestiques festives dans ses toiles pastel.

Gérard de Lairesse (1641-1711) et Jacob De Wit (1695-1754) couvrent les murs et les plafonds des édifices de fresques. Celles en trompe-l'œil du second, au Bijbels Museum (p. 59) valent le détour.

Les plus beaux musées

- *Rijksmuseum (Amsterdam)*
- *Musée Van Gogh (Amsterdam)*
- *Mauritshuis (La Haye)*
- *Museum Boijmans Van Beuningen (Rotterdam)*
- *Museum De Lakenhal (Leyde)*

XIXe siècle

Durant la fin du XVIIIe siècle et une bonne partie du XIXe siècle, peu d'œuvres se démarquent, hormis les paysages et les marines de Johan Barthold Jongkind (1819-1891) et les scènes d'Amsterdam d'un réalisme presque photographique de George Hendrik Breitner (1857-1923). Ces derniers auraient inspiré les impressionnistes français, dont beaucoup visitèrent Amsterdam.

Jongkind et Breitner réinventent le réalisme du XVIIe siècle et influencent l'école de La Haye (fin du XIXe siècle). Hendrik Mesdag (1831-1915), Jozef Israëls (1824-1911) et les frères Maris – Jacob (1837-1899), Matthijs (1839-1917) et Willem (1844-1910) – réalisent des paysages, des marines et des scènes de genre. L'impressionnant *Panorama Mesdag* (1881), une immense peinture (14 m de haut, 120 m de circonférence) cylindrique à 360 degrés de la ville côtière de Scheveningen vue depuis une dune, est l'œuvre de Mesdag.

Reflet de son propre monde, les formes tortueuses et les couleurs furieuses de Vincent Van Gogh (1853-1890), sans doute le plus grand peintre néerlandais du XIXe siècle, continuent à défier toute tentative de classification. Fut-il un postimpressionniste ? Inspiré par le pointillisme ? Un précurseur de l'expressionnisme ?

Van Gogh

Si les maîtres hollandais sont passés à la postérité par leurs tableaux sombres et méditatifs, Vincent Van Gogh fait de sa souffrance identitaire une forme d'art, dans un style tourmenté qui est sa signature. Il incarne, encore aujourd'hui, les turpitudes de l'artiste, entre douleur et dénuement, manque de reconnaissance publique et dépendance à l'égard de son fidèle frère Théo, instabilité mentale et mort prématurée (par suicide).

La légende Van Gogh

Vincent Van Gogh n'a vendu qu'une seule œuvre de son vivant. Il était pauvre, et mourut jeune. On l'oublie souvent au vu de ses autoportraits qui le font paraître plus âgé, mais il n'avait que 37 ans à sa mort. Une vie brève, qui continue d'influencer le monde de l'art aujourd'hui encore.

Né à Zundert en 1853, le peintre réside un temps à Paris avec son frère cadet, Théo, marchand d'art, qui lui apporte un soutien matériel, parfois

VAN GOGH EN MOTS ET EN IMAGES

Peu d'artistes du XXe siècle ont inspiré autant de livres et de films que Vincent van Gogh, artiste tourmenté. Même ses derniers mots résonnent de la poignante beauté mélancolique de ses tableaux les plus réussis. "La tristesse durera toujours", aurait-il dit, son frère à son chevet, deux jours après s'être tiré une balle dans la poitrine au sortir d'une séance de peinture frénétique.

À lire

Plongée émouvante dans la vie intime du peintre et témoignage de l'extraordinaire amitié et des liens artistiques qu'il partageait avec son frère Théo, *Vincent Van Gogh. Les lettres* (Actes Sud, 2009), *Lettres de Van Gogh : l'art des mots* (Actes Sud, 2015) ou encore *Lettres à Théo : choix de textes* (Folioplus classiques, 2005) contiennent en tout ou en partie la correspondance (au total, 902 lettres) entre Vincent et son frère, ses amis, ses amours, ses confidentes et ses homologues artistes.

À voir

- *La vie passionnée de Vincent Van Gogh* (1956)
- *Vincent* (1987)
- *Vincent et Théo* (1990)
- *Rêves* (Akira Kurosawa, 1990)
- *La Passion Van Gogh* (2017)

aux dépens de l'essentiel. Dans la capitale, Vincent se lie d'amitié avec d'autres artistes talentueux : Edgar Degas, Camille Pissarro, Henri de Toulouse-Lautrec et Paul Gauguin.

En 1888, Van Gogh s'installe à Arles. Charmé par la lumière vive et l'intensité des couleurs, il peint avec ferveur tournesols, iris et d'autres sujets de couleurs vives. Il envoie ses tableaux à Théo à Paris, et espère fonder une colonie d'artistes en Provence, mais seul Gauguin répond à son invitation. Les deux peintres n'ont pas la même vision artistique (Gauguin peint son imaginaire, Van Gogh s'appuie sur ce qu'il voit), ni le même tempérament. Ces divergences, ainsi que l'absinthe, nourrissent des querelles qui confinent au paroxysme. Dans un moment de désespoir, Van Gogh se tranche une partie de l'oreille, pour l'offrir à une prostituée.

En mai 1889, Van Gogh entre de son propre chef à l'hôpital psychiatrique de Saint-Rémy-de-Provence, où il séjournera une année, une semaine et un jour. Prolifique pendant cette période, il peint des chefs-d'œuvre comme *Iris* et *Nuit étoilée*. Théo lui fait parvenir des critiques positives parues dans les journaux. Le mois suivant, Anna Boch, sœur du peintre Eugène Boch, achète *La Vigne rouge* (1888) pour 400 francs. Ce tableau est aujourd'hui exposé au musée des beaux-arts Pouchkine à Moscou.

Cinq chefs-d'œuvre de Van Gogh

- *Les Tournesols (musée Van Gogh)*
- *Champ de blé aux corbeaux (musée Van Gogh)*
- *Autoportrait au chapeau de feutre (musée Van Gogh)*
- *Les Mangeurs de pommes de terre (Kröller-Müller Museum)*
- *Le Métier à tisser (Kröller-Müller Museum)*

L'héritage d'un génie torturé

Le 16 mai 1890, le peintre s'installe à Auvers-sur-Oise, à côté de Paris, pour se rapprocher de son frère Théo. Mais le 27 juillet, il se tire une balle dans la poitrine, peut-être pour n'être plus un fardeau pour son frère, qui vient d'avoir un fils (baptisé Vincent) et aide aussi leur mère souffrante. Van Gogh succombe deux jours plus tard à sa blessure, Théo à son chevet. Ce dernier sombre dans la dépression, est interné, puis meurt de syphillis à Utrecht six mois seulement après son aîné, à l'âge de 33 ans.

Il ne faudra même pas dix ans pour que le talent de Van Gogh commence à être reconnu. Au début des années 1950, sa réputation internationale est déjà faite. En 1990, la vente du *Portrait du Docteur Gachet* bat tous les records chez Christie's en atteignant 82,5 millions de dollars. Il s'agit toujours de l'un des prix les plus élevés payés, lors d'une enchère publique, pour une œuvre d'art.

XXe siècle

De Stijl

De Stijl ("le Style") est un courant artistique néerlandais prônant l'harmonie de tous les arts en renouant avec l'essence de l'expression artistique. Il a pour vitrine le magazine éponyme, publié pour la première fois en 1917 par Theo van Doesburg (1883-1931). La production artistique de Van Doesburg ressemble à celle de Mondrian, à la différence qu'il s'affranchit des lignes noires épaisses puis incline par la suite ses rectangles à 45 degrés, des modifications suffisamment importantes aux yeux de Mondrian pour rompre leur amitié.

Au cours des années 1920-1930, des sculpteurs, des poètes, des architectes et des designers rallient De Stijl. L'un d'entre eux, Gerrit Rietveld (1888-1964), à qui l'on doit le musée Van Gogh (p. 76) et plusieurs autres bâtiments, acquiert une notoriété internationale avec ses meubles, dont la *Chaise rouge et bleue* (1918) et sa série de sièges en zigzag peu ergonomiques, lesquels, vus de profil, forment un "z" avec leur dossier.

Mondrian

Acteur majeur du mouvement De Stijl, Piet Mondrian (1872-1944) s'inscrit à ses débuts dans la tradition de l'école de La Haye. Après avoir flirté avec le cubisme, il commence à travailler des formes rectangulaires franches utilisant uniquement les trois couleurs primaires (jaune, bleu et rouge) sur les trois teintes neutres (blanc, gris et noir). Il considère ce style, qu'il baptise néoplasticisme, comme l'expression fidèle de la réalité au moyen de formes et de couleurs pures. Sa *Composition avec rouge, bleu, noir, jaune et gris* (1920 ; Composition N° II), présentée au musée Stedelijk (p. 69), en est un exemple élaboré.

Les dernières œuvres de Mondrian, considérées plus "pures", regagnent en dynamisme lorsqu'il s'installe à New York en 1940. La plus grande collection de tableaux de Mondrian est conservée au Gemeentemuseum (p. 193) de La Haye, sa ville natale.

M. C. Escher

Maurits Cornelis Escher (1898-1972) a été l'un des plus remarquables graphistes du XXe siècle. Ses dessins, lithographies et gravures sur bois représentant des constructions impossibles continuent à fasciner les mathématiciens : une cascade qui s'alimente elle-même, une paire de mains qui se dessinent mutuellement... Ses œuvres sont visibles au Escher in het Paleis (p. 193) de La Haye. Admirez des œuvres de street art inspirées par Escher dans les allées et sur les places de Groningue, où l'artiste est né.

CoBrA

Après la Seconde Guerre mondiale, des artistes révoltés contre les conventions artistiques s'expriment à travers l'expressionnisme abstrait. À Amsterdam, Karel Appel (1921-2006) et Constant (Constant Nieuwenhuys, 1920-2005) s'inspirent des styles élaborés par Paul Klee et Joan Miró et recourent aux couleurs vives et à un art enfantin "non corrompu" pour réaliser des tableaux vivants qui semblent sortir de leur cadre. En 1945, à Paris, ils fondent avec le peintre danois Asger Jorn (1914-1973), le peintre belge Corneille (Cornelis van Beverloo, 1922-2010) et d'autres artistes et écrivains le mouvement CoBrA (Copenhague,

Bruxelles, Amsterdam), considéré comme le dernier grand mouvement avant-gardiste.

En 1949, leur première exposition d'envergure organisée au Stedelijk Museum suscite une levée de boucliers. Les artistes du mouvement CoBrA ont toutefois exercé une forte influence dans leurs pays respectifs, même après leur séparation en 1951. Le CoBrA Museum (p. 85), à Amstelveen, réunit une bonne partie de leurs œuvres, y compris des céramiques bariolées.

Artistes contemporains

Les artistes néerlandais d'aujourd'hui, qui mélangent hardiment les supports, ne déméritent pas sur la scène internationale.

Le duo artistique Liet Heringa (née en 1966) et Maarten van Kalsbeek (né en 1962) conçoit des sculptures sombres aux formes inédites, dont quelques-unes sont exposées au Otterlo's Kröller-Müller Museum (p. 277). Harma Heikens (née en 1963, www.harmaheikens.nl) repousse elle aussi les limites de la sculpture avec ses œuvres de "pop culture" doucereuses, pleines de sous-entendus sur des sujets controversés tels que la violence, le viol, la guerre, la religion et la société.

Michael Raedecker (né en 1963 à Amsterdam) crée des natures mortes oniriques rayonnantes dans son atelier au Royaume-Uni, et intègre souvent des broderies dans ses toiles texturées. En 2000, il est nominé pour le prestigieux prix Turner.

Levi van Veluw (né en 1985, www.levivanveluw.com) est un artiste amstellodamois qui s'est fait connaître en utilisant son propre corps comme une toile – dans *Landscapes* (2004), il réinterprète la peinture traditionnelle en une série de quatre paysages, notamment une lande de mousse émaillée de moutons blancs, appliqués sur une reconstitution en 3D de son visage.

Anouk Kruithof (née en 1981) travaille la photographie pour créer des projets sociaux tels que *Happy Birthday To You* (2011), un livre rassemblant les vœux (fumer un joint d'anniversaire à Utrecht, organiser une grande fête avec un groupe de musique et des toasts au hareng pour les invités, etc...) formulés par dix patients d'un hôpital psychiatrique.

Dans les rues d'Amsterdam, remarquez les surprenantes œuvres de *tape art* réalisées par Max Zorn (né en 1982, www.maxzorn.com), artiste de rue qui, armé seulement de ruban adhésif et d'une lame de rasoir, joue sur les teintes de brun pour créer de saisissants portraits de célébrités, paysages, etc. couleur sépia. Vous pourrez aussi vous rendre à Amsterdam Noord dans le quartier le plus fertile en street art de tout le pays : les anciens chantiers navals NDSM-werf (p. 79), transformés en collectif artistique, dont la façade arbore un impressionnant portrait d'Anne Franck haut de 24 m, réalisé par l'artiste brésilien Eduardo Kobra.

Arts graphiques

La peinture sur toile n'a plus le monopole ; les arts graphiques prennent du galon.

Dick Bruna (1927-2017), originaire d'Utrecht, a créé le célèbre petit personnage de fiction Miffy (Nijntje en néerlandais). Auteur et illustrateur de 124 livres jeunesse, il a dessiné plus de 2 000 couvertures de livres et des centaines d'autres ouvrages, affiches, cartes postales et estampes. Le Miffy Museum (p. 159), à Utrecht, lui rend hommage.

Enfin, les Pays-Bas ont développé une tradition de codes de communication visuelle intelligibles depuis le début du siècle dernier. La Compagnie nationale des chemins de fer est pionnière en la matière. De beaux exemples d'arts graphiques néerlandais sont exposés au Stedelijk Museum de Bréda (p. 298).

Architecture

Maîtres de la construction et de l'utilisation de l'espace, les Néerlandais ont exercé, à travers les siècles, une grande influence dans les domaines de l'art et de l'architecture. Depuis les premières cathédrales, plutôt sobres, jusqu'aux élégants édifices modernes, leurs idées et leurs créations se sont répandues dans toute l'Europe mais aussi au-delà. Certes, vous n'y verrez pas de monument aussi grandiose que la basilique Saint-Pierre ou le Louvre, mais les Néerlandais n'ont jamais eu le goût de l'ostentatoire.

Architecture romane

L'architecture romane, qui fit fureur dans le pays (et en Europe) entre l'an 900 et 1250, est le style architectural le plus ancien encore existant aux Pays-Bas, hormis les *hunebedden* (chambres funéraires se rapprochant des dolmens). Une forme simple, des murs épais, de petites fenêtres et des arcs en constituent les caractéristiques principales.

Ci-dessus :
Noorderkerk (p. 63), Amsterdam

Symboles du début du fonctionnalisme, les moulins à vent se distinguent par une variété de formes distinctes ; ils sont devenus de véritables emblèmes nationaux.

La plus ancienne église romane des Pays-Bas est Pieterskerk (p. 159) à Utrecht. Construite en 1048, elle faisait partie de la Croix de Bernold : l'évêque avait voulu ériger un ensemble de quatre églises disposées en forme de croix autour de la cathédrale. Sint Nicolaaskapel (p. 272), la chapelle aux 16 faces de Nimègue, est la deuxième plus ancienne. C'est en fait une copie réduite de celle de Charlemagne à Aix-la-Chapelle, en Allemagne. Onze Lieve Vrouwebasiliek (p. 283), à Maastricht, est un autre exemple représentatif de l'architecture romane.

La campagne hollandaise recèle aussi des édifices de ce style. Les plaines venteuses du Nord abritent ainsi de solides églises en brique, érigées aux XIIe et XIIIe siècles, telle l'église solitaire, perchée sur un tertre façonné par l'homme, à Hegebeintum (Hogebeitum), en Frise.

Architecture gothique

Aux environs de 1250, l'intérêt pour l'architecture romane s'est essoufflé, marquant l'avènement de l'ère gothique. Arcs brisés, croisées d'ogives et hauteurs vertigineuses étaient les caractéristiques de ce nouveau style architectural qui allait perdurer jusqu'en 1600. Si la taille des édifices néerlandais n'atteint pas celle des cathédrales gothiques françaises, le style riche qui émergea dans le Brabant catholique peut tout à fait rivaliser avec n'importe quel autre. Des églises en pierre, dotées de hautes voûtes et d'arcs-boutants, comme la Sint-Janskathedraal (p. 292) à Bois-le-Duc et la Grote Kerk (p. 298) à Bréda, furent érigées. Toutes deux sont de beaux exemples du style gothique brabançon, comme on l'appela plus tard. Remarquez les voûtes en bois et l'utilisation fréquente de briques parmi la pierre.

La pierre, élément habituellement constitutif des édifices gothiques, était trop lourde (et trop rare) pour pouvoir être utilisée dans les terres marécageuses de l'ouest des Pays-Bas. En revanche, les constituants de base de la brique – argile et sable – ne manqaient pas. Toutefois, les briques n'étant pas un matériau léger, les limites de poids obligeaient les architectes à compenser le manque de hauteur par la longueur et la largeur. La Sint Janskerk (p. 189) à Gouda est l'église la plus longue du pays, avec une nef de 123 m. Son aspect à la fois majestueux et délicat rappelle une variante nommée le gothique flamboyant. L'ouest de la Hollande compte tout de même des constructions gothiques en pierre : la Grote of Sint-Bavokerk (p. 119) de Haarlem en est un bel exemple.

Maniérisme

À partir du milieu du XVIe siècle, le style Renaissance qui faisait florès en Italie commença à gagner les Pays-Bas. Les Néerlandais ajoutèrent naturellement leur touche personnelle à cette nouvelle forme architecturale, qui se fit connaître sous le nom de maniérisme (env. 1550-1650). Également appelé Renaissance néerlandaise, ce style unique se situe entre la Renaissance et le baroque ; il conserve les courbes audacieuses et les riches ornementations du baroque qu'il allie aux styles classiques grec et romain et au style néerlandais traditionnel. Les façades des bâtiments étaient ornées d'imitations de colonnes (pilastres) et les pignons simples furent remplacés par des pignons en escalier richement ornés de sculptures, de colonnes et d'obélisques. L'harmonieuse interaction de briques rouges et de bandes horizontales en grès blanc ou jaune était basée sur des formules mathématiques conçues pour le plaisir des yeux.

Hendrick de Keyser (1565-1621) fut un grand architecte maniériste. Zuiderkerk (p. 57), Noorderkerk (p. 63) et Westerkerk (p. 88), à Amsterdam, sont des églises remarquables ; toutes trois montrent une rupture majeure avec les lignes sobres des églises en brique de la campagne. Leur clocher très ornementé est composé d'une variété de matériaux contrastés, tandis que les fenêtres sont encadrées de pierre blanche rehaussée de briques marron. De nombreux détails égayent les murs et les lignes de toiture.

Siècle d'or

Une fois les Pays-Bas devenus une puissance commerciale mondiale, au XVIIe siècle, leurs riches marchands voulurent s'offrir de somptueux édifices dignes de leur statut.

Le leitmotiv était d'impressionner avant tout. Les spécialistes en la matière, tels Jacob van Campen (1595-1657) et les frères Philips (1607-1678) et Justus (1620-1698) Vingboons, s'inspirèrent à nouveau des lignes anciennes grecques et romaines. Pour donner une apparence allongée aux édifices, le pignon en escalier fut remplacé par un pignon à cou, et des piliers furent construits pour imiter les colonnes impériales, avec un piédestal. Des volutes décoratives furent ajoutées en guise de finitions, et le sommet comportait un triangle ou un globe pour imiter le toit d'un temple.

Construit à l'origine pour accueillir l'hôtel de ville en 1648, le Koninklijk Paleis (Palais royal ; p. 43) à Amsterdam en est un magnifique exemple. Van Campen, l'architecte, opta pour des formes classiques et abandonna les nombreuses ornementations de De Keyser. Le résultat respire la gravité avec ses lignes et ses formes austères.

Cette nouvelle forme d'architecture convenait très bien aux hommes d'affaires de la ville qui faisaient construire des demeures en bordure de canal pour afficher leur succès. Malgré l'étroitesse des terrains, chaque édifice était surmonté d'un pignon, doté de sculptures et de formes multiples. Philips et Justus Vingboons étaient spécialisés dans ces résidences élégantes ; parmi leurs réalisations les plus connues figurent le Bijbels Museum (musée de la Bible ; p. 59) et des demeures disséminées dans la ceinture des canaux ouest d'Amsterdam.

La capitale n'est pas la seule à avoir vu fleurir cette superbe architecture. La Haye possède aussi des joyaux du XVIIe siècle, notamment le **Paleis Noordeinde** (carte p. 194 ; Noordeinde ; 🚋Kneuterdijk) et le Mauritshuis (p. 192) – de nombreux autres exemples bordent les magnifiques canaux de Leyde, de Delft et de Maastricht, entre autres.

Influence française

Au XVIIIe siècle, la classe aisée avait délaissé le commerce pour une vie plus rangée, dans la banque ou la finance ; les habitants passaient donc beaucoup plus de temps chez eux. À cette même période, les architectes néerlandais se mirent à adopter tout azimut le style français (ce qui refléta la domination française sur le pays) ; le mobilier Louis XV et les

LES PIGNONS

Parmi les trésors que l'on peut admirer aux abords des vieux canaux du pays, d'Amsterdam à Haarlem et ailleurs, figurent les magnifiques pignons – ces frontons qui ornent les élégantes demeures au bord de l'eau. Les pignons servaient à dissimuler le toit et à identifier les maisons, jusqu'à ce que les Français introduisent les numéros de rue en 1795. Par la suite, ils sont devenus de simples ornements.

Il existe quatre principaux types de pignons : le pignon simple en pointe, avec contours en diagonale et fenêtres semi-circulaires ou volets, servait principalement pour les entrepôts, des années 1580 au début du XVIIIe siècle ; le pignon à redents, élément de style gothique tardif utilis par des architectes de la Renaissance néerlandaise ; le pignon à cou, également appelé pignon en goulot, élément introduit durablement dans les années 1640 ; et, enfin, le pignon en cloche, apparu dans les années 1660 et prisé au XVIIIe siècle.

PALANS ET MAISONS PENCHÉES

Nombre des vieilles demeures le long des canaux penchent délibérément vers l'avant. Étant donné l'étroitesse des escaliers, les propriétaires de ces constructions cherchaient un autre moyen pour monter sans trop d'effort les marchandises et les meubles volumineux aux étages. Les pignons des maisons furent donc équipés de palans (mécanisme constitué de poulies et de cordes) afin de hisser les objets jusqu'aux fenêtres. L'inclinaison permettait de ne pas abîmer la façade. Certaines propriétés disposent même au grenier d'une énorme roue accompagnée d'une corde et d'un crochet qui s'enroulent autour d'une poutre.

Le fait de pencher vers l'avant fait également paraître les maisons plus grandes, il est donc aujourd'hui plus facile d'en admirer les façades et les pignons.

riches façades rococo faisaient fureur. L'architecture ne fut pas en reste. Daniel Marot (1661-1752), architecte et décorateur français, huguenot, exilé aux Pays-Bas, aidé de ses assistants Jean et Anthony Coulon, fut le premier à réaliser des intérieurs à la décoration de style français en accord avec l'extérieur des bâtiments. Le Lange Voorhout à La Haye présente de bons exemples de leur travail.

Néoclassicisme

Après l'interlude napoléonien du début du XIXe siècle, l'économie stagnait et l'architecture esthétique marqua un temps d'arrêt. Le néoclassicisme, considéré comme sûr et porteur, puisa à nouveau dans les modèles anciens grecs et romains. Connu pour son ordre, sa symétrie et sa simplicité, il fut utilisé pour les lieux de culte, les cours et autres bâtiments officiels.

L'hôtel de ville de Groningue (Stadhuis ; p. 243) en est un brillant exemple, même si l'utilisation de murs en brique est un élément purement néerlandais ; remarquez les piliers classiques. De nombreuses églises étant subventionnées par le ministère chargé de l'eau, elles ont été nommées Waterstaatkerk (église de l'eau de l'État), telle l'église solitaire de Schokland. Le néoclassicisme fut le style dominant jusqu'aux années 1860, plus prospères.

Fin du XIXe siècle

La fin du XIXe siècle fut marquée par le style néogothique (cathédrales majestueuses) et le style néo-Renaissance. Les catholiques retrouvèrent la liberté de culte et firent construire de nombreuses églises de facture néogothique.

À travers le pays, la nostalgie de la grandeur passée du Siècle d'or inspira le courant néo-Renaissance, très présent dans les premiers chefs-d'œuvre de De Keyser. Dans tout le pays, des édifices néo-Renaissance apparurent de façon à ressembler à ceux érigés trois siècles auparavant. La plupart des spécialistes s'accordent pour dire que ces édifices à pignon à redents, en pierre et en brique, représentent la quintessence de l'architecture néerlandaise classique.

Architecte majeur de son temps, Pierre Cuypers (1827-1921) réalisa plusieurs églises néogothiques, auxquelles il mêlait souvent le style néo-Renaissance. Mais son nom est surtout attaché à deux édifices emblématiques d'Amsterdam, la Centraal Station (gare centrale ; p. 52) reposant sur des milliers de pilotis, et le prestigieux Rijksmuseum (p. 72), renfermant des chefs-d'œuvre du Siècle d'or. Ces édifices principalement gothiques ou néogothiques sont composés d'ornements en brique de style Renaissance néerlandaise.

Si aujourd'hui elle semble presque ramassée à côté de ses voisins, la Witte Huis (Maison blanche, construite en 1898) aux 12 étages de Rotterdam fut le premier "gratte-ciel" d'Europe ; elle a survécu à la destruction de la ville en 1940.

Berlage et l'école d'Amsterdam

À l'approche du XXe siècle, Hendrik Petrus Berlage (1856-1934), père de l'architecture néerlandaise moderne, critiqua vivement les styles "néo" et leur attachement au passé, et prôna la simplicité et une utilisation rationnelle des matériaux : la Beurs van Berlage (1902 ; p. 53) à Amsterdam affiche pleinement ces idéaux. Berlage coopérait avec des sculpteurs, des peintres et des carreleurs, afin de s'assurer que la décoration accompagne la conception d'ensemble, et non qu'elle soit ajoutée pour dissimuler la structure. Le Gemeentemuseum (p. 193) de La Haye, dernière œuvre majeure de Berlage, est une mise en pratique encore plus ambitieuse de ces principes.

Berlage concevait les quartiers résidentiels comme un tout plutôt qu'une série de maisons individuelles. Il tient lieu de précurseur de ce qui devint l'école d'Amsterdam (env. 1916-1930) – certains de ses représentants rejetaient toutefois son rationalisme austère et préféraient des formes plus créatives. Michel de Klerk (1884-1923), Piet Kramer (1881-1961) et Johan van der Mey (1878-1949) comptent parmi les principaux représentants de l'école ; ce dernier en marqua les débuts avec son extraordinaire Scheepvaarthuis (p. 57), ancien siège de plusieurs compagnies maritimes, qui accueille désormais un hôtel.

La brique était le matériau de choix pour ces architectes qui concevaient les immeubles comme des sculptures, avec des angles arrondis, des fenêtres aux emplacements incongrus et des tours ornementales en forme de fusée. Leurs immeubles d'habitations à Amsterdam, tel le "Navire" de De Klerk, à l'ouest, ont des airs de forteresses de contes de fées, revisitées dans une version néerlandaise Art déco. Privilégier la forme sur la fonction conduisait à d'impressionnantes réalisations pas toujours faciles à vivre, avec de petites fenêtres et un espace peu optimisé.

Les aides au logement déclenchèrent une frénésie constructive dans les années 1920. À l'époque, de nombreux architectes de l'école d'Amsterdam travaillaient pour le conseil municipal et dessinaient les bâtiments de l'Oud Zuid (Vieux Sud). Cette grande expansion, menée par Berlage, exigeait des logements de qualité, de larges avenues et des places agréables.

Pour connaître toutes les personnalités du monde de l'architecture en Hollande, consultez www.architectenweb.nl. Le site présente aussi les projets commandés et ceux en cours.

Fonctionnalisme

Tandis que des édifices de l'école d'Amsterdam s'élevaient dans toute la capitale, une nouvelle génération d'architectes commença à se révolter contre l'aspect peu pratique (sans parler de leur coût) de ces constructions. En 1927, le groupe "de 8" se forma, influencé par le Bauhaus en Allemagne, Frank Lloyd Wright aux États-Unis et Le Corbusier en France, marquant le début du fonctionnalisme (1927-1970).

Des architectes tels que Ben Merkelbach (1901-1961) et Gerrit Rietveld (1888-1964) pensaient que la forme devait se plier à la fonction et prônaient l'utilisation de l'acier, du verre et du béton. Leurs agencements spacieux étaient pratiques et laissaient pénétrer la lumière ; à Utrecht, la superbe Rietveld-Schröderhuis (p. 159) est l'unique maison construite entièrement en suivant les lignes fonctionnalistes du mouvement De Stijl.

Après la guerre, le fonctionnalisme passa au premier plan et s'imposa dans les nouveaux faubourgs à l'ouest et au sud d'Amsterdam, ainsi que dans des villes ravagées par la guerre, comme Rotterdam. Les tours, construites à grande échelle, n'étaient pas suffisantes pour absorber l'accroissement et l'urbanisation de la population néerlandaise. Mais le fonctionnalisme tomba en disgrâce car l'ingéniosité du début se perdit dans des projets d'habitation bon marché pour le grand public.

Ci-dessus : Façades à pignon (p. 333), Amsterdam

Ci-contre : Rietveld-Schröderhuis (p. 159), Utrecht

Modernisme et derniers projets

Depuis les années 1980, la construction est en effervescence et les architectes ont pu s'essayer à de nombreux courants tels que le structuralisme, le néorationalisme, le postmodernisme et le super-modernisme.

On trouve des exemples de ces styles à Rotterdam, grand pôle architectural mondial – des surprenantes Boompjestorens en forme de cube de Piet Blom (1934-1999) au gracieux **Erasmusbrug** (carte p. 170 ; Ⓜ Wilheminaplein, Leuvehaven), le pont Érasme à haubans de Ben van Berkel (né en 1957). En réalité, la ville entière est une vitrine de l'architecture contemporaine. Plus haut bâtiment du pays, la MaasToren (tour de la Meuse) de 160 m devrait ainsi être surpassée en 2021 par la Zalmhaventoren (215 m). Flanquée de deux tours plus petites, cette "ville verticale" devrait d'accueillir quelque 492 appartements et équipements.

Non loin, les tours du trio De Rotterdam (p. 180) sont transparentes. Conçues par Rem Koolhaas (né en 1944), elles semblent s'animer lorsqu'on les voit à bord d'une voiture en mouvement. Enfant de Rotterdam, Koolhaas est un architecte très influent et son entreprise OMA a vu mûrir une nouvelle génération d'architectes. Elle construit actuellement un nouveau stade de football pour l'équipe de Rotterdam à Niewe Mass, qui sera en partie bâti sur l'eau. Ce projet devrait revitaliser le quartier de Feyenoord sur les bords de la Nouvelle Meuse.

D'autres exemples audacieux peuvent être admirés dans tout le pays, associant souvent références symboliques et ludiques. Ainsi, près de Bois-le-Duc, le complexe résidentiel Haverleij réinvente le paysage médiéval avec ses dix communautés entourées de fossés, ayant chacune son propre château et partageant des pâturages. À Bréda, une masse surréaliste recouverte de plaques en cuivre abrite un dôme calibré pour l'acoustique du Mezz, salle de concerts pop. À Zwolle, un Ovni aux plaques bleues réfléchissantes semble s'être posé sur le toit du très néoclassique Museum de Fundatie (p. 261).

Dans le centre de musique TivoliVredenburg (p. 164) d'Utrecht, quatre espaces (chacun dédié à un style musical) sont organisés autour et au-dessus de la salle symphonique d'origine, à la manière des rayons d'un magasin de disques. Le nouveau centre culturel Forum de Groningue, dont les travaux se sont achevés fin 2019, s'élève telle une pyramide géante sur la place principale. Enfin, à Amsterdam, le musée scientifique NEMO (p. 58) évoque un sous-marin émergeant des flots.

Paul Groenendijk et Piet Vollaard sont les auteurs de *Architectural Guide to the Netherlands*, un guide complet de l'architecture des Pays-Bas depuis 1900 classé par régions et abondamment illustré. Le site Web correspondants, www.architectureguide.nl, propose une liste des 100 édifices incontournables.

ART OU ARCHITECTURE ?

Pour certains artistes néerlandais contemporains, la frontière entre art et architecture est très mince. Dans son atelier de Nieuwkoop en Hollande-Méridionale, Daan Roosegaarde (né en 1979, www.studioroosegaarde.net, en anglais) repousse les limites séparant l'art de la technologie urbaine en fusionnant des installations artistiques novatrices dans l'environnement pour sensibiliser le public à l'écologie.

En 2017, son projet *Icoon Afsluitdijk* a transformé une partie de l'Afsluitdijk, digue de 32 km construite pierre par pierre en Hollande-Septentrionale, en un éco-paysage futuriste. À la nuit tombée, les phares de voitures se reflètent sur 60 vannes monumentales recouvertes de prismes lumineux, créant une ambiance féerique sur une route énergétiquement neutre. L'installation *Gates of Light* s'inscrit dans un projet titanesque du gouvernement, lancé en 2018, consistant à rénover la digue de 1930 pour la rendre énergétiquement neutre d'ici 2030, à l'instar de toutes les routes nationales.

De prime abord, la *Draaiend Huis* (2008) de John Körmeling, à Tilburg, ressemble à une maison comme les autres, bien qu'elle soit plantée au beau milieu d'un rond-point des années 1950 sur une voie rapide périurbaine. En y regardant de plus près, on note que la maison tourne autour du rond-point !

Le Nederlands Architectuur Instituut (www.nai.nl) à Rotterdam renseigne sur les dernières nouveautés concernant la construction et le design néerlandais et propose de bonnes rétrospectives sur les tendances qui ont façonné l'architecture du pays.

Erasmusbrug (p. 173), Rotterdam

La plupart des sites d'expérimentation sont des espaces ou des bâtiments dont les fonctions ont changé. Dans tout le pays, on ne compte plus les exemples réussis de transformations urbaines et de réaffectations créatives de bâtiments, alternative pérenne à la démolition. Des églises de Zwolle et de Maastricht ont été converties, l'une en librairie et l'autre en hôtel de luxe. À Eindhoven, l'immense parc industriel de l'entreprise Philips a été réaménagé, avec l'installation du Strijp-S : regroupant centre événementiel, salle de concerts, auberge de jeunesse et skatepark.

Sur la rive est de Maastricht, un quartier résidentiel conçu par une équipe internationale d'architectes de haut vol est sorti de terre sur le site d'une ancienne usine de céramique. Enfin, sur le chantier naval NDSM d'Amsterdam-Noord (p. 79), l'ancien atelier de soudure abrite désormais des studios d'art et de cinéma, d'anciens containers et des appartements pour étudiants, tandis que le chemin de roulement de la grue (Kranspoor) sert de base à un nouvel immeuble de bureaux.

Les berges de l'IJ à Amsterdam sont idéales pour découvrir les traditions néerlandaises du design urbain. Au nord-ouest de la Centraal Station, les constructions se multiplient dans le quartier de Houthaven, dont les sept îles artificielles renaissent de leurs cendres sous la forme d'un quartier résidentiel innovant. Le REM Eiland (p. 94), une ancienne plateforme perchée à 22 m d'où émettait autrefois une télévision pirate, abrite aujourd'hui un surprenant restaurant et un bar.

À l'est, le quartier en plein essor d'IJburg sort de terre sur un archipel d'îles artificielles, à 10 km du centre-ville. Reliées au continent par l'Enneüs Heerma Brug, pont aux courbes d'acier (surnommé pont Dolly Parton par les habitants), elles devraient héberger 45 000 personnes d'ici 2025. Une nouvelle ville s'élève là où autrefois se trouvaient des marais ; c'est toute l'histoire des Pays-Bas.

Environnement

Les Pays-Bas ont été patiemment façonnés par la main de l'homme. Partout où le regard se pose, des digues aux polders, tout semble admirablement bien planifié et organisé. René Descartes ne disait-il pas lui-même "Dieu créa le monde, mais les Hollandais créèrent la Hollande" ? Cet "arrangement" avec la nature résulte en grande partie d'une nécessité : il est difficile de vivre sous le niveau de l'eau. En aménageant ainsi le territoire néerlandais, l'écosystème est mis à rude épreuve.

Une terre façonnée par l'homme

Encadrés par la Belgique, l'Allemagne et les eaux agitées de la mer du Nord, les Pays-Bas occupent principalement des terres gagnées artificiellement sur la mer au fil des siècles. Les cartes du Moyen Âge nous offrent la curieuse vision d'un pays où manquent de larges pans de la Hollande-Septentrionale et de la Zélande. Aujourd'hui,

Ci-dessus : Barrage anti-tempête, Plan Delta (p. 220)

Les Pays-Bas n'ont pas volé leur nom (c'est d'ailleurs la traduction du néerlandais Nederland). Leur point le plus bas se trouve à Nieuwerkerk aan den IJssel, près de Rotterdam, situé 6,74 m en dessous du niveau de la mer. Leur point le plus haut, Vaalserberg dans le Limbourg, culmine à 323 m.

les 41 500 km² du pays équivalent à la superficie d'une région comme l'Aquitaine.

Le pays compte douze provinces au relief majoritairement aussi plat qu'une *pannenkoek* (crêpe hollandaise). Les seules collines dignes de ce nom se dressent à l'extrémité sud du pays, près de Maastricht. De formation relativement récente (moins de 10 000 ans), le sol à l'ouest et au nord se compose de tourbe et d'argile. La plus grande partie de cette région, gagnée sur la mer, se situe sous le niveau de l'eau.

Digues et polders

Les Néerlandais ont entrepris de créer de nouvelles terres au prix d'efforts titanesques. Au siècle dernier, trois gigantesques polders ont vu le jour grâce à des techniques astucieuses : le Wieringermeer en Hollande-Septentrionale, l'île-province du Flevoland et le Noordoostpolder (polder du Nord-Est) adjacent. La majorité de ces terres, plus de 1 700 km², ont été drainées après l'édification d'une digue qui ferma l'accès à la mer du Nord en 1932. Au total, 20% des terres du pays ont été gagnés sur la mer.

Impossible de parler des Pays-Bas sans mentionner l'eau, qui couvre près de 20% du territoire. L'éventualité d'une rupture des digues fait frémir plus d'un Néerlandais : si les 2 400 km des imposantes digues et dunes (pouvant atteindre 25 m de haut) des Pays-Bas venaient à céder, les métropoles seraient inondées. Les stations de pompage modernes qui ont remplacé les moulins à vent fonctionnent sans relâche.

Le risque d'inondation est plus élevé en Zélande, une province du Sud-Ouest qui s'apparente à un vaste estuaire où convergent l'Escaut, la Meuse, le Lek et la Waal. Les deux derniers sont des bras du Rijn (Rhin) qui achève ici sa course commencée dans les Alpes suisses. Quant à la Meuse, elle prend sa source en France puis passe par la Belgique avant de se jeter dans la mer du Nord, dans la région du Delta.

En 1953, des inondations dévastèrent la Zélande et ses alentours. Elle furent à l'origine de la mise en place du Plan Delta, l'un des plus grands projets de travaux publics au monde, mis en œuvre afin de prévenir de nouvelles inondations, avec la création de digues et d'immenses barrages anti-tempête.

Quantité de petites routes longent les digues, formant autant d'itinéraires cyclables prisés, comme celle près d'Alkmaar, en Hollande-Septentrionale. Elles permettent de se rendre compte à quel point, dans les canaux, les terres se trouvent sous le niveau de l'eau et d'apercevoir les anciens moulins à vent utilisés jadis pour le pompage de l'eau.

Faune et flore

La mainmise de l'homme a grandement influé sur la faune et la flore aux Pays-Bas. L'habitat naturel a rarement été laissé intact et plus de 10% des espèces sont importés. Si la faune et la flore ne cessent et ne cesseront d'évoluer, on relève une constante : les oiseaux s'y plaisent.

Il arrive en effet que l'activité humaine soit favorable à certaines espèces. Ainsi, dans la Gueldre, la section de la Waal traversant le Gelderse Poort (une zone de lacs, d'étangs, de marécages et de saules) a été élargie pour permettre le passage d'un flux plus important, attirant de nouvelles espèces d'oiseaux telles les avocettes. D'autres espèces reviennent aussi, comme la grande aigrette, qui peuplait la zone frontalière entre l'Autriche et la Hongrie jusqu'en 1988 et s'installa dans le Flevoland après la création de nouveaux polders, ou le pygargue à queue blanche dans le parc national du Biesbosch (p. 191). D'autres espèces sont introduites dans des réserves naturelles ; c'est le cas du bison d'Europe et des vaches Highland et Galloway dont le comportement, à l'instar de certaines espèces disparues, permet à l'environnement de retrouver son état d'origine.

Certains mammifères comme le renard, le blaireau et le daim ont trouvé refuge dans les parcs nationaux et les réserves naturelles. D'autres espèces, comme le sanglier, le mouflon et le cerf, ont été réintroduites dans des zones contrôlées.

PRINCIPAUX PARCS NATIONAUX ET RÉSERVES NATURELLES

NOM	CARACTÉRISTIQUES	ACTIVITÉS	MEILLEURE PÉRIODE
Parc national du Biesbosch (p. 191)	marécage couvert de roseaux (estuaire), bois	canoë, randonnée, vélo, observation des oiseaux	mars-septembre
Parc national des Dunes de Texel (p. 141)	dunes, lande, forêt	randonnée, vélo, observation des oiseaux, baignade	mars-septembre
Parc national de la Haute-Veluwe (p. 276)	marécages, forêt, dunes	randonnée, vélo, musée	toute l'année
Réserve naturelle Oostvaardersplassen (Flevoland)	marécage couvert de roseaux, prés	randonnée, vélo, pêche, observation des oiseaux,	toute l'année
Parc national de Schiermonnikoog (p. 239)	dunes, vasières, île sans voitures	randonnée, marche dans la vase, observation des oiseaux	mars-septembre
Parc national de Weerribben-Wieden (p. 266)	tourbières	canoë-kayak, randonnée, observation des oiseaux	toute l'année
Parc national du Zuid-Kennemerland (p. 122)	dunes, lande, forêt	randonnée, observation des oiseaux, vélo	mars-septembre

Les zones humides constituent une halte majeure pour les oiseaux migrateurs européens, en particulier le parc national Duinen van Texel sur l'île de Texel, la réserve naturelle Oostvaardersplassen dans le Flevoland et la région du Delta. Ainsi, une douzaine d'espèces d'oies (rieuse, à bec court, etc.) y passent l'hiver.

En ville, nombre de colverts, foulques, cygnes ainsi que de beaux grèbes à la calotte majestueuse fréquentent les canaux. Le gracile héron bleu pêche grenouilles et petits poissons dans les rigoles des polders. On l'aperçoit aussi aux abords de péniches en ville et à la campagne. Citons aussi le majestueux cormoran noir, un plongeur averti dont l'envergure peut atteindre 1 mètre.

Divers poissons évoluent dans les canaux et les estuaires. L'un des plus intéressants, l'anguille, prospère aussi bien dans l'eau douce que dans l'eau salée. Ces créatures se reproduisent dans la mer des Sargasses, au large des Bermudes, avant d'entreprendre leur périple jusqu'à la mer du Nord. Des colonies de phoques peuplent des bancs de sable autour de l'île de Texel ou au large de Groningue, où un centre d'accueil soigne les individus malades.

Il existe des milliers de variétés sauvages comme l'orchidée des marais (couronnée de petites fleurs roses) ou l'impératoire (aux gros bouquets de fleurs compacts). Les marécages plaisent à la salicaire, la massette et la stratiote, espèce rare de lys à fleurs blanches.

Des prés, principalement utilisés pour le pâturage, recouvrent une grande partie des terres non cultivées. Le climat tempéré permet à l'herbe de pousser et de rester verte la majorité de l'année dans les dunes comme dans les vasières et autour des lacs et des deltas marécageux. Les marais, la lande et les tourbières constituent l'autre paysage le plus commun. Les reliquats de forêts de chênes, de hêtres, de frênes et de pins font l'objet d'une gestion soigneuse.

La tulipe, fleur emblématique des Pays-Bas, a été importée puis exploitée à des fins commerciales, comme la majeure partie de l'horticulture du pays.

Parcs nationaux

Avec aussi peu de terres laissées intactes, les Néerlandais chérissent la moindre parcelle de nature, et c'est encore plus vrai en ce qui concerne leurs parcs nationaux (www.nationaalpark.nl). Si la première réserve naturelle date de 1930, il fallut tout de même attendre 1984 pour voir apparaître le premier parc national financé par l'État.

Aux Pays-Bas, les parcs nationaux ont une superficie relativement petite (la superficie minimale est fixée à 10 km^2). Les 20 parcs nationaux et réserves naturelles, qui affichent pour la plupart une taille moyenne de 64 km^2, sont tous d'une importance majeure en termes d'environnement et de paysages, qu'il s'agisse d'espaces naturels sauvages remarquables ou créés de la main de l'homme. Ils ne représentent toutefois que 3% du territoire, soit quelque 1 200 km^2. Le parc le plus au nord est celui de l'île de Schiermonnikoog (dans la Frise), celui le plus au sud, aux paysages en terrasses, à De Meinweg, dans le centre du Limbourg.

On recense 12 variétés de crustacés près des côtes, y compris le très invasif crabe chinois à mitaine. Au large, une surpêche chronique met en péril les réserves de cabillauds, de crevettes et de soles en mer du Nord, ce qui a entraîné la mise en place de quotas par l'Union européenne.

Certains parcs doivent autant leur popularité à leur richesse naturelle qu'à la qualité de leur centre d'accueil des visiteurs et de leurs expositions sur la faune et la flore. Créé en 1935, le parc de la Haute-Veluwe attire les visiteurs avec son paysage de dunes et de forêts, autrefois majoritaire dans cette région des Pays-Bas. C'est le seul parc payant.

Parmi les 19 autres parcs nationaux, Weerribben-Wieden dans la province d'Overijssel fait partie des plus importants. Ce parc protège un paysage autrefois défiguré par l'extraction de la tourbe. Il en va de même d'une grande partie de l'île de Schiermonnikoog, jadis habitée par une communauté cistercienne, mais classée par l'Unesco depuis 2009 dans le cadre de l'inscription au Patrimoine mondial de la région plus vaste de la mer des Wadden.

L'ORNITHOLOGIE POUR DÉBUTANTS

Certaines des espèces à portée de vue d'un amateur d'ornithologie :

Avocette élégante – Oiseau au bec retroussé et au plumage noir et blanc, espèce répandue dans la mer des Wadden et la région du Delta.

Pic noir – Il tambourine bruyamment en solitaire dans les bois, comme ceux du parc national de la Haute-Veluwe.

Gorgebleue à miroir – Son chant s'apparente au bruit d'un vélo en roue libre. Dans le parc national du Biesbosch, le Flevoland et la région du Delta.

Grande aigrette – Échassier répandu dans les régions marécageuses. Apparu dans le Flevoland au début des années 1990.

Busard des roseaux – Oiseau de proie planant au-dessus des roseaux et des terres arables.

Spatule – Jadis rare, ce curieux oiseau a proliféré sur les côtes de Zélande et des îles des Wadden.

Cigogne blanche – En voie d'extinction dans les années 1980, elle a vu sa population se redévelopper. Ses nids sont énormes.

MOULINS À VENT

Les moulins à vent sont indissociables de l'histoire des Pays-Bas et de leur combat contre les flots. Cette ingénieuse invention a permis de tirer profit des vents marins de la mer du Nord, très constants, afin de maintenir les flots à distance. Les premiers moulins à vent, apparus au XIIIe siècle, ont été utilisés pour pomper l'eau des terres plus basses que le niveau de la mer et la rejeter de l'autre côté des digues. Leurs fonctions se sont par la suite multipliées, comme en témoignent les quelque 1 200 moulins toujours debout.

Standerdmolen – Le plus ancien type de moulin à vent aux Pays-Bas. Le corps en bois peut pivoter. Utilisé essentiellement pour moudre le grain.

Wipmolen – Variation ultérieure du *standerdmolen* ; servait à pomper l'eau des polders. Le corps du moulin, plus petit, pivote sur une base pyramidale fixe.

Stellingmolen – Surélevé sur une plateforme haute afin de capter plus facilement le vent dans les zones urbaines, doté d'une passerelle autour de sa base d'où l'on peut faire pivoter le moulin et ajuster les ailes en fonction du vent. Utilisé pour la production de papier et d'huile. **De Gooyer** (Funenkade 5 ; 🚊10 Hoogte Kadijk) près de Brouwerij 't IJ à l'est d'Amsterdam, en est un bel exemple.

Tjasker – Dispositif où les ailes sont placées à l'extrémité d'un mât incliné qui sert de pompe. Les creuseurs de tourbe l'utilisaient pour abaisser le niveau de l'eau et faciliter leur travail. On en trouve dans le parc national de Weerribben-Wieden.

Rietmolen – Moulin miniature ressemblant à une girouette ; utilisé pour garder les roseaux humides lors de leur récolte.

Au milieu du XIXe siècle, les Pays-Bas comptaient plus de 10 000 moulins à vent en état de marche, mais l'invention de la machine à vapeur les a rapidement rendus obsolètes. Il y a quelques années, à la fin du XXe siècle, ils n'étaient plus que 950 à fonctionner, mais ce chiffre s'est stabilisé et la conservation des survivants suscite plus d'intérêt qu'avant. Le gouvernement néerlandais a d'ailleurs ouvert une école formant des exploitants de moulins à vent en trois ans, qui doivent posséder une licence.

Faire tourner un moulin un jour de vent est aussi complexe que de manœuvrer un grand bateau à voile, et quiconque a déjà entendu les énormes poutres craquer à l'intérieur d'un moulin peut témoigner des similitudes. Le principal risque est que le moulin s'emballe, et que les ailes tournent si vite qu'il soit impossible de les ralentir. Bien souvent, ce scénario se solde par la désagrégation pure et simple du moulin.

Si l'on rencontre aujourd'hui davantage de parcs éoliens que de moulins dans les campagnes, ils sont toujours nombreux dans le pays.

À Kinderdijk, près de Rotterdam, une kyrielle de moulins sont installés dans un décor classique de polder. Pour les voir tourner et connaître leur fonctionnement, direction Zaanse Schans (p. 125) près d'Amsterdam.

Pendant la Journée nationale des moulins, qui a généralement lieu le deuxième samedi de mai, presque tous les moulins en état de marche du pays sont ouverts au public. Cherchez ceux qui affichent de petits drapeaux bleus.

Écologie

La population néerlandaise est largement sensibilisée aux problèmes environnementaux. La densité de population, le nombre de voitures en circulation, l'industrialisation, l'agriculture intensive et plus d'un quart du pays sous le niveau de la mer l'imposent.

Dès les années 1980, les gouvernements néerlandais successifs ont commencé à entériner des programmes de réduction de la pollution industrielle et agricole. Ils ont aussi familiarisé les foyers avec le recyclage. Tout le monde s'accorde sur la nécessité du recyclage, mais pas sur les méthodes ou les responsables de la tâche. Une solution de financement consiste à faire payer pour les déchets non triés.

IURII BURIAK/SHUTTERSTOCK ©

Ci-dessus : Pic noir (p. 342)

Ci-contre : Éoliennes, Flevoland (p. 152)

Vache frisonne Holstein

Par ailleurs, il a été prouvé que le forage du gaz naturel dans la province du Groningue entraînait une augmentation de l'activité sismique dans la région (un séisme de magnitude 3,4 sur l'échelle de Richter a secoué certaines villes du nord-est du pays début 2018), poussant le gouvernement à plafonner de façon drastique la production de gaz dans la région, avec, pour ambition, l'arrêt complet du forage d'ici 2022. Actuellement, 40% de l'énergie du pays provient du gaz.

Voiture

La passion des Néerlandais pour le vélo ne les empêche pas d'aimer disposer d'une voiture. En dépit de la qualité et des tarifs modérés des transports publics, le nombre d'immatriculations de voitures a fortement augmenté ces vingt dernières années. L'utilisation de véhicules par des particuliers est aujourd'hui environ 50% plus élevée qu'à la fin des années 1980. Le prix exorbitant du stationnement et des contraventions, la rareté des places de parking et la fermeture de rues aux automobilistes ont toutefois contribué à réduire la circulation en centre-ville.

Hors agglomération, le réaménagement de routes secondaires donnant la priorité aux cyclistes contraint les automobilistes à circuler sur une voie. Associée à une offensive urbaniste pour la construction de pistes cyclables séparées, cette politique a permis de réduire l'utilisation de la voiture.

Tandis que, partout dans le monde, les automobilistes soucieux de l'environnement passent à la voiture hybride, les Néerlandais optent pour le vélo électrique. Ils possèdent 1,5 million de ces deux-roues à batterie, un moyen idéal pour se rendre au travail et faciliter les longs trajets. C'est peut-être pour cela qu'ils pédalent presque 30% de kilomètres en plus qu'il y a cinq ans, atteignant 1 018 km par an en moyenne.

Les poissons d'eau douce comme la brème bordelière, le rotengle, le brochet, la perche, l'épinoche et la carpe apprécient l'environnement des canaux. Pour en voir de plus près, cap sur l'aquarium reproduisant l'habitat d'un canal amstellodamois à l'Artis Royal Zoo d'Amsterdam.

Eau

Les effets du réchauffement climatique sont flagrants aux Pays-Bas. Au cours du XXe siècle, les hivers sont devenus moins longs et plus doux. L'Elfstedentocht (p. 226), course longue distance en patins à glace, pourrait bien disparaître car les canaux dans le nord de la Frise gèlent rarement de façon suffisante (la dernière course date de 1997). Le service national de météorologie néerlandais (KNMI) estime que cette course ne pourra se tenir que de quatre à dix fois au XXIe siècle. Malgré le froid et l'humidité, les hivers aux Pays-Bas n'ont plus rien à voir avec les paysages entièrement gelés des tableaux de la Renaissance.

Pour un pays dont 26% des terres se trouvent en dessous du niveau de la mer, une montée des eaux pourrait être catastrophique. Si le niveau des eaux monte de 20 cm par siècle (selon les estimations), le pays pourrait théoriquement être englouti, tel l'Atlantide, ou du moins subir des inondations très fréquentes dans les siècles à venir. La gestion de l'eau revêt donc une importance cruciale pour les Néerlandais, qui, au fil des ans, ont façonné leur paysage pour se protéger des flots.

Dans le cadre des grands travaux du Plan Delta, reconnu comme l'une des Sept merveilles du monde moderne par la Société américaine de génie civil, des barrages et des barrières anti-tempête ont été érigés contre les inondations. Les grandes villes ont aménagé des déversoirs pour recueillir l'eau en cas de fortes précipitations. Ainsi, le Benthemplein de Rotterdam peut-il contenir 1,7 million de litres d'eau. En outre, dans tout le pays, des toits végétalisés sont plantés de variétés dont le feuillage absorbe l'eau.

De l'espace pour les rivières

Le niveau de la mer monte et le débit des rivières augmente. En 1995, une forte tempête a failli faire déborder les rivières, et des milliers d'habitants ont dû être évacués, notamment à Nimègue aux abords de la Waal. Cet incident a été le catalyseur d'un projet d'envergure nationale de 2,3 milliards d'euros visant à élargir les rivières du pays et à construire des digues plus élevées et plus éloignées des cours d'eau.

Plus de 30 projets d'excavation de plaines d'inondation, de déplacement de digues et d'enlèvement d'obstacles sur les cours d'eau sont en cours le long de la Wall, du Lek, du Nederrijn, de l'IJssel et de tous leurs affluents. Le projet baptisé "Place aux rivières" est voué à créer davantage d'espace pour les environnements naturels et semi-naturels. Si certaines espèces reviennent, c'est non seulement grâce aux nouveaux habitats créés, mais aussi parce que les rivières sont plus propres.

Les terres ne représentent que 81,6% de la surface totale du pays, soit 33 833 km^2, dont environ 7 000 km^2 ont été gagnées sur la mer. Les polders forment 60% des paysages du pays. Un record mondial.

Agriculture

Les Pays-Bas sont l'un des principaux pays avicoles du monde industrialisé avec quelque 100 millions de poulets. Ainsi, on dénombre six fois plus de poulets que d'habitants et environ autant de porcs que d'habitants. L'élevage et l'agriculture intensifs, pierres angulaires de l'agriculture néerlandaise depuis 1945, ont fait la fortune du pays. Cependant, l'inquiétude sur la qualité des nappes phréatiques conduit à pointer du doigt l'agriculture intensive, ainsi que les pesticides, les produits chimiques et les déchets animaliers afférents. Dans le Sud, la province du Brabant-Septentrional a été la première à limiter la taille des exploitations et à interdire les antibiotiques dans la nourriture pour animaux.

On accorde plus d'attention au développement durable. L'alimentation biologique gagne en popularité et l'importante industrie agricole se rend compte que profits et pratiques écologiques ne sont pas incompatibles. Une démarche consiste à rendre les serres plus efficaces en les chauffant grâce aux aquifères chauds et en récupérant le CO_2 généré par les sous-produits de leur propre fonctionnement.

Un tiers des vaches laitières de la planète sont de race frisonne pie noir (Holstein Friesian). Cette race à la robe noire et blanche originaire du nord des Pays-Bas sert souvent d'effigie dans des publicités.

La cuisine néerlandaise

La scène culinaire des Pays-Bas ne figure certes pas au palmarès mondial, mais elle commence néanmoins à s'enrichir. Copieuse, roborative, généreuse sont les adjectifs qui la décrivent le plus souvent, car, traditionnellement, on accorde peu d'attention à la cuisine, tous les efforts se concentrant sur le travail... Toutefois, l'inventivité des Néerlandais se retrouve aussi en cuisine et la nouvelle génération de chefs s'emploie à donner plus de noblesse à son humble héritage, en lui apportant un souffle de modernité.

Au menu

Cuisine néerlandaise

Avec *Les Mangeurs de pommes de terre*, Van Gogh a parfaitement représenté l'ingrédient principal de la cuisine traditionnelle. Souvent bouillies, elles sont généralement accompagnées de viande et de légumes, eux aussi cuits à l'eau, et d'une sauce au jus de viande. Peu élaboré, mais nourrissant.

Rares sont les restaurants servant exclusivement des recettes néerlandaises, mais la plupart proposent une sélection de plats traditionnels, surtout en hiver. Voici quelques incontournables :

stamppot – plat à base de purée de pommes de terre et de légumes (chou frisé, choucroute ou endive) servi avec une saucisse fumée ou du bacon. Parfait en hiver.

hutspot – ragoût comparable au hochepot du nord de la France, avec des pommes de terre, des carottes, de la viande braisée et des épices. Ce plat est originaire de Leyde, où la recette aurait été transmise par les occupants espagnols, puis adaptée.

erwtensoep – soupe de pois avec oignons, carottes, saucisse fumée et bacon. Parfois si épaisse que la cuillère tient toute seule ! Servie uniquement en hiver.

asperges – blanches et charnues, surtout cultivées dans le Limbourg et le Brabant-Septentrional ; très appréciées en saison et servies avec du jambon et du beurre.

kroketten – croquettes, en stick ou cylindriques, composées de différents ingrédients (souvent à base de viande de ragoût), panées puis frites. Les *bitterballen*, rondes, sont souvent servies dans les pubs, accompagnées de moutarde.

mosselen – moules cuites au vin blanc, avec des poireaux et des oignons émincés, et accompagnées de frites (ou *patat*) ; se consomment de septembre à avril.

L'agneau occupe une place de choix sur les cartes des restaurants, le plus réputé venant de l'île de Texel. Près du littoral, poissons et fruits de mer sont à l'honneur, notamment comme en-cas. Le hareng (*haring*) est une institution nationale à déguster légèrement salé ou au vinaigre. L'anguille (*paling*), généralement fumée, est également très prisée. Sur les marchés, on propose souvent des beignets de cabillaud (*kibbeling*).

Au dessert, les cafés servent de la tarte aux pommes (*appeltaart*) accompagnée de crème fouettée (*slagroom*). Délicieuse tarte fourrée aux fruits ou d'une subtile crème à la cannelle onctueuse et recouverte d'un crumble, le *Vlaai* est la spécialité du Limbourg (au sud-est du pays).

100% LOCAL

Véritable institution nationale, le hareng est sans doute l'en-cas préféré des Néerlandais. Les habitants aiment faire découvrir ce mets typique aux visiteurs, parfois surpris de les voir gober un de ces poissons crus sans façons. Le hareng se consomme aussi découpé en morceaux, salé ou mariné et accompagné d'oignons ou de cornichons. On le trouve sur d'innombrables étals à travers le pays – repérez les mots *haring* ou *Hollandse nieuwe*. En mai, la saison des harengs frais est source de réjouissances !

Autre régal : le *drop*, un bonbon originaire de Hollande à base de réglisse. Les Néerlandais en raffolent et en consommeraient 30 millions de kilos par an. Son goût particulier, qui rappelle celui des médicaments de notre enfance, peut déplaire.

Enfin, toutes les villes comptent au moins une adresse où savourer des *pannenkoeken* (crêpes), souvent accompagnées, entre autres délices, de fruits et de cannelle. Version miniature, les *poffertjes* sont une sorte de mini-blinis saupoudrés de sucre glace et arrosés de beurre. Les étals des marchés en vendent souvent de toutes fraîches.

Les délicieuses *Vlaamse frites* viennent en fait de Belgique. Ce sont des frites préparées avec des pommes de terre entières, et non avec des flocons comme celles que l'on vous servira si l'enseigne annonce seulement *frites*. Traditionnellement, on les trempe dans la mayonnaise, mais vous pouvez demander du ketchup, de la sauce curry, à l'ail ou tout autre accompagnement.

Fromages

Certains Néerlandais affirment qu'il fait grandir, d'autres qu'il donne des cauchemars… Quoi qu'il en soit, le fromage (*kaas*) demeure l'une des grandes spécialités des Pays-Bas, où la consommation annuelle atteint 18,6 kg par personne (les Français, champions du monde en la matière, en consomment près de 26 kg).

Le gouda représente près des deux-tiers des ventes de fromage. Les variétés les plus goûteuses offrent des saveurs puissantes et complexes, qui se marient bien avec un verre de vin. On le classe en plusieurs catégories selon son âge : *jong* (jeune), *belegen* (mature) et *oud* (vieux), ce dernier révélant une pâte dure et une grande richesse d'arômes. L'*oud amsterdammer*, friable et orange foncé, est un vrai régal.

L'édam est comparable au gouda, bien qu'un peu plus sec et moins crémeux. Le *leiden* est également réputé. De saveur délicate, il est généralement truffé de graines de cumin ou de carvi.

Dans les magasins, vous trouverez d'innombrables variétés de fromages méconnues en dehors du pays. Spécialité de la Frise, le *nagelkaas* est fabriqué à base de babeurre, de jus de persil et de graines de carvi. Le *kruidenkaas* comporte des ingrédients comme le fenouil, le céleri, le poivre ou l'oignon. Le *graskaas* correspond à du gouda de nouvelle récolte, à base de lait de vaches nourries à l'herbage des prés.

Cuisine indonésienne

La cuisine indonésienne, héritage de l'époque coloniale, est le fruit d'un complexe mélange de cultures. Les piments, la sauce à l'arachide et le curry proviennent de Thaïlande, la citronnelle et la sauce au poisson, du Vietnam ; les épices viennent d'Inde alors que les méthodes culinaires sont asiatiques.

Aux Pays-Bas, les recettes sont en général adaptées au palais occidental. Si vous aimez les plats relevés, demandez-les *pedis* (prononcez "pidis") et accrochez-vous. Par précaution, réclamez du *sambal* (pâte de piment) et servez-vous à votre guise. Le *sambal oelek* est rouge et épicé, tandis que le *sambal badjak*, marron foncé, est à base d'oignons et est doux et sucré.

Le plat le plus prisé est le *rijsttafel* ("table de riz") : un ensemble de petites portions relevées – bœuf braisé, satay de porc et travers de porc –, servies avec du riz blanc. Le *nasi rames* comprend une assiette de riz agrémenté de plusieurs condiments. Le *bami rames* est une variante avec des nouilles épaisses.

Les meilleures frites

- *Vleminckx, Amsterdam*
- *De Haerlemsche Vlaamse, Haarlem*
- *Friture Reitz, Maastricht*

Cuisine surinamaise

Les plats de cette ancienne colonie néerlandaise ont des origines caribéennes associées à des saveurs africaines et indiennes, et saupoudrées d'influences indonésiennes introduites par les ouvriers javanais. Curries de poulet, d'agneau ou de bœuf figurent souvent au menu, accompagnés de riz ou en garniture d'un *broodjes*, l'indétrônable sandwich. Le *roti*, galette à la farine de pois chiche garnie de pommes de terre au curry, haricots kilomètre (*long beans*) et viande (ou en version végétarienne), est bon marché et nourrissant.

Végétariens

Seuls environ 4% des Néerlandais se déclarent végétariens. À l'extérieur des grandes agglomérations, vous aurez du mal à trouver un restaurant qui respecte strictement ce régime. Le plupart des établissements proposent néanmoins quelques plats sans viande. Renseignez-vous avant de passer commande, car il n'est pas toujours certain que la viande ou le poisson soient complètement absents des plats (la viande est omniprésente). Les innombrables snacks-bars surinamais servent généralement des sandwichs au tofu ou au tempeh. Comme ailleurs en Europe, les restaurants végans font leur apparition dans les grandes villes.

Boissons

En néerlandais, *borrel* signifie simplement une "boisson" alcoolisée, souvent un spiritueux, et notamment un *jenever* (gin néerlandais). Être invité à un *borrel* signifie participer à une réunion informelle pour boire un verre et discuter, souvent en grignotant quelque chose, par exemple des *borrelhapjes* (en-cas servis dans les bars), tels que des *borrelnootjes* (cacahuètes recouvertes d'une couche pimentée croustillante), ou des *kroketten* (croquettes), comme les *bitterballen* (petites croquettes rondes à la viande) ; leur nom de "*bitter*", "amer" en néerlandais, vient du fait qu'elles étaient servies avec des alcools amers, comme le *jenever*.

Toutes les occasions sont bonnes pour un *borrel* : un anniversaire, un coucher du soleil, la fin d'une journée de travail (le *vrijdagmiddagborrel*, souvent abrégé en *vrijmibo*, ou simplement *vrimibo* : un verre pris avec les collègues le vendredi soir). Si vous voyez un groupe de Néerlandais sortir d'un café brun une bière à la main, c'est certainement un *borrel* ; peut-être aurez-vous l'occasion de vous joindre à eux !

Café et thé

Le café est la boisson chaude par excellence aux Pays-Bas (ce sont d'ailleurs les négociants d'Amsterdam qui introduisirent le café en Europe). Il est servi dans une tasse, souvent accompagné d'un cookie.

Si vous commandez un *koffie*, on vous servira une grande tasse de café noir et un petit pot de *koffiemelk*, à la consistance de lait concentré. Le *koffie verkeerd* ressemble au *latte*.

Les vrais amateurs de café seront peut-être déçus, mais les adresses d'expresso artisanal gagnent du terrain : la chaîne néerlandaise The Coffee Company et les torréfacteurs artisanaux et micro-torréfacteurs se multiplient un peu partout dans le pays. Bon nombre de baristas torréfient leurs grains à l'arrière de leur propre café et ont recours à des méthodes très pointues (goutte à goutte, infusion à froid, expresso, etc.).

Parmi les torréfacteurs néerlandais à suivre de près, citons Man Met Bril (p. 180) et Giraffe à Rotterdam (parmi une dizaine de torréfacteurs installés dans la deuxième ville des Pays-Bas), Brinks près de Nimègue dans le centre du pays et Keen Coffee à Utrecht. À Amsterdam, les bonnes adresses sont notamment **White Label** (☎020-737 13 59 ; whitelabelcoffee.nl ; Jan Evertsenstraat 136 ; ⏲8h-18h lun-ven, 9h-18h sam-dim ; 🚊7/13 Mercatorplein), Lot Sixty One (p. 103), **Two for Joy** (Haarlemmerdijk 182 ; ⏲9h-18h ;

Festivals gastronomiques

Taste of Amsterdam *(www.tasteofamsterdam.com ; début juin). Les meilleures tables d'Amsterdam servent leurs spécialités sur les rives de l'Amstel.*

Food Truck Festival Trek *(www.festival-trek.nl ; mi-mai à mi-sept). Huit villes des Pays-Bas accueillent des dizaines de food trucks et des concerts pour un festival mémorable.*

Preuvenemint *(www.preuvenemint.nl ; Maastricht ; fin août). Proclamé plus grand festival gastronomique du pays, il rassemble les restaurants du sud de la ville.*

PAS DE CONFUSION !

Aux Pays-Bas, il est essentiel de comprendre la différence entre un *coffee shop* (café où l'on fume du cannabis), un *koffiehuis* (se dit aussi "*coffee shop*" en anglais, un établissement servant du café artisanal) et un *café* (bar).

Si un *coffee shop* peut servir du café (jamais d'alcool), il vend essentiellement du cannabis. Il est interdit de fumer (tabac ou autre) dans tous les *cafés*.

3 Haarlemmerplein), Monks Coffee Roasters (p. 102), **Bocca** (carte p. 64 ; 321 314 667 ; www.bocca.nl ; Kerkstraat 96 ; 8h-18h lun-ven, 9h-18h sam-dim ; Prinsengracht) et **Sweet Cup** (carte p. 64 ; www.sweetcupcafe.com ; Lange Leidsedwarsstraat 101 ; 8h-18h mer-ven, 10h-18h sam-dim ; 1/2/5 Leidseplein).

Le thé est généralement servi en sachet, dans une tasse ou dans une théière. Si vous souhaitez du lait, dites "*met melk, graag*". Nombre de Néerlandais l'apprécie avec une rondelle de citron.

Bière

Les Néerlandais ont une passion pour la bière, associée aux bons moments entre amis ou aux soirées à faire la fête jusqu'au petit matin. Cet amour inconditionnel remonte au XIVe siècle pour un pays qui a compté jusqu'à 559 brasseurs. La pils (pilsner), blonde limpide au net goût de houblon, est la version la plus fréquente.

La bière se sert bien fraîche, avec une bonne quantité de mousse. *Een bier*, ou *een pils*, correspond à une pinte, *een kleintje pils*, à un demi ; *een fluitje* est un verre de bière haut et fin (qui peut être rempli plusieurs fois).

La Heineken est la bière néerlandaise la plus connue au monde. Toutefois, sur son territoire, elle est plutôt considérée comme la bière du pauvre. Amstel (filiale de Heineken) est une autre marque de renom, tout comme Grolsch (p. 268) – visitez sa brasserie à Enschede, dans la Twente –, commercialisée à l'étranger. La plupart des bières contiennent environ 5 degrés d'alcool.

Les Pays-Bas comptent par ailleurs une multitude de petites brasseries dignes d'intérêt, comme Gulpener (de Gulpen dans l'est du Limbourg), Jopen (p. 124) (Haarlem), Drie Ringen (p. 166) (Amersfoort), Leeuw (Leeuwarden) et Hettinga (Zwolle). La Trappe (p. 296) (dont la brasserie, près de Tilburg, se visite) et la Zundert (brassée à Zundert, ville natale de Van Gogh, dans le Brabant-Septentrional) sont des bières trappistes. Les bières fortes produites par la Brouwerij 't IJ (p. 100) d'Amsterdam sont vendues à la pression dans certains pubs de la ville – goûtez la Columbus (9 degrés).

D'autres brasseries locales méritent une halte, par exemple Texelse Bierbrouwerij (p. 146) à Texel, Stadsbrouwerij De Pelgrim (p. 186) à Rotterdam, **Oudaen** (carte p. 157 ; 030-231 18 64 ; www.oudaen.nl ; Oudegracht 99 ; 8h-1h lun-sam, 8h-23h dim) à Utrecht et **De Hemel** (Heaven ; carte p. 271 ; 024-360 61 67 ; www.brouwerijdehemel.nl ; Franseplaats 1, Commanderie van St Jan ; visite guidée avec dégustation 11-15,50 € ; 13h-17h sam-dim) à Nimègue. De plus, toutes les villes ou presque abritent au moins un café ou un bar proposant un vaste choix de bières.

Au printemps ou en automne, ne ratez pas l'occasion de goûter les bières de type bock, comme la Lentebok (printemps) et l'Herfstbok (automne). Dégustez-les à Utrecht au **Café Ledig Erf** (carte p. 157 ; www.ledigerf.nl ; Tolsteegbrug 3 ; 10h-2h), qui organise un festival de la bière bock durant un week-end d'automne, ou au Bokbierfestival (www.facebook.com/bockbierfestival), le plus grand et le plus réputé des festivals de la bière des Pays-Bas, qui se tient tous les ans fin octobre à Amsterdam pendant trois jours.

Amsterdam Coffee Festival
(www.amsterdamcoffeefestival.com). Baristas néerlandais, art du latte en live, musique, ateliers de mixologie de café et marché alimentaire de rue très tendance pendant trois jours... un rendez-vous annuel incontournable pour les amateurs du petit noir.

Autres alcools

Il n'y a pas que la bière aux Pays-Bas : les Néerlandais apprécient aussi les alcools forts. Bien avant la fabrication du gin, ils distillaient le vin de malt (pour des raisons médicales et pour aider les marins à tenir en mer plusieurs mois d'affilée) que l'on nomme, aujourd'hui, le *jenever* (ya-nay-ver ; gin néerlandais, également appelé *genever*). Il doit son nom aux baies de genièvre qui furent plus tard ajoutées pour aromatiser cette eau-de-vie traditionnellement servie bien fraîche dans un petit verre rempli à ras bord. La distillerie Wynand Fockink (p. 99) à Amsterdam, qui date de 1679, est l'endroit idéal pour découvrir et déguster du *jenever*.

Le *jonge jenever* (jeune), est généralement moelleux et se boit plus aisément que l'*oude jenever* (vieux), plus sombre et au goût prononcé – que l'on finit par apprécier après un certain temps. Les Néerlandais pratiquent parfois le *kopstoot* ("coup de tête"), à savoir un verre de *jenever* suivi aussitôt d'une bière – rares sont ceux capables d'enchaîner plus de deux ou trois verres de ce cocktail.

Les Pays-Bas offrent aussi quantité de liqueurs locales, dont l'*advocaat* (sorte de lait de poule) et le *Beerenburg*, un schnaps de la Frise à base d'herbe fabriqué depuis des siècles à la Weduwe Joustra (p. 230) dans la petite ville frisonne de Sneek. La distillerie artisanale, tenue par la cinquième génération, possède un petit musée où sont expliqués les procédés de fabrication. La boutique vend des bouteilles en céramique de Beerenburg FS et Beerenburg FSOB, tous deux à 38 degrés, vieillis respectivement pendant trois et cinq ans dans des fûts de chêne pour créer le digestif frison par excellence.

Aucune distillerie ne propose autant de parfums et de produits locaux que Mr Mofongo (p. 249) à Groningue : le nombre de liqueurs, vodkas et gin au gingembre, thym et multiples autres arômes donne le vertige.

Sites Web gourmands

Lekker (*www.lekker.nl*). *Les derniers établissements ouverts, et plus de 9 000 restaurants et cafés de tout le pays référencés et commentés.*

Amsterdam Foodie (*www.amsterdamfoodie.nl*). *Une multitude de restaurants commentés.*

Your Little Black Book (*www.yourlittleblackbook.me*). *Les nouveautés à ne pas manquer à Amsterdam.*

Où se restaurer et prendre un verre

Les restaurants ne manquent pas et sont adaptés à tous les goûts et budgets. Dans bon nombre d'établissements de catégorie supérieure, le chef ne propose que des menus complets concoctés au jour le jour accompagnés de vins choisis. Plutôt décontractés, les *eetcafés* sont des brasseries bon marché fréquentées par une clientèle locale.

Cafés

Amsterdam abrite à elle seule plus d'un millier de cafés ! Dans un pays qui accorde une grande importance aux relations sociales et à la conversation, les cafés occupent une place à part. On y peut passer des heures à discuter entre amis. La moindre bourgade abrite son café, que ses fidèles clients considèrent parfois comme une deuxième maison.

De nombreux cafés possèdent une *terras* (terrasse), très appréciée en été, parfois couverte et chauffée l'hiver. La plupart servent des en-cas, comme les traditionnelles *bitterballen* (petite croquettes rondes à la viande), mais aussi éventuellement de savoureux repas complets.

L'ART D'ÊTRE GEZELLIG

Voici un art de vivre typiquement néerlandais, à découvrir surtout dans les cafés bruns (les bistrots traditionnels). On pourrait traduire le mot par douillet, accueillant, confortable, décontracté ou encore convivial, mais la "*gezelligheid*", ou l'art d'être "*gezellig*", doit avant tout se vivre. Il y a l'idée de faire une pause, de profiter de l'instant en mettant tous ses soucis entre parenthèses, au moins un temps. Une sensation douce et qui réchauffe le cœur, que l'on peut éprouver en diverses occasions, souvent en partageant un verre avec des amis.

AU RESTAURANT

Réservations Pensez à réserver dans les restaurants de catégorie supérieure.

Ne restez pas sur votre faim Attention, les cuisines ferment tôt aux Pays-Bas. Dans les petites localités, prévoyez de dîner avant 20h, sous peine de devoir vous rabattre sur un café ou un stand de snack nocturne (qui peuvent s'avérer une bonne surprise).

Pourboire Il est d'usage de laisser un pourboire modéré. Arrondissez la note à l'euro supérieur, ou comptez environ 5%. Un pourboire de 10% est très généreux. Si votre addition s'élève à 9,50 €, il est correct de laisser un billet de 10 €. Si vous payez par carte bancaire, annoncez le montant que vous souhaitez payer, pourboire compris.

Paiement De nombreux restaurants refusent les cartes bancaires qui n'ont pas de puce électronique. Lorsqu'ils les acceptent, certains prennent une commission de 5%. Vérifiez à l'avance. Récemment, certaines adresses n'acceptaient pas non plus le liquide, mais uniquement les cartes bancaires européennes.

Économies Le *Dagschotel* est le plat du jour. Le *dagmenu* est un menu complet, de trois plats, ou plus. Prendre le petit-déjeuner au café revient assez cher, pensez plutôt aux boulangeries.

Les fameux *bruin cafés* (cafés bruns) des Pays-Bas doivent leur nom aux traces laissées par des siècles de fréquentation… et de fumée de cigarette. Le plancher est parfois couvert de sable (pratique pour absorber la bière renversée) et les tables sont protégées par de petits tapis.

Les "grands cafés" sont vastes, élégants et dotés d'un mobilier confortable. Beaucoup ont conservé la tradition de proposer les journaux du jour et des magazines (il y en a souvent en anglais) sur une table de lecture, dans la salle. Tous affichent un menu, parfois très recherché. Ils sont parfaits pour un brunch ou un dîner avant une soirée au théâtre.

Les cafés des théâtres leur sont souvent assez comparables. Généralement attenants au théâtre ou au sein de celui-ci, ils servent des repas avant la représentation et des boissons après. S'ils peuvent être l'occasion d'apercevoir les artistes après le spectacle, ces lieux sont, dans l'ensemble, très agréables à tout moment de la journée.

Sur le pouce

Les *broodjeszaken* (sandwicheries) et les snacks ne manquent pas. Des petites échoppes libanaises et turques servent *shoarma – chawarma*, un kebab formé de tranches d'agneau rôti à la broche dans un pita roulé – et pizza turque (*lahmacun*), un pain plat roulé, garni de viande hachée épicée, de salade et de sauce.

Nés dans les années 1940 à Amsterdam, les snacks de la chaîne de fast-food FEBO fonctionnent comme des distributeurs automatiques. Aujourd'hui, on les trouve dans tout le pays, où ils font le bonheur des fêtards à toute heure de la nuit.

Frikandel préparation de viande cuisinée sous forme de saucisse panée, très addictive.
Kaas soufflé chausson pané frit fourré au fromage fondu.
Bami nouilles à l'indonésienne avec légumes, présentées dans de grosses croquettes frites.
Kroketten (Kipcorn) croquettes panées et frites à l'agneau, au bœuf, au satay ou sans viande.
Broodje bal boulettes de viande en sandwich.

Pays-Bas pratique

Carnet pratique

Alimentation

Les Néerlandais se montrent toujours prêts à adopter le meilleur de la cuisine du monde, ainsi que la cuisine végétarienne ou végane, tout en mettant à l'honneur les produits locaux de saison et la cuisine traditionnelle néerlandaise développée au fil des siècles. Reportez-vous au chapitre sur la cuisine néerlandaise (p. 347) pour les détails des plats, des boissons et des lieux où se restaurer lors d'un voyage aux Pays-Bas.

Ambassades et consulats

Amsterdam, capitale du pays, héberge plusieurs consulats, mais la plupart des ambassades sont situées à La Haye, siège du gouvernement. Vous trouverez une liste des consulats et ambassades dans le monde entier sur le site du **gouvernement des Pays-Bas** (www.government.nl ; rubriques Topics, Migration and Travel).

Ambassades et consulats étrangers aux Pays-Bas

Belgique (consulat honoraire ; ☎20-570 56 20 ; www.netherlands.diplomatie.belgium.be ; Dijsselhofplantsoen 7, Amsterdam)

Canada (ambassade ; ☎70 311 16 00 ; www.canada.nl ; Sophialaan 7, 2514 La Haye)

France (consulat général ; ☎020-530 69 69 ; amsterdam.consulfrance.org ; De Boelelaan 7, Amsterdam)

Suisse (consulat honoraire ; ☎020-717 34 16 ; www.eda.admin.ch/benelux ; De Lairessestraat 97, Amsterdam)

Ambassades des Pays-Bas à l'étranger

Belgique (☎26 79 1711 ; www.paysbasetvous.nl ; avenue de Cortenbergh 4-10, 1040 Bruxelles)

Canada (☎613 237 5031 ; www.netherlandsandyou.nl ; 350 rue Albert, suite 2020, Ottawa, Ontario, K1R 1A4)

France (☎01 40 62 33 00 ; www.paysbasetvous.nl ; 7-9 rue Eblé, 75007 Paris)

Suisse (☎313 508 700 ; www.netherlandsandyou.nl ; Seftigenstrasse 7, 3000 Berne 14)

Argent

Les espèces sont très fréquemment utilisées pour les achats quotidiens dans tout le pays. Voir également la rubrique *Marchandage*, p. 361.

Cartes à puce

Aux Pays-Bas, vous remarquerez que les habitants utilisent partout leur carte de paiement à puce : boutiques, supermarchés, distributeurs automatiques, etc. Ces cartes à débit immédiat ressemblent à des cartes bancaires, mais seules les personnes disposant d'un compte bancaire aux Pays-Bas peuvent les utiliser.

Cartes bancaires

La majorité des cartes internationales sont reconnues et acceptées dans la plupart des hôtels et les grandes enseignes. Toutefois, un certain nombre de boutiques, de restaurants et d'autres commerces (dont des chaînes de supermarchés et les chemins de fer néerlandais) ne prennent pas les cartes bancaires ou parfois n'acceptent que les cartes européennes à puce.

Certains établissements appliquent un surcoût de 5% (voire plus) en cas de règlement par carte bancaire. Renseignez-vous au préalable.

PRIX DES RESTAURANTS

Les fourchettes de prix ci-dessous correspondent à un plat principal :

€ moins de 12 €

€€ 12-25 €

€€€ plus de 25 €

DAB

Vous trouverez des distributeurs automatiques de billets à l'extérieur de la plupart des banques, dans les aéroports et dans de nombreuses gares ferroviaires. Les cartes Visa et MasterCard/ Eurocard sont acceptées presque partout, tout comme celles des réseaux Plus et Cirrus. Les DAB sont parfois le moyen le plus économique de changer de l'argent si vous venez d'un pays en dehors de la zone euro – avant votre départ, renseignez-vous auprès de votre banque sur le taux de change et les commissions appliquées.

Un nombre étonnant de commerces – y compris des restaurants, cafés et magasins – n'acceptent que les cartes à puce néerlandaises.

Pourboires

Les Néerlandais laissent généralement un petit pourboire.

Portiers d'hôtel 1-2 €

Restaurants arrondissez ou laissez 5-10% de la note

Taxis 5-10%

Assurance

Il est conseillé de souscrire une police d'assurance qui vous couvrira en cas d'annulation de votre voyage, de vol, de perte de vos affaires, de maladie ou encore d'accident. Les assurances internationales pour étudiants sont en général d'un bon rapport qualité/ prix. Lisez avec la plus grande attention les clauses en petits caractères : c'est là que se cachent les restrictions.

Vérifiez notamment que les "sports à risques", comme la plongée, la moto ou même la randonnée ne sont pas exclus de votre contrat, ou encore que le rapatriement médical d'urgence, en ambulance ou en avion, est couvert. De même, le fait d'acquérir un véhicule dans un autre pays ne signifie pas nécessairement que vous serez protégé par votre propre assurance.

Vous pouvez contracter une assurance qui réglera directement les hôpitaux et les médecins, vous évitant ainsi d'avancer des sommes qui ne vous seront remboursées qu'à votre retour. Dans ce cas, conservez avec vous tous les documents nécessaires. Reportez-vous aux remarques concernant la carte européenne d'assurance maladie, p. 361.

Attention ! Avant de souscrire une police d'assurance, vérifiez bien que vous ne bénéficiez pas déjà d'une assistance par votre carte bancaire, votre mutuelle ou votre assurance automobile. C'est bien souvent le cas. N'oubliez pas de prendre avec vous les documents relatifs à l'assurance ainsi que les numéros à appeler en cas d'urgence.

Bénévolat

➡ Si vous n'êtes pas citoyen de l'UE, renseignez-vous d'abord auprès de l'ambassade ou du consulat néerlandais de votre pays de résidence pour savoir si le bénévolat est compatible avec votre type de visa.

➡ Certains sites Internet comme **Go Abroad** (www.goabroad.com) et **Transitions Abroad** (www.transitionsabroad.com) signalent parfois des possibilités de bénévolat aux Pays-Bas.

➡ **WWOOF Netherlands** (World Wide Opportunities on Organic Farms ; www.wwoofnetherlands.org). Travaillez dans une tuliperaie, cueillez des myrtilles, aidez à rénover une ancienne ferme, etc. dans une exploitation bio.

➡ **I Amsterdam** (www.iamsterdam.com). Répertorie les associations de bénévolat à Amsterdam. En France, quelques organismes offrent des possibilités de travail bénévole sur des projets de développement ou d'environnement, parfois sur des périodes courtes, de une à quatre semaines. Certaines associations s'adressent plus spécifiquement aux jeunes. Les chantiers proposés vont de la réfection d'une école aux travaux liés à l'environnement. Il s'agit d'une bonne formule pour s'immerger dans le pays, connaître l'envers du décor touristique et bénéficier d'une ambiance internationale (les volontaires viennent de divers pays en général).

Voici quelques organismes à connaître :

Comité de coordination du service volontaire international (CCIVS ; ☎01 45 68 49 36 ; ccivs.org)

Maison de l'Unesco (☎01 45 68 10 00 ; www.unesco.org ; 7 place de Fontenoy, 75007 Paris)

Concordia (☎01 45 23 00 23 ; www.concordia.fr ; 64 rue Pouchet, 75017 Paris)

Cotravaux (☎01 48 74 79 20 ; www.cotravaux.org ; 11 rue de Clichy, 75009 Paris)

Solidarités Jeunesses (☎01 55 26 88 77 ; www.solidaritesjeunesses.org ; 10 rue du 8-mai-1945, 75010 Paris)

Cartes de réduction

Certaines professions (artistes, enseignants) ont parfois droit à des réductions dans certaines salles sur présentation d'un justificatif.

Bien souvent, les étudiants bénéficient d'une remise de quelques euros sur les entrées des musées (apportez votre carte).

Les plus de 65 ans (et leur conjoint de 60 ans ou plus) bénéficient de réductions dans les transports, les musées, les concerts, etc. Pensez à présenter votre pièce d'identité.

De nombreuses villes (dont Amsterdam, La Haye et Rotterdam) proposent des

Climat

Amsterdam

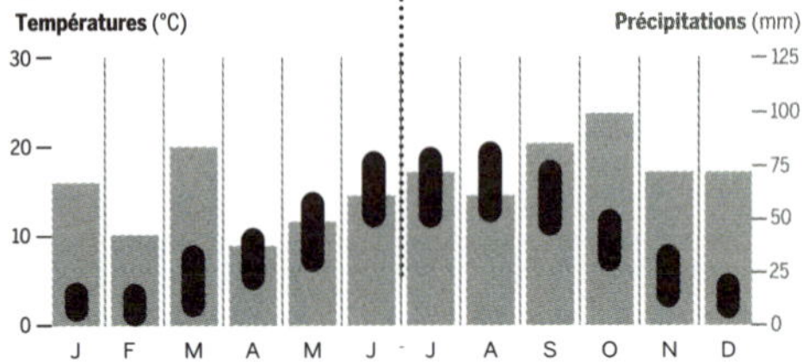

cartes de réduction valables dans les musées et autres sites, et les transports locaux. Renseignez-vous auprès des offices du tourisme.

Cultureel Jongeren Paspoort (carte jeune culturelle ; www.cjp.nl ; carte 17,50 €). Importantes réductions pour les moins de 30 ans dans les musées et divers événements culturels dans tout le pays.

Holland Pass (www.hollandpass.com ; 3/4/6 sites 45/60/75 €). Permet de visiter des sites pendant un mois à partir de la date de la première utilisation. Tarif basé sur le nombre de sites choisis dans différentes catégories (les sites les plus populaires/chers sont dans la catégorie or).

Museumkaart (carte de musées ; www.museumkaart.nl ; adulte/enfant 64,90/32,45 €, plus 5 € à l'inscription). Entrée gratuite ou à tarif réduit dans quelque 400 musées à travers le pays pour un an. Visites limitées à 5 musées pendant les premiers 31 jours.

Cartes et plans

Les meilleures cartes routières sont celles publiées par Michelin et par l'association automobile néerlandaise ANWB (www.anwb.nl). L'ANWB édite également des cartes des provinces indiquant les pistes cyclables et les routes panoramiques.

Les offices du tourisme vendent quantité de cartes, dont des plans de ville avec itinéraires pédestres et des brochures en anglais (3,50 €).

Désagréments et dangers

Les Pays-Bas sont l'un des pays les plus sûrs d'Europe, même si les règles de prudence s'imposant dans les grandes villes européennes doivent être suivies à Amsterdam et dans les autres métropoles néerlandaises.

➡ Les vols de vélo sont fréquents ; utilisez toujours deux antivols (l'antivol à clé standard intégré à la plupart des vélos néerlandais, plus une chaîne solide) et si possible, garez votre vélo dans un garage ou parking à vélos surveillé.

➡ Les piétons doivent faire attention aux vélos en traversant la rue, et mieux vaut ne pas franchir une piste cyclable (regardez bien le marquage au sol) sans avoir regardé des deux côtés si l'on ne veut pas risquer un accident.

➡ À Amsterdam, les pickpockets sévissent dans les zones touristiques comme la Centraal Station, le Bloemenmarkt et le quartier Rouge. Soyez sur vos gardes.

Douane

Les ressortissants des pays de l'UE et de la Suisse trouveront les limitations qui les concernent à l'adresse www.belastingdienst.nl – elles visent essentiellement les achats à usage commercial (revente) en fort volume.

Les ressortissants des pays hors de l'UE se voient imposer une limite d'importation de marchandises de 430 €, dont :

Alcool 1 l d'alcool fort, ou 2 l de vin ou 16 l de bière

Tabac 200 cigarettes, ou 250 g de tabac (à rouler ou à pipe), ou 100 cigarillos ou 50 cigares

UN FIL D'ARIANE EN VOYAGE

Le portail Ariane (pastel.diplomatie.gouv.fr/fildariane), mis en place par le Centre de crise du ministère des Affaires étrangères, est un service gratuit permettant au voyageur français à l'étranger d'être contacté par le service consulaire, sur son téléphone portable ou par e-mail, au cas où des événements graves (crise politique, catastrophe naturelle, attentat...) se produiraient dans le pays durant son séjour, ou de contacter rapidement sa famille ou ses proches en France en cas de besoin.

La procédure d'inscription se réalise en ligne, où vous donnez des informations sur votre voyage (date de départ, de retour, numéro de téléphone portable, etc.).

Grâce à ce service, vous recevrez en outre, avant votre départ, des recommandations de sécurité par e-mail si la situation dans le pays le justifie.

Il existe une application pour les Smartphones et les tablettes, intitulée Conseils aux voyageurs.

Électricité

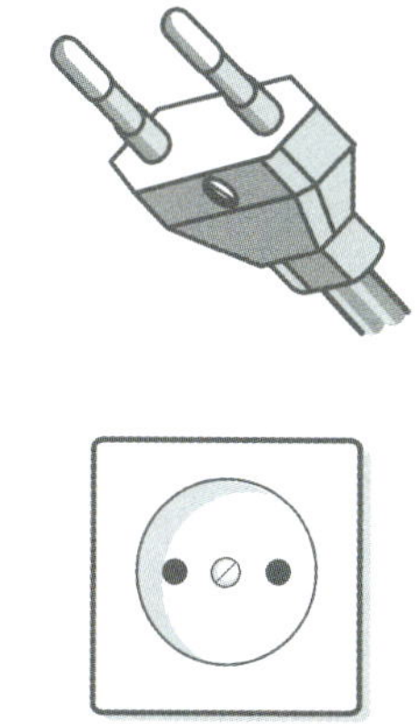

Type C
230 V/50 Hz

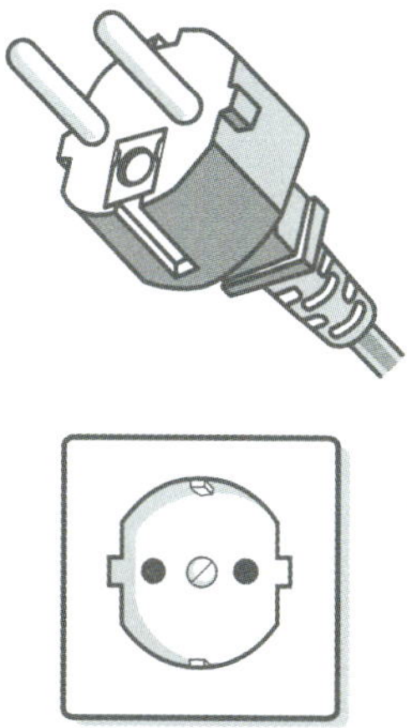

Type F
230 V/50 Hz

Formalités et visas

Les Pays-Bas font partie de l'espace Schengen. Les ressortissants des pays membres de l'UE n'ont pas besoin de visa pour entrer dans le pays. Ils peuvent séjourner sur le territoire néerlandais jusqu'à quatre mois avec une simple carte d'identité ou un passeport en cours de validité. Le permis de conduire n'est pas une pièce d'identité valable. Les autres voyageurs provenant de près de 60 pays – dont le Canada et la Suisse – n'ont pas besoin de visa pour un séjour touristique n'excédant pas 90 jours. Ils devront, en théorie, prouver qu'ils disposent de fonds suffisants pour le séjour et le voyage de retour.

Services d'immigration et de naturalisation (www.ind.nl). S'occupent des visas et des prolongements de visas. Le visa étudiant doit être demandé par le biais de votre école ou de votre université aux Pays-Bas.

Avant le départ, il est impératif de contacter les ambassades et les consulats pour s'assurer que les modalités d'entrée sur le territoire n'ont pas changé. Nous vous conseillons de scanner ou de photocopier tous vos documents importants (pages d'introduction de votre passeport, cartes bancaires, polices d'assurance, billets de train/d'avion/de bus, permis de conduire, etc.). Conservez ces copies à part des originaux. Vous remplacerez ainsi plus aisément ces documents en cas de perte ou de vol.

Handicapés

Le niveau d'accessibilité pour les voyageurs handicapés est élevé aux Pays-Bas – dans les édifices, les espaces et les transports publics. Toutefois, comme dans la majeure partie de l'Europe, les bâtiments plus anciens ne sont pas toujours accessibles en fauteuil roulant, et les rues pavées peuvent s'avérer problématiques pour les personnes malvoyantes ou à mobilité réduite.

- La majorité des grands musées disposent d'ascenseurs/rampes d'accès et de toilettes adaptées.
- Installés dans des bâtiments anciens dotés d'un escalier étroit et sans ascenseur, de nombreux hôtels petits budgets et de catégorie moyenne n'offrent qu'une accessibilité limitée.
- Les restaurants se situent souvent au rez-de-chaussée, avec parfois des marches.
- Les toilettes des restaurants ne sont pas toujours accessibles en fauteuil roulant ou dotées de barres d'appui.
- Les gares ferroviaires et autres gares disposent parfois d'ascenseur.
- La plupart des gares ferroviaires et des lieux publics abritent des toilettes pour handicapés.

CONSEILS AUX VOYAGEURS

La plupart des gouvernements possèdent des sites Internet qui recensent les dangers possibles et les régions à éviter. Consultez notamment les sites suivants :

Ministère des Affaires étrangères français (www.diplomatie.gouv.fr)

Ministère des Affaires étrangères de Belgique (diplomatie.belgium.be)

Département fédéral des Affaires étrangères suisse (www.eda.admin.ch/eda/fr/dfae.html)

Ministère des Affaires étrangères du Canada (www.voyage.gc.ca)

➡ Les trains disposent très souvent d'un accès pour fauteuil roulant.

➡ L'organisation nationale néerlandaise des handicapés s'appelle l'ANGO (www.ango.nl).

L'**APF France handicap** (☎01 40 78 69 00 ; www.apf-francehandicap.org ; 17 bd Auguste-Blanqui, 75013 Paris) peut fournir des informations utiles sur les voyages accessibles. **Yanous** (www.yanous.com), Handicap.fr (www.handicap.fr) et **Tourisme et handicaps** (www.tourisme-handicaps.org) constituent également de bonnes sources d'information.

Désormais, les principales plateformes d'hébergement que sont **Abritel** (www.abritel.fr), **Airbnb** (www.airbnb.fr), **Booking** (www.booking.com) et **Hotels.com** (fr.hotels.com) ont intégré des critères d'accessibilité à leur moteur de recherche. **Mobee Travel** (www.mobeetravel.com) est une startup qui regroupe des hébergements accessibles et qui propose aussi des séjours sur mesure. Plus modeste, **Wilengo** (www.wilengo.com) fonctionne sur le modèle d'Airbnb. Les agences de voyages **Yoola** (www.yoola.fr) et **Comptoir des voyages** (www.comptoir.fr) organisent des voyages adaptés aux personnes à mobilité réduite.

Sites Internet

Accessible Travel Netherlands (www.accessibletravelnl.com). Réservation d'hôtels et de transports ; circuits organisés, itinéraires sur mesure et activités ; également location d'équipements de mobilité.

Ongehinderd (www.ongehinderd.nl). Évaluation détaillée, ville par ville, de l'accessibilité de milliers de sites du pays. Également une appli pour smartphone ; uniquement en néerlandais.

Museum4All (www.orenenogentekort.eu). Répertorie tous les musées ville par ville, en indiquant leur niveau d'adaptation aux malvoyants et aux personnes en fauteuil roulant.

Transports publics

Pour des informations concernant l'utilisation du réseau ferroviaire national, notamment les demandes d'assistance, consultez le site www.ns.nl/en/travel-information/traveling-with-a-functional-disability. La plupart des bus et les tramways plus récents sont accessibles en fauteuil roulant ; si un quai n'est pas de plain-pied avec la porte accessible en fauteuil roulant au centre de la rame, le conducteur installera une rampe d'accès – le voyageur concerné devra signaler sa présence avant que le tramway ne redémarre.

À Amsterdam, lorsque vous utilisez le planificateur d'itinéraire en transport public (maps.gvb.nl/en/lijnen), sélectionnez une ligne, et les arrêts accessibles en fauteuil roulant sont indiqués par des cercles fermés. Sur le site Internet de transport public www.connexxion.nl, les arrêts accessibles en fauteuil roulant sont signalés par un losange plein.

Hébergement

Il existe un vaste choix d'hôtels, de B&B et d'auberges de jeunesse, qui séduiront aussi bien les amateurs de cinq-étoiles que les voyageurs sac au dos. Pensez à réserver en haute saison (en particulier en août) ou pendant les principales manifestations.

PRIX DES HÉBERGEMENTS

Les fourchettes de prix ci-dessous sont indiquées sur la base d'une chambre double avec salle de bains en haute saison. Sauf mention contraire, le petit-déjeuner n'est pas compris.

€ moins de 100 €

€€ 100-180€

€€€ plus de 180€

Auberges de jeunesse

L'association néerlandaise des auberges de jeunesse, affiliée à Hostelling International (HI), porte le nom de Stayokay (www.stayokay.com). La plupart des établissements, assez imposants, offrent un large choix de chambres. On trouve de nombreuses auberges de construction récente. Certaines, comme la Stayokay Rotterdam (www.stayokay.com/en/hostel/rotterdam), sont installées dans des édifices historiques. Toutes ne disposent pas d'une cuisine commune ; si c'est l'un de vos critères de choix, renseignez-vous avant de réserver.

Presque toutes les auberges Stayokay et la plupart de celles qui sont indépendantes disposent de dortoirs pouvant héberger 8 personnes et plus, ainsi que de chambres indépendantes pour 1 à 4 personnes. Comptez 20-30 € la nuitée par personne en dortoir et un minimum de 60 € en chambre indépendante. N'oubliez pas de réserver, surtout en haute saison.

Amsterdam compte de nombreuses auberges de jeunesse – certaines très modernes, d'autres mal gérées ou encore fréquentées par des noceurs et des fumeurs de cannabis – et on en trouve un nombre croissant dans le reste du pays. Toutefois, les auberges sont peu répandues dans les petites villes et en dehors des principales zones touristiques.

B&B

Cette formule est un excellent moyen d'aller à la rencontre des habitants. Si les B&B ne sont pas très répandus en ville, ils sont légion à la campagne. Les offices du tourisme disposent toujours d'une liste, qui sont aussi l'occasion de découvrir des logements souvent originaux. Comptez entre 70 et 100 € pour une chambre double.

Camping

Les Néerlandais sont de grands amateurs de camping. Aux Pays-Bas, il y en a pour tous les goûts, des campings situés dans des lieux sauvages et isolés, souvent avec une vue superbe sur la mer – ce qui est presque toujours le cas dans les îles frisonnes – à des établissements disposant de boutiques, de cafés, d'aires de jeux et de piscines. Les offices du tourisme disposent de la liste des campings, avec leur classement (d'une à cinq étoiles).

Un emplacement de camping coûte entre 10 et 20 € pour 2 personnes et une petite tente ; comptez 2 à 6 € de plus pour une voiture. Les caravanes sont nombreuses et les emplacements avec branchements électriques ne manquent pas.

Nombre de campings louent aussi des bungalows, des chalets en bois ou des tentes de luxe avec salle de bains partagée.

Hôtels

Les hôtels de plus de 20 chambres sont considérés comme grands et la plupart des chambres sont assez exiguës. Sur la façade de chaque hôtel est indiqué son nombre d'étoiles. Un établissement peut disposer d'une à cinq étoiles en fonction de ses prestations plutôt que de sa qualité. Autrement dit, un deux-étoiles peut être en meilleur état qu'un hôtel de catégorie supérieure, mais proposer moins de commodités.

PRESTATIONS

Presque tous les hôtels, peu importe la catégorie, offrent le Wi-Fi, mais pas toujours la climatisation et des ascenseurs. Attendez-vous à des escaliers très raides.

Catégorie supérieure Vous y trouverez minibar et machine à café de type Nespresso. Le service en chambre et les ascenseurs sont également standards. Les établissements les plus sélects disposent également de la climatisation et de salles de fitness. Le petit-déjeuner n'est généralement pas compris.

Catégorie moyenne La plupart de ces établissements mettent l'accent sur le confort. Ils offrent une ambiance assez décontractée et sont suffisamment petits pour être à l'écoute des clients. Les chambres disposent en général d'une salle de bains avec douche, d'une TV et d'un téléphone. Rares sont les hôtels de plus de deux étages de cette catégorie équipés d'un ascenseur ; il faut s'habituer à l'étroitesse des escaliers, surtout avec les bagages. Le tarif comprend souvent le petit-déjeuner.

Petits budgets Hormis les auberges de jeunesse, on trouve assez peu d'hébergements dans cette catégorie. Les meilleures adresses peuvent être très propres, équipées d'un mobilier plutôt gai et bon marché. Le petit-déjeuner est le plus souvent compris.

Maisons et appartements de location

Louer un hébergement pour quelques jours peut être une solution à la fois commode et plaisante. À Amsterdam, vous disposerez ainsi d'une cuisine et de commodités appréciables après une journée passée à arpenter la ville. En province, la formule permet de se sentir quasiment chez soi. Le prix des locations est souvent compétitif par rapport aux hôtels, qui offrent moins d'espace et d'équipements.

Heure locale

- Les Pays-Bas se trouvent dans le même fuseau horaire que Paris, en avance de 1 heure sur l'heure de Greenwich (GMT/UTC). Lorsqu'il est midi à Amsterdam, il est 6h du matin à Montréal.
- Le pays adopte l'heure d'été et avance ses horloges d'une heure le dernier dimanche de mars, puis les recule à nouveau d'une heure le dernier dimanche d'octobre.
- Lorsque les Néerlandais donnent l'heure en anglais, ils utilisent l'expression "half" pour désigner la demi-heure "précédant" l'heure indiquée. Si vous dites "half eight" (8h30 ou 20h30 dans la bouche de nombreux anglophones), un Néerlandais comprendra 7h30 ou 19h30.

Heures d'ouverture

Les horaires varient selon la période de l'année et sont souvent réduits hors saison.

Banques 9h-16h lun-ven, certaines le samedi matin.

Cafés et bars Ouvrent à 12h (variable) ; la plupart ferment à 1h dim-jeu et à 3h ven-sam.

Commerces 10h ou 12h-18h mar-ven, 10h-17h sam-dim, 12h ou 13h-17h ou 18h lun (souvent fermés ce jour-là).

Heures de bureau 8h30-17h lun-ven.

Musées 10h-17h tlj, quelques-uns sont fermés le lundi.

Restaurants Déjeuner 11h-14h30, dîner 18h-22h.

Supermarchés 8h-20h

LES PAYS-BAS PRATIQUES

Journaux Les principaux quotidiens en néerlandais sont *De Telegraaf* (www.telegraaf.nl), qui a le plus gros tirage, et *Het Parool* (www.parool.nl), quotidien d'Amsterdam centré sur l'actualité amstellodamoise. Des quotidiens en langue anglaise comme l'*International Herald Tribune* ou le *Guardian* ainsi que des hebdomadaires sont en vente dans les kiosques à journaux.

Poids et mesures Les Néerlandais utilisent le système métrique.

Tabac Aux Pays-Bas, il est interdit de fumer dans les bars et les restaurants, mais vous pouvez le faire dehors en terrasse si cette dernière est ouverte sur un côté.

Homosexualité

Les Pays-Bas ont été le premier pays à légaliser le mariage entre personnes du même sexe (en 2001), et Amsterdam est souvent citée comme l'un des lieux les plus ouverts aux personnes LGBT+.

➡ La scène gay et lesbienne d'Amsterdam est florissante, et des scènes plus petites existent à Rotterdam, La Haye, Utrecht et dans la plupart des villes universitaires.

➡ Les attitudes à l'égard de l'homosexualité tendent à être plus conservatrices en milieu rural et dans les villages, tout en restant très tolérante.

➡ La **Pride Amsterdam** (www.pride.amsterdam), qui a changé de nom en 2017 pour embrasser les communautés transgenre, bisexuelle et autres, inclut traditionnellement un défilé de bateaux et une parade dans les rues : elle a lieu pendant 9 jours fin juillet et début août.

Sites Internet

COC Nederland (www.coc.nl). Organisme financé par le gouvernement et la meilleure source d'information nationale depuis 1946 ; antennes dans tout le pays.

Gay Amsterdam (www.gayamsterdam.com). Répertorie hôtels, boutiques et clubs ; propose aussi des cartes.

PANN (www.pann.nl). Créée à Utrecht en 1969, cette association organise tous les mois une fête gay (les hétérosexuels sont les bienvenus), régulièrement élue meilleure fête gay du pays.

Internet (accès)

➡ Le Wi-Fi est très répandu dans les hôtels, les restaurants, les bars et les *coffee shops* (il faut parfois demander le code d'accès), ainsi que dans de nombreux offices du tourisme et autres lieux publics.

➡ Pour localiser les hotspots de Wi-Fi gratuits aux Pays-Bas, consultez le site Internet www.hotspot-locations.com, et à Amsterdam, le site www.wifimap.io.

➡ À Amsterdam, louez un petit appareil de Wi-Fi mobile à conserver sur vous, qui vous assurera une connexion Wi-Fi rapide à travers la ville (www.pocketwifi-amsterdam.com) ; commandez-le en ligne et planifiez sa livraison à votre hôtel, votre appartement ou à l'aéroport de Schipol. Sinon, essayez HipPocketWifi (www.hippocketwifi.com), Travel WiFi (www.travel-wifi.com) ou My Webspot (www.my-webspot.com).

➡ Il existe peu de cafés Internet. Certains hôtels donnent accès à des ordinateurs (parfois gratuitement).

➡ Les cafés de coworking proposent un accès Internet rapide et illimité ; ils sont très répandus à Amsterdam et gagnent d'autres zones urbaines.

Jours fériés

La plupart des musées adoptent à cette occasion les horaires d'un dimanche (sauf pour Noël et le Nouvel An, quand ils ferment), même s'il s'agit d'un jour habituel de fermeture, un lundi par exemple. Le jour de l'Armistice (4 mai) est considéré par beaucoup comme férié.

Le carnaval est célébré avec ferveur dans le sud du pays, aux racines catholiques. Durant la période qui précède Mardi gras, les villes organisent des festivités et l'économie tourne alors au ralenti.

Nieuwjaarsdag (Nouvel An) Festivités et feux d'artifice.

Goede Vrijdag (Vendredi saint)

Eerste Paasdag (dimanche de Pâques)

Tweede Paasdag (lundi de Pâques)

Koningsdag (fête du Roi) 27 avril (26 avril si le 27 est un dimanche)

Bevrijdingsdag (jour de la Libération) 5 mai. Il ne s'agit pas d'une fête nationale : les fonctionnaires notamment ne travaillent pas ce jour-là.

Hemelvaartsdag (Ascension) Quarantième jour après le dimanche de Pâques.

Eerste Pinksterdag (dimanche de Pentecôte) Cinquantième jour après le dimanche de Pâques.

Tweede Pinksterdag (lundi de Pentecôte) Cinquantième jour après le lundi de Pâques.

Eerste Kerstdag (jour de Noël) 25 décembre

Tweede Kerstdag ("Second Noël", le lendemain de Noël) 26 décembre

Marchandage

Cette pratique n'est guère répandue aux Pays-Bas, à l'exception d'un marchandage occasionnel sur les marchés aux puces.

Offices du tourisme

➡ Le site Internet de l'office du tourisme officiel (www.holland.com), en français, s'avère utile pour préparer votre voyage.

➡ Aux Pays-Bas, le VVV (Vereniging voor Vreemdelingenverkeer, organisme de promotion du tourisme aux Pays-Bas ; www.vvvnederland.nl) est le réseau officiel des offices du tourisme à travers le pays. Chaque office est géré à l'échelle locale et dispense des renseignements locaux et régionaux. Le VVV ne dispose que d'un petit nombre de publications gratuites, mais ils sont un bon endroit où se procurer des cartes et des guides.

➡ L'Association automobile néerlandaise (ANWB ; www.anwb.nl) vend elle aussi des cartes et des guides. Elle vous renseignera très utilement et vous portera assistance si vous voyagez avec un véhicule, quel qu'il soit (voiture, vélo, moto, bateau, etc.). Dans certaines villes, le VVV et l'ANWB partagent les mêmes locaux. Vous devrez prouver que vous êtes membre d'un club automobile dans votre pays pour obtenir des cartes gratuitement ou bénéficier d'une remise.

Poste

Le service national des postes a été privatisé et il n'est pas toujours aisé de trouver un bureau de poste. Pour expédier une lettre ou un colis, rendez-vous dans un magasin doté d'un guichet PostNL (www.postnl.nl) – ce peut être un supermarché, un commerce de tabac ou autre. Consultez le site Web pour trouver le guichet le plus proche.

Problèmes juridiques

➡ Les policiers néerlandais (*politie*) affichent une attitude plutôt souple et serviable, tant que l'on ne commet pas d'infraction patente.

➡ Tout contrevenant peut être retenu jusqu'à six heures pour interrogatoire (plus six heures supplémentaires si la police n'arrive pas à déterminer son identité, ou 24 heures s'il s'agit d'un problème grave). Il n'est pas possible de téléphoner, mais le consulat du ressortissant est prévenu. Les Pays-Bas appliquent la présomption d'innocence.

Santé

Il est peu probable que vous rencontriez des problèmes de santé aux Pays-Bas, mais, le cas échéant, sachez que la qualité des soins y est excellente. Il est néanmoins important de disposer d'une assurance santé pour votre voyage. Quelques conseils :

➡ Apportez vos médicaments dans leurs boîtes d'origine, clairement étiquetées.

➡ Apportez vos ordonnances (ou des photocopies des emballages), mentionnant les appellations génériques, de manière à pouvoir obtenir des médicaments de remplacement s'il arrive malheur à vos bagages – conservez ces documents à part.

➡ Si vous avez des problèmes de santé susceptibles de requérir des soins, apportez une lettre datée et signée de votre médecin, précisant votre état de santé et votre traitement.

➡ Si vous voyagez avec des seringues, munissez-vous d'une lettre d'un médecin justifiant leur usage.

➡ Si vous avez une correction visuelle, prévoyez une paire de lunettes ou de lentilles de rechange, et/ou emportez votre prescription médicale.

Avant de partir

ASSURANCE MALADIE

La carte européenne d'assurance maladie (CEAM), nominative et individuelle et valable un an, assure l'aide médicale d'urgence (mais non le rapatriement sanitaire) aux citoyens de l'Union européenne. Vous devez en faire la demande auprès de votre caisse d'assurance maladie ou en ligne sur www.ameli.fr. Comptez un délai de deux semaines pour la réception.

VACCINATIONS RECOMMANDÉES

Aucun vaccin n'est obligatoire pour se rendre aux Pays-Bas. L'OMS recommande toutefois que tous les voyageurs soient vaccinés contre la diphtérie, le tétanos, la rougeole, les oreillons, la rubéole et la polio, quelle que soit leur destination.

Aux Pays-Bas

ACCÈS AUX SOINS ET COÛT

L'accès aux soins est excellent aux Pays-Bas, tout comme leur qualité. Pour les problèmes de santé mineurs, une pharmacie (*apotheek*) s'avère de bon conseil et peut vous vendre des médicaments sans ordonnance. Elle vous indiquera également si une consultation médicale est nécessaire et pourra vous orienter. Les soins dentaires sont généralement bons ; mieux vaut toutefois faire une visite de contrôle chez votre dentiste en cas de voyage prolongé.

EAU DU ROBINET

L'eau du robinet est potable dans tout le pays.

Téléphone

L'opérateur téléphonique national, KPN (www.kpn.com), fonctionne très bien et les tarifs sont raisonnables au regard des standards européens.

Appel en PCV (☎0800 01 01 à l'étranger, ☎0800 04 10 aux Pays-Bas). Ces deux numéros sont gratuits.

Appels internationaux

Pour appeler les Pays-Bas depuis l'étranger, composez le code d'accès international en vigueur dans votre pays (☎00 en, en Belgique et France en Suisse, ☎011 au Canada), suivi du ☎31 et du numéro de votre correspondant.

Ne composez pas le 0 initial de l'indicatif de la ville si vous appelez de l'étranger (par exemple composez 20 pour Amsterdam et non 020). De même, depuis une ligne fixe, ne composez pas l'indicatif de la ville si vous vous trouvez dans sa zone de couverture.

Des Pays-Bas, pour téléphoner dans un autre pays, faites le 00 puis l'indicatif du pays que vous souhaitez joindre, l'indicatif de la ville (en enlevant le premier 0 s'il y en a un) et le numéro de votre correspondant.

Indicatif des Pays-Bas ☎31

Numéros gratuits ☎0800

Numéros de téléphone portable ☎06

Renseignements payants ☎0900 ; de 0,10 à 1,30 €/min.

Téléphones portables

- Les Pays-Bas utilisent le système GSM, compatible avec l'Europe, mais pas avec l'Amérique du Nord. L'Europe a mis fin au roaming (frais d'itinérance) depuis 2017. Les consommateurs européens peuvent donc utiliser leurs forfaits nationaux aux Pays-Bas et dans presque tous les États de l'UE, dans les mêmes conditions – ou presque – que depuis leur pays d'origine. Attention aux frais d'itinérance élevés que d'autres pays facturent aux voyageurs.
- Alternativement, on trouve partout des cartes SIM locales prépayées, compatibles avec la plupart des téléphones mobiles débloqués. Repérez les enseignes Phone House, Orange, T-Mobile et Vodafone dans les principales zones commerçantes.

Toilettes

- Les toilettes publiques ne sont guère répandues dans les rues néerlandaises, hormis les urinoirs gratuits installés dans des secteurs comme le quartier Rouge d'Amsterdam.
- La plupart des gens utilisent les toilettes des cafés (pubs) ou des grands magasins.
- L'appli HogeNood ("Besoin pressant" ; www.hogenood.nu) indique sur une carte les toilettes les plus proches de vous ; elle recense quelque 4 000 emplacements dans tout le pays.

Transports

DEPUIS/VERS LES PAYS-BAS

Il est très facile de se rendre aux Pays-Bas. La France, la Belgique, l'Allemagne et le Royaume-Uni (Londres) sont particulièrement bien reliés aux Pays-Bas en train à grande vitesse Thalys ou Eurostar. L'accès par la route est également pratique, et l'on peut facilement passer la frontière, quasi dématérialisée avec l'Union européenne.

Le pays compte trois grands aéroports : l'aéroport international de Schipol à Amsterdam, l'aéroport de Rotterdam-La Haye et l'aéroport d'Eindhoven. Schiphol bénéficie de nombreuses liaisons via des compagnies européennes low cost. L'aéroport de Rotterdam-La Haye dessert plus de 40 destinations européennes, et l'aéroport d'Eindhoven est un hub pour les compagnies low cost.

Une fois sur place, vous n'aurez aucune difficulté à vous déplacer. La plupart des trajets en train, en voiture ou en bus s'avèrent si courts qu'il ne faut souvent guère plus de quelques heures pour se rendre d'une région à l'autre. Le relief plat des Pays-Bas en fait aussi le paradis du vélo.

Vous pouvez réserver un vol, un séjour ou un hôtel sur le site Internet www.lonelyplanet.fr (rubrique Réservation).

Entrer aux Pays-Bas

Les ressortissants des pays membres de l'UE pourront entrer librement aux Pays-Bas ; une carte d'identité ou un passeport suffit. Les citoyens de nombreux pays – dont le Canada et la Suisse – n'ont pas besoin de visa pour un séjour touristique n'excédant pas 90 jours. Voir la rubrique *Formalités et visas* (p. 357) pour plus de détails.

Voie aérienne

L'aéroport international de Schiphol à Amsterdam bénéficie de bonnes liaisons aériennes avec le monde entier. Les compagnies low cost européennes, elles, utilisent les aéroports de Rotterdam-La Haye et d'Eindhoven.

Aéroports

KLM Royal Dutch Airlines (www.klm.com), la compagnie aérienne nationale, fait partie du groupe Air France-KLM et propose de nombreux vols internationaux. La taxe d'aéroport est incluse dans le prix du billet.

Il n'y a pas de vols intérieurs aux Pays-Bas.

Aéroport international de Schiphol (AMS ; www.schiphol.nl). Idéalement situé près d'Amsterdam et de Rotterdam, c'est le principal aéroport international du pays et le quatrième en Europe en terme de fréquentation.

VOYAGES ET RÉCHAUFFEMENT CLIMATIQUE

Toutes les formes de transport motorisé génèrent du dioxyde de carbone, principale cause du réchauffement climatique imputable aux humains. Les avions utilisent moins de carburant au kilomètre que la plupart des voitures mais effectuent de plus longs trajets. L'altitude à laquelle les avions émettent le CO_2 et les particules contribue aussi à l'impact sur le réchauffement climatique. Beaucoup de sites proposent des "calculateurs d'empreinte carbone" de vos trajets et permettent de compenser vos émissions en versant de l'argent à des initiatives écologiques mondiales. Lonely Planet compense l'empreinte carbone de tout son personnel et de ses auteurs.

AVERTISSEMENT

Les informations contenues dans ce chapitre sont particulièrement susceptibles de changements. Vérifiez directement auprès de la compagnie aérienne ou de l'agence de voyages les modalités d'utilisation de votre billet d'avion. N'hésitez pas à comparer les prestations. Les détails fournis ici doivent être considérés à titre indicatif et ne remplacent en rien une recherche personnelle attentive.

Il est desservi par la plupart des grandes compagnies aériennes internationales. Particulièrement vaste et bien aménagé, Schiphol compte un immense centre commercial où les voyageurs trouveront leur bonheur. Des hôtels jouxtent l'aéroport.

Aéroport de Rotterdam-La Haye (RTM ; ☎010-446 34 44 ; www.rotterdamthehagueairport.nl ; 📶). Dessert plus de 40 destinations européennes.

Aéroport d'Eindhoven (EIN ; www.eindhovenairport.nl ; Luchthavenweg 25 ; ⏲4h30-minuit). Accueille les compagnies low cost.

Depuis la France

Air France (www.airfrance.fr) dessert directement Amsterdam depuis de nombreuses villes de province, dont Marseille (A/R à partir de 110 € en basse saison), Rennes (A/R à partir de 200 € en basse saison) ou Strasbourg (A/R à partir de 125 €). **Transavia** (www.transavia.com) vole vers Amsterdam depuis quelques villes en France dont Paris, Chambéry ou Nice (environ 1 heure 20, à partir de 80 € A/R en basse saison), mais également Eindhoven depuis Nice, et Rotterdam depuis Nice, Montpellier, Grenoble ou Bergerac pour des tarifs et des durées de vol similaires. Certaines destinations ne sont desservies que pendant la saison estivale. **easyJet** (www.easyjet.com) relie Amsterdam à plusieurs villes, dont Bordeaux, Toulouse, Marseille et Lyon (avec escale ; à partir de 80 € A/R en basse saison).

Depuis la Suisse

KLM (www.klm.com) assure des vols Genève-Amsterdam à partir de 140 FS et Zurich-Amsterdam (à partir de 110 FS A/R en basse saison, 1 heure 55). **easyJet** (www.easyjet.com) assure des liaisons Genève-Amsterdam et Bâle-Amsterdam (1 heure 30). Comptez à partir de 60 FS A/R en basse saison (60 FS depuis Bâle).

Depuis le Canada

Air Canada (www.aircanada.com) dessert Amsterdam avec escale (souvent en partage de code avec Lufthansa) depuis plusieurs villes canadiennes, dont Montréal, Toronto, Calgary et Vancouver (A/R à partir de 900 $C ; environ 7 heures 30). **KLM** (www.klm.com) rallie Amsterdam (parfois en vol direct) et plusieurs villes canadiennes également, dont Montréal, Ottawa, Toronto, Calgary et Vancouver, en partage de code avec Delta Airlines ou Air France. Depuis Montréal, comptez un A/R à partir de 860 $C en basse saison (vol direct 7 heures 30 ou avec escale au moins 12 heures 30), Toronto (A/R vol direct ou avec escale à partir de 780 $C en basse saison. **Wow Air** (www.wowair.com) propose des vols entre Montréal, ou Toronto, et Amsterdam via Reykjavik (Islande) à partir de 500 $C environ (minimum 10 heures 20).

Voie terrestre

Les Pays-Bas sont reliés à leurs voisins par train à grande vitesse et par une kyrielle de bus internationaux ; il est recommandé de réserver suffisamment à l'avance, particulièrement en haute saison, car certaines lignes sont rapidement saturées.

Arriver en voiture est très simple ; il n'y a pas de contrôle aux frontières entre les Pays-Bas et les pays voisins de l'espace Schengen.

Bus

Vérifiez soigneusement les points de départ et d'arrivée des bus ; les compagnies suivantes n'utilisent pas nécessairement les gares routières classiques, mais s'arrêtent sur l'une des routes principales traversant la ville desservie :

Eurolines (www.eurolines.com). Un consortium de compagnies d'autocars, commercialise des trajets internationaux bon marché en provenance ou à destination des Pays-Bas. Les autocars disposent de toilettes à bord et de sièges inclinables. Certains ont le Wi-Fi à bord.

Ouibus (fr.ouibus.com). Ce réseau de bus à petits prix, une filiale de la SNCF, dessert Amsterdam (et plusieurs villes néerlandaises) au départ de Paris (à partir de 34 €) et d'autres villes françaises.

Flixbus (www.flixbus.com). Cette compagnie low cost dessert 27 pays d'Europe à bord de bus équipés de toilettes, de prises électriques et du Wi-Fi gratuit, avec en-cas et boissons vendus à bord. Comptez au moins 16,99 € pour un aller simple Paris-Amsterdam.

Busabout (www.busabout.com). Propose des circuits en bus en Europe incluant les principales villes, de mai à octobre. S'adresse à un public jeune. Grille de tarifs complexe.

Train

Les liaisons ferroviaires internationales sont excellentes. Les cartes Eurail et Inter-Rail sont valables dans les trains de la compagnie nationale de chemin de fer, la **NS** (Nederlandse

Spoorwegen ; www.ns.nl). Nombre de liaisons internationales sont gérées par **NS International** (www.nsinternational.nl). Vous pouvez acheter les billets en ligne sur le site de **SNCB Europe** (www.b-europe.com).

Les grandes gares ferroviaires néerlandaises disposent de guichets internationaux ; il est possible d'acheter vos billets pour la Belgique ou la France aux guichets ordinaires.

DEPUIS LA FRANCE ET LA BELGIQUE

Thalys (www.thalys.com) exploite la ligne à grande vitesse reliant Paris (gare du Nord) à Amsterdam Centraal (6 fois/jour environ ; 3 heures 20) via la gare de Bruxelles-Midi. Les tarifs des billets achetés à l'avance sont intéressants et plusieurs formules de réduction existent. En partant de Bruxelles, vous rejoindrez Amsterdam en 1 heure 50. Des trains rallient Rotterdam depuis Paris (2 heures 45). À noter, deux nouvelles liaisons Thalys : Marne-la-Vallée/Roissy-Charles de Gaulle et Bruxelles/Amsterdam.

La **SNCB** (www.b-europe.com) opère une ligne Bruxelles-La Haye (2 heures 20) via Dordrecht (1 heure 30) et Rotterdam (1 heure 50) notamment, d'où des correspondances sont proposées pour plusieurs destinations aux Pays-Bas. Un train circule toutes les heures entre Liège et Maastricht (30 min).

Vélo

- Aucun souci pour apporter votre propre vélo aux Pays-Bas. En train, il vous faudra en principe démonter la roue avant et la placer dans une housse. Renseignez-vous auprès de votre compagnie aérienne sur les modalités d'enregistrement.
- Les pistes cyclables "longue distance" portent le nom de *landelijke fietsroutes* (LF) aux Pays-Bas et en Flandre.
- La LF4 part d'Enschede, à la frontière allemande, et rejoint La Haye (300 km).

BELGIQUE

Les cyclistes au long cours ont le choix entre différents itinéraires cyclables, sûrs et faciles, pour passer de la Belgique, ou de l'Allemagne, aux Pays-Bas. La piste LF2 relie Bruxelles à Amsterdam via Anvers, Dordrecht et Rotterdam en 350 km.

Voiture et moto

- La carte grise, le permis de conduire et une assurance aux tiers sont obligatoires pour tous les conducteurs de véhicules particuliers. Votre assureur vous remettra votre carte nationale d'assurance automobile, de couleur verte.
- L'**ANWB** (www.anwb.nl) fournit des informations, des cartes et une assistance sur présentation d'une carte de membre de l'Automobile-Club de votre pays.
- L'auto-stop est peu courant aux Pays-Bas. Comme dans la majorité des pays, il présente toujours un risque limité mais potentiellement sérieux et n'est pas recommandé.

RADARS DE VITESSE

Plus de 1 600 radars automatiques discrets (appelés *flitspalen*) surveillent les autoroutes néerlandaises. En cas d'infraction, la police routière vous infligera une amende à laquelle s'ajouteront, pour une voiture de location, les frais de service prélevés par l'agence, et ce, même une fois de retour dans votre pays.

COMMENT CIRCULER

Il est facile de se déplacer aux Pays-Bas, un pays relativement peu étendu.

Avion

Il n'existe aucun vol intérieur aux Pays-Bas.

Bateau

Toute l'année, des ferries naviguent entre le continent et les îles frisonnes, et, en saison, des ferries inter-îles relient Texel, Vlieland et Terschelling.

D'autres sillonnent fréquemment toute l'année l'Escaut occidental (Westerschelde) dans le sud de la Zélande assurant une liaison pour les passagers entre le sud-ouest des Pays-Bas et la Belgique. Ces bateaux prisés des voyageurs utilisant le port de Zeebrugell circulent régulièrement toute l'année.

Le **Waterbus** (www.waterbus.nl) est un excellent service de ferry rapide reliant Rotterdam à Dordrecht ainsi qu'aux destinations touristiques de Kinderdijk et du parc national du Biesbosch. Les bateaux circulent tout l'année, sauf sur certaines lignes, uniquement ouvertes en saison.

Il existe quantité d'autres services locaux assurant des liaisons entre une myriade de canaux et cours d'eau des Pays-Bas.

Location

La location de bateaux constitue un moyen très apprécié de découvrir les cours d'eau, les lacs et les mers intérieures. On en trouve de toutes les formes, de toutes les tailles et pour tous les budgets, du canoë au bateau à moteur, du modeste voilier à d'anciens sloops. Des centaines

LE SERVICE DE NS ZONETAXI

Environ 130 gares ferroviaires dans tout le pays proposent l'excellent service de NS Zonetaxi, qui vous emmène en taxi depuis/vers la gare dans une zone de 2 km. Les trajets sont réservés, ce qui élimine l'inconvénient de devoir trouver un taxi. Les tarifs très compétitifs (à partir de 6 €) sont fixes – pas de mauvaise surprise à l'arrivée – et les taxis peuvent prendre jusqu'à 3 passagers. Le service opère tous les jours, depuis le départ du premier train matinal jusqu'à l'arrivée du dernier train en soirée. Réservez via l'application Reisplanner Xtra ou par téléphone au ☎0900 679 82 94.

d'agences existent dans tout le pays.

Bus

Les bus couvrent plutôt les trajets régionaux que longues distances, pour lesquelles le train est mieux adapté. Ils assurent un service essentiel, surtout dans certaines régions du Nord et de l'Est, peu ou pas desservies par le train. Le zonage régit les tarifs. Vous pouvez généralement acheter au conducteur une OV-chipkaart à usage unique (7,50 €), mais la majorité des passagers paient avec une carte rechargeable.

Il n'existe qu'une seule classe de transport. Certaines régions ont mis en place des forfaits journaliers valables dans tous les bus. Les conducteurs sauront vous conseiller (ils parlent généralement anglais).

Taxi

On réserve les taxis par téléphone, en principe du moins. Officiellement, on ne peut pas les héler dans la rue. Des taxis stationnent aussi devant les gares et les hôtels. La course revient à environ 12-15 € pour 5 km. La facture peut vite monter même pour les courts trajets en ville.

Train

Efficaces, rapides et confortables, les trains néerlandais desservent à intervalles réguliers, parfois jusqu'à 5 ou 6 fois par heure, les destinations nationales. Le réseau, excellent, permet de se déplacer dans tout le pays. Il présente quelques spécificités.

- La compagnie nationale de chemin de fer **NS** (Nederlandse Spoorwegen ; www.ns.nl) gère les grandes lignes nationales. Les lignes secondaires au nord et à l'est ont été confiées à des compagnies d'autocars et de train privées. Leur tarification et les horaires demeurent du ressort du système national.
- Les vélos sont acceptés à bord.
- En gare, des panneaux indiquent l'heure de départ, mais pas le temps de trajet et l'heure d'arrivée. Vérifiez en ligne ou renseignez-vous au guichet.
- La circulation cesse approximativement de minuit à 6h, sauf sur la ligne Amsterdam-Schiphol-Rotterdam-La Haye-Leyde, où les trains circulent toute la nuit (1/heure).
- Des trains à grande vitesse de la compagnie NS relient Amsterdam, Schiphol, Rotterdam et Bréda.

Gares ferroviaires

Les principales gares offrent un large éventail de services : DAB, bureau de change, épiceries, espaces restauration, en-cas vendus dans des distributeurs, fleuristes, etc.

Les gares plus petites, avec billetteries automatiques, n'offrent souvent aucun service ; c'est souvent le cas pour les lignes que NS ne gère plus.

Billets

Le train aux Pays-Bas reste abordable. Les tarifs cités s'entendent avec une OV-chipkaart (encadré ci-contre) ; ajoutez un supplément de 1 € au tarif indiqué si vous n'en avez pas.

Lorsque vous achetez des billets de train aux Pays-Bas, sachez qu'il est presque impossible d'utiliser des cartes bancaires non européennes.

Au distributeur automatique La plupart n'acceptent que les cartes bancaires néerlandaises. Environ 25% fonctionnent à pièces, mais aucun avec des billets. On peut obtenir des instructions en anglais.

Au guichet Les gares (sauf les plus petites) sont pourvues de guichets. Le personnel, très serviable, parle anglais. Les files d'attente peuvent être longues et les guichets sont parfois fermés le soir.

En ligne Les billets électroniques s'achètent sur le site Internet de la NS, mais il faut les imprimer. Sur certaines lignes, identifiées dans l'appli Reisplanner Xtra, il est possible d'acheter des e-billets ne nécessitant pas d'impression. Les tarifs des billets en ligne sont les mêmes que ceux des billets achetés avec une OV-chipkaart (pas de supplément de 1 € à régler).

Si, en gare, les guichets ont fermé et que vous n'avez pas de monnaie pour le distributeur, informez-en le contrôleur à bord (les contrôleurs connaissent les gares concernées), qui vous fera généralement régler le prix de votre billet sans ajouter d'amende (50 €) pour absence de titre de transport. En cas de verbalisation, il est possible de déposer une demande de remboursement à un guichet.

PASS

Il existe plusieurs pass pour les personnes résidant aux Pays-Bas ou ailleurs. Ils s'avèrent toutefois peu intéressants, même pour ceux qui voyagent beaucoup. Ils s'achètent avant d'arriver aux Pays-Bas :

Eurail (www.eurail.com). Ce pass Benelux s'adresse aux personnes non européennes résidant à l'extérieur de l'Europe. Il est valable plusieurs jours sur une période d'un mois, dans tous les trains circulant aux Pays-Bas, en Belgique et au Luxembourg. Il coûte 211/242/286 $US pour 4/5/7 jours en 2e classe.

InterRail (www.interrail.eu). Ce pass Benelux s'adresse aux Européens résidant en Europe ; il est valable 4/5/7 jours sur une période d'un mois et coûte 185/212/251 €.

RÉSERVATIONS

Pour les trains circulant à l'intérieur du pays, il suffit de se présenter en gare. Il y a rarement plus d'une demi-heure d'attente pour le prochain train. La réservation est obligatoire sur certaines lignes internationales.

TYPES DE BILLET

- *Enkele reis* (aller) – aller simple donnant la possibilité de faire une pause en chemin sur un trajet direct.
- *Dagretour* (aller-retour) – aller-retour normal, coûtant le même prix que deux allers simples.
- *Dagkaart* (forfait journalier) – 55,80/93,18 € en 2e/1re classe pour un nombre illimité de trajets en train dans tout le pays. Rentable uniquement si vous prévoyez de faire un long trajet en une journée.
- *Holland Travel Ticket* – Billet valable une journée pour des trajets illimités en train (2e classe), en bus, en tramway et en métro, dans tout le pays (64 €) ; il existe une version en heures creuses moins chère (44 €), à ne pas utiliser entre 6h30 et 9h en semaine.

TARIF DES TICKETS ET DES OV-CHIPKAARTS

Le moyen le plus commode et le moins cher de voyager en train et dans les transports publics (bus, tram et métro) est de se munir d'une carte à puce rechargeable appelée OV-chipkaart (www.ov-chipkaart.nl).

- Dès votre arrivée aux Pays-Bas, achetez une OV-chipkaart (7,50 €), valable 5 ans, dans une gare ferroviaire, un kiosque d'information des transports publics, un supermarché ou un point de vente de presse. Vous pouvez aussi l'acheter en ligne à l'avance, sur le site www.public-transport-holland.com.
- Il existe deux types de cartes : l'OV-chipkaart "anonyme", qui s'adresse aux touristes et aux visiteurs de courte durée ; et l'OV-chipkaart "personnelle", qui nécessite une adresse aux Pays-Bas, en Belgique, en Allemagne ou au Luxembourg.
- Pour voyager avec votre carte, vous devez la créditer d'un certain montant (minimum 4 € dans les bus, ou 20 € dans les trains NS) à n'importe quel guichet de transport public ou d'information dans les gares, ou bien à une billetterie automatique ; la carte doit être créditée d'un montant suffisant pour couvrir le coût de votre trajet.
- En montant et en descendant du bus, du tramway ou du métro, passez la carte sur le lecteur situé au niveau des portes ou des barrières. Le système calcule votre trajet et le déduit de votre carte. Si vous ne validez pas à la descente, vous paierez le tarif maximal. Dans les gares ferroviaires, des lecteurs de carte sont placés à l'entrée et à la sortie des quais.
- Lorsque vous quittez les Pays-Bas, vous pouvez récupérer n'importe quel montant encore crédité sur votre OV-chipkaart (moins des frais de 1 €) à n'importe quel guichet de transport public ou d'information dans les gares.
- Pour les allers simples, il est possible d'acheter une OV-chipkaart à usage unique (jetable), plus chère, à chaque fois que vous montez dans un bus ou un tramway, ou d'acheter un billet de train. Dans les trains, un supplément de 1 € s'applique pour chaque transaction.
- Dans certains tramways, des receveurs gèrent la billetterie ; dans d'autres, il faut s'adresser aux conducteurs. Il n'est plus possible de payer en espèces dans les transports publics amstellodamois.

LE CASSE-TÊTE DE L'ACHAT DE BILLETS

Voici quelques conseils pour acheter votre billet :

- Seuls certains distributeurs acceptent les paiements en espèces et ils ne fonctionnent qu'avec des pièces. Prévoyez de la monnaie.
- Les distributeurs acceptant les cartes bancaires refusent la plupart des cartes étrangères, sauf un nombre restreint de distributeurs à Schiphol et à Amsterdam Centraal.
- Certaines billetteries automatiques ne fonctionnent que pour les voyageurs possédant une OV-chipkaart.
- Les guichets ne prennent pas les cartes bancaires, que les paiements en euros. Le fait de passer par le guichet (ce qui est souvent inévitable) entraîne une majoration du prix et il y a souvent la queue.
- Les billets à prix réduits NS International vendus en ligne nécessitent une carte bancaire néerlandaise. Les billets moins chers ne peuvent pas être achetés au guichet.
- Le Voordeelurenabonnement (abonnement heures creuses) offre de bonnes réductions, mais il est réservé aux titulaires d'un compte bancaire néerlandais.
- Pour acheter des billets de train domestiques et internationaux en ligne avec une carte bancaire internationale, utilisez le site Internet de SNCB Europe (www.b-europe.com). Il vous faudra peut-être imprimer une copie du billet.

- *Railrunner* (forfait journalier enfant) – 2,50 € ; forfait journalier pour les 4-11 ans valable dans tout le pays. Sachez que tout retard supérieur à une demi-heure (toutes causes confondues) donne droit à un remboursement de 50% du prix du billet pour 30 à 60 minutes et 100% à partir de 1 heure de retard.

Les trains internationaux fonctionnent sur réservation avec un supplément. En s'y prenant tôt, on peut bénéficier de tarifs avantageux.

Catégories

Par ordre de vitesse décroissante :

Thalys (www.thalys.com). Train à grande vitesse (ressemblant au TGV) entre Paris, Bruxelles, Rotterdam, Schiphol et Amsterdam. Bon confort et connexion Wi-Fi. Il est essentiel de réserver suffisamment tôt pour obtenir les tarifs les plus avantageux.

ICE (Intercity Express ; www.nshispeed.com). Train à grande vitesse allemand circulant entre Amsterdam, Cologne et Francfort. Les passagers domestiques paient un supplément. Là aussi, il faut réserver tôt pour obtenir les prix les plus bas.

Intercity Les meilleurs trains nationaux, à prix fixes. Ils circulent sur les principales lignes sans s'arrêter dans les petites gares. Rames duplex généralement climatisées.

Sneltrain. Train plus rapide que le Stoptrein, mais plus lent que l'Intercity. Pas toujours climatisé.

Stoptrein Omnibus assez lent. Pas toujours équipé de toilettes.

Classes

Si le plus long trajet en train (Maastricht-Groningue) dure environ 4 heures 15, la majorité des trajets prend beaucoup moins de temps. La 1re classe, un peu plus confortable que la 2e classe, présente peu d'intérêt au vu de la rapidité des trajets.

En revanche, en période de pointe, cela peut valoir la peine de prendre la 1re classe quand la 2e est bondée.

Consignes

De nombreuses gares sont dotées d'une consigne automatique équipée de casiers à bagages (*Bagagekluizen*) sur l'un des quais, fonctionnant par carte bancaire. Comptez généralement 4/56€ par 24 heures pour un petit/grand casier. Au bout de 24 heures, vous devrez payer un supplément (6/9 €) en insérant votre carte bancaire, et cela pour chaque période de 24 heures supplémentaire.

Au-delà de 72 heures, la gare se réserve le droit de retirer vos bagages et de les envoyer au Bureau central des objets trouvés à Utrecht (☎0900 321 2100), en plus de vous infliger une amende de 70 €, qui vient s'ajouter au tarif appliqué par période de 24 heures. C'est donc à éviter.

Les consignes sont plus chères à Amsterdam (7/10 € par 24 heures pour un petit/grand casier), Rotterdam (6/9 €), La Haye (6/9 €) et Utrecht (6/9 €).

Certaines gares touristiques (Enkhuizen, Delft) ne possèdent pas de consigne.

Vélo

Au pays du vélo, la *fiets* (vélo) s'impose. La plupart des moyens de transport, dont le train et le bus, acceptent les vélos. Les pistes cyclables desservent presque tout le pays.

Les villes néerlandaises disposent pratiquement toutes de pistes cyclables, indiquées sur la route ou séparées, pour une circulation plus fluide.

Voiture et moto

Le vaste réseau autoroutier néerlandais a tendance à être surchargé. La circulation est particulièrement dense aux heures de pointe et lors des départs en vacances sur les autoroutes desservant Amsterdam, la A4 en direction de la Belgique au sud ainsi que la A2, au sud-est, jusqu'à Maastricht.

Les routes secondaires sont généralement bien entretenues. Néanmoins, dans les campagnes, de nombreux moyens visent à limiter l'utilisation de la voiture, comme la transformation de routes à deux voies en une seule voie doublées de larges pistes cyclables ou l'instauration de chicanes, de ralentisseurs et autres installations de limitation de la circulation.

Dans les grandes villes, le stationnement peut s'avérer compliqué et coûteux. Les villes, qui fixent des tarifs élevés, limitent délibérément les places de parking afin de dissuader les automobilistes. Les hôtels proposent des tarifs de stationnement (par exemple 30 € la nuit) pour leurs clients. Une alternative consiste à se garer dans les parkings "Park & Ride", moins chers, fréquemment situés à une distance à pied raisonnable du centre-ville.

Assurance

L'assurance-collision sans franchise représente un surcoût sur les contrats de location et ne se justifie pas toujours. Sans cette assurance, vous serez responsable des dommages pour la totalité de la valeur du véhicule. Avant de souscrire à cette option (à partir de 10 €/jour), assurez-vous que vous ne bénéficiez pas déjà, ce qui est souvent le cas, de cette prestation avec votre carte bancaire ou votre propre assurance auto.

Chez la plupart des loueurs, l'assurance collision inclut une franchise allant de 500 à 1 000 €, que l'on peut annuler en optant pour une formule renforcée (entre 10 et 20 €/jour). Encore une fois, vérifiez bien les détails de la couverture garantie par votre carte bancaire et votre propre assurance auto. La souscription d'options supplémentaires n'est pas toujours nécessaire.

Automobile-club

L'Automobile-club néerlandais, l'**ANWB** (www.anwb.nl) dispose d'antennes dans la plupart des grandes villes. Les membres d'Automobile-Club d'autres pays peuvent bénéficier d'assistance, de cartes gratuites et de réductions.

Carburant

Le carburant coûte assez cher et son prix fluctue régulièrement. Les prix tournent autour de 2,06 € le litre. L'essence se dit *benzine* en néerlandais. Le diesel (1,76 € le litre) est moins onéreux.

Pour connaître les prix actuels du carburant, consulter le site www.fuel-prices-europe.info. Les automobilistes se trouvant près de la frontière belge sont nombreux à passer en Belgique afin de faire le plein (et, pour les fumeurs, faire provision de tabac), l'essence y étant environ 0,20 € moins cher du litre.

Code de la route

Aux Pays-Bas, vous serez amené à céder la priorité à certains automobilistes, aux cyclistes débouchant de nulle part et aux piétons. Si les règles sont les mêmes qu'en France ou en Belgique, certains points mériteront particulièrement votre attention :

- Les tramways ont toujours la priorité.
- Lorsque l'on tourne à droite, les vélos ont la priorité.
- La circulation est limitée à 50 km/h en agglomération, 80 km/h hors agglomération, 100 km/h sur voie rapide et 120 km/h sur autoroute (parfois 100 km/h si des panneaux l'indiquent). Des radars contrôlent les excès de vitesse.

Location de voitures

- Les agences de location, bien présentes aux Pays-Bas, ont, pour les principales enseignes, de nombreuses antennes.
- Hormis à Amsterdam et à l'aéroport de Schiphol, elles ne sont pas systématiquement situées près des gares ferroviaires.
- Il faut être âgé de 23 ans au moins. Certaines compagnies font payer un petit supplément aux conducteurs de moins de 25 ans.
- Une carte bancaire est requise.
- La plupart des voitures ont une boîte de transmission manuelle.

Permis de conduire

Les permis délivrés dans l'UE sont acceptés. Les visiteurs non ressortissants de l'UE peuvent conduire aux Pays-Bas avec leur permis étranger pour une durée de 185 jours par année calendaire.

La présentation d'un permis de conduire en cours de validité est obligatoire pour louer une voiture, mais il n'est pas nécessaire de posséder un permis de conduire international.

Transports urbains

Les bus et les tramways circulent dans nombre de villes. Amsterdam et Rotterdam possèdent en plus un métro.

Langue

Le néerlandais, parlé par 20 millions de locuteurs dans le monde, est la langue officielle des Pays-Bas. Comme l'anglais, il appartient à la famille des langues germaniques .

Le néerlandais a une sonorité très gutturale. Il dispose d'une large palette de voyelles, qui peuvent être brèves ou longues. Cette distinction (dans la transcription les voyelles longues sont surmontées d'un trait) peut entraîner des significations différentes. Ainsi *man* veut dire homme et *maan* signifie lune. Le néerlandais a également recours à de nombreuses diphtongues. Ainsi "au" se prononce ao comme dans "chaos".

En néerlandais, on prononce toutes les consonnes, même en fin de mot. Le "g" (noté Rh) donne lieu à un son très guttural semblable à la *jota* espagnole et le "r" est roulé. Ces deux sons demandent un peu de pratique. En outre, le "b" et le "d" se prononcent respectivement p et t en fin de mot. Cela dit, si vous lisez la prononciation reportée en rouge comme s'il s'agissait du français, vous n'aurez aucune peine à faire passer votre message. Les syllabes accentuées sont indiquées en italique.

Lorsque deux variantes d'une même formule sont données, elles sont indiquées par les abréviations "pol" (poli) et "fam" (familier).

FORMULES COURANTES

Bonjour.	*Dag./Hallo.*	daRh/ha·*lō*
Au revoir.	*Dag.*	daRh
Oui./Non.	*Ja./Nee.*	yā/né
S'il vous/ te plaît.	*Alstublieft. /Alsjeblieft.*	al·stū·*blīft* a·chœ·*blīft*
Merci. (pol/fam)	*Dank u/je.*	dangk ū/yeu
De rien.	*Graag gedaan.*	RhrāRh Rheu·*dān*
Excusez-moi.	*Excuseer mij.*	èks·kū·*zér* mey

Comment allez-vous/vas-tu ?
Hoe gaat het met u/jou? — hou Rhāt heut mèt ū/yao

Bien. Et vous/toi ?
Goed. — Rhoot
En met u/jou? — èn mèt ū/yao

Comment vous appelez-vous/t'appelles-tu ?
Hoe heet u/je? — hou hēt ū/yeu

Je m'appelle...
Ik heet... — ĭk hēt...

Parlez-vous anglais/français ?
Spreekt u Engels/Frans? — sprékt ū *eng*·euls

Je ne comprends pas.
Ik begrijp het niet. — ĭk bœ·*Rhreyp* heut nīt

HÉBERGEMENT

Avez-vous une chambre... ?	*Heeft u een...?*	hèft ū eun...
simple	*éénpersoons-kamer*	*én*·peur·sōns·kā·meur
double	*tweepersoons-kamer met een dubbel bed* bèt	*tvé*·peur·sōns·kā·meur mèt eun *deu*·beul
à lits jumeaux	*tweepersoons-kamer met lits jumeaux*	*tvé*·peur·sōns·kā·meur mèt lī jū·mō

POUR ALLER PLUS LOIN

Pour mieux communiquer sur place, procurez-vous le *Guide de conversation Néerlandais* de Lonely Planet. Pour réserver une chambre, lire un menu ou simplement faire connaissance, ce manuel permet d'acquérir des rudiments de néerlandais. Inclus : un mini-dictionnaire bilingue.

Quel est le prix par... ? *Hoeveel kost het per...?* hou·*vēl* kost heut peur...

nuit *nacht* naRht

personne *persoon* peur·*sōn*

Le petit déjeuner est-il compris ?
Is het ontbijt inbegrepen? is heut ont·*beyt* *in*·bœ·Rhré·peu

salle de bains	*badkamer*	*bat*·kā·meur
Bed & Breakfast	*gasten-kamer*	*Rhas*·teun·kā·meur
camping	*camping*	*kèm*·ping
pension (guesthouse)	*pension*	pèn·*chyon*
hôtel	*hotel*	hō·*tèl*
fenêtre	*raam*	rām
auberge de jeunesse	*jeugd-herberg*	*yeuRht*·hèrr·bèrRh

ORIENTATION

Où est le/la... ?
Waar is ...? vār is...

C'est à quelle distance ?
Hoe ver is het? hou fèr is heut

C'est à quelle adresse ?
Wat is het adres? vat is heut a·*drès*

Pouvez-vous me l'écrire ?
Kunt u dat alstublieft opschrijven? kunt ū dat al·stew·*bleeft* *op*·sRhrey·veun

Pouvez-vous me montrer (sur la carte) ?
Kunt u het mij tonen (op de kaart)? kunt ū heut mey *tō*·neu (op deu kārt)

au coin
op de hoek op deu houk

au feu de circulation
bij de verkeerslichten bey deu feur·*kérs*·liRh·teun

derrière	*achter*	*aRh*·teur
devant	*voor*	fōrr
gauche	*links*	links
près (de)	*dicht bij*	diRht bey
à côté de	*naast*	nāst
en face de	*tegenover*	té·Rheun·ō·veur
tout droit	*rechtdoor*	rèRht·*dōrr*
droite	*rechts*	rèRhts

AU RESTAURANT

Que me conseillez-vous ?
Wat kan u aabevelen? vat kun ū *ān*·bœ·fé·leu

Qu'y a-t-il dans ce plat ?
Wat zit er in dat gerecht? vat zit eur in dat Rhœ·*rèRht*

PHRASES-CLÉS

En associant ces phrases simples au mots de votre choix, vous pourrez vous exprimer en néerlandais :

À quelle heure est (le prochain bus) ?
Hoe laat gaat (de volgende bus)?
hou lāt Rhāt (deu *fol*·Rheun·deu bus)

Où se trouve (la gare) ?
Waar is (het station)? vārr is (heut sta·*chyon*)

Je cherche (un hôtel).
Ik ben op zoek naar (een hotel). ĭk bèn op zouk nārr (eun hō·*tèl*)

Avez-vous (une carte) ?
Heeft u (een kaart)? héft ū (eun kārrt)

Y a-t-il (des toilettes) ?
Is er (een toilet)? is eurr (eun toa·*lèt*)

Je voudrais (la carte).
Ik wil graag. (een menu) ĭk vil RhrrāRh (eun me·*nū*)

Je voudrais (louer une voiture).
Ik wil graag (een auto huren). ĭk vil RhrrāRh (eun ao·tō *hū*·rreu)

Est-ce que je peux (entrer) ?
Kan ik (binnengaan)? kan ĭk (*bi*·neun·Rhān)

Pourriez-vous m'aider s'il vous plaît ?
Kunt u alstublieft (helpen)? kunt ū al·stū·blīft (*hèl*·peu)

Je voudrais la carte.
Ik wil graag een menu. ĭk vil RhrāRh eun mœ·*nū*

Délicieux !
Heerlijk/Lekker! *hér*·leuk/*lè*·keurr

Santé ! *Proost!* prōst

Puis-je avoir l'addition ?
Mag ik de rekening alstublieft? maRh ĭk deu *ré*·keu·ning al·stū·*blīft*

Je voudrais réserver une table pour... *Ik wil graag een tafel voor... reserveren.* ĭk vil RhrāRh eun *tā*·feul fōr... ré·sèr·*vé*·reu

(2) personnes	*(twee) personen*	(tvé) peur·*sō*·neun
(8) heures	*(acht) uur*	(aRht) ūr

Je ne mange pas (de/d')...
Ik eet geen... ĭk ét Rhén...

œufs	*eieren*	*ey*·yeu·reun
poisson	*vis*	fis
viande (rouge)	*(rood) vlees*	(rōt) flés
noix	*noten*	*nō*·teun

Mots de base

assiette	*bord*	bort
avec	*met*	mèt
bar	*bar*	bar
bouteille	*fles*	flès
café	*café*	ka·*fé*
carte des boissons	*drankkaart*	*drang*·kārt
chaud	*heet*	hét
couteau	*mes*	mès
cuillère	*lepel*	*lé*·peul
déjeuner	*middagmaal*	*mi*·daRh·māl
dîner	*avondmaal*	ā·vont·māl
épicé	*pikant*	pī·*kant*
épicerie	*kruidenier*	kreuy·deu·*nīr*
fourchette	*vork*	fork
froid	*koud*	kaot
marché	*markt*	markt
petit-déjeuner	*ontbijt*	ont·*beyt*
pub	*kroeg*	krouRh
restaurant	*restaurant*	rès·tō·*rant*
sans	*zonder*	*zon*·deur
végétarien (cuisine)	*vegetarisch*	vé·Rhé·*tā*·ris
verre	*glas*	*Rhlas*

Boissons

bière	*bier*	bīr
boisson sans alcool	*frisdrank*	*frris*·drrank
café	*koffie*	*ko*·fī
eau	*water*	*vā*·teur
jus	*sap*	sap
lait	*melk*	mèlk
thé	*thee*	té
vin blanc	*witte wijn*	*vi*·teu veyn
vin rouge	*rode wijn*	*rō*·deu veyn

Questions

Comment ?	*Hoe?*	hou
Quoi/quel ?	*Wat?*	vat
Quand ?	*Wanneer?*	vā·nérr
Où ?	*Waar?*	vārr
Qui ?	*Wie?*	vī
Pourquoi ?	*Waarom?*	vā·*rrom*

Indications

Ingang	Entrée
Uitgang	Sortie
Open	Ouvert
Gesloten	Fermé
Inlichtingen	Informations
Verboden	Interdit
Toiletten	Toilettes
Heren	Hommes
Dames	Femmes

URGENCES

À l'aide ! *Help!* hèlp

Laissez-moi tranquille !
Laat me met rust! lāt meu met rust

Appelez un médecin !
Bel een dokter! bèl eun *dok*·teur

Appelez la police !
Bel de politie! bèl deu pō·*lī*·sī

Il y a eu un accident.
Er is een ongeluk gebeurd. eur is eun on·*Rhœ*·luk Rhœ·*beurt*

Je suis perdu(e).
Ik ben verdwaald. īk bèn feur·*dvālt*

Je suis malade.
Ik ben ziek. īk bèn zīk

J'ai mal ici.
Hier doet het pijn. Hīr dout Heut peyn

Où sont les toilettes ?
Waar zijn de toiletten? vār zeyn deu toa·*lè*·teun

Je suis allergique aux (antibiotiques).
Ik ben allergisch voor (antibiotica). īk bèn a·*lèr*·Rhīs fōr (an·tī·bī·*yō*·tī·ka)

ACHATS ET SERVICES

Je voudrais acheter...
Ik wil graag ... kopen. īk vil RhrāRh... *kō*·peun

Je ne fais que regarder.
Ik kijk alleen maar. īk keyk a·*leyn* mār

Puis-je regarder ?
Kan ik het even zien? kan īk heut *é*·veun zīn

En avez-vous d'autres ?
Heeft u nog andere? hēft ū noRh *an*·deu·reun

Combien ça coûte ?
Hoeveel kost het? hou·*vēl* kost heut

C'est trop cher.
Dat is te duur. dat is tœ dūr

Pouvez-vous baisser le prix ?
Kunt u wat van de prijs afdoen? kunt ū vat fan deu preys *af*·doun

Il y a une erreur dans l'addition.
Er zit een fout in de rekening. eurr zit eun faot in deu *ré*·keu·ning

bureau de poste	*postkantoor*	*post*·kan·tōr
change	*wisselkantoor*	*vi*·seul·kan·tōr
centre commercial	*winkel-centrum*	*vin*·keul·sèn·treum
DAB	*pin-automaat*	*pin*·ao·tō·māt
office du tourisme	*VVV*	vé·vé·*vé*

HEURE ET DATE

Quelle heure est-il ?
Hoe laat is het? hou lāt is heut

Il est (10) heures.	*Het is (tien) uur.*	heut is (tīn) ūr
Il est 10h30.	*Half (elf).*	half (èlf)
du matin	*'s ochtends*	*soRh*·teuns
de l'après-midi	*'s middags*	*smi*·daRhs
du soir	*'s avonds*	*sā*·vonts
hier	*gisteren*	Rhis·teu·reun
aujourd'hui	*vandaag*	van·*dāRh*
demain	*morgen*	*mor*·Rheun

TRANSPORTS

Transports en commun

Est-ce le... pour (la rive gauche)?	*Is dit de ... naar (de linker-oever)?*	is dit deu ... nārr (deu *lin*·keur·ou·veur)
ferry	*veerboot*	*fèr*·bōt
métro	*metro*	*mè*·trō
tram	*tram*	tram
quai	*perron*	pè·*ron*
horaires	*dienst-regeling*	dīnst·rrē·Rhœ·ling
Quand pass le... (bus) ?	*Hoe laat gaat de ... (bus)?*	hou lāt Rhāt deu ... (bus)
premier	*eerste*	*èr*·steu
dernier	*laatste*	*lāt*·steu
prochain	*volgende*	*fol*·Rheun·deu

Un billet pour..., s'il vous plaît.
Een kaartje naar... graag.
eun *kār*·tyeu nār ... RhrāRh

À quelle heure part-il ?
Hoe laat vertrekt het? hou lāt feur·*trèkt* heut

S'arrête-t-il à... ?
Stopt het in ...? stopt heut in ...

Quel est le prochain arrêt ?
Welk is de volgende halte?
vèlk is deu *fol*·Rheun·deu *hal*·teu

Je voudrais descendre à...
Ik wil graag in ... uitstappen.
ik vil RhrāRh in ... *euyt*·sta·peu

Nombres

1	*één*	én
2	*twee*	tvé
3	*drie*	drī
4	*vier*	fīr
5	*vijf*	feyf
6	*zes*	zès
7	*zeven*	zé·veun
8	*acht*	aRht
9	*negen*	né·Rheun
10	*tien*	tīn
20	*twintig*	tvin·tīRh
30	*dertig*	dèr·tīRh
40	*veertig*	fér·tīRh
50	*vijftig*	feyf·tīRh
60	*zestig*	ses·tīRh
70	*zeventig*	zé·veun·tīRh
80	*tachtig*	taRh·tīRh
90	*negentig*	né·Rheun·tīRh
100	*honderd*	hon·deurt
1 000	*duizend*	deuy zeunt

Ce taxi est-il libre ?
Is deze taxi vrij? is dé·zeu *tak*·sī frey

Emmenez-moi à... s'il vous plaît.
Breng me alstublieft naa ...
brèng mey al·stū·*blift* nār...

Vélo

Je voudrais louer un...	*Ik wil graag een ... huren.*	ĭk vil RhrāRh eun ... *hū*·reu
vélo	*fiets*	fits
panier	*mandje*	*man*·tyeu
siège enfant	*kinderzitje*	*kin*·deur·zi·tyeu
casque	*helm*	hèlm

J'ai crevé.
Ik heb een lekke band. ik hèp eun *lè*·keu bant

Je voudrais faire réparer mon vélo.
Ik wil graag mijn fiets laten herstellen
ĭk vil RhrāRh meyn fits *lā*·teu hèrr·*stè*·leu

Avez-vous un parking à vélos ?
Heeft u parking voor fōr fietsen?
hēft ū *par*·king *fit*·seun

Peut-on y aller à vélo ?
Kunnen we er met mèt de fiets heen?
ku·neu veu eur met deu fīts hén

piste cyclable	*fietspad*	*fīts*·pat
pompe à vélo	*fietspomp*	fīts·*pomp*
réparateur de vélos	*fietsen maker*	fīt·seun·*maa*·keur
râtelier à vélos	*fietsenrek*	fīt·seun·*rèk*

LANGUE TRANSPORTS

GLOSSAIRE

Abdij –abbaye
ANWB – Automobile-club
apotheek – pharmacie

benzine – essence
bevrijding – libération
bibliotheek – bibliothèque
bos – bois ou forêt
botter – bateau de pêche du XIXe siècle
broodje – petit pain (sandwich avec garniture)
bruin café – café brun ; débit de boisson traditionnel
buurt – quartier

café – pub, bar ; aussi appelé *kroeg*
coffee shop – café ayant l'autorisation de vendre du cannabis

eetcafés – bars servant des repas

fiets – vélo
fietsenstalling – rack à vélos sécurisé
fietspad – piste cyclable

gemeente – municipal, municipalité
gezellig – convivial, confortable
GVB – Gemeentevervoerbedrijf ; régie des transports municipaux d'Amsterdam
GWK – Grenswisselkantoren ; bureaux de change officiels

haven – port
hof – cour
hofje – hospice ou ensemble de bâtiments entourant une petite cour, également appelé *begijnhof* (béguinage)
hoofd – littéralement "tête", mais dans un nom de rue, signifie en général "principale"
hunebedden – constructions mégalithiques préhistoriques qui auraient été utilisées comme monuments funéraires

jenever – alcool fort (gin) néerlandais ; également appelé *genever* (genièvre)

kaas – fromage
koffiehuis – bar à expresso ; café (différent d'un *coffee shop*)
klooster – cloître, institution religieuse
koningin – reine
koninklijk – royal
kunst – art
kwartier – quartier

LF routes – *landelijke fietsroutes* ; véloroutes (longue distance)
loodvrij – sans-plomb (essence)

markt – place principale ; marché
meer – lac
molen – moulin à vent ; moulin

NS – Nederlandse Spoorwegen ; Société nationale des chemins de fer

OV-chipkaart – carte de transport en commun

paleis – palais
polder – étendue artificielle de terre entourée de digue où l'eau peut être régulée
postbus – boîte aux lettres

Randstad – littéralement "ville-anneau" ; l'agglomération urbaine rassemblant Amsterdam, Utrecht, Rotterdam et La Haye
Rijk(s-) – l'État

scheepvaart – transport maritime
schouwburg – théâtre
sluis – écluse (pour bateaux/navires)
spoor – quai de gare
stadhuis – hôtel de ville
stedelijk – civil, municipal
stichting – fondation, institut
strand – plage

terp – en Frise, monticule de terre tassée ayant servi de refuge pendant les inondations
treintaxi – "train-taxi" ; taxi partagé destiné aux passagers d'un train
tuin – jardin
tulp – tulipe

verzet – résistance
Vlaams – Flamand
VVV – office du tourisme

waag – ancienne maison de pesage
wadlopen – marche dans les vasières
weeshuis – orphelinat
werf – quai, chantier naval
winkel – boutique

zaal – pièce, hall
zee – mer
ziekenhuis – hôpital

En coulisses

VOS RÉACTIONS ?

Vos commentaires nous sont très précieux et nous permettent d'améliorer constamment nos guides. Notre équipe lit toutes vos lettres avec la plus grande attention. Nous ne pouvons pas répondre individuellement à tous ceux qui nous écrivent, mais vos commentaires sont transmis aux auteurs concernés. Tous les lecteurs qui prennent la peine de nous communiquer des informations sont remerciés dans l'édition suivante, et ceux qui nous fournissent les renseignements les plus utiles se voient offrir un guide.

Pour nous faire part de vos réactions, prendre connaissance de notre catalogue et vous abonner à notre newsletter, consultez notre site Internet : **www.lonelyplanet.fr**

Nous reprenons parfois des extraits de notre courrier pour les publier dans nos produits, guides ou sites web. Si vous ne souhaitez pas que vos commentaires soient repris ou que votre nom apparaisse, merci de nous le préciser. Notre politique en matière de confidentialité est disponible sur notre site Internet.

NOS LECTEURS

Merci à tous les voyageurs qui ont utilisé la dernière édition de ce guide et qui nous ont écrit pour nous faire part de leurs conseils, de leurs suggestions et de leurs anecdotes :
Annelyse Choin, Sterenn Coudray, Patricia Creac'h, Kristel Lauverjon, Marie Libbrecht, Jean Moulin, G. Nedelec, Yves Reygnier et Charlotte Romand-Artero

UN MOT DES AUTEURS

Nicola Williams

Un immense merci à tous mes amis et contacts professionnels, en particulier : à Groningue, Sara van Geloven (rédactrice en chef de *Lonely Planet Magazine* NL), Eeflie Smit et Annebel Nillessen Blaauw (Marketing Groningen) et Nick Nijboer (Mr Mofongo) ; à Arnhem, la reine du vélo Charlie Johnson, la résidente d'adoption Louise Henstridge (et Sally Dibden, pour nous avoir mises en contact) ; à Nimègue, Beppie (VVV) et Nico de Mol (Visit Holland) ; à Leeuwarden, Mariska et Eliszabeth pour leurs informations sur la culture frisonne, et Femke ; enfin, à Sneek, le distillateur originaire du Yorkshire et Frison d'adoption Steve Sibson (Weduwe Joustra).

Abigail Blasi

Un grand merci à Daniel Fahey pour avoir fait appel à moi, et à Catherine Le Nevez pour son soutien. Un immense *dank je* à Jo Dufay pour avoir partagé avec moi sa connaissance d'Amsterdam et ses livres ; à Wouter Steenhuisen et Geerte Udo, d'I Amsterdam ; à Esther Nelsey pour ses recommandations locales ; et, enfin, à Luca, Gabriel, Benjamin et Alessia pour m'avoir accompagnée.

Mark Elliott

Je remercie tout spécialement la merveilleuse Sally Cobham pour son amour, sa compagnie et ses qualités humaines. Sur la route, un grand merci également à Lucile, Eveline et Niels à Utrecht ; Jennick, Paul, Matt et sa famille à Roermond ; Hants van Gils à Bréda ; Robert Kingsbury à Maasbracht ; Sam et Natalie à Koningshoeven ; Aimée à Tilburg ; Marie-Louise à Heusden ; Hans, Anja et Olga chez Philips (Eindhoven) ; Adrien, Joos, Alette, Lisette et "Blackbird" à Bois-le-Duc ; ainsi que Simone, Karen et Jan.

Catherine Le Nevez

Hartelijk bedankt tout d'abord, sans oublier Julian et tous ceux qui, à Amsterdam, Haarlem, en Hollande-Septentrionale et au-delà, m'ont informée, inspirée et m'ont permis de passer un moment agréable lors de cette réactualisation. Un immense merci également à l'éditeur Daniel Fahey, à mes coauteurs et à tout le personnel de LP. Comme toujours, je remercie mes parents, mon frère, ma belle-sœur, mon neveu et ma nièce.

Virginia Maxwell

Aux Pays-Bas, je remercie tout particulièrement Kim Heinen, Annemieke Loef, Renske Satijn, Nina Swaep et Eveline Zoutendijk. Dans les bureaux LP de Londres, merci à Dan Fahey et à Jennifer Carey. Chez moi, à Melbourne, merci et tout mon amour à Peter et Max Handsaker.

REMERCIEMENTS

Les données de la carte du climat sont adaptées de l'ouvrage de Peel M. C., Finlayson, B. L. et McMahon, T. A. (2007), "Updated World Map of the Köppen-Geiger Climate Classification", *Hydrology and Earth System Sciences*, 11, 1633-1644.

Photographie de couverture : Sabots traditionnels hollandais. Sopotnicki / Shutterstock ©

À PROPOS DE CET OUVRAGE

Cette 4e édition du guide *Pays-Bas* en français est une traduction-adaptation de la 8e édition du guide anglais *The Netherlands*.

Traduction Vincent Guilluy, Laurence Stewart, Christelle Taureau

Direction éditoriale Didier Férat

Responsable prépresse Jean-Noël Doan

Adaptation française Olympe Richez

Maquette Gudrun Fricke, Christian Deloye

Cartographie Cartes originales adaptées par Caroline Sahanouk pour l'édition française.

Couverture Laure Wilmot pour l'édition française

Remerciements à Rose-Hélène Lempereur, Agnès Poujol et Jean-Victor Rebuffet pour leur précieuse contribution au texte. Un merci particulier à Christiane Mouttet pour sa relecture attentive. Merci également à Claire Chevanche pour sa préparation du texte anglais. Comme toujours, merci à Dominique Spaety, Dominique Bovet et Dorothée Pasqualin pour leur soutien. Enfin, merci à Luan Angel et Nigel Longuet à Londres, ainsi qu'à Jean-Pierre Masclef à Melbourne.

Index

Références des cartes
Références des photos

Références des cartes
Références des photos

Légende des cartes

À voir

- Plage
- Réserve ornithologique
- Temple bouddhiste
- Château/palais
- Église/cathédrale
- Temple confucéen
- Temple hindou
- Mosquée
- Temple jaïn
- Synagogue
- Monument
- Musée/galerie/édifice historique
- Ruines
- Sentō (bain public)
- Temple shintoïste
- Temple sikh
- Temple taoïste
- Cave/vignoble
- Zoo
- Autre site

Activités, cours et circuits organisés

- Bodysurfing
- Plongée/snorkeling
- Canoë/kayak
- Cours/circuits organisés
- Ski
- Snorkeling
- Surf
- Piscine/baignade
- Randonnée
- Planche à voile
- Autres activités

Où se loger

- Hébergement
- Camping

Où se restaurer

- Restauration

Où prendre un verre

- Bar
- Café

Où sortir

- Salle de spectacle

Shopping

- Magasin

Renseignements

- Banque
- Ambassade/consulat
- Hôpital/centre médical
- Accès Internet
- Police
- Bureau de poste
- Centre téléphonique
- Toilettes
- Office du tourisme
- Autre adresse pratique

Géographie

- Plage
- Refuge/gîte
- Phare
- Point de vue
- Montagne/volcan
- Oasis
- Parc
- Col
- Aire de pique-nique
- Cascade

Agglomérations

- Capitale (pays)
- Capitale (région/État/province)
- Grande ville
- Petite ville/village

Transports

- Aéroport
- Poste frontière
- Bus
- Téléphérique/funiculaire
- Piste cyclable
- Ferry
- Métro/Tube Station (anglais)
- Monorail
- Parking
- Station-service
- Station de métro/Subway
- Taxi
- T-Bane/Station T-Bane (norvégien)
- Gare/chemin de fer
- Tramway
- U-Bahn (allemand)
- Autre moyen de transport

Les symboles recensés ci-dessus ne sont pas tous utilisés dans ce guide

Routes

- Autoroute à péage
- Voie rapide
- Nationale
- Route secondaire
- Petite route
- Chemin
- Route non goudronnée
- Route en construction
- Place/rue piétonne
- Escalier
- Tunnel
- Passerelle
- Promenade à pied
- Promenade à pied (variar
- Sentier

Limites et frontière

- Pays
- État/province
- Frontière contestée
- Région/banlieue
- Parc maritime
- Falaise
- Rempart

Hydrographie

- Fleuve/rivière
- Rivière intermittente
- Canal
- Étendue d'eau
- Lac asséché/salé/intermittent
- Récif

Topographie

- Aéroport/aérodrome
- Plage/désert
- Cimetière (chrétien)
- Cimetière (autre)
- Glacier
- Marais
- Parc/forêt
- Site (édifice)
- Terrain de sport
- Mangrove

Catherine Le Nevez
Amsterdam, Haarlem et la Hollande-Septentrionale L'éternelle envie d'évasion de Catherine est née lorsqu'elle a quitté son foyer parisien à l'âge de quatre ans pour un *road-trip* à travers l'Europe. Depuis, elle repart sur la route dès que l'occasion se présente et a visité une soixantaine de pays. Ces douze dernières années, elle a participé à la rédaction d'un grand nombre de guides Lonely Planet et écrit des articles sur Paris et la France, l'Europe et des destinations bien au-delà. Ses écrits sont parus dans de nombreuses publications papier et en ligne.

Virginia Maxwell
Rotterdam et la Hollande-Méridionale Basée en Australie, Virginia consacre au moins la moitié de l'année à la mise à jour de guides de voyages Lonely Planet aux quatre coins du monde, notamment les guides *Espagne*, *Italie*, *Turquie*, *Israël et les territoires palestiniens*, *Égypte*, *Maroc*, *Tunisie*, *Finlande*, *Bali* et *Pays-Bas*. Suivez-la sur Instagram et Twitter : maxwellvirginia.

LES GUIDES LONELY PLANET

Une vieille voiture déglinguée, quelques dollars en poche et le goût de l'aventure, c'est tout ce dont Tony et Maureen Wheeler eurent besoin pour réaliser, en 1972, le voyage d'une vie : rallier l'Australie par voie terrestre via l'Europe et l'Asie. De retour après un périple harassant de plusieurs mois, et forts de cette expérience formatrice, ils rédigèrent sur un coin de table leur premier guide, *Across Asia on the Cheap*, qui se vendit à 1 500 exemplaires en l'espace d'une semaine. Ainsi naquit Lonely Planet, dont les guides sont aujourd'hui traduits en 13 langues.

NOS AUTEURS

Nicola Williams

Le Centre, La Frise, Le Nord-Est Voyager d'un pays à l'autre est un mode de vie pour Nicola, auteure, globe-trotteuse, fin gourmet, passionnée d'art et maman de trois enfants, qui a choisi de vivre dans un village de la rive sud du lac Léman. Nicola a participé à la rédaction de plus de 50 guides pour Lonely Planet, notamment sur Paris, la Provence, Rome, la Toscane, la France, l'Italie et la Suisse. Twitter/Instagram : @tripalong. Dans le présent guide, Nicola a également collaboré aux chapitres *Préparer son voyage* et *Comprendre les Pays-Bas*.

Abigail Blasi

Amsterdam Écrivaine-voyageuse en freelance, Abigail a vécu et travaillé à Londres, Rome, Hong Kong et Copenhague. Lonely Planet lui a permis de découvrir l'Inde, l'Égypte, la Tunisie, la Mauritanie, le Mali, l'Italie, le Portugal, Malte et la Grande-Bretagne. Elle écrit régulièrement pour des quotidiens et des magazines tels *The Independent*, *The Telegraph* et *Lonely Planet Traveller*. Ses trois enfants l'accompagnent fréquemment dans ses périples. Twitter/Instagram : @abiwhere.

Mark Elliott

Maastricht et le Sud-Est, Utrecht Mark avait déjà vécu et travaillé sur cinq continents quand il a commencé à écrire des guides de voyages, et tout ça avant l'ère Internet. À ce jour, il a écrit ou coécrit plus de 60 guides, dont de nombreux pour Lonely Planet. Il intervient également comme consultant de voyages, guide accompagnateur occasionnel, présentateur vidéo, conférencier, intervieweur et harmoniciste de blues.

PAGE 383 AUTEURS (suite)

Pays-Bas
4e édition
Traduit et adapté de l'ouvrage *The Netherlands, 8th edition, January 2022*

Dépôt légal Juin 2022
ISBN 978-2-81619-559-0
Imprimé par Pollina, Luçon, France - 43280

En Voyage Éditions | un département édi8